Magna Carta

Un commentaire sur la Grande Charte du roi Jean ; Avec une introduction historique

William Sharp McKechnie

Writat

Cette édition parue en 2023

ISBN : 9789359250281

Publié par
Writat
email : info@writat.com

.

Selon les informations que nous détenons, ce livre est dans le domaine public. Ce livre est la reproduction d'un ouvrage historique important. Alpha Editions utilise la meilleure technologie pour reproduire un travail historique de la même manière qu'il a été publié pour la première fois afin de préserver son caractère original. Toute marque ou numéro vu est laissé intentionnellement pour préserver sa vraie forme.

Contenu

TEXTE, TRADUCTION ET COMMENTAIRE.

PRÉFACE

Aucun Commentaire sur la Magna Carta n'a jusqu'à présent été rédigé du point de vue de la recherche moderne. Aucune tentative sérieuse n'a encore été faite pour remplacer, ni même pour compléter de manière adéquate, les travaux de Coke et de Richard Thomson, publiés respectivement en 1642 et 1829, et aujourd'hui désespérément dépassés. Ce manque d'initiative peut être dû en partie à une réticence naturelle à entreprendre une tâche aussi laborieuse, mais semble également suggérer un acquiescement tacite à l'opinion de Mgr Stubbs selon laquelle aucun commentaire séparé n'est nécessaire, puisque « toute l'histoire constitutionnelle de l'Angleterre n'est guère plus qu'un commentaire sur la Magna Carta. Pourtant, c'est précisément pour cette raison que la Grande Charte mérite certainement de faire l'objet d'une étude spéciale et détaillée, car peu de documents peuvent rivaliser avec elle dans la variété et l'intérêt de son contenu, dans la vivacité de son cadre historique ou dans la influence qu'il a exercée sur la lutte pour la liberté constitutionnelle. Que cette lacune flagrante de notre littérature historique et juridique soit restée si longtemps comblée est d'autant plus remarquable au vu du grand progrès, équivalant presque à une révolution, qui a été effectué depuis que Coke et Thomson ont écrit. Au cours des vingt dernières années en particulier, une multitude de nouveaux matériaux ont été explorés avec des résultats remarquables. Des découvertes ont été faites, affectant profondément notre vision de chaque branche du droit, de chaque organe de gouvernement et de chaque aspect de la vie sociale et individuelle dans l'Angleterre médiévale. Mais rien n'a été fait jusqu'à présent pour appliquer à l'élucidation systématique de la Magna Carta les nouvelles réserves de connaissances ainsi accumulées.

Dans ce but, je me suis efforcé, au cours de plusieurs années de travail dur mais agréable, de rassembler, de trier et d'organiser la masse de preuves, tirées de nombreuses sources dispersées, capables d'éclairer la Grande Charte de Jean. Les résultats ont maintenant été condensés dans le Commentaire qui occupe les deux tiers du présent volume. Cette tentative d'expliquer, point par point, les soixante-trois chapitres de la Magna Carta, englobant, comme ceux-ci, tous les sujets – juridiques, politiques, économiques et sociaux – pour lesquels Jean et ses barons ressentaient un intérêt vital, a impliqué une analyse dans certains détails de toute la vie publique et privée de l'Angleterre au XIIIe siècle. Le Commentaire est précédé d'une Introduction historique, qui décrit les événements qui ont conduit à la crise de 1215, analyse les griefs qui ont poussé les barons à la révolte, discute le contenu et les caractéristiques de la Charte, trace ses liens avec le cours ultérieur de l'histoire anglaise, et donne un aperçu des éditions et commentaires précédents.

Même si des références ont été faites tout au long de l'ouvrage aux sources originales lorsqu'elles étaient disponibles, les travaux des autres ont été librement exploités. S'il convient ici de reconnaître une dette de gratitude envers les commentateurs précédents, une dette bien plus profonde est due à de nombreux chercheurs qui, au cours des dernières années, par leurs travaux dans divers domaines non directement liés à la Magna Carta, ont incidemment mis en lumière des sujets dont traite la Charte. Il est presque inutile de parler de Mgr Stubbs, puisque ses œuvres constituent le point de départ commun de tous les historiens et constitutionnalistes de la génération actuelle. Les lecteurs versés dans la littérature moderne retraceront facilement l'influence du professeur Maitland, de MJ Horace Round, de Sir Frederic Pollock, de MLO Pike et du professeur Prothero ; tandis que les nombreuses autres autorités mises en contribution sont mentionnées dans les notes de bas de page et la bibliographie annexée. Des références fréquentes ont été faites à deux histoires indépendantes et savantes du règne de Jean qui sont parues récemment : *John Lackland de Miss Norgate* et *Angevin Empire de Sir James H. Ramsay* . Parmi les livres plus anciens traitant directement du sujet en question, *la Grande Charte de Sir William Blackstone* a été considérée comme le meilleur ; tandis que parmi les ouvrages modernes, les *Chartes* de M. Charles Bémont sont les plus précieuses. Les réserves inépuisables de *l'Histoire de l'Échiquier* de Madox ont également été librement exploitées.

Pendant que ces pages parcouraient la presse, un brillant essai de M. Edward Jenks parut dans les pages de *The Independent Review* de novembre 1904, dont le titre *Le Mythe de la Magna Carta* indique les lignes non conventionnelles et iconoclastes sur lesquelles il procède. Il soutient avec beaucoup de force que la Charte était le produit de l'action égoïste des barons défendant leurs propres intérêts, et non d'un mouvement désintéressé ou national ; que ce n'était en aucun cas « un grand jalon dans l'histoire » ; et que, au lieu de s'avérer une aide matérielle dans la progression de l'Angleterre vers la liberté constitutionnelle, elle fut plutôt « une pierre d'achoppement sur la voie du progrès », étant entièrement féodale et réactionnaire dans ses intentions et ses effets. Enfin, pour la plupart des malentendus populaires à son sujet, il tient Sir Edward Coke pour responsable. Les pages suivantes montreront dans quelle mesure le présent auteur est d'accord avec ces opinions : mais la position de M. Jenks semble nécessiter une modification sur au moins trois égards : (1) Quelques-unes des dispositions de la Charte de John ne sont en aucun cas de nature réactionnaire. (2) On ne peut pas attribuer à Coke l'origine de la totalité, ni même de la plupart, des idées fausses populaires qui, au cours des siècles, sont devenues si denses autour de la Charte. (3) M. Jenks sous-estime peut-être l'importance des interprétations traditionnelles qui, même lorsqu'elles reposent sur des fondements historiques peu sûrs, se révèlent dans la suite comme s'étant révélées d'une valeur suprême dans la bataille pour la liberté.

Je suis redevable à quatre amis qui ont aimablement lu mes épreuves, à M.
WRJ Gray et à M. Robert A. Moody, dont les bons offices dans ce sens ne
sont pas maintenant rendus pour la première fois, et à deux des membres de
ma classe d'honneurs de 1903-4, M. AC Black, Jun., et MDB Mungo, qui ont
tous été zélés dans leur aide et fertiles dans leurs suggestions.

KNIGHTSWOOD , ELDERSLIE ,
RENFREWSHIRE , *6 février 1905*

INTRODUCTION HISTORIQUE.

PARTIE I.
ÉVÉNEMENTS MENANT À MAGNA CARTA.

La Grande Charte est trop souvent considérée comme le résultat de causes purement accidentelles. Ceux qui étudient son origine se contentent parfois de l'expliquer comme un simple produit tangible de la résistance réussie suscitée par les tyrannies du roi Jean. Les méfaits personnels de ce monarque, affirme-t-on, ont poussé à l'action déterminée une opposition farouche et indéfectible qui n'a jamais cessé jusqu'à ce qu'elle ait obtenu le succès ; et le résultat de ce succès fut l'obtention de la Grande Charte des Libertés. Les causes mouvantes d'événements d'une telle importance sont donc recherchées dans les caractéristiques et les vices d'un seul homme. Si Jean n'avait jamais vécu ni péché, semble-t-il, les fondements de la liberté anglaise n'auraient jamais été posés.

De telles visions superficielles de l'histoire minimisent inutilement l'ampleur et le caractère inévitable de la séquence de causes et d'effets dont dépendent réellement les grandes questions. La logique impérieuse des événements ouvre la voie à son propre accomplissement, indépendamment des caprices, des buts et des ambitions des hommes individuels. Les incidents de la carrière de John sont les occasions, non les causes, du grand mouvement national qui a jeté les bases des libertés anglaises. L'origine de la Magna Carta est trop profonde pour être déterminée par des phénomènes purement contingents ou accidentels. Il est aussi imprudent qu'inutile de supposer que le cours du développement constitutionnel en Angleterre a été soudainement et violemment entraîné dans une direction complètement nouvelle, simplement à cause de l'incapacité ou des méfaits de l'occupant temporaire du trône. La source du mécontentement attisé par les oppressions de Jean doit être recherchée dans les règnes antérieurs. La genèse de la Charte ne peut être comprise indépendamment de ses antécédents historiques, et ceux-ci sont inextricablement liés à toute l'histoire de la manière dont l'Angleterre est devenue une nation.

En expliquant l'origine de la Charte, il est nécessaire de raconter brièvement comment les tribus et territoires anglo-saxons et danois dispersés, à l'origine sans lien, se sont progressivement soudés et ont grandi en Angleterre ; comment cette fusion a été rendue permanente par la croissance d'une forme forte de gouvernement monarchique centralisé qui a écrasé toutes les tentatives d'indépendance locale et a menacé de devenir le despotisme le plus absolu d'Europe ; et comment, enfin, la Couronne, en raison de la plénitude même de son pouvoir, défia l'opposition et fit jouer des forces qui fixèrent des limites aux prérogatives royales et aux agressions royales, et en même temps posa les bases du règne de la loi. Un bref aperçu des débuts de l'histoire de l'Angleterre constitue un préalable nécessaire à une bonne compréhension de la Magna Carta. Une telle étude met en évidence deux mouvements principaux, dont l'un succède à l'autre ; à savoir, l'établissement d'une monarchie forte capable de faire sortir l'ordre de l'anarchie, et l'établissement ultérieur de garanties pour empêcher cette source d'ordre de dégénérer en une tyrannie effrénée, et ainsi d'écraser non seulement l'anarchie mais aussi la liberté légitime. Le mouvement ultérieur, en faveur de la liberté et de la Grande Charte, était le complément naturel et, en partie, la conséquence du mouvement antérieur vers un gouvernement fort capable d'imposer la paix. Dans la séquence historique, l'ordre précède la liberté.

Ces deux problèmes, chacun formant la contrepartie de l'autre, se posent nécessairement dans l'histoire de chaque nation et à chaque époque ; le problème de *l'ordre* , ou comment fonder un gouvernement central suffisamment fort pour réprimer l'anarchie, et le problème de *la liberté* , ou comment fixer des limites à une autocratie menaçant d'éclipser la liberté individuelle. Aucun de ces problèmes ne peut jamais être ignoré, même au XXe siècle ; bien qu'aujourd'hui l'expérience politique accumulée au fil des siècles ait permis aux nations modernes, du moins celles qui sont suffisamment instruites en matière d'autonomie gouvernementale, de les reléguer au second plan, hors de vue. Une profonde perspicacité politique peut encore être reconnue dans la fable d'Ésope sur Jupiter et les grenouilles. Le roi Log s'avère aussi inefficace contre l'invasion étrangère qu'il ne porte aucune atteinte à la liberté intérieure ; Le roi Cigogne assure le triomphe de ses sujets en temps de guerre, mais les dévore en temps de paix. Toutes les nations, dans leurs premiers efforts pour obtenir un gouvernement efficace, doivent choisir entre ces deux types de dirigeants : entre un exécutif, inoffensif mais faible ; et un assez puissant pour diriger les affaires du gouvernement dans le pays et à l'étranger, mais prêt à consacrer les pouvoirs qui lui sont confiés pour le bien de tous, à ses propres usages égoïstes et au piétinement des libertés de ses sujets.

Dans l'ensemble, les misères des longs siècles de domination anglo-saxonne étaient principalement le résultat de la faiblesse de la Couronne ; tandis que, lors de la conquête normande, l'Angleterre échappa au doux sceptre de l'inefficacité, pour tomber sous le sceptre cruel de la force égoïste. Pourtant, les rois compétents de la nouvelle dynastie, aussi puissants soient-ils, durent lutter pour maintenir leur suprématie ; car, bien que les races anglaises conquises fussent incapables de résister de manière concertée à leurs maîtres normands, les barons extraterrestres indisciplinés luttèrent vigoureusement pour se débarrasser du contrôle royal.

Au cours d'un siècle de domination normande, une guerre constante a été menée entre deux grands principes : le monarchique, dans son ensemble, défenseur de l'ordre, cherchant à écraser l'anarchie, et l'oligarchique ou baronnial, dans son ensemble, défenseur de la liberté, protestant contre la tyrannie du pouvoir autocratique. . Parfois l'un d'eux était ascendant ; parfois l'autre. L'histoire de l'Angleterre médiévale est le balancement du pendule entre ces deux extrêmes.

L'intrigue principale des débuts de l'histoire anglaise est donc centrée sur la tentative de fonder une monarchie forte, tout en fixant des limites à sa force. À cette intrigue principale s'entremêlent des intrigues subordonnées. Au premier rang d'entre eux, il faut considérer la nécessité de définir les relations entre le gouvernement central et le gouvernement local et la nécessité d'une frontière reconnue entre les domaines de l'Église et de l'État. D'un autre côté, tout cet ensemble intéressant de problèmes liés à la *forme idéale* de gouvernement, très discutés à l'époque d'Aristote comme à notre époque, est remarquablement absent, n'ayant jamais été imposé par la logique des événements dans l'esprit de l'Europe médiévale. . La monarchie était apparemment considérée comme le seul système de gouvernement possible ; tandis que les mérites relatifs de l'aristocratie et de la démocratie, ou de la constitution tant vantée dite « mixte », n'ont pas été examinés, puisque ces formes de constitution n'entraient pas dans la sphère de la politique pratique.

L'étudiant en histoire fera bien de concentrer d'abord son attention sur le problème principal, tout en examinant les problèmes subsidiaires dans leurs relations avec le courant central.

I. Guillaume Ier à Henri II. — Problème principal : la monarchie.

L'attention de l'étudiant le plus occasionnel est attirée par l'examen des difficultés qui ont entouré la nation anglaise dans ses premières luttes pour la simple existence. Le grand problème était d'abord de savoir comment se faire naître, puis comment se prémunir contre les forces de désintégration qui s'efforçaient sans relâche de le déchirer à nouveau. L'aube de l'histoire anglaise montre le début de ce long et lent processus de consolidation dans lequel la raison inconsciente joua un rôle plus profond que la volonté humaine, par lequel de nombreuses tribus et races discordantes, de nombreuses provinces indépendantes furent écrasées en quelque chose ressemblant grossièrement à un pays uni. nation. De nombreuses forces ont convergé pour parvenir à ce résultat. La coercition exercée par des tribus fortes sur leurs voisins plus faibles, la pression d'ennemis extérieurs, le développement d'un corps de lois et d'opinions publiques, l'influence de la religion en faveur de la paix, tout cela a contribué à souder un chaos d'éléments incongrus et belligérants. ensemble.

Il est remarquable que chacune des trois influences, destinées en fin de compte à contribuer le plus matériellement à ce processus d'unification, menaçait à un moment donné d'avoir un effet contraire. Ainsi, les rivalités des petits royaumes tendirent d'abord vers une rupture complète, avant que le Wessex ne parvienne à affirmer une suprématie incontestée ; la christianisation de l'Angleterre en partie par des missionnaires celtes du nord et en partie par des émissaires de Rome menaçait de diviser le pays en deux, jusqu'à ce que leurs rivalités mutuelles s'apaisent après le synode de Whitby en 664 ; et l'un des effets de l'incursion des Danois fut de créer une barrière absolue entre les terres situées de chaque côté de Watling Street, avant que le pays tout entier ne succombe à la pression unificatrice de Cnut et de ses fils.

La discipline sévère de la conquête étrangère était nécessaire pour rendre possible l'unité nationale ; et, avec la restauration de l'ancienne dynastie du Wessex en la personne d'Edward Confessor, les forces de désintégration firent de nouveau des progrès. L'Angleterre menaça une fois de plus de s'effondrer, mais au moment critique et fixé, la domination de fer des Normands vint achever ce que les Danois avaient commencé un demi-siècle plus tôt. De même que la faiblesse des rois anglo-saxons et la désorganisation du pays étaient allées de pair, de même le processus qui, après la Conquête, fit de l'Angleterre une seule, était identique au processus qui établit le trône de la nouvelle dynastie sur une base forte. , base durable. L'unification complète de l'Angleterre fut le résultat du despotisme normand.

Par la suite, c'est la force de sa monarchie qui rendit l'Angleterre unique dans l'Europe médiévale. Trois grands rois en particulier ont contribué, par leur habileté et leur volonté indomptable, à ce résultat : Guillaume le Conquérant, Henri Beauclerk et Henri Plantagenêt. Dans un sens, le travail des trois était le même : édifier l'autorité centrale contre les effets désintégrateurs de l'anarchie féodale ; mais la politique de chacun était nécessairement modifiée par les temps et les besoins changeants. Les bases de l'ensemble ont été posées par le Conquérant, dont le caractère et les circonstances se sont combinés pour lui offrir une opportunité sans précédent dans l'histoire. Les difficultés de sa tâche et les méthodes par lesquelles il la mena à bon port se comprennent mieux par rapport à la nature de l'opposition qu'il devait redouter. La féodalité était le grand courant de l'époque, une marée formée de nombreux ruisseaux convergents, coulant tous dans la même direction, irraisonnés comme les puissances aveugles de la nature, emportant et submergeant tous les obstacles sur son passage. Dans d'autres régions d'Europe – en Allemagne, en France et en Italie, comme en Écosse – les monarques les plus capables ont vu leurs trônes minés par ce courant féodal. En Angleterre seulement, la monarchie a réussi à résister au déluge. Guillaume Ier s'abstint sagement de toute tentative folle pour arrêter le torrent ; mais, tout en l'acceptant, il le soumettait tranquillement à ses propres desseins. Il observa attentivement et modifia les tendances féodales qu'il découvrit en Angleterre à son arrivée, et il modifia profondément les usages et les droits féodaux que ses partisans transplantèrent du sol normand. Les expédients spéciaux qu'il a utilisés à cette fin sont bien connus et sont tous étroitement liés à sa politique astucieuse consistant à équilibrer la base anglo-saxonne de son règne avec la superstructure normande importée et à sélectionner à sa propre discrétion les éléments qui lui convenaient. Dans les deux cas. Il encouragea l'adoption ou l'intensification en Angleterre du féodalisme, considéré comme un système de tenure foncière et comme un système de distinctions sociales fondé sur la possession de la terre ; mais il s'efforça avec succès d'enrayer les méfaits de sa croissance effrénée dans ses autres aspects tout aussi importants, à savoir en tant que système de gouvernement local cherchant à être indépendant de la Couronne et en tant que système de juridiction. En tant que système politique, il fut toujours un sujet de suspicion pour Guillaume, car il le considérait à la lumière de sa double expérience en Normandie en tant que seigneur féodal et vassal féodal.

La politique de William était une politique d'équilibre. Toute sa carrière en Angleterre a été inaugurée de manière caractéristique par son souci de soutenir sa prétention au trône sur une double base. Non content de dépendre uniquement du droit de conquête, il insista pour que son titre soit confirmé par un organisme prétendant représenter le vieux Witenagemot d'Angleterre, et il allégua en outre qu'il avait été officiellement nommé successeur par son parent, Edward Confessor, un nomination renforcée par le renoncement d'Harold en sa faveur. Ainsi, à ses partisans normands prétendant l'avoir placé par la force des armes sur son trône, Guillaume pourrait indiquer le mode d'élection par les Witan, tandis que pour ses sujets anglais, prétendant l'avoir élu, la présence des troupes étrangères était un argument encore plus efficace. Tout au long de son règne, son plan était d'équilibrer les anciennes lois et institutions anglaises contre les nouvelles normandes , avec lui-même comme arbitre de tout. Il conserva ainsi ce qui lui convenait dans les mœurs anglo-saxonnes. Roger de Hoveden nous raconte comment, au cours de la quatrième année de son règne, douze sujets anglais de chaque comté, nobles, sages et instruits dans les lois, furent sommés de réciter sous serment les anciennes coutumes du pays. [1] Il conserva aussi les anciennes assemblées populaires de comté et de cent comme contrepoids aux juridictions féodales ; le fyrd ou milice de tous les hommes libres, en compensation du prélèvement féodal ; et tels des incidents des anciennes tenures foncières anglo-saxonnes qui répondaient à ses exigences.

Ainsi les sujets anglais, avec leurs coutumes et leurs anciennes institutions, furent utilisés comme expédients pour modifier les excès de la féodalité. William, cependant, n'a pas hésité à innover lorsque celles-ci convenaient à son objectif. Les grands comtés entre lesquels l'Angleterre avait été divisée, même jusqu'à la conquête normande, furent abolis. De nouveaux comtés furent effectivement créés, mais sur des bases tout à fait différentes. Même les grands officiers, connus plus tard sous le nom de Earls Palatin, toujours peu nombreux, n'atteignirent jamais ni l'étendue du territoire ni l'indépendance des ealdormen anglo-saxons. Guillaume était réticent à créer même des comtes ordinaires, et ceux qu'il créa devinrent bientôt de simples détenteurs de titres d'honneur vides, tandis qu'ils se retrouvèrent évincés de tout pouvoir réel par les vice-comites ou shérifs *normands* . Aucun comte anglais n'était un « comte » au sens continental du terme (c'est-à-dire un véritable dirigeant d'un « comté »). De plus, aucun comte n'était autorisé à détenir un domaine trop important dans son comté titulaire ; et Guillaume, tout en étant obligé de récompenser les services de ses partisans par de grandes possessions, prenait soin que celles-ci soient réparties dans des districts largement dispersés de son royaume. Ainsi les grands feudataires furent empêchés de consolider leurs ressources contre la Couronne.

Divers dispositifs ingénieux furent utilisés pour réprimer les excès féodaux si répandus sur le continent. Les droits de guerre privée, de monnaie et de construction de châteaux étaient jalousement surveillés et circonscrits ; tandis que les juridictions privées, quoique tolérées comme un mal nécessaire, étaient contenues dans des limites. Le manoir était en Angleterre l'unité normale de la juridiction seigneuriale, et les cours d'honneur supérieures étaient si exceptionnelles qu'elles constituaient une quantité négligeable.

Aucun appel féodal n'était possible de la cour seigneuriale d'un magnat à celle de son suzerain, tandis que, au moins sous les règnes ultérieurs, les appels étaient encouragés à la *Curia Regis* . Presque à la fin du règne de Guillaume, un nouvel empiètement sur l'esprit féodal fut accompli, lorsque le conquérant de la plaine de Salisbury obligea tous les propriétaires fonciers à prêter serment d'hommage et de fidélité personnellement au roi.

Les résultats de cette politique ont été bien résumés comme suit : « une monarchie forte, un baronnage relativement faible et un peuple homogène ».

Sous le règne de Guillaume II. (1087-1100), la constitution ne fit aucun progrès notable. Les fondations étaient posées ; mais Rufus était plus préoccupé par sa chasse et ses plaisirs que par les questions plus profondes de politique. Quelques détails mineurs d'organisation féodale furent sans doute réglés et définis au cours de ces treize années par le trésorier du roi, Ralph Flambard ; mais la mesure dans laquelle il a innové par rapport à la pratique de William aîné est sujette à controverse. Dans l'ensemble, le règne doit être considéré comme un temps de repos entre deux périodes d'avance.

Henri Ier (1100-1135) entreprit, avec un œil d'homme d'État clairvoyant et avec beaucoup de vigueur, l'œuvre de consolidation. Sa politique montre un progrès par rapport à celle de son père. Guillaume s'était contenté de contrôler et de freiner les principaux vices de la féodalité, tout en affrontant contre elle les institutions indigènes anglaises. Henri alla plus loin et introduisit au sein même de la *Curia Regis* une nouvelle classe d'hommes représentant un nouveau principe de gouvernement. Les grandes charges de l'État, auparavant occupées par des hommes de rang baronnial, étaient désormais remplies de créatures propres à Henri, des hommes de humble naissance, dont le mérite les avait élevés en sa faveur, et dont le seul titre de pouvoir résidait dans sa bonne volonté. L'emploi de cette classe d'administrateurs strictement professionnels fut l'une des principales contributions apportées par Henri au développement de la constitution. Son autre grande réalisation fut l'organisation de l'Échiquier, principalement comme source de revenus royaux, mais qui se révéla bientôt utile comme moyen de faire sentir sa volonté dans tous les coins de l'Angleterre. Pour ce grand travail, il eut la chance d'obtenir de Roger, évêque de Salisbury, l'aide d'un homme qui alliait génie et capacité minutieuse. A l'Échiquier, organisé par le roi et son ministre, le shérif de chaque comté, deux fois par an, à Pâques et à Saint-Michel, rendait compte de chaque paiement passé entre ses mains. Sa balance fut réglée devant tous les grands officiers de la maison du roi, qui soumirent ses comptes à l'examen et à la critique. Des actes officiels furent dressés, dont l'un, le fameux Pipe Roll de 1130, existe encore aujourd'hui. Les sommes reçues par le shérif touchant toutes les classes de la société, en ville comme à la campagne, ces audits semestriels permettaient aux conseillers du roi de scruter la vie et la conduite de toutes les personnes importantes du pays. Ces enquêtes semestrielles étaient rendues plus efficaces par l'existence à l'Échiquier d'un grand registre de tous les domaines fonciers d'Angleterre. Grâce à cela, les déclarations des shérifs pourraient être vérifiées et comparées. L'Échiquier d'Henri a ainsi trouvé l'une de ses armes les plus puissantes dans le grand Domesday Survey, la preuve la plus durable de la compétence politique du Conquérant, sur les ordres et sous la direction duquel il avait été compilé.

Le contrôle central mené au sein des deux chambres de l'Échiquier a été complété par des inspections occasionnelles menées dans chaque comté. Les représentants du roi, parmi lesquels habituellement quelques-uns des officiers chargés de présider la vérification semestrielle, visitaient, à des intervalles encore irréguliers, les différents comtés. Ces Eyres, comme on les appelait, étaient au début principalement entreprises à des fins financières. L'objet principal était de vérifier, sur les lieux de leurs travaux, les déclarations faites à Westminster par les différents shérifs. Dès le début, de telles enquêtes financières impliquaient nécessairement le procès des plaidoyers. Les plaintes pour oppression de la part du tyran local du comté étaient naturellement déposées et jugées sur place ; progressivement, mais seulement sous un règne ultérieur, les affaires judiciaires devinrent aussi importantes que les affaires financières, et finalement même plus importantes.

Henri, à sa mort en 1135, semblait avoir presque achevé sa tâche sympathique de construire une monarchie forte sur les fondations posées par Guillaume Ier. Une grande partie de son œuvre fut cependant pendant un certain temps annulée, alors que tout semblait en danger imminent. de périr pour toujours, parce qu'il n'a laissé aucun héritier mâle de son corps pour lui succéder sur le trône. Les prétentions de sa fille furent écartées par Étienne, fils de la fille du Conquérant et cadet de la maison de Blois, dont Henri avait fait l'oncle indulgent, et qui rendit hommage à la générosité de son bienfaiteur en se constituant son héritier. Dès le premier instant de son règne, Étienne se montra incapable de préserver la monarchie intacte des forces sauvages qui tournaient autour du trône. Son échec est attribué par certains à ses caractéristiques personnelles, et par d'autres au caractère défectueux de son titre, combiné à la présence d'un rival sur le terrain en la personne de sa cousine, la fille d'Henri, l'ex-impératrice Mathilde. Les dix-neuf années d'anarchie qui ont théoriquement formé son règne n'ont rien fait – et pire que rien – pour poursuivre l'œuvre de ses grands ancêtres. Le pouvoir de la Couronne fut humilié et l'Angleterre fut presque déchirée en fragments par les revendications égoïstes de magnats féodaux rivaux à l'indépendance locale.

Avec l'avènement d'Henri II. (1154) Le vent a rapidement tourné, et pour de bon.

Parmi les nombreuses mesures prises par Henri Plantagenêt pour achever l'œuvre des premiers maîtres d'œuvre de la monarchie anglaise, il n'est nécessaire d'en mentionner ici que quelques-unes. Montant sur le trône au début de l'âge adulte, il apporta avec lui l'instinct d'homme d'État qui lui était propre, ainsi que l'énergie invincible commune à sa race. Il a rapidement remanié toutes les institutions existantes et chaque branche de l'administration. La *Curia Regis* permanente a non seulement été rétablie dans un état de fonctionnement efficace, mais a été améliorée dans chacun de ses nombreux aspects : en tant que maison du roi, bureau financier, centre administratif de tout le royaume et véhicule spécial de l'administration royale. justice. L'Échiquier, qui n'était en effet à l'origine que la *Curie* dans son aspect financier, reçut la réorganisation si urgente nécessaire après les terribles tensions auxquelles il avait été soumis au milieu des querelles d'Étienne et de Mathilde. Les Pipe Rolls ont été relancés et diverses réformes mineures en matière financière ont été effectuées. Tous les tribunaux locaux (aussi bien les anciens tribunaux populaires de cent et de comté que les juridictions féodales) furent placés sous le contrôle plus efficace du gouvernement central par divers expédients. La principale d'entre elles fut la restauration du système d'Eyres avec ses juges itinérants (un complément naturel à la restauration de l'Échiquier), dont les visites étaient désormais placées sur une base plus régulière et plus systématique. Tout aussi importants étaient le soin personnel du roi dans la sélection des hommes aptes aux fonctions de shérif, les punitions fréquentes et la destitution des contrevenants, et l'insistance rigide sur une formation efficace et l'honnêteté de tous ceux qui jouissaient de places d'autorité sous la Couronne. Henri était assez fort pour employer des hommes plus substantiels que les *novi homines* de son grand-père sans qu'ils soient moins dévoués aux intérêts de leur prince. Un autre expédient encore pour contrôler les tribunaux locaux était de porter les affaires devant sa propre *Curie féodale centrale* , ou devant ces bancs de juges professionnels, le futur Banc du Roi et les Plaidoyers Communs, qui ne formaient encore que de simples comités de la *Curie* dans son ensemble.

Le nouveau système de procédure institué par Henry était étroitement lié au contrôle ainsi établi sur les tribunaux locaux. La caractéristique principale était que chaque litige devait commencer par une ordonnance royale appropriée délivrée par la chancellerie. Bientôt, pour chaque classe d'action, fut conçu un bref spécial qui lui était approprié, et l'ensemble de la procédure fut connu sous le nom de « procédure du bref » – un système important auquel la jurisprudence anglaise doit à la fois sa forme et la direction de son développement. De nombreuses réformes qui, à première vue, semblent liées simplement à des points infimes de procédure juridique, étaient en réalité lourdes de conséquences immenses pour le développement ultérieur du droit anglais et des libertés anglaises. Un grand avenir était réservé à certains expédients adoptés par Henri pour le règlement des différends quant à la possession ou à la propriété des terres, ainsi qu'à certains expédients de réforme de la justice pénale institués ou systématisés par une grande ordonnance, publiée en 1166, connue sous le nom d'Assises. de Clarendon. [2] Un trait frappant de la politique d'Henri était la manière audacieuse avec laquelle il ouvrait les portes de ses tribunaux royaux à tout venant et y fournissait - toujours en échange d'argent sonnant et trébuchant, soit dit en passant - un meilleur article dans nom de justice que l'on pourrait trouver ailleurs en Angleterre, ou d'ailleurs, ailleurs en Europe. Ainsi, non seulement l'Échiquier fut rempli d'amendes et de frais, mais, insidieusement et sans le danger d'une attaque frontale, Henri sapa la force des grands magnats féodaux et détourna le flux des plaideurs des tribunaux seigneuriaux vers le sien. La même politique eut encore un autre résultat en facilitant la croissance d'un corps de droit commun, uniforme dans toute l'Angleterre, et opposé aux usages variables des localités ou même des tribunaux baronnials individuels.

Ces réformes, en plus d'influencer le cours des événements en Angleterre de nombreuses manières, tant directes qu'indirectes, contribuèrent toutes à renforcer le trône d'Henri et de ses fils. Une autre classe de réformes contribua grandement au même résultat : la réorganisation de l'armée. Cela s'est fait de diverses manières : en partie par la renaissance et l'application plus stricte des obligations liées à l'ancien fyrd ou milice anglo-saxonne, sous les assises des armes en 1181, qui obligeaient chaque homme libre à entretenir à ses frais armes et armes de guerre. un équipement adapté à sa situation dans la vie; en partie par la méthode ingénieuse d'augmenter le montant du service féodal dû aux locataires de la Couronne, basée sur une enquête instituée par la Couronne et sur les réponses écrites retournées par les barons, connue des historiens sous le nom de « Cartae de 1166 » ; et en partie par le développement (et non, comme on le suppose habituellement, l' *invention*) du principe du scutage, un moyen par lequel le service militaire involontaire, limité comme il l'était par des restrictions gênantes quant au temps et au lieu, pouvait être échangé au gré du Couronne contre de l'argent, avec laquelle une armée de mercenaires plus flexible pourrait être recrutée.

Par ces expédients, et bien d'autres, Henri éleva la monarchie anglaise, toujours ascendante depuis la Conquête, au zénith de sa puissance, et laissa à ses fils l'ensemble de l'appareil gouvernemental en parfait état de fonctionnement, alliant une grande efficacité administrative avec une grande force. Son règne de trente-cinq ans, rempli d'âpres luttes et de troubles, n'avait pas empêché la vigueur et le succès de la politique par laquelle il resserrait son emprise sur l'Angleterre. Ni la longue et amère lutte avec Becket et l'Église, qui s'est terminée par l'humiliation personnelle d'Henri, ni la guerre contre nature avec ses fils, qui a entraîné de profondes souffrances personnelles pour le roi et a précipité sa mort en 1189, n'ont pu interférer avec ses projets de réforme en Angleterre.

Les vingt dernières années de sa vie avaient été pour lui sombres et se révélèrent troublées et anarchiques à l'extrême pour ses domaines continentaux ; mais en Angleterre régnait une paix profonde. La dernière révolte sérieuse des puissances de l'anarchie féodale avait été réprimée en 1173 avec la minutie et la modération caractéristiques. Après cette date, la monarchie anglaise conserva sa suprématie presque sans effort.

II. Guillaume Ier à Henri II. — Problème du gouvernement local.

Il est nécessaire de laisser pour un temps la monarchie anglaise à son apogée, jouissant encore en 1189 des pouvoirs et de la réputation que lui avait acquise Henri d'Anjou, et de revenir sur nos pas, pour considérer deux problèmes subsidiaires, dont chacun nécessite des travaux séparés. traitement : le problème de l'administration locale et celui des relations entre l'Église et l'État. L'échec des princes de la maison de Wessex à concevoir un mécanisme adéquat pour maintenir les provinces danoises et anglo-saxonnes soumises à leur volonté fut l'une des principales sources de la faiblesse de leur monarchie. Lorsque le duc Guillaume résolut ce problème, il fit un énorme pas en avant vers l'établissement de son trône sur une base plus sûre.

Chaque époque doit faire face, à sa manière, à un ensemble de difficultés essentiellement les mêmes, bien qu'elles revêtent des noms aussi différents que Home Rule, Local Government ou Federation. Les problèmes relatifs à la nature propre de l'autorité locale, à l'étendue des pouvoirs qui peuvent lui être confiés en toute sécurité et à ses relations avec le gouvernement central doivent constamment être résolus. Les difficultés, toujours grandes, étaient indiciblement plus grandes à une époque où pratiquement aucun appareil administratif n'existait et où les communications rapides et les routes praticables étaient inconnues. Une vive sympathie est suscitée par la considération des difficultés presque insurmontables qui assaillent le chemin du roi Edgar ou du roi Ethelred, s'efforçant de gouverner depuis Winchester les tribus lointaines de races extraterrestres habitant la Northumbrie, la Mercie et l'East Anglia. Si un tel roi plaçait un faible à la tête d'une province éloignée, l'anarchie en résulterait et sa propre autorité pourrait être mise en danger ainsi que celle de son représentant inefficace. Pourtant, s'il confiait le gouvernement de cette province à un homme trop fort, il risquait de voir sa suzeraineté ébranlée par un vice-roi qui avait consolidé sa position et avait ensuite défié son roi. Voilà donc les deux cornes d'un dilemme, tous deux illustrés par le cours des débuts de l'histoire anglaise. Lorsque le Wessex avait établi une certaine autorité sur les États rivaux et se développait rapidement en Angleterre, la politique suivie au début consistait simplement à laisser chaque province sous l'ancienne lignée de dirigeants autochtones, qui admettaient maintenant une dépendance nominale à l'égard du roi qui régnait à l'époque. Winchester. Les premiers princes de la Saxe occidentale hésitaient entre deux lignes politiques opposées. Des tentatives spasmodiques de centralisation alternaient avec une politique inverse d'autonomie locale. À l'époque où Dunstan associait les devoirs spirituels du siège de Cantorbéry aux devoirs temporels de conseiller principal du roi Edgar, le problème du gouvernement local devenait urgent. Le projet de Dunstan a parfois été décrit comme une politique fédérale ou d'autonomie locale – comme un abandon franc de la tentative de contrôler exclusivement à partir d'un centre les populations mixtes du nord et du Midland de l'Angleterre. La solution qu'il tentait était de relâcher plutôt que de resserrer davantage le lien ; confier de larges pouvoirs et franchises au vice-roi ou ealdorman local dans chaque district, et ainsi se contenter d'un empire fédéral lâche – une union des cœurs plutôt qu'un despotisme centralisé fondé sur la coercition. Les dangers d'un tel système sont d'autant plus évidents qu'on se souvient que chaque ealdorman commandait les troupes de sa propre province.

La politique de Cnut a fait l'objet de nombreux débats et a parfois été apparemment mal comprise. L'opinion la plus favorable est qu'avec ses troupes danoises derrière lui, il se sentait assez fort pour renverser la tactique de Dunstan et faire un pas décisif dans le sens de la centralisation ou de l'unité. Ses vice-rois provinciaux (jarls ou comtes, comme on les appelait maintenant, plutôt que par leur ancien titre vague d'ealdormen), furent nommés sur une base entièrement nouvelle. L'Angleterre devait être divisée en nouveaux districts administratifs dans l'espoir d'effacer les anciennes divisions tribales. Chacun d'eux devait être placé sous la direction d'un vice-roi n'ayant aucun lien héréditaire ou dynastique avec la province qu'il gouvernait. Cnut cherchait ainsi à éviter le processus par lequel le pays se fragmentait lentement en une série de petits royaumes.

Si ces vice-rois étaient une source de force pour le puissant Cnut, ils étaient une source de faiblesse pour le saint Confesseur, qui fut contraint de se soumettre au contrôle de ses dirigeants provinciaux, tels que Godwin et Leofric, alors que chacun gagnait tour à tour le pouvoir. main sur le terrain ou dans le Witan. Ce processus de désintégration se poursuivit jusqu'à ce que l'arrivée du Conquérant modifie complètement les relations de la monarchie avec tous les autres facteurs de la vie nationale.

Parmi les expédients adoptés par le duc normand pour soumettre ses feudataires en Angleterre à la couronne, l'un des plus importants fut l'abolition totale des anciennes provinces autrefois gouvernées par des ealdormen ou jarls séparés. Si l'on ne tient pas compte des franchises exceptionnelles, connues plus tard sous le nom de comtés palatins, le véritable représentant du roi dans chaque groupe de comtés était désormais le shérif ou *vice-coms*, et non le comte. Ce nom latin de *vice-comes* est trompeur, puisque le soi-disant officier ne représentait en aucun cas le comte ou *le comte*, mais agissait comme agent direct de la couronne. Le nom « vice-roi » décrit plus précisément sa position et ses fonctions réelles, puisqu'il était directement responsable devant la Couronne et indépendant du comte. Le problème du gouvernement local, cependant, n'a pas été éradiqué par la substitution du shérif au comte en tant que magistrat en chef du comté ; cela a seulement pris une forme différente. Les shérifs eux-mêmes, lorsqu'ils étaient libérés de la rivalité et du contrôle du comte, avaient tendance à devenir trop puissants. S'ils n'ont jamais songé à défier ouvertement le pouvoir royal, ils ont du moins contrecarré son exercice indirectement, s'appropriant à leurs usages privés des revenus, poussant leurs propres intérêts et punissant leurs propres ennemis, tout en agissant au nom du Roi. La fonction menaçait de devenir territoriale et héréditaire, [3] et ses titulaires visaient l'indépendance. De nouveaux contrôles ont dû être imaginés pour éviter que cette nouvelle collectivité locale ne défie à nouveau le pouvoir central. De nouvelles garanties furent trouvées, en partie dans l'organisation de l'Échiquier et en partie dans le dispositif consistant à envoyer périodiquement en tournée des juges itinérants, qui prirent la préséance sur le shérif, entendirent les plaintes contre ses méfaits dans son propre comté, et permirent ainsi à la Couronne de maintenir un un œil vigilant sur ses représentants. Grâce à de telles mesures, Henri Ier semblait presque avoir résolu ces problèmes avant sa mort ; mais son succès était plus apparent que réel.

Le caractère incomplet de la solution de la difficulté par Henri devint évident sous Étienne, lorsque le principal noble de chaque localité essaya, généralement avec succès, de s'emparer des *deux* postes ; de grands comtes comme Ralph de Chester et Geoffroy d'Essex contraignirent le roi non seulement à les confirmer comme shérifs dans leurs propres comtés titulaires, mais aussi à leur conférer le droit exclusif d'y agir comme juges.

Avec l'avènement d'Henri II. le problème fut, grâce à son énergie et à son génie, résolu de manière plus satisfaisante, ou du moins relégué au second plan. Ce grand dirigeant était assez fort pour empêcher le développement du principe héréditaire appliqué aux charges soit de la Maison, soit des magistrats locaux. Les shérifs étaient fréquemment changés, non seulement par la mesure drastique et unique connue sous le nom d'enquête sur les shérifs, mais systématiquement et comme expédient administratif normal. Pour le moment, le gouvernement local était maintenu dans une véritable soumission à la Couronne ; et peu à peu le problème s'est résolu de lui-même. Le pouvoir des shérifs tendit à diminuer au XIIIe siècle, principalement parce qu'ils trouvèrent des rivaux importants non seulement dans les juges itinérants, mais aussi dans deux nouveaux officiers dont on entendit parler pour la première fois sous le règne de Richard Ier, les précurseurs du coroner et du coroner modernes. respectivement juge de paix. Toute crainte que les shérifs, en tant que chefs administratifs des districts, affirment leur indépendance pratique à l'égard de la Couronne, prit ainsi fin. Pourtant, chacun d'eux restait un petit tyran sur les habitants de son propre bailliage. Même si la Couronne était capable et désireuse de venger toute négligence directe de ses propres intérêts, elle n'était pas toujours suffisamment vigilante pour venger les torts infligés à ses humbles sujets. Le problème du gouvernement local perdait alors rapidement son importance pressante à l'égard de la Couronne et prenait une forme nouvelle, à savoir la nécessité de protéger les faibles contre les amendes injustes et les oppressions que leur infligeaient les magistrats locaux. Le pouvoir local du shérif n'était plus une source de faiblesse pour le monarque, mais était devenu un élément efficace du mécanisme qui permettait à la Couronne de lever impunément ses impôts toujours croissants.

III. Guillaume Ier à Henri II. — Problème de l'Église et de l'État.

L'Église nationale avait été, dès le début, en alliance tacite avec la Couronne. L'aide amicale d'une longue lignée d'hommes d'État et de prélats depuis le Dunstan jusqu'en bas avait donné à la monarchie anglo-saxonne une grande partie du peu de force qu'elle possédait. Avant la Conquête, le lien entre l'Église et l'État était extrêmement étroit, à tel point que personne ne songeait à tracer une ligne de démarcation nette entre les deux. Ce qui devint ensuite deux entités distinctes, dérivant de plus en plus dans une opposition active, n'était d'abord que deux aspects d'un tout, un tout qui englobait toutes les classes du peuple, considérées à la fois dans leurs relations spirituelles et temporelles. Le changement s'est nécessairement produit avec la conquête normande, lorsque l'Église anglaise a été rapprochée de Rome et des idéaux ecclésiastiques prévalant sur le continent. Pourtant, aucun changement fondamental n'en a résulté ; les relations amicales qui liaient les prélats anglais au trône anglais restèrent intactes, tandis que les hommes d'Église anglais continuèrent de se tourner vers Cantorbéry, plutôt que vers Rome, pour obtenir des conseils. L'Église, dans le nouveau royaume de Guillaume le Conquérant, conservait un caractère plus national que celui de toute autre nation d'Europe.

La gratitude envers le Pape pour son soutien moral dans l'œuvre de la Conquête n'a jamais modifié la détermination de Guillaume à ne permettre aucune ingérence papale injustifiée dans ses nouveaux domaines. Sa lettre, à la fois franche et courtoise, en réponse aux demandes papales, existe toujours. "Je refuse de faire preuve de fidélité et je ne le ferai pas non plus, car je ne l'ai pas promis et je ne trouve pas non plus que mes prédécesseurs l'ont fait à vos prédécesseurs." Il était prêt à payer le denier de Pierre au taux reconnu par ses prédécesseurs saxons ; mais tous les empiètements seraient poliment repoussés.

En colonisant le pays nouvellement réduit à sa domination, le duc de Normandie trouva son plus précieux conseiller en la personne d'un ancien abbé de l'abbaye normande du Bec, qu'il éleva au rang de primat de toute l'Angleterre. Aucune trace ne nous est parvenue d'une dispute sérieuse entre William et Lanfranc.

Des relations essentiellement amicales entre leurs successeurs dans les fonctions de roi et d'archevêque sont restées, malgré la condamnation par Anselme des mauvaises actions de Rufus. Anselme soutenait chaleureusement l'autorité de ce roi sur les magnats normands, même s'il était mécontent de ses mauvaises pratiques envers l'Église. Il se contenta d'une protestation digne (renforcée par le retrait de sa présence d'Angleterre) contre les nouvelles exactions contre les prélats anglais et contre les longs intervalles pendant lesquels les postes restaient vacants. De retour à la mort de Rufus d'une sorte d' exil honorable à Rome, pour aider Henri à maintenir l'ordre et à accéder pacifiquement au trône, Anselme se trouva contraint par sa conscience et les récents décrets d'un concile du Latran, de s'engager dans la grande lutte de les investitures. L'Église et l'État se démêlaient progressivement l'un de l'autre ; mais à bien des égards, les pouvoirs spirituels et temporels étaient encore indissolublement liés. En particulier, tout évêque était vassal du roi, titulaire d'une baronnie de la Couronne, ainsi que prélat de la Sainte Église. Par qui donc un évêque doit-il être nommé, par le pouvoir spirituel ou par le pouvoir temporel ? Pourrait-il, sans péché, rendre hommage aux biens de son Siège ? Qui devrait l'investir de l'anneau et de la crosse, symboles de sa fonction de berger des âmes ? Anselme a adopté un point de vue, Henri l'autre. Un heureux compromis, suggéré par le sens politique du roi, combla pour le moment la brèche. L'anneau et la crosse, en tant qu'insignes d'autorité spirituelle, ne devaient être conférés que par l'Église, mais chaque prélat devait prêter allégeance au roi avant de recevoir ces symboles, et devait rendre hommage par la suite, mais avant d'être effectivement oint évêque. L'élection canonique était nominalement concédée par le roi ; mais là encore, un contrôle pratique fut imaginé pour rendre ce pouvoir inoffensif. Les membres du chapitre cathédral furent confirmés dans le droit théorique de nommer qui bon leur semblait, mais cette nomination devait être faite dans la cour ou la chapelle du roi, offrant ainsi au puissant monarque une pleine connaissance des débats et l'occasion d'être présent et de forçant pratiquement la sélection de son propre candidat.

L'Église a gagné beaucoup de pouvoir sous le règne d'Étienne et a mérité le pouvoir qu'elle a acquis, puisqu'elle est restée le seul centre stable de bon gouvernement, alors que toutes les autres institutions s'effondraient autour d'elle. Il n'était pas anormal que des hommes d'Église avancent de nouvelles revendications, et nous les voyons adopter le mot d'ordre, par la suite si célèbre, « que l'Église soit libre », une phrase vague sans doute destinée à être incorporée dans la Magna Carta. L'étendue de l'immunité ainsi revendiquée n'a jamais été clairement définie, et ce flou était probablement intentionnel, puisqu'une phrase élastique pourrait être élargie pour suivre le rythme des prétentions toujours croissantes de l'Église. Les hommes d'Église ont cependant clairement indiqué qu'ils entendaient que cela inclue au moins deux principes – ces droits connus plus tard respectivement sous le nom de « bénéfice du clergé » et d'« élection canonique ».

La tentative d'Henri II d'imposer une définition claire, incarnée dans les Constitutions de Clarendon en 1164, échoua de façon flagrante, principalement à cause de l'échec de ses plans consécutif au meurtre de Becket. Pourtant, les droits de l'Église, bien que théoriquement inchangés depuis l'époque d'Étienne, subissaient la pression exercée par le bras énergique d'Henri contre toute revendication de privilège. Les droits, théoriquement les mêmes, se rétrécissaient à des limites pratiques plus petites lorsqu'on les mesurait par rapport à la force d'Henri par rapport à la faiblesse d' Etienne. L'élection canonique restait donc à la fin du règne d'Henri II. c'était la même farce qu'au temps d'Henri Ier. L'« élection » revenait au chapitre du siège vacant ; mais le roi leur dit clairement qui élire. Les autres droits de l'Église dont jouissaient effectivement à la fin du règne d'Henri Plantagenêt n'étaient pas très différents de ceux qui avaient été énoncés dans les Constitutions de Clarendon, bien que ceux-ci n'aient jamais été officiellement reconnus par Cantorbéry ou par Rome. Ainsi en étaient-ils entre l'Église et l'État lorsque le trône d'Angleterre fut légué par Henri à ses fils. Il restait à la provocation téméraire de Jean, suivie de sa retraite rapide et lâche, pour imposer une nouvelle définition de la frontière entre les pouvoirs spirituels et temporels.

IV. Richard I. et John.

Henri II. avant sa mort, il avait accompli la tâche de rétablir l'ordre à laquelle le destin l'avait appelé. Pour y parvenir, il avait perfectionné un appareil de gouvernement d'une rare excellence, et également bien adapté aux fins de l'impôt, de la justice et de l'administration générale. Si grand que soit le pouvoir bénéfique de ce nouvel instrument entre les mains d'un roi sage et épris de justice, il était tout aussi puissant pour le mal entre les mains d'un monarque arrogant et injuste, ou même d'un monarque insouciant. Tous les anciens ennemis de la Couronne avaient été écrasés. Le gouvernement local, tel qu'il est aujourd'hui systématisé, constitue une source de force et non de faiblesse ; tandis que l'Église, dont les plus hautes fonctions étaient désormais remplies de fonctionnaires formés dans la maison et l'Échiquier d'Henri (ecclésiastiques de nom seulement, différant largement des saints moines comme Anselme), restait toujours l'amie fidèle de la Couronne. La monarchie était assez forte pour défier n'importe quelle section de la nation, et aucune inclination n'était encore apparente parmi les états du royaume à faire cause commune contre le trône.

Le soin même avec lequel la Couronne avait surmonté toutes ses premières difficultés induisit chez les successeurs d'Henri, hommes nés dans la pourpre, un sentiment de sécurité exagéré et une tendance à se dépasser par une arrogance excessive. En même temps, l'abjection même des différents éléments de la nation, désormais prosternés sous le talon de la Couronne, les préparait à laisser tomber leurs soupçons mutuels et à former une alliance tacite pour s'engager dans une lutte avec leur oppresseur commun. Les pouvoirs utilisés modérément et dans l'ensemble à des fins nationales par Henri furent successivement abusés à des fins purement égoïstes par ses fils. Les lourdes taxes de Richard et son indifférence méprisante à l'égard des intérêts anglais réconcilièrent progressivement les esprits avec les idées de changement et préparèrent la base d'une opposition combinée à une puissance qui menaçait de réduire en poudre toutes les autres puissances.

Nulle part ces abus ne furent ressentis avec autant de gravité que dans le domaine de la fiscalité. L'appareil financier avait été élaboré à la perfection, et d'importantes sommes supplémentaires pouvaient être extorquées auprès de toutes les classes sociales du pays par un tour de vis supplémentaire. Richard n'avait même pas besoin d'encourir l'odieux de cela, puisque les ministres, qui étaient ses instruments, le protégeaient de l'impopularité de ses mesures, tandis qu'il poursuivait son bon plaisir à l'étranger dans la guerre et les tournois sans même daigner visiter les sujets qu'il avait. opprimé. Deux fois seulement, pendant quelques mois à chaque fois, Richard se rendit en Angleterre au cours d'un règne de dix ans.

En son absence, de nouvelles méthodes d'imposition furent imaginées et de nouvelles classes de propriétés y furent soumises ; en particulier, les effets personnels - marchandises et autres biens meubles - placés une seule fois auparavant (en 1187 pour la dîme de Saladin) sous contribution, devenaient désormais une source régulière de revenus royaux. Le précédent isolé du règne d'Henri fut volontiers suivi lorsqu'un fardeau extraordinairement lourd dut être supporté par la nation pour produire la rançon exigée pour la libération de Richard de prison. La cordialité même avec laquelle l'Angleterre faisait des sacrifices pour secourir le monarque dans ses heures de besoin se retournait contre les contribuables. Richard ne montra aucune gratitude ; et, étant dépourvu de tout intérêt bienveillant pour ses sujets, il affirmait que ce qui avait été payé une fois pouvait tout aussi bien l'être à nouveau. Il se faisait ainsi des idées exagérées sur les revenus à tirer de l'Angleterre. De l'étranger, il envoyait demande sur demande à ses justiciers surmenés pour des sommes d'argent toujours croissantes. Les principales leçons du règne sont liées à cette fiscalité excessive et au mécontentement qui en résulte et qui préparent le terrain au nouveau regroupement des forces politiques sous Jean.

Quelques enseignements mineurs peuvent être notés :

(1) En l'absence de Richard, l'odieux de ses exactions tomba sur ses ministres dans son pays, qui portèrent ainsi le fardeau de ses propres épaules insensibles, tandis qu'il jouissait d'une popularité imméritée en raison de son courage et de ses réalisations, aussi exagérées soient-elles par le halo de romance qui entoure un héros lointain. On peut ainsi déceler une vague préfiguration de la doctrine de la responsabilité ministérielle, même s'il ne faut pas pousser trop loin de telles analogies avec la politique moderne.

(2) Tout au long du règne, de nombreuses parties du système d'Henri, les détails techniques de la fiscalité et les réformes de l'administration de la justice, furent élaborées par l'archevêque Hubert Walter. Des principes étroitement liés au procès par jury, d'une part, et à l'élection et à la représentation, d'autre part, se développaient tranquillement et étaient destinés à jouer un rôle important à d'autres époques.

(3) On dit parfois que Richard a inauguré l'âge d'or des communes. Sans doute de nombreuses chartes encore existantes témoignent de la main généreuse avec laquelle il accorda, du moins sur le papier, franchises et privilèges aux villes naissantes. John Richard Green trouve le véritable intérêt du règne non pas dans les croisades du roi et les guerres françaises, mais plutôt dans le soin qu'il a apporté à la croissance des entreprises municipales. L'importance des conséquences d'une telle politique n'est pas diminuée par le fait que Richard a agi pour des motifs sordides : vendre des privilèges, trop souvent de caractère purement symbolique, comme il vendait tout ce qui pouvait rapporter un prix.

La mort de Richard, le 6 avril 1199, apporta au moins un changement important ; L'Angleterre ne devait plus être gouvernée par un absent. Jean, aussi impatient de contrôle qu'incompétent, s'efforça de se libérer des contraintes de ministres puissants et résolut de diriger le travail du gouvernement à sa manière. Le résultat fut un arrêt brutal des progrès réalisés sous le règne précédent vers la responsabilité ministérielle. L'odieux qui s'épuisait autrefois sur les justiciers de Richard se dépensait maintenant sur Jean. Alors qu'auparavant les hommes cherchaient réparation en changeant de ministre, de telles vaines attentes ne pouvaient plus tromper. Un nouvel élément d'amertume s'ajouta aux blessures longtemps ressenties, et les nobles qui ressentirent le fardeau d'une lourde fiscalité furent contraints de chercher réparation dans une direction entièrement nouvelle. Toutes les forces du mécontentement jouaient ouvertement autour du trône.

Comme il est d'usage à l'ouverture d'un nouveau règne, les mécontents espéraient qu'un changement de souverain apporterait un certain soulagement. La fiscalité excessive de la fin du règne était le résultat de circonstances exceptionnelles. On s'attendait à ce que le nouveau roi revienne aux mesures financières moins lourdes de son père. De tels espoirs furent vite déçus. Les besoins de John s'avérèrent aussi grands que ceux de Richard, et l'argent qu'il obtint fut utilisé à des fins qui n'intéressaient personne d'autre que lui-même. Les exigences excessives en argent et en services, jointes aux usages impopulaires qui en furent faits, forment la note dominante de tout le règne. Ils constituent également l'arrière-plan de la Magna Carta.

Le règne se divise naturellement en trois périodes ; les années où Jean mena une guerre perdue avec le roi de France (1199-1206), la querelle avec le Pape (1206-13), la grande lutte de Jean avec les barons (1213-16).

Les sept premières années se passèrent relativement sans incident pour l'Angleterre, à l'exception de l'approfondissement progressif du dégoût à l'égard de Jean et de toutes ses voies. Les dominions continentaux étaient prêts à perdre, et Jean précipita la catastrophe par son injustice et sa lenteur. La facilité avec laquelle la Normandie a été perdue montre bien plus que l'incapacité du roi en tant que dirigeant et leader – John Softsword, comme l'appellent avec mépris les écrivains contemporains. Cela montre que l'armée féodale de Normandie en était venue à considérer le souverain anglais comme un monarque étranger et refusait de se battre pour soutenir le règne d'un étranger. Le refus des nobles anglais de secourir activement Jean a également une signification. Les descendants des hommes qui aidèrent Guillaume Ier à conquérir l'Angleterre avaient désormais perdu tout intérêt pour le pays d'où ils étaient issus. Ils étaient désormais des propriétaires terriens purement anglais, très différents du baronnage normand d'origine dont les intérêts, comme leurs domaines, avaient été également partagés des deux côtés de la Manche.

La mort de l'archevêque Hubert Walter en juillet 1205 priva le roi Jean des services de l'homme d'État le plus expérimenté d'Angleterre. Ce fut plus encore, car cela marqua la fin de la longue amitié entre la couronne anglaise et l'Église nationale. Son effet immédiat fut de créer un poste vacant, dont le comblement entraîna une amère querelle avec Rome.

Jean ne parvint pas, comme d'habitude, à reconnaître les mérites d'hommes plus capables, et ne vit dans la mort de son grand justicier et archevêque que la suppression d'une contrainte malvenue et l'ouverture à la couronne d'un patronage souhaitable. Il se préparait à exercer au maximum ses droits dans l'élection d'un successeur au siège de Cantorbéry, en faveur d'une de ses propres créatures, un certain John de Grey, déjà sous influence royale évêque de Norwich. Une opposition inattendue à sa volonté fut opposée par les chanoines de l'Église cathédrale, qui décidèrent d'adopter une politique audacieuse, à savoir transformer leur droit nominal d'élection canonique en réalité et de nommer leur propre candidat, sans attendre non plus l'approbation du roi. ou la coopération des évêques suffragants de la province qui, au cours des trois dernières vacances, avaient revendiqué leur participation à l'élection et avaient invariablement usé de leur influence en faveur du candidat du roi. Reginald, le sous-prieur, fut secrètement élu par les moines et se précipita à l'étranger pour obtenir confirmation à Rome avant que la nomination ne soit rendue publique. La vanité de Reginald l'empêcha de tenir son serment de secret, et une rumeur parvint aux oreilles de John, qui fit pression sur les moines, maintenant effrayés par leur propre témérité, et obtint la nomination de de Grey lors d'une seconde élection. L'évêque de Norwich fut effectivement intronisé à Cantorbéry et investi par le roi des temporalités du siège. Tous les partis envoyèrent désormais des représentants à Rome. Cette querelle quelque peu mesquine ne profita à aucun des premiers opposants ; pour l'astucieux Innocent III. fut prompt à voir une opportunité d'agrandissement papal. Les deux élections furent annulées par décret de la Curie papale, et les émissaires des différents partis furent contraints ou persuadés de nommer sur-le-champ, en présence du pape, le candidat du pape lui-même, un certain cardinal, d'origine anglaise, mais jusqu'alors peu connu dans le monde. L'Angleterre, Stephen Langton de son nom, destiné à jouer un rôle important dans l'histoire future de son pays natal.

Jean a refusé de considérer ce triomphe de l'arrogance papale à la lumière d'un compromis – le point de vue diplomatiquement suggéré par Innocent. Le roi, avec le sang chaud commun à sa race et le mauvais jugement qui lui était propre, se précipita tête baissée dans une querelle avec Rome qu'il était incapable de mener à bonne fin. Les détails de la lutte, les interdits et les excommunications lancés par le pape, et les mesures de représailles prises par Jean contre le malheureux clergé anglais, n'ont pas besoin d'être discutés, car ils n'affectent pas directement le complot principal qui a culminé à Runnymede.

John n'était pas dépourvu d'une certaine sagacité de type égoïste et myope, mais il était complètement dépourvu de sens politique clairvoyant. Un jour, il devait récolter les fruits de cette querelle dans une amère humiliation et dans la défaite de ses objectifs les plus chers ; mais, pour le moment, la rupture avec Rome semblait conduire au triomphe du roi. Les empiétements papaux lui fournissaient un prétexte convenable pour confisquer les biens du clergé. Ainsi son Trésor fut amplement reconstitué, tandis qu'il parvint pour un temps à se concilier ses adversaires les plus invétérés, les barons du Nord, en lui renonçant pendant plusieurs années au fardeau haï d'un scutage, qui, dans d'autres périodes de son règne, tendait à devenir un fardeau. imposition annuelle. John n'avait cependant pas l'intention de renoncer à son droit de reprendre la pratique des scutages annuels chaque fois que cela lui convenait. Au contraire, il exécuta une mesure destinée à les rendre plus rémunératrices à l'avenir. Ce fut la grande enquête de service ordonnée le 1er juin 1212. [4]

Au cours de ces années, cependant, John relâcha temporairement la pression sur ses locataires féodaux. Ce faisant, il n'a pas réussi à regagner la moindre bonne volonté, tandis qu'il a élargi la base de la résistance future en déplaçant ses oppressions sur le clergé et, à travers lui, sur les pauvres.

Certains incidents de l'automne 1212 nécessitent un bref rappel, tant en raison de leur propre intérêt que parce qu'ils trouvent un écho dans les paroles de la Magna Carta. De sérieux problèmes étaient survenus avec le Pays de Galles. Llywelyn (qui avait épousé la fille naturelle de John, Joan, et avait consolidé son pouvoir sous la protection du roi anglais) saisit maintenant l'occasion pour traverser la frontière, tandis que John préparait ses projets pour une nouvelle expédition continentale. Le roi changea ses plans et se prépara à conduire ses troupes au Pays de Galles plutôt qu'en France. Un rassemblement fut convoqué pour septembre à Nottingham, et John s'y rendit pour les rencontrer. Avant de goûter à la viande, comme nous le raconte le récit graphique de Roger de Wendover, il pendit vingt-huit otages gallois, des garçons de famille noble, qu'il tenait pour garants que Llywelyn maintiendrait la paix. [5]

Presque immédiatement après, deux messagers arrivèrent simultanément d'Écosse et du Pays de Galles avec des nouvelles inattendues. La fille de Jean, Jeanne, et le roi d'Écosse, l'ont chacun indépendamment averti que ses barons anglais étaient prêts à se révolter, sous le couvert de l'absolution du pape de leur allégeance, et soit à le tuer, soit à le livrer aux Gallois. Le roi n'osait pas leur offrir une si belle occasion. Dans la panique, il dispersa les levées féodales ; et, accompagné uniquement de ses mercenaires, retourna lentement à Londres. [6]

Deux des barons, Robert Fitz-Walter, plus tard maréchal de l'armée qui s'opposa plus tard à Jean à Runnymede, et Eustace de Vesci, montrèrent qu'ils connaissaient les soupçons de Jean (s'ils ne les justifiaient pas) en se retirant secrètement de son Cour et prise de fuite. Le roi les fit mettre hors la loi en leur absence, puis s'empara de leurs domaines et démolit leurs châteaux. [7]

Ces événements de septembre 1212 sortirent brutalement Jean du faux sentiment de sécurité dans lequel il s'était enveloppé quelques mois plus tôt. Au printemps de la même année, il semblait encore jouir de toute la prospérité ; et il devait être un prophète audacieux qui avait osé prédire, comme Pierre de Wakefield l'avait prédit, la chute rapide du roi – une prophétie dont le sens principal (bien que les détails) s'est effectivement réalisé. [8]

L'apparente sécurité de John était trompeuse ; il avait sous-estimé les pouvoirs déployés contre lui. Avant la fin de cette année-là, il avait compris, dans un éclair soudain, que le Pape était trop fort pour lui, dans les circonstances où il se trouvait alors. Il se pourrait bien que, si le trône de Jean reposait sur une base solide de l'amour de ses sujets, il aurait défié impunément les tonnerres de Rome ; mais, bien qu'il fût encore un despote effréné, son despotisme reposait désormais sur des fondations creuses. Ses barons, en particulier les esprits avides du Nord, s'abstenirent de se rebeller ouvertement jusqu'à ce qu'une bonne occasion leur soit offerte. L'excommunication papale d'un roi relevait ses sujets de leurs serments d'allégeance, ce qui pouvait rendre leur révolte délibérée dangereuse et peut-être mortelle. À ce moment critique, Innocent joua sa première carte en invitant le roi de France à agir comme exécuteur de la sentence d'excommunication contre son frère le roi. Jean comprit aussitôt que le moment était venu de faire la paix avec Rome.

Peut-être devrions-nous admirer l'inspiration soudaine qui a montré au roi que sa partie était jouée et perdue, tout en regrettant l'humiliation de sa reddition et l'aveuglement antérieur qui ne pouvait pas voir un peu plus loin.

Le 13 mai 1213, Jean rencontra Pandulf, légat papal, et accepta sans condition ses demandes, qu'il avait refusées avec mépris quelques mois auparavant. Une réparation complète devait être faite à l'Église. Stephen Langton devait être reçu comme archevêque en tout honneur avec ses évêques, amis et parents bannis. Tous les biens de l'église devaient être restaurés, avec compensation pour les dommages causés. L'une des conditions mineures de l'absolution de Jean était la restitution à Eustace de Vesci et Robert Fitz-Walter des domaines dont ils persuadaient qu'Innocent avait été confisqué en raison de leur loyauté envers Rome. [9]

L'humiliation de John ne s'est pas arrêtée là. Deux jours plus tard, il démissionna des couronnes d'Angleterre et d'Irlande et les reçut de nouveau comme feudataire du pape, promettant de lui rendre hommage personnel si l'occasion le permettait. Tel était le prix que le roi était désormais prêt à payer pour l'alliance active du pape contre ses ennemis intérieurs et extérieurs, l'ancienne soumission n'ayant fait qu'acheter l'excommunication. John espérait ainsi se dégager de ses difficultés croissantes et être ainsi libre de se venger de ses ennemis baronnials. La reddition de la couronne était consignée dans un document juridique formel qui devait être rédigé par Jean, « avec le conseil commun de nos barons ». S'agissait-il simplement de mots de forme ? Ils l'étaient peut-être lors de leur première utilisation ; Pourtant, deux ans plus tard, les envoyés des barons insurgés affirmèrent à Rome que le mérite (c'est ainsi qu'ils le présentaient maintenant) de l'ensemble de la transaction leur revenait. Peut-être les barons consentirent-ils à la reddition, pensant que faire du pape le seigneur suprême de l'Angleterre protégerait les habitants de la tyrannie irresponsable de Jean ; tandis que Jean espérait (à plus juste titre comme les événements le prouvaient) que l'amitié du pape augmenterait sa capacité à exercer sa mauvaise volonté sur ses ennemis. En tout état de cause, aucune opposition ou protestation active ne semble avoir été soulevée par qui que ce soit au moment de la capitulation. Cette démarche, si répugnante pour les écrivains ultérieurs, ne semble pas avoir été considérée par les contemporains comme une honte. Matthieu Paris, en effet, écrivant dans la génération suivante, le décrit comme « une chose à détester pour toujours » ; mais les événements avaient mûri à l'époque de Matthieu, et il était un politicien passionné plutôt qu'un spectateur impartial. [dix]

Stephen Langton, désormais assuré d'être accueilli aux hautes fonctions dans lesquelles il avait été propulsé contre la volonté de Jean, débarqua à Douvres et fut reçu par le roi à Winchester le 20 juillet 1213. Jean jura sur les Évangiles de chérir et de défendre la Sainte Église. , pour restaurer les bonnes lois d'Édouard, et rendre à tous les hommes leurs droits, en répétant pratiquement les paroles du serment de couronnement. En outre, il a promis de réparer tous les biens enlevés à l'Église ou aux ecclésiastiques. Ce serment, accompagné de la promesse, était la condition à laquelle il devait être absous, provisoirement par Langton, et plus formellement par un légat, envoyé spécialement de Rome à cet effet.

V. Les années de crise, 1213-1215.

Pendant une brève saison après que Jean eut fait la paix avec Rome, il sembla jouir des fruits substantiels de sa diplomatie. Une fois de plus, le caractère myope de ses capacités fut illustré ; un bref triomphe a conduit à une chute plus profonde. Le roi considérait pour le moment, avec quelque apparence de raison, qu'il avait repris le contrôle de ses ennemis au dedans et au dehors. La menace d'invasion de Philippe dut être abandonnée ; le peuple a renouvelé son allégeance après la suppression de la sentence papale ; les barons durent se réconcilier tant bien que mal, en attendant une meilleure occasion de se rebeller. Si Jean s'était limité aux affaires intérieures, il aurait pu retarder l'explosion finale : il ne pouvait cependant pas se réconcilier avec la perte du grand héritage continental de ses ancêtres. Ses tentatives pour récupérer la Normandie et l'Anjou, en partie par la force des armes et en partie par une grande coalition, conduisirent à de nouvelles exactions et à de nouveaux murmures, mais elles se soldèrent par un échec complet, qui le laissa, discrédité et sans le sou, à la merci des mécontents de l'époque. maison.

Sa campagne projetée dans le Poitou nécessiterait toutes les levées qu'il pourrait lever. Plus d'une fois, Jean exigea, et ses barons refusèrent, leur service féodal. De nombreuses excuses ont été avancées. Au début, ils refusèrent de suivre un roi qui n'était pas encore totalement absous. Pourtant, lorsque l'archevêque Stephen, le 20 juillet 1213, retira la censure papale contre Jean à Winchester, après avoir exigé des promesses de bon gouvernement, les barons du Nord refusèrent toujours. Leur nouvel argument était que le régime foncier sur lequel ils détenaient leurs terres ne les obligeait pas à servir à l'étranger. Ils ajoutèrent qu'ils étaient déjà épuisés par les expéditions en Angleterre. [11]

Jean a pris cela comme un défi ouvert et a décidé, avec des troupes à son dos (*per vim et arma*), de contraindre à l'obéissance.

Avant que ses préparatifs ne soient terminés, une assemblée importante s'était réunie à Saint-Albans (le 4 août) pour faire une enquête sous serment sur l'étendue des dommages causés aux hommes d'Église pendant les années de querelle de Jean avec Rome. La réunion est remarquable, non seulement par la raison de sa convocation, mais aussi par sa composition. Il s'agit du premier conseil national au sein duquel le principe de représentation a été reconnu (d'après nos archives). [12] Quatre hommes légitimes, accompagnés du préfet, de chaque village ou manoir du domaine royal, étaient présents, mais seulement, il faut le rappeler, à titre très médiocre - uniquement pour faire une enquête sous serment sur le montant des dommages. fait. De telles enquêtes menées par les humbles représentants des villages étaient assez courantes localement ; la nouveauté réside dans le fait que leur verdict était désormais rendu par une assemblée nationale. Des instructions furent émises au nom du roi lors de la même réunion, ordonnant aux shérifs, aux forestiers et à d'autres d'observer les lois d'Henri Ier et de s'abstenir de exactions injustes, car ils accordaient de l'importance à leurs membres et à leur vie. [13]

Le 25 août, après que John eut entrepris avec ses mercenaires de punir par la force des armes le refus de ses magnats du Nord de le suivre sur le continent, comme il les tenait tenus de le faire en vertu de leurs obligations féodales, Stephen Langton tint une réunion avec les grands hommes du sud. De nombreux évêques, abbés, prieurs et doyens, ainsi que quelques magnats laïcs des comtés du sud, le rencontrèrent à Saint-Paul de Londres. L'objet apparent de cette assemblée était de déterminer quel usage l'archevêque devait faire de son pouvoir pour accorder un assouplissement partiel de l'interdit qui continuait de ravager l'Angleterre et qui ne pourrait être définitivement levé avant l'arrivée du légat avec plus de pouvoirs. Si l'on en croit Roger de Wendover, des affaires plus importantes se traitaient en l'absence du roi. Stephen a rappelé aux magnats que l'absolution de Jean avait été conditionnée à une promesse de bon gouvernement, et comme norme pour les guider dans leur jugement de ce qu'impliquait un tel gouvernement, il a produit une copie de la Charte des libertés d'Henri Ier. Tous les présents ont juré de « se battre pour ces libertés, si nécessaire, même jusqu'à la mort ». L'archevêque promit son aide, « et une confédération étant ainsi établie entre eux, la conférence fut dissoute ». [14]

Stephen Langton, cependant, souhaitait une solution pacifique si possible, et trois jours plus tard nous le trouvons, après un voyage quelque peu précipité, à Northampton, le 28 août, s'efforçant sérieusement et avec succès d'éviter la guerre civile entre John et le locataires récalcitrants de la Couronne dans le Nord.

Son argumentation mérite une attention particulière. Le roi, insistait-il, ne devait pas déclencher la guerre contre ses sujets avant d'avoir obtenu un jugement légal contre eux. La substance de cet avis doit être comparée aux termes du chapitre 39 de la Magna Carta. John n'aimait pas l'ingérence d'Etienne dans les affaires laïques et continua sa marche vers Nottingham ; mais les menaces de nouvelles excommunications le poussèrent enfin à consentir à substituer la procédure judiciaire à la violence, et à fixer un jour pour le procès des défaillants devant la *Curia Regis*, procès qui n'eut jamais lieu. [15]

John a apparemment continué son voyage aussi loin au nord que Durham, mais est revenu rencontrer le nouveau légat papal Nicolas, à qui il a rendu l'hommage promis et a répété l'acte formel de capitulation à St. Paul's le 3 octobre. [16] Ayant ainsi complété son alliance avec le pape, il était sûr de vaincre ses ennemis en France et en Angleterre. Comme la plupart, sinon la totalité, des grands magnats étaient contre lui, il comprit qu'il serait bon de renforcer sa position en soutenant la classe inférieure dans le système féodal de la société. C'est peut-être cela qui a amené Jean à élargir la base de l'Assemblée nationale. Le grand Conseil, qui se réunit à Oxford le 15 novembre 1213, fut marqué par la présence, outre les locataires de la Couronne, de représentants des différents comtés. Les shérifs, selon les termes des brefs du roi, devaient faire rassembler tous les chevaliers déjà convoqués (c'est-à-dire les locataires de la couronne) et quatre hommes discrets de chaque comté « ad loquendum nobiscum de négocis regni nostri ». Miss Norgate [17] insiste sur le fait que ces brefs ont été délivrés après la mort du grand justicier Geoffrey Fitz-Peter, et avant qu'un successeur ait été nommé. John, affirme-t-elle, a agi de sa propre initiative et a donc le mérite d'être le premier homme d'État à introduire des représentants des comtés à l'Assemblée nationale. L'importance de ce précédent ne doit pas être obscurcie par la nature égoïste des motifs qui l'ont motivé. Les chevaliers qui étaient locataires des seigneurs mesne (Miss Norgate dit « yeomen ») étaient invités à servir de contrepoids aux barons. Cette innovation anticipait la ligne de progrès suivie par la suite par de Montfort et Édouard Ier. Par rapport à elle, les dispositions souvent louées du chapitre 14 de la Magna Carta doivent être considérées comme désuètes et même réactionnaires.

Au début du printemps 1214, Jean considérait que ses troubles intérieurs étaient terminés et qu'il était désormais libre d'utiliser contre la France la coalition formée par sa diplomatie. Il partit à l'étranger au début de février, laissant Peter des Roches, l'impopulaire évêque de Winchester, maintenir la paix comme justicier et veiller sur ses intérêts, de concert avec le légat papal. Bien qu'abandonné par les barons du nord, Jean s'appuyait en partie sur ses mercenaires, mais principalement sur l'empereur Otto et ses autres puissants alliés. La fortune, toujours inconstante, le favorisa au début, pour ensuite ruiner encore plus complètement tous ses projets. L'accident eut lieu le dimanche 27 juillet 1214, lorsque le roi de France triompha des alliés lors de la bataille décisive de Bouvines. Trois mois plus tard, Jean fut contraint de signer une trêve de cinq ans avec Philippe, abandonnant toute prétention de récupérer ses dominations continentales.

Il avait laissé au dedans des ennemis plus dangereux que ceux qui l'avaient vaincu à Bouvines, des ennemis qui avaient suivi avec une impatience tremblante les vicissitudes de sa fortune au dehors. Ses succès antérieurs ont semé le désarroi parmi les mécontents en Angleterre, inquiets des conséquences probables de son retour triomphal au pays. Ils attendirent avec anxiété, mais pas paresse, le point culminant de sa campagne, s'abstenant sagement de se rebeller ouvertement jusqu'à ce que la nouvelle de son échec ou de son succès leur parvienne. Pendant ce temps, ils organisaient tranquillement leur programme de réforme et leurs mesures de résistance.

Les efforts acharnés de John pour exiger de l'argent et des services, tout en échouant à remplir son Trésor comme il l'espérait, avaient mûri l'hostilité latente en une confédération active organisée pour la résistance. Lorsque l'Angleterre apprit le résultat de la bataille, les barons sentirent que le moment de l'action était venu.

Même à l'étranger, John n'avait pas relâché ses efforts pour arracher des exactions à l'Angleterre. Sans consentement ni avertissement, il avait imposé un scutage au taux sans précédent de trois marks sur les honoraires du chevalier. Des ordonnances pour sa perception avaient été émises le 26 mai 1214, une exception étant en effet prévue pour les tenanciers personnellement présents dans l'armée du roi en Poitou. Les barons du Nord, qui avaient déjà refusé de servir en personne, refusèrent désormais également de payer le scutage. Cette répudiation était formulée en termes particulièrement audacieux et radicaux ; ils niaient toute responsabilité de suivre le roi non seulement dans le Poitou, mais dans n'importe quelle partie du continent. [18]

Lorsque Jean revint, à la mi-octobre 1214, il se trouva confronté à une crise unique dans l'histoire anglaise. Pendant son absence, les opposants à son mauvais gouvernement s'étaient rassemblés, avaient formulé leurs griefs et mûri leurs plans. Les embarras sur le continent qui affaiblirent le roi réconfortèrent l'opposition. Les barons du Nord prirent les devants. Leur coupe de colère, qui les remplissait depuis longtemps, déborda lorsque le scutage des trois points fut imposé. Moins de quinze jours après son débarquement, Jean tint un entretien avec les mécontents à Bury St. Edmunds (le 4 novembre 1214). [19] Aucun compromis n'a été trouvé. John a insisté pour que le scutage soit payé, et les barons ont refusé.

Il semble probable qu'après le départ de Jean, une conférence de nature plus privée eut lieu au cours de laquelle, sous couvert d'assister à la prière à l'abbaye, une conspiration contre Jean fut jurée. Roger de Wendover donne un récit graphique de ce qui s'est passé. Les magnats se réunissaient « comme pour prier ; mais il y avait autre chose en question, car après avoir eu de nombreux entretiens secrets, on apporta parmi eux la charte du roi Henri Ier, que les mêmes barons avaient reçue à Londres... de l'archevêque Stephen de Cantorbéry. » [20] Un serment solennel fut prêté de retirer leur fidélité (menace effectivement mise à exécution le 5 mai de l'année suivante) et de faire la guerre au roi, à moins qu'il n'accorde leurs libertés ; et une date – peu après Noël – fut fixée pour présenter leurs revendications formelles. Pendant ce temps, ils se séparèrent pour préparer la guerre. Le roi comprit également qu'un recours aux armes était imminent. Tout en s'efforçant de rassembler des mercenaires, il tenta en vain de semer la discorde parmi ses adversaires. Il espérait notamment racheter l'hostilité de l'Église par une charte distincte qu'il publiait le 21 novembre. Cela prétend être accordé « du consentement commun de nos barons ». Son objectif était de satisfaire l'Église en transformant l'élection canonique d'une imposture en une réalité. L'élection des prélats, grands et petits, devrait désormais être réellement libre dans toutes les églises et monastères cathédrales et conventuels, réservant à la Couronne le droit de tutelle pendant les vacances. Jean a promis de ne jamais refuser ou retarder son consentement à une élection et a conféré aux électeurs le pouvoir, s'il le faisait, de procéder sans lui. Le roi fut amèrement déçu dans son espoir de pouvoir, grâce à ce pot-de-vin, faire passer l'Église nationale du côté des barons au sien.

John était probablement bien au courant de ce qui se passait à St. Edmunds après son départ, et il savait aussi que la fin de l'année était le moment fixé pour formuler des revendications. Il passa ce qui devait être un Noël anxieux à Worcester (toujours un lieu de repos préféré de ce roi), mais n'y resta qu'un jour, se précipitant vers le Temple de Londres, où la proximité de la Tour lui donnerait un sentiment de sécurité. . Là, le 6 janvier 1215, une députation des insurgés le rencontra sans dissimuler que leurs revendications étaient appuyées par la force. Ces demandes, lui dirent-ils, incluaient la confirmation des lois du roi Édouard, avec les libertés énoncées dans la Charte d'Henri.

Sur les conseils de l'archevêque et du maréchal, qui faisaient office de médiateurs, Jean demanda une trêve jusqu'à Pâques, qui lui fut accordée en échange de la promesse qu'il donnerait alors une satisfaction raisonnable. L'archevêque, le maréchal et l'évêque d'Ely furent désignés comme les titres du roi.

Le 15 janvier, Jean réédite la Charte de l'Église et exige un renouvellement des hommages de tous ses sujets. Les shérifs de chaque comté avaient pour instruction de faire prêter serment sous une forme particulièrement rigoureuse ; tous les Anglais doivent désormais jurer de « se tenir à ses côtés contre tous les hommes ». Entre-temps, des émissaires furent envoyés des deux côtés à Rome. Eustace de Vesci, en tant que porte-parole des mécontents, a demandé à Innocent, en tant que suzerain de l'Angleterre, de contraindre Jean à restaurer les anciennes libertés, et a réclamé une considération au motif que la reddition de Jean au Pape avait été faite sous la pression exercée par eux sur le roi. - tout cela sans effet. Jean pensait apaiser le pape en prenant la croix, mesure politique (dont la date est donnée par une autorité au 2 février et par une autre au 4 mars), qui servirait également à le protéger contre la violence personnelle et qui permettrait comme l'illustrent bien plusieurs chapitres de la Magna Carta, une excuse fertile pour tarder à remédier aux abus. En avril, les barons du Nord, convaincus que le moment d'agir était venu, se réunirent en armes à Stamford et, après Pâques (à l'expiration de la trêve), marchèrent vers le sud jusqu'à Brackley, à Northampton. Là, ils furent accueillis, le 27 avril, par l'archevêque et le maréchal, comme émissaires du roi, qui leur demandèrent ce qu'ils voulaient.

Ils reçurent en réponse, et rapportèrent avec eux à Jean, un certain calendrier, qui consistait pour la plupart en anciennes lois et coutumes du royaume, avec une menace supplémentaire que si le roi n'adhibait pas immédiatement son sceau, les rebelles contraindraient lui en s'emparant de ses châteaux, de ses terres et de ses biens. [21]

Ce calendrier peut être considéré comme une ébauche du document rédigé plus complètement six semaines plus tard, communément appelé les Articles des Barons. [22]

La réponse de John, lorsqu'il a lu ces demandes, a été catégorique. « Pourquoi les barons, avec ces injustes exactions, ne demandent-ils pas mon royaume ? Alors furieux, il déclara par serment qu'il ne leur accorderait jamais de telles libertés, par lesquelles il se ferait esclave. [23]

Le 5 mai, les barons renoncèrent formellement à leur allégeance [24] et choisirent comme commandant Robert Fitz-Walter, qui se qualifiait pieusement et avec grandiloquence de « Maréchal de l'armée de Dieu et de la Sainte Église ».

Les insurgés, encore frissonnants au bord de la guerre civile, tardèrent à marcher vers le sud. Beaucoup dépendrait de l'attitude de Londres, avec sa richesse et sa position centrale ; et Jean exigeait haut et fort le soutien de ses citoyens. Le 9 mai, une nouvelle charte [25] fut accordée aux Londoniens, qui bénéficièrent désormais d'un privilège longtemps convoité, le droit d'élire leur maire chaque année et de le révoquer à la fin de l'année. Cela marquait le point culminant d'une longue série de subventions progressives en leur faveur. Auparavant, le maire exerçait ses fonctions à vie et Henry Fitz-Aylwin, le premier titulaire de ce poste (nommé peut-être en 1191), était décédé en 1213.

Apparemment, aucun prix n'a été payé pour cette charte ; mais Jean attendait sans doute en retour le soutien reconnaissant des Londoniens, exactement comme il s'était attendu au soutien des hommes d'Église lorsqu'il accorda à deux reprises une charte en leur faveur. Dans les deux cas, il a été déçu. Le lendemain, il fit, probablement pour retarder sa décision, une offre d'arbitrage aux barons. En pleine vague de préparatifs militaires, il publia une ordonnance en ces termes : « Sachez que nous avons concédé à nos barons qui sont contre nous que nous ne les prendrons pas, ni ne les disséminerons, ni leurs hommes, ni n'irons contre eux per vim vel per arma . , sauf par la loi de notre pays, ou par le jugement de leurs pairs *in curia nostra* , jusqu'à ce que la considération ait été faite par quatre que nous choisirons de notre part et quatre qu'ils choisiront de leur part, et le seigneur Pape qui sera leur maître » - des mots dignes d'une comparaison minutieuse avec ceux utilisés dans le chapitre 39 de la Magna Carta. L'offre ne pouvait pas être prise au sérieux, car elle laissait pratiquement la décision sur toutes les questions vitales au pape, dont les barons se méfiaient. [26]

Une autre ordonnance royale, datée de deux jours plus tard, montre un changement rapide de politique, dû sans doute au rejet méprisant de l'arbitrage. Le 12 mai, John a ordonné aux shérifs de faire précisément ce qu'il avait proposé de ne pas faire. Il leur a été demandé de prendre des mesures violentes contre les rebelles sans attendre un « jugement de leurs pairs » ou autre formalité. Les terres, les biens et les biens des ennemis du roi devaient être saisis et utilisés à son profit. [27]

Les barons, rejetant toutes les offres, marchèrent par Northampton, Bedford et Ware, vers la capitale. Londres, malgré la charte reçue huit jours plus tôt, se rangea hardiment du côté des insurgés, auxquels elle ouvrit ses portes le 17 mai. [28] L'exemple de Londres fut rapidement suivi par d'autres villes et par de nombreux nobles hésitants. Les confédérés se sentaient assez forts pour adresser des lettres à tous ceux qui adhéraient encore au roi, leur demandant de l'abandonner sous peine de confiscation.

Jean se trouvait, pour le moment, sans pouvoir de résistance efficace ; et, probablement dans l'optique de gagner du temps plutôt que de s'engager irrémédiablement dans une réduction de ses prérogatives, accepta de rencontrer ses adversaires. En guise de préalable, il délivra le 8 juin un sauf-conduit aux représentants des barons pour le rencontrer à Staines dans les trois jours suivants. Ce préavis était apparemment trop court, puisque le 10 juin, John, maintenant à Windsor, accorda une prolongation du délai et un sauf-conduit jusqu'au lundi 15 juin. Guillaume le Maréchal et d'autres envoyés furent envoyés de Windsor vers les barons de Londres avec ce qui était pratiquement un message de capitulation. On dit aux barons que Jean « accéderait librement aux lois et libertés qu'ils demanderaient » s'ils fixaient un lieu et un jour pour une réunion. Les intermédiaires, selon les mots de Roger de Wendover, [29] « rapportèrent sans ruse aux barons le message qui leur avait été sournoisement imposé » – ce qui implique que Jean n'avait l'intention de faire aucune promesse, sauf celles qui n'étaient pas sincères. Pourtant les barons, *immenso fluctuantes l'ont dit*, ont fixé comme heure de réunion le dernier jour de la trêve prolongée, le lundi 15 juin, dans un certain pré entre Staines et Windsor, connu sous le nom de Runnymede.

VI. Runnymede, et après.

Le 15 juin, le roi et les barons se réunissent. Du côté des insurgés parut une grande armée ; du côté du monarque, il ne s'agissait que d'une petite bande de magnats, fidèles à la personne du roi, mais qui, au mieux, ne le soutenaient que timidement. Leurs noms peuvent être lus dans le préambule de la Charte : le principal d'entre eux, Stephen Langton, encore nominalement neutre, était connu pour être pleinement sympathique aux rebelles.

Le Dr Stubbs, [30] soutenant que tout le baronnage d'Angleterre était impliqué dans ces événements émouvants, donne une analyse magistrale de ses membres les plus remarquables en quatre grands groupes : (1) les Northumbrani ou Norenses des chroniqueurs, noms célèbres dans le les comtés du nord, qui avaient été les premiers à lever l'étendard de la révolte ouverte et à conserver la tête du peloton ; (2) les autres nobles de toutes les régions de l'Angleterre, qui s'étaient montrés très tôt prêts à coopérer avec les habitants du Nord – « les grandes familles baronniales qui avaient été assez sages pour rejeter les aspirations féodales de leurs ancêtres, et les maisons montantes issues de la noblesse ministérielle » ; (3) le parti modéré qui, prêt à adorer le soleil levant, a abandonné Jean après que Londres ait rejoint les rebelles, y compris même le demi-frère du roi (le comte de Salisbury), le fidèle maréchal Hubert de Burgh et d'autres ministres de la Couronne, dont les noms peuvent être lus dans le préambule de la Charte ; et (4) les outils du mauvais gouvernement de John, pour la plupart des hommes de naissance étrangère, liés à John par des motifs d'intérêt ainsi que par une loyauté personnelle, puisque leurs différences avec les dirigeants baronnials sont trop profondes pour une réconciliation, dont la plupart sont stigmatisés nommément. dans la Magna Carta comme à jamais incapable d'exercer des fonctions dans le royaume. Ces hommes aux fortunes désespérées restèrent seuls de tout cœur aux côtés de John lorsque la crise survint. [31]

Lorsque la conférence commença, le quatrième groupe n'était pas près de Jean, étant occupé par ailleurs au commandement des garnisons du château ou des troupes actuellement en campagne ; le troisième groupe, un petit groupe, était avec lui ; et les premier et deuxième groupes étaient, dans leur force imposante, disposés contre lui.

Malheureusement, le flou des récits contemporains ne permet pas de reproduire avec certitude le déroulement des négociations lors de cette journée mouvementée du 15 juin et des quelques jours qui ont suivi. Certaines conclusions peuvent cependant être tirées des termes de la Charte elle-même ainsi que de ceux de plusieurs documents étroitement liés. L'un d'eux, les Articles des Barons [32], est parfois censé être identique dans ses termes au Programme qui avait déjà été présenté aux émissaires du Roi, à Brackley, le 27 avril. [33] Il est plus probable, cependant, qu'au cours des sept semaines mouvementées qui s'étaient écoulées depuis, les revendications initiales avaient été quelque peu modifiées. Il n'est pas improbable que cet intervalle ait été mis à profit pour rendre les termes de l'accord proposé plus complets et plus précis. Le Programme d'avril n'était probablement qu'une ébauche des articles tels que nous les connaissons, et ceux-ci formèrent à leur tour le nouveau projet sur lequel était basée la Charte complétée. Les articles et la Charte sont également authentifiés par l'empreinte du grand sceau du roi, preuve incontestable que les termes de chacun d'eux ont effectivement reçu son consentement officiel.

Ce fait donne une forte présomption qu'un intervalle a dû s'écouler entre l'acceptation par le roi du premier et l'achèvement définitif du second ; car il eût été absurde de sceller ce qui était pratiquement un projet en même temps que l'instrument principal. La probabilité d'un tel intervalle ne doit pas être perdue de vue dans toute tentative de reconstituer dans l'ordre chronologique les étapes des négociations de Runnymede.

Quelques faits incontestables constituent un point de départ sur lequel des déductions peuvent être fondées. Le quartier général de John était fixé à Windsor du lundi 15 juin au mardi 23 après-midi. Chacun de ces neuf jours (à l'exception peut-être des 16 et 17), il se rendit à Runnymede pour conférer avec les barons. [34]

Deux étapes cruciales dans ces négociations furent clairement franchies le lundi 15 (date fixée par la Magna Carta elle-même) et le vendredi 19 (jour où Jean déclara dans plus d'un bref que la paix avait été conclue). Ce qui s'est passé exactement au cours de chacun de ces deux jours est cependant, dans une certaine mesure, une question de conjecture. On soutient ici, avec une certaine confiance, que lundi le fond des demandes des barons fut provisoirement accepté et que les articles furent alors scellés ; tandis que vendredi, cet arrangement a été finalement confirmé et la Magna Carta elle-même, en plusieurs exemplaires, a été scellée.

Pour justifier ces déductions, un examen plus détaillé des preuves disponibles sera nécessaire. La première réunion entre John et les dirigeants des barons, toutes les autorités sont d'accord, a eu lieu le lundi 15 juin, probablement tôt le matin. Les barons vinrent sans aucun doute à la conférence munis d'une liste précise des griefs qu'ils étaient déterminés à redresser. Le 27 avril précédent, les rebelles avaient envoyé au roi un programme écrit, accompagné d'une demande de signifier son acceptation en apposant son sceau ; [35] Il est peu probable qu'ils aient été moins bien préparés le 15 juin.

John, de son côté, tenterait naturellement une politique d'évasions et de retards ; et, lorsque celles-ci seraient manifestement inutiles, s'efforcerait alors d'obtenir des modifications des conditions proposées. Ces tactiques n'ont rencontré aucun succès. Ses adversaires exigeaient que leurs revendications clairement exprimées soient acceptées sans réserve. Avant la tombée de la nuit, John, impressionné par leur fermeté et par le nombre de forces armées derrière eux, fut contraint de se rendre. Laissant des points de détail mineurs à ajuster ultérieurement, il accepta provisoirement le fond de la longue liste de réformes qui lui étaient proposées par les barons, étant entendu qu'ils renouvelleraient leur allégeance et lui donneraient une certaine assurance qu'ils maintiendraient la paix. Pour preuve de ce marché, les têtes de l'accord furent rapidement inscrites sur parchemin au nombre de quarante-neuf, et le grand sceau fut imprimé sur la cire de l'étiquette, où on le voit encore. [36]

Le parchemin contenant ces articles des barons pourrait être le même programme effectivement préparé par les chefs rebelles avant la réunion ; mais, plus probablement, il fut rédigé à Runnymede pendant la conférence du 15 (ou entre deux conférences de ce jour) par l'un des commis de la chancellerie royale. Ceci est plus conforme à son titre (écrit de la même main, et apparemment en même temps que le corps de l'acte), *Ista sunt capitula quae barones petunt et dominus rex concedit* .

Assez probablement, il suivait de près les paroles de l'annexe baronniale ; mais il peut avoir contenu quelques légères modifications en faveur de la couronne. Un tel, au moins, a été inséré, apparemment après coup (sur l'intervention du roi peut-être, ou d'un de ses amis) ; les articles 45 et 46, tels qu'ils étaient conçus à l'origine, ont ensuite été reliés entre parenthèses grossières, et une réserve qualificative ajoutée a pratiquement conféré à l'archevêque les pouvoirs d'un arbitre pour déterminer si les deux articles devaient être modifiés en faveur de la Couronne ou non. [37] L'ensemble du document est en cours d'exécution et semble avoir été rédigé rapidement mais soigneusement. Sa gravure sur parchemin avec une plume d'oie a dû prendre plusieurs heures ; mais un copiste diligent ne trouverait pas au-dessus de ses capacités d'accomplir cette tâche en un seul jour.

Les mardi, mercredi et jeudi furent consacrés à de nouvelles négociations sur des questions de détail ; en réduisant les accords déjà acceptés à la forme plus contraignante d'une charte féodale ; et en grossissant plusieurs exemplaires pour plus de sécurité. Tout était pourtant prêt pour un règlement définitif le vendredi 19. Lors de la conférence tenue ce jour-là, la conclusion de l'accord final comportait probablement plusieurs étapes ; entre autres, la nomination par l'opposition, avec l'acquiescement tacite du roi, de vingt-cinq barons pour agir comme exécuteurs testamentaires en vertu du chapitre 61, [38] le scellement solennel et la remise de plusieurs exemplaires originaux de la Grande Charte dans sa forme définitive, la la prise du serment par toutes les parties de respecter ses dispositions et la délivrance du premier lot de brefs d'instructions aux shérifs.

Blackstone [39] pense que les barons renouvelèrent ce jour-là leurs serments de fidélité et d'hommage. Il est plus probable que, jusqu'à ce que Jean ait effectivement mis en œuvre les réformes les plus urgentes promises dans la Magna Carta, ils ont refusé formellement de prêter allégeance, s'engageant cependant, devant les deux archevêques et autres prélats, à maintenir la paix et fournir une sécurité à cet effet sous toute forme que Jean pourrait nommer, sauf seulement par la livraison de leurs châteaux ou d'otages. [40]

L'affirmation selon laquelle le vendredi 19 juin était le jour où la paix a finalement été conclue repose sur des preuves irréfutables. Le 21 juin, Jean écrit depuis Windsor à Guillaume de Cantilupe, l'un de ses capitaines, pour lui demander de ne pas imposer le paiement des soldes impayés des « tenseries » [41] exigées depuis le vendredi précédent, « jour où la paix a été faite entre les Roi et ses barons. [42]

De nombreux historiens tiennent pour acquis que la paix a finalement été conclue et que la Grande Charte a été scellée et publiée le 15, et non le 19. [43] Le fait que les quatre exemplaires de la Magna Carta encore existants portent cette date semble avoir été considéré comme absolument concluant sur ce point. Mais les experts en diplomatie savent depuis longtemps que les chartes et autres documents élaborés, dont la préparation exigeait un temps considérable, portaient généralement la date, non pas de leur exécution effective, mais du jour où ont été conclues les transactions dont ils constituent la date. l'enregistrement. Les instruments juridiques étaient donc généralement antidatés (comme cela serait considéré selon la pratique juridique moderne). Il est donc loin d'être sûr de déduire de la mention de la Magna Carta de sa propre date que le grand sceau a effectivement été apposé le 15 juin.

La présomption telle qu'elle existe indique le contraire. La Grande Charte est un document long et élaboré, et il est à peine possible que l'un des quatre originaux dont nous disposons ait pu être rédigé (sans parler de l'ajustement du fond et de la forme) en une seule journée. Non seulement il est beaucoup plus long que les articles sur lesquels il est fondé ; mais même la comparaison la plus fortuite convaincra tout esprit impartial de la lenteur de l'assimilation de la Charte. Les quatre exemplaires montrent des marques d'une grande délibération, tandis que ceux de Lincoln et de Salisbury en particulier sont des modèles exquis d'une écriture tranquille et élaborée. Les lettres initiales très finies de la première ligne et d'autres éléments ornementaux peuvent être comparés de manière instructive à la rédaction simple, professionnelle et rapide des articles. Il est impossible de dire combien d'exemplaires supplémentaires aujourd'hui perdus existaient autrefois et portant la même date ; mais chacun de ceux qui existent encore pourrait bien avoir occupé quatre jours pour l'écrire. [44]

Une comparaison entre les deux documents montre peu de changements d'importance dans la teneur. [45]

Le seul ajout remarquable est l'insertion, sous une forme emphatique, tant au début qu'à la fin de la Charte, d'une déclaration générale en faveur de la liberté et des droits de l'Église. Il semble en déduire qu'une influence nouvelle s'est exercée entre la préparation du projet et celle de la Charte. Ce fut l'archevêque de Cantorbéry et ses amis qui transformèrent ainsi le manifeste baronnial original en quelque chose qui ressemblait davantage à une déclaration des droits de la nation dans son ensemble. Une ou deux modifications mineures semblent légèrement bénéficier à la Couronne, [46] tandis que plusieurs autres, considérées à juste titre, suggèrent une influence à l'œuvre défavorable aux villes et aux classes commerçantes. [47]

Outre les différents originaux de la Charte émise sous le grand sceau, le chapitre 62 prévoit que des copies authentifiées doivent être faites et certifiées exactes par des « Lettres Témoignages », sous les sceaux des deux archevêques avec le légat et les évêques. Cela a été fait, mais la date exacte de leur émission est inconnue. [48]

Le même vendredi qui vit ainsi l'achèvement des négociations vit également l'émission du premier lot de lettres d'instructions aux différents shérifs, leur annonçant qu'une paix ferme avait été conclue, par la grâce de Dieu, entre Jean et les barons et hommes libres du royaume, comme ils pouvaient l'entendre et le voir par la Charte qui avait été rédigée et qui devait être publiée dans tout le district et fermement observée. Chaque shérif reçut en outre l'ordre de faire prêter serment à tous les membres de son bailliage selon la forme de la Charte aux vingt-cinq barons ou à leurs avocats, et en outre, de veiller à la nomination de douze chevaliers du comté en pleine cour de comté, afin qu'ils puissent déclarer sous serment toutes les mauvaises coutumes qui demandaient à être réformées, tant des shérifs que de leurs domestiques, forestiers et autres. [49] Cela a été jugé comme s'appliquant principalement au redressement des griefs forestiers.

Apparemment, quatre jours se sont écoulés avant que des lettres similaires, accompagnées de copies de la Charte, puissent être envoyées à chaque shérif. Au cours des mêmes jours, plusieurs mandats (dont certains ont déjà été mentionnés) ont été adressés aux commandants militaires avec l'ordre d'arrêter les hostilités. Quelques documents, datés pour la plupart du 25 juin, montrent que certains shérifs odieux avaient été démis de leurs fonctions pour laisser la place à de meilleurs hommes. Hubert de Burgh, partisan modéré mais loyal, et homme généralement respecté, fut nommé justicier à la place du détesté Pierre des Roches. Le 27 juin, un autre bref ordonna aux shérifs et aux chevaliers élus de punir, par confiscation des terres et des biens meubles, tous ceux qui refuseraient de prêter serment devant les vingt-cinq exécuteurs testamentaires dans un délai de quinze jours. Toutes ces diverses instructions peuvent être considérées comme faisant partie du règlement du 19 juin, et furent expédiées avec la plus grande rapidité possible.

Même après l'arrivée du règlement vendredi, quelques points mineurs de différend subsistaient. Les barons refusèrent d'être convaincus, sans garantie substantielle, que les réformes et restaurations convenues seraient exécutées par le roi ; ils exigeaient que la ville de Londres et la Tour de Londres soient laissées entièrement sous leur contrôle, comme gage de la bonne foi de Jean, jusqu'au 15 août, ou plus longtemps, si les réformes n'étaient pas alors achevées. John obtint une légère modification de ces demandes ; il livra la ville de Londres à ses adversaires, comme ils le demandaient ; mais plaça la tour sous la garde neutre de l'archevêque de Cantorbéry. Ces conditions ont été inscrites dans un traité supplémentaire, qui se décrit comme *Conventio facta inter Regem Angliae et barones ejusdem regni* . [50] Si les barons se méfiaient de Jean, il se méfiait également d'eux, exigeant la sécurité qu'ils avaient promise pour l'accomplissement de leur part du pacte initial. Il demanda maintenant une charte formelle en sa faveur selon laquelle ils respecteraient la paix et leurs serments d'hommage, ce qu'ils refusèrent catégoriquement d'accorder. Le roi fit appel aux prélats, sans succès. Les archevêques, avec plusieurs suffragants, ont cependant déposé une protestation formelle contre la promesse des barons et le refus ultérieur de la tenir. [51]

Les deux archevêques et leurs frères prélats protestèrent une seconde fois, d'une autre nature. Ils semblent s'être alarmés des mesures drastiques adoptées ou susceptibles d'être adoptées, fondées sur les verdicts des douze chevaliers élus dans chaque comté pour mettre en œuvre les diverses clauses de la Grande Charte dirigées contre les abus des lois forestières. Apparemment, on craignait que des réformes radicales n'en résultent et n'abolissent pratiquement les forêts royales. En conséquence, ils ont officiellement consigné leur protestation – agissant sans aucun doute dans l'intérêt de la Couronne, estimant qu'en tant que médiateurs, ils étaient tenus, dans une certaine mesure, de faire preuve de fair-play. Ils se sont opposés à une interprétation tendue des termes de la Charte, estimant que les articles en question devaient être compris comme limités ; toutes les coutumes nécessaires à la préservation des forêts devraient rester en vigueur. [52]

Les dispositions mentionnées étaient, comme on le sait maintenant, les chapitres 47, 48 et 53 de la Magna Carta elle-même et non, comme le déclare Roger de Wendover, une Charte forestière distincte. [53] Cet auteur a été induit dans cette malheureuse erreur en confondant la charte accordée par le roi Jean avec sa réédition par son fils en 1217, lorsque les dispositions relatives à la réforme de la loi forestière furent encadrées *dans* une charte supplémentaire distincte. A partir de Roger, les chartes d'Henri III. étaient reproduites dans tous les textes et traités, à la place de la véritable charte effectivement accordée par Jean. Sir William Blackstone fut le premier commentateur à découvrir cette grave erreur, et il souligna clairement les graves différences entre les conditions accordées par Jean et celles de son fils, montrant en particulier que l'ancien roi n'accordait aucune charte forestière distincte. [54]

Avant la fin des conférences de Runnymede, la confiance dans les bonnes intentions des vingt-cinq exécuteurs testamentaires, tirée, il faut le rappeler, entièrement de la partie du baronnage la plus extrême dans ses vues et la plus hostile à John, semble avoir été complètement perdu. Si l'on en croit Matthieu Paris, [55] un deuxième corps ou comité de trente-huit barons a été nommé, représentant d'autres sections plus modérées du baronnage, pour agir comme un frein à l'oligarchie par ailleurs toute-puissante de vingt-cinq despotes. . Si ce deuxième comité a jamais été réellement nommé, aucun détail n'a été conservé quant à la date de sa sélection, ni quant aux pouvoirs exacts qui lui ont été confiés.

Si les chefs rebelles espéraient parvenir à un règlement permanent de leurs différends lorsqu'ils vinrent rencontrer le roi le matin du 15 juin, il devait être évident pour tous avant le 23 que Jean n'avait conclu le marché que pour pour gagner du temps et de la force pour le briser. En effet, trois semaines avant que Jean n'accorde la Magna Carta, il avait commencé à préparer sa répudiation. Dans une lettre du 29 mai adressée au Pape, on peut encore lire sa propre explication des causes de la querelle, et comment il a soutenu, avec la basse ruse qui lui est particulière, que l'hostilité des rebelles empêchait l'accomplissement de ses objectifs. vœu de croisade. En conclusion, il a exprimé sa volonté de respecter la décision du Pape sur toutes les questions en cause.

Jean n'attendait donc à Runnymede que deux événements qui le mettraient en mesure de jeter le masque : la réponse favorable qu'il attendait avec confiance du pape et l'arrivée des troupes étrangères. Cependant, le retard était doublement en sa faveur ; puisque la combinaison formée contre lui était certaine, dans peu de temps, de se briser. Il s'agissait, selon l'heureuse expression du Dr Stubbs [56], d'une simple « coalition », et non d'une « union organique » − une coalition aussi qui risquait momentanément de se dissoudre dans ses facteurs originels. Les barons n'avaient pas assez de nerf de guerre pour mener à bien une lutte prolongée. Très vite, les deux parties au traité de paix se préparèrent à la guerre. Les barons du nord, anticipant une violation directe du pacte par le roi, commencèrent à fortifier leurs châteaux. Jean, de mauvaise foi également, écrivit pour les alliés étrangers, tandis qu'il attendait avec impatience la réponse du pape à son appel.

Langton et les évêques avaient encore du mal à rétablir l'harmonie. Le 16 juillet fut fixé pour une nouvelle conférence. John n'était pas présent; mais c'est probablement lors de ce concile qu'en son absence fut lue une bulle papale conférant à une commission de trois – l'évêque de Winchester, l'abbé de Reading et le légat Pandulf – les pleins pouvoirs pour excommunier tous « les perturbateurs du roi et du royaume ». .» Aucun nom n'a été mentionné, mais ces pouvoirs pourraient clairement être utilisés contre Langton et ses amis. L'exécution de cette sentence fut retardée, dans l'espoir infondé d'un compromis, jusqu'au milieu de septembre, lorsque deux des commissaires, Pandulf et Peter de Winchester, demandèrent à l'archevêque de la publier ; et, face à son refus, ils le suspendirent immédiatement, conformément à leur autorité papale, de ses fonctions. Stephen partit pour Rome et son absence à un moment critique s'avéra un malheur national. Les insurgés perdirent en lui non seulement leur lien d'union, mais encore une saine retenue. Son absence doit être comptée parmi les causes de la réaction royaliste qui va bientôt se produire. Après son départ, arriva (fin septembre) une bulle papale datée du 24 août. C'est un document important dans lequel Innocent, dans les termes les plus clairs, annule et abroge la Charte, après avoir adopté tous les faits et reproduit tous les arguments fournis par le roi. Commençant par une description complète de la méchanceté et du repentir de Jean, sa reddition de l'Angleterre et de l'Irlande, son acceptation de la Croix, sa querelle avec les barons ; il continue en décrivant la Magna Carta comme le résultat d'une conspiration et conclut : « Nous réprouvons et condamnons totalement tout accord de ce genre, interdisant, sous interdiction de notre anathème, ledit roi de prétendre l'observer, ainsi que les barons et leurs complices pour en exiger l'exécution, déclarant nulles et abolissant entièrement tant la Charte elle-même que les obligations et garanties prises, soit pour son application, soit conformément à elle, de sorte qu'elles n'auront aucune validité à aucun moment. [57]

Une bulle supplémentaire, datée du lendemain, rappelait aux barons que la suzeraineté de l'Angleterre appartenait à Rome, et que par conséquent rien ne pouvait se faire dans le royaume sans le consentement du pape. [58] Par la suite, lors d'un concile du Latran, Innocent excommunia formellement les barons anglais qui avaient persécuté « Jean, roi d'Angleterre, croisé et vassal de l'Église de Rome, en s'efforçant de lui enlever son royaume, fief du Saint-Siège ». .» [59]

Pendant ce temps, les points en litige avaient été soumis à l'arbitrage brutal de la guerre civile, dans laquelle le premier succès notable revint au roi Jean dans la prise d'assaut du château de Rochester le 30 novembre. Les barons avaient déjà fait des démarches auprès de Louis, le fils du roi de France, à qui ils promettaient, en récompense de son aide, mais peut-être pas en toute sincérité, la couronne d'Angleterre. Vers la fin novembre, quelque sept mille soldats français arrivèrent à Londres, où ils passèrent l'hiver, un hiver que Jean consuma à marcher d'un endroit à l'autre, rencontrant, dans l'ensemble, un succès, notamment dans l'est de l'Angleterre. Le meilleur allié de Jean était le pape, qui n'avait pas l'intention de permettre à un prince français d'usurper le trône de celui qui était désormais son humble vassal. Gualo fut envoyé de Rome chez Philippe, roi de France, interdisant l'invasion de son fils et demandant plutôt protection et assistance pour Jean en tant que vassal papal. Philippe, soucieux de répondre à la force des arguments du pape par un titre d'intervention plus important que l'invitation d'un groupe de rebelles, répondit par une ingénieuse série de fictions. Il s'efforça de trouver des défauts dans le titre de Jean en tant que roi d'Angleterre et de faire valoir que, par conséquent, Jean n'était pas *in titulo* pour accorder au pape les droits d'un suzerain. Entre autres arguments, on faisait valoir que Jean avait été reconnu coupable de trahison alors que Richard était roi, et que cette condamnation impliquait la confiscation par le traître de tous ses droits de succession à la Couronne. Ainsi, la prétention d'intervention du pape était invalide, tandis que le prince Louis justifiait sa propre ingérence par un droit imaginaire dont il affirmait ingénieusement qu'il lui avait été transmis par l'intermédiaire de la mère de sa femme.

Jean ne s'était pas appuyé uniquement sur la protection papale. Une grande flotte, rassemblée à Douvres pour bloquer Louis avec ses petits vaisseaux dans le port de Calais, fit naufrage le 18 mai 1216. Le canal ainsi débarrassé des navires anglais, le prince français, mettant les voiles dans la nuit du 20 mai, débarqua ensuite matin sans opposition. Jean, réduit à dépendre des mercenaires, n'osa pas s'opposer à son débarquement. Gualo, maintenant en Angleterre, excommunia nommément Louis le 28 mai et mit Londres sous interdiction. De tels éclairs avaient maintenant perdu leur puissance explosive à cause de leur répétition fréquente et ne produisaient aucun effet. Le 2 juin, Louis entre à Londres au milieu des acclamations et marche contre John à Winchester, qu'il atteint le 14 juin, après la fuite de John. Dix jours plus tard, l'ancienne capitale du Wessex et ses châteaux se rendaient. Le lendemain, le prince français attaqua Douvres, dont le courageux défenseur, Hubert de Burgh, après quelques mois de résistance opiniâtre, obtint le 14 octobre une trêve, afin que la garnison pût communiquer avec le roi. Avant que les messagers d'Hubert puissent l'atteindre, John était mourant. Durant ces mois, alors que le verdict de guerre lui était défavorable dans le sud, il avait agi avec acharnement dans le nord, et non sans succès. La question tremblait encore dans la balance. Une réaction royaliste avait commencé. L'insolence des troupes françaises provoque des désertions des barons.

Le 10 octobre, John, après avoir été festoyer à l'excès par les fidèles bourgeois de Lynn, tomba dans une maladie dont il ne se remit jamais vraiment. Neuf jours plus tard, épuisé par ses guerres, par l'excitation et le chagrin, à ce moment critique où la fortune aurait pu prendre un tournant soudain, il mourut au château de Newark, aux petites heures du matin du 19 octobre 1216. Sa mort a sauvé la situation, rendant possible un compromis. Presque immédiatement, un tout nouveau regroupement de forces politiques se forma à l'intérieur et à l'extérieur de l'Angleterre. Un compromis silencieux fut conclu, tous les partis revenant progressivement à leur allégeance naturelle au fils de Jean, étant entendu que la Charte dans ses principales caractéristiques devait être acceptée comme base de son gouvernement. Le prince Louis fut bientôt écarté. Rome s'est également alignée ; la mort d'Innocent, le 16 juin 1216, avait été également opportune avec la mort de Jean, quatre mois plus tard, ôtant un obstacle sur le chemin de la paix. Gualo, au nom du successeur d'Innocent, consentit à la réédition de la Charte par les conseillers du jeune roi Henri.

---

1 . R. Hoveden, *Chronique* , II. 218.

2 . Les détails de ces réformes sont discutés en détail *ci-dessous* sous le titre « Justice royale et justice féodale », et certains de leurs effets ultimes sous le titre « Procès par jury ».

3 . Dans un comté, Westmoreland, la fonction est devenue héréditaire.

4 . Voir Round, *Commune de Londres* , 273. Cette mesure est discutée *infra* pp. 91-2 .

5 . R. Wendover, III. 239.

6 . W. Coventry, II. 207 ; R. Wendover, III. 239.

7 . Compte tenu de leur possible lien avec la formulation du célèbre chapitre 39 de la Magna Carta, il peut être utile de citer les mots exacts dans lesquels Ralph de Coggeshall, *Chronicon Anglicanum* , p. 165, décrit cet événement, qu'il situe (probablement à tort) en 1213. — « Rex Eustachium de Vesci et Robertum filium Walteri, in comitatibus tertio requisitos, cum eorum fautoribus utlaghiari fecit, castra eorum subvertit, praedia occupavit ».

8 . Voir Miss Norgate, *John Lackland* , 170, et les autorités citées.

9 . *Ibid.* , 292-3.

10 . Le regretté cardinal Manning, dans un article paru dans la *Contemporary Review* de décembre 1875 (publié depuis sous forme de livre), sur le Pape et la Magna Carta, insiste, probablement avec raison, sur le fait que l'opinion contemporaine ne voyait rien de honteux dans la capitulation, bien au contraire.

11 . R. Coggeshall, p. 167.

12 . Stubbs, *Const. Hist.* , I. 566.

13 . R. Wendover, III. 261-2.

14 . Roger de Wendover, III. 263-6. Blackstone (*Great Charter* , Introduction, p. vi.), fait le commentaire pertinent qu'il semble peu probable que la découverte par l'archevêque d'une charte probablement déjà bien connue « soit une question d'une telle nouveauté et d'un tel triomphe ».

15 . R. Wendover, III. 262-3.

16 . La charte enregistrant cet acte peut être lue dans *New Rymer* , I. 115. Elle n'était pas scellée dans de la cire périssable, mais dans de l'or massif.

17 . *Jean sans Terre* , 195.

18 . Voir W. Coventry, II. 217, *dicentes se propter terras quas in Anglia tenent non debere regem extra regnum sequi nec ipsum euntem scutagio juvare* . La légalité de cette affirmation est examinée *ci-dessous* , p. 83 à 86 .

19 . Voir Miss Norgate, *John Lackland* , p. 221.

20 . R. Wendover, III. 293.

21 . R. Wendover, III. 298.

22 . N'est-il pas possible que la soi-disant « charte inconnue des libertés » (voir *infra* sous la partie V et l'annexe) soit le calendrier même mentionné par Wendover ? Elle fut rédigée sous forme de charte, de manière à pouvoir recevoir l'apposition immédiate du sceau qu'ils réclamaient.

23 . R. Wendover, III. 298.

24 . Blackstone, *Grande Charte* , p. xiii., citant les *Annales de Dunstable* (p. 43), dit qu'ils furent absous à Wallingford par un chanoine de Durham.

25 . La Charte semble *Rot. Graphique.* , p. 207. *Cf.* au titre du chapitre 13 *infra* , où sont discutés les droits des Londoniens.

26 . Le bref est donné à *Rot. Tapoter.* , 1. 141, et aussi dans *New Rymer* , I. 128.

27 . Pour le bref, voir *Rot. Noël.* , 204.

28 . Certaines autorités donnent comme date le 24 mai. Ce devait être le 17 ; depuis *New Rymer* , p. 121, daté du 18 mai, imprime un bref de John informant Rowland Blaot de la reddition de Londres aux barons. Cela fut suivi le 20 mai (*NR* , p. 121) d'un autre décret royal, ordonnant à tous les huissiers et autres fidèles d'agresser les Londoniens de toutes les manières possibles.

29 . III. 301.

30 . *Const. Hist.* , I. 581-3.

31 . Les noms individuels peuvent être lus dans Stubbs, *Ibid.* ; et les lecteurs en quête de connaissances biographiques sont renvoyés à Bémont, *Chartes* , 39-40, et pour des informations plus complètes, quoique moins fiables, à Thomson, *Magna Charta* , 270-322.

32 . Voir l'annexe.

33 . Voir *supra* , p. 40 .

34 . Jusqu'à présent, il ne peut y avoir aucun doute. Soit sur les *Close Rolls* , soit sur les *Patent Rolls* (qv), des copies d'un ou plusieurs brefs sont conservées datées de Windsor à chacun de ces jours, ainsi qu'une ou plusieurs copies datées de Runnymede les 15, 18, 19, 20, 21, 22. , et le 23 juin.

35 . R. Wendover, III. 298.

36 . Au British Museum. Voir *infra* sous la partie V.

37 . Cf. Blackstone, *Grande Charte* , XVIII .: "sous-joint d'une main plus hâtive, ... comme s'il avait été ajouté à la demande des commissaires du roi après une délibération plus mûre."

38 . Voir *infra* sous ce chapitre.

39 . *Grande Charte* , p. XXIV.

40 . Voir Protestation des archevêques *infra* , p. 52.

41 . M. Round explique ce mot dans une annexe savante (*Geoffrey de Mandeville* , p. 414) comme signifiant « chantage », *c'est-à-dire* « argent extorqué sous prétexte de protection ou de défense ».

42 . Voir *Pourriture. Noël.* , p. 225 (17 Jean membrane 31). La preuve de ce bref ne suffit pas. Dans un autre écrit sur la même membrane des *Close Rolls* , daté du 19 juin, John informe son demi-frère, le comte de Salisbury, qu'il a conclu la paix et lui ordonne de restituer immédiatement certaines terres et châteaux, comme cela avait été fait. une condition de paix. Voir aussi le bref adressé à Stephen Harengod *infra* , p. 49.

43 . Blackstone, cependant (*Great Charter*, XV.), parle d'une « conférence qui dura plusieurs jours et n'arriva à sa conclusion que le vendredi 19 juin ».

44 . Mlle Norgate, *Jean sans Terre* , p. 234, acquiesce à l'opinion généralement reçue, fixant lundi comme jour où l'accord final a été conclu, mais elle s'appuie pour preuve sur une interprétation plus que douteuse de ce qui est sans aucun doute une erreur dans la copie d'un bref du roi Jean apparaissant au *rôle des brevets* . Cet bref, qui, tel que copié dans les *Rouleaux* , porte la date du 18 juin (à tort, comme cela sera immédiatement montré), est adressé à Stephen Harengod (dans des termes ressemblant beaucoup à ceux de l'écrit déjà cité des Rouleaux *Close* adressé à Guillaume de Cantilupe). , annonçant

notamment que les termes de la paix avaient été convenus « vendredi dernier ». Miss Norgate prétend avec raison qu'il doit y avoir une erreur quelque part, puisque le vendredi précédant le 18, les négociations n'avaient même pas commencé. Elle est convaincue que « le « die Veneris » qui apparaît trois fois dans l'écrit est dans chaque cas une erreur incontestable, quoique inexplicable, pour « die Lunae ». Pourtant, il est peu probable qu'un scribe écrivant trois jours après un événement aussi capital l'événement aurait pu confondre le jour de la semaine. C'est infiniment plus probable qu'en écrivant XXII. il a formé le deuxième « x » si négligemment que le commis aux inscriptions l'a confondu avec un « v ». La date correcte est donc le 23, et la référence est au vendredi 19. Cette présomption devient une certitude par comparaison avec les paroles de l'assignation à Guillaume de Cantilupe, datée du 21 (dont Miss Norgate ignorait probablement l'existence).

45 . Blackstone, *Great Charter*, XVIII., a donné une analyse minutieuse des points de divergence.

46 . *Par exemple,* les chapitres 48 et 52. Pour les modifications dirigées contre les classes commerçantes, voir les chapitres 12, 13, 35 et 41 *infra* .

47 . Miss Norgate, *John Lackland* , 233 ans, adopte un point de vue différent, estimant que l'influence de Stephen Langton date d'une période antérieure. Les articles originaux « ne sont évidemment pas la composition des barons rassemblés sous Robert Fitz-Walter », qui n'auraient jamais pu atteindre « la haute conception incarnée dans la Charte – la conception d'un contrat entre le roi et le peuple qui devrait garantir des droits égaux à l'éducation ». chaque classe et chaque individu de la nation. L'exactitude de cette estimation est discutée *ci-dessous* .

48 . Aucun spécimen de ces lettres témoignage n'est connu, mais une copie est conservée sur le folio 234 du *Livre rouge de l'Échiquier* . Voir l'annexe.

49 . Voir *Pourriture. Tapoter.* , I. 180, et *Select Charters* , 306–7.

50 . *New Rymer* , I. 133. Voir annexe. Il n'est pas daté, mais doit être postérieur aux lettres aux shérifs concernant l'élection de douze chevaliers, auxquelles il fait allusion.

51 . *Pourrir. Tapoter.* , p. 181. Comme nous devons nous fier pour notre connaissance de cette importante protestation à un seul exemplaire, gravé au dos d'une membrane d'un rôle officiel (n° 18 de la 17e année de Jean), il est possible de douter de son authenticité ; mais il est peu probable qu'il s'agisse d'un simple faux.

52 . Voir *Pourriture. Tapoter.* et *New Rymer* , I. 134.

53 . Voir R. Wendover, III. 302-318.

54 . *Grande Charte* , p. XXI.

55 . *Chron. Maj.* , II. 605-6.

56 . Stubbs, *Const. Hist.* , II. 3.

57 . La bulle originale portant encore le sceau d'Innocent est conservée au British Museum (Cotton, Cleopatra E 1), et est soigneusement imprimée par Bémont, *Chartes des Libertés Anglaises* , p. 41. On peut également le lire *notamment* dans Rymer et Blackstone.

58 . Le texte est donné par Rymer.

59 . Voir Rymer et Bémont, *Chartes* , xxv.

DEUXIEME PARTIE.
GRIEFS FÉODAUX ET MAGNA CARTA.

I. Les causes immédiates de la crise.

De nombreuses tentatives ont été faites pour expliquer pourquoi la tempête, qui couvait depuis longtemps, éclata enfin en 1214 et culmina précisément en juin de l'année suivante. Sir William Blackstone [60] montre avec quel soin les historiens ont recherché un élément ou un événement spécifique, survenu au cours de ces années, d'une importance telle qu'il puisse à lui seul expliquer la rébellion couronnée pour le moment de succès à Runnymede. Ainsi Matthieu Paris, nous dit-il, attribue tout le mouvement à la découverte soudaine de la charte d'Henri Ier, oubliée depuis longtemps comme il le suppose, tandis que d'autres chroniqueurs s'accordent pour attribuer la débauche démesurée de Jean comme la cause des dissensions civiles, s'attardant sur son méfaits personnels, réels et imaginaires. «Sordida foedatur foedante Johanne, géhenne.» [61] Blackstone lui-même suggère un troisième événement, la nomination comme régent en l'absence de John de l'étranger et parvenu détesté, Peter des Roches, et sa mauvaise conduite dans cette fonction.

Il n'est absolument pas nécessaire de chercher dans des causes aussi triviales l'explication d'un grand mouvement, réellement inévitable, dont les antécédents étaient profondément enracinés dans le passé. Le succès même d'Henri Plantagenêt dans l'accomplissement de la grande tâche de rétablir l'ordre en Angleterre, pour laquelle des pouvoirs spéciaux lui avaient été accordés, rendait inutile le maintien de ces pouvoirs à ses successeurs. Dès le jour de la mort d'Henri, voire plus tôt, des forces étaient à l'œuvre et n'avaient besoin que d'être combinées pour contrôler la licence de la Couronne. Lorsque la bataille pour l'ordre fut finalement gagnée – le renversement complet de la rébellion de 1173 peut être considérée à cet égard comme une date cruciale – la bataille pour la liberté dut presque nécessairement commencer. Le problème majeur de l'heure n'était plus de savoir comment soutenir la faiblesse de la Couronne ; mais plutôt comment imposer des restrictions à sa force débridée.

Il ne faut pas se demander si la crise a finalement éclaté, mais plutôt pourquoi elle a été si longtemps retardée. Cependant, les événements n'étaient pas mûrs pour une rébellion avant l'avènement de Jean, et aucune occasion favorable ne se produisit avant 1215. La doctrine de l'élan explique en politique la longue continuation des anciennes institutions dans un état d'équilibre même instable ; un système de gouvernement entièrement pourri peut subsister pendant des siècles jusqu'à ce qu'au moment prévu survienne le choc final. Jean conféra un grand bienfait aux générations futures, lorsque par son arrogance et par ses malheurs il réunit contre lui toutes les classes et tous les intérêts de la communauté.

Le principal facteur dans la coalition qui a finalement triomphé de Jean était sans aucun doute le parti baronnial dirigé par ces nobles vaillants du Nord, qui étaient, sans aucun doute, poussés à s'opposer activement par leurs propres torts personnels et de classe, et non par des incitations altruistes au sacrifice. eux-mêmes pour le bien commun. Leurs plaintes également, telles qu'elles apparaissent reflétées dans les archives impérissables de la Magna Carta, sont principalement fondées sur des violations des règles techniques de l'usage féodal, et non sur la base générale du principe constitutionnel.

Les griefs féodaux les plus vivement ressentis peuvent être rangés sous l'un ou l'autre de deux chefs : l'augmentation du poids des obligations féodales et la violation des juridictions féodales. La Couronne, tout en exigeant de ses locataires la plus grande mesure des services légalement exigibles, s'ingéniait en même temps avec persistance dans les droits et privilèges qui, à l'origine, contrebalançaient les obligations. Les barons étaient obligés de donner davantage, alors qu'ils recevaient moins.

La postérité peut sympathiser de tout cœur avec le premier groupe de griefs des barons, car l'augmentation des obligations féodales a infligé des difficultés incontestables aux locataires de la Couronne, tandis que leur réparation ne comportait aucun danger réel pour le progrès constitutionnel. Tous les griefs inclus dans ce premier groupe pouvaient être condamnés (comme ils l'étaient dans divers chapitres de la Magna Carta) sans réduire indûment l'efficacité de la monarchie qui se formait encore sous Jean, comme elle l'avait fait sous Guillaume Ier, le seule source de sécurité contre les dangers de l'anarchie féodale. La postérité, cependant, ne peut pas également sympathiser avec les efforts des barons pour réparer leur deuxième catégorie de torts. Si grandes qu'aient pu être les difficultés immédiates infligées aux membres de l'aristocratie par la suppression de leurs tribunaux féodaux, les amoureux du progrès constitutionnel ne peuvent que se réjouir de l'échec de tous les efforts visant à les restaurer. Les clauses de la Magna Carta qui visaient à inverser les grands courants allant vers la justice royale et s'éloignant de la justice baronniale privée, n'ont produit aucun effet permanent, et la postérité a eu des raisons de se réjouir de leur échec.

Chaque groupe de griefs féodaux – ceux liés à l'augmentation des obligations féodales et ceux liés à la réduction des immunités féodales – nécessite un traitement spécial et détaillé. [62] À chaque classe s'attache un double intérêt, puisque le ressentiment suscité par les deux a constitué un élément si vital dans la propagation de cet esprit de résistance déterminée au roi Jean, qui a conduit à la victoire de la Magna Carta, et puisque, en outre, un une connaissance intime de la nature exacte de ces griefs jette un flot de lumière sur de nombreuses clauses par ailleurs obscures de la Grande Charte, et nous permet d'évaluer dans quelle mesure les remèdes promis furent finalement mis en pratique sous les règnes ultérieurs.

Les griefs des barons, si nombreux et variés soient-ils, n'étaient cependant pas les seuls torts appelant réparation. Il est probable que le parti baronnial, s'il avait agi isolément des autres domaines du royaume, aurait échoué en 1215 comme il avait déjà échoué en 1173. Si la Couronne avait conservé la sympathie active de l'Église et du peuple, Jean aurait pu défier avec succès le baronnage comme son père l'avait fait avant lui. Il avait, au contraire, aliéné de la monarchie tous les domaines et tous les intérêts, et avait élargi les bases de l'opposition au trône en maltraitant les classes marchandes et la paysannerie qui, depuis le règne de Guillaume Ier jusqu'à celui d'Henri II, ., étaient restés les amis fidèles, quoique humbles, de la Couronne. Les commerçants des villes, épris d'ordre, étaient auparavant disposés à acheter la protection d'Henri au prix d'impôts lourds, voire écrasants ; mais lorsque Jean continua à exiger le prix, sans pour autant fournir un bon gouvernement en retour, son emprise sur la nation fut complètement perdue. Loin de protéger les humbles de l'oppression, il était lui-même le principal oppresseur central et il laissait en outre ses officiers étrangers et ses favoris comme petits oppresseurs locaux dans toutes les nombreuses fonctions de shérif, de châtelain et d'huissier. Loin d'utiliser les rouages perfectionnés de l'Échiquier, de la Curie et de l'administration locale dans l'intérêt d'un bon gouvernement, Jean les considérait simplement comme des instruments d'extorsion et d'indignation, comme des serviteurs de sa convoitise et de sa cupidité.

Les classes inférieures n'étaient en aucun cas exemptées de l'augmentation des impôts qui s'avérait si exaspérante pour les fermiers féodaux. Lorsque Jean, au cours de sa querelle avec Rome, payait chaque nouvel anathème du pape par de nouveaux actes de spoliation contre l'Église nationale, les souffrances du clergé étaient partagées par les pauvres. En confisquant les biens des monastères, il détruisit la principale provision de secours connue au XIIIe siècle. L'aliénation ainsi réalisée des affections des grandes masses d'Anglais de la classe inférieure ne fut jamais complètement annulée, même par la réconciliation de Jean avec le Pape. Malgré le caractère complet et même abject de la reddition de Jean à Rome, il ne prit aucune peine particulière pour se réintégrer dans les bonnes grâces de l'Église chez lui. Innocent, en sécurité au Latran, avait lancé ses foudres ; et les contre-attaques de Jean s'étaient abattues, non sur lui, mais sur le clergé anglais, depuis le prélat jusqu'au curé, depuis l'abbé jusqu'au plus humble moine. Les mesures prises, en 1213 et après, pour réparer à ces victimes une partie des lourdes pertes subies, furent tout à fait insuffisantes. Les intérêts de l'Église universelle étaient souvent très différents de ceux de l'Église nationale, et une telle diversité ne fut jamais plus clairement marquée que dans les dernières années du règne de Jean.

Après 1213, l'alliance de Jean avec Rome entraîna de nouveaux dangers. L'action unie de deux tyrans, chacun revendiquant des pouvoirs suprêmes, respectivement laïc et spirituel, menaçait d'exterminer la liberté de la nation anglaise et de l'Église anglaise. « Le pays a vu que la soumission de Jean à Innocent mettait sa liberté, temporellement et spirituellement, à sa merci ; et a immédiatement exigé des garanties. [63]

Cette union de tyrans entraîna naturellement une autre union qui la mit en échec, car l'opposition baronniale s'allia à l'opposition ecclésiastique. L'urgence de leur besoin commun mettait ainsi au pas prélats et barons, pour le moment. Le leader nécessaire fut trouvé en la personne de Stephen Langton, qui réussit à empêcher les intérêts quelque peu divergents des deux domaines de les conduire dans des directions opposées.

Tout était donc mûr pour la rébellion, et même pour une rébellion *unie* ; il suffisait d'une opportunité. Une telle opportunité se présenta sous une forme tentante en 1214 ; car le roi avait alors perdu prestige et pouvoir par son échec dans les guerres avec la France. Il avait perdu la confiance de ses sujets par sa querelle avec Rome, et il ne parvint pas à la regagner par sa réconciliation. Il avait perdu l'amitié de l'Église nationale. Son impopularité et son caractère hésitant ont été largement démontrés. Finalement, en 1191, alors qu'il complotait contre son frère absent Richard, il réussit à attaquer et à chasser le régent Longchamp de ses fonctions, fournissant ainsi un exemple de rébellion et d'action concertée réussie contre le gouvernement central.

Le résultat fut que, lorsque les barons — les esprits les plus fous des comtés du nord prenant toujours les devants — commencèrent des opérations actives au moment où la fortune de Jean était la plus favorable à leurs aspirations, non seulement ils n'avaient aucune opposition à redouter de la part des hommes d'église ou des marchands, des yeoman ou paysan, mais ils pouvaient compter sur la sympathie de tous et sur la coopération active de beaucoup. De plus, la politique de mauvaise gestion de John avait combiné contre lui deux intérêts habituellement opposés, le parti du progrès et le parti de la réaction. L'influence de chacun d'eux peut être clairement lue dans les différents chapitres de la Magna Carta.

Le parti progressiste se composait principalement des chefs des maisons baronniales de création plus récente, des hommes formés aux méthodes administratives d'Henri II, qui désiraient simplement que le système de gouvernement qu'ils connaissaient soit correctement appliqué et mené jusqu'à ses conclusions logiques. Ils exigeaient principalement que le roi conduise les affaires de l'Échiquier et de la Curie selon les règles établies par Henri II. Ce parti souhaitait la routine et l'ordre dans le nouveau système, et non un retour aux jours indisciplinés de Stephen. Beaucoup des innovations du grand angevin avaient désormais été loyalement et définitivement acceptées par toutes les classes de la nation ; et celles-ci trouvèrent en conséquence un lieu de repos permanent dans les dispositions de la Grande

Charte. En coopération temporaire avec ce parti, le parti de réaction habituellement rival était prêt à agir pour le moment contre l'ennemi commun. Il existait encore sous le règne de Jean des magnats de la vieille école féodale, qui espéraient arracher à la main affaiblie du roi une certaine mesure d'indépendance féodale. Ils avaient en effet accepté les réformes qui leur convenaient, mais s'opposaient toujours farouchement à beaucoup d'autres. Ils résistèrent notamment aux empiétements des tribunaux royaux qui supplantaient progressivement leurs juridictions privées. Pour le moment, la politique astucieuse de Jean, si bien conçue pour atteindre des objectifs immédiats et si imprudente à la lumière de l'histoire ultérieure, combinait ces deux courants, généralement prêts à se contrecarrer, en une opposition unie à son trône. Attaqué à la fois par les partisans des usages traditionnels et par les partisans de la réforme, par les barons, les classes commerçantes et le clergé, il ne lui restait plus qu'à se rendre à discrétion. Le mouvement qui a culminé à Runnymede peut donc être mieux compris comme le résultat d'un certain nombre de forces différentes mais convergentes, dont certaines étaient progressistes et d'autres réactionnaires.

60 . *La Grande Charte* , p. vii.

61 . Plusieurs des accusations les plus souvent répétées concernant les torts personnels infligés par le roi Jean aux épouses et aux filles de ses barons ont été réfutées ces dernières années. Voir Miss Norgate, *John Lackland* , p. 289.

62 . Voir *infra* les deux sections (II. et III.) qui suivent immédiatement.

63 . Stubbs, *Chartes sélectionnées* , 270.

II. La couronne et les obligations féodales.

Parmi les nombreux maux qui réclamaient hautement réparation en Angleterre au début du XIIIe siècle, aucun ne parlait avec une voix plus insistante que ceux liés aux abus féodaux. L'opposition des barons du Nord au paiement du scutage exigé le 26 mai 1214 fut l'étincelle qui mit le feu à la mine. Le trait le plus marquant de la Charte est le souci manifesté partout de définir l'étendue exacte des services et des redevances féodales, et d'empêcher qu'ils ne soient arbitrairement augmentés. Une connaissance quelque peu détaillée de la féodalité et des obligations féodales constitue un préalable nécessaire à toute étude exacte de la Magna Carta.

Les relations précises entre la conquête normande et la croissance de la féodalité en Angleterre sont compliquées et ont fait l'objet de nombreuses controverses. L'opinion aujourd'hui généralement admise, et avec raison, est que la politique de Guillaume le Conquérant a accéléré le processus dans un sens, mais l'a retardé dans un autre. La féodalité, considérée comme un système de gouvernement, vit ses pires tendances stoppées, sinon éradiquées, par le grand bouleversement qui suivit l'arrivée du duc Guillaume ; la féodalité, considérée comme système foncier et comme système social, fut au contraire formulée et développée. C'est principalement en tant que régime foncier qu'il convient de l'envisager ici. À l'origine, la relation entre seigneur et locataire, tributaire de la double propriété de la terre (dont chacun était, dans un sens différent, propriétaire), impliquait des obligations de part et d'autre. Le seigneur accordait sa protection, tandis que le locataire devait des services de toutes sortes. Il arriva cependant qu'avec les changements apportés par le temps, les obligations légales du seigneur cessèrent d'être de grande importance, tandis que celles du vassal devinrent de plus en plus lourdes. Les obligations du locataire variaient en nature et en étendue selon la nature du bail. Il est difficile de dresser une liste exacte des diverses tenures autrefois reconnues comme distinctes en droit anglais : en partie parce que les auteurs classiques de différentes époques, de Bracton à Blackstone, se contredisent ; et en partie à cause de l'obscurité du processus par lequel ces tenures ont été progressivement différenciées. Le mot « tenure » signifiait à l'origine « une exploitation », quelle qu'elle soit. Sir William Blackstone, [64] après avoir expliqué la nature dépendante de tous les biens immobiliers en Angleterre, poursuit ainsi : « La chose détenue est donc appelée un *immeuble* , ses propriétaires *locataires* , et la manière de leur possession une *tenure* . » La tenure désigne ainsi les conditions dans lesquelles un locataire détient un bien immobilier sous la direction de son seigneur, et le nombre de tenures varie avec le nombre de types acceptés.

L'ancienne classification diffère sensiblement de celle en usage aujourd'hui. Le juriste anglais moderne (à moins d'avoir un esprit antiquaire) ne s'occupe que de trois tenures : freehold (maintenant pratiquement identique à socage), copyhold et. leasehold.Les deux dernières peuvent être rapidement écartées, car elles étaient de peu d'importance aux yeux. de Littleton ou de Coke : le bail ne couvre que les intérêts temporaires, tels que ceux d'un locataire à volonté ou pour une durée limitée d'années ; tandis que le copyhold est la forme moderne de tenure dans laquelle le vieux vilainage non libre a lentement mûri. Les écrivains anciens, au contraire, s'intéressaient principalement aux propriétés à la fois permanentes et libres (par opposition aux fermages d'une part et au vilainage d'autre part). De ces tenures libres, on peut en distinguer au moins sept au XIIIe siècle, qui sont toutes aujourd'hui représentées par la même des trois tenures modernes reconnues, à savoir la pleine propriété ou socage. Les propriétés libres existant dans l'Angleterre médiévale peuvent être classées sous les rubriques suivantes, à savoir : service de chevalier, socage gratuit, ferme à frais, frankalmoin, grand sergent, petit sergent et burgage.

(1) *Service de chevalier.* La féodalité médiévale présentait de nombreux aspects ; c'était presque aussi essentiellement un engin de guerre qu'un système de propriété foncière. Le revenu normal pour lequel une succession était accordée consistait en le service dans le domaine d'un nombre déterminé de chevaliers. Ainsi, l'exploitation féodale normale était connue sous le nom de service de chevalier, ou mandat de chevalerie, dont les conditions devaient être constamment gardées à l'esprit, puisque ces règles devaient déterminer les relations entre Jean et ses vassaux récalcitrants. Lorsqu'il fut finalement aboli à la Restauration, le système féodal de tenure foncière en Angleterre tomba avec le service des chevaliers, ce n'est pas trop le dire. La « tenure par baronnie » est parfois considérée comme une espèce distincte, mais peut être plus correctement considérée comme une variété de tenure dans la chevalerie. [65]

(2) *Socage gratuit.* L'histoire ancienne du socage, avec sa division en ordinaire et privilégié, est entourée d'obscurités qui n'ont pas besoin d'être éclaircies pour le but actuel. Les services qui devaient être rendus pour les deux types n'étaient pas militaires mais agricoles, et leur nature exacte et leur montant variaient considérablement. Bien qu'elle ne soit pas aussi honorable que la chevalerie, la libre socage était moins onéreuse dans la mesure où deux des incidents féodaux les plus ennuyeux, la tutelle et le mariage, ne s'appliquaient pas. Lorsque le service de chevalier fut aboli, ceux qui détenaient auparavant leurs terres, que ce soit sous la Couronne ou sous un seigneur mesne, devaient désormais les détenir en socage gratuit, qui devint ainsi la propriété normale dans toute l'Angleterre après la Restauration. [66]

(3) *Fee-farm* était le nom appliqué aux terres détenues en échange de services qui n'étaient ni militaires ni agricoles, mais consistaient uniquement en un paiement annuel en argent. La « ferme » indique ainsi le loyer payé, qui peut

apparemment varier sans limite, même si l'on a longtemps soutenu qu'un fermage en fief devait s'élever au moins au quart de la valeur annuelle. Cette erreur semble avoir été fondée sur une mauvaise interprétation du Statut de Gloucester. [67] Certaines autorités [68] rejettent les affirmations selon lesquelles le fee-farm est considéré comme une tenure distincte du socage ; bien que le chapitre 37 de la Magna Carta semble reconnaître la distinction.

(4) *Frankalmoin* est la tenure par laquelle des fondateurs pieux accordaient des terres à l'usage d'une maison religieuse. C'était également le régime selon lequel la grande majorité des terres de la glebe dans toute l'Angleterre étaient détenues par les prêtres des villages, les pasteurs des églises paroissiales. La subvention était généralement déclarée comme ayant été faite *en liberam eleemosinam* ou « aumône gratuite » (c'est-à-dire comme un don gratuit pour lequel aucun service *temporel ne* devait être rendu). [69] Dans les chartes écossaises, le retour formellement stipulé était *preces et lacrymae* (les prières et les larmes des saints hommes de la fondation pour l'âme du fondateur).

(5) *Le grand sergent* était un mandat très honorable partageant les distinctions et les pénibles incidents du service de chevalier, mais distinct en ce que le locataire, au lieu de devoirs militaires ordinaires, accomplissait une fonction spécifique sur le terrain, comme porter les armes du roi. bannière ou lance, ou bien agi comme son connétable ou maréchal ou autre officier de maison dans le palais, ou a rendu un service important lors du couronnement. [70]

Un exemple souvent cité de sergent est celui de Sir John Dymoke et de sa famille, qui ont agi en tant que champions du souverain lors des couronnements successifs de Richard II. à la reine Victoria, prête à défendre le titre du monarque au trône, s'il est interrogé, par une bataille sous la forme ancienne.

Les grands sergents étaient passibles de tutelle et de mariage, ainsi que de secours, mais pas, en règle générale, du paiement du scutage. [71] William Aguilon, nous dit Madox, [72] "a été accusé à l'Échiquier de plusieurs escuages. Mais quand il a été découvert par l'enquête de douze chevaliers de Surrey qu'il ne détenait pas ses terres dans ce comté par un mandat militaire , mais en ayant trouvé un cuisinier au couronnement du roi pour préparer les victuailles dans la cuisine du roi, il fut acquitté des escuages.

(6) *Le petit sergent* peut être décrit dans les mots de Littleton comme « lorsqu'un homme tient ses terres de notre seigneur le roi pour lui céder chaque année un arc ou une épée, ou un poignard ou un couteau… ou pour céder tout autre autre petites choses appartenant à la guerre. [73]

L'octroi de terres sur des tenures aussi privilégiées était souvent effectué au début en raison de la faveur spéciale accordée par le roi au concessionnaire initial, due, peut-être, au souvenir d'un grand service rendu à un moment critique pour les intérêts du roi. personne ou intérêts. Quelques exemples illustratifs peuvent être cités à partir de la description pleine d'entrain d'un érudit dont on peut compter sur l'exactitude. Les sergents, comme nous le dit Miss Bateson, « n'étaient ni toujours militaires ni toujours agricoles, mais pouvaient se rapprocher de très près du service des chevaliers ou du service des agriculteurs. Channel, de tirer une corde lorsque son navire débarquait, de compter ses pièces d'échecs le jour de Noël, d' apporter du combustible à son château, de faire sa menuiserie, de trouver ses plantes potagères, de forger ses fers pour ses charrues, d'entretenir son jardin, de soigner les chiens encornés et blessés lors de la chasse, servir de vétérinaire à ses faucons malades, tels et bien d'autres pourraient être les services cérémoniaux ou subalternes dus à un sergent donné. [74]

À l'époque où la définition juridique n'avait pas fait son travail, il devait souvent être difficile de dire de quel côté de la ligne séparant les petits serjeanties des grands serjeanties se trouvait une exploitation particulière. Peu à peu, cependant, des distinctions importantes et pratiques ont été établies, rendant nécessaire une définition précise de la frontière. En particulier, la règle a été établie selon laquelle les petits sergents, bien que responsables des secours, étaient totalement exemptés des lourds incidents de tutelle et de mariage, que les grands sergents partageaient avec les terres détenues par la baronnie ordinaire ou le service des chevaliers. [75] Ainsi, la voie a été préparée pour l'identification pratique des petits sergents avec les socages ordinaires à une date ultérieure.

(7) *Le Burgage* , limité exclusivement aux terres situées dans les arrondissements libres, est mentionné comme une tenure distincte par Littleton, [76] et son autorité reçoit le soutien des paroles du chapitre 37 de la Magna Carta. Nos plus hautes autorités modernes [77] considèrent cependant qu'elle n'a jamais acquis de caractères suffisamment distincts pour justifier sa reconnaissance comme telle. Ils le traitent plutôt comme une variété particulière de socage, utilisée lorsque les locataires étaient membres d'une corporation. Si leur opinion doit être acceptée pour l'Angleterre, il s'ensuit que, à partir d'antécédents communs, des résultats entièrement différents se sont développés respectivement en Écosse et en Angleterre. Alors qu'au nord de la Tweed plusieurs tenures anglaises bien établies n'ont pas réussi à faire valoir leur droit à une reconnaissance séparée, le burgage s'est imposé sans aucun doute. Même le processus de nivellement consommé par le Conveyancing (Scotland) Act de 1874 n'a pas entièrement aboli son existence distincte.

L'explication de ces différences entre l'usage anglais et écossais se suggère facilement. Lorsque la féodalité prit racine, les diverses nuances dans les conditions de détention étaient extrêmement nombreuses et se fondaient les unes dans les autres par degrés imperceptibles. Le travail de définition est venu plus tard, était de nature essentiellement artificielle et a pris des formes différentes selon les pays. [78]

Ces tenures, au nombre de six ou sept à l'origine (selon que l'on exclut ou inclut le burgage), ont cédé à la pression unificatrice de plusieurs siècles. Frankalmoin et Grand Serjeanty existent toujours, mais plutôt comme des fantômes que comme des réalités ; les autres ont tous été engloutis dans la socage, devenue ainsi pratiquement identique à la « pleine propriété ». [79] Ce triomphe de la socage est le résultat d'un long processus. Les fiefs, les burgages et les petits sergents, possédant toujours de nombreux traits communs, furent progressivement assimilés à presque tous les égards, tandis qu'un statut (12 Charles II, c. 24) transformait également la titularisation en chevalerie en socage. Le socage autrefois humble s'est ainsi élevé et embrasse désormais la majeure partie du pays d'Angleterre. [80]

L'intérêt des historiens se porte naturellement sur la titularisation par le service chevaleresque, qui constitue le noyau même du système féodal. Le manque de définition au Moyen Âge était une source de querelles fécondes. Pendant un siècle et plus après la conquête normande, le montant exact et la nature des services militaires dus par un locataire à son seigneur restèrent vagues et indéterminés. Les premiers rois normands avaient progressivement remplacé les anciens locataires de la couronne anglo-saxonne par de nouveaux locataires d'origine normande ou française, sans formuler de code de réglementation pour l'avenir. L'Angleterre tout entière avait ainsi été découpée en un certain nombre de domaines, les plus grands étant connus sous le nom de honneurs ou baronnies, et les plus petits sous le nom de manoirs. Chaque locataire de la Couronne (à deux exceptions près, dont faisait partie la fondation préférée du Conquérant, Battle Abbey) détenait ses terres à condition de fournir un certain nombre de soldats entièrement armés et à cheval, toujours prêts à obéir aux convocations du roi en cas de guerre. Les hautes autorités diffèrent quant à quand et par qui le montant du service de chaque vassal était fixé. L'opinion commune (promulguée par le professeur Freeman [81] avec sa véhémence habituelle) attribue l'attribution d'un service spécifique à Ranulf Flambard, l'instrument sans scrupules de William Rufus. MJH Round [82] a récemment avancé des raisons convaincantes à l'appui de l'opinion plus ancienne qui l'attribue à Guillaume Ier. Deux faits, apparemment, sont certains : que dans un demi-siècle après la Conquête, chaque locataire militaire était grevé d'un montant défini. du service de chevalier; et, en outre, qu'aucun enregistrement officiel du montant de ce service n'a été établi à l'époque. Il n'existait pas encore de chartes écrites et la possibilité de différends subsistait donc. Il est probable que de telles subventions seraient accordées en pleine *Curie* , et la seule trace des conditions résiderait dans la mémoire de la Cour elle-même.

Bien avant la date de la Magna Carta, les diverses obligations avaient été regroupées en trois classes, qui peuvent être classées selon leur importance relative, comme *les services*, *les incidents* et *les aides*. Sous chacun de ces trois chefs, des disputes surgissaient continuellement entre le seigneur qui exigeait et le vassal qui les rendait. [83]

L'essence même de la relation féodale entre le roi en tant que suzerain et le locataire de la Couronne en tant que vassal consistait dans la responsabilité de ce dernier de rendre « service et service », c'est-à-dire de suivre la bannière de son seigneur en temps de guerre et d'assister à son commandement. tribunal en temps de paix. Il sera cependant plus commode de réserver l'examen complet de ces services jusqu'à ce que les obligations relativement simples connues sous le nom d'incidents et d'aides aient été discutées pour la première fois.

I. *Incidents féodaux.* Outre « le costume et le service », le seigneur récoltait, aux dépens de ses tenanciers, un certain nombre de bénéfices occasionnels, qui formaient ainsi des compléments irréguliers à ses revenus. Ces bénéfices, accumulés non pas annuellement, mais lors de la survenance d'événements exceptionnels, furent connus sous le nom d'« incidents féodaux ». Ils ont été progressivement définis avec plus ou moins de précision, et leur nombre peut être donné au nombre de six, à savoir :

Allégements, désavantages, tutelles, mariages, saisies primaires et amendes pour aliénation. [84]

(*a*) *Le soulagement* s'explique facilement. Le fief, ou *fiefum*, ou domaine féodal héréditaire, semble avoir été le résultat d'une évolution progressive de l'ancien *beneficium* (ou domaine détenu uniquement pour une vie), et cela encore de l'ancien *précarium* (ou domaine détenu uniquement pendant la durée du testament). du suzerain). Les concessions de terres, initialement sujettes à révocation par le seigneur, avaient progressivement atteint une fixité de tenure tout au long de la vie du concessionnaire initial ; et, plus tard, ils devinrent transmissibles à ses descendants. Le principe héréditaire triompha enfin complètement ; le Capitulaire de Kiersey (877 après JC) serait la première reconnaissance faisant autorité du droit absolu de l'héritier à réussir. Le processus fut progressif et il semblerait que même après la conquête normande, cette règle de l'hérédité n'ait pas été établie sans possibilité de contestation. [85] Ce droit de l'héritier à la succession est toujours resté soumis à une condition, soit le paiement d'une somme d'argent appelée « secours ». Il s'agissait théoriquement d'une reconnaissance du fait que le droit de propriété du nouveau locataire était incomplet, jusqu'à ce qu'il soit reconnu par son supérieur – une réminiscence de la *précarité antérieure* à partir de laquelle le *fief* s'était développé.

L'allégement est donc la somme payable à un seigneur féodal par un héritier pour la reconnaissance de son titre de succession au dernier locataire en possession. Le montant resta longtemps indéfini et le seigneur demanda fréquemment des sommes exorbitantes. [86]

(*b*) *La déshérence* , a-t-on dit, "signifie le retour d'un domaine à un seigneur, soit en cas d'échec de délivrance par le locataire, soit en raison du crime de ce locataire". [87] Cette description lucide véhicule une bonne conception générale de la déshérence ; mais il est inexact à au moins deux égards. Il n'épuise pas les occasions où se produit la déshérence, et il se trompe en parlant de « retour » d'un domaine à un seigneur, alors que, plus exactement, ce domaine ne l'a jamais quitté, mais est toujours resté sa propriété, sous réserve seulement d'un fardeau, qui a maintenant été supprimé. En théorie, la concession féodale des terres était toujours conditionnelle ; et lorsque la condition était rompue, la concession tombait, et le seigneur se retrouvait, pour ainsi dire automatiquement, une fois de plus le propriétaire absolu et libéré de toute charge, comme il l'avait été avant que la concession ne soit accordée. Par la suite, il conservait le terrain en domaine, à moins qu'il ne choisisse de faire une nouvelle concession à un autre locataire. Le mot « déshérence » s'appliquait indifféremment au droit du seigneur à de telles réversions, et aux terres elles-mêmes qui étaient ainsi rétrocédées. En période de guerre et d'instabilité, ce droit était précieux, car des familles entières pouvaient rapidement disparaître. Lorsque le dernier locataire n'a laissé aucun héritier, il était évident que la subvention initiale était épuisée. De même, lorsqu'un propriétaire terrien était reconnu coupable de crime, son sang devenait, selon l'expression d'un jour plus tard, atteint, et personne ne pouvait hériter d'un domaine par son intermédiaire. Si un homme échouait à l'épreuve de l'eau prévue par les assises de Clarendon en 1166 pour les personnes accusées de crimes odieux, ses domaines revenaient également à son seigneur. Il est vrai qu'une complication survint lorsque c'était pour trahison que le locataire avait été condamné. Dans ce cas, le roi, en tant que partie lésée, avait des droits prioritaires qui excluaient ceux du seigneur. Les terres des traîtres furent confisquées au profit de la Couronne. Même en cas de crime, le roi avait un droit limité sur les terres pendant une période strictement définie par la Magna Carta. [88]

Le crime du locataire et l'échec de l'émission étaient les deux principaux motifs de déshérence, mais pas les seuls ; les biens des fugitifs de la justice et de ceux qui avaient été formellement proscrits ont également disparu, et Glanvill ajoute un autre cas, [89] à savoir, les pupilles féminines coupables d'impudicité (un délit qui a gâché le marché du roi). Le non-respect d'une convocation au prélèvement féodal en temps de guerre pourrait également être un motif de confiscation. [90]

La déshérence était donc un droit particulièrement précieux tant pour la Couronne que pour les seigneurs mesne. Son effet fut simplement le suivant : un maillon de la chaîne féodale fut supprimé et les maillons de chaque côté furent assemblés. Si le défaillant était un locataire de la Couronne, tous ses anciens sous-locataires, qu'ils soient propriétaires francs ou vilains, gravissaient un échelon dans l'échelle féodale et relevaient désormais directement du roi, qui jouissait de l'ensemble des droits légaux dont jouissait auparavant le défaillant dans en plus de ceux dont il bénéficiait auparavant : les loyers, les récoltes, le bois, les bénéfices occasionnels et les aveux des églises devenues vacantes ; les juridictions et les bénéfices des juridictions ; services de vilains; les secours, les tutelles et les mariages des propriétaires francs à mesure qu'ils devenaient exigibles.

Cependant, la Couronne, tout en prenant tout ce que le défaillant aurait pu prendre avant le défaut, ne doit rien prendre de plus – c'est du moins ce que prévoit la Magna Carta [91]. Les droits et le statut des sous-locataires innocents ne doivent pas être lésés par les méfaits de leur seigneur mesne défaillant.

(*c*) *Les tutelles* sont décrites dans le *Dialogus de Scaccario* comme « des déshérités avec l'héritier » (*escaeta cum herede*). [92] Cette expression n'apparaît pas ailleurs, mais il serait impossible de trouver une description de la tutelle qui jetterait plus de lumière sur sa nature et ses conséquences. Lorsque l'héritier d'un locataire décédé était inapte au port des armes en raison de son jeune âge, les terres étaient pratiquement, pendant sa minorité, sans propriétaire effectif. Le seigneur les traita donc comme temporairement en déshérence. Pendant l'intervalle de non-age, le seigneur entrait en possession, en tirait les revenus et les appliquait à ses propres desseins, sous la seule obligation d'entretenir et de former l'héritier d'une manière adaptée à sa condition. Des sommes considérables ont souvent été ainsi dépensées. Le *Pipe Roll* de la dix-septième année d' Henri II. montre comment sur un revenu total de 50 £ 6s. 8j. de l'honneur de « Belveeir », 18 £ 5 shillings. avait été dépensé pour les enfants du défunt locataire. [93] La tutelle prenait fin à l'âge adulte de la pupille, soit, dans le cas d'un tenancier militaire, à l'accomplissement de sa vingt et unième année, « dans celle d'un titulaire en socage à l'issue de la quinzièmement, et dans le cas d'un bourgeois quand le garçon sait compter l'argent, mesurer le tissu, etc. [94] La tutelle des femmes prenait normalement fin à l'âge de quatorze ans, « parce qu'une femme d'un tel âge peut avoir un mari capable de faire le service d'un chevalier ». [95]

Toutes les conséquences rémunératrices découlant de la déshérence découlaient également de la tutelle : loyers, bénéfices occasionnels, aveux, services des vilains et secours. Cependant, contrairement aux cas de déshérence, le droit de la Couronne n'était ici que temporaire, et la Magna Carta cherchait [96] à prévoir que les conditions implicites devaient être respectées par les huissiers ou les mandataires de la Couronne. Les terres ne doivent pas être gaspillées ou épuisées, mais restituées au jeune propriétaire lorsqu'il atteint la majorité dans un aussi bon état qu'elles l'étaient au début de la tutelle.

Un aspect important de ce droit mérite d'être particulièrement souligné. La tutelle de la Couronne affectait aussi bien les évêchés que les baronnies laïques, s'étendant sur les temporalités d'un siège entre la mort d'un prélat et l'installation de son successeur. Ainsi, il était de l'intérêt du roi de mettre des obstacles à toute nomination aux sièges vacants, car plus le délai était long, plus le Trésor public tirait longtemps les revenus et les profits occasionnels. [97]

Ce droit était soigneusement réservé à la Couronne, même dans la charte très complète dans laquelle Jean accordait la liberté d'élection, en date du 21 novembre 1214. [98]

(*d*) *Le mariage* comme incident féodal appartenant au seigneur est difficile à définir de manière générale, car son sens a changé. À l'origine, cela semble n'impliquer guère plus que le droit d'un seigneur d'interdire à une héritière, détenant un fief sous lui, d'épouser un ennemi personnel ou quelqu'un qui ne lui convenait pas. Un tel veto n'était que raisonnable, puisque le mari de l'héritière deviendrait propriétaire de la redevance et locataire du seigneur. Ce droit négatif avait presque nécessairement un côté positif ; la prétention de concourir au choix d'un mari s'est progressivement développée en un droit absolu du seigneur de disposer par vente ou autrement des terres et de la personne de sa pupille féminine. Le prix pourrait servir de pot-de-vin à tout gentilhomme fortuné sans scrupules qui mettrait son épée à la disposition du roi, ou il pourrait être mis aux enchères au plus offrant. La dame est passée comme un simple complément de ses propres domaines et a cessé, à proprement parler, d'avoir voix au chapitre dans le choix d'un partenaire pour la vie. Elle pourrait en effet se protéger contre un mari odieux en surenchérissant sur ses différents prétendants. Des sommes importantes étaient fréquemment versées pour obtenir un congé permettant de se marier avec une personne déterminée ou de rester célibataire.

Ce droit semble, à une date incertaine, avoir été étendu des femmes aux hommes, et des exemples de sommes ainsi payées se produisent dans les *Pipe Rolls* . Il est difficile, à première vue, d'imaginer comment la Couronne a trouvé un marché pour des produits tels que les pupilles masculines ; mais il est probable que les pères riches étaient prêts à acheter des maris désirables pour leurs filles. Ainsi en 1206 un certain Henri de Rédman paya quarante marks pour la main et les terres de l'héritier de Roger d'Hédon, « *ad opus filiae suae* » [99], tandis que Thomas Basset obtint un prix en la personne du jeune héritier de Walerand, Comte de Warwick, à l'usage de l'une de ses filles. [100] On explique généralement que cette extension aux héritiers mâles a été fondée sur une construction tendue du chapitre 6 de la Magna Carta, mais les débuts de la pratique remontent bien avant 1215. [101] Le droit des seigneurs de ^{vendre} leurs Les pupilles ont été reconnues et définies par le Statut de Merton, chapitre 6. Les tentatives faites pour remédier à certains des abus les plus graves de cette pratique peuvent être lues dans la Magna Carta. [102]

M. Hallam [103] considère que « les droits, ou incidents féodaux, de tutelle et de mariage étaient presque particuliers à l'Angleterre et à la Normandie », et que les rois de France [104] ^{n'ont} jamais « fait de cet attribut de souveraineté un moyen de revenu ». »

(e) *Primer Seisin* , qui est habituellement considéré comme un incident distinct et figure comme tel dans la liste de Blackstone, est peut-être mieux compris, non pas comme un incident du tout, mais plutôt comme une procédure spéciale — efficace et sommaire — par laquelle la Couronne pourrait appliquer les quatre incidents déjà décrits. C'était une prérogative exclusive de la Couronne, refusée aux seigneurs mesne. [105] Lorsqu'un locataire de la Couronne décédait, les officiers du roi avaient le droit d'entrer en possession immédiate et d'exclure l'héritier, qui ne pouvait toucher aux terres de son père sans autorisation expresse de la Couronne. Il devait d'abord prouver son titre par une enquête, donner caution pour tout solde de secours et autres dettes impayées, et rendre hommage. [106] On voit facilement quelle forte position stratégique tout cela assurait au roi dans tout différend avec l'héritier d'un vassal mort. Si l'Échiquier avait des créances douteuses contre le défunt, ses fonctionnaires pouvaient se satisfaire avant d'admettre l'héritier en possession. Si l'héritier montrait une quelconque tendance à se soustraire au paiement des incidents féodaux, la Couronne pouvait échouer ses démarches. Si la succession était contestée, le roi pouvait favoriser le prétendant qui lui plaisait ou lui payait le plus ; ou bien, sous couvert de litige, refuser de restituer complètement la succession, en la gardant sous une garde analogue à la tutelle, et en en tirant en attendant les bénéfices. Si le fils et héritier se trouvait absent de la maison au moment de la mort de son père, il éprouverait probablement de grandes difficultés, à son retour, à forcer la Couronne à restituer les domaines. Telle fut l'expérience de William Fitz-Odo à son retour d'Écosse en 1201 pour réclamer la parcelle de terre de son père à Bamborough. [107] La première saisine n'était donc pas tant un incident distinct qu'un droit propre à la Couronne de prendre des mesures sommaires pour régler tous les incidents ou autres réclamations contre un locataire décédé ou son héritier. La Magna Carta a reconnu cette prérogative tout en se gardant d'en abuser. [108]

f) *Les amendes pour aliénation* occupent une place à part. Contrairement à d'autres incidents déjà évoqués, ils devenaient exigibles non pas au décès du locataire, mais à la volonté de celui-ci de céder sa succession à un autre de son vivant, soit à titre de donation, soit en échange d'un prix. Jusqu'où pourrait-il accomplir cela sans le consentement de son seigneur ? Ce fut pendant de nombreux siècles un sujet de conflits fréquents et passionnés, souvent réglés par des compromis, dans lesquels le locataire payait une amende au seigneur pour obtenir l'autorisation de vendre. De telles amendes sont payables aujourd'hui en Écosse (sous le nom de « compositions ») sur des feus accordés avant 1874 ; et, là où aucune somme n'a été mentionnée dans la Charte du Feu, la loi d'Écosse définit le montant exigible à un an de loyer. La Magna Carta de Jean ne contient aucune disposition à ce sujet. Des disputes, longues et amères, eurent lieu plus tard au XIIIe siècle ; mais leur histoire n'a aucun rapport avec la présente enquête. [109]

II. *Aides féodales*. Le locataire féodal, en plus de remplir tous les éléments essentiels de la relation féodale ainsi que tous les incidents pénibles déjà énumérés, était censé venir en aide à son seigneur en cas de crise ou d'urgence particulière. L'aide ainsi apportée n'était en aucun cas considérée comme un paiement pour tenir compte des autres obligations, qui devaient également être payées intégralement. Les sommes supplémentaires ainsi versées étaient techniquement connues sous le nom d'« aides ». Au début, les occasions dans lesquelles ces demandes pouvaient être exigées étaient variées et indéfinies. Mais peu à peu, ils furent limités à trois. Glanvill, [110] en effet, n'en mentionne que deux, à savoir l'adoubement du fils aîné du suzerain et le mariage de sa fille aînée ; mais il les entend peut-être simplement comme des illustrations plutôt que comme formant une liste exhaustive. Avant le début du XIIIe siècle, les aides reconnues étaient clairement au nombre de trois : le rachat du roi et les deux déjà mentionnées. Cette compréhension a été incarnée dans la Magna Carta. [111]

Une tradition s'est transmise depuis des temps anciens, selon laquelle ces aides étaient en réalité des offrandes volontaires faites par le locataire en signe d'affection et ne faisant pas partie de ses obligations légales. [112]

Mais cela devenait clairement une fiction juridique, en ce qui concerne les aides reconnues par le droit coutumier ; le locataire n'a pas osé refuser de payer les trois reconnus. Quant aux éventuels paiements ultérieurs, ce n'était en aucun cas une fiction. Lorsque la Couronne désirait exiger des contributions pour toute autre raison, elle devait obtenir le consentement du *concilium de la commune* . C'est ce qu'a fait, par exemple, Henri III. avant de prendre une aide sur le mariage de sa sœur aînée. L'importance de la nécessité d'un tel consentement ne peut guère être exagérée dans sa relation avec l'origine des droits du Parlement.

La Grande Charte, tout en confirmant le compromis tacite conclu par la coutume, selon lequel seules les trois aides pouvaient être prises sans le consentement du baronnage, laissait indéfini le montant *de* ces aides, se contentant de la disposition extrêmement vague qu'elles devaient être «

raisonnables ». » Des exemples de tels paiements, avant et après la Charte, se trouvent facilement dans les rôles de l'Échiquier. Ainsi, la quatorzième année d'Henri II, ce roi prenait un mark par honoraire de chevalier en mariant sa fille Maud au duc de Saxe. Henri III. a pris 20 secondes. et Edward I. 40 ans. dans un but similaire. Pour la rançon de Richard, 20 shillings. avait été exigé sur les honoraires de chaque chevalier (à l'exception de ceux appartenant aux hommes servant réellement sur le terrain) ; et Henri III. a pris 40s. dans sa trente-huitième année lors de l'anoblissement de son fils. Il y a probablement eu très tôt une certaine entente quant aux limites dans lesquelles le « caractère raisonnable » devait être pris en compte, mais le montant n'a jamais été indiqué noir sur blanc avant la troisième année d'Édouard Ier. Le Statut de Westminster I. [[113]] a fixé à 20 shillings l'aide « raisonnable » payable, non pas à la Couronne mais aux seigneurs mesne. par honoraire de chevalier, et 20 s. pour chaque domaine en socage d'une valeur annuelle de 20 £. Ce taux, on le remarquera, est d'un cinquième du soulagement du chevalier. [114] La Couronne, en imposant ainsi la « raison » aux seigneurs mesne, ne semble jamais avoir eu l'intention que la même limite gêne ses propres relations avec les locataires de la Couronne, mais a continué à exiger des sommes plus importantes chaque fois qu'elle le jugeait opportun. [115]

Ainsi, 2 £ par honoraire furent prélevés en 1346 lors de l'adoubement du Prince Noir. Un statut d'Édouard III. [116] a enfin étendu à la Couronne la même mesure du « caractère raisonnable » qui avait été appliquée trois quarts de siècle plus tôt aux seigneurs mesne. Les derniers cas d'exigence d'aides en Angleterre se produisent encore sous le règne de Jacques Ier, qui, en 1609, en demanda une pour l'adoubement du malheureux prince Henri, et en 1613 une autre pour le mariage de sa fille Elizabeth. au prince d'Orange.

III. *Costume et service.* Cette phrase exprime les obligations essentielles inhérentes à la nature même de la relation féodale. Il peut être étendu (en ce qui concerne la titularisation dans la chevalerie) au devoir de présence à la cour du seigneur, que celui-ci se réunisse à des fins administratives ou judiciaires, ou pour des raisons de simple démonstration, et au devoir supplémentaire de service militaire sous la bannière de ce seigneur dans le champ. Le procès, ou la présence à la cour, avait cessé d'être une question urgente avant le règne de Jean. En effet, les barons, loin d'objecter à y être présents, se rapprochaient peu à peu de la conception moderne, qui considère comme un privilège plutôt que comme un fardeau d'assister au concilium de commune — l'embryon du Parlement — *du* roi. Ils insistaient en particulier sur le fait que ce n'était que devant un tribunal féodal complet, devant lequel chaque grand locataire de la Couronne avait le droit de comparaître, que chacun d'entre eux pouvait être jugé dans le cadre d'un plaidoyer impliquant la perte de terres ou de statut personnel. [117]

Il en était bien autrement des devoirs du service militaire, qui étaient accomplis chaque année à contrecœur, en partie à cause de la fréquence accrue des expéditions guerrières, en partie à cause du coût plus élevé des campagnes dans des pays lointains comme le Poitou, en partie parce que les barons anglais étaient complètement par sympathie pour la politique étrangère de John et avec lui. Nous avons vu que le manque de définition et le relâchement des pratiques sous le règne de Guillaume le Conquérant laissèrent aux âges futurs un héritage fertile en disputes. Guillaume Ier et ses barons vivaient dans le présent ; et le présent n'exigeait pas une définition urgente. Par conséquent, la durée exacte du service militaire à effectuer et les conditions exactes (le cas échéant) dans lesquelles l'exemption pouvait être demandée étaient à l'origine assez vagues. Une telle négligence s'explique facilement. La Couronne et les barons espéraient qu'en laissant les choses indéfinies, ils seraient capables de les modifier à leur propre avantage. Cette politique allait sûrement donner lieu à d'âpres querelles à l'avenir, mais les circonstances en retardèrent l'éclatement. Les magnats suivirent d'abord volontiers Guillaume sur le terrain partout où il allait, puisque leurs intérêts étaient identiques aux siens, tandis que la guerre était leur occupation normale.

Le montant exact du service militaire fut progressivement fixé par la coutume, et les deux parties acceptèrent de calculer le rendement dû (*servitium debitum*) pour chaque honoraire ou *scutum de* chevalier comme le service d'un cavalier entièrement armé pendant quarante jours. Il restait cependant d'innombrables points mineurs sur lesquels des différends pouvaient surgir, et ceux-ci persistèrent même en 1215. En effet, bien que plusieurs chapitres de la Grande Charte tentèrent de régler certains de ces points controversés, d'autres restèrent comme pommes de discorde pour les règnes ultérieurs. : par exemple, l'équipement exact d'un chevalier ; l'obligation de servir plus de quarante jours après avoir reçu le salaire pour le temps supplémentaire ; quelle étendue d'exemption (le cas échéant) pourrait être réclamée par les hommes d'Église détenant des baronnies au motif qu'ils ne pouvaient pas combattre en personne ; dans quelle mesure un locataire pourrait-il faire des compromis sur le service réel en offrant de l'argent ; si l'assistance et l'argent ne pourraient pas être refusés, si le roi ne conduisait pas ses forces en personne ; et si le service était également dû de la part de tous les domaines pour les guerres étrangères comme pour les guerres intérieures. [118]

Ces difficultés ont augmenté au fil du temps plutôt que de disparaître. Les partisans du Conquérant possédaient, comme leur seigneur, des domaines des deux côtés de la Manche : ses guerres étaient les leurs. Avant le règne de Jean, ces relations simples s'étaient compliquées par deux considérations. Par les confiscations et le partage des héritages entre fils d'un même père, les détenteurs de fiefs anglais et les détenteurs de fiefs normands s'étaient distingués ; les barons anglais n'avaient en 1213 aucun enjeu dans les projets égoïstes d'agrandissement ou de défense de la Couronne. L'Angleterre de Jean sans Terre, comme l'Angleterre de Guillaume d'Orange, s'opposait à se laisser entraîner dans des guerres étrangères dans l'intérêt des possessions étrangères du roi. D'un autre côté, l'expansion graduelle des domaines des détenteurs de la couronne anglaise augmentait le nombre de leurs guerres avec le nombre de leurs intérêts, et augmentait aussi les ennuis et les dépenses de chaque expédition. Les petites guerres avec le Pays de Galles et l'Écosse ont constitué une ponction suffisante sur les ressources des magnats anglais sans qu'ils soient appelés dans les années intermédiaires à combattre dans le Maine ou en Gascogne. Le plus grand nombre de campagnes pourrait bien être considéré comme une violation de l'esprit de l'accord initial.

Les barons étaient-ils obligés de suivre Jean dans une tentative désespérée, qu'ils désapprouvaient, de récupérer ses fiefs perdus auprès de la couronne de France ? Ou étaient-ils tenus de le soutenir uniquement dans ses projets légitimes de roi d'Angleterre ? Ou étaient-ils, par voie de compromis, redevables de services dans les possessions identiques détenues par Guillaume le Conquérant à la date où leurs ancêtres obtinrent leurs fiefs, c'est-à-dire pour les guerres en Angleterre et en Normandie seulement ? On ne pouvait guère s'attendre à une tendresse pour les subtilités juridiques ou une logique stricte de la part des mécontents des comtés du nord, piqués par un stupide sentiment de tort. Méprisant toute belle définition, ils déclarèrent catégoriquement en 1213 qu'ils ne devaient aucun service à l'Angleterre. [119] Cette affirmation extrême les mettait clairement dans l'erreur, puisque Jean avait de nombreux précédents contraires prêts à leur présenter. Lorsque le roi, au retour de sa malheureuse expédition de 1214, exigea un scutage à tous ceux qui ne l'auraient pas suivi en Poitou, les mécontents déclarèrent qu'ils n'étaient tenus ni de le suivre hors du royaume, ni de payer un scutage en Poitou. en lieu et place. [120] Le pape Innocent avait probablement raison de condamner cette affirmation comme fondée ni sur le droit anglais ni sur la coutume féodale. [121] Il y a des raisons de croire qu'un compromis a été évoqué sur la base que les barons devraient accepter de servir en Normandie et en Bretagne, ainsi qu'en Angleterre, en étant exemptés de combattre ailleurs à l'étranger. [122]

Un accord définitif sur cette question vitale n'a jamais été atteint – pas même sur le papier, puisque le chapitre 16 de la Magna Carta s'est contenté de la simple disposition selon laquelle les services existants ne devaient pas être augmentés (sans définir de quoi il s'agissait). Il s'agissait simplement d'écarter la difficulté : la dispute se poursuivit sous diverses formes et conduisit à un violent conflit de volontés dans la querelle inconvenante entre Édouard Ier et son connétable et maréchal, dramatisée dans un passage classique de Walter d'Hemingburgh. [123] Curieusement, la *Confirmatio Cartarum* de 1297, qui fut, en partie, le résultat de cette querelle ultérieure, omet (comme la Magna Carta elle-même) [124] toute référence au service extérieur. L'omission totale dans les deux chartes de toute mention de la principale cause du différend est remarquable. Il faut cependant se rappeler que la question de l'obligation de servir à l'étranger s'était pratiquement résolue en celle de l'obligation de payer le scutage, et que les chapitres 12 et 14 de la Charte de 1215 prévoyaient un contrôle adéquat du prélèvement de tous les scutages ; mais il s'agit là d'un sujet d'une importance cruciale qui nécessite un traitement séparé et détaillé.

IV. *Scutage.* La Couronne n'insistait pas toujours sur une signification personnelle réelle, mais était souvent disposée à accepter une commutation sous la forme d'un paiement en espèces. Ce sujet du scutage est l'une des questions les plus épineuses ; tous ont reçu des opinions d'hier ayant été jetées aujourd'hui dans le creuset. Des tentatives sérieuses et constructives pour reformuler l'ensemble du sujet n'ont pratiquement pas été faites ; et aucune conclusion n'a encore été généralement acceptée.

Trois modifications, cependant, des théories de Stubbs et Freeman, une fois universellement acceptées, semblent susceptibles d'être bientôt établies : (1) le « scutage » est un terme ambigu avec une signification générale vague ainsi qu'une signification technique étroite ; (2) que l'importance des changements introduits par Henri II. en 1156 et 1159 a été très exagéré ; et (3) que plus tard, probablement pendant le règne de Jean, le scutage changea de caractère. Il cessait d'être normalement une commutation de service, puisqu'il n'était pas rare qu'il soit exigé par la Couronne en *plus* du service militaire effectivement accompli. Chacune de ces propositions nécessite une explication.

« Scutagium », ou « argent-bouclier », signifie souvent, il est vrai, une somme spécifique d'un montant par honoraire de chevalier (normalement vingt shillings) acceptée par le roi en remplacement du service personnel dans son armée dû par ses locataires *en capite* . Il s'agit donc, comme l'explique le Dr Stubbs, d'une « compensation honorable en échange d'un service personnel » ; [125] mais il est aussi vaguement utilisé [126] pour désigner toute exaction quelle qu'elle soit, évaluée sur une base féodale (c'est-à-dire prélevée exclusivement sur les détenteurs de fiefs) quelle que soit l'occasion de son prélèvement. Ainsi, l'argent pris au nom de l'un des trois *secours féodaux* est parfois qualifié de scutage ; et d'autres exemples pourraient être cités.

Encore une fois, l'opinion savante tend à croire qu'Henri II. n'a apporté aucune modification radicale ou surprenante. Le professeur Freeman, le Dr Stubbs et leurs partisans ont familiarisé une génération passée d'historiens avec l'idée que l'une des réformes les plus importantes de Henry était de permettre à ses locataires de la Couronne, à leur discrétion, de substituer des paiements en espèces à l'ancienne obligation de service personnel sur le terrain. — cette option étant accordée aux ecclésiastiques en 1156, et aux barons laïcs en 1159. Une telle théorie avait *a priori* de nombreux avantages. Une mesure de cette nature, tout en donnant du volume et de l'élasticité aux ressources de la couronne, était calculée pour saper subtilement les bases du lien féodal ; mais Henry, homme d'État clairvoyant qu'il était, ne pouvait pas abandonner les idéaux de sa propre génération. Aucune preuve qu'il ait apporté un changement radical n'est disponible. Son grand-père, Henri Ier, est démontré par les preuves des chartes existantes comme ayant accepté de l'argent à la place des services des chevaliers *quand cela lui convenait* (notamment des fiefs d'église en 1109), [127] et il n'y a aucune preuve (directe ou indirect) pour montrer que le petit-fils a accepté une telle commutation *alors qu'elle ne lui convenait pas* . Les conclusions formulées, avec son énergie habituelle, par M. J. Horace Round, se trouvent implicitement dans les exemples tirés des *Pipe Rolls* conservés dans le grand ouvrage de Madox. De là, il semblerait que la procédure de l'Échiquier du grand Angevin et de ses deux fils pourrait s'expliquer par des propositions telles que celles-ci :

(*a*) L'option de convertir le service en scutage appartenait à la Couronne, et non aux locataires, que ce soit individuellement ou en tant que corps. Lorsque le roi convoquait son armée féodale, aucun baron ne pouvait (comme le professeur Freeman voudrait nous le faire croire) simplement rester à l'écart sous l'obligation de payer une petite somme fixe au Trésor. Au contraire, Henri et ses fils conservèrent jalousement le droit d'exiger un service *personnel* chaque fois que cela leur convenait ; même les substituts efficaces n'étaient pas toujours acceptés, et encore moins les paiements en espèces.

(*b*) Si l'individu souhaitait rester chez lui, il devait conclure un marché spécial pour payer l'amende que le roi acceptait d'accepter - et parfois il devait envoyer un remplaçant en plus. Les *Pipe Rolls* montrent de nombreux paiements de ce type effectués par des personnes au foyer *ne transfretent* ou *pro remanendo ab exercitu* . Ainsi, au cours de la douzième année du règne de Jean, un locataire de la Couronne paya une amende « afin d'envoyer deux chevaliers servir pour lui dans l'armée d'Irlande ». [128]

Parfois même Henri II. Il pouvait annoncer que des paiements à un certain taux seraient généralement acceptés en remplacement du service, mais c'était quand cela lui convenait, pas quand cela convenait à ses locataires militaires. À cet égard, vingt shillings par taxe furent reconnus comme un taux habituel, quoique nullement nécessaire.

(*c*) Dans le cas ordinaire, si le locataire de la chevalerie ne s'y rendait pas en personne ni n'obtenait l'autorisation de la Couronne de s'absenter, il se trouvait dans une mauvaise situation. Les défaillants étaient « *en miséricorde* » ; ils renonçaient parfois à la totalité de leurs domaines au profit de la couronne,

[129] et pourraient être heureux d'accepter les conditions de grâce qu'un roi gracieux daignait leur offrir. Parfois, il est vrai, de très petites améliorations étaient infligées ; l'abbé de Pershore s'enfuit en 1196 avec une amercement de 40 s. [130] Une telle indulgence, cependant, était exceptionnelle et le résultat d'une clémence royale particulière.

Le droit de déterminer le montant des amercements à prendre relevait de la compétence des barons de l'Échiquier, qui jugeaient également si les terres étaient ou non en déshérence par défaut.

Henri II. Il semble qu'il n'ait levé de l'argent au nom du scutage que lorsqu'il était effectivement en guerre, à sept reprises en tout au cours d'un règne de trente-cinq ans ; et une seule fois, à un rythme dépassant 20 shillings, si l'on peut se fier à M. Round, [131] et cela alors qu'il déployait un effort particulier contre Toulouse. Richard Ier, avec toute sa rapacité, ne leva apparemment que quatre scutages pendant dix ans, et le taux de 20 shillings. ne fut jamais dépassé, même au moment où le roi en avait un besoin urgent, c'est-à-dire en 1194, lorsqu'il fallut payer les arriérés de sa rançon et préparer simultanément la guerre en Normandie.

À l'avènement de Jean, trois règles pouvaient donc être considérées comme ayant toute la force prescriptive d'une longue tradition ininterrompue, à savoir : (1) le scutage était une réserve pour les urgences extraordinaires, et non une charge annuelle normale ; (2) que le maximum reconnu était de 20 s. par honoraire de chevalier, alors qu'un taux inférieur (13 shillings, 4 d. et même 10 shillings) avait parfois été accepté ; et (3) que le paiement du scutage au roi à un taux préalablement fixé par lui agissait comme une décharge complète de toutes les obligations dues à cette occasion.

S'il peut être prouvé que Jean, presque dès son avènement, a délibérément modifié ces trois règles bien établies, et cela également malgré la vive opposition d'un baronnage plein d'entrain dont les membres estimaient que leur fierté et leur prestige aussi bien lorsque leurs sacs d'argent furent attaqués, un pas important est franchi vers la compréhension de la crise de 1215. Une telle connaissance expliquerait pourquoi une tempête, qui couvait depuis longtemps, éclata sous le règne de Jean, ni tôt ni tard ; et même pourquoi certaines des histoires peu recommandables racontées par les chroniqueurs et acceptées par Blackstone et d'autres ont trouvé des inventeurs et des croyants volontaires.

Il est soutenu ici que Jean a apporté des changements dans les trois directions ; et, en outre, que l'incidence de cette augmentation des charges féodales était rendue encore plus insupportable par deux considérations : — parce qu'à son avènement il restait impayé (en particulier des fiefs des chevaliers du Nord) d'importants arriérés des scutages imposés sous le règne de son frère. , [132] et parce qu'en juin 1212, Jean resserra la chaîne féodale par une mesure drastique et exaspérante. Ce mois-là, il ordonna une enquête stricte sur le montant des services féodaux exigibles de chaque domaine en Angleterre, pour empêcher toute redevance d'échapper à son vaste filet et pour rétablir tous les services et paiements périmés ou risquant de le devenir.

Qu'il ait apporté les deux premiers changements devient une certitude d'un coup d'œil sur la table des scutages effectivement extorqués pendant son règne, car ceux-ci sont ici copiés à partir d'une liste compilée par un écrivain faisant autorité qui n'a aucune théorie particulière à soutenir, [133] à savoir .:

Premier scutage du règne—			1198-9—	2	marques par honoraire de chevalier.
Deuxième	"	"	1200-1	2	" "
Troisième	"	"	1201-2	2	" "
Quatrième	"	"	1202-3	2	" "
Cinquième	"	"	1203-4	2	" "
Sixième	"	"	1204-5	2	" "
Septième	"	"	1205-6	20s.	"
Huitième	"	"	1209-10	2	Des marques "
Neuvième	"	"	1210-11	2	" "
Dixième	"	"	1210-11	20s.	"
Onzième	"	"	1213-14	3	Des marques "

On voit que, dès la première année de son règne, Jean prit un scutage, et cela aussi, à un taux supérieur à la normale établie, à deux marks par scutum (une seule fois égalé, trente ans auparavant, *puis* sous circonstances spéciales). Même une telle exigence aurait dû faire paraître de travers les locataires de la Couronne, déjà boudeurs.

L'année suivante, John leur a sagement laissé un répit ; puis, sans interruption au cours de chacune des troisième, quatrième, cinquième, sixième et septième années de son règne, des scutages furent extorqués coup sur coup au tarif élevé de deux marks. Si Jean avait l'intention d'établir cela comme un nouveau taux normal, il ne l'a pas fait sans raison, puisque cela paierait exactement le salaire d'un chevalier à 8d. *per diem* (taux alors en vigueur), pour une durée de quarante jours (durée exacte reconnue par l'opinion publique comme le maximum du service féodal obligatoire).

Des amendes , en plus de ce scutage de deux marks, étaient apparemment imposées à ceux qui n'avaient pas fait le compromis nécessaire pour une signification personnelle en temps voulu. [134]

Ces scutages furent recouvrés avec des difficultés croissantes et les arriérés s'accumulèrent peu à peu ; mais l'esprit d'opposition s'accrut encore plus rapidement. En 1206, semble-t-il, le point de rupture était presque atteint. [135] En conséquence, cette année-là, un léger assouplissement a été autorisé : le scutage annuel a été réduit de deux marks à 20s. Les besoins de John, cependant, étaient plus grands que jamais et empêcheraient toute nouvelle concession dans les années à venir, à moins que quelque chose de fâcheux ne se produise. Quelque chose de fâcheux *s'est* produit au cours de l'été 1207, lorsque Jean s'est disputé avec le pape. Cet événement arriva à temps, non pas parce que Jean pensait empêcher , mais, comme la suite le prouva, simplement pour *retarder* la crise de la querelle avec le baronnage. Jean avait, pour le moment, entre ses mains tous les biens confisqués du clergé. Le jour où il faudra payer pour ce luxe était encore loin, et le roi pouvait entre-temps jouir d'un trésor complet sans inciter ses locataires de la Couronne à la rébellion. Pendant trois ans, aucun scutage n'a été imposé. En 1209, cependant, les besoins financiers se rapprochèrent de nouveau de Jean et un nouveau scutage de deux marks fut prélevé ; suivi l'année suivante en fait par deux scutages, le premier des deux points contre le Pays de Galles et le deuxième des 20. contre l'Écosse. John ne savait jamais quand s'arrêter. Ces trois prélèvements, qui s'élevaient au total à cinq marks et demi par taxe en deux ans, ont poussé la tension presque jusqu'au point de rupture.

Au cours des deux exercices financiers qui suivirent immédiatement (Michaelmas, 1211, à Michaelmas, 1213), aucun scutage ne fut imposé. John, cependant, bien qu'il ait ainsi relâché la tension une seconde fois, n'avait pas l'intention de le faire longtemps. Au contraire, il résolut de vérifier si les scutages ne pourraient pas donner davantage à l'avenir. Par des ordonnances datées du 1er juin 1212, il ordonna une grande enquête dans tout le pays. Des commissaires ont été nommés pour rendre les verdicts sous serment des jurys locaux quant au montant de la responsabilité due par chaque vassal de la Couronne. M. Round [136] considère que les auteurs précédents ont inexplicablement ignoré l'importance de cette mesure, « une enquête digne d'être nommée à l'avenir par les historiens en conjonction avec celles de 1086 et 1166 » [137] et la décrit comme un effort « pour rétablir les droits de la Couronne prétendument caduques. Il est possible que Jean, par cette enquête ,de 1212, ait également cherché (sans succès, comme la suite l'a prouvé) à faire ce qu'Henri avait fait avec succès en 1166, c'est-à-dire augmenter le montant des honoraires des chevaliers sur lesquels était fixé le scutage de chaque locataire de la Couronne. évalué en ajoutant au total précédent le nombre de chevaliers récemment inféodés.

Jean avait clairement l'intention, par cette enquête, dont les retours étaient attendus le 25 juin 1212, de préparer la machinerie nécessaire pour extraire le dernier sou du prochain scutage lorsque l'occasion se présenterait à nouveau. Cette occasion s'est produite en 1214.

Jusqu'à cette date, même Jean n'avait pas osé exiger un taux de plus de deux marks par honoraire de chevalier ; mais le poids de ses scutages constants avait été augmenté par le fait qu'il exigeait parfois des services personnels en plus, et qu'il infligeait des amendes écrasantes à ceux qui ne se rendaient pas et ne s'entendaient pas d'avance avec le roi. [138]

Ainsi, progressivement et insidieusement, tout au long du règne de Jean, le flot d'obligations féodales par de nombreux canaux différents s'est progressivement accru jusqu'à ce que les barons craignent que rien de leurs biens ne soit sauvé du torrent. Le taux normal du scutage avait été relevé, la fréquence de son imposition avait été augmentée, les conditions du service extérieur étaient devenues plus lourdes et les objets des expéditions étrangères plus impopulaires ; tandis que des tentatives étaient parfois faites pour exiger à la fois le service et le scutage la même année. La limite de l'endurance des barons fut atteinte lorsque, le 26 mai 1214, Jean, déjà discrédité par ses expéditions infructueuses dans le Poitou, bientôt suivies par le renversement total de ses alliés à Bouvines, délivra des ordonnances de scutage à des fins inouïes. -de taux de trois marks, fondé sans doute sur l'enquête de 1212 et d'une portée inhabituelle dans les sujets qu'elle embrassait. [139]

Puis le crash final est arrivé ; cet ordre était comme un appel aux armes : un appel à ne pas suivre la bannière du roi, mais à lutter contre lui.

----

64 . *Commentaires* , II. 59.

65 . Voir Pollock et Maitland, *History of English Law* , I. 218.

66 . Voir Statut 12 Charles II. c. 24.

67 . Voir Pollock et Maitland, I. 274, n.

68 . Pollock et Maitland, I. 218.

69 . Littleton, II. viii. s. 133.

70 . Littleton, II. viii. s. 153.

71 . Littleton, II. viii. s. 158.

72 . *Histoire de l'Échiquier* , I. 650, citant *Pipe Roll* de 18 Henri III.

73 . Voir Littleton, II. ix. s. 159. On peut comparer à cela la définition donnée au chapitre 37 de la Magna Carta, où Jean parle de la terre ainsi détenue par un vassal comme « quam tenet de nobis per servitium reddendi nobis cultellos, vel sagittas vel hujusmodi ».

74 . *Angleterre médiévale* , pp. 249-250. Un régime similaire existe encore en Écosse sous le nom de « blench » — un régime dans lequel le reddendo est insaisissable, à savoir le rendu annuel de petites choses comme une flèche, un sou ou un grain de poivre, « si on le demande seulement » (*si pétatur tantum*).

75 . Littleton, II. viii. s. 158.

76 . *Ibid.* , II. xs 162.

77 . Pollock et Maitland, I. 218.

78 . Littleton et Coke semblent presque accepter deux mandats supplémentaires, à savoir, le mandat par scutage ou escuage, et le mandat par garde du château. Pollock et Maitland considèrent les deux comme des noms alternatifs pour le service des chevaliers. (Voir I. 251 et I. 257.) Ce dernier est discuté *infra* sous c. 29 de la Grande Charte.

79 . Jenks, *Droit foncier moderne* , p. 14.

80 . Elle a été bien décrite par Pollock et Maitland (I. 294) comme « la grande tenure résiduelle ». En Écosse, le « residuary tenure » n'est pas la socage mais le « feu » (qui ressemble au fee-farm anglais). Les participations en feu sont encore familières aux avocats écossais. Ils naissent d'une charte formelle, suivie d'un enregistrement (l'équivalent moderne de l'infeftment ou de l'investiture féodale), préservant ainsi un lien ininterrompu avec le transfert féodal du Moyen Âge.

81 . *Conquête normande* , V. 377 ; *Hist. de William Rufus* , 335–7.

82 . *Angleterre féodale* , p. 228 *et suiv.*

83 . Les trois formes d'obligation féodale – service, incidents et aides – sont depuis longtemps obsolètes en Angleterre. Le statut 12 Charles II. c. 24 balaya les *incidents féodaux* avec le système féodal ; Des siècles auparavant, *les scutages* remplaçant *le service militaire* étaient devenus obsolètes lors de la transition du système de finance féodale à celui de finance nationale, opérée par la Couronne aux XIIIe et XIVe siècles. *Les aides* féodales étaient également obsolètes depuis longtemps, bien que Jacques Ier, en quête désespérée d'argent, ait tenté d'en ressusciter deux. En France, le système féodal, avec toutes ses lourdes obligations, resta en pleine vigueur jusqu'à ce qu'il soit aboli en une nuit par le fameux décret de l'Assemblée nationale du

4 août 1790. En Ecosse, le système féodal du régime foncier existe toujours, et certains de ses incidents (*par exemple* des reliefs et des compositions ou des amendes pour aliénation) sont exigés de nos jours.

84 . Blackstone, *Commentaires* , II. 63, les classe cependant dans un ordre différent et mentionne comme septième incident les « aides », qui sont ici réservées à un traitement séparé.

85 . Voir Pollock et Maitland, I. 296.

86 . Voir *infra* , sous c. 2 , pour les étapes du processus progressif par lequel ce mal a été réparé.

87 . R. Thomson, *Magna Charta* , p. 236.

88 . *Infra* , ch. 32 .

89 . VII. 17.

90 . Madox, I. 663.

91 . Voir *infra* , c. 43 .

92 . Voir l'édition de Hughes, p. 133.

93 . Voir *Dialogue* , p. 222 (citant *Pipe Roll* , p. 27).

94 . Glanvill, VII. c. 9. Dans les tenures de socages et de burgages, aucun incident de tutelle n'a été reconnu ; la tutelle revenait aux parents du pupille, et non à son seigneur féodal. Des règles quelque peu compliquées, mais extrêmement équitables, appliquées au socage. La parenté maternelle en avait la garde, si les terres venaient du côté paternel ; la parenté paternelle, si du côté de la mère (Glanvill, VII. c. 11). En langage clair, le garçon et ses biens ont été confiés à ceux qui n'avaient aucun intérêt à sa mort.

95 . Littleton, II. iv. s. 103.

96 . Voir sous c. 5 .

97 . Ce qu'il s'agissait peut être lu dans les *Pipe Rolls* , *par exemple* dans celui du 14 Henri II, lorsque l'évêché de Lincoln était vacant.

98 . Voir *Statuts du Royaume, Ch. des Libertés* , p. 5, et *Sel. Chartes* , p. 288 : « Salva nobis et haeredibus nostris custodia ecclesiarum et monasteriorum vacantium quae ad nos pertinent ». Comparez les termes de la Charte d'Oxford de Stephen ; *Sel. Chartes* , p. 120-1.

99 . *Rotuli de oblatis et finibus* , p. 354.

100 . *Pourrir. Noël.* , p. 37, 55.

101 . Pollock et Maitland, I. 305.

102 . Voir *infra* , sous les chapitres 6, 7 et 8.

103 . *Moyen Âge* , II. 429.

104 . p. 437.

105 . L'évêque de Durham en appréciait, ainsi cela semble être indiqué dans une charte qui lui fut extorquée en 1303 par les hommes de son fief (voir Lapsley, *Pal. of Durham* , p. 133). Mais cela ne constitue pas une véritable exception ; puisque l'évêque, en tant que comte palatin, jouissait exceptionnellement des *insignes* d'un roi.

106 . Voir Pollock et Maitland, I. 292. Il ressort du statut de Marlborough, c. 16, cette *première saisine* s'étendait sur les terres détenues par les sergents ainsi que par les chevaliers.

107 . *Rotules de oblatis* , p. 114.

108 . Sir Edward Coke (*Coke upon Littleton* , 77 A) est à l'origine de beaucoup de confusion quant à la nature de la saisie initiale, qu'il semble avoir considérée comme une deuxième réparation supplémentaire exigée par la Couronne s'élevant à la totalité du loyer du premier. année. Les papes, soutenait-il en outre (tout aussi à tort), ne faisaient qu'imiter cette pratique lorsqu'ils exigeaient un an de loyer sur chaque bénéfice nouvellement accordé sous le nom de « prémices ». Ces erreurs ont été largement suivies (*par exemple* Thomson, *Magna Charta* , p. 416, Taswell Langmead, *Const. Hist.* , p. 50).

109 . Voir Taswell Langmead, *Const. Hist.* , p. 51-2; aussi Pollock et Maitland, II. 326. *Cf.* , cependant, c. 39 de la réédition de la Magna Carta en 1217.

110 . IX. c. 8.

111 . Voir *infra* , sous le chapitre 12.

112 . Ainsi, la version Abingdon de la *Chronique anglo-saxonne* (II. 113) parle de « auxilium quod barones michi dederunt » ; tandis que Bracton dit (Livre II. c. 16, s. 8) : « Auxilia fiunt de gratia et non de jure ; cum dependant ex gratia tenentium, et non ad voluntatem dominorum. »

113 . 3 Édouard I. c. 36.

114 . Fixé à 100s. par c. 2 de la Grande Charte.

115 . Une entrée au *rôle des mémorandums* de 42 Henri III. (cité Madox I. 615) semble à première vue contredire cela. Il semble que cette année-là ait été admis que la Couronne ne pouvait pas exiger plus de 20 shillings. d'aide par honoraire de chevalier ; mais en 1258, l'opposition des barons serait forte dans l'Échiquier comme ailleurs.

116 . 25 éd. III. statistique. 5, ch. 11.

117 . Voir *infra* , sous le chapitre 39.

118 . Certaines de ces questions pourraient trouver une réponse dans des cas particuliers grâce aux termes de chartes spéciales. Ainsi, les *Cent Rouleaux* (1279) racontent comment Hugh de Plesens détenait le manoir de Hedington et était redevable des honoraires d'un chevalier lorsque le scutage fonctionnait ; qu'il devra accompagner le roi andet le servir pendant quarante jours à ses frais, et ensuite aux frais du roi. *Pourrir. Chien.* , II. p. 710 ; cf. pour *la France, Etablissements de Saint-Louis* , I. c. 65.

119 . Voir R. Coggeshall, p. 167 ; les barons argumentèrent *non in hoc ei obnoxios esse secundum munia terrarum suarum* .

120 . W. Coventry, II. 217.

121 . Voir sa lettre du 1er avril 1215, dans *New Rymer* , I. 128, ordonnant aux barons de payer le scutage du Poitou.

122 . Les preuves de ceci sont principalement inférentielles, mais seraient grandement renforcées si nous pouvions établir l'authenticité de la charte discutée par MJH Round, M. Prothero et M. Hubert Hall dans *Eng. Hist. Rév.* , VIII. 288, et IX. 117 et 326. Voir le document en annexe.

123 . *Chronique* , II. 121.

124 . Voir cependant *infra* sous c. 16 .

125 . Stubbs, *Const. Hist.* , I. 632.

126 . Comme Madox l'a souligné il y a longtemps, I. 619.

127 . Voir Round, *Feudal England* , p. 268.

128 . Madox, I. 658.

129 . Voir *Pipe Roll* of 12 John, cité dans Madox, I. 663.

130 . Voir *Pipe Roll* de Richard I., cité *ibid.*

131 . *Angleterre féodale* , 277 *suiv.*

132 . Mlle Norgate, *Jean sans Terre* , p. 122.

133 . Mlle Norgate, *Jean sans Terre* , p. Note 123, corrigeant les listes de Swereford dans le *Livre rouge de l'Échiquier* .

134 . Voir (pour l'année 1201) Ramsay, *Empire angevin* , p. 390, et les autorités citées.

135 . Cf. Mlle Norgate, *Jean sans Terre* , p. 125.

136 . *Commune de Londres* , pp. 273-4.

137 . Cependant, deux historiens qui ont récemment donné des récits précieux et indépendants sur le règne de Jean, en disent peu sur sa valeur. Sir James Ramsay (*Angevin Empire*, p. 432) le traite brièvement, et Miss Norgate (*Jean sans Terre*, p. 163) le remarque à peine.

138 . Miss Norgate (*Jean sans Terre*, p. 123) décrit les exactions complétant les scutages : « Ces scutages étaient indépendants des amendes payées par les barons qui n'accompagnaient pas le roi à son premier retour en Normandie en 1199, de l'argent prélevé sur les l'hôte en remplacement de son service en 1201, de l'équipement et du paiement des chevaliers « décimés » en 1205, et des amendes réclamées à tous les tenanciers de la chevalerie après le renvoi de l'hôte la même année, ainsi que des services réels que beaucoup de ceux qui avaient payé le scutage ont rendu dans les campagnes de 1202-4 et 1206. »

139 . Voir Miss Norgate, *John Lackland*, 210, et cf. *supra*, p. 37 .

III. Justice royale et justice féodale.

Un aphorisme bien connu des manuels juridiques, rédigé dans un langage inhabituellement figuratif, déclare que le roi est « l'unique source de justice ». Aussi juste qu'il soit d'appliquer cette métaphore à l'état actuel de la Constitution, ce serait un anachronisme et une erreur de la transporter au XIIIe siècle. Sous le règne de Jean, il y avait encore – comme il y en avait eu pendant des siècles – non pas une, mais plusieurs juridictions concurrentes. Il n'était en aucun cas acquis d'avance que les cours royales étaient les tribunaux appropriés devant lesquels une personne lésée devait se rendre pour demander réparation. Au contraire, la grande majorité de la population rurale, les vilains, n'avaient *qualité pour agir* que devant la cour du manoir auquel ils appartenaient ; tandis que les portes des cours royales étaient fermées à l'homme libre ordinaire avant le règne d'Henri II. La justice royale reste l'exception et non la règle. Chaque homme doit demander réparation, dans le cas ordinaire, dans sa propre localité. Rendre la justice à la nation dans son ensemble ne faisait pas partie des tâches normales d'un roi médiéval.

I. *Systèmes rivaux de tribunaux.* Au XIIIe siècle, il n'existait pas une seule source de justice, mais plusieurs. Les tribunaux rivaux, rivalisant avec acharnement pour étendre leur propre sphère d'utilité et augmenter leurs propres honoraires, existaient en une multitude ahurissante. En mettant de côté pour le moment les tribunaux chrétiens, les tribunaux d'arrondissement, les tribunaux forestiers et tous les tribunaux d'exception ou particuliers, il existait trois grands systèmes de juridiction rivaux que l'on peut nommer dans l'ordre dans lequel ils sont devenus à leur tour importants en Angleterre.

(1) *Tribunaux locaux ou de district.* La justice était à l'origine un produit local et administrée dans des tribunaux grossiers, qui avaient plus ou moins un caractère populaire. Chaque comté avait son conseil ou assemblée pour entendre les plaidoyers, connu sous le nom de « shire-moot » à l'époque anglo-saxonne, et généralement sous le nom de « *comitatus* » après la conquête normande ; tandis que chacun des petits districts subdivisant le comté et formant des unités d'administration aux fins de l'impôt, de la défense, de la justice et de la police, avait son propre conseil ou conseil, servant de tribunal, auquel les habitants des divers districts devaient se rendre. les villages ont présenté leurs plaidoyers en première instance. Ces petits districts étaient connus sous le nom de centaines dans le sud et sous le nom de wapentakes (un nom d'origine danoise) dans le nord.

La théorie généralement reçue est que tous les hommes libres étaient à l'origine des prétendants devant les tribunaux du comté et des cent, et que l'ensemble des personnes présentes, le paysan ordinaire (« ceorl ») à égalité avec l'homme de sang noble (« eorl ») , a pris une part active à la procédure, en prononçant (ou, du moins, en concourant) les jugements ou condamnations qui y étaient prononcés ; mais qu'à mesure que le temps passait, la majorité des céorls anglo-saxons tombèrent dans la position semi-servile de vilains, hommes liés à vie au sol du manoir et passant, comme la propriété, de père en fils. Ces vilains, quoique encore soumis au fardeau de la fréquentation et à quelques-uns des autres devoirs de leur ancien domaine libre, étaient privés de tous les droits qui formaient autrefois la contrepartie des obligations. Il est vrai qu'une autre école d'historiens nie que la masse de la population, même dans les premiers temps, ait jamais eu le droit de participer activement à l'administration de la justice. Il n'est pas nécessaire ici de tenter de résoudre ces problèmes et bien d'autres problèmes complexes entourant la composition et les fonctions des tribunaux de comté et de cent ; ou pour discuter de la question encore plus épineuse de savoir dans quelle mesure la petite assemblée des villageois de chaque canton est digne d'être considérée comme un tribunal formel. Il suffit de souligner l'importance de l'existence dès les temps anciens d'un réseau complet de tribunaux, chacun rendant justice aux habitants de son propre district.

(2) *Tribunaux féodaux.* Des siècles avant la conquête normande, ce système de justice populaire ou de district se trouvait confronté à un système de juridictions rivales : les innombrables tribunaux privés appartenant aux seigneurs féodaux des divers domaines entre lesquels l'Angleterre entière avait été divisée. Ce nouveau système de tribunaux privés (appelés indifféremment tribunaux féodaux, tribunaux seigneuriaux, tribunaux seigneuriaux ou juridictions héréditaires) lentement mais sûrement, telle est la vision orthodoxe généralement, bien que non universellement acceptée, acquise sur l'ancien système des tribunaux populaires de comté, cent, et wapentake. [140]

Pratiquement tous les propriétaires de terres en Angleterre sont devenus également titulaires d'un tribunal pour les habitants de ces terres. Le double sens du mot « *dominus* » illustre la double position de l'homme qui était ainsi à la fois propriétaire et seigneur. [141] Dans la lutte entre deux systèmes de justice, les tribunaux des magnats féodaux ont facilement triomphé, mais n'ont jamais complètement aboli leurs rivaux. Les tribunaux populaires antérieurs subsistaient encore ; mais le système de justice de district qui avait autrefois embrassé toute l'Angleterre était complètement aliéné par le développement des tribunaux féodaux. Au fur et à mesure que chaque village autrefois libre passait sous la domination d'un seigneur et devenait progressivement un manoir ou un embryon de manoir, le village (avec une autorité aussi rudimentaire qu'il pouvait posséder à l'origine) céda devant une nouvelle cour seigneuriale dotée de beaucoup de pouvoirs. des pouvoirs plus étendus et des sanctions plus efficaces pour les faire respecter. De plus, à mesure que des centaines entières tombaient sous le contrôle de magnats particulièrement puissants, les tribunaux entiers de ces centaines furent remplacés ou transformés en tribunaux féodaux ; les franchises ont ainsi remplacé bon nombre des anciens débats populaires. Pourtant, l'ancien système conservait la possession d'une partie du terrain litigieux, grâce à la protection que lui accordait la Couronne en cas de besoin. Une grande majorité des centaines de personnes ne se sont jamais pliées à la domination exclusive d'un seul seigneur, et les cours des comtés étaient jalousement gardées par les rois normands contre l'empiétement des barons, même les plus puissants. Il est vrai qu'ils n'ont échappé à l'asservissement d'un propriétaire foncier local que pour tomber sous la domination plus puissante de la Couronne. Pourtant, le simple fait qu'ils continuèrent à exister contribua au moins à freiner la croissance du système rival des tribunaux seigneuriaux.

Même si la politique des rois normands était d'empêcher leurs barons d'acquérir des pouvoirs de juridiction excessifs, ce n'était en aucun cas leur politique de s'opposer complètement à ces juridictions. Au contraire, le Conquérant et ses fils étaient heureux que l'ordre fût appliqué et la justice rendue, même de manière sommaire, dans ces districts d'Angleterre où le bras de la Couronne n'était pas assez long pour atteindre et où le peuple les tribunaux risquaient de se révéler inefficaces. Ainsi, l'ancien système et le nouveau existaient côte à côte ; il était dans l'intérêt du gouvernement central de monter les uns contre les autres.

Plus tard (mais peu après la Magna Carta), chaque tribunal seigneurial se divisa en trois tribunaux distincts, selon la classe de plaidoyers qu'il était appelé à juger. Les écrivains ultérieurs distinguent absolument les uns des autres, le baron de la cour, réglant les conflits civils entre les propriétaires fonciers du manoir ; le tribunal coutumier, statuant sur les affaires non pénales entre les vilains ; et le Court Leet, un petit tribunal pénal chargé d'exécuter les ordonnances et de punir les petites infractions. Les pouvoirs de ces tribunaux pouvaient varier et, dans de nombreux districts, la juridiction sur les délits n'appartenait pas à l'intendant du seigneur du manoir, mais au shérif lors de ses circuits ou « Tourns » semestriels à travers le comté. Dans les districts imparfaitement féodaux, le Tourn du shérif, en tant que représentant de la Couronne, remplissait les mêmes fonctions que le Court Leet remplissait dans les territoires d'une franchise.

(3) *Cours royales.* À l'origine, la Cour du Roi n'était qu'une cour féodale parmi d'autres cours féodales, différant en degré plutôt qu'en nature de celles des grands comtes ou barons. Le roi, en tant que seigneur féodal, rendait la justice à ses tenanciers féodaux (qu'ils soient barons et hommes libres ou seulement serviles à leur charge), tout comme n'importe quel baron ou homme libre rendait la justice à ses tenanciers, esclaves *ou* libres. Personne n'imaginait, au temps des rois normands, que la *Curia Regis* entreprendrait ou pourrait entreprendre l'énorme travail de rendre la justice à l'ensemble de la nation

(ou même de superviser les tribunaux qui la rendaient). Chaque individu doit, au contraire, chercher la réparation des torts soit auprès du tribunal du peuple de son propre district, soit auprès du tribunal de son seigneur. La justice royale pour tous (au sens moderne du terme) était tout simplement impossible. La monarchie ne disposait d'aucun mécanisme pour y parvenir. La tâche était gigantesque, qu'aucun roi anglo-saxon, pas même Guillaume Ier, n'aurait pu entreprendre. Aucune tentative dans cette direction ne fut faite par la Couronne jusqu'au règne d'Henri II, qui fut placé dans une position de pouvoir sans précédent, en partie par les circonstances, mais surtout par ses grandes capacités. Même lui, réformateur né comme il l'était, n'aurait jamais augmenté autant les travaux du gouvernement, s'il n'avait pas clairement vu combien ce changement améliorerait à la fois la sécurité de son trône et les revenus de son échiquier.

Dans des circonstances normales, avant l'époque angevine, la Cour du Roi n'était donc qu'un tribunal chargé de traiter les affaires propres du roi ou de plaider entre les locataires immédiats de la Couronne. Cependant, dès le début, les affaires du monarque, du simple fait qu'il était seigneur suprême, étaient nécessairement plus vastes que les affaires de n'importe quel seigneur mesne. D'une manière vague aussi, il devait être évident dès le début que les offenses contre l'ordre établi étaient aussi des offenses contre le roi, et que, par conséquent, c'était l'affaire du roi qui était compétente dans les cours du roi. De plus, la prérogative du souverain se renforça rapidement et lui permit de donner effet à ses vœux dans ce domaine comme dans d'autres. La Couronne a affirmé son droit (tout en n'admettant aucune obligation correspondante) d'enquêter sur tout plaidoyer d'importance particulière, qu'il soit civil ou criminel. Pourtant, jusqu'à la conquête normande, puis sous Guillaume et ses fils, la justice royale n'avait fait aucune tentative délibérée pour devenir une justice nationale ou pour remplacer la justice féodale. Chacun s'en tenait à sa province reconnue. La lutte entre les deux ne commença qu'avec les réformes d'Henri II. [142]

Ainsi les trois grands systèmes de juridiction, la justice populaire, la justice féodale et la justice royale (chacune dépendant d'un principe différent) se succédèrent, en somme, dans l'ordre dans lequel ils sont nommés ici. Pourtant, la séquence est en quelque sorte logique plutôt que chronologique. Aucune ligne absolue ne peut être tracée, indiquant où finit la suprématie d'un principe et où commence celle du suivant. Pendant des siècles, tous les trois ont coexisté et se sont battus pour la maîtrise. Les germes de la juridiction seigneuriale peuvent avoir été présents dès une date précoce. Les tribunaux de comté comme les tribunaux centraux risquaient continuellement de tomber sous la domination de puissants magnats locaux. Pourtant, les tribunaux de comté réussirent à maintenir jusqu'au bout (grâce à la faveur royale) leur indépendance à l'égard des juridictions seigneuriales et de leurs seigneurs ; tandis que seule une partie des cent cours tomba en servitude.

Les cours royales, encore une fois, exerçaient une juridiction importante dès la fondation même de la monarchie ; et le roi en personne, ou par député, retira très tôt les causes spéciales des tribunaux de comté et intervint également dans les franchises seigneuriales. Finalement, les tribunaux barons ne furent jamais abolis, mais seulement silencieusement minés par la politique d'Henri II. et ses successeurs, jusqu'à sombrer peu à peu dans la décrépitude sans cesser réellement d'exister.

Avec ces réserves, cependant, les trois systèmes peuvent être considérés, dans une certaine mesure, comme se succédant dans l'ordre nommé : justice populaire, justice féodale, justice royale.

II. *Procédure légale.* La procédure adoptée dans les litiges à l'époque anglo-saxonne et normande était essentiellement similaire dans les trois catégories de tribunaux et différait sensiblement de la pratique des tribunaux d'aujourd'hui. Une certaine connaissance des contrastes les plus flagrants entre les procédures anciennes et modernes peut être discutée ici avec profit, non seulement en raison de l'intérêt inhérent au sujet, mais aussi parce qu'elle conduira à la compréhension de plusieurs dispositions par ailleurs obscures de la Magna Carta.

En évitant le langage technique et en éliminant les procédures spéciales propres à chaque tribunal ou pays, les principales étapes d'un litige normal devant un tribunal moderne peuvent être brièvement décrites comme suit :

(1) Sur plainte de la partie lésée – le demandeur – une assignation ou un bref est délivré par un officier de justice. La procédure est ouverte par l'ordre adressé au prévenu de comparaître devant le tribunal et de répondre de ce qui lui est reproché.

(2) Chaque partie dépose des déclarations écrites de ses faits et arguments - c'est-à-dire des circonstances de l'affaire telles qu'elles lui apparaissent (ou de celles qu'elle espère apporter des preuves pour le prouver) - sur lesquelles elle fonde sa demande ou sa défense, et des principes juridiques qu'il entend déduire de ces circonstances. Lorsque ces exposés de faits et de plaidoyers ont été révisés et ajustés, les données complètes sont désormais devant le tribunal ; chacune des parties a enfin exposé ce qu'elle considère comme essentiel à sa cause.

(3) La preuve est, en temps voulu, apportée ; c'est-à-dire que chaque partie a la possibilité de prouver les faits qu'elle a allégués (et qui exigent une preuve par le déni de son adversaire). Il peut le faire au moyen de documents, de témoins ou autrement. Chaque partie a en outre le privilège de contre-interroger le témoignage de son adversaire.

(4) L'étape importante suivante est le débat, dont l'objet principal est d'établir par des arguments juridiques les moyens fondés ; déduire les conséquences juridiques inhérentes aux faits prouvés.

(5) Enfin, le juge rend sa décision. Il doit déterminer, après avoir évalué les preuves présentées par l'une ou l'autre des parties, quels faits ont réellement été établis et dans quelle mesure les différents arguments du demandeur et du défendeur respectivement sont impliqués dans ces faits. Un nombre considérable de réflexions et de raisonnements, tels que ceux qui ne peuvent être exécutés avec succès que par un esprit juridique hautement qualifié, sont donc nécessaires avant que le jugement ou la sentence finale puisse être prononcée par un juge d'un tribunal moderne.

Un procès à l'époque anglo-saxonne et au début de la période normande contraste notablement avec tout cela dans presque toutes ses étapes et procédures essentielles, et plus radicalement encore dans l'esprit qui imprègne l'ensemble. Ainsi, la procédure, du début à la fin, a été purement orale, sans assignation ou assignation originale, sans plaidoiries écrites et sans trace de la décision sauf dans la mémoire des personnes présentes. Les fonctions des « juges » étaient entièrement différentes et n'exigeaient aucune formation professionnelle ou juridique préalable, puisqu'ils n'étaient pas tenus ni d'apprécier une masse de preuves ni de déterminer la portée d'arguments juridiques subtils, mais simplement de veiller au fair-play et de décider, selon des règles simples, bien établies par des siècles de coutume, selon quel critère les allégations du demandeur et du défendeur devaient respectivement être confirmées ou rejetées. Enfin, la disposition des étapes du litige était tout autre. C'est avec une certaine surprise que le juriste moderne apprend que, dans les affaires civiles comme pénales, le « jugement » précède invariablement le « procès ». La réflexion le convaincra bientôt que chacun de ces mots avait au Moyen Âge un sens différent de celui qu'il a aujourd'hui. Ces significations anciennes peuvent être mieux comprises en suivant les étapes de l'ancienne procédure.

(1) La difficulté initiale était d'obtenir la présence de l'accusé au tribunal, car il existait une étrange réticence soit à l'obliger à comparaître, soit à permettre qu'un jugement soit prononcé contre lui par défaut. Aucune assignation initiale n'a été émise lui ordonnant de comparaître ; des retards presque interminables ont été autorisés.

(2) Lorsque les deux parties avaient été effectivement mises face à face devant le tribunal, après de nombreux ajournements, les exposés de la demande et de la défense étaient faits verbalement et dans des formules établies, dont le moindre écart ou trébuchement dans *les* mots impliquait un échec complet. Ceci n'est là qu'une illustration de la nature extrêmement formelle et

technique des premières procédures juridiques, commune à tous les systèmes de jurisprudence à moitié développés.

(3) Avant que le demandeur puisse mettre définitivement le défendeur en défense, il devait démontrer une certaine présomption préliminaire quant à la probabilité ou *à la bonne foi* de son cas. Il le faisait généralement en présentant deux amis prêts à étayer ses affirmations, parfois appelés son « procès » (latin *secta*) ou ses « témoins antérieurs ». Leur témoignage n'a pas été mis en balance avec la « preuve » présentée par la suite par l'accusé ; son objet était simplement de permettre à la Cour d'exiger de ce dernier des « preuves ». [143]

(4) Puis vint le jugement – le jugement principal ou « médial », ainsi appelé pour le distinguer du jugement ou décret final moins important qui est venu à un stade ultérieur. Ce jugement médial ou « doom », pour reprendre le mot anglo-saxon, ne participait en rien de la nature du jugement d'un tribunal moderne. Cela s'est produit *avant* l'épreuve ou le procès, pas après. Il s'agissait en effet de décider si, sur la base de la procédure antérieure, l'accusé devait ou non être mis à l'épreuve ; et si oui, *quelle* « preuve » faut-il exiger ?

Or, le critère exact que le tribunal devait fixer variait quelque peu selon les circonstances, mais une coutume établie de longue date avait établi avec une certaine exactitude une règle applicable à tous les cas susceptibles de se produire ; et, en outre, les modes de preuve possibles étaient limités à quatre ou cinq à l'extérieur. À l'époque anglo-saxonne, il s'agissait principalement de compurgation, d'épreuve, de témoins (dont les fonctions étaient pourtant très différentes de celles des témoins en droit moderne) et de chartes. La conquête normande introduisit pour les nouveaux venus une forme de preuve jusqu'alors inconnue en Angleterre — le « procès par combat » — qui tendait, pour les classes supérieures du moins, à supplanter toutes les méthodes de procédure antérieures. La « preuve », quelle qu'elle soit, ainsi désignée par les « juges » pour l'action de l'accusé, était techniquement connue sous le nom de « loi » (latin lex) au sens de « test », de « procès » *ou* de « tâche ». ", selon son succès ou son échec, selon lequel son cas devrait tenir ou échouer. [144]

Il apparaîtra que prononcer un « jugement » dans ce sens était une affaire simple, une simple formalité dans le cas ordinaire, où le doute pouvait difficilement être admis ; et ainsi il était possible que le « jugement » soit rendu par tous les membres d'une cour féodale, ou même par tous les prétendants présents à une réunion des cent ou à un shire-moot.

(5) L'étape cruciale, ce « procès » qui succédait donc au « jugement », consistait en ce qu'une partie (généralement l'accusé) essayait, au jour fixé, de convaincre le tribunal de la véracité de ses allégations en accomplissant la tâche ou « loi » qui lui avait été fixée ou « condamnée ». Lorsque cela consistait

en la production d'une charte ou de « témoins de transaction » (c'est-à-dire le témoignage des fonctionnaires nommés dans chaque bourg pour certifier la conclusion de transactions telles que la vente de bétail), il se recommande volontiers de la compréhension et l'approbation modernes. Le plus souvent, cependant, cela prenait la forme d'un « serment avec des assistants », le plaignant amenant avec lui onze ou douze de ses fidèles amis ou personnes à sa charge pour prêter après lui les paroles d'un serment long et fastidieux, sous le risque de être punis comme parjures pour toute erreur dans la formule. Ceci était également connu sous le nom de compurgation. Parfois, la décision était renvoyée à l'intervention de la Providence en faisant appel à l'épreuve du fer rouge ou à l'épreuve plus redoutée de l'eau. Après la conquête normande, le procès, dans tous les litiges entre hommes de haut rang, prit la forme d' *un duel* ou d'un combat légalement réglementé entre les parties. Le défendeur a gagné sa cause s'il a amené le plaignant à s'avouer vaincu en prononçant le mot « lâche ». Il obtenait également gain de cause s'il ne résistait que jusqu'à la tombée de la nuit (lorsque le combat prenait fin) aux tentatives du plaignant de le forcer à prononcer ce mot fatidique. [145]

La bataille se livrait devant les « juges », qui, dans le cas d'un comte ou d'un baron, étaient les autres comtes et barons réunis comme ses pairs à la cour du roi ; et, dans le cas du locataire d'un seigneur mesne, étaient les autres propriétaires francs du même manoir.

L'ancien « procès » (dont l'importance est accrue par le fait qu'il s'est poursuivi longtemps après 1215 et peut être retracé dans plusieurs clauses de la Magna Carta) [146] était donc quelque chose de complètement différent du « procès » moderne. On peut dire sans exagération qu'il n'y a pas eu de « procès » au sens actuel du terme : pas de mise en balance des témoignages d'un groupe de témoins par rapport à un autre, pas de preuve ouverte ni de contre-interrogatoire, pas de débat sur les principes juridiques. impliqué. L'antique « épreuve » n'était qu'une épreuve formelle qui était, sauf en cas de bataille, entièrement unilatérale. L'expression « charge de la preuve » est inapplicable. Le plaideur à qui « une loi » était assignée avait le « privilège de la preuve » plutôt que le « fardeau de la preuve », et il gagnait généralement sa cause, surtout en compurgation, et même en épreuve s'il s'était arrangé convenablement avec le prêtre. qui a présidé. [147]

(6) Le tout se concluait par le « jugement » ou décret final, qui prenait pratiquement la forme d'une sentence prononcée contre les vaincus. On ne pouvait guère dire que les juges tranchent l'affaire, puisque celle-ci avait déjà été pratiquement décidée par le succès ou l'échec de la partie sur laquelle la preuve avait été portée. Ceux qui ont prononcé la sentence étaient des « juges » simplement dans le sens d'arbitres qui veillaient au fair-play envers les deux joueurs, selon les règles reconnues du jeu désespéré. [148]

En un sens, le « jugement » final (par opposition au jugement médial) était déterminé par les parties elles-mêmes, ou par l'une d'entre elles ; dans un autre sens, plus élevé, les faits en cause étaient laissés à la Providence ; un miracle, s'il le fallait, attesterait la juste réclamation de l'innocent. Ceux qui prononcèrent la condamnation finale avaient une tâche purement formelle à accomplir et n'avaient pas grand-chose en commun avec les « juges » d'un tribunal moderne. [149]

L'essentiel de cette procédure était le même à l'époque normande qu'à l'époque anglo-saxonne, et cela dans les trois classes de tribunaux : cours populaires, cours seigneuriales et cours royales.

Deux innovations que les Norman Kings ont faites ; ils introduisirent le procès par combat (déjà suffisamment discuté), ainsi que la méthode continentale d'obtention d'informations sur les témoignages sous serment. Parmi les prérogatives des ducs normands, l'une des plus précieuses était le droit d'exiger le témoignage sous serment d'hommes fiables de n'importe quel district, des hommes spécialement choisis à cet effet et prêtant serment avant de répondre aux questions qui leur étaient posées, mettant ainsi en danger leur vie éternelle. le bien-être en cas de mensonge, et s'exposent à des sanctions temporelles pour parjure.

Cette procédure était connue sous le nom d' *inquisitio* (ou recherche d'informations) du point de vue du gouvernement qui effectuait l'enquête, et de *recognitio* (ou fourniture d'informations) du point de vue de ceux qui les fournissaient. Cet appareil extrêmement simple et pratique était flexible et capable d'être étendu à de nouvelles utilisations infinies entre les mains habiles des rois normands d'Angleterre. Guillaume le Conquérant l'employa à recueillir les lois et coutumes du peuple conquis et, plus tard, à compiler le Domesday Book ; tandis que ses successeurs en firent l'instrument de diverses expériences dans la science fiscale. Elle présente un double intérêt pour l'historien constitutionnel, car elle a été l'une des influences qui ont contribué à façonner nos institutions parlementaires ; et parce que plusieurs des nouveaux usages auxquels il fut destiné avaient un lien étroit avec l'origine du procès avec jury. Les reconnaissants, en effet, étaient simplement des jurés locaux sous une forme grossière ou élémentaire. [150]

III. *Réformes d'Henri II. au Palais de Justice et en Procédure Judiciaire.* Il était réservé à Henri d'Anjou d'inaugurer une ère entièrement nouvelle dans les relations des trois classes de cours. Il fut le premier roi à planifier délibérément le renversement des juridictions féodales en les sapant insidieusement, voire en les attaquant ouvertement. Il fut le premier roi à réduire les anciens tribunaux de district au contrôle des fonctionnaires royaux au point de les transformer pratiquement en cours royales. Il fut aussi le premier roi à ouvrir les portes de ses propres tribunaux à tout venant, à tous les hommes libres, c'est-à-dire, car le vilain méprisé dut encore pendant des siècles demander réparation à la cour de ce même seigneur de le manoir qui fut trop souvent son oppresseur.

En bref, la politique d'Henri était donc double : transformer pratiquement les tribunaux de comté en cours royales, puisque les fonctionnaires royaux y dispensaient désormais la justice royale selon les mêmes règles que celles en vigueur à la Curie du *roi* ; et de réduire à l'insignifiance tous les tribunaux seigneuriaux ou privés en détournant les plaidoyers vers sa propre *Curie* , et en laissant les tribunaux rivaux mourir graduellement d'inanition. Les deux branches de cette politique connurent finalement un succès complet, même si l'événement resta en suspens longtemps après sa mort. Les barons, bien que partiellement trompés par la nature graduelle et insidieuse des réformes d'Henri, firent ce qu'ils purent pour le contrecarrer ; mais le courant des événements était contre eux et avec la Couronne. La justice royale empiétait progressivement sur la justice féodale. L'une des dernières prises de position des barons a laissé des traces clairement écrites dans plusieurs chapitres de la Magna Carta. [151]

Ceux-ci contiennent ce qui semble, à première vue, n'être que des modifications insignifiantes de points techniques de la procédure judiciaire ; mais ils sont inextricablement liés à des principes d'une grande importance politique et constitutionnelle. La politique de Henry consistait à dissimuler les réformes radicales jusqu'à ce qu'elles ressemblent à de petits changements de procédure ; il s'ensuit que les auteurs de la Magna Carta, tout en semblant simplement chercher à renverser ces points insignifiants, cherchaient en réalité à revenir aux conditions totalement différentes qui prévalaient avant les réformes d'Henri.

Un bref exposé des grandes lignes du nouveau système de procédure de ce monarque constitue un préalable nécessaire à une compréhension complète de ces chapitres importants de la Magna Carta. Un tel récit se divise naturellement en deux divisions.

(1) *Justice pénale.* (*a*) Par ses assises de Clarendon et de Northampton, Henry a strictement réservé tous les crimes importants à l'examen exclusif de ses propres juges, soit en circuit, soit à son tribunal ; et il exigea l'entrée de ces juges dans des franchises, si puissantes soient-elles, à cet effet. Dans cette partie de sa politique, le roi réussit complètement ; les crimes odieux étaient, au début du XIIIe siècle, admis de tous comme étant des « plaidoyers de la Couronne » (c'est-à-dire des cas exclusivement réservés à la juridiction royale) ; et la Magna Carta n'a fait aucune tentative pour renverser cette partie de la politique de la Couronne. Le changement a été accepté comme inévitable. Tout ce qui fut tenté en 1215 fut d'obtenir la promesse que ces fonctions, désormais cédées à jamais à la Couronne, seraient remplies par les fonctionnaires de la Couronne de manière appropriée. [152]

(*b*) Le bon sens habituel de Henry, stimulé en cette affaire par quelques erreurs judiciaires notables, l'a amené à s'interroger sur l'équité de la procédure habituellement adoptée dans les plaidoyers criminels, à savoir par « appel » ou accusation formelle par la partie lésée, ou son le parent survivant le plus proche. Il substitua, autant que possible, l'accusation communautaire à l'accusation individuelle ; c'est-à-dire que le devoir de proclamer (ou d'inculper) les criminels présumés de chaque district devant les juges du roi n'était plus laissé à l'initiative privée, mais était confié à un corps de voisins spécialement choisis à cet effet - les prédécesseurs du Grand Jury de jours plus tard. Cette nouvelle procédure, il est vrai, complétait plutôt qu'elle ne remplaçait l'ancienne procédure ; il s'agit pourtant d'un net progrès. Les appels ont été découragés et des règles précises ont été établies restreignant le droit d'accusation à certains cas et individus. [153]

(*c*) Un complément nécessaire au découragement des appels était également le découragement du « procès par combat », puisque cela constituait la suite naturelle. Un dispositif ingénieux fut inventé et progressivement étendu à un nombre croissant de cas ; un accusé pouvait demander une assignation connue sous le nom de *de odio et atia* , et ainsi éviter complètement le *duel en faisant déterminer sa culpabilité ou son innocence par ce qui était pratiquement un jury de voisins.* [154]

(2) *Justice civile.* Les innovations d'Henry dans ce domaine étaient tout aussi importantes.

(*a*) Une règle implacable a été établie selon laquelle aucune affaire ne pouvait être portée devant la cour royale tant qu'un bref n'avait pas été obtenu de la chancellerie. Cela devait être payé, parfois à un taux fixe, et parfois à la somme exigée par la Couronne. L'ensemble de la procédure devant les cours royales, qui suivait la délivrance d'un tel bref, était désormais connue sous le nom de « processus de bref ». Une fois qu'il a été délivré, toutes les procédures devant d'autres tribunaux doivent cesser. Une forme spéciale d'ordonnance (connue sous le nom de *praecipe*), en particulier, est devenue un instrument royal permettant de renvoyer devant la propre *Curie du roi* les affaires pendantes devant les tribunaux seigneuriaux des seigneurs mesne. Faire cela, c'était enrichir le roi aux dépens de quelque baron ou autre homme libre, en apportant à l'Échiquier des honoraires qui autrement seraient payés au propriétaire de la cour privée. Il s'agissait clairement de « faire perdre à un homme libre sa cour » – un abus spécialement visé par le chapitre 34 de la Grande Charte.

(*b*) La masse d'affaires nouvelles attirée par les cours royales rendit nécessaire d'augmenter le personnel des juges et de répartir le travail entre eux. Une division naturelle était que les plaidoyers ordinaires (ou plaidoyers communs) devaient être jugés devant un groupe de juges, et les plaidoyers royaux (ou plaidoyers de la Couronne) devant un autre. Cette distinction est reconnue dans de nombreux chapitres distincts. [155] Ainsi furent formés deux groupes de juges, dont chacun était au début plutôt un comité de la Curie *dans* son ensemble qu'un tribunal indépendant ; mais, au cours des années suivantes, les deux se sont rapidement développées en cours entièrement distinctes : la Cour des plaidoyers communs (au début connue sous le nom de Banc, c'est-à-dire le Banc ordinaire) et la Cour du Banc du Roi (c'est-à-dire le Banc royal, connue aussi au début sous le nom de cour *Coram Rege* , car elle était censée toujours se tenir en présence du roi).

(*c*) Une procédure spéciale pour déterminer les arguments en faveur des titres fonciers ou des droits de possession litigieux a également été inventée par Henri pour remplacer l'ancienne méthode de procès par bataille. Ces assises, comme on les appelait, sont largement discutées ailleurs. [156] La Grande Assise était considérée avec suspicion par les barons comme une procédure compétente uniquement devant les cours royales, et par conséquent étroitement liée aux autres dispositifs du roi visant à substituer sa propre juridiction à celle des cours privées. Les petites assises, au contraire, furent facilement acceptées, et les barons, en 1215, loin de s'opposer à leur maintien, exigeèrent qu'elles se tinssent en sessions régulières quatre fois par an dans chaque comté d'Angleterre.

Telles furent les principales innovations qui permirent à Henri, tout en instituant de nombreuses réformes urgentes et accueillies avec joie par la masse de ses sujets, d'opérer en même temps une révolution dans les relations entre la justice royale et la justice féodale. Au fil du temps, de nouvelles ordonnances et recours royaux étaient continuellement conçus pour répondre à de nouveaux types de cas ; et les plaideurs affluaient de plus en plus volontiers vers les cours du roi, laissant les cours seigneuriales vides d'affaires et d'honoraires. Ce n'était pas non plus le seul grief des barons. Lorsqu'un des leurs était amercié ou accusé de toute infraction impliquant la perte de liberté ou de terres, il pouvait être contraint par la Couronne, sous Henry et ses fils, de se soumettre à une évaluation de l'amertume ou à une poursuite pénale menée par l'un des leurs. de nouveaux bancs (par un tribunal composé de quatre ou cinq fonctionnaires du roi), à la place du jugement séculaire de ses pairs réunis dans la *Commune Concilium* (le prédécesseur du Parlement moderne).

Peut-on s'étonner que les barons aient refusé d'être amerciés et jugés par leurs inférieurs ? [157] Pouvons-nous nous étonner qu'ils aient été mécontents du remplacement complet, bien que progressif, de leurs propres juridictions rentables par les cours royales ? [158] ou qu'ils regardaient avec suspicion tout nouveau développement juridique de la justice royale ? Pouvons-nous nous étonner que, alors qu'ils semblaient avoir le roi Jean pour le moment en leur pouvoir, ils aient exigé réparation de cet ensemble de griefs, ainsi que de ceux liés à l'augmentation arbitraire des charges féodales ?

Ce qui est plutôt étonnant, c'est que leurs exigences à cet égard n'étaient pas plus radicales ni plus drastiques. C'était une chose pour leurs pères d'avoir enduré les empiétements d'un roi aussi fort que Henri II, un homme d'État beaucoup trop sage pour montrer clairement où tendaient finalement ses innovations et (malgré quelques erreurs) un dirigeant juste dans l'ensemble. usant de ses prérogatives accrues avec modération et à des fins nationales. C'en était une autre de subir les mêmes empiétements (ou pires) de la part d'un roi impopulaire comme Jean, discrédité et en leur pouvoir, qui n'avait ni dissimulé son arrogance ni fait bon usage de ses prérogatives. La justice royale, telle que dispensée par Jean, était en tous points inférieure à la justice royale telle que dispensée sous l'œil vigilant de son père. Cependant les barons exaspérés, à l'heure de leur triomphe, acceptèrent effectivement et acceptèrent cordialement la moitié de la justice royale ; tandis qu'ils cherchaient à abolir seulement l'autre moitié. Les chapitres portant sur la question de la juridiction peuvent ainsi être classés en deux groupes, les uns réactionnaires et les autres favorables aux réformes d'Henry. D'une part, aucun seigneur d'un manoir ne pourra être dépossédé de sa cour par le Roi évoquant devant les cours royales des plaidoyers entre deux francs-tenanciers du manoir du seigneur ; [159] Aucun homme libre ne sera jugé ou condamné par les fonctionnaires du roi, mais seulement devant l'ensemble de ses pairs (c'est-à-dire de ses confrères comtes et barons, s'il est comte ou baron, et de ses colocataires du manoir, s'il tient d'un seigneur mesne) ; [160] Les comtes et les barons ne doivent être amerciés que par leurs égaux. [161] D'autre part, en prescrivant des remèdes à divers abus liés à de nombreuses branches de procédure judiciaire récemment introduites dans les cours royales, les barons acceptaient implicitement cette nouvelle procédure elle-même et les empiétements royaux qu'elle impliquait. Par exemple, le droit de la Couronne de détenir des « plaidoyers communs » était implicitement admis lorsque les barons demandaient et obtenaient la promesse que ceux-ci seraient jugés dans un certain endroit (c'est-à-dire à Westminster). [162] Pourtant, ces mêmes plaidoyers, ordinaires dans lesquels la Couronne n'avait aucun intérêt particulier, par opposition aux plaidoyers de la Couronne dans lesquels elle en avait, devaient inclure de nombreux cas qui, avant les réformes d'Henri II, n'auraient pas eu d'intérêt particulier. été jugé par une cour royale. Encore une fois, en réglementant les diverses petites assises, les chapitres 18 et 19 admettent le droit de la Couronne de les tenir. Ces assises doivent désormais avoir lieu quatre fois par an. Ici, comme au chapitre 40, le motif de plainte n'est pas qu'il y ait trop de justice royale, mais plutôt qu'il y en ait trop peu ; elle ne doit désormais être ni retardée ni niée. Ensuite, les empiètements d'Henri II. en 1166 sur les droits des franchises privées en matière de juridiction criminelle sont homologués par acquiescement à la définition du Roi des « Moyens de la Couronne » implicite au chapitre 24.

Ce sont donc là les deux groupes clairement contrastés dans lesquels les innovations apportées par Henri et ses fils, dans le domaine de la justice, s'inscrivaient naturellement, telles que les considéraient les adversaires de Jean en 1215 : certaines d'entre elles étaient maintenant chaleureusement accueillies, et ces , a-t-on insisté, doit être maintenu par la Couronne ; tandis que certains d'entre eux suscitaient toujours une opposition aussi amère que jamais, et ceux-ci, insistait-on, devaient être complètement balayés.

140 . Cette description des relations entre les deux ensembles de tribunaux recevrait le soutien d'auteurs récents, tels que Maitland et Round, ainsi que de la génération plus ancienne, comme Stubbs et Freeman. M. Frederic Seebohm peut être mentionné comme peut-être le plus fervent partisan du point de vue opposé, qui considère les cours seigneuriales comme d'origine aussi ancienne ou antérieure que celles de cent et comté.

141 . Cf. "propriétaire."

142 . Les différentes étapes du processus graduel, s'étendant du règne d'Henri Ier à celui d'Édouard Ier, par lequel la justice royale empiétait insidieusement sur la justice féodale, peuvent être étudiées dans le récit admirablement lucide du professeur Maitland préfacé à Sel . *Plaidoyers devant les tribunaux seigneuriaux* , pp. liii. suiv. Voir également Pollock et Maitland, I. 181-2.

143 . Parfois, aucun témoin préalable n'était requis ; par exemple, choisir un cas évident, où la demande concernait la restitution du bétail volé, qui avait été retracé à vive allure jusqu'à la maison ou l'étable du défendeur. La présomption de culpabilité était ici si forte qu'elle rendait inutile une preuve corroborante. Le serment non étayé du demandeur était donc suffisant pour soumettre le défendeur à son « procès ». D'un autre côté, en l'absence de présomption et de témoins appuyant le serment du plaignant, l'accusé s'est échappé sans aucun « procès ».

144 . Voir *infra* sous les chapitres 38 et 39, où la signification de *lex* est discutée.

145 . Les détails peuvent être étudiés dans *Trial by Combat du Dr George Neilson* .

146 . Voir *infra* , chapitres 38 et 39.

147 . L'épreuve, la compurgation et d'autres formes de *lex* sont discutées plus *en détail ci-dessous* , aux chapitres 38 et 39.

148 . Cf. Thayer, *Témoignages* , p. 8. « La conception du procès était celle d'une procédure entre les parties, menée publiquement, sous des formes supervisées par la communauté. »

149 . Ces étapes de la procédure sont toutes pleinement illustrées par les paroles mêmes des cas enregistrés du XIIIe siècle. Deux d'entre eux, tous deux datant du règne de Jean, l'un décidé par la bataille, l'autre par l'épreuve, peuvent être cités ici. (1) " Hereward, le fils de William, appelle Walter, le fils de Hugh, à l'attaquer, dans la paix du roi, et à le blesser au bras avec une fourchette de fer, et à lui donner une autre blessure à la tête ; et ceci il propose de prouver sur son corps comme le tribunal le désignera. Et Walter défend tout cela par son corps. Et il est témoigné par les coroners et par tout le comté que le même Hereward a montré ses blessures au moment opportun et a fait costume suffisant. C'est pourquoi il est décrété qu'il devrait y avoir une « bataille ». Qu'ils viennent armés, quinze jours après le jour de la Saint-Swithin, à Leicester. *Sel. Plaidoyers de la Couronne* (Selden Society), p. 18. (2) « Walter Trenchebof aurait remis à Inger de Faldingthorpe le couteau avec lequel il a tué Guy Foliot, et il en est soupçonné. Qu'il se purge par l'eau s'il n'y a pas consenti. Il a échoué et est pendu. *Ibid.* , p. 75.

150 . La relation entre la « reconnaissance » et le procès devant jury est discutée en détail, *infra* , partie III., section 7.

151 . *Par exemple* 34 et 39.

152 . Voir *infra* , sous les chapitres 24 et 45.

153 . Voir *infra* , sous le chapitre 54.

154 . Voir *infra* , sous le chapitre 36.

155 . Voir *infra* , sous les chapitres 17 et 24.

156 . Voir *infra* , sous le chapitre 18.

157 . Voir *infra* , sous les chapitres 21 et 39.

158 . Voir *infra* , sous le chapitre 34.

159 . c. 34

160 . c. 39 .

161 . c. 21 .

162 . c. 17 .

PARTIE III.
MAGNA CARTA : SA FORME ET SA CONTENU.

I. Ses prototypes : Chartes antérieures.

Si vastes et dispersées soient les sources d'où dérive la substance de la Grande Charte, sa descendance, du point de vue formel, peut facilement être retracée, à travers une ligne ininterrompue d'antécédents, remontant à une date très ancienne. La Magna Carta descend directement de la Charte des Libertés d'Henri Ier, et celle-ci, encore une fois, était un supplément écrit aux vœux prononcés par ce monarque lors de son couronnement, formulés dans des termes similaires à ceux invariablement prêtés lors de leur onction par les Anglo-Saxons. Rois saxons d'Angleterre, d'Edgar à Edward Confesseur.

Les liens qui unissent ainsi les promesses de bon gouvernement du roi Jean aux promesses dans le même sens faites lors de leur couronnement par les princes de l'ancienne dynastie du Wessex ne sont nullement de nature accidentelle. Non seulement l'identité de substance est, au moins en partie, maintenue partout ; mais ces promesses étaient le résultat d'un trait essentiel de l'ancienne constitution anglaise, trait si profondément enraciné qu'il survécut au choc de la conquête normande. Ce trait si fondamental et si fécond de grandes questions était le caractère électif ou quasi électif de la monarchie. À l'époque anglo-saxonne, deux principes rivaux, l'électif et l'héréditaire, se disputaient la maîtrise de la succession à la Couronne. Dans un état de société instable, les nations ne peuvent pas permettre que le sceptre passe entre les mains d'un enfant ou d'un faible. Lorsqu'un roi mourait, laissant un fils en bas âge et laissant dans le deuil un frère aux capacités reconnues et aux pouvoirs mûrs, il était tout à fait naturel que ce dernier, dans l'intérêt de la paix et de l'ordre, soit préféré au trône. Dans de tels cas, le principe strict de primogéniture n'était pas respecté. Les magnats du royaume, les soi-disant Witan, revendiquaient le droit de choisir un successeur approprié ; Pourtant, ce faisant, ils prêtaient généralement autant d'attention aux réclamations de leurs proches que les circonstances le permettaient. Les relations exactes entre les principes électifs et héréditaires n'ont jamais été établies avec une précision absolue. En fait, le manque de définition de toutes les questions constitutionnelles était caractéristique de l'époque – une vérité que les écrivains de l'école de Kemble et Freeman n'ont pas suffisamment saisie. La pratique habituellement suivie par le Witenagemot consistait à choisir comme nouveau dirigeant un parent du défunt roi ayant des relations étroites avec lui et en même temps compétent pour le poste élevé. Le roi élu ainsi nommé devait, avant que son titre ne soit complet, subir une autre cérémonie : il devait être solennellement oint par le représentant du pouvoir spirituel, ce qui donnait à l'Église une part importante dans la décision qui serait roi. Très tôt - on ne sait pas exactement à quelle date, mais certainement pas après l'époque d'Edgar - il est devenu une pratique invariable pour l'archevêque officiant d'exiger un serment de bon gouvernement du roi élu avant son couronnement final . Les termes précis de ce serment sont devenus stéréotypés ; et, tels qu'administrés par Dunstan au roi Ethelred, ils existent toujours. [163]

Elle peut être brièvement analysée en trois promesses : la paix pour l'Église et le peuple de Dieu ; répression de la violence chez les hommes de tout rang ; justice et miséricorde dans tous les jugements. Tel était le fameux serment tripartite prêté, après la célébration de la messe, sur les reliques les plus sacrées déposées sur le maître-autel, en présence de l'Église et du peuple, par les rois de la vieille race anglo-saxonne. Lorsque Guillaume Ier, soucieux en toutes choses de fortifier la légalité de son titre, prêta serment sous cette forme solennelle, il créa un précédent d'une immense importance, bien qu'il ait pu le considérer pour le moment comme une formalité vide de sens. [164]

Cette étape était doublement importante : comme lien avec le passé, comme précédent pour l'avenir. Un pont fut ainsi jeté sur le gouffre social et politique de la conquête normande, préservant la continuité de la monarchie et des bases sur lesquelles elle était fondée. Le caractère électif de la royauté, la nécessité du couronnement par l'Église et (le complément naturel des deux) ce serment tripartite contenant des promesses de bon gouvernement, précieuses quoique vagues, étaient tous conservés.

Il s'agissait là d'un moment crucial, car des limites étaient ainsi imposées, du moins en théorie, à des prérogatives qui, dans la pratique, menaçaient de devenir absolues. Sans aucun doute, le pouvoir des rois normands était très grand et pourrait presque être décrit comme un despotisme irresponsable, tempéré par la peur de la rébellion. Trois forces agissent en effet comme des freins : la nécessité pratique de consulter la Curia Regis (ou assemblée des vassaux de la couronne) avant toute mesure vitale ; l'influence restrictive de l'Église nationale, soutenue par les puissances spirituelles de Rome ; et la croissance, sous une forme vague, il est vrai, d'un corps d'opinion publique encore confiné aux classes supérieures.

Tous ces éléments comptaient pour quelque chose, mais ne parvenaient pas à retenir suffisamment, même un roi moyen ; alors qu'ils étaient impuissants contre un dirigeant fort comme Guillaume Ier. Le seul moment où la couronne pouvait être clairement désavantagée était pendant l'interrègne qui suivit la mort du dernier occupant du trône. Deux ou plusieurs héritiers rivaux pourraient aspirer à la position élevée et seraient désireux de faire des promesses en échange de soutien. Ainsi, William Rufus, à la mort de son père, soucieux d'empêcher son frère aîné, le duc Robert, de faire valoir ses prétentions au trône d'Angleterre, réussit principalement grâce à l'amitié de Lanfranc. Pour y parvenir, il fut obligé de faire des promesses de bon gouvernement et de suivre le précédent de son père en prêtant le serment sous la forme ancienne sous laquelle il avait été prêté par Dunstan à Ethelred.

Sous le même règne commença la pratique consistant à compléter les promesses verbales par des chartes scellées, qui, à certains égards, doivent être considérées simplement comme l'ancien serment de couronnement confirmé, développé et réduit par écrit. Aucune charte de ce type n'a en effet été émise ni par Rufus ni par son père lors de leur couronnement ; mais le jeune Guillaume, à une période critique plus tard dans son règne, semble avoir accordé une courte Charte des Libertés, dont le contenu exact ne nous est pas parvenu. A la mort de Rufus, son frère cadet, Henri Ier, se trouva aux prises avec la compétition pour la couronne d'Angleterre menée par le duc Robert (le fils aîné du Conquérant). Par un traité conclu à Caen en 1091, le duc Robert et Rufus étaient convenus que chacun constituerait l'autre son héritier. Ainsi, Henri était, dans un sens, un usurpateur, et cette circonstance l'obligeait à faire des enchères élevées pour obtenir un soutien influent. [165] C'est à ce titre douteux, couplé à la connaissance d'une désaffection généralisée, que les Anglais doivent l'origine de la première Charte des Libertés qui nous soit parvenue. [166]

Cette charte fut le prix payé par Henri pour le soutien dont il avait besoin dans sa candidature à la Couronne. En l'accordant, il reconnaissait, en un sens, la base contractuelle de sa royauté. En discutant de son ton et de sa teneur générale, il y a largement place à des divergences d'opinions. Le Dr Stubbs [167] soutient qu'Henri « s'engage ainsi définitivement dans les devoirs d'un roi national ». Des écrivains d'autorité presque égale modifient quelque peu ce point de vue, estimant que, bien que les circonstances aient forcé Henri à se présenter comme le chef de la nation entière, rien de tout cela ne pouvait être retracé dans la charte, dont la base semble avoir été féodale plutôt que nationale. . [168]

Ce point de vue est renforcé par l'analyse des dispositions mêmes de la charte. Tandis que des concessions importantes et précises étaient faites à l'Église et aux locataires de la Couronne, celles faites au peuple dans son ensemble étaient rares et vagues, si vagues qu'elles étaient de peu d'utilité pratique. L'Église, disait-on, « devrait être libre », expression large à laquelle s'ajoutaient ces précisions, à savoir que la tutelle des sièges pendant les vacances ne devrait pas être vendue ou louée, et qu'aucune somme ne devrait être exigée au nom de allègements des terres ou des locataires d'un siège en cas de décès. Le « baronage » (pour utiliser un anachronisme commode pour « les locataires de la Couronne considérés collectivement ») a obtenu réparation de ses pires griefs en ce qui concerne les secours et autres obligations féodales. À cet égard, la charte d'Henri anticipait et allait même au-delà de certaines des réformes de 1215. [169]

Il est vrai que la masse du peuple a peut-être bénéficié indirectement de bon nombre de ces dispositions ; mais lorsque nous recherchons des mesures de caractère directement populaire, nous n'en trouvons que trois, à savoir les promesses d'imposer la paix dans le pays, d'éliminer les mauvaises coutumes et d'observer les lois d'Édouard le Confesseur telles qu'amendées par Guillaume Ier. une base trop mince sur laquelle fonder une prétention au rang de « roi national », même si Henri avait l'intention de tenir ses promesses. Il est désormais notoire qu'aucune promesse n'est restée intacte. [170]

D'un autre point de vue, la charte est une critique de l'administration de Rufus (et dans une certaine mesure aussi du Conquérant), combinée à une promesse d'amendement. Henri se présenta ainsi en réformateur et renonça aux mauvaises coutumes de son père et de son frère. La grande valeur de la charte réside cependant en ce qu'elle constitue la première acceptation formelle (publiée sous sceau et sous forme juridique appropriée) de l'ancienne loi de l'Angleterre anglo-saxonne par un dirigeant de la nouvelle dynastie étrangère ; Pourtant, en cela, Henry ne faisait que terminer ce que son père avait commencé. Ces considérations contribuent à expliquer l'importance presque exagérée accordée à la charte d'Henri sous le règne de Jean.

Si tous les efforts déployés pour vaincre la succession d'Henri échouèrent, la succession de sa fille Mathilde fut contestée triomphalement. Stephen, profitant de l'absence de sa cousine et de son impopularité personnelle, fit une descente rapide en Angleterre avec l'énergie spasmodique qui le caractérisait et réussit à s'emparer de la couronne. Formé à l'anglaise sur le sol anglais, il fut rapidement sur place et très populaire. Ces caractéristiques en sa faveur ne rendaient cependant pas sa position entièrement sûre face à la fille et à l'héritière d'un roi aussi fort que Henri Ier, à qui, en effet, Stephen lui-même, avec tous les magnats d'Angleterre, avait déjà juré trois fois allégeance. Il n'était que l'un des deux concurrents pour la couronne, avec des chances presque égales. Dès la mort du vieux roi, « les barons normands traitèrent la succession comme une question ouverte ». Dans ces paroles de Mgr Stubbs, [171] M. JH Round trouve [172] la note dominante du règne. Stephen n'a jamais été en sécurité sur son trône et a dû faire des promesses aveugles d'abord pour obtenir, puis pour conserver, sa position. Il était donc prêt à offrir un soutien beaucoup plus élevé que ce qu'Henry s'était senti obligé de faire. Il fallait gagner péniblement des adhérents, un par un, en accordant des faveurs spéciales à chaque individu dont le soutien valait la peine d'être acheté.

Des négociations ont été conclues avec les Londoniens, avec le frère de Stephen, Henri de Blois (évêque de Winchester), avec les gardiens du trésor du roi, avec l'archevêque de Cantorbéry et avec le justicier (évêque Roger de Salisbury). Le soutien de ces deux derniers s'accompagna de celui de l'Église et du personnel administratif du défunt roi, mais ne fut obtenu qu'au prix de larges concessions. Ainsi, Étienne, comme Guillaume d'Orange, cinq siècles plus tard, accepta de devenir « roi sous conditions ». Une Charte des Libertés et un serment solennel garantissant « la liberté de l'Église » — expression vague, il est vrai, mais non moins dangereuse à ce titre — formèrent ensemble le prix de la consécration d'Étienne ; et ce prix n'était peut-être pas trop élevé si l'on songe que « l'élection était une question d'opinion, le couronnement une question de fait », un sacrement solennel et difficilement défait. [173]

Cependant, même cette cérémonie importante laissa le trône d'Étienne chancelant ; il fut contraint d'acheter l'adhésion de puissants magnats par de somptueuses concessions de terres et de franchises ; et diverses chartes en faveur de nobles individuels existent encore comme témoins de tels pots-de-vin. Le processus par lequel il construisit un titre à la couronne semble avoir culminé à Pâques 1136, lorsqu'il obtint le soutien du demi-frère de Mathilde, Robert, comte de Gloucester, dont l'exemple fut rapidement suivi par d'autres nobles influents. Tous ces nouveaux adhérents rendirent cependant hommage au roi sous une réserve importante, à savoir que leur loyauté future serait strictement conditionnée au traitement que leur réserverait Stephen. Ce malheureux monarque, en tolérant une telle allégeance conditionnelle, fut donc obligé de reconnaître la faiblesse inhérente de sa position, même au moment de son triomphe nominal. [174]

Ces transactions importantes ont eu lieu apparemment à Oxford, [175] et en même temps le roi a publié sa deuxième Charte d'Oxford, qui incarnait et élargissait le contenu des chartes et serments antérieurs. Cette Charte d'Oxford, dont la date s'est avérée être début avril, [176] est remarquable également par les circonstances dans lesquelles elle a été accordée, plaçant ainsi la pierre angulaire du processus progressif par lequel Étienne a été « élu » roi. , et aussi pour son contenu, qui combinait le serment antérieur à l'Église et la charte antérieure vague et insatisfaisante au peuple, avec les nouvelles conditions extorquées par le comte Robert et ses partisans.

Les premiers mots, dans lesquels Stephen se décrit comme « le roi des Anglais », peuvent être interprétés comme une tentative laborieuse de présenter un titre valide au trône. Toute référence aux prédécesseurs est soigneusement évitée, et l'usurpateur se déclare roi « par nomination du clergé et du peuple, par consécration de l'archevêque et du légat pontifical, et par confirmation du pape ». [177]

Peut-être que ses principales dispositions sont en faveur de l'Église, complétant une vague déclaration selon laquelle l'Église devrait être « libre » par des promesses spécifiques selon lesquelles les évêques devraient avoir une juridiction et un pouvoir exclusifs sur les hommes d'Église et leurs biens, ainsi que le droit exclusif de surveiller leurs biens. répartition après le décès. C'était là une nette confirmation du droit des tribunaux chrétiens au monopole de tous les recours affectant le clergé ou ses biens. C'est la première énonciation distincte en Angleterre du principe connu plus tard sous le nom de « bénéfice du clergé » – et cela aussi sous une forme plus radicale que jamais répétée par la suite. Stephen a également explicitement renoncé à tous les droits inhérents à la Couronne de tutelle sur les terres de l'Église en cas de vacance - une cession dont n'avaient jamais rêvé ni Henri Ier ni Henri II.

Des subventions au grand public ont suivi. Une clause générale promettant la paix et la justice était à nouveau complétée par des concessions spécifiques de valeur plus pratique, à savoir la promesse d'extirper toutes les exactions, pratiques injustes et « erreurs » commises par les shérifs et autres, et d'observer les bonnes, anciennes et justes coutumes dans le pays. respect des amendes pour meurtre, des plaidoyers et d'autres causes.

Curieusement, il n'existe qu'une seule disposition bénéficiant spécialement aux magnats féodaux : le refus du roi de toutes les parcelles de terre boisées depuis l'époque des deux Williams. L'omission de nouvelles concessions féodales ne doit être attribuée ni à la force d'Etienne, ni à un quelconque esprit de modération ou d'abnégation chez les magnats. Chaque baron suffisamment important avait déjà extorqué en sa faveur une charte spéciale, plus catégorique et contraignante de par sa nature personnelle, et par conséquent plus valorisée qu'une simple disposition générale en faveur de tous. Ces subventions privées comportaient généralement une confirmation du droit du bénéficiaire de maintenir son propre fief féodal, le plaçant ainsi dans une position d'indépendance pratique.

Il est instructif de comparer ces larges promesses d'Étienne avec les maigres paroles de la charte accordée par Henri d'Anjou lors de son couronnement ou peu après. [178] Henri II. omet soigneusement toute mention d'Étienne et de ses chartes, non pas, comme on le suppose parfois, parce qu'il ne souhaitait pas reconnaître l'existence d'un usurpateur, mais à cause des subventions somptueuses de cet usurpateur à l'Église. Henri n'avait pas l'intention ni de confirmer les « avantages du clergé » d'une manière aussi radicale que l'avait fait Étienne, ni de renoncer à la tutelle sur les terres des sièges vacants.

A l'Église comme aux barons, Henri Plantagenêt ne fait que confirmer ce que son grand-père avait déjà concédé. Même comparée à la norme fixée par la charte d'Henri Ier, celle du jeune Henri est plus courte et moins explicite, et donc plus faible et plus susceptible d'être mise de côté - caractéristiques qui justifiaient Stephen Langton dans sa préférence pour le document plus ancien. Si Henri II. accordé une charte courte et à contrecœur, aucun de ses fils, lors de leurs couronnements respectifs, n'a accordé de charte du tout. Les raisons de cette omission se suggèrent facilement ; la Couronne était devenue assez forte pour se passer de cette formalité importune, en partie à cause de l'absence de concurrents rivaux pour le trône, et en partie à cause de la perfection à laquelle l'appareil gouvernemental avait été porté. Tout ce que l'Église pouvait exiger de Richard et de Jean comme prix de leur consécration, c'était le renouvellement des trois vagues promesses contenues dans les paroles du serment, pris désormais comme une pure formalité. L'omission d'accorder des chartes n'était qu'un symptôme des maladies du corps politique résultant du pouvoir excessif de la Couronne, et prouve à quel point il était urgent de réaffirmer les libertés de la nation, comme en 1215.

Jean, au moins, ne devait pas être autorisé à se libérer des obligations de son serment, ni de la promesse de confirmer les anciennes lois et coutumes du pays qu'il contenait. Stephen Langton, avant de l'absoudre des effets de sa querelle avec Rome, l'obligea à renouveler les termes du serment de couronnement. [179]

Et ce n'était pas tout ; à la suite d'une réunion tenue à Saint-Albans le 4 août 1213, des brefs furent délivrés au nom du roi aux différents shérifs, leur ordonnant d'observer les lois d'Henri Ier et de s'abstenir de exactions injustes. [180] Trois semaines plus tard (le 25 août), Roger de Wendover dit que la production d'une copie égarée de la charte d'Henry a fait une impression surprenante sur toutes les personnes présentes, [181] et la même charte a été une seconde fois produit à Bury St. Edmunds, le 4 novembre 1214, et fut accepté par les mécontents comme un modèle qui, modifié et élargi, pouvait servir de base au redressement des griefs du règne. [182]

Il est donc à la fois excusable et nécessaire d'accorder beaucoup d'importance à cette séquence de serments et de chartes de couronnement, comme contribuant à la fois à la forme et au fond de la Magna Carta de Jean. Il faut cependant se garder soigneusement de toute tendance à adopter une vision trop étroite des antécédents de la Grande Charte. De nombreux ingrédients ont été utilisés pour sa confection. De nombreuses réformes d'Henri II, qu'elles soient ou non incorporées dans une ou plusieurs des ordonnances ou assises qui nous sont parvenues, doivent être comptées parmi elles, au même titre que les documents constitutionnels qui se trouvent être rédigés dans la forme particulière aux chartes. accordé sous le grand sceau du roi. Il est également nécessaire de rappeler les subventions spéciales accordées par les rois d'Angleterre successifs à l'Église, à Londres et à d'autres villes, ainsi qu'à certains prélats et barons. Dans un sens, toute l'histoire de l'Angleterre a été consacrée à l'élaboration de la Magna Carta. La séquence des serments et des chartes de couronnement n'est qu'une lignée de descendance ; la Grande Charte de Jean peut retracer son origine à travers de nombreuses autres lignées d'ancêtres distingués.

163 . Les mots nous sont parvenus en deux versions : l'une anglo-saxonne et l'autre latine. Le premier est conservé dans *Memorials of St. Dunstan* (Rolls Series), p. 355, où il est traduit par le Dr Stubbs : –

« Au nom de la Sainte Trinité, je promets trois choses au peuple chrétien et à mes sujets : premièrement, que l'Église de Dieu et tous les chrétiens de mes domaines conservent la vraie paix ; la seconde est que j'interdis le vol et toutes les choses injustes à tous les ordres. et troisièmement, que je promets et j'ordonne, dans tous les malheurs, la justice et la miséricorde, que le Dieu gracieux et miséricordieux de sa miséricorde éternelle puisse nous pardonner à tous, qui vit et règne. Le nom du roi n'est pas mentionné et peut être Edward ou Ethelred, mais il est généralement identifié avec ce dernier. Voir Kemble, *Les Saxons en Angleterre* , II. 35.

164 . Deux autorités indépendantes, écrivant toutes deux du point de vue anglais, Florence de Worcester, et l'auteur de la version de Worcester de la *Chronique* , conviennent que le Conquérant a prêté serment ; les autorités normandes ne le contredisent ni ne le confirment. "Guillaume de Poitiers et Guy gardent le silence sur le serment." Freeman, *Conquête normande* , III. 561, remarque.

165 . Stubbs, *Const. Hist.* , I. 328-9, et les autorités citées.

166 . Voir l'annexe.

167 . *Const. Hist.* , I. 331.

168 . Voir Prothero, *Simon de Montfort* , 16 : « Cette charte avait été principalement de caractère féodal ; il ne contenait aucune disposition relative à une forme constitutionnelle de gouvernement, et faisait à peine allusion à cette forme. »

169 . Les détails sont réservés à l'examen dans le cadre des clauses féodales de la Grande Charte.

170 . Voir Round, *Feudal England* , 227, et Pollock et Maitland, I. 306.

171 . Stubbs, *Const. Hist.* , I. 345.

172 . Ronde, *Geoffrey de Mandeville* , p. 1.

173 . Ronde, *Geoffrey de Mandeville* , p. 6. M. Round, *ibid.* , p. 438, explique que la raison de l'omission dans cette charte antérieure d'Étienne (contrairement à la charte plus longue et plus importante qui suivit quatre mois plus tard) de toute mention de l'Église était qu'Étienne, au moment de l'octroi, la complétait par la mention verbale promesse enregistrée par Guillaume de Malmesbury, *de libertate reddenda ecclesiae et conservanda* .

174 . L'ensemble de l'incident est si remarquable qu'il semble bon de citer les paroles exactes de Guillaume de Malmesbury II. 541 : « *Itaque homagium regi fecit sub conditione quadam, scilicet quamdiu ille dignitatem suam integre custodiret et sibi pacta servaret* . »

175 . Ronde, *Geoffrey* , 22.

176 . Ronde, *Geoffrey* , 23–4.

177 . Stephen n'était pas justifié dans cette dernière hypothèse. Voir Ronde, *Geoffrey* , 9.

178 . La charte d'Henri II. est donné dans Bémont, *Chartes* , 13, et dans *Select Charters* , 135. Il semble utile de mentionner à ce propos une erreur notable d'un écrivain dont l'exactitude habituelle est enviée par ses confrères historiens. MJH Round (*Engl. Hist. Rev.* , VIII. 292) déclare que « le pouvoir royal s'était accru si régulièrement qu'Henri II. et ses fils avaient pu s'abstenir de délivrer des chartes et avaient simplement prêté le vieux serment tripartite.

179 . Voir *supra* , p. 32 et Round, *ing. Hist. Rév.* , VIII. 292.

180 . *Supra* , p. 34 .

181 . *Supra* , p. 35.

182 . *Supra* , p. 38.

II. Magna Carta : sa forme et sa nature juridique.

Beaucoup d'ingéniosité a été déployée, sans résultat suffisant, dans l'effort de découvrir quelle catégorie particulière de la jurisprudence moderne décrit le plus exactement la Grande Charte de Jean. S'agit-il d'une loi promulguée ou d'un traité ? la réponse royale à une pétition ; ou une déclaration de droits ? S'agit-il d'un simple pacte, marché ou accord entre parties contractantes ? Ou est-ce une combinaison de deux ou plusieurs de ces éléments ? Quelque chose a été dit en faveur de presque tous les points de vue possibles, peut-être plus pour étonner que pour éclairer les étudiants en histoire qui ne s'intéressent pas aux subtilités juridiques.

La prétention de la Magna Carta de constituer un acte législatif formel a été étayée par le fait qu'elle a été promulguée dans ce qui était pratiquement un *concilium communal* . Le roi Jean, affirme-t-on, réunit dans une assemblée nationale tous les domaines de son royaume qui étaient alors dotés de droits politiques, et ceux-ci concoururent avec lui à l'octroi de la Magna Carta. Le consentement de tous ceux qui prétendaient participer à l'élaboration ou à l'abrogation des lois – archevêques, évêques, abbés, comtes et locataires de la couronne, grands et petits – confère à la Charte le rang de statut régulier.

Toutefois, à l'encontre de cette opinion, des formalités techniques peuvent être invoquées. Tant la composition du Conseil que la procédure qui y a été adoptée étaient irrégulières. Aucune convocation formelle n'avait été délivrée et, par conséquent, la réunion n'a jamais été correctement constituée ; de nombreuses personnes ayant le droit et le devoir d'assister n'ont pas eu la possibilité d'être présentes. De plus, toute la procédure était tumultueuse ; les barons se rassemblèrent en ordre militaire et obtinrent le consentement de Jean par des turbulences et des démonstrations de force. Pour ces motifs, la jurisprudence moderne, si elle était invoquée, rejetterait la prétention de la Charte d'être inscrite en tant que loi ordinaire.

D'un autre côté, on peut affirmer que la Magna Carta, bien que moins qu'une loi, est aussi quelque chose de plus. Une loi adoptée par le roi dans une assemblée nationale pouvait être abrogée par le roi dans une autre ; alors que la Grande Charte était voulue par les barons comme immuable. Cela leur a été accordé, ainsi qu'à leurs héritiers, pour toujours ; et, en retour, un prix avait été payé, à savoir le renouvellement de leur allégeance – une condition fondamentale pour que Jean continue de posséder le trône. [183]

La Magna Carta a également été fréquemment décrite comme un traité. Tel est le verdict du Dr Stubbs. [184] « La Grande Charte, bien que rédigée sous la forme d'une concession royale, était en réalité un traité entre le roi et ses sujets... C'est le peuple collectif qui forme réellement l'autre haute partie contractante dans la grande capitulation. .» [185] Ce point de vue est quelque peu étayé par certains mots contenus dans le chapitre 63 de la Charte elle-même : « *Juratum est autem tam ex parte nostra quam ex parte baronum, quod haec omnia supradicta bona fide et sine malo ingenio observabuntur* ».

Il ne suffit pas de contester cette théorie, comme on le fait parfois, selon laquelle l'accord aurait été conclu de mauvaise foi par l'une ou par les deux parties contractantes. Il est bien vrai que le compromis qu'il contenait n'a été accepté que comme un prétexte pour préparer la guerre ; Pourtant, la jurisprudence, lorsqu'elle traite des documents formels délivrés sous scellés, ne prête aucune attention à la sincérité ou au manque de sincérité, mais s'intéresse simplement à l'expression formelle du consentement.

Des questions intéressantes pourraient également être soulevées quant à savoir dans quelle mesure il est correct d'étendre aux traités la règle juridique qui déclare nuls ou annulables tous les pactes et accords induits par la force ou la peur. En un sens, tout traité qui met fin à une grande guerre serait soumis à une telle condamnation, puisque la nation vaincue se plie toujours à la *force majeure* . Des revendications telles que la Grande Charte pourraient devoir être considérées comme un traité ne sont donc pas nécessairement affaiblies par l'affirmation ultérieure de John selon laquelle lorsqu'il l'a accordée, il n'était pas un agent libre.

Il existe cependant une objection plus radicale. Un traité est un acte public entre deux puissances contractantes, qui doivent, pour répondre aux exigences de la jurisprudence moderne, être des États indépendants ou leurs agents accrédités ; tandis que Jean et ses adversaires n'étaient que des fragments d'une nation ou d'un État, déchirés par des peurs et des jalousies mutuelles.

Certaines autorités rejettent à la fois la théorie de la législation et la théorie des traités pour faire place à une troisième, à savoir que la Magna Carta n'est qu'un contrat, un pacte ou un accord privé. M. Emile Boutmy est de cet avis. « Le caractère de cet acte est aisé à définir. [186] Ce n'est pas précisément un traité, puisqu'il n'y a pas ici deux souverainetés légitimes ni deux nations en présence; ce n'est pas non plus une loi ; elle serait entachée d'irrégularité et de violence ; c'est un compromis ou un pacte." [187]

Ainsi considéré, l'acte le plus fier du drame national prendrait place dans la catégorie juridique relativement humble qui comprend des transactions telles que la location d'un chariot ou la vente d'un chargement de maïs. Il existe cependant également des objections fatales à cette théorie. On voit mal comment l'argument de la « force », s'il suffit (comme le souligne M. Boutmy) à rendre nul l'adoption d'une loi publique, ne serait pas encore plus efficace pour réduire un accord privé. Si la Magna Carta n'a d'autre fondement que le consentement déclaré des parties contractantes, il semble plus sûr de la qualifier de traité public que de pacte privé ou civil dénué de portée politique.

D'autres théories sont également possibles ; comme, par exemple, que la Grande Charte est de la nature d'une Déclaration des Droits, comme celles qui ont joué un rôle si important dans l'histoire politique de la France et des États-Unis ; tandis qu'un auteur américain récent sur le développement constitutionnel anglais semble presque le considérer comme un code, créant une constitution formelle pour l'Angleterre – sous une forme grossière et embryonnaire, il est vrai. « Si une constitution a pour objectif principal la prévention des empiètements et l'harmonisation des institutions gouvernementales, la Magna Carta répond à cette description, au moins en partie. » [188]

Il serait facile de trouver des exemples de tentatives de compromis entre ces théories concurrentes, en combinant deux ou plusieurs d'entre elles. Ainsi, une haute autorité anglaise déclare que « la Grande Charte est en partie une déclaration de droits, en partie un traité entre la Couronne et le peuple ». [189]

La nature essentielle de ce qui s'est produit à Runnymede, en juin 1215, est claire, débarrassée des subtilités juridiques. Un marché fut conclu entre le roi et les magnats rebelles, dont le but était que ces derniers renouvellent leurs serments de fidélité et d'hommage, et donnent la garantie qu'ils respecteraient ces serments, tandis que Jean, en retour, accordait « aux hommes libres » de l'Angleterre et de leurs héritiers pour toujours », les libertés énumérées en soixante-trois chapitres. Personne ne songeait à se demander si la transaction ainsi conclue était un « traité » ou un « contrat » privé.

Les termes de ce marché devaient cependant être rédigés sous une forme juridique appropriée, de manière à témoigner pour toujours de la nature exacte des dispositions qui y étaient contenues, ainsi que de l'authenticité du consentement de Jean à cet égard. Il fut donc réduit à l'écrit, et le document qui en résulta fut naturellement rédigé sous la forme invariablement utilisée pour toutes les concessions irrévocables destinées à passer de père en fils, à savoir une charte féodale, authentifiée par l'ajout d'un sceau - tout comme dans le cas d'une concession de terrain, et avec de nombreuses clauses appropriées à une telle concession. [190]

Jean accorde aux hommes libres d'Angleterre et à leurs héritiers certains droits et libertés spécifiés, comme s'il s'agissait simplement de peaux ou d'acres de terre. *Concessimus etiam omnibus liberis hominibus regni nostri, pro nobis et haeredibus nostris in perpetuum, omnes libertates subscriptas, habendas et tenendas, eis et haeredibus suis, de nobis et haeredibus nostris.* [191] L'effet juridique d'une telle subvention est difficile à déterminer ; et des difficultés insurmontables se heurtent à toute tentative d'exposer ses conséquences juridiques en termes de droit moderne. [192] En vérité, la forme et le fond de la Magna Carta sont mal assortis. Sa substance se compose d'un certain nombre de textes juridiques et de droits politiques et civils ; sa forme est empruntée au livre de styles de l'avocat féodal pour conférer un titre de propriété foncière. [193]

Les résultats de cette enquête semblent donc totalement négatifs. Il est inutile de décrire les phénomènes du XIIIe siècle dans une phraséologie moderne qui eût été inintelligible aux contemporains. Les juristes médiévaux éprouvèrent de grandes difficultés en essayant d'exprimer les faits réels de leur époque en termes de catégories de la jurisprudence romaine qui avaient survécu à la chute de Rome et de la civilisation romaine. Aucune des catégories anciennes ou modernes ne peut être appliquée avec confiance à la Grande Charte ou à la transaction dont elle est le témoignage. La Magna Carta peut peut-être être décrite comme un traité ou un contrat qui édicte ou proclame un certain nombre de règles et de coutumes comme contraignantes en Angleterre, et les réduit à l'écrit sous la forme inappropriée d'une charte féodale accordée par le roi Jean aux hommes libres d'Angleterre et leurs héritiers.

---

183 . La *contrepartie* reçue par le roi n'était qu'une promesse d' hommage *conditionnel* , dépendant (comme nous l'apprenons du chapitre 63) de son respect des conditions de la Charte. Cet arrangement peut être comparé à l'accord conclu entre Stephen et le comte de Gloucester en 1136 (voir *supra* , p. 120), et il présente certains points d'analogie avec la procédure adoptée par les rédacteurs de la Déclaration des droits, qui ont inséré un liste des conditions contenues dans l'Acte du Parlement qui constituait le titre de Guillaume et Marie au trône d'Angleterre.

184 . *Const. Hist.* , I. 569.

185 . M. Prothero est du même avis (*Simon de Montfort* , 15). Il s'agissait « en réalité d'un traité de paix, d'un engagement pris après une défaite entre le vaincu et ses vainqueurs ».

186 . Ici, nous différons de lui.

187 . *Études de droit constitutionnel* , 41.

188 . Professeur Jesse Macy, *Constitution anglaise* , 162.

189 . Sir William R. Anson, *Loi de la Constitution* , I. 14.

190 . En théorie juridique stricte, l'investiture complète du bénéficiaire exigeait que la « charte » soit suivie d'un « infeftment » ou d'une livraison (réelle ou implicite) de l'objet de la subvention. Dans le cas de choses aussi intangibles que les droits et libertés politiques, le parchemin sur lequel la Charte est écrite serait le symbole le plus naturel à remettre aux bénéficiaires.

191 . Voir chapitre 1. La concession qui prétend ainsi être perpétuellement contraignante pour les héritiers de Jean, était en pratique traitée comme purement personnelle pour Jean et nécessitant une confirmation par son fils. Mais cela était également en stricte conformité avec la théorie féodale, qui exigeait que l'héritier complète son titre de propriété sur les biens immobiliers de son père décédé en obtenant une charte de confirmation de son seigneur, pour laquelle il devait payer un « soulagement ». Les libertés des hommes libres n'étaient qu'une nouvelle espèce de propriété.

192 . Professeur Maitland, *Canton et arrondissement* , p. 76, explique certaines des absurdités impliquées : « Avez-vous déjà réfléchi à la forme, au schéma, à l'idée principale de la Magna Charta ? Si tel est le cas, votre respect pour ce texte sacré ne vous aura guère empêché d'utiliser dans l'intimité de votre esprit certains mots comme « inepte » ou « enfantin ». Le roi Jean accorde une concession aux hommes d'Angleterre et à leurs héritiers. Les hommes d'Angleterre et leurs héritiers doivent conserver pour toujours certaines libertés de ce prince et de ses héritiers. Imaginez-vous emprisonné sans le jugement légitime de vos pairs et vous efforçant de prouver pendant que vous languissez en prison, vous êtes l'héritier de l'un des bénéficiaires originaux. De nos jours, ce n'est que dans un moment rhétorique que les Anglais « héritent » de leurs libertés, de leur constitution, de leur droit public. Lorsqu'ils sont sobres, ils ne font rien de tel. Mais , quoi qu'il ait pu « frémir sur les lèvres » du cardinal Langton et des prélats et barons de Runnymead, le discours qui a été prononcé était un discours de feoffnement. La loi, si elle doit durer, doit être héritée. Si tous les Anglais ont des libertés, chaque L'Anglais a quelque chose, quelque chose, qu'il peut transmettre à son héritier. Le droit public ne peut pas s'affranchir des formes, des formes individualistes du droit privé.

193 . Pollock et Maitland, I. 150, soulignent cette disparité. « Sous forme de donation, d'octroi de franchises librement accordées par le roi, en réalité de traité qui lui est extorqué par les domaines confédérés du royaume,... c'est aussi un long et divers code de lois. » Cf. également *Ibid.* , I. 658.

III. Magna Carta : son contenu et ses caractéristiques.

La confirmation des droits énumérés dans les soixante-trois chapitres de la Charte représentait le prix payé par Jean pour l'allégeance renouvelée des rebelles. Ces droits sont discutés en détail, un par un, dans la deuxième partie du présent volume : une brève description de leurs caractéristiques les plus marquantes, considérées dans leur ensemble collectif, suffit donc ici.

Pour tenter d'analyser les principales dispositions, divers principes de classification ont été adoptés. Trois d'entre eux ressortent clairement : les différents chapitres peuvent être classés selon les fonctions du gouvernement central qu'ils étaient censés limiter ; selon leur propre nature de progressiste, réactionnaire ou simplement déclaratoire ; et enfin selon les classes de la communauté qui en récoltèrent le plus grand bénéfice.

I. *Dispositions classées selon les diverses prérogatives de la Couronne qu'elles affectent.*

Le Dr Gneist [194] adopte ce principe de division et organise les chapitres de la Magna Carta en cinq groupes selon qu'ils imposent des limitations légales (1) au pouvoir militaire féodal de la Couronne, (2) à son pouvoir judiciaire (3).) sur son pouvoir policier, (4) sur son pouvoir financier, ou (5) fournir une sanction légale pour l'exécution de l'ensemble. Malgré la haute autorité du Dr Gneist, il est douteux qu'une analyse de la Magna Carta selon ces lignes quelque peu arbitraires jette beaucoup de lumière sur ses principaux objets ou résultats. Une telle division, si elle convient à certains objectifs, semble artificielle et irréelle, car elle repose sur des distinctions qui n'étaient pas clairement formulées au XIIIe siècle. L'adoption d'un tel principe de classification en référence à une époque où les différentes fonctions de l'exécutif étaient encore mêlées sans discernement relève quelque peu d'un anachronisme. [195]

II. *Dispositions classées selon qu'elles sont de nature progressiste, réactionnaire ou déclaratoire.*

Parmi les nombreuses questions auxquelles il faut répondre, aucune ne semble plus naturelle que celles qui portent sur les relations entre les promesses faites dans la Charte et le système de gouvernement réellement en vigueur sous Henri d'Anjou et ses fils ; ou les relations entre ces promesses et les lois encore plus anciennes d'Edouard Confesseur.

L'opinion généralement admise est que les dispositions de la Magna Carta sont principalement, sinon exclusivement, de nature déclaratoire. La Grande Charte a été décrite pendant de nombreux siècles comme une tentative de confirmer et de définir les coutumes existantes plutôt que de les modifier. Selon les mots de Blackstone, [196] écrivant en 1759 : « Tous nos historiens conviennent que la Grande Charte du roi Jean a été en grande partie compilée à partir des anciennes coutumes du royaume ou des lois du roi Édouard le Confesseur. , par lequel ils désignent habituellement la loi commune, qui a été établie sous nos princes saxons, avant que les rigueurs des régimes féodaux et autres difficultés ne soient importées du continent. En substance, la même doctrine a été énoncée l'autre jour seulement, par notre plus haute autorité. "Dans l'ensemble, la charte contient peu de choses absolument nouvelles. Elle est réparatrice. Au cours de ces dernières années, John a enfreint la loi; par conséquent, la loi doit être définie et consignée par écrit. [197] Ce point de vue semble, dans l' ensemble , , exacte : les insurgés de 1215 prétendaient ne rien exiger de nouveau, mais simplement un retour aux bonnes lois d'Édouard le Confesseur, complétées par les promesses contenues dans la charte d'Henri Ier. Un fil ininterrompu remonte de la Magna Carta jusqu'à les lois et coutumes de l'Angleterre anglo-saxonne et les anciens serments de couronnement d'Ethelred et d'Edgar. Pourtant, la Grande Charte contenait beaucoup de choses inconnues à l'époque du Confesseur et n'avaient pas leur place dans les promesses d'Henri I. Dans de nombreux points de détail la Charte doit chercher ses antécédents plutôt dans les changements administratifs introduits par Henri II que dans l'ancien droit coutumier qui prévalait avant la Conquête.

Il ne suffit donc pas de décrire la Magna Carta simplement comme un acte déclaratoire ; il faut distinguer les différentes sources de ce qu'il déclare. Une division en quatre peut être suggérée. (1) La Magna Carta a incarné et transmis aux époques futures certains des usages de l'ancien droit coutumier de l'Angleterre anglo-saxonne, inchangés par le Conquérant ou ses successeurs, aujourd'hui confirmés et purifiés des abus. (2) En définissant les incidents et les services féodaux, il confirmait de nombreuses règles du droit féodal introduit en Angleterre par les Normands après 1066. (3) Il incarnait également de nombreuses dispositions dont Guillaume Ier et même Henri Ier ne connaissaient pas plus que ce fut le cas des rois anglo-saxons — innovations introduites à ses propres fins par Henri d'Anjou, mais, après un demi-siècle d'expérience, désormais loyalement acceptées même par les opposants les plus acharnés à la Couronne. Selon les mots de M. Prothero : « Nous retrouvons… le système judiciaire et administratif établi par Henri II. conservé presque intact dans la Magna Carta, bien que tout abus ait été soigneusement évité. [198] Enfin (4) sur quelques points, la Charte visait en fait à aller plus loin que Henri II, grand réformateur qu'il était, avait eu l'intention d'aller. Ainsi, pour ne citer que deux détails, les petites assises doivent avoir lieu dans chaque comté quatre fois par an, tandis que les shérifs et autres magistrats locaux sont entièrement interdits de tenir des plaidoiries de la Couronne.

Il y a deux autres raisons pour lesquelles nous ne pouvons pas nous contenter d'une explication qui rejette la Magna Carta en affirmant simplement que ses dispositions sont simplement de nature déclaratoire. L'histoire a prouvé la vérité universelle de la théorie selon laquelle un acte purement déclaratoire est impossible ; puisque le simple passage du temps, en produisant un contexte historique modifié, change nécessairement le sens de tout statut lorsqu'il est réadopté à une époque ultérieure. Même si des mots identiques sont répétés, les nouvelles circonstances leur donnent un nouveau sens. C'est le cas même lorsque les auteurs de ces reconstitutions sont tout à fait sincères, ce qui n'est souvent pas le cas. Il n'est pas rare que des innovateurs rendent leurs réformes plus acceptables en les présentant déguisées en retours vers le passé. La Magna Carta en offre de nombreuses illustrations. Ses clauses, même lorsqu'elles prétendent simplement confirmer le *statu quo* , modifient en réalité la coutume existante.

En outre, il est primordial de garder à l'esprit la nature exacte des dispositions confirmées ou déclarées. Une réaffirmation de certaines des réformes les plus récentes d'Henri II. (ou de celles de Mgr Hubert Walter, suivant ses traces) conduit logiquement au progrès plutôt qu'à la simple stabilité ; tandis que la prétendue confirmation des usages anglo-saxons ou des anciennes coutumes féodales, qui disparaissent rapidement sous le nouveau *régime* , implique une régression plutôt qu'une stagnation. Les chapitres 34 et 39 de la Magna Carta, par exemple, appartiennent à ce dernier type. Ils réclament vraiment un retour au système en vogue avant les innovations d'Henri II. lorsqu'ils se déclarent en faveur des juridictions féodales. Ainsi, certaines des dispositions de la Grande Charte qui, à première vue, semblent être à juste titre qualifiées de déclaratoires, sont en réalité des innovations ; tandis que d'autres ont tendance à réagir.

III. *Dispositions classées selon les domaines de la communauté en faveur de laquelle elles ont été conçues.*

Ce troisième principe d'arrangement serait condamné comme complètement trompeur, s'il fallait accepter comme vraies, dans un sens littéral, les affirmations si fréquemment faites concernant l'égalité absolue de toutes les classes et de tous les intérêts devant la loi - telle que cette loi était incarnée dans Grande Charte. Nous sommes donc ici confrontés à une question fondamentale d'une immense importance : la Grande Charte, comme l'affirme avec tant de véhémence la vision traditionnelle orthodoxe, protège-t-elle réellement les droits de l'ensemble des humbles Anglais au même titre que ceux des nobles les plus fiers ? Est-ce vraiment un grand rempart des libertés constitutionnelles de la nation, considérée comme nation, au sens large du terme ? Ou s'agit-il plutôt, pour l'essentiel, d'une série de concessions à l'égoïsme féodal arrachées au roi par une poignée d'aristocrates puissants ? Sur ces questions, les opinions érudites sont très divisées, bien qu'une écrasante majorité des autorités se rangent du côté populaire, de Coke (qui prétend à chaque page de son *Deuxième Institut* que les droits acquis en

1215 étaient aussi précieux pour le vilain que pour le baron) jusqu'aux écrivains d'aujourd'hui. Lord Chatham, dans l'un de ses grands discours [199], a insisté sur le fait que les barons qui ont arraché la Charte à Jean ont établi des droits à la gratitude de la postérité parce qu'ils « ne l'ont pas confinée à eux seuls, mais l'ont délivrée comme une bénédiction commune à tout le peuple ». » ; et Sir Edward Creasy [200], en citant les paroles de Chatham avec approbation, les termine avec ses propres paroles plus extatiques, déclarant que l'un des effets de la Charte était « de donner et de garantir une pleine protection de la propriété et de la personne à tout être humain qui respire l'air anglais. Lord Chatham parlait en effet avec l'enthousiasme effréné d'un orateur ; Pourtant, des avocats et des historiens sérieux comme Blackstone et Hallam semblent rivaliser avec lui dans des expressions similaires. « Une distribution égale des droits civils à toutes les classes d'hommes libres constitue la beauté particulière de la charte » ; c'est ce que nous dit Hallam. [201] Mgr Stubbs a énoncé sans équivoque la même doctrine. « Clause par clause, les droits des communs sont garantis ainsi que les droits des nobles... Cela prouve, s'il en fallait une preuve, que les exigences des barons n'étaient pas des exigences égoïstes de privilèges pour eux-mêmes. [202]

Le Dr Gneist est du même avis. « La Magna Carta était un gage de réconciliation entre toutes les classes. Son existence et sa ratification ont maintenu pendant des siècles la notion de droits fondamentaux applicables à toutes les classes, dans la conscience qu'aucune liberté ne serait défendue par les classes supérieures pendant un certain temps, sans garanties de libertés personnelles pour les humbles également. [203]

« Les droits que les barons revendiquaient pour eux-mêmes, dit John Richard Green [204] avant de les énumérer, ils les revendiquaient pour la nation dans son ensemble. Le témoignage d'un auteur très récent, le Dr Hannis Taylor, [205] pourrait clôturer cette série. "Comme les trois ordres participaient également à ses fruits, le grand acte de Runnymede était dans le sens le plus complet du terme un acte national, et non un simple acte du baronnage au nom de ses propres privilèges spéciaux." Il serait facile d'ajouter à cette « nuée de témoins », mais on en a dit suffisamment pour prouver que les Anglais se sont vantés, pendant de nombreux siècles, que les dispositions de la Grande Charte étaient destinées à garantir, et ont effectivement assuré , les libertés de chaque classe et de chaque individu de la nation, et non seulement celles des magnats féodaux à l'initiative desquels la querelle a été soulevée.

Il ne faut cependant pas oublier que la vérité des questions historiques ne dépend pas du décompte des voix ni du poids de l'autorité ; ni qu'une minorité vigoureuse a toujours protesté de l'autre côté. « Il a été de mode ces derniers temps, » confesse Hallam, « de déprécier la valeur de la Magna Charta, comme si elle était née de l'ambition privée de quelques barons égoïstes et n'avait redressé que quelques abus féodaux. » [206] Il n'est pas prudent d'accepter, sans un examen attentif de la preuve, les opinions citées, même par des autorités aussi élevées. L'« égalité » est essentiellement un idéal moderne : en 1215, les différents états du royaume s'étaient peut-être engagés dans le chemin qui devait finalement les conduire à cette conception, mais ils n'avaient pas encore atteint leur objectif. Pendant de nombreux siècles après le XIIIe, la législation de classe a conservé sa place prédominante dans les statuts, et les intérêts des différentes classes n'étaient en aucun cas toujours identiques.

Deux parties différentes de la Charte ont une incidence sur cette question : à savoir, le chapitre 1, qui explique à qui les droits ont été accordés, et le chapitre 61, qui déclare par qui ils devaient être appliqués. Les paroles de Jean nous disent clairement que les libertés ont été confirmées « à tous les hommes libres de mon royaume et à leurs héritiers pour toujours ». Cela soulève la question cruciale : qui étaient *les hommes libres* en 1215 ?

L'enthousiasme, naturel et même louable à sa place, bien que fatal à l'exactitude historique de ses résultats, qui cherche à valoriser les mérites de la Magna Carta en exaltant ses dispositions et en étendant leur portée le plus largement possible, a conduit les commentateurs à étendre le sens du « freeman » jusqu'à ses limites. Le mot a même été traité comme englobant l'ensemble de la population d'Angleterre, y compris non seulement les hommes d'Église, les marchands et les yeomen, mais aussi les vilains. Il y a cependant des raisons de croire qu'il faut l'entendre dans un sens beaucoup plus restreint, bien que le sujet soit obscurci par le flou du mot et par la difficulté de déterminer s'il revêt ou non une signification technique. « Homo », dans le droit latin médiéval, a une signification particulière et était à l'origine utilisé comme synonyme de « baro » : tous les vassaux féodaux, qu'ils soient de la Couronne ou des seigneurs mesne, étant décrits comme des « hommes » ou des « barons ». Le mot était parfois effectivement utilisé de manière plus vague, comme cela a pu être le cas au chapitre 1. Pourtant, la Magna Carta est une charte féodale, et la présomption est en faveur du sens technique féodal du mot – une présomption certainement pas affaiblie par l'ajout d'un adjectif le confinant au « libre ». Ce qualificatif excluait certainement les vilains, et peut-être aussi la grande classe bourgeoise, ou beaucoup d'entre eux. Il y a un passage du *Dialogus de Scaccario* (datant de la fin du règne d'Henri II) dans lequel Richard Fitz-Nigel estime que même les bourgeois et les commerçants les plus riches ne sont pas entièrement libres. Il discute de la situation juridique de tout chevalier (*miles*) ou autre homme libre (*liber homo*) perdant son statut en se livrant au commerce afin de gagner de l'argent. [207] Cela ne prouve pas que les riches citadins étaient classés parmi les *méchants* des districts ruraux ; mais cela soulève un doute sérieux quant à savoir si, dans le langage juridique strict des chartes féodales, les mots *liberi homines* seraient interprétés par les juristes contemporains comme incluant les classes commerçantes. De tels doutes sont renforcés par un examen attentif des passages de la Charte dans lesquels le terme apparaît. Au chapitre 34, le *liber homo* est apparemment supposé être un propriétaire foncier doté d'une juridiction seigneuriale privée dont il peut être privé. En d'autres termes, il est titulaire d'un domaine en pleine propriété dans une certaine mesure : une grande baronnie ou, à tout le moins, un manoir. Dans cette partie de la Charte, « l'homme libre » est clairement un gentleman du comté.

L'« homme libre » du chapitre 1 est-il quelque chose de différent ? La question doit être considérée comme ouverte ; mais il y aurait beaucoup à dire en faveur de l'opinion selon laquelle « homme libre », tel qu'utilisé dans la Charte, est synonyme de « propriétaire libre » ; et que par conséquent, seule une classe limitée pouvait, en tant que bénéficiaires ou héritiers de ceux-ci, faire valoir une revendication *légale* de partage des libertés garanties par la Magna Carta. [208]

À la question de savoir qui avait le pouvoir d'appliquer ses dispositions, la Grande Charte a également une réponse claire, à savoir une bande restreinte ou quasi-comité de vingt-cinq barons. Bien que le maire de Londres ait été choisi parmi eux, il est clair qu'aucun soutien solide en faveur d'une interprétation démocratique de la Magna Carta ne peut être fondé sur le choix des exécuteurs testamentaires ; puisque ceux-ci formaient un corps distinctement aristocratique. Pourtant, cette tendance à confier le pouvoir exclusivement à une oligarchie composée de chefs de grandes familles a peut-être été contrecarrée, ainsi on peut le soutenir, par l'invitation adressée par le même chapitre à la *communa totius terrae* pour assister les vingt-cinq *exécuteurs* contre le roi en cas de rupture de sa foi. Malheureusement, l'extrême imprécision de la phrase rend extrêmement téméraire toute conclusion fondée sur de telles bases. Il est possible d'interpréter les mots *communa totius terrae* comme s'appliquant simplement à « la communauté des propriétaires fonciers », ou même à « la communauté des barons de la terre », ainsi qu'à « la communauté de tous les domaines (y compris ecclésiastiques, marchands et communes) de la terre », comme cela se fait habituellement sur la seule base de conjectures. Tout corps humain était connu au XIIIe siècle sous le nom de *communauté* ; un mot à la connotation extrêmement vague.

Jusqu'à présent, nos investigations ne prouvent nullement que l'égalité de toutes les classes, ou la participation égale de tous aux privilèges de la Charte, était un idéal, consciemment ou inconsciemment, défendu par les dirigeants de la révolte contre le roi Jean. La Magna Carta elle-même contient des preuves qui vont dans le sens inverse, à savoir l'existence d'une législation de classe. Au début et à la fin de la Charte, des clauses sont soigneusement insérées pour assurer à l'Église sa « liberté » et ses privilèges ; les ecclésiastiques, dans leurs intérêts particuliers, doivent être sauvegardés, quels que soient ceux qui en souffrent. Le « bénéfice du clergé », ainsi assuré,

implique tout le contraire de « l'égalité devant la loi ». D'autres intérêts
bénéficient également d'un traitement séparé et privilégié. La plupart, peut-
être la plupart, des chapitres n'ont de valeur que pour les propriétaires
fonciers ; quelques-uns affectent exclusivement les commerçants et les
citadins, tandis que les chapitres 20 à 22 adoptent des ensembles distincts de
règles pour le commerce de l'homme libre ordinaire, de l'homme d'église et
du comte ou baron respectivement - une anticipation, presque, de la division
ultérieure en trois domaines de le royaume : les communs, le clergé et les
seigneurs temporels. Une distinction minutieuse est parfois faite (par
exemple, au chapitre 20) entre l'homme libre et le vilain, et ce dernier (comme
nous le prouverons plus tard) a été soigneusement exclu de nombreux
avantages conférés aux autres par la Magna Carta. À cet égard, il est
intéressant de considérer comment chaque classe distincte aurait été affectée
si les promesses de Jean avaient été fidèlement tenues.

(1) *L'aristocratie féodale.* Un simple coup d'œil aux clauses de la Grande Charte
montre à quel point les abus des droits et obligations féodaux occupaient une
place importante aux yeux de ses promoteurs. Les dispositions de ce type
doivent être considérées avant tout comme des concessions à l'aristocratie
féodale, même s'il est vrai que les secours qui leur étaient initialement destinés
profitaient indirectement aussi à d'autres classes.

(2) *Hommes d'Église.* La position de l'Église se comprend facilement lorsque
l'on néglige les privilèges dont jouissent ses grands hommes *en tant que* barons
plutôt qu'en *tant que* prélats. Les clauses spéciales de l'Église n'ont trouvé
aucune place dans les articles des barons, mais semblent avoir été ajoutées
après coup, probablement sous l'influence de Stephen Langton. [209] En outre,
elles confirment principalement la Charte distincte déjà accordée à deux
reprises au cours des quelques mois précédents. En effet, l'Église nationale,
malgré tout son patriotisme, avait pris soin de garantir son propre avantage
égoïste avant que la crise politique n'arrive.

(3) *Locataires des Seigneurs Mesne.* Lorsqu'ils levaient des troupes dans le but de
contraindre Jean à accorder la Magna Carta par un défilé de puissance armée,
les barons étaient obligés de compter sur le soutien loyal de leurs propres
propriétaires. Il était essentiel que les chevaliers et autres personnes qui
dépendaient d'eux soient prêts à se battre pour leurs seigneurs mesne plutôt
que pour le roi, leur seigneur suprême. Il était donc absolument nécessaire
que ces sous-locataires reçoivent une certaine reconnaissance de leurs
créances dans les dispositions du règlement final. Les concessions conçues
en leur faveur sont contenues dans deux clauses (formulées apparemment
dans un esprit peu généreux), à savoir les chapitres 15 et 60. La première
limite le nombre d'occasions dans lesquelles des aides peuvent être
extorquées aux sous-locataires par leurs seigneurs mesne au trois mêmes que
celles reconnues dans le cas de la Couronne. Les barons n'auraient guère pu

accorder moins que cela. Le chapitre 60 prévoit d'une manière générale, en termes vagues, que toutes les coutumes et libertés que Jean s'engage à observer envers ses vassaux seront également observées par les seigneurs mesne, qu'ils soient prélats ou laïcs, envers leurs sous-vassaux. Cette disposition a rencontré un chœur d'applaudissements de la part des écrivains modernes. Le professeur Prothero déclare [210] que « le sous-locataire était dans tous les cas aussi scrupuleusement protégé que le locataire en chef ». Le Dr Hannis Taylor [211] est encore plus enthousiaste. « Animés par un large esprit de patriotisme généreux, les barons stipulèrent dans le traité que toute limitation imposée pour leur protection aux droits féodaux du roi devait également être imposée à leurs droits de seigneurs mesne en faveur des sous-locataires qui détenaient des terres. eux." [212] Il ne faut toutefois pas oublier qu'une vague clause générale offre moins de protection qu'un privilège spécifique précis ; et qu'à une époque rude, une telle déclaration de principe générale pouvait facilement être violée lorsque l'occasion s'en présentait. Les barons étaient obligés de faire quelque chose, ou de faire semblant de faire quelque chose, pour leurs sous-locataires. Apparemment, ils ont fait aussi peu qu'ils le pouvaient, en toute sécurité ou décence.

(4) Quelque chose a également été fait pour les *classes marchandes et commerçantes* , mais, si l'on soustrait ce qui a été lu dans la Charte par les enthousiastes de la démocratie des âges ultérieurs, ce n'est pas autant que l'on pourrait raisonnablement s'attendre dans un document véritablement national. Les privilèges existants de la grande ville de Londres furent confirmés, sans précision, dans les articles des barons ; et quelques légères réformes en faveur de ses citoyens (pas trop clairement formulées) ont ensuite été ajoutées. Un examen attentif semble cependant suggérer que ces privilèges ont été soigneusement affinés lorsque les articles ont été réduits à leur forme définitive dans la Magna Carta. Le droit de tailler Londres et d'autres villes était soigneusement réservé à la Couronne, tandis que les droits de libre-échange accordés aux étrangers étaient clairement incompatibles avec la politique de monopole et de protection chère au cœur des Londoniens. Une simple confirmation aux citoyens des coutumes existantes, déjà achetées et payées à grand prix, ne semble qu'une piètre récompense pour le soutien apporté par eux au mouvement insurrectionnel à un moment critique où Jean misait haut du côté opposé, et quand leur adhésion était suffisante pour faire pencher la balance. Le plus étonnant est que si peu ait été fait pour eux. [213]

(5) La relation du *vilain* avec les avantages de la Charte a été vivement discutée. Coke prétend pour lui, au moins en ce qui concerne les dispositions importantes du chapitre 39, qu'il doit être considéré comme un *liber homo* , et donc comme un participant à part entière à tous les avantages de la clause. [214] Cette prétention n'est pas fondée. Même en admettant la relativité du mot *liber* au XIIIe siècle, et en admettant aussi que le vilain accomplissait certains

de ses devoirs, s'il ne jouissait d'aucun des droits des nés libres, la description formelle liber *homo*, lorsqu'elle est utilisée dans un contexte féodal, n'en reste pas moins la description formelle de liber homo. charte, ne peut pas être étendue pour couvrir ces biens seigneuriaux utiles qui n'avaient pas de place reconnue dans le schéma féodal de la société ou dans la constitution politique de l'Angleterre, aussi nécessaires qu'ils puissent être dans le schéma du manoir particulier au sol duquel ils étaient attachés.

Même si l'on exclut le vilain des bénéfices généraux de la subvention, on peut soutenir, et on a soutenu, que quelques privilèges lui étaient assurés en son propre nom. Une clause au moins est spécialement formulée pour sa protection. Le vilain, ainsi qu'il est prévu au chapitre 21, ne doit pas être si cruellement amer au point de le laisser complètement sans ressources ; sa charrue et son matériel doivent lui être conservés. De telles concessions sont cependant tout à fait cohérentes avec un déni de tous les droits *politiques*, et même de tous les droits *civils*, tels qu'ils sont compris à l'époque moderne. La Couronne et les magnats, pourrait-on dire, ne consultaient que leurs propres intérêts lorsqu'ils laissaient au vilain les moyens de poursuivre ses opérations agricoles et ainsi de payer le solde de ses dettes dans l'avenir. L'étroitesse de son lien avec le seigneur de son manoir rendait impossible d'écraser l'un sans blesser légèrement l'autre. Le vilain était protégé, non pas comme sujet reconnu de droits légaux, mais parce qu'il constituait un atout précieux pour son seigneur. Cette attitude est illustrée par une expression quelque peu particulière utilisée au chapitre 4, qui interdit toute atteinte à la propriété d'une paroisse par « gaspillage d'hommes ou de choses ». Pour un tuteur, élever un vilain au statut d'homme libre, c'était profiter au paysan affranchi aux dépens de son jeune maître. [215]

D'autres clauses, tant de la Charte de Jean que des diverses rééditions, témoignent d'un souci scrupuleux d'éviter de porter atteinte aux droits de propriété dont jouissaient les seigneurs sur leurs vilains. Le roi ne pouvait pas amer durement les vilains des autres, bien que ceux de ses propres fermes puissent l'être à sa discrétion. Le chapitre 16, tout en interdisant soigneusement toute augmentation arbitraire du service provenant de la propriété en pleine propriété, laisse par déduction toutes les propriétés vilaines sans protection. Alors les « fermes » ou les loyers des anciens domaines pourraient être arbitrairement augmentés par la Couronne, [216] et les tailles pourraient être arbitrairement prises (mesures susceptibles de peser peu sur la classe des vilains). Le vilain a été délibérément exposé aux pires formes de fourniture, dont les chapitres 28 et 30 ont sauvé ses supérieurs. Les chevaux et les outils des *villanus* étaient toujours à la merci des fournisseurs de la Couronne. La réédition de 1217 confirme ce point de vue ; tandis que les wagons du domaine étaient protégés, ceux des vilains étaient laissés exposés. [217] Encore une fois, le chapitre qui remplace le fameux chapitre 39 de 1215 [218] précise que les terres tenues en vilainage ne doivent pas être protégées contre la dissidence ou la dépossession arbitraire. Le vilain n'était laissé par la common law qu'un simple tenancier à volonté, susceptible d'être expulsé arbitrairement par son seigneur, quelle que soit la maigre mesure de protection qu'il pouvait obtenir en vertu de la « coutume du manoir », telle qu'interprétée par la cour du seigneur qui opprimait. lui.

Même s'il était possible de négliger la signification de l'un quelconque de ces points quelque peu triviaux, lorsqu'on les place tous côte à côte, leur signification apparaît clairement. Si la majeure partie de la paysannerie anglaise était protégée par la Magna Carta, c'était simplement parce qu'elle constituait un atout précieux pour ses seigneurs. La Charte les considérait comme des "villeins regardant" - comme des biens attachés à un manoir, et non comme des membres d'un Commonwealth anglais. [219]

La conclusion générale à tirer de cette étude est que, même si de nombreux éloges peuvent être dus aux chefs baronnials pour leur intérêt relativement libéral pour les droits d'autrui, ils n'ont guère droit aux éloges excessifs qu'ils ont parfois reçus. Les débuts brutaux de nombreux aspects qui ont depuis pris de l'importance dans les institutions anglaises (telles que les conceptions du patriotisme et de la nationalité et les principes de l'égalité devant la loi et du tendre respect pour les droits des humbles) peuvent peut-être être trouvés dans le germe dans certaines parties de la Charte complétée ; mais les articles des barons étaient, comme leur nom l'indique, un manifeste baronnial, cherchant principalement à redresser les griefs privés des promoteurs, et pour des motifs principalement égoïstes.

Pourtant, une fois toutes les déductions faites (et il a semblé nécessaire de le faire avec insistance afin de redresser le faux équilibre créé par les exagérations des enthousiastes), la Grande Charte apparaît encore comme un jalon important dans la séquence des événements qui ont conduit, dans une chaîne ininterrompue, à la consolidation de la nation anglaise et à l'établissement d'une forme politique libre et constitutionnelle sur une base si durable qu'après plus de huit siècles de croissance, elle conserve encore la vigueur et la dynamisme de la jeunesse.

---

194 . *Hist. Anglais. Const.* , Chapitre XVIII.

195 . Le Dr Gneist est presque en train de l'avouer quand, en discutant des limites du pouvoir financier, il se sent contraint de dire que beaucoup d'entre elles sont « déjà comprises dans les dispositions touchant au pouvoir féodal ».

196 . *Grande Charte* , vii.

197 . Pollock et Maitland, I. 151.

198 . *Simon de Montfort* , 17 ans.

199 . Chambre des Lords, 9 janvier 1770.

200 . *Histoire de la Constitution anglaise* , 151.

201 . *Moyen Âge* , II. 447.

202 . *Const. Hist.* , I. 570-1.

203 . Gneist, *Hist. d'Angl. Parl.* (traduit par AH Keane), 103. Cf. son *Const. Hist.* (traduction par PA Ashworth), 253. « Un droit séparé pour les nobles, les citoyens et les paysans n'était plus possible. »

204 . *Brève histoire du peuple anglais* , 124.

205 . *Constitution anglaise* , I. 380.

206 . *Moyen Âge* , II. 447. Voir, *par exemple* , Robert Brady, *A Full and Clear Answer* (1683).

207 . *Dialogue* , II. XIII. c.

208 . Outre son apparition aux deux endroits mentionnés dans le texte, le mot « homme libre » apparaît dans cinq autres chapitres, à savoir 15, 20, 27, 30 et 39. Les trois dernières occurrences n'éclairent pas le sens du mot. , puisque le contexte de chacun se contenterait soit d'une interprétation plus large, soit d'une interprétation plus étroite. Il en va cependant différemment avec le chapitre 15, où les hommes libres sont nécessairement les tenanciers féodaux d'un seigneur mesne, c'est-à-dire les propriétaires libres ; et avec le chapitre 20, où, en matière d'amercement, l' homme libre contraste nettement avec le *villanus* . De plus, là où il s'agit clairement d'hommes de naissance servile, ils sont généralement décrits comme *probi homines* (*par exemple* dans les chapitres 20, 29 et 48), et à un endroit, au chapitre 26, comme *legales homines* . Le chapitre 44 mentionne *les homines* sans aucune qualification. Il semble raisonnable de déduire que la Grande Charte n'a jamais parlé d'« hommes libres » alors qu'elle entendait inclure les paysans ordinaires ou les villageois. Au chapitre 39 de la réédition de 1217, *liber homo* est clairement utilisé comme synonyme de « freeholder ».

209 . Cf. *supra* , p. 50 .

210 . *S. de Montfort* , 17.

211 . *Constitution anglaise* , I. 383.

212 . Mgr Stubbs, Préface à *W. Coventry* , II. lxxii., représente les barons, dans leur ferveur pour la loi abstraite, comme soutenant en réalité leurs propres

vassaux contre eux-mêmes : « les barons de Runnymede protègent le peuple contre eux-mêmes ainsi que contre le tyran commun ».

213 . Pour plus de détails, voir *infra* sous cc. 12 , 13 , 35 et 41 . Il est instructif de comparer ces chapitres avec les dispositions correspondantes des articles des barons (à savoir les articles 32, 12 et 31). Les modifications (bien que légères) semblent montrer qu'une nouvelle influence affectant uniquement le document ultérieur était hostile aux villes.

214 . Voir Coke, *Second Institute* , p. 45, « car ils sont libres contre tous les hommes, sauf contre leur seigneur ».

215 . Cf. sous c. 4 *infra* .

216 . Voir sous c. 25 *infra* .

217 . Voir le chapitre 26 de 1217.

218 . Voir le chapitre 35 de 1217.

219 . Le Dr Stubbs adopte un point de vue totalement différent. Tout en admettant qu'il y a « si peu de mention des vilains dans la charte », il explique cette omission apparemment par deux raisons distinctes : (1) qu'ils avaient moins de griefs à réparer que les membres des autres classes, et (2) qu'ils participaient dans toutes les subventions dont ils n'étaient pas spécialement exclus. « Ce n'était pas qu'ils n'avaient pas de porte-parole, mais ils étaient à l'abri des griefs les plus pressants et bénéficiaient de toutes les dispositions générales. » Préface à *W. Coventry* , II., lxxiii.

IV. Magna Carta : une estimation de sa valeur.

Aucune preuve ne subsiste montrant que les hommes du règne de Jean accordaient une importance excessive ou exagérée à la Grande Charte ; mais, sans interruption depuis lors, l'estimation de sa valeur n'a cessé d'augmenter jusqu'à ce qu'elle en soit venue à être considérée presque comme un fétiche parmi les avocats et les historiens anglais. Aucune estimation de sa valeur ne peut être trop élevée, et aucun mot trop emphatique ou élogieux pour satisfaire ses adeptes. Dans de nombreuses périodes de crise nationale, la Magna Carta a été invoquée avec confiance comme une loi fondamentale trop sacrée pour être modifiée – comme un talisman contenant un sortilège magique, capable d'éviter une calamité nationale.

Ces estimations de sa valeur sont-elles justifiées par des faits, ou s'agit-il de grossières exagérations ? Cela a-t-il vraiment créé une époque dans l'histoire anglaise ? Si oui, quelle était exactement son importance ?

Les nombreux facteurs qui ont contribué à la valeur de la Magna Carta peuvent être distingués de deux sortes, intrinsèques et extrinsèques. (1) Sa valeur intrinsèque dépend de la nature de ses propres dispositions. Les réformes réclamées par les barons et accordées par cette Charte furent justes et modérées. L'évitement de tous les extrêmes tendait à un règlement permanent, puisque la modération gagne et retient les adhérents. Ses objectifs étaient à la fois pratiques et modérés ; la langue dans laquelle ils ont été rédigés, claire et directe. Une haute autorité a qualifié la Charte de « document extrêmement pratique ». [220] Cet *aspect pratique* est une caractéristique essentiellement anglaise et constitue la note dominante de presque tous les grands mouvements de réforme qui ont tenu une place permanente dans l'histoire anglaise. Une autre caractéristique est étroitement liée à cette caractéristique : la nature essentiellement *juridique* de l'ensemble. Comme la Magna Carta fut rarement absente de l'esprit des opposants ultérieurs au despotisme, une orientation pratique et juridique fut ainsi donnée aux efforts des Anglais à de nombreuses époques. [221] C'est là une autre caractéristique anglaise. Alors que les enthousiastes de la démocratie en France et en Amérique ont souvent cherché à fonder leurs droits et libertés sur une base noble mais instable de théorie philosophique incarnée dans les Déclarations des Droits ; Les Anglais ont occupé un terrain plus bas mais plus sûr, cherchant des remèdes pratiques aux torts réels, plutôt que d'énoncer des platitudes théoriques sans réalité correspondante.

Un autre mérite intrinsèque de la Charte est qu'elle précise ce qui était auparavant vague. La définition est une protection précieuse pour le faible contre le fort ; tandis que le flou augmente les pouvoirs du tyran qui peut interpréter tout en faisant respecter la loi. Des droits flous étaient désormais réduits à une forme tangible et ne pouvaient plus être violés avec une aussi grande impunité. La Magna Carta ne contenait aucune innovation grossière et confirmait de nombreux principes dont la valeur était rehaussée par leur antiquité. Le roi Jean, en reconnaissant certaines parties de l' ancien droit coutumier anglo-saxon, s'est mis en contact avec les traditions nationales et l'histoire passée de la nation.

En outre, la nature des dispositions témoigne de la large base sur laquelle la colonie était censée être construite. La Charte, malgré l'importance accordée au redressement des griefs féodaux, a également réparé d'autres griefs. On y retrouve l'influence de l'Église et notamment de son Primat. On prêtait également peu d'attention aux droits des sous-locataires et même à ceux des marchands, tandis que le vilain et l'étranger n'étaient pas laissés entièrement sans protection. Ainsi, le règlement contenu dans la Charte avait une large base dans l'affection de toutes les classes.

(2) Une partie de la valeur de la Magna Carta peut être attribuée à des causes extrinsèques ; aux circonstances qui lui ont donné naissance – à son cadre historique saisissant. L'importance de chacune de ses dispositions est soulignée par les leçons de choses qui ont accompagné son inauguration. La chrétienté tout entière était étonnée du spectacle du roi d'une grande nation obligée de se rendre à discrétion à ses propres sujets, et cela encore, après avoir rejeté avec mépris toute suggestion de compromis. Le fait que Jean ait été contraint d'accepter la Charte signifiait une perte de prestige royal et aussi un grand encouragement pour les futurs rebelles. Ce qui était arrivé autrefois pourrait se reproduire ; et l'humiliation du roi fut gravée comme une image puissante dans l'esprit des générations futures.

De telles considérations justifient presque les enthousiastes qui estiment que l'octroi de la Magna Carta a constitué un tournant dans l'histoire anglaise. Il était désormais plus difficile pour le roi d'empiéter sur les droits d'autrui. Alors qu'auparavant le flou de la loi se prêtait à l'évasion, sa réaffirmation claire et sa ratification en 1215 clouèrent le roi à une question précise. Il ne pouvait plus prétendre qu'il avait péché par ignorance ; il devait soit respecter la loi, soit la défier ouvertement : aucun juste milieu n'était possible.

Tout cela dit, on peut encore douter que la croyance des enthousiastes dans l'importance excessive de la Magna Carta soit pleinement justifiée. Bien d'autres triomphes, presque aussi importants, ont été remportés pour la cause de la liberté, et dans des circonstances presque aussi remarquables ; et de nombreuses lois ont été adoptées pour les incarner. Pourquoi alors la Magna Carta devrait-elle invariablement être vantée comme le palladium des libertés anglaises ? L'extrême mérite qui lui est attribué n'est-il pas, en fin de compte, d'ordre principalement sentimental ou imaginatif ? Il faut répondre en partie par l'affirmative à ces questions. Une grande partie de sa valeur *dépend* du sentiment. Pourtant, tout gouvernement est, dans un sens, fondé sur le sentiment – parfois sur l'affection, parfois sur la peur. Les considérations psychologiques sont toute-puissantes dans les affaires pratiques de la vie. Des phénomènes intangibles, voire irréels, ont joué un rôle important dans l'histoire de chaque nation. Le lien qui lie aujourd'hui les colonies britanniques à la mère patrie est en grande partie une question de sentiment ; Pourtant, les soldats du Canada et de la Nouvelle-Zélande qui répondirent à l'appel de la Grande-Bretagne au moment où elle en avait besoin produisirent des résultats pratiques d'une nature évidente. L'élément sentimental en politique ne peut jamais être ignoré.

Ce n'est donc pas dénigrer la Magna Carta que d'avouer qu'une partie de sa puissance y a été lue par les générations ultérieures et réside dans l'auréole, presque romanesque, qui s'est progressivement formée autour d'elle au cours des siècles. C'est devenu un cri de guerre pour les âges futurs, une bannière, un point de ralliement, un stimulant pour l'imagination. Désormais, pour un roi, violer ouvertement les promesses contenues dans la Grande Charte, c'était défier l'amertume de l'opinion publique, c'était se mettre manifestement dans son tort. Pour un homme lésé, aussi humble soit-il, fonder ses droits sur ces conditions, c'était s'attirer la chaleureuse sympathie de tous. À maintes reprises, de la guerre des barons contre Henri III. à l'époque de John Hampden et d'Oliver Cromwell, la possibilité de faire appel aux paroles de la Magna Carta a fourni un motif pratique d'opposition ; un principe facilement intelligible pour lequel se battre ; une position fortifiée à tenir contre les ennemis de la liberté nationale. La manière exacte dont ce document particulier, aussi sec que ses détails puissent paraître à première vue, a, considéré dans son ensemble, enflammé l'imagination populaire, est difficile à déterminer. Une telle tâche relève plutôt de la sphère de l'étudiant en psychologie que de celle de l'étudiant en histoire, comme on le conçoit habituellement. Aussi difficile soit-il d'expliquer ce phénomène, son existence ne fait aucun doute. L'importance de la Grande Charte, qui découlait à l'origine à la fois des caractéristiques intrinsèques et extrinsèques déjà décrites, a considérablement augmenté à mesure que les traditions, les associations et les aspirations se sont regroupées autour d'elle. Celles-ci ont accru à chaque époque successive le respect dans lequel elle a été tenue et ont assuré de plus en plus son emprise sur l'imagination populaire.

Ainsi, la Magna Carta, outre sa valeur juridique, a une valeur politique tout aussi catégorique. Outre et au-delà de l'effet salutaire des nombreuses lois utiles qu'il contenait, son influence morale a contribué à un progrès marqué de l'esprit national, et donc des libertés nationales. Quelques aspects de cette avancée méritent d'être soulignés. Le roi, en accordant la Charte sous une forme solennelle, admettait qu'il n'était pas un dirigeant absolu ; il admettait qu'il avait un maître sur lui dans les lois qu'il avait souvent violées, mais auxquelles il jurait désormais d'obéir. On dit donc à juste titre que la Magna Carta énonce et inaugure « le règne du droit » ou « l'État de droit », selon l'expression rendue célèbre par le professeur Dicey. [222]

Cela marque également le début d'un nouveau groupement de forces politiques en Angleterre ; en effet, sans un tel réarrangement, la victoire de la Charte aurait été impossible. Tout au long du règne de Richard Ier, l'ancienne entente tacite entre le roi et les classes inférieures avait été mise en danger par le lourd prélèvement d'impôts ; mais la rupture réelle de l'ancienne alliance ne survint que lors de la crise du règne de Jean. On peut désormais observer un changement graduel dans l'équilibre des partis au sein du Commonwealth. La Couronne et le peuple ne sont plus unis, au nom de la loi et de l'ordre, contre le baronnage, favorable à la désintégration féodale. La masse des humbles hommes libres et l'Église sont pour le moment de mèche avec les barons, au nom de l'ordre public, contre la Couronne, récemment devenue le principal transgresseur de la loi.

La possibilité de l'existence d'une telle alliance, même à titre temporaire, impliquait l'adoption par ses principaux membres d'une nouvelle politique baronniale. Jusqu'alors, chaque grand baron avait visé sa propre indépendance ou son agrandissement, s'efforçant d'une part de s'octroyer de nouvelles franchises ou d'élargir l'étendue de celles qu'il possédait déjà, et de l'autre d'affaiblir le roi et de le maintenir en dehors de ces droits. franchise. Cette politique, qui réussit à la fois en France et en Écosse, avait déjà échoué de façon flagrante en Angleterre avant le règne de Jean, et les barons anglais en vinrent maintenant, dans l'ensemble, à admettre qu'il était désespéré de reprendre la lutte pour l'indépendance féodale. Ils substituèrent à cet idéal d'une époque antérieure une politique plus progressiste. Il faut au moins apprendre au roi, dont on ne pouvait plus espérer se débarrasser complètement de l'ingérence, à intervenir avec justice et selon la règle ; il doit marcher uniquement selon la loi et la coutume, et non selon les caprices de son mauvais cœur. Les barons cherchèrent désormais à contrôler le pouvoir royal qu'ils ne pouvaient exclure ; ils désiraient une part déterminante dans les conseils nationaux, s'ils ne pouvaient plus espérer créer de petites nations à eux aux quatre coins de leurs fiefs. La Magna Carta est le fruit de cette nouvelle politique.

On a souvent répété, et avec raison, que la Grande Charte marque également une étape dans le développement de l'unité nationale ou de la nationalité. Mais ici, il faut se garder de toute exagération. Il s'agit simplement d'un mouvement dans un processus plutôt que d'une réalisation finale. Nous devons quelque peu écarter, tout en étant néanmoins d'accord dans l'ensemble, les déclarations qui déclarent que la Charte est « la première preuve documentaire de l'existence d'une nation anglaise unie » ; ou avec les mots souvent cités du Dr Stubbs, selon lesquels « La Grande Charte est le premier grand acte public de la nation, après qu'elle a réalisé sa propre identité ». [223]

On ne peut dire qu'une nation anglaise unie, qu'elle soit consciente de son identité ou qu'elle ait existé en 1215, sauf sous plusieurs réserves. unconsciousLa conception de la « nationalité », au sens moderne du terme, est d'origine relativement récente et exige que les classes inférieures comme les classes supérieures soient comprises dans ses limites. De plus, la coalition qui a arraché la Charte au tyran royal était essentiellement de nature temporaire et s'est rapidement effondrée à nouveau. Même si l'alliance se poursuivait, les intérêts des différentes classes, comme nous l'avons déjà montré, étaient loin d'être identiques. Les droits politiques étaient traités comme le monopole de quelques-uns (comme en témoignent les dispositions rétrogrades du chapitre 14 concernant la composition du *Concilium de la Commune*) ; et les droits civils étaient loin d'être universellement distribués. Les dirigeants du mouvement « national » n'accordèrent certainement aucun droit *politique* aux vilains méprisés, qui constituaient plus des trois quarts de la population entière de l'Angleterre ; tandis que leurs droits *civils* étaient presque totalement ignorés dans les dispositions de la Charte.

La Magna Carta a sans aucun doute marqué une étape, une étape importante, dans le processus par lequel l'Angleterre est devenue une nation ; mais cette étape n'était ni la première ni la dernière.

V. Grande Charte. Ses défauts.

La grande faiblesse de la Charte résidait dans le fait qu'aucune sanction adéquate n'y était attachée, afin d'assurer l'application de ses dispositions. Le seul expédient suggéré pour contraindre le roi à tenir ses promesses était à la fois maladroit et révolutionnaire, et totalement sans valeur, considéré comme un plan de gouvernement efficace. En fait, il n'était pas tant conçu pour empêcher le roi de trahir sa foi que pour le punir lorsqu'il le faisait. En d'autres termes, aucun mécanisme constitutionnel adéquat n'a été inventé pour transformer les théories juridiques de la Magna Carta en réalités pratiques. En son absence, on retrouve ce qu'on a parfois décrit comme « un droit de rébellion légalisé » conféré à un comité exécutif de vingt-cinq ennemis du roi.

C'est le principal défaut, mais ce n'est pas le seul. De nombreux défauts et omissions mineurs peuvent avoir une origine similaire. Tous les grands principes constitutionnels sont en réalité manifestement absents. L'importance d'un conseil ou d'un parlement embryonnaire, constitué sur des bases véritablement nationales (dont quelques lueurs peuvent être retrouvées en 1213) ; le droit d'un tel organisme d'influencer la politique du Roi en temps normal comme en temps de crise ; la doctrine de la responsabilité ministérielle (déjà vaguement annoncée sous le règne de Richard) ; la nécessité de distinguer les diverses fonctions du gouvernement, législatives, judiciaires et administratives, tous ces principes cardinaux sont complètement ignorés par la Charte. Aucune de ses nombreuses clauses ne prouve que les hommes d'État de l'époque avaient une conception, même rudimentaire, des principes de la science politique.

Seuls cinq des soixante-trois chapitres peuvent être considérés comme traitant directement du sujet du mécanisme constitutionnel (par opposition aux mécanismes purement juridiques), et la plupart d'entre eux ne le font qu'incidemment, à savoir les chapitres 14, 21, 39, 61 et 62. .

Le *Concilium de Commune* est bien mentionné ; et sa composition et son mode de convocation sont clairement définis au chapitre 14. Mais il faut se rappeler que ce chapitre apparaît comme une simple réflexion après coup, — comme une annexe au chapitre 12 ; son caractère accessoire est prouvé par le fait qu'il n'a pas d'équivalent dans les statuts des barons. Les magnats rebelles étaient extrêmement intéressés par la question étroite du scutage, et non par les vastes possibilités qu'impliquait l'existence d'un conseil national. Le *Concilium de la Commune* a été introduit dans la Charte, non pas pour ses propres mérites, mais simplement comme moyen pratique d'empêcher l'augmentation arbitraire des exactions féodales. Qu'il en était ainsi, est encore prouvé par le fait que les deux parties se sont contentées d'omettre toute mention du Concile dans la réédition de 1217, alors qu'une autre manière de contrôler l'augmentation arbitraire du scutage avait été imaginée.

Si les rédacteurs de la Magna Carta de Jean avaient eu une quelconque compréhension des principes constitutionnels, ils auraient volontiers saisi l'occasion que leur offrait la mention, même incidente, du Conseil commun, aux chapitres 12 et 14, afin de définir le plus soigneusement possible les pouvoirs. qu'ils réclamaient pour cela. Au contraire, aucune liste de ses fonctions n'est établie ; et les termes de la Charte ne contiennent rien qui suggère qu'il ait exercé d'autres pouvoirs que celui de consentir aux scutages et aux aides. Pas un mot n'est dit d'un quelconque droit inhérent au Conseil de participer à la législation, de contrôler ou même de conseiller l'Exécutif, ou de concourir au choix des grands ministres de la Couronne. Ni les pouvoirs délibératifs, ni administratifs, ni législatifs ne lui sont garantis, tandis que son contrôle sur les impôts est strictement limité au droit de veto sur les scutages et les aides, c'est-à-dire qu'il ne s'étend que sur cette classe très étroite d'exactions qui affectaient les locataires militaires de l'État. la Couronne. Il est vrai que les chapitres 21 et 39 peuvent éventuellement être lus en confirmant le pouvoir *judiciaire* du Conseil dans un certain groupe limité de cas. Les comtes et les barons ne doivent être amerciés que par leurs pairs (*per pares suos*), et le lieu naturel pour que ces « égaux » d'un vassal de la Couronne se réunissent à cet effet serait la *Commune Concilium* . Cependant, ce n'est qu'une question de déduction ; le chapitre 21 ne fait aucune mention du Concile ; et il est également possible que ses besoins soient satisfaits par la présence parmi les fonctionnaires de l'Échiquier de quelques locataires de la Couronne. [224] Un raisonnement similaire s'applique aux dispositions du chapitre 39 (protégeant les personnes et les biens des hommes libres, en insistant sur la nécessité d'un « procès par les pairs ») dans la mesure où elles touchent les comtes et les barons.

Il est clair que les dirigeants de l'opposition en 1215 ne considéraient pas les pouvoirs constitutionnels d'un Parlement national comme la meilleure garantie des droits et libertés théoriquement garantis par la Charte. Un seul expédient pratique ou constitutionnel semble leur être venu à l'esprit, à savoir celui énoncé dans le chapitre 61. Vingt-cinq barons devaient être nommés par leurs confrères barons pour agir comme exécuteurs de la Charte ; mais leurs fonctions ne devaient apparemment être mises en jeu que dans le cas où le roi Jean ou ses officiers violeraient l'une des dispositions de la Charte. Si cela se produisait, on pourrait en informer un sous-comité plus petit de quatre, choisis parmi les vingt-cinq, et ces quatre demanderaient immédiatement au roi de redresser le grief dont on se plaint. Si cela n'était pas fait dans les quarante jours, Jean accordait au Comité des Vingt-cinq, assisté de « toute la communauté du royaume », le droit pratiquement de lui faire la guerre. Il leur a conféré dans les termes les plus explicites les pleins pouvoirs « pour nous contraindre et nous affliger de toutes les manières possibles, en s'emparant de nos châteaux, de nos terres, de nos possessions, et de toute autre manière qu'ils peuvent, jusqu'à ce que les griefs soient réparés selon leur bon plaisir ».

Une telle disposition peut difficilement être qualifiée de constitutionnelle, puisqu'elle constitue plutôt la négation de tous les principes constitutionnels – ni plus ni moins qu'une rébellion légalisée. Des dispositions ne sont pas prises pour la conduite ordonnée du gouvernement, mais plutôt pour fournir une organisation permettant de faire la guerre au roi dans certaines circonstances anormales qui sont définies. Un tel projet était évidemment impraticable, et le fait qu'il se présentait comme un expédient possible aux barons témoigne avec éloquence de leur ignorance complète des principes les plus élémentaires de la science du gouvernement. La guerre civile déclenchée sur la base d'un mandat accordé au préalable par le roi est considérée comme un expédient constitutionnel pour le redressement de griefs particuliers à mesure qu'ils surviennent. [225]

La même incapacité à concevoir des remèdes pratiques à des maux spécifiques peut être retrouvée dans plusieurs clauses mineures de la Charte. [226] Lorsque Jean promit au chapitre 16 que personne ne devrait être obligé de rendre un service plus grand que celui qui était auparavant dû par n'importe quelle exploitation, aucune tentative n'a été faite, en cas de litige, pour fournir un mécanisme constitutionnel permettant de définir ce qu'était réellement un tel service ; tandis que le chapitre 45, prévoyant que seuls les hommes qui connaissaient la loi et avaient l'intention de la respecter, devraient être nommés justiciers, shérifs ou huissiers, n'énonçait aucun critère d'aptitude et ne contenait aucune suggestion sur la manière dont une ambition aussi louable pourrait être réalisée. réalisé.

Aussi réfléchies et politiques que soient les dispositions de la Magna Carta, et aussi vaste que soit le domaine qu'elles couvraient, de nombreuses omissions importantes peuvent être soulignées. Certaines questions cruciales ne semblent pas avoir été prévues, et d'autres, par exemple la responsabilité envers le service extérieur, ont été délibérément laissées de côté [227] – laissant ainsi place à de futurs malentendus. Les éloges, à juste titre mérités, de la part de ses auteurs pour le soin et la précision avec lesquels ils ont défini une longue liste d'abus les plus criants, doivent être nuancés compte tenu de l'incapacité à prévoir une procédure pour empêcher leur répétition. Les hommes n'avaient pas encore compris la force de la maxime, si étroitement associée à tous les mouvements de réforme ultérieurs en Angleterre, selon laquelle un droit n'a aucune valeur sans un remède approprié pour le faire respecter. [228]

---

220 . Prof. FW Maitland, *Social England*, I., 409.

221 . Cf. Gneist, *Const. Hist.*, Chapitre XVIII. : « Par la Magna Carta, l'histoire anglaise a irrévocablement pris le sens de garantir la liberté constitutionnelle par le droit administratif. »

222 . AV Dicey, *Loi constitutionnelle*, partie II.

223 . *Const. Hist.*, I. 571. Cf. *Ibid.*, I. 583, « L'acte de la nation unie, de l'Église, des barons et des communes, pour la première fois complètement en un. » Qui étaient « les communs » en 1215 ? Il est difficile de répondre à cette question. Cf. aussi M. Prothero, *Simon de Montfort*, 18 ans, « L'esprit de nationalité dont la partie principale de la Magna Carta était à la fois le produit et le sceau. »

224 . C'est l'avis de M. LO Pike, *House of Lords*, 204.

225 . Les détails de ce système et une discussion plus complète de ses défauts seront trouvés *ci-* dessous au chapitre 61.

226 . La Magna Carta a été décrite, dans des termes déjà cités avec approbation, comme « un document extrêmement pratique », Professeur Maitland, *Social England*, I. 409 ; mais cela nécessite une certaine réserve. S'il était pratique de préférer la condamnation de griefs pratiques précis à l'énonciation de principes philosophiques, il était peu pratique de omettre de prévoir un mécanisme permettant de donner effet à ses dispositions.

227 . Sauf dans la mesure où il est affecté par le cc. 12 et 16 .

228 . M. Prothero estime bien plus hautement la valeur constitutionnelle de la Magna Carta : « Les luttes constitutionnelles du demi-siècle suivant auraient été dans une large mesure anticipées si elle avait conservé sa forme originale. » — Simon de Montfort, *14* .

VI. Magna Carta : valeur des interprétations traditionnelles.

La Grande Charte a constitué un thème favori des orateurs et des hommes politiques à toutes les périodes de l'histoire anglaise, en partie à cause de sa valeur intrinsèque, en partie à cause du contexte dramatique de son contexte historique, mais surtout parce qu'elle a été, depuis sa création, jusqu'à nos jours, un cri de ralliement et un rempart protecteur dans toutes les crises qui menaçaient de mettre en danger les libertés nationales.

Les usages qui en ont été faits et les interprétations qui en ont été lues sont si nombreux et si variés qu'il faudrait un traité séparé pour leur rendre justice. Non seulement la Magna Carta, comme nous le montrerons en détail dans une section ultérieure, a été fréquemment rééditée et confirmée, mais ses dispositions ont été affirmées et réaffirmées à maintes reprises, au Parlement, dans les tribunaux de justice et dans les ouvrages institutionnels. sur la jurisprudence. Son influence a donc été triple ; et toute tentative d'expliquer son influence sur l'histoire ultérieure des libertés anglaises nécessiterait de distinguer ces trois aspects distincts et d'égale importance. (1) Il a fourni un instrument puissant entre les mains des hommes politiques, en particulier des dirigeants de la Chambre des communes au XVIIe siècle, lorsqu'ils ont mené la bataille pour la liberté constitutionnelle contre la dynastie Stewart. (2) Son aspect juridique a été aussi important que son aspect politique, puisqu'il a été cité dans d'innombrables litiges devant les différentes juridictions. Au cours des débats juridiques et des avis judiciaires, elle a fait l'objet d'interprétations nombreuses et contradictoires, certaines exactes et d'autres erronées. (3) Enfin, elle a été discutée dans de nombreux commentaires soit exclusivement consacrés à son élucidation, soit en traitant incidemment au cours d'exposés généraux du droit anglais.

Une recherche exhaustive, tout au long des sept siècles qui nous séparent de 1215, des cas où la Magna Carta est apparue dans le domaine politique, dans la magistrature judiciaire ou dans les traités juridiques s'avérerait une tâche gigantesque, mais ne pourrait manquer d'illustrer les services inestimables il a rendu aux libertés anglaises.

À la lumière du rôle important que la Magna Carta a ainsi joué tout au long de plusieurs siècles de l'histoire anglaise, il n'est pas étonnant que l'estime dans laquelle elle était tenue, aussi élevée qu'elle l'était depuis une période très ancienne, ait progressivement augmenté, jusqu'à ce qu'elle soit a dépassé toutes les limites et est devenu complètement exagéré et déformé. Bien qu'une certaine sympathie puisse être ressentie pour une admiration aussi extravagante, ce qui n'est pas anormal dans les circonstances, il est clairement du devoir du commentateur de corriger les fausses impressions. Il convient de souligner qu'aucun document d'origine humaine ne peut être vraiment digne de l'éloge excessif dont la Grande Charte a fait l'objet ; malheureusement, elle a plus souvent été décrite en termes de rhétorique exagérée que d'analyse méthodique sobre. [229]

Cette tendance à l'adulation irréfléchie n'est pas non plus entièrement limitée aux écrivains populaires ; Les juges et les auteurs institutionnels, y compris Sir Edward Coke lui-même, ont trop souvent perdu la faculté d'érudition critique et exacte lorsqu'ils sont confrontés aux vertus de la Grande Charte. Il n'y a guère un seul grand principe de la constitution anglaise d'aujourd'hui, ou même de toute autre constitution de quelque époque que ce soit, propre à garantir les libertés nationales ou à gagner l'estime de l'humanité, qui n'ait été interprété par les commentateurs dans les dispositions de la Constitution anglaise. Grande Charte. En particulier, les dirigeants politiques des XVIIe et XVIIIe siècles découvrirent dans ses chapitres toutes les réformes importantes qu'ils souhaitaient introduire en Angleterre, dissimulant ainsi la nature révolutionnaire de nombre de leurs projets en les revêtant des habits du passé.

De nombreux exemples de principes et d'institutions constitutionnelles, dont les commentateurs successifs ont attribué à tort l'origine à la Grande Charte, seront exposés dans les chapitres appropriés de la suite. Il suffira en attendant d'énumérer les procès avec jury ; le droit de tout prisonnier d'obtenir une ordonnance d'Habeas Corpus ; l'abolition de tout emprisonnement arbitraire sur ordre du roi ; l'interdiction totale des monopoles ; l'énonciation d'un lien étroit et indissoluble entre fiscalité et représentation ; l'égalité de tous devant la loi; une conception mûrie de la nationalité, englobant les hauts et les bas, les hommes libres et les vilains : tout cela, et bien d'autres encore, a été découvert dans diverses clauses de la Grande Charte. [230]

Si ces tendances à l'éloge excessif et parfois ignorant ont été malheureuses à un point de vue, elles ont été très heureuses à un autre. Les aspects juridiques et politiques doivent être nettement contrastés. D'une part, les termes vagues et inexacts utilisés en parlant de la Charte, même par de grands juristes, comme Coke (pas nécessairement aussi grands que les historiens, vivant comme eux à une époque où la science de l'histoire était inconnue), n'ont pas été adoptés. n'ont fait qu'obscurcir la portée de nombreux chapitres, mais ont causé un préjudice évident à l'étude du développement du droit anglais. D'autre part, comme les erreurs commises dans les commentaires sur la Charte sont presque entièrement dues à un désir louable d'étendre aussi largement que possible ses dispositions en faveur des libertés individuelles et nationales, et d'en amplifier généralement l'importance ; le service que ces mêmes erreurs ont rendu à la cause du progrès constitutionnel est sans mesure. Si les préjugés politiques ont teinté l'interprétation donnée à bon nombre des clauses les plus célèbres, le bénéfice qui en a résulté n'est pas revenu à un seul parti ou faction, ni à une classe ou à un intérêt distinct, mais plutôt à l'ensemble du corps politique et à la cause de le progrès national dans ses développements les plus larges et les meilleurs.

Ainsi, l'historien de la Magna Carta, bien que tenu de corriger des estimations désormais considérées comme erronées à la lumière de la recherche moderne, ne peut se permettre de mépriser ou de sous-estimer la valeur des interprétations traditionnelles. Les significations qui y ont été interprétées par les savants des âges ultérieurs et qui ont été acceptées par l'opinion publique de l'époque, ont eu un effet tout aussi puissant, qu'elles soient historiquement fondées ou mal fondées. Le stigmate d'être interdit par la Grande Charte était généralement un fardeau trop lourd à supporter pour une institution ou une ligne politique. Si l'on croyait que l'abus dénoncé était réellement interdit par la Magna Carta, le roi le plus arbitraire avait du mal à trouver des juges qui le déclareraient légal, ou des ministres dignes de confiance qui persévéreraient dans son application. La prévalence d'une telle croyance était le point principal ; qu'elle soit bien ou mal fondée n'a, du point de vue politique, aucune importance. La grandeur de la Magna Carta ne réside pas tant dans ce qu'elle fut pour ses auteurs en 1215, que dans ce qu'elle devint ensuite pour les dirigeants politiques, les juges et les avocats, et pour la masse entière des hommes d'Angleterre dans les époques ultérieures.

229 . Des estimations extravagantes de sa valeur viendront facilement à l'esprit de quiconque connaît la littérature sur le sujet. Par exemple, Sir James Mackintosh (*History of England*, I. 218, éd. de 1853) déclare que nous sommes « tenus de parler avec une gratitude révérencieuse des auteurs de la Grande Charte. L'avoir produit, l'avoir conservé, l'avoir fait mûrir, constitue le droit immortel de l'Angleterre à l'estime de l'humanité. Ses Bacons et Shakespeare, ses Milton et Newton, etc., etc. Un tel éloge funèbre sans critique n'apporte rien à la compréhension de la Magna Carta.

230 . Edmund Burke (*Works*, II. 53, éd. de 1837, Boston) attribue à la Magna Carta la création de la Chambre des communes ! « La Magna Charta, si elle ne nous a pas donné à l'origine la Chambre des communes, nous a donné au moins une Chambre des communes qui ait du poids et des conséquences. » Comme on le montrera dans la suite, le chapitre 14 de la Grande Charte (le seul portant sur le sujet) est en réalité de nature réactionnaire, limitant le droit de fréquentation du concilium de la commune aux francs-tenanciers de la Couronne et *s'éloignant* du précédent de deux ans plus tôt, qui introduisait des représentants de chaque comté.

VII. Grande Charte. Sa relation traditionnelle avec le procès par jury.

Une erreur persistante, universellement adoptée depuis de nombreux siècles, et encore difficile à dissiper aujourd'hui, est que la Grande Charte accordait ou garantissait un procès avec jury. [231] Cependant, cette croyance, qui a duré si longtemps et a joué un rôle si important dans la théorie politique, est maintenant considérée par toutes les autorités compétentes comme totalement infondée. Aucune des trois formes de procès devant jury modernes n'avait pris de forme définitive en 1215, bien que le principe fondamental à partir duquel les trois se développèrent par la suite ait été constamment utilisé depuis la conquête normande. Henri II, en effet, avait beaucoup fait pour développer les tendances existantes en direction de ses trois formes, à savoir le grand jury, le petit jury criminel et le jury des plaidoyers civils.

La Magna Carta, qui incarne nombre des innovations d'Henri d'Anjou, contient nécessairement des indications sur l'existence de ces tendances. Cependant, comme ces éléments apparaissent accidentellement dans diverses dispositions de chapitres sans lien entre eux, et qu'ils ne peuvent pas être facilement reconnus, en raison du langage technique dans lequel ils sont habituellement rédigés et des points apparemment insignifiants de procédure juridique auxquels ils se rapportent, il semble bon de préfacez l'examen séparé de chacun d'eux sous le chapitre approprié, par un bref compte rendu de leurs relations mutuelles. Cela conduira à une compréhension claire à la fois du procès par jury et de la Grande Charte elle-même.

Le procès devant jury, sous chacune des trois formes sous lesquelles il est connu du droit anglais moderne, est capable de retracer un pedigree ininterrompu (bien que par trois lignes de descendance distinctes) à partir du même ancêtre, à savoir, à partir de ce principe connu sous le nom de recognitio *ou* inquisitio , qui a été introduit en Angleterre par les Normands et était simplement une pratique par laquelle la Couronne obtenait des informations sur les affaires locales à partir du témoignage sous serment d'hommes locaux. Tout en postulant ainsi une origine étrangère à ce « palladium des libertés anglaises », nous sommes consolés par le souvenir d'un fait que certaines autorités modernes sont trop enclines à négliger, à savoir que le sol a été préparé par le travail anglo-saxon pour sa production. plantation. [232]

La vieille institution anglaise du frithborh, la pratique consistant à rassembler de petits groupes de voisins pour préserver la paix, et la coutume d'envoyer des représentants des villages aux Cent Cours, avaient à la fois habitué les indigènes aux actions corporatives et formé en quelque sorte des précédents pour ce que leurs maîtres normands les obligeaient à faire, à savoir témoigner conjointement et sous serment sur les affaires locales. En outre, une forme de jury – le jury d'accusation – est clairement annoncée (en dépit de la rupture complète de la continuité dans l'intervalle) par les instructions données aux douze thégns supérieurs de chaque Wapentake par une loi bien connue d'Ethelred . . Pourtant, le mérite d'avoir établi le système du jury comme institution fondamentale en Angleterre revient sans aucun doute aux rois normands et angevins, bien qu'ils agissaient dans leur propre intérêt et non dans celui de leurs sujets opprimés, et bien qu'ils n'aient pas eu de vision claire de l'objectif ultime. conséquences de ce qu'ils ont fait. Les utilisations que l' *Inquisitio* a été faites par William et ses fils pour rédiger *le Domesday Book*, collecter des informations sur les lois existantes et rendre la justice, ont déjà été discutées. [233]

Elle était réservée à Henri II. lancer l'institution sur une nouvelle carrière de développement ; C'est lui qui posa ainsi les bases du système moderne du jury. Curieusement, il l'a fait non seulement sous l'une de ses formes, mais sous les trois.

(1) En réorganisant le mécanisme de répression et de répression des crimes par les assises de Clarendon et de Northampton, il a établi le principe général selon lequel les procès criminels devraient (dans le cas normal) commencer par une inculpation formelle de l'accusé par un organe représentatif de les voisins ont juré de dire la vérité. [234] Il s'agissait simplement d'une application systématique de l'une des nombreuses formes d' *inquisitio* déjà utilisées ; à partir de cette date, la pratique ainsi établie a été suivie en Angleterre. Des poursuites pénales ne peuvent pas être engagées sur la base de simples soupçons ou de plaintes irresponsables. On peut dire que le jury d'accusation (ou de présentation) a été institué en 1166 et a continué à être utilisé depuis, passant par un développement ininterrompu jusqu'au grand jury d'aujourd'hui. [235]

(2) En insistant sur le fait que l'épreuve était le seul test adéquat de la culpabilité ou de l'innocence d'un accusé, Henry a inconsciemment préparé le terrain pour une deuxième forme de jury. Lorsque le quatrième Concile du Latran, l'année même de la Grande Charte, interdisait aux prêtres d'autoriser l'épreuve par leur présence ou leur bénédiction, un coup mortel fut réellement porté à cette forme de procédure ou de « test », puisque son autorité dépendait de la superstition. Un canon de l'Église avait ainsi brusquement arraché le pivot sur lequel Henri avait fait tourner tout son système criminel. Il était urgent de trouver un substitut. C'est pour y parvenir que le petit jury (ou son grossier antécédent) a vu le jour. On a demandé à l'homme qui avait été publiquement accusé d'être *présumé* coupable par la voix de ses voisins s'il était prêt à se maintenir ou à tomber, en se référant une fois de plus au serment d'un deuxième jury de voisins. Ce deuxième verdict était

donc le nouveau « test » ou « loi » substitué, si l'accusé y consentait, à son ancien droit de se prouver innocent par l'épreuve. Par des étapes obscures, sur lesquelles ne sont pas encore d'accord les mieux placés pour parler avec autorité, ce jury, rendant un second et dernier verdict, s'est progressivement développé pour devenir le jury criminel de douze personnes, le petit jury d'aujourd'hui, dont les caractéristiques sont bien connue et qui a eu une influence si importante sur le développement des libertés constitutionnelles en Angleterre et même, dit-on, sur le caractère national.

Un autre expédient de l'invention de Henry a dû faciliter le mouvement en direction du jury criminel, à savoir le bref *de odio et atia* en demandant qu'un homme « faisant appel » ou accusé d'un crime puisse substituer ce qui était pratiquement un verdict de jury au verdict. « bataille » qui, auparavant, dans le cas normal, suivait naturellement « l'appel ». [236]

(3) Le jury civil doit son origine à un ensemble de réformes tout à fait différentes, bien qu'inaugurées par le même réformateur. Parmi les mauvais héritages laissés à Henri II. Depuis le règne d'Étienne, les nombreuses revendications avancées par des magnats rivaux sur les divers domaines et franchises qui avaient été accordés par des mains tout aussi somptueuses, mais à des personnes différentes, par Mathilde et Étienne, n'étaient pas les moins gênantes. Henry comprit le besoin urgent de donner du repos à son royaume en protégeant les intérêts acquis et en introduisant un expédient plus rationnel que le procès par combat pour décider entre les prétendants rivaux aux domaines fonciers. Là encore, il eut recours à un nouveau développement de « l'inquisition ». Dans de tels cas, le défendeur (l'homme en possession, l'homme ayant un intérêt qui méritait protection) avait la possibilité de soumettre la question en cause au verdict des reconnaissants locaux, douze chevaliers ou propriétaires libres dans cette affaire, et donc des hommes d'une certaine position. Le nom d'«Assises» fut, pour des raisons à expliquer immédiatement, appliqué aussi bien à la procédure elle-même qu'aux douze voisins qui rendirent le verdict.

Ce nouvel expédient, peut-être parce qu'il était considéré avec suspicion comme une innovation de nature violente et révolutionnaire, ne fut d'abord appliqué qu'à quelques cas particuliers, à savoir à certains conflits concernant des intérêts fonciers. Elle servait à régler les revendications du titre ultime – la propriété pure et simple du terrain – et était alors connue sous le nom de Grande Assise ; elle servait également à trancher quelques groupes bien définis de moyens de possession contestés, et on l'appelait alors petites assises (dont il existait cependant trois variétés distinctes et bien connues). [237]

Dans ces cas, le défendeur pourrait échapper à la « bataille » et contraindre le plaignant, même contre sa volonté, à soumettre sa demande au verdict des reconnaissants. Ce nouveau privilège du défendeur n'avait aucun fondement dans l'ancienne coutume du pays, mais dépendait uniquement de la prérogative royale. Le roi, par un acte de pouvoir autoritaire, favorisa ainsi le défendeur, en privant le réclamant de ce recours qui lui était reconnu par la loi féodale, à savoir le recours au duel judiciaire. C'est parce que la nouvelle procédure était ainsi fondée sur une ordonnance royale, que le nom d'« Assises » lui fut appliqué. L' *assisa* était un recours strictement limité à quatre groupes de moyens.

avec le consentement des *deux* parties, les différends de presque toutes sortes pourraient être réglés de la même manière ; être renvoyé (sous la supervision des juges du roi) au verdict des reconnaissants locaux, généralement au nombre de douze, qui étaient alors connus sous le nom de *jurata* (et non d' *assisa*, les deux étant strictement opposés). Alors que l' *assisa* était étroitement limitée à quelques types de cas, la *jurata*, puisqu'elle ne favorisait aucune des parties, était un recours flexible susceptible d'une expansion indéfinie, et devint ainsi bientôt le plus populaire et le plus important des deux. Pourtant, l'ancienne *assise* et l'ancienne *jurata*, toujours étroitement liées et se ressemblant dans la plupart des traits essentiels, peuvent toutes deux prétendre être les ancêtres du «jury» civil moderne, le nom de l'institution la plus populaire ayant survécu. La Magna Carta, en prévoyant la tenue fréquente des trois petites assises, marqua une étape dans le développement du jury civil ; tandis que, en appliquant la procédure pénale d'Henry Plantagenêt et en la protégeant des abus, la Charte a également eu une influence vitale sur la genèse du Grand Jury et du Petit Jury.

Ces références éparses et fortuites à des tendances encore vagues et indéfinies ne doivent cependant pas être interprétées à tort comme une référence à la procédure précise dans laquelle elles se sont ensuite fondues : la Magna Carta ne promet à personne un « procès par jury ».

---

231 . La source de cette erreur était l'identification du *judicium parium* du chapitre 39 avec le procès devant jury. Cette erreur est entièrement réfutée *ci-* dessous dans ce chapitre.

232 . La théorie désormais généralement acceptée selon laquelle l'origine du procès par jury doit être recherchée dans la procédure introduite par les ducs normands et non dans une forme quelconque d'institutions populaires anglo-saxonnes est habilement soutenue par Pollock et Maitland, I. 119, et par le regretté professeur. JB Thayer, *Témoignages*, p. 7. Sans aucun doute, leurs conclusions sont dans l'ensemble correctes ; mais dans leur désir naturel de dissiper les idées fausses, ils sont peut-être coupables d'une légère exagération. Le procès devant jury a peut-être plus d'une racine, et une pleine appréciation de la valeur de la contribution normande ne conduit pas

nécessairement à négliger totalement la contribution anglo-saxonne. Les conclusions acceptées à cet égard pourraient être utilement complétées par les opinions du Dr Hannis Taylor, *English Constitution* , I. 308 et I. 323.

233 . Voir *supra* , p. 105 et 106 .

234 . Voir Pollock et Maitland, I. 131. Cela faisait partie de la politique de Henry de substituer l'acte d'accusation par un jury représentatif à l'appel plus ancien de l'individu lésé ou de ses proches survivants. L'ancienne procédure n'a cependant pas été complètement abolie, bien qu'elle soit considérée avec défaveur. Sa persistance ainsi que son impopularité peuvent toutes deux être retracées au chapitre 54 de la Magna Carta. Voir *infra* .

235 . Le chapitre 38 de la Magna Carta, selon une interprétation plausible d'un passage certes obscur, semble insister sur la nécessité d'une telle accusation par le jury : « *non... sine testibus fidelibus ad hoc inductis* ».

236 . Pour plus de détails, voir *infra* sous le chapitre 36 et *supra* p. 108.

237 . Ces trois petites assises sont mentionnées nommément au c. 18 de la Grande Charte, et sous cette rubrique, le sujet tout entier est discuté plus en détail. Voir *infra* .

PARTIE IV.
SUITE HISTORIQUE DE MAGNA CARTA.

I. Rééditions et confirmations de la Grande Charte.

Alors que le roi Jean avait accepté les réformes contenues dans la Magna Carta à contrecœur et sans sincérité, les conseillers de son fils les ont acceptées de bonne foi. Trois rééditions de la Charte furent accordées en 1216, en 1217 et en 1225, et celles-ci furent suivies de nombreuses confirmations, dont un compte rendu complet impliquerait une histoire politique et juridique complète de l'Angleterre. Le schéma de cette introduction historique se limite à la narration de faits qui ont une incidence directe sur la genèse et le contenu de la Charte de Jean. Pourtant, aucun récit de la Magna Carta ne serait complet sans une mention des modifications les plus importantes contenues dans ces trois rééditions.

Le 28 octobre 1216, Henri de Winchester fut couronné à Gloucester devant une petite assemblée. [238] Le jeune roi prêta le serment habituel selon les instructions de l'évêque de Bath, et il rendit également hommage au représentant du pape, Gualo, car le roi d'Angleterre était désormais le vassal de Rome. Lors d'un concile tenu à Bristol, le 11 novembre, William Marshal, comte de Pembroke, fut nommé *recteur regis et regni* ; et le lendemain la Charte fut rééditée au nom du roi. Il s'agissait d'une étape d'une extrême importance, qui marquait l'acceptation par le pouvoir actuel du programme de l'opposition baronniale.

La Charte, sous sa forme nouvelle, était en réalité un manifeste des hommes modérés ralliés au trône du jeune roi ; il peut être considéré sous deux aspects, comme une déclaration du régent et de ses coadjuteurs de la politique sur laquelle ils ont accepté leurs fonctions, et comme une offre de soutien aux barons qui adhéraient encore à la faction du prince français. Son issue était en effet dictée par la situation cruciale créée par la présence en Angleterre du prince Louis de France soutenu par une armée étrangère et par une importante faction de barons anglais qui lui avaient prêté hommage en tant que roi. Il était donc formulé dans des termes susceptibles de concilier les oppositions encore ouvertes à la conciliation. Mais la nouvelle Charte ne saurait être une réédition textuelle de l'ancienne. Des modifications vitales étaient exigées par les nouvelles circonstances. [239] Il ne s'agissait plus de l'expression d'un consentement réticent du gouvernement de l'époque aux exigences de ses ennemis, mais plutôt d'un ensemble de règles délibérément acceptées par ce gouvernement pour sa propre orientation. Le tyran principal contre lequel les dispositions initiales avaient été dirigées était maintenant mort, et certaines formes de tyrannie, espérait-on avec confiance, étaient mortes avec lui. Les restrictions désormais imposées aux prérogatives de la Couronne ne feraient qu'entraver la libre action des hommes qui les ont encadrées, et non celle de leurs opposants politiques. Le nouveau gouvernement bienfaisant ne doit pas souffrir pour les péchés de l'ancien gouvernement maléfique. Le régent, bien que disposé à faire beaucoup pour la cause de la conciliation, ne pouvait pas se permettre de paralyser sa propre efficacité à une époque où les envahisseurs étrangers étaient en possession de la moitié de l'Angleterre, dont il faudrait un effort suprême pour les déloger . En particulier, la Couronne, dans son besoin urgent d'argent pour payer les salaires de ses mercenaires, ne doit subir aucune restriction inutile sur ses pouvoirs de taxation. La guerre civile existante rendait impératif que le gouvernement garde les mains libres pour exiger des services féodaux et lever des scutages. Les hommes à l'esprit modéré reconnaîtraient volontiers la sagesse de cette politique ; tandis qu'il était inutile de le modifier dans l'espoir de concilier le parti extrême qui s'était irrémédiablement rangé dans celui du prince Louis.

La Charte de 1216 se distingue donc par ses omissions. Les principaux d'entre eux peuvent être répartis en cinq groupes. [240] (1) Les restrictions imposées en 1215 au pouvoir de taxation de la Couronne ont maintenant disparu. Les chapitres qui interdisaient au roi d'augmenter les « fermes » ou loyers fixes des comtés et des centaines, ceux qui définissaient les relations du roi avec les Juifs, et ceux qui restreignaient les droits lucratifs dérivés de l'application rigoureuse des lois forestières, furent abandonnés. . Une omission encore plus importante était celle de la clause qui abolissait le droit de la Couronne d'augmenter arbitrairement les contributions féodales sans le consentement du Conseil commun.

(2) Une clause particulièrement appréciée par l'Église nationale a également été omise. L'octroi par Jean de la liberté d'élection selon les canons des chapitres fut discrètement ignoré ; bien que la vague déclaration selon laquelle l'Église « devrait être libre » ait été maintenue.

(3) Un grand nombre de dispositions d'intérêt purement temporaire ont naturellement disparu, parmi lesquelles celles prévoyant le licenciement des troupes mercenaires et la destitution des individus odieux. Plus importante était l'omission de toute référence au dispositif adopté pour faire respecter la Charte originale au moyen du comité baronnial de vingt-cinq exécuteurs testamentaires.

(4) Un certain nombre d'omissions mineures de nature diverse peuvent être regroupées ; par exemple, le chapitre 27, prévoyant que les biens meubles de tout homme libre décédé intestat devraient être divisés sous la surveillance de l'Église ; chapitre 41, accordant la liberté de quitter le royaume et de revenir sans le consentement du roi ; le chapitre 45, par lequel la Couronne se limitait dans le choix des justiciers et autres officiers ; et la seconde moitié du chapitre 47, relative aux rives des rivières et à leurs gardiens. [241]

(5) Ces diverses modifications impliquaient, incidemment plutôt que délibérément, l'omission de toute mention des mécanismes constitutionnels

qui avaient trouvé leur place dans les mots de la Grande Charte de Jean. Les vingt-cinq exécuteurs testamentaires tombèrent avec les autres provisions temporaires ; tandis que le chapitre 14, qui définissait la composition et le mode de convocation du *Commune Concilium* , était naturellement omis, ainsi que le chapitre 12, dont il n'avait fait que former un supplément. Il a apparemment été jugé inutile de faire mention du Concile, et cette attitude peut s'expliquer en partie par le fait que les auteurs du nouvel acte tenaient pour acquis son existence continue dans le futur comme dans le passé, et en partie par le fait que son importance vitale en tant que garantie constitutionnelle n'a pas encore été prise en compte. Le chapitre 14 de 1215, auquel les écrivains modernes attachent invariablement une grande importance, occupait probablement une place assez secondaire dans l'esprit de ses rédacteurs et fut complètement abandonné en 1216, pour ne jamais être remplacé. [242]

Si naturelle que soit l'explication, il n'en est pas moins remarquable que les seules clauses de la Charte originale qui présentaient un caractère constitutionnel ont entièrement disparu de toutes ses rééditions. La Magna Carta telle qu'accordée par Henry concerne uniquement les questions qui relèvent de la sphère du droit privé et ne contient aucune tentative de concevoir un appareil gouvernemental ou de construire des garanties constitutionnelles pour la protection des libertés nationales. Les circonstances de la minorité du roi impliquaient peut-être un contrôle constitutionnel de la monarchie par l'existence nécessaire de tuteurs, mais quand Henri III. Parvenue à la majorité, la Magna Carta, privée de ses sanctions originelles, tendrait, avec la disparition de la Régence, à devenir un registre vide de promesses royales. L'ensemble de l'appareil gouvernemental resta exclusivement monarchique ; le roi, une fois libéré des ficelles, ne serait retenu que par son propre sens de l'honneur et par la peur de la résistance armée – par des forces morales ni légales ni constitutionnelles. L'issue logique, au fil du temps, fut la guerre des barons.

L'importance des omissions est cependant considérablement minimisée par deux considérations. (*a*) Bon nombre des dispositions originales étaient simplement déclaratoires, et leur omission en 1216 n'impliquait en aucun cas qu'elles avaient ensuite été abolies. La common law est restée ce qu'elle était auparavant, même s'il n'a pas été jugé nécessaire d'en préciser noir sur blanc ces parties particulières. En particulier, pendant tout le règne d'Henri, le *Concilium de la Commune* se réunit fréquemment et fut toujours, en pratique, consulté avant qu'un prélèvement ne soit effectué sur un scutage ou une aide. (*b*) Il est clairement indiqué dans la nouvelle charte que l'opportunité de remplacer ces clauses omises a été réservée pour un examen plus approfondi à une occasion plus opportune. Dans la « clause de répit » (chapitre 42) six sujets étaient spécialement désignés comme ainsi réservés en raison de leur portée « grave et douteuse » : la levée des scutages et des aides, les dettes des Juifs, la liberté de quitter et de quitter le pays. retournant à l'Angleterre, les lois forestières, les « fermes » des comtés et les coutumes relatives aux berges des rivières et à leurs gardiens. Cette clause de répit équivaut à un engagement définitif du Roi à examiner sérieusement dans le futur (probablement dès que la paix serait rétablie) dans quelle mesure il serait possible de réinsérer les dispositions omises dans une nouvelle charte. Cette promesse fut partiellement tenue un an plus tard. [243]

Une difficulté pratique se posait aux conseillers du jeune roi quant à l'exécution de la Charte. Aucun exemple de régence ne s'était produit depuis que les sceaux étaient devenus d'usage général ; et, par conséquent, ni la loi ni la coutume n'offraient de précédents pour l'exécution des documents pendant la minorité d'un roi. Le sceau d'un roi, comme celui de tout magnat ordinaire, lui était personnel et n'était pas accessible à son héritier. La coutume était en effet de détruire la matrice en cas de décès, et ainsi d'éviter qu'elle ne soit utilisée à mauvais escient. Le grand sceau de Jean ne pouvait plus être utilisé, [244] et les conseillers d'Henri III. a renoncé à la responsabilité d'en créer un nouveau pour le jeune monarque. Pourtant, aucune charte ne serait contraignante si elle n'était pas exécutée avec toutes les formalités reconnues. Dans ces circonstances, il fut résolu d'authentifier la nouvelle Charte en y apposant les sceaux du légat papal et du régent. Henry fut obligé d'expliquer qu'en l'absence de son propre sceau, la Charte avait été scellée des sceaux du cardinal Gualo et de William Marshal, comte de Pembroke, « *rectoris nostri et regni nostri* ».

La question de la nouvelle Charte n'a pas immédiatement réussi à mettre un terme à la guerre civile ; mais un flot d'hésitations coula de Louis à Henri, influencés en partie par le succès de la faction nationale sur le terrain et en partie par la politique modérée du gouvernement caractérisée par la réédition de la Charte. Le 19 mai 1217, les royalistes remportent une victoire décisive à la bataille connue sous le nom de « Foire de Lincoln » ; et, le 24 août suivant, Hubert de Burgh, le justicier, détruisit la flotte dont dépendait Louis. Le prince français fut contraint de demander la paix. Bien que les négociations aient été quelque peu longues, le traité de Lambeth qui en résulte porte la date du 11 septembre 1217, jour de leur ouverture. [245] Plusieurs entretiens eurent lieu à Lambeth entre le 11 et le 13 septembre, et ceux-ci furent suivis d'une conférence générale à Merton, commençant le 23, à laquelle Gualo, Louis, le régent et de nombreux nobles anglais étaient présents. [246] Certaines divergences d'opinion existent quant aux étapes exactes de ces négociations, [247] et il semble préférable de traiter comme un tout le règlement finalement conclu. "Le traité de Lambeth n'est, en termes d'importance pratique, guère inférieur à la charte elle-même." [248] Cela marquait l'acceptation définitive par les conseillers de la Couronne de la substance de la Magna Carta comme base permanente du gouvernement de l'Angleterre en temps de paix, et non simplement comme expédient provisoire en temps de guerre. Ses termes étaient également honorables pour les deux partis : pour le régent et ses partisans, en raison de la modération dont ils faisaient preuve ; et à Louis qui, tout en renonçant à toute prétention à la couronne anglaise, ne l'a fait qu'à la condition d'un pardon total à ses alliés, combiné avec la garantie de leur cause, dans la mesure du moins telle qu'elle était inscrite dans la Charte. Dix mille marks furent payés à Louis, nominalement en indemnité de ses dépenses ; mais il devait en échange restaurer les registres de l'Échiquier, les chartes des Juifs (c'est-à-dire les rôles sur lesquels des copies de leurs étoiles ou hypothèques avaient été enregistrées), [249] les chartes des libertés accordées par Jean à Runnymede, et tous les autres archives nationales en sa possession. Sir William Blackstone pense qu'il est probable qu'en vertu de cette clause du traité, l'original des articles des barons a été remis et déposé parmi les autres archives de l'archevêque de Cantorbéry au palais de Lambeth où il est resté jusqu'au milieu du XVIIe siècle. siècle. [250] Une condition de cette pacification générale était d'une importance suprême : la promesse donnée par le régent et le légat papal d'accorder une Charte nouvelle et révisée. Cette promesse fut tenue environ six semaines plus tard, une Charte des libertés et une Charte forestière distincte étant publiées le 6 novembre 1217. [251]

L'émission de ces deux Chartes posa la pierre angulaire de la pacification générale du royaume. Après les ravages généralisés provoqués par deux années de guerre civile, le moment était venu pour le régent de déclarer définitivement et définitivement sa politique visant à gouverner une Angleterre à nouveau en paix. Non seulement il était lié d'honneur à cette voie par le Traité de Lambeth, mais l'occasion était bonne pour tenir la promesse faite dans le chapitre 42 de la Charte de 1216. En conséquence, la clause de répit de ce document disparut maintenant complètement, et certains de nouvelles clauses ont pris sa place. Les questions réservées à une discussion plus approfondie sous le nom de « *gravia et dubitabilia* » avaient maintenant été reconsidérées et étaient soit finalement abandonnées, soit acceptées avec des modifications plus ou moins radicales. Les résultats de ces délibérations se retrouvent dans de nombreux ajouts à la Charte des Libertés de 1217, dont les plus importants sont les chapitres 44 et 46, et dans les termes d'une Charte forestière désormais accordée pour la première fois.

Le chapitre 46 est une « clause de sauvegarde », réservant aux archevêques, évêques, abbés, prieurs, templiers, hospitaliers, comtes, barons et à toutes autres personnes, clercs et laïcs, les libertés et libres coutumes qu'ils avaient auparavant. Le flou de cette disposition (simple référence à un passé indéfini et brumeux) la privait de toute valeur pratique. L'autre ajout était bien plus important.

Le chapitre 44 ordonnait que les scutages soient pris à l'avenir comme ils avaient l'habitude de l'être à l'époque d'Henri II. Or, les taux de scutage et la procédure de prélèvement sous ce règne avaient été bien précis et pouvaient encore être lus parmi les rouleaux de l'Échiquier récemment récupérés auprès du prince Louis. Il était ainsi facile de définir les diverses innovations du règne de Jean, ces charges supplémentaires tant détestées qui avaient fourni le principal motif de la guerre civile et qu'Henri III avait imposées. on avait maintenant fait une promesse qui devrait être complètement balayée. Cette condamnation générale comprenait probablement la fréquence accrue des exactions de Jean, l'évaluation des scutages sur la nouvelle base fournie par l'enquête de 1212, le prélèvement cumulatif du scutage et du service et, surtout, l'imposition du taux élevé de trois marks. par honoraire de chevalier. L'essence des exigences imposées au gouvernement par les chefs baronnials en 1217 devait sans aucun doute être le retour au taux maximum normal de 20s. par honoraire de chevalier. Henri II, nous l'avons vu, prenait parfois moins, mais une fois seulement il prenait plus. [252] Cette disposition, il va sans dire, n'empêchait pas les barons, individuellement ou collectivement, de se porter volontaires pour contribuer à un taux plus élevé ; et la nécessité de telles contributions anormales serait naturellement déterminée lors des réunions du *Concilium de la Commune* .

La substitution de cette stipulation définitive par un retour à l'usage bien connu d'Henri II. à la place des chapitres 12 et 14 abandonnés de la Charte de Jean (qui rendaient le « consentement commun » nécessaire pour *tous* les scutages, quel que soit le taux), il y avait un compromis naturel ; et les barons, en l'acceptant, avaient probablement tout à fait raison de penser, de leur propre point de vue médiéval, qu'ils ne se soumettaient à aucune restriction injuste de leurs droits, ni qu'ils n'approuvaient aucune mesure réactionnaire préjudiciable au développement de la liberté constitutionnelle. [253] Pourtant, lorsque l'on considère cette modification par les yeux modernes à la lumière des siècles de progrès constitutionnels qui ont suivi, et lorsqu'on se souvient que la nouvelle clause constituait la partie principale des concessions faites en 1217 aux revendications baronniales, la conclusion inévitable Il semble que le nouvel accord soit la preuve de tendances rétrogrades à l'œuvre avec succès. Toute mention du *Commune Concilium* – ce prédécesseur du Parlement moderne, ce germe de tout ce qui a rendu l'Angleterre célèbre dans le domaine des lois constitutionnelles et des libertés – disparaît, apparemment sans protestation ni regret. Si le contrôle de l'impôt par une assemblée nationale, si la conception de la représentation, si le lien indissoluble de ces deux principes l'un avec l'autre, ont jamais vraiment trouvé leur place dans la Magna Carta, ils en ont été avec mépris éjectés en 1216, et n'ont pas réussi à y trouver leur place. un champion en 1217 pour exiger leur restauration.

Un homme d'État moderne, connaissant la valeur des principes constitutionnels, aurait volontiers saisi l'occasion de la révision des termes de la Charte, pour affirmer et définir les fonctions et les droits du Grand Conseil avec précision et avec emphase. Il n'aurait pas rejeté à la légère la reconnaissance impliquée dans les chapitres 12 et 14 de 1215 — au moins en germe — du droit d'un conseil national d'exercer un contrôle légal sur la levée des impôts. En 1217, les magnats des deux côtés se contentèrent cependant d'abandonner à leur sort tous les principes abstraits du développement constitutionnel, à condition qu'ils puissent protéger leurs terres et leurs bourses d'une augmentation immédiate des impôts. Les problèmes de grande portée concernant la composition et les privilèges du Parlement furent abandonnés sans hésitation dès qu'une autre méthode de défense contre l'augmentation arbitraire du scutage fut suggérée. Les barons vendaient, non pas certes leur droit d'aînesse, mais leur meilleur moyen d'acquérir de nouveaux droits auprès de la Couronne, pour « un plat de lentilles ».

Il ne faut cependant pas pousser ces considérations trop loin. Il ne faut pas oublier que personne ne songeait sérieusement en 1217, pas plus qu'en 1216, à se passer des futures réunions des tenanciers féodaux en *Commune Concilium*. Les grands conciles continuèrent en effet à se réunir avec une fréquence croissante tout au long du règne d'Henri III, et le consentement des magnats qui y étaient assemblés était habituellement demandé aux scutages, même à un taux inférieur à celui qui avait été normal sous le règne d'Henri II. Parfois, ce consentement était donné sans condition ; parfois en échange d'une nouvelle confirmation des Chartes chéries ; parfois même, elle se heurtait à un refus absolu, dont le premier cas distinct semble s'être produit en janvier 1242. [254]

Un autre ensemble de dispositions que la clause de répit de 1216 avait promis de réexaminer fut largement rétabli dans les termes d'une Charte forestière distincte. Ceci a remplacé non seulement certains chapitres de la concession originelle de 1215 omis en 1216, mais aussi les chapitres 36 et 38 de la concession de 1216. Rien n'a cependant été fait pour rétablir d'autres omissions importantes, notamment celles relatives à la concession de 1216. Juifs, pour la succession ab intestat, pour libérer l'entrée et la sortie de l'Angleterre. D'un autre côté, des dispositions supplémentaires, non promises dans la clause de répit, étaient dirigées contre divers abus des prérogatives féodales et autres de la Couronne. [255]

Jusqu'à présent, la Charte de 1217, avec ses restaurations et ses ajouts, peut être considérée comme un effort politique visant à s'assurer le soutien des barons en satisfaisant leurs demandes raisonnables ; mais il peut également être considéré sous trois autres aspects : (1) comme contenant des dispositions visant à réprimer l'anarchie qui prévaut encore dans plusieurs districts, héritage de la guerre civile ; (2) comme modifiant quelques détails de la subvention initiale que l'expérience de deux années avait démontrée être défectueuse ou répréhensible ; et (3) comme une première tentative de résoudre certains problèmes de gouvernement qui étaient apparus tout récemment au premier plan, mais qui ne furent résolus avec succès que trois quarts de siècle plus tard, lorsque le génie législatif d'Edouard Plantagenêt fut mis à l'honneur. porter sur eux.

Parmi les chapitres rétablissant l'ordre, le plus important, à l'exception de ceux qui refondaient l'appareil administratif, était celui qui ordonnait la destruction des châteaux « adultérins », [256] c'est-à-dire des places fortes privées construites par les barons sans l'autorisation des ^{autorités}. la Couronne. Ceux-ci sont restés en 1217, comme ils l'étaient en 1154, résultat d'une guerre civile passée et menace pour la paix et le bon gouvernement dans le futur. L'objectif de tout souverain efficace était d'abolir tous les châteaux fortifiés – pratiquement imprenables au XIIIe siècle, lorsque l'artillerie était inconnue – à l'exception de ceux du roi, et de veiller à ce que les châteaux royaux soient sous le commandement de « connétables » [257] d'autorités ^{agréées}. loyauté. Jean avait confié ses propres forteresses à ses propres créatures qui, après sa mort, refusèrent de les céder au régent de son fils. La tentative de déloger ces soldats de fortune, deux ans plus tard, provoqua de nouveaux troubles dans lesquels le célèbre Falkes de Bréauté joua un rôle de premier plan. [258] La destruction des châteaux « adultérins » et la reprise des châteaux royaux étaient toutes deux des accompagnements nécessaires de toute véritable pacification.

La réédition de 1217 peut également être considérée comme présentant une certaine analogie avec un Statut modificatif moderne. L'expérience, par exemple, a montré l'opportunité de plusieurs modifications dans la procédure de tenue des petites assises. De nombreuses objections avaient été formulées contre l'envoi de juges, avec des commissions pour tenir des assises dans les divers comtés, aussi fréquemment que quatre fois par an. Il fut désormais convenu de réduire ces circuits d'une fois par trimestre à une fois par an — une concession à ceux qui ressentaient le fardeau d'une fréquentation trop fréquente. [259] Bien que les juges du roi devaient toujours bénéficier de la coopération des chevaliers de chaque comté, il n'était plus spécialement mentionné que ces chevaliers devaient être *élus*. Tous les arguments en faveur de la présentation de Darrein ont été retirés de la compétence des juges de circuit et réservés à l'examen de « la magistrature », vraisemblablement maintenant réglée à Westminster. [260] Les deux autres assises (roman disseisin et mort d'ancestor) étaient toujours laissées aux juges du roi dans les comtés respectifs où se trouvaient les terres, mais les points de droit difficiles étaient réservés au « banc ». [261] L'infériorité des juges d'assises par rapport aux tribunaux de Westminster était ainsi mise en évidence.

La même réticence naturelle de ceux qui devaient des poursuites aux tribunaux locaux à négliger leurs propres affaires pour accomplir des tâches publiques, qui conduisit à exiger des visites moins fréquentes des juges d'assises, conduisit également à une reformulation emphatique de l'ancienne règles coutumières quant à la comparution devant les tribunaux de comté. Les sessions ordinaires ne devaient pas avoir lieu plus d'une fois par mois, et le shérif ne devait pas non plus faire son Tourn, ou circuit local, à travers les différentes centaines de son comté plus de deux fois par an, à savoir à Pâques et à Saint-Michel : et seulement à C'était Michaelmas qui devait assumer la responsabilité de Frankpledge, l'une des fonctions les plus importantes qu'il remplissait au cours de son circuit. [262] C'était une concession plus nette à l'esprit féodal anti-centralisateur qu'il était interdit à cette vision royale de la promesse de franchise - car le shérif agissait en tant qu'adjoint du roi - d'enfreindre les franchises des hommes libres, que de telles franchises aient existé sous Henri II. ou avait été acquis ultérieurement. [263]

Deux questions, destinées à devenir dans l'avenir d'une importance suprême, ont également laissé des traces sur cette réédition de la Charte : - respectivement sur les chapitres 39 et 43. Le premier traite de la question controversée du droit d'un locataire féodal de disposer d'une partie de sa propriété par donation ou vente. Il y avait deux méthodes différentes pour y parvenir : par voie de sous-infeudation ou par voie de substitution : le fermier pouvait créer un nouveau maillon dans la chaîne féodale en cédant une partie de ses terres à un tiers, qui devenait son vassal du fait de la nouvelle subvention; ou bien il pourrait s'efforcer de faire du donataire le vassal direct de son suzerain, *sur* la terre qu'il venait d'acquérir. Il y avait ici un conflit d'intérêts direct entre suzerain et locataire, qui s'étendait aux deux modes de cession des terres. La liberté de le vendre ou de le donner était clairement un avantage pour le locataire ; tandis que le seigneur s'opposait à une transaction qui pourrait lui imposer de nouveaux vassaux qu'il ne souhaitait pas, ou qui pourrait diviser entre deux ou plusieurs vassaux les obligations qui incombaient autrefois à l'un d'entre eux, rendant l'incidence des charges féodales incertaine et leur application plus difficile. Le chapitre 39 contenait un compromis. Le locataire pouvait se séparer d'une partie de sa propriété, à condition que le solde qu'il réservait soit suffisant pour assurer par lui-même la pleine exécution des obligations dues envers le seigneur. Le vassal originel restait donc principalement responsable de l'ensemble des obligations féodales (quel que soit le droit de recours qu'il pouvait avoir contre ses donataires ou sous-locataires), et devait réserver entre ses propres mains suffisamment de terres avec le produit de celles-ci pour les remplir. La solution finale du problème, ici temporairement réglée, était contenue dans le Statut communément connu sous le nom de *Quia Emptores* , [264] qui permettait au locataire de disposer d'une partie de sa propriété par voie de substitution, tout en interdisant complètement la sous-infeudation.

Le chapitre 43 marque l'hostilité croissante contre l'accumulation par les monastères de richesses sous forme de domaines fonciers, et commence la série de mesures législatives qui aboutissent au Statut de Mortmain. [265] Les temps n'étaient pas mûrs en 1217 pour une solution définitive de ce problème, et la charte de cette année-là se contentait de tenter de remédier simplement à un des abus subsidiaires du système, et non d'abolir le mal principal. Un ingénieux expédient avait été imaginé par des avocats pour permettre aux locataires de tromper leurs seigneurs sur certains des incidents féodaux légaux. Les maisons religieuses formaient une espèce de corporation, et toutes les corporations faisaient de mauvais locataires, puisque, ne mourant jamais, le seigneur du fief était privé de la possibilité d'une tutelle, d'un secours ou d'une déshérence qui lui revenait. C'était une épreuve ; mais ce n'était pas injuste, à condition que la transaction qui faisait de l'abbaye ou du monastère le propriétaire des sujets soit une transaction *de bonne foi* . Parfois, cependant, des accords plus ou moins collusoires étaient conclus entre un propriétaire laïc et une maison religieuse, par lesquels un nouveau maillon était inséré dans la chaîne féodale au détriment du seigneur du propriétaire. Le propriétaire foncier a cédé ses terres à une maison particulière, qui a pris sa place en tant que nouveau locataire du seigneur, puis a sous-inféodé les mêmes sujets au locataire d'origine, qui a ainsi récupéré ses terres, mais est maintenant devenu locataire de l'église, non plus de son ancien seigneur. Le seigneur se retrouva ainsi avec une corporation pour son locataire et perdit tous les incidents lucratifs qui, selon le nouvel arrangement, reviendraient à l'église à la mort du propriétaire foncier. De tels expédients étaient interdits, sous peine de confiscation, par le chapitre 43 de la réédition de 1217 ; et cette interdiction fut interprétée très libéralement par les seigneurs en leur faveur. [266]

Telles furent les principales modifications apportées en 1217 à la teneur de la Grande Charte. [267] Cette réédition est d'une grande importance, puisqu'elle représente pratiquement la forme définitive prise par la Charte, seuls deux changements ayant été apportés dans les éditions ultérieures. [268] Le 22 février 1218, des copies de la Grande Charte sous cette nouvelle forme furent envoyées aux shérifs pour être publiées et appliquées. Dans les actes qui les accompagnent, l'attention particulière portée à la clause contre les châteaux sans permis montre l'importance accordée à leur démolition. [269]

Le régent et les ministres de la couronne semblent avoir ressenti de plus en plus l'inconvénient de diriger le gouvernement sans le grand sceau du roi. Il y avait une réticence naturelle à accepter des subventions authentifiées simplement par des substituts, car celles-ci risquaient de ne pas être considérées comme contraignantes pour le monarque une fois devenu majeur. Le régent accepta enfin de graver un grand sceau pour Henri, non sans appréhension. Pour éviter qu'il ne soit utilisé par des ministres sans scrupules pour valider des subventions somptueuses à leurs propres favoris dans le but d'appauvrir la Couronne, le Conseil, sur l'avis du régent, a publié une proclamation selon laquelle aucune charte ou autre acte impliquant une perpétuité ne devrait être accordé en vertu du nouveau sceau pendant la minorité du roi - clause de sauvegarde dont Henri était destiné à faire un usage surprenant. Cette proclamation a probablement été publiée peu après Saint-Michel 1218. [270]

Le 14 mai 1219, l'Angleterre perdit un dirigeant de confiance à cause de la mort du vieux régent, dont la loyauté, la fermeté et la modération avaient tant contribué à réparer les brèches faites dans le corps politique par les mauvaises actions de Jean et la guerre civile qui en résulta. Après la mort du bon comte de Pembroke, l'évêque de Winchester et Hubert de Burgh se disputèrent la place principale dans les conseils d'Henri, avec des succès alternés, mais aucun d'eux n'obtint le titre de recteur regis et *regni* . [271] Quelques années plus tard, le jeune roi semble s'impatienter face aux contraintes d'une minorité, et la Curie romaine était prête à miser sur sa bonne volonté en le ménageant. En 1223, Honorius III, par lettre du 13 avril, déclara Henri (alors seulement dans sa seizième année) majeur pour la plupart des devoirs d'un roi. [272]

Les termes de cette lettre papale ont peut-être suggéré à certains conseillers d'Henri la possibilité de renoncer aux Chartes au motif qu'elles avaient été accordées au préjudice du roi avant qu'il ne soit déclaré majeur. L'un de ses flatteurs, nommément William Briwere, lors d'un « colloque » tenu en janvier 1223, lui conseilla de répudier les deux Chartes lorsque Stephen Langton lui demanda de les confirmer. Les propos audacieux de Briwere sont rapportés par Matthew Paris. [273] « *Libertates quas petitis, quia violenter extortae fuerunt, non debent de jure observari.* » Cette doctrine de répudiation poussa le primat à la colère, et Henri, encore habitué aux ficelles, céda, jurant d'observer les termes des deux chartes. Un élément de vérité, cependant, sous-tendait les conseils de Briwere, et tout l'incident montra probablement aux amis les plus clairvoyants de la liberté la nécessité d'une nouvelle et volontaire *confirmation* des Chartes par le roi. L'année suivante, Henri, à Noël 1224, exigea un quinzième de tous les biens meubles de ses sujets. Il fut accueilli par une demande ferme de renouveler, en échange d'une subvention aussi importante, la Magna Carta. Le résultat fut la réédition, le 11 février 1225, des deux Chartes, dont chacune était, bien entendu, fortifiée par l'empreinte du grand sceau récemment faite. L'importance de l'ensemble de la transaction a été renforcée par la déclaration faite par Honorius III. seulement deux ans auparavant, Henry était en âge d'agir pour son propre compte. La nouvelle Charte forestière était pratiquement identique à celle de 1217 ; tandis que les seules modifications dans la teneur de la Charte des libertés étaient le résultat d'une détermination louable à consigner les circonstances dans lesquelles elle avait été accordée. Dans le nouveau préambule, Henri déclare qu'il l'a concédé « *spontanea et bona voluntate nostra* » et toute référence au consentement de ses magnats a été omise, bien qu'un grand nombre de noms apparaissent comme témoins à la fin de la Charte. Ces modifications visaient à souligner le fait qu'aucune pression n'avait été exercée sur lui, et ainsi à répondre aux objections futures telles que celles que William Briwere avait suggérées en 1223, à savoir que la confirmation de la Charte avait été extorquée par la force. [274]

La « contrepartie » apparaît également clairement dans la dernière partie de la Charte, où il est déclaré qu'en échange du don de libertés susmentionné ainsi que de celles accordées dans la Charte forestière, les archevêques, évêques, abbés, prieurs, comtes, barons, les chevaliers, les tenanciers libres et tous les autres habitants du royaume avaient donné au roi la quinzième partie de leurs meubles.

L'importance accordée à cette caractéristique rapproche la transaction incarnée dans la réédition de 1225 (par rapport à l'octroi initial de 1215) de la catégorie juridique du « marché privé ». Il s'agit, sous un certain aspect, simplement d'un contrat d'achat et de vente. Une autre nouvelle clause importante suit, fondée probablement sur un précédent tiré du chapitre 61 de la Charte du roi Jean : Henri est amené à déclarer de manière significative : « Et nous leur avons accordé pour nous et nos héritiers, que ni nous ni nos héritiers ne procurerons aucun chose par laquelle les libertés contenues dans la présente charte seront violées ou brisées ; et si quelque chose est acquis par une personne contrairement à ces prémisses, il sera considéré comme sans validité ni effet. Cette disposition était clairement dirigée contre de futures dispenses ou abrogations papales, comme celle que le roi Jean avait obtenue d'Innocent en 1215. La clause, cependant, était diplomatiquement rendue assez générale dans ses termes. [275]

Un exemplaire original de cette troisième réédition de la Grande Charte est conservé à Durham avec le grand sceau en cire verte encore parfait, bien que le parchemin ait été « dégradé et effacé par le malheureux accident du renversement d'une bouteille d'encre ». [276] Un second se trouve à l'abbaye de Lacock, dans le Wiltshire. La Charte forestière qui l'accompagne est également conservée à Durham. [277]

Cette troisième réédition met un terme au récit de la genèse de la Grande Charte. Il marqua la forme finale prise par la Magna Carta ; on a ensuite utilisé des mots identiques qui sont ensuite devenus stéréotypés et ont été confirmés à maintes reprises, sans autre modification. C'est cette Charte de 1225 qui est toujours mentionnée dans les éditions ordinaires des Statuts, dans les tribunaux, au Parlement et dans une longue série d'ouvrages de droit classiques commençant par le deuxième Institut de Sir Edward *Coke* . [278]

Bien que la Charte ait ainsi pris en 1225 la place permanente qu'elle a conservée depuis parmi les lois fondamentales de l'Angleterre, elle n'était pas encore à l'abri des attaques. Deux ans plus tard, les actions d'Henry ont fait naître de forts soupçons selon lesquels il se ferait un plaisir de l'annuler, s'il l'osait.

Le jeune roi, malgré la bulle du pape le déclarant majeur en 1223, n'était en réalité que passé d'un groupe de tuteurs à un autre ; il avait longtemps souffert sous la domination de l'habile mais sans scrupules Pierre des Roches, évêque de Winchester, lorsqu'au début de 1227 il se rebella soudainement. Agissant probablement sous les conseils d'Hubert de Burgh, qui souhaitait revenir au pouvoir, Henri résolut de se débarrasser du contrôle de l'évêque Pierre. Lors d'un concile tenu à Oxford en janvier 1227, Henri, bien que n'ayant pas encore vingt ans, se déclara majeur ; [279] et montra peu après quel usage il comptait faire de sa liberté nouvellement acquise. Faisant une application inattendue de la proclamation émise par le régent, William Marshal, en 1218, selon laquelle le grand sceau ne devrait pas, pendant la minorité, être utilisé pour authentifier toute concession à perpétuité de terres du domaine royal ou d'autres droits de la Couronne, Henry maintenant interpréta cela comme impliquant la nullité de toutes les chartes quelles qu'elles fussent, qui avaient été émises sous le grand sceau depuis son avènement. Il a même tenté d'appliquer cette doctrine surprenante à la Charte forestière.

La nouvelle politique d'Henri semble avoir été approuvée par les magnats présents et, le 21 janvier 1227, il publia par leur « conseiller commun » une série de « lettres closes » ordonnant que tous les bénéficiaires de chartes de la Couronne doivent demander leur renouvellement - une cérémonie. exigeant, bien sûr, d'être grassement payé. Le 9 février, une deuxième série de « lettres de fermeture » a été émise, entraînant à nouveau l'extension de nombreuses forêts jusqu'à leurs anciennes limites. [280]

Les craintes, apparemment infondées, selon lesquelles la Grande Charte serait en danger, semblent avoir été nombreuses. Si Henri avait réellement l'intention de mettre de côté la Magna Carta, il est heureux que l'attaque contre celle-ci, suggérée au roi par William Briwere en janvier 1223, n'ait été sérieusement tentée que quatre ans plus tard. Le retard était d'une importance suprême, puisqu'était intervenue la troisième réédition de la Charte contenant la déclaration que le roi avait agi volontairement, et fortifiée par le fait qu'Honorius l'avait auparavant déclaré majeur à de telles fins, et qu'il avait accepté un prix pour la confirmation de la Charte. Henri ne pouvait plus désormais répudier la dispense papale qu'il avait volontiers acceptée et mise en œuvre quatre ans plus tôt. De cette manière, la réédition des deux chartes en 1225 avait largement contribué à garantir les libertés nationales. Henry reculait devant toute violation ouverte de la Grande Charte ; et, bien qu'il ait réussi en partie à restaurer les forêts à leurs anciennes limites plus larges, annulant ainsi de nombreuses réformes de sa minorité, il a procédé sans violer la lettre de la Charte forestière. Désormais, l'attitude d'Henri à l'égard des chartes était fixe et facile à comprendre. Il les confirmait le cœur léger chaque fois qu'il pouvait obtenir de l'argent en échange, et agissait ensuite comme s'ils n'existaient pas.

L'histoire ne s'intéresse désormais plus aux rééditions mais aux confirmations de la Grande Charte. Le nombre est considérable, à commencer par celui accordé à Westminster le 28 janvier 1237 ; [281] mais cela ne fait pas partie du plan de cette introduction historique de les décrire en détail. [282] L'une d'elles, la soi-disant *Confirmatio Cartarum* du 5 novembre 1297, est particulièrement importante, non pas parce qu'elle est une confirmation, mais parce qu'elle est quelque chose de plus. Il contient de nouvelles clauses qui imposent des restrictions au pouvoir de taxation de la Couronne ; et ceux-ci, dans une certaine mesure, remplacent les chapitres (12 et 14) de la concession originale de Jean, qui avaient été omis dans toutes les rééditions et confirmations intermédiaires.

Un Statut de 1369 (42 Edouard III. c. 1), nécessite une mention spéciale, puisqu'il ordonne que « la Grande Charte et la Charte de la Forêt soient tenues et conservées en tous points, et si une loi est prise à l'effet contraire, cela ne sera détenu pour personne. Le Parlement de 1369 a ainsi cherché à priver les futurs parlements du pouvoir d'apporter des modifications aux termes de la Magna Carta. Pourtant, si le Parlement avait cette année-là le pouvoir d'ajouter quoi que ce soit, par une nouvelle loi, à l'ancienne force contraignante de la Grande Charte, il s'ensuit que les Parlements successifs, possédant des pouvoirs égaux, pourraient facilement annuler par une seconde loi ce que la précédente la loi avait cherché à donner effet. Si le Parlement avait le pouvoir de modifier les termes sacrés de la Magna Carta lui-même, il avait le même pouvoir de modifier la loi moins sacrée de 1369 qui la déclarait inaltérable. Les termes de cette loi sont cependant intéressants car ils constituent peut-être le premier exemple connu de la théorie illogique (souvent réitérée au cours des années suivantes) selon laquelle le Parlement anglais pourrait utiliser sa suprématie législative actuelle de manière à limiter la suprématie législative des autres pays. Les parlements du futur.

---

238 . Voir *Annales de Waverley*, p. 286, et Stubbs, *Const. Hist.*, II. 18.

239 . Ce qui est étonnant, c'est plutôt le peu de changements qui ont été nécessaires. "Ce n'est cependant pas le trait le moins curieux de l'histoire qu'il ait fallu si peu de changements pour transformer un traité gagné à la pointe de l'épée en un manifeste de paix et de gouvernement sain." Stubbs, *Const. Hist.*, II. 21.

240 . Cette classification ne tient pas compte des modifications qui semblent être simplement verbales ou insérées pour lever les ambiguïtés, *par exemple* sur les chapitres 22, 28 et 30 de la Charte originale.

241 . Ces altérations montrent les traces d'une certaine influence à l'œuvre hostile à l'Église nationale. Non seulement la promesse d'une élection canonique est retirée, mais les omissions des clauses régissant la succession ab intestat et garantissant la liberté de quitter le royaume (un privilège très apprécié par le clergé) semblent porter préjudice aux intérêts des ecclésiastiques anglais. Or le légat papal était un partisan actif de la réédition de cette Charte en 1216 ; tandis que Rome, lors de la crise de juin 1215, s'était farouchement opposée à l'octroi initial de la Magna Carta. La conclusion est que Rome n'a pas protesté contre ces omissions au préjudice de l'Église anglaise. Pourquoi était-ce ? L'explication réside probablement dans la divergence des intérêts de l'Église nationale et de ceux de l'Église universelle. L'élection canonique, par exemple, n'était rien pour Rome ; les papes successifs pourvoyèrent plus volontiers leurs favoris en Angleterre en faisant pression sur le roi que sur les moines des différents chapitres. Henri III. a habituellement agi sur la base de l'omission ; créant un large mécontentement en remplissant les sièges anglais en partie avec ses propres favoris étrangers et en partie avec des ecclésiastiques nommés par la Curie romaine. Le roi et le pape entrèrent ainsi dans un partenariat tacite pour leur bénéfice mutuel aux dépens de l'Église nationale anglaise.

242 . Il est remarquable qu'elle n'ait pas trouvé de place dans la Charte de 1225, payée par la nation au prix d'un quinzième des meubles.

243 . Le Dr Stubbs avance la théorie selon laquelle cette réédition de 1216 représente un compromis par lequel le gouvernement central, en échange de pouvoirs fiscaux accrus, accordait aux magnats féodaux des droits de juridiction accrus. Il ne donne cependant aucune raison pour cette conviction, ni dans *Select Charters* , p. 339, ou dans son *Histoire constitutionnelle* , II. 27. Il est tout à fait clair que la Couronne s'est réservé les mains libres en matière d'imposition, mais il ne semble y avoir aucune preuve pour étayer l'autre partie de la théorie, à savoir que la justice féodale a gagné du terrain contre la justice royale en 1216, ce qui n'était pas déjà le cas. gagné en 1215.

244 . Il n'est pas nécessaire d'inventer une catastrophe particulière pour expliquer la disparition du sceau de Jean. Blackstone (*Great Charter* , xxix.) dit : « Le grand sceau du roi Jean ayant été perdu en passant par les eaux du Lincolnshire. »

245 . Comparez ce qui est dit des négociations de Runnymede et la date de la Magna Carta de John, *supra* , p. 48 .

246 . Blackstone, *Grande Charte* , xxxiv.

247 . *Ibid.*

248 . Stubbs, *Const. Hist.* , II. 25.

249 . Voir *infra* au chapitre 9.

250 . *Grande Charte* , xxxix., et *cf. infra* , p. 201.

251 . La Charte forestière, conservée dans les archives de la cathédrale de Durham, porte cette date, ce qui, en soi, laisse présumer que la Charte des libertés (non datée) à laquelle elle constitue un supplément a été exécutée en même temps. M. Bémont accepte cette date ; voir ses *Chartes* , xxviii., et les autorités citées. Blackstone, *Great Charter* , xxxix., donne la date probable au 23 septembre. Le Dr Stubbs, toujours catholique dans ses sympathies, donne les deux dates, le 23 septembre à *Sel. Charters* , 344, et 6 novembre dans *Const. Hist.* , II. 26. Cette Charte des Libertés de 1217, trouvée à l'origine parmi les archives de l'abbaye de Gloucester et maintenant dans la bibliothèque Bodleian d'Oxford, porte encore l'impression de deux sceaux : celui de Gualo en cire jaune et celui du Régent en vert. Voir Blackstone, *Grande Charte* , p. xxxv. L'existence d'une Charte forestière distincte n'a été que supposée par Blackstone, *Ibid.* , p. XLII.; mais peu de temps après avoir écrit, un original fut trouvé parmi les archives de la cathédrale de Durham. Pour un compte rendu de cela et de sa découverte, voir Thomson, *Magna Charta* , pp. 443-5.

252 . Voir *supra* , p. 88 .

253 . M. Hubert Hall (*Eng. Hist. Rev.* , IX. 344) adopte cependant un point de vue différent, considérant qu'il s'agit d'une réduction des scutages à l'ancien taux du règne d'Henri II. c'était impossible; il parle de « la concession étonnante et futile de c. 44 de la charte de 1217. » La clause n'est sûrement ni étonnante ni futile si l'on la considère comme une promesse d'Henri III. qu'il n'exigerait pas plus de 20 s. par honoraire de chevalier *sans consentement* , et si l'on note en outre que c'était l'usage de son règne de demander un tel consentement au *Concilium de la Commune* pour des scutages même d'un taux inférieur. Un prélèvement de 10 shillings, par exemple, fut accordé par un Conseil en 1221. Voir Stubbs, *Const. Hist.* , II. 33.

254 . Prothero, *S. de Montfort* , 67.

255 . Voir cc. 7, 26 et 38 de 1217. Blackstone (*Great Charter* , xxvii.) considère en outre que c. 35 de 1217 contient « des dispositions plus amples contre les dissensions illégales » ; et cette opinion d'un grand juriste est partagée par un historien distingué. M. Prothero (*Simon de Montfort* , 17 n.), trouve que les mots de la réédition « sont considérablement plus complets et plus clairs que la déclaration correspondante dans la charte de 1215 ». On montrera cependant *infra* au chapitre 39, qu'un des buts de la modification était de faire comprendre que les propriétés des vilains étaient exclues de la projection du

judicium parium ; et que d'autres modificatîons dans la Charte de 1217 (*par exemple* le chapitre 16) sont soigneusement dessinées dans un but similaire.

256 . C. 47 de 1217.

257 . Voir *infra* sous cc. 24 et 45 .

258 . Stubbs, *Const. Hist.* , II. 32.

259 . C. 13 de 1217.

260 . C. 15 de 1217.

261 . C.14 de 1217.

262 . C. 42 de 1217.

263 . *Ibid.* Cela semble impliquer que toutes les agressions depuis le règne d'Henri n'avaient pas eu lieu d'un seul côté. Les barons, en obtenant la promesse de respecter les « franchises » acquises depuis 1189, reconnaissaient tacitement qu'ils avaient récemment empiété sur les prérogatives royales. Par le Statut de Gloucester et la procédure *de quo warranto qui a suivi* , Édouard Ier a fait un effort partiellement réussi pour rétablir l'équilibre.

264 . 18 Édouard Ier, également connu sous le nom de Westminster III.

265 . 7 Édouard I., également connu sous le nom de Statut *de religiosis* .

266 . Voir Pollock et Maitland, I. 314.

267 . Les variations mineures sont discutées dans les chapitres appropriés *ci-dessous* . Une liste complète est donnée par Blackstone, *Great Charter* , xxxvi.

268 . *Cf.* Stubbs, *Const. Hist.* , II. 27. « Cette réédition présente la Grande Charte dans sa forme définitive. »

269 . Les termes de ces brefs sont conservés à *Rot. Noël.* , I. 377.

270 . Stubbs, *Const. Hist.* , II. 30. Les *Annales de Waverley* , p. 290, parlent d'une réédition des chartes à cette date ; mais cela résulte probablement d'une confusion avec ce qui s'est passé un an plus tôt. Voir Stubbs, *Ibid.*

271 . Stubbs, *Const. Hist.* , II. 31.

272 . Stubbs, *Const. Hist.* , II. 32, et les autorités citées.

273 . *Chronique Majora* , III. 76.

274 . Le Dr Stubbs pense qu'en évitant ainsi un danger, on encourait un danger encore plus grand. "Il faut reconnaître qu'Hubert, en essayant de lier la conscience royale, a abandonné la forme normale et primitive de promulgation législative et a ouvert une réclamation de la part du roi pour légiférer par l'autorité souveraine sans conseil ni consentement." (*Const. Hist.*

, II. 37.) Cela semble exagérer l'importance d'un précédent isolé, dont les circonstances étaient uniques. Cette confirmation était loin d'être un « texte législatif » ordinaire.

275 . Il n'est pas nécessaire de mentionner quelques modifications mineures, telles que l'omission de la clause contre les châteaux sans permis (désormais inutiles) et quelques modifications verbales. Une liste de ceux-ci est donnée par Blackstone, *Great Charter* , l.

276 . Voir Blackstone, *Ibid.* , xlvii. à l.

277 . *Ibid.*

278 . Une légère exception est à noter. Sur un point de détail, un changement s'était produit depuis 1225 ; le taux de secours payable par une baronnie avait été réduit de 100 £ à 100 marks. Voir *infra* au chapitre 2.

279 . Une bulle de Grégoire IX, en date du 13 avril 1227, confirma Henri dans cette déclaration que sa minorité était terminée. Voir Blackstone, *Great Charter* , li., et Stubbs, *Const. Hist.* , II. 39.

280 . Voir *Pourriture. Noël.* , II. 169, et Stubbs, *Const. Hist.* , II. 40, où il est suggéré que « la déclaration semble avoir été simplement un stratagème visant à collecter des fonds ». Ce n'est pas tout à fait exact. MGJ Turner, dans son introduction à *Select Pleas of the Forest* , pp. xcix. cii., donne un compte rendu complet et convaincant de la procédure et des motivations de Henry. « Le roi n'a ni répudié la Charte de la Forêt ni annulé les déambulations faites dans son enfance. Il les a simplement corrigés après enquête.

281 . Blackstone, *Grande Charte* , 68-9 ; Stubbs, *Sel. Chartes* , 365-6.

282 . Les plus importants d'entre eux sont énumérés par Coke dans son deuxième *Institute* , p. 1. De plus amples détails sont donnés par Blackstone, *Great Charter* , lii. ; Thomson, *Magna Charta* , 437-446 ; et dans Bémont, *Chartes* , p. xxx. à liii.

II. La Magna Carta et les réformes d'Édouard Ier.

La Grande Charte, tant par ses excellences que par ses défauts, exerça une puissante influence sur la direction des événements tout au long des deux règnes successifs. Il n'est guère exagéré de dire que l'incapacité de la Magna Carta à fournir les mécanismes adéquats pour sa propre application est responsable de l'esprit d'agitation et des luttes prolongées et de la guerre civile qui ont constitué le règne troublé d'Henri III ; tandis que la différence d'attitude adoptée respectivement par Henri et par son fils Édouard à l'égard du projet de réforme qu'il incarnait explique la différence fondamentale entre les deux règnes : pourquoi le premier était si plein de conflits et de détresse, tandis que le second était si prospère et progressiste. Retracer l'histoire de ces règnes en détail dépasse le cadre de cette introduction historique. Il semble nécessaire, cependant, de souligner les événements marquants qui ont un lien évident et étroit avec la Grande Charte, et également de décrire la politique d'Édouard, qui a finalement conduit au triomphe de ses principes sous-jacents.

La différence fondamentale entre les règnes d'Henri III. et Édouard Ier réside en ceci que si Henri, malgré de nombreuses confirmations nominales de la Magna Carta, n'a jamais loyalement accepté le règlement qu'elle contenait, Édouard, au contraire, a acquiescé aux principales dispositions de la Grande Charte, sous de nombreuses modifications subtiles. c'est vrai, mais honnêtement dans l'ensemble, et avec une intention sincère de les mettre en pratique.

En même temps, l'attitude même d'Henri III. vers la Magna Carta indique une nette avancée par rapport à celle de son père. C'était beaucoup que les conseillers du jeune héritier de John acceptèrent solennellement, au nom de la Couronne, les dispositions de la Charte et s'efforcèrent de les faire respecter pendant la minorité ; et ce fut bien plus encore qu'Henri, parvenu à la majorité, confirma librement et de sa propre initiative l'arrangement ainsi obtenu, et se trouva par la suite incapable de répudier ouvertement le marché qu'il avait conclu. Pourtant, le règlement des dissensions entre la couronne et le baronnage était encore nominal plutôt que réel. En l'absence d'un mécanisme constitutionnel approprié, le roi était simplement lié par des liens de parchemin qu'il pouvait rompre à son gré. La victoire des amis de la liberté s'est avérée vaine, puisque les promesses non tenues comptent peu dans les grandes luttes menées pour les libertés nationales. Même les artifices constitutionnels grossiers de la Charte de 1215 disparurent entièrement de ses confirmations ; et, en l'absence de toutes sanctions pour son application, la Charte est devenue une vaine expression de bonnes intentions. Si une querelle surgissait, aucun expédient constitutionnel n'existait pour réconcilier les belligérants, rien pour éviter un recours final à l'arbitrage de la guerre civile. Ainsi, une partie de la responsabilité des luttes récurrentes et dévastatrices du règne d'Henri III. doit être attribuée aux défauts de la Grande Charte.

Tout l'intérêt du règne réside en effet dans les diverses tentatives faites pour développer des mécanismes adéquats pour faire respecter les libertés contenues dans la Magna Carta. Des expériences de toutes sortes ont été tentées dans l'espoir de transformer la théorie en pratique. Le système de gouvernement esquissé dans les Dispositions d'Oxford de 1258, par exemple, reproduisait les défauts du projet rudimentaire contenu dans le chapitre 61 de la Grande Charte, et y ajoutait de nouveaux défauts qui lui étaient propres. Il cherchait à maintenir le roi dans la voie du bon gouvernement par la coercition d'un groupe de ses ennemis. Ce comité baronnial n'était pas conçu pour entrer en coopération amicale avec Henri dans le travail normal du gouvernement, mais plutôt pour remplacer entièrement son droit d'exercer certaines des prérogatives royales. Aucune lueur ne paraissait encore quant à la véritable solution adoptée par la suite avec succès. On ne se rendait pas encore compte que le meilleur moyen de contrôler la Couronne était par l'intermédiaire de ses propres ministres, et non par le biais d'une opposition hostile organisée pour la rébellion ; que la bonne politique était de rendre difficile au roi de gouverner autrement que par le biais d'une opposition hostile. ministres réguliers, et de s'assurer que tous ces ministres soient des hommes en qui le *Concilium de la Commune* avait confiance et sur lesquels il exerçait son contrôle.

Il est vrai que Simon de Montfort a pu avoir une vague conception du véritable remède constitutionnel aux maux du règne ; mais ses idéaux furent rejetés en 1258 par la section la plus extrême du parti baronnial. Earl Simon eut en effet une occasion unique de mettre ses théories en pratique. Pendant le bref intervalle entre la bataille de Lewes, qui le rendit momentanément suprême, et la bataille d'Evesham, qui mit fin à sa carrière, il jouit d'un contrôle sans entrave sur le mouvement de réforme ; et certaines autorités trouvent dans le plan de gouvernement provisoire, au moyen duquel il tenta de réaliser ses idéaux politiques dans les derniers mois de 1264, des traces du véritable expédient constitutionnel adopté par la suite avec succès comme solution au problème. Dans un sens, il ne fait aucun doute que le comte de Leicester a influencé le développement de la constitution anglaise ; il a fourni le premier précédent pour un Parlement national, qui reflétait des intérêts plus larges que ceux des locataires de la Couronne et des propriétaires fonciers, lorsqu'il a invité les représentants des arrondissements à prendre place aux côtés des représentants des comtés au conseil national. convoqué pour se réunir en janvier 1265. Ses projets de gouvernement, cependant, n'étaient pas destinés à être réalisés par lui sous une forme permanente. Le renversement total de sa faction suivit sa défaite décisive et sa mort à Evesham le 4 août 1265.

Mais l'humiliation personnelle de Simon de Montfort assurait en réalité le triomphe ultime de la cause qu'il avait fait sienne. Le prince Édouard, dès sa brillante victoire à Evesham, était non seulement suprême sur les ennemis de son père, mais désormais il était également suprême au sein des conseils de son père. Il se trouva immédiatement en mesure de réaliser certains de ses idéaux politiques les plus importants ; et dès l'instant même de sa victoire, il adopta comme siennes, avec quelques modifications, il est vrai, les principales conceptions constitutionnelles de son oncle, le comte Simon, qui avait été son ami et son professeur avant de devenir son ennemi le plus mortel.

Edouard Plantagenêt, tant lorsqu'il agissait comme conseiller principal de son vieux père qu'après lui avoir succédé sur le trône, non seulement accepta les principales dispositions de la Grande Charte, [283] mais adopta également, avec elles, un nouveau plan de gouvernement qui constituait leur contrepartie nécessaire. C'est à Édouard que l'on doit la première vague conception du « gouvernement parlementaire », au moins dans la mesure où le roi, en tant que chef du gouvernement exécutif, devrait associer avec lui un conseil national dans le travail de l'administration nationale. Ses idéaux politiques étaient le résultat naturel de l'expérience acquise au cours des dernières années du règne de son père ; et il s'efforça d'incorporer dans son plan de gouvernement les meilleures parties des diverses expériences dont ce règne abondait. Sa politique, bien que fondée sur celle de son oncle Simon de Montfort, fut profondément modifiée par son génie individuel. Le fait même que l'héritier du trône ait adopté les idéaux du comte Simon modifiait entièrement leurs chances de succès. Tous ces projets étaient voués à l'échec tant qu'ils émanaient simplement d'un leader de l'opposition, aussi puissant soit-il ; mais leur triomphe fut rapidement assuré maintenant qu'ils furent acceptés comme programme de réforme par le monarque lui-même. Désormais, les nouveaux idéaux politiques, résumés dans la conception d'un Parlement national, devaient être favorisés par le soutien actif de la Couronne, et non simplement imposés à la monarchie de l'extérieur.

Sous la protection d'Édouard Ier, le dernier des quatre grands bâtisseurs de la constitution, la *Commune Concilium* des rois angevins (elle-même une forme plus développée de la Curia Regis du Conquérant et de ses fils) devint le Parlement anglais. . Cela n'impliquait pas de changement radical et soudain, mais un long et lent processus d'ajustement, sous la direction d'Edward.

Les principales caractéristiques de son projet peuvent être brièvement résumées : la conception qu'Edouard se faisait de sa position de roi national poursuivant des objectifs nationaux, les fonds nécessaires à cette réalisation devant être apportés par la nation, l'a naturellement conduit à concevoir un système d'imposition qui comblerait les besoins nationaux. l'Échiquier tout en évitant des frictions inutiles avec le contribuable. Son problème était de maintenir son trésor plein de la manière la plus commode pour la Couronne, et en même temps de réduire au minimum le mécontentement et les inconvénients ressentis par la nation dans son ensemble sous le fardeau. En élargissant l'assiette de l'impôt, il fut amené à élargir l'assiette du Parlement ; et ainsi il passa de la conception féodale d'un *Concilium de Commune* , assisté uniquement de locataires de la Couronne, à l'idéal plus noble d'un Parlement national contenant des représentants de chaque communauté et de chaque classe en Angleterre. La composition du grand conseil fut modifiée ; le principe de représentation, connu depuis des siècles avant la Conquête dans le gouvernement local anglais, trouve désormais sa place, et, comme cela s'est avéré, son siège permanent, au Parlement anglais. Il était évident que le Parlement, dont la composition était ainsi modifiée, devait se réunir plus fréquemment qu'autrefois. Edward a élevé le conseil national de son ancienne position de simple assemblée occasionnelle réservée aux urgences spéciales, à une place normale et honorée dans le plan de gouvernement. Désormais, les sessions parlementaires fréquentes sont devenues une évidence.

Les pouvoirs de cette assemblée se sont également élargis presque automatiquement, avec l'élargissement de sa composition. L'impôt était sa fonction originelle, puisque c'était le but premier (ainsi que le soutiennent les meilleures autorités malgré quelques critiques défavorables) pour lequel les représentants des comtés et des bourgs avaient été appelés à y être appelés. La législation, ou le droit de veto sur la législation, fut bientôt ajoutée – même si au début les nouveaux venus n'y eurent qu'une humble part. Les fonctions d'entendre les doléances et de donner des conseils appartenaient, même au temps du Conquérant, à ceux des grands magnats qui pouvaient faire entendre leur voix à la Curia Regis ; et des droits similaires furent progressivement étendus aux membres les plus humbles de l'assemblée augmentée. Les représentants des comtés et des villes conservaient le droit de libre discussion même après la scission du Parlement en deux chambres distinctes. Ces droits, renforcés par le contrôle des cordons de la bourse, tendirent à augmenter, jusqu'à ce qu'ils assurent aux Communes un certain contrôle sur les fonctions exécutives du roi. Ce contrôle parlementaire variait en étendue et en efficacité selon la faiblesse du roi, son besoin d'argent et la situation politique du moment.

La nouvelle position et les nouveaux pouvoirs du Parlement impliquaient logiquement une modification correspondante de la position et des pouvoirs du conseil plus petit mais plus permanent ou *Concilium Ordinarium* (le futur Conseil privé). Cela avait depuis longtemps augmenté en puissance, en prestige et en indépendance, un processus accéléré par la minorité d'Henri

III. Le Conseil était désormais renforcé par le soutien d'un Parlement puissant, agissant généralement en alliance avec les dirigeants de l'opposition baronniale. Les membres du Conseil étaient généralement recrutés au Parlement, et leur nomination en tant que ministres du roi et membres de la Curie était fortement influencée par les débats de l'assemblée plus large.

Le Conseil devint ainsi un terrain neutre sur lequel les intérêts contradictoires du roi et du baronage pouvaient être discutés et compromis. Les projets sauvages comme celui du chapitre 61 de la Magna Carta ou comme celui du Comité nommé par le Parlement Fou en 1258 étaient désormais inutiles. Les propres ministres du roi, soutenus par le Parlement, devinrent un moyen adéquat pour faire respecter les restrictions constitutionnelles inscrites dans les chartes royales. Le problème était donc, pour le moment, résolu. Une sanction appropriée avait été imaginée, propre à transformer les promesses royales en réalités.

En résumé, l'objectif d'Édouard de gouverner en tant que roi national impliquait la réunion fréquente d'un parlement central composé d'individus aptes à servir de liens entre la Couronne et les différentes classes de la nation anglaise dont il espérait qu'elles contribueraient au Trésor national. Cela impliquait également que les affaires nationales devaient être dirigées par des ministres susceptibles de jouir de la confiance de ce parlement. [284] Ainsi, la politique d'Edward préfigurait vaguement certains des principes les plus fondamentaux du gouvernement constitutionnel moderne : le parlement, la représentation, la responsabilité ministérielle. Édouard Plantagenêt était, bien entendu, loin de comprendre tout le sens de ces conceptions, et s'il l'avait compris, il aurait été très réticent à les accepter ; pourtant, il aidait inconsciemment à faire avancer la cause du progrès constitutionnel.

Cette solution temporaire, sous le règne d'Édouard Ier, à un problème de gouvernement toujours récurrent a été envisagée sous deux aspects différents. On considère parfois qu'elle est simplement le résultat de la pression des événements, comme si un phénomène naturel s'est développé, soumis aux lois naturelles, pour répondre aux besoins de l'époque. D'autres auteurs l'attribuent à la sagesse et à l'action consciente du roi Édouard. Les deux visions ne sont peut-être pas aussi incompatibles qu'il y paraît à première vue, puisque les grands hommes travaillent en harmonie avec l'esprit de leur temps et semblent contrôler des événements qu'ils ne font qu'interpréter et exprimer. L'accord conclu à Runnymede entre le monarque anglais et la nation anglaise trouva, avant la fin du XIIIe siècle, sa contrepartie et sa sanction nécessaires dans la conception d'un roi gouvernant par l'intermédiaire de ministres responsables et en harmonie avec un Parlement national. Edouard Plantagenêt n'était que l'instrument par l'intermédiaire duquel la nouvelle conception fut pour un temps partiellement réalisée. Pourtant, il mérite la gratitude de la postérité pour sa part dans l'élaboration d'un plan de gouvernement fonctionnel, qui a remplacé les expédients maladroits conçus comme sanctions constitutionnelles par les barons en 1215. Il a fourni le complément logique des théories vainement énoncées dans La Grande Charte de Jean, transformant ainsi les expressions vaines de bonnes intentions en faits accomplis. Le triomphe ultime des principes qui sous-tendent la Magna Carta a été assuré grâce au mécanisme constitutionnel conçu par Edward Plantagenêt.

283 . La meilleure preuve en sera trouvée dans une comparaison de la Magna Carta avec le Statut de Marlborough et les principales lois du règne d'Édouard, notamment celle de Westminster I.

284 . La doctrine selon laquelle le *Concilium de la Commune* devait avoir son mot à dire dans la nomination des ministres de la Couronne avait en effet été mise en pratique à plusieurs reprises, même sous le règne d'Henri III. Voir Stubbs, *Const. Hist.* , II. 41.

PARTIE V.

MAGNA CARTA : VERSIONS ORIGINALES, ÉDITIONS
IMPRIMÉES ET COMMENTAIRES.

I. Manuscrits de la Magna Carta et documents relatifs.

Les barons qui avaient imposé la Grande Charte au roi Jean étaient déterminés à ce que son contenu soit largement connu et préservé de manière permanente. Il ne suffisait pas que le grand sceau soit formellement imprimé sur un seul parchemin. Ceux qui contraignirent Jean à se soumettre ne se contentèrent même pas de l'exécution de ses termes en double ou en triple exemplaire, mais insistèrent pour que le grand sceau soit apposé sur de nombreux exemplaires, tous avec des termes pratiquement identiques et d'égale autorité. Ceux-ci devaient être répartis dans tout le pays et conservés dans des places fortes importantes et parmi les archives des chapitres des églises cathédrales.

I. *Les versions originales existantes.* Parmi les nombreuses copies de la Charte authentifiées sous le grand sceau de Jean, quatre ont échappé à la main destructrice du temps et peuvent encore être examinées par les membres du public après que près de sept siècles se soient écoulés. Ces quatre enregistrements sont :

(1) *Magna Carta du British Museum, numéro un* — officiellement cité sous le titre « Cotton, Charters XIII. 31 A ». L'histoire récente de ce document est bien connue. Il a été retrouvé parmi les archives du château de Douvres au XVIIe siècle ; et il n'est pas improbable qu'il soit resté là pendant des siècles auparavant, peut-être à une date pas beaucoup plus tardive que celle de son exécution originale ; car le château de Douvres, comme la Tour de Londres, était un lieu naturel pour la conservation de documents de valeur nationale. Là, il fut découvert par Sir Edward Dering alors qu'il était gardien du château, et par lui il fut présenté à Sir Robert Cotton, accompagné d'une lettre datée du 10 mai 1630. [285] Il ^{constitue} toujours un élément de la collection conservée au Royaume-Uni. Musée qui porte le nom du célèbre antiquaire.

Lors du grand incendie du 23 octobre 1731, qui attaqua la Bibliothèque Cottonienne, cette précieuse Charte fut sérieusement endommagée et rendue en partie illisible, tandis que la cire jaune du sceau fut partiellement fondue. Il est possible que cet accident ait quelque peu ajouté au prestige de cet exemplaire particulier de la Magna Carta, qui, comme les trois autres encore existantes, est écrit en continu, bien qu'avec de nombreuses contractions, dans une écriture normande soignée et fluide. Une particularité de cette version est que certaines omissions semblent avoir été faites dans le corps de l'acte et avoir été fournies au pied du parchemin. Ceux-ci sont au nombre de cinq. [286] Il est possible de les considérer comme des corrections d'omissions cléricales dues à la négligence ou à la précipitation dans la saisie de l'acte ; mais le fait que l'un des ajouts soit clairement en faveur du roi soulève une forte présomption qu'ils constituaient des ajouts faits après coup à ce qui avait été initialement dicté au clerc captivant, et qu'ils ont été insérés à la suggestion du roi avant qu'il n'adhère à l'ordre. grand sceau.

L'importance de ce document a été reconnue relativement tôt, grâce à un fac-similé préparé par John Pine, un graveur bien connu de l'époque, environ dix-huit mois après le grand incendie. La gravure porte un certificat du 9 mai 1733, racontant que la copie est fondée sur l'original, qui avait été ratatiné par la chaleur ; mais là où deux trous avaient été brûlés, les mots effacés avaient été remplacés par l'autre version (à décrire immédiatement), également conservée dans la collection Cottonian.

(2) *La Magna Carta du British Museum, numéro deux* – officiellement citée sous le titre « Cotton, Augustus, II. 106. » L'histoire ancienne de ce document est inconnue, mais au XVIIe siècle, il entra en possession de M. Humphrey Wyems, et par lui il fut présenté à Sir Robert Cotton le 1er janvier 1628-1629. Contrairement à l'autre exemplaire cotonien, celui-ci est heureusement dans un excellent état de conservation ; mais il ne reste aucune trace d'un quelconque sceau. [287] Trois des cinq addenda insérés au bas de la copie précédemment décrite se retrouvent ici dans une position similaire ; mais la substance des deux autres est incluse dans le corps de l'acte. Dans la marge de gauche, des titres destinés à décrire plusieurs chapitres apparaissent dans une main ultérieure. [288] Ainsi, pour la préservation de deux exemplaires originaux de la charte nationale des libertés, la nation est redevable à Sir Robert Cotton, mais pour le zèle antiquaire duquel ils auraient pu tous deux être perdus. Apparemment, cependant, une histoire racontée par plusieurs auteurs [289] sur le sort humiliant qui menaçait la Magna Carta originale doit être rejetée. Sir Robert, dit-on, a découvert « le palladium des libertés anglaises » entre les mains de son tailleur au moment critique où les ciseaux étaient sur le point de le transformer en formes pour un costume. Il s'agit sans aucun doute d'une fable, puisque les deux manuscrits de la Magna Carta de la collection Cottonian sont autrement représentés.

(3) *La Magna Carta de Lincoln.* Cette copie est sous la garde du Doyen et du Chapitre de la Cathédrale, où elle repose sans aucun doute depuis de nombreux siècles. Il a été suggéré que l'évêque Hugh de Lincoln, canonisé par l'Église romaine, dont le nom apparaît dans la liste des magnats consentants à l'octroi de John, aurait pu l'avoir apporté avec lui de Runnymede à son retour à Lincoln. Le mot « Lincolnia » est apposé plus tard à deux endroits au dos du document, sur les plis du parchemin. Il ne comporte aucune correction ni ajout inséré au pied, mais reprend à leur place toutes celles qui se sont produites dans les versions déjà discutées. De plus, il est exécuté avec plus de fioritures et d'une manière plus finie que ceux-ci, et l'on en déduit qu'il a fallu plus de temps pour l'absorber. Les commissaires aux archives, lors de la préparation des *Statuts du Royaume*, ont considéré cette version comme ayant une autorité supérieure à toutes les autres et l'ont donc

choisie comme copie pour leur gravure de la Magna Carta publiée en 1810 dans cet ouvrage précieux, ainsi que dans le premier volume. de leur édition de Rymer's *Foedera* en 1816. [290]

(4) *La Magna Carta de Salisbury* — conservée dans les archives de la cathédrale. L'histoire ancienne de ce manuscrit n'a pas été retracée, mais son existence était connue à la fin du XVIIe siècle. [291] Sir William Blackstone, en avril 1759, [292] entreprit des recherches pour le retrouver, mais sans succès - ses enquêtes aboutirent à la déclaration selon laquelle il avait été perdu une trentaine d'années auparavant, lors de l'exécution de réparations dans la cathédrale. bibliothèque. Comme sa disparition avait réellement eu lieu pendant le mandat de Gilbert Burnet, dont les intérêts antiquaires étaient bien connus, ses adversaires politiques l'accusèrent de se l'approprier : calomnie incontestable, mais à laquelle prêtaient quelque couleur les faits à venir. expliqué. Le document n'avait pas été redécouvert en 1800 lorsque la commission royale publia son rapport sur les résultats de ses enquêtes sur les archives nationales. [293] Deux sous-commissaires visitèrent Salisbury en 1806 à sa recherche, mais n'obtinrent aucune satisfaction. Il semble cependant avoir été redécouvert au cours des années suivantes, puisqu'il est mentionné dans un livre publié en 1814 [294] et qu'il est maintenant exposé au public sur ordre du doyen et du chapitre de la cathédrale de Salisbury. Il ressemble à la copie de Lincoln à la fois par sa belle écriture tranquille et également par l'absence d'ajouts au bas du parchemin. [295]

II. *Comparaison des originaux*. Avant la publication du grand ouvrage de Sir William Blackstone, une confusion extraordinaire semble avoir régné concernant les différentes Chartes des Libertés. Non seulement la Magna Carta de Jean a été confondue avec les diverses rééditions d'Henri ; mais ces derniers n'étaient connus que par une copie officielle de la Charte de 1225 contenue dans le statut confirmant la vingt-huitième année du règne d'Édouard Ier, connu sous le nom d'« Inspeximus », à cause du premier mot de la déclaration du roi. qu'il avait vu le document dont il avait donné copie. Ni Madox [296] ni Brady [297] n'étaient au courant de l'existence d'aucun des quatre originaux ; et aucune mention n'en est faite dans la première édition de Rymer's *Foedera* , parue en 1704. M. Tyrrell semble en effet avoir eu connaissance du deuxième exemplaire original du British Museum ainsi que de la version de Salisbury. [298] M. Care [299] n'a montré aucune connaissance claire des différents manuscrits, bien qu'il ait mentionné l'existence de plusieurs. Même Sir William Blackstone n'a rassemblé en 1759 que les deux copies cotoniennes, car il n'a pas réussi à trouver celle de Salisbury et ignorait l'existence du manuscrit de Lincoln. [300]

Comme ces quatre versions sont pratiquement identiques dans leur substance – les variations étant simplement l'utilisation de contractions ou d'autres changements verbaux de caractère insignifiant – aucune question importante ne semble être impliquée dans la discussion quant à savoir si l'une d'entre elles a une plus grande valeur. que les autres. Les Record Commissioners considérèrent que la copie de Lincoln était la première à être achevée (et donc qu'elle possédait une autorité particulière), car, contrairement aux deux copies de Cottonian, elle ne contenait aucune insertion en pied de l'instrument. Pourtant, il semble plus plausible d'affirmer que cette immunité même contre les erreurs d'écriture ou contre les ajouts effectués après une absorption profonde, prouve qu'il était d'une exécution plus tardive et moins précipitée que les autres, et donc de moins d'autorité, si une distinction est permise. M. Thomson a de nombreuses raisons d'affirmer en parlant de la version marquée au feu du British Museum que « les mêmes circonstances peuvent probablement être une preuve de son antiquité supérieure, car ayant été la première qui a été réellement dessinée et scellée. Runnymede, l'original d'où ont été tirées toutes les copies les plus parfaites. [301]

Dans tous les textes imprimés de la Magna Carta, le contenu est divisé en un préambule et soixante-trois chapitres, et chaque chapitre est numéroté et traité dans un paragraphe distinct. Il n'y a aucune garantie à ce sujet dans aucun des quatre originaux, qui vont tous directement du début à la fin, comme les autres chartes féodales, et ne contiennent aucun numéro ou autre indication où se termine une disposition et où commence une autre. À proprement parler, la Magna Carta ne comporte donc pas de chapitres : ceux-ci sont une invention moderne, faite pour faciliter la référence.

III. *Les articles des barons.* D'un intérêt historique à peine inférieur à ces quatre copies originales de la Grande Charte est le parchemin qui contient les têtes de l'accord conclu entre Jean et les rebelles le 15 juin 1215, à partir duquel la Charte fut ensuite élargie. Le parchemin contenant ces têtes, connu sous le nom d'Articles des Barons, se trouve maintenant au British Museum, officiellement cité sous le nom de « Donation MSS. 4838. » Les sept siècles qui l'ont parcouru ont laissé étonnamment peu de traces ; il est tout à fait lisible partout et porte toujours l'impression du grand sceau de Jean en cire brune. Il est probable que ce document ait pu passer, avec d'autres documents anglais, entre les mains du prince Louis pendant la guerre civile qui suivit la transaction de Runnymede ; qu'il fut remis au régent William Marshal aux termes du traité de Lambeth conclu en septembre 1217 ; et que par la suite il fut déposé au palais de Lambeth, où il resta jusqu'au milieu du XVIIe siècle. Mgr Laud semble avoir été conscient de son intérêt historique, puisqu'il l'a placé parmi les documents les plus précieux de sa conservation. Menacé d'être mis en accusation par le Long Parlement, il jugea prudent de mettre de l'ordre dans ses papiers ; et le 18 décembre 1640, il dépêcha à cet effet dans son palais épiscopal son ami le docteur John Warner, évêque de Rochester.

Il n'y avait en effet pas de temps à perdre ; quelques heures plus tard, Laud fut confié à la garde de Black-Rod, et un messager officiel fut envoyé par la Chambre des Lords pour sceller ses papiers. Cependant l'évêque Warner s'était échappé avec les articles des barons avant l'arrivée de ce messager ; il le garda jusqu'à sa mort, et à sa mort il passa à l'un de ses exécuteurs testamentaires nommé Lee, et de lui à son fils le colonel Lee, qui le présenta à Gilbert Burnet, plus tard évêque de Salisbury et auteur de la célèbre *Histoire de sa propre histoire. Le temps* . Lorsque la Magna Carta de Salisbury a disparu, Burnet a été soupçonné de se l'approprier à son propre usage. Les raisons qui donnaient apparemment un certain poids aux fausses déclarations de ses adversaires politiques étaient que des facilités spéciales lui avaient été accordées pour consulter les archives publiques dans le cadre de la poursuite de ses travaux historiques et qu'en fait, il possédait effectivement - tout à fait légalement , comme nous le savons maintenant, les Articles des Barons, qui ont été confondus par la négligence des premiers historiens avec la Magna Carta elle-même. La calomnie fut si largement répandue que Burnet crut nécessaire de la réfuter formellement, expliquant qu'il avait reçu les articles en cadeau du colonel Lee. "C'est donc maintenant entre mes mains, et cela m'est arrivé très équitablement."

L'évêque Burnet l'a laissé en héritage à son fils Sir Thomas Burnet ; et à sa mort, il passa à son exécuteur testamentaire David Mitchell, dont Blackstone obtint l'autorisation de l'imprimer en 1759. Peu de temps après, il fut acheté à la fille de M. Mitchell par un autre grand historien, Philip, deuxième comte de Stanhope, et par lui il fut présenté au British Museum en 1769. Il est aujourd'hui exposé au public avec les deux copies cotoniennes de la Magna Carta. Les commissaires aux archives l'ont reproduit en fac-similé dans *Statutes of the Realm* en 1810, ainsi que dans le *New Rymer* en 1816. [302]

Le document commence par ce titre : « *Ista sunt Capitula quae Barones petunt et dominus Rex concedit.* » Puis les articles se succèdent en 49 paragraphes de longueur variable, séparés mais non numérotés, chaque nouveau chapitre (contrairement aux chapitres de la Magna Carta, qui se déroulent tout droit comme il sied à son caractère de charte) commençant une nouvelle ligne. Les numéros qui apparaissent invariablement dans toutes les éditions imprimées n'ont aucune garantie dans l'original.

Un espace vide suffisant pour deux lignes d'écriture apparaît entre les paragraphes 48 et 49, indiquant peut-être que le dernier chapitre, qui contient la disposition révolutionnaire pour la nomination des vingt-cinq exécuteurs testamentaires, avait été ajouté après coup. Les chapitres 45 et 46 sont reliés par une grossière parenthèse, et une clause est ajoutée de la même main que le reste, mais plus rapidement, modifiant les dispositions des deux en faveur du roi. Au moins, c'est clairement une réflexion après coup. [303]

IV. *La soi-disant « Charte des libertés inconnue »*. Parmi les archives françaises est conservée la copie de ce qui prétend être une charte accordée par le roi Jean, mais irrégulière dans sa forme. Ce document est conservé aux *Archives du Royaume* dans la *Section Historique* et numéroté J. 655. [304] Une copie de cette copie a été découverte au Record Office de Londres par M. J. Horace Round en 1893, date antérieure à laquelle elle semble avoir été pratiquement inconnu des historiens anglais, bien qu'il ait été imprimé par un écrivain français trente ans plus tôt. [305] M. Round a fait part de sa découverte de cette « charte inconnue des libertés » à l' *English Historical Review*, dans les pages de laquelle s'est ensuivie une discussion sur sa nature et sa validité, inaugurée par lui. Trois théories ont été suggérées : (*a*) M. Round a soutenu que le document était une copie, peut-être sous une forme mutilée, d'une charte effectivement accordée en 1213 par le roi Jean aux barons du Nord, contenant des concessions qu'ils avaient accepté d'accepter. en satisfaction de leurs revendications. [306] (*b*) M. Prothero préférait la considérer, non pas comme une charte effectivement exécutée, donnée et acceptée en règlement des diverses revendications en litige, mais plutôt comme une proposition avortée faite par le roi au début de 1215 et rejetée par le barons. [307] (*c*) M. Hubert Hall a rejeté le document comme étant un faux et l'a décrit comme « une charte de couronnement attribuée à Jean par un scribe français dans la deuxième décennie du XIIIe siècle » – probablement entre novembre 1216 et mars. , 1217, lorsque le roi Philippe voulut prouver que Jean avait commis un parjure en rompant ses promesses et avait ainsi perdu son droit à la couronne d'Angleterre. [308]

M. Hall décrit la méthode de procédure adoptée par l'auteur de ce prétendu faux. Plaçant devant lui des exemplaires de la Charte des Libertés d'Henri Ier et des chartes d'Henri III publiées en 1216-1217, il sélectionna parmi ces sources ce qui convenait à son objectif, et par la suite « soit par dessein, soit par insouciance, ou par ignorance des formes anglaises, il a modifié le libellé de ses deux originaux de manière à produire l'effet d'une paraphrase entrecoupée d'archaïsmes. Cette théorie extrêmement ingénieuse n'est pas entièrement convaincante. Sans insister sur le nombre d'inférences non prouvées sur lesquelles il se fonde, il semble avoir un grave défaut : il ignore l'absurdité de tenter d'obtenir du crédit pour une composition aussi maladroite, surtout quand il était bien connu que John n'avait jamais accordé de crédit à une composition aussi maladroite. charte du couronnement du tout. Même si un faussaire habile avait pu utiliser le document comme base pour une charte complète, cela aurait quand même nécessité l'empreinte du grand sceau de Jean pour lui donner une validité. On ne saurait sérieusement imposer à qui que ce soit une telle imposture.

Une quatrième théorie peut être suggérée très provisoirement, à savoir que le document en question est une copie du calendrier réel établi par les barons avant le 27 avril 1215. Qu'un tel calendrier existait, nous le savons par la déclaration expresse de Roger de Wendover. , [309] qui nous apprend qu'il fut envoyé au roi avec la demande qu'on y apposât immédiatement son sceau, sous peine de guerre civile. De là, on peut déduire sans risque de se tromper que le plan, tel qu'il quittait les mains des barons, était prêt à être exécuté ; mais le manque d'expérience dans la rédaction de chartes de la Couronne les empêcherait de produire un instrument tout à fait régulier. Ils prendraient assurément pour modèle la charte d'Henri Ier, qui avait contribué à définir le but de tous leurs efforts. Il faudrait cependant mettre cela à jour, par des ajouts dont on pourrait *a priori* s'attendre à ce qu'ils ressemblent aux dispositions adoptées ensuite avec plus de développement dans l'accord conclu à Runnymede. Ce tableau, rapidement élaboré, contiendrait probablement bon nombre des caractéristiques effectivement découvertes par M. Hall dans le document en discussion. Une telle identification de la « Charte inconnue des Libertés » avec le calendrier du 27 avril 1215 expliquerait tous les traits soulignés par M. Hall : les archaïsmes, le style erroné et l'emploi, à la première de la troisième personne du singulier, et puis de la première personne du singulier, au lieu d'utiliser partout la première personne du pluriel invariablement utilisée par John. Cela expliquerait également pourquoi la première moitié du parchemin sur lequel est écrite la « charte inconnue » contient une copie de la charte d'Henri Ier, et pourquoi les deux possèdent tant de caractéristiques en commun.

Il serait évidemment inopportun de fonder des conclusions sur les termes d'un document dont la nature et l'authenticité font l'objet de tant de théories rivales ; mais même si une enquête plus approfondie prouve qu'il s'agit d'un faux, un faux d'époque contemporaine peut mettre en lumière des passages par ailleurs obscurs dans de véritables chartes. On en trouvera un ou deux exemples dans la suite.

---

285 . Cette lettre est également conservée au British Museum et citée sous le titre « Cotton, Julius, C. III. Fol. 191. »

286 . Celles-ci sont soigneusement notées parmi les variations décrites par les rédacteurs des Chartes des Libertés formant la première partie du premier volume des *Statuts du Royaume* . Ces addenda sont (1) à la fin du c. 48, « *per eosdem, ita quod nos hoc sciamus prius, vel justiciarius noster, si in Anglia non fuerimus* », prévoyant que le roi devrait être informé de toutes les pratiques forestières qualifiées de « mauvaises » avant qu'elles ne soient abrogées ; (2) deux petits ajouts, vers le début de c. 53, (a), « *et eodem modo de justicia exhibenda* », et (b) « *vel remansuris forestis* » ; (3) au c. 56, ces quatre mots, « *in Anglia vel in Wallia* » ; et (4) au c. 61 les mots « *in perpetuum* » après « *gaudere* ». Au 2e British Museum

MS. trois de ces addenda apparaissent au pied, à savoir. (1), (2 *une*) et (2 *b*); mais les mots de (3) et (4) sont incorporés dans le corps de ce MS.

287 . « Le pli et l'étiquette sont maintenant coupés, bien qu'il soit dit qu'il y avait autrefois des fentes pour deux sceaux, ce dont il est presque impossible de se rendre compte ; mais le Dr Thomas Smith, dans sa préface au *Cottonian Catalogue* , Oxford, 1695, in-folio, déclare qu'ils étaient ceux des barons » (Thomson, *Magna Charta* , 425).

288 . Les reproductions de cet exemplaire sont vendues au British Museum à 2s. 6j. chaque.

289 . Voir Isaac D'Israeli, *Curiosités de la littérature* , I. 18, et Thomson, *Magna Charta* , 424.

290 . La gravure a été exécutée sur leur commande par James Basire.

291 . Voir James Tyrrell, *Histoire de l'Angleterre* , Vol. II. 821 (1697-1704).

292 . Blackstone, *Grande Charte* , p. XVII.

293 . Voir *Rapport* (1800), p. 341, contenant le rapport du greffier du chapitre de l'église cathédrale de Salisbury, daté du 15 mai 1800.

294 . Dodsworth, *Récit historique de la cathédrale* , 202.

295 . Il n'est pas nécessaire de traiter en détail les copies de la charte non authentifiées par le grand sceau de Jean, bien que certaines d'entre elles soient d'une grande valeur en tant qu'autorités secondaires. Les quatre plus importants sont (*a*) une copie figurant dans le registre de l'abbaye de Gloucester, (*b*) le Harleian MSS., British Museum n° 746 (qui contient également les noms des vingt-cinq exécuteurs testamentaires dans une main probablement du règne). d'Édouard I.), (*c*) dans le Livre rouge de l'Échiquier. Il existe également (*d*) une première version française, imprimée dans D'Achery, *Spicilegium* , Vol. XII. p. 573, ainsi que l'assignation du 27 septembre adressée au shérif du Hampshire. Voir Blackstone, *Grande Charte* , p. xviii., et Thomson, *Magna Charta* , pp. 428-430.

296 . Thomas Madox, *Firma Burgi* (1726). Dans. 45, Madox se réfère uniquement à l' *Inspeximus* d'Edouard Ier.

297 . Robert Brady, *Histoire complète de l'Angleterre* , p. 126 de l'Annexe au Vol. I. (1685), tire son texte de la Charte de Matthew Paris, « comparé au manuscrit trouvé dans la bibliothèque du Bennet College ».

298 . James Tyrrell, *Histoire de l'Angleterre* (1697-1704). À la p. 9 de l'Annexe au Vol. II. p. 821, Tyrrell imprime un texte de la Charte de Jean fondé sur celui de M. Paris, collationné avec ces deux originaux.

299 . Henry Care, *Libertés anglaises dans l'héritage des sujets libres ; contenant la Magna Charta* , etc. (1719), p. 5. La première édition, au titre quelque peu différent, est datée de 1691.

300 . Curieusement, Sir Thomas Duffus Hardy, pas plus tard qu'en 1837, en publiant son *Rotuli Chartarum* (Introduction, p. ii. note 5) déclara qu'aucun original de la Charte de John n'existait. De nombreuses copies, il le savait, avaient été « faites et déposées, dans un souci de perpétuation, dans toutes les principales maisons religieuses du royaume. Cependant, malgré tout le soin apporté à la multiplication des copies, il est singulier qu'aucune copie contemporaine du Roi La Magna Carta de Jean a encore été trouvée. » Le Lincoln MS. il l'a écarté comme étant « certainement pas d'une date si précoce », alors qu'il confond le seul MSS du British Museum. connu de lui avec les articles des barons. Il réaffirme en outre l'erreur, si clairement exposée par Blackstone quatre-vingts ans plus tôt, selon laquelle John aurait publié une *Carta de Foresta distincte* .

301 . Thomson, *Magna Charta* , 422.

302 . Des reproductions de celui-ci, ainsi que de la deuxième version cotonienne de la Charte, sont vendues par les autorités du British Museum au prix de 2 shillings. 6j.

303 . *Cf. supra* , p. 47, et Blackstone, *Great Charter* , XVII.

304 . Voir le récit donné par M. Hubert Hall, *English Historical Review* , IX. 326.

305 . Alexandre Teulet, *Layettes du Trésor* , I. p. 423 (1863).

306 . *Anglais. Hist. Rév.* , VIII. 288-294.

307 . *Ibid.* , IX. 117-121.

308 . *Ibid.* , IX. 326-335.

309 . R. Wendover, III. 298, et *cf. supra* , p. 40.

II. Éditions précédentes et commentaires.

Chaque histoire générale de l'Angleterre et presque tous les livres parus sur le droit anglais ont quelque chose à dire en termes de commentaires sur la Magna Carta. C'est peut-être pour cette raison que très peu de traités ont été consacrés exclusivement à son élucidation. Si édition après édition du texte de la Charte, ou de ses rééditions, ont paru, peu d'entre elles ont été accompagnées d'explications aussi brèves soient-elles. Le manque de tentatives pour expliquer le sens de la Charte est presque plus remarquable que la fréquence avec laquelle le texte a été reproduit. La Magna Carta est un document souvent imprimé, mais rarement expliqué.

I. *Éditions imprimées du texte de la Magna Carta.* Avant 1759, même les écrivains les mieux informés sur l'histoire anglaise travaillaient dans une grande confusion en ce qui concerne les différentes chartes des libertés. Peu d'entre eux semblent avoir conscience des différences fondamentales existant entre la charte originale accordée par Jean et les rééditions d'Henri III. Une grande partie de la responsabilité de cette confusion doit être portée par Roger de Wendover, qui, dans son récit des transactions à Runnymede, a incorporé, à la place de la Charte de John, le texte des deux chartes accordées par Henry. [310]

Les premiers historiens se contentaient de s'appuyer soit sur cette version, soit sur celle contenue dans l' *Inspeximus* d'Édouard Ier. Ainsi, dans tous les premiers recueils de statuts imprimés, le texte qui prétend représenter la Charte originale suit en réalité les paroles du troisième texte d'Henri. - problème. La toute première édition imprimée de la Magna Carta semble avoir été celle publiée le 9 octobre 1499 par Richard Pynson, imprimeur du roi [311] et contemporain de Wynkyn de Worde. Ce n'était bien sûr pas la Charte de Jean, mais suivait *l'Inspeximus d'Édouard* de la Charte d'Henri de 1225.

Depuis le milieu du XVIIIe siècle, de nombreuses éditions du texte de la Grande Charte de Jean ont été publiées, soit seules, soit en même temps que le texte des diverses rééditions du règne d'Henri III ; mais il semble inutile d'en mentionner plus de quatre.

(1) En 1759 parut l'ouvrage scientifique de Sir William Blackstone intitulé *La Grande Charte et la Charte de la Forêt* , contenant des textes précis de toutes les questions importantes des Chartes des Libertés soigneusement préparés à partir des manuscrits originaux dans la mesure où ceux-ci lui étaient connus. [312]

(2) À certains égards, les Record Commissioners ont même amélioré le travail de Blackstone dans leur édition des *Statutes of the Realm* , publiée en 1810. Une

section spéciale du volume est consacrée aux Chartes des Libertés, où non seulement les concessions de John et Henri III, mais aussi les chartes qui y ont conduit, et leurs confirmations ultérieures, ont fait l'objet d'un traitement exhaustif.

(3) Un texte soigneusement révisé, *Magna Carta regis Johannis*, a été publié par le Dr Stubbs en 1868 ; et les différentes chartes se trouvent également, classées par ordre chronologique, dans son volume bien connu, publié pour la première fois en 1870, intitulé *Select Charters and other illustrations of Histoire constitutionnelle anglaise*, une collection pratique et facilement accessible à tous les étudiants en droit et en histoire.

(4) Pour l'étude continue de la séquence des chartes, le meilleur ouvrage de référence est *les Chartes de Libertés Anglaises* de M. Charles Bémont publiées en 1892, dans les pages desquelles on retrouvera les différentes éditions des chartes de John et Henry dans un formulaire pratique pour la comparaison entre eux et avec les documents précédents et suivants.

II. *Commentaires et traités.* Il est douteux que la préparation d'une liste de tous les livres contenant des références fortuites à la Magna Carta ou à ses dispositions aurait un quelconque intérêt ; et il est clair que la tâche serait extrêmement lourde. Il n'y a cependant aucune difficulté à nommer les quelques traités d'une valeur exceptionnelle qui ont été exclusivement ou principalement consacrés à l'exposé de la Grande Charte. Parmi ceux-ci, neuf seulement méritent une mention particulière.

(1) Le mystérieux ouvrage de droit médiéval connu sous le nom de *Miroir des juges* contient un chapitre sur la Magna Carta qui peut prétendre être considéré comme un commentaire, bien qu'il représente les opinions d'un pamphlétaire politique plutôt que celles d'un juge impartial. La date de ce traité fait toujours l'objet de controverses. Il était habituel de le placer au plus tôt dans les années 1307-27, principalement parce qu'il fait mention d'« Édouard II ». Le professeur Maitland le date cependant plus tôt, affirmant pour des raisons générales qu'il a été « écrit très peu de temps après 1285, et probablement avant 1290 ». [313] Il explique la référence à « Édouard II ». comme s'appliquant au monarque maintenant généralement connu en Angleterre sous le nom d'Édouard Ier, mais parfois sous son propre règne connu sous le nom d'Édouard II, pour le distinguer d'un Édouard antérieur, encore inscrit dans l'imagination populaire, à savoir Édouard Confesseur. M. Maitland n'est pas disposé à prendre trop au sérieux cette œuvre d'un auteur inconnu et met en garde les étudiants contre « son ignorance, ses préjugés politiques et ses mensonges délibérés ». [314]

(2) En rejetant donc le *Mirror*, considéré comme un guide dangereux et peut-être fallacieux, le premier commentaire sérieux connu est celui de Sir Edward Coke, ancien Lord Chief Justice. Ce traité élaboré, formant le deuxième des

quatre *instituts de Coke* , fut publié en 1642 sous la direction du Long Parlement, la Chambre des Communes en ayant donné l'ordre le 12 mai 1641. [315]

Bien que ce commentaire, comme tout ce qui a été écrit par Coke, ait été longtemps accepté comme un ouvrage de grande valeur, sa méthode est en réalité totalement non critique et non historique. Le grand juriste lit dans la Magna Carta l'ensemble de la common law du XVIIe siècle dont il était certes un maître. Il semble presque inconscient des grands changements accomplis par l'expérience et les vicissitudes des quatre siècles mouvementés qui se sont écoulés depuis l'octroi initial de la Charte. Les diverses clauses de la Magna Carta ne sont donc que l'occasion d'exposer le droit tel qu'il existait, non pas au début du XIIIe siècle, mais à son époque. Entre les mains habiles de Sir Edward, la Grande Charte est conçue pour attaquer les abus de Jacques ou de Charles, plutôt que ceux de Jean ou d'Henri, que ses auteurs avaient en vue. En exposant le *judicium parium* , par exemple, il explique soigneusement de nombreux détails minutieux de la procédure devant la Cour du Lord High Steward, et décrit de manière détaillée la nature des mandats qui doivent être émis avant l'arrestation de quiconque par la Couronne ; tandis que, dans la clause de la Charte de Henry qui garantit une porte ouverte aux marchands étrangers en Angleterre « à moins que cela ne soit publiquement interdit », il découvre une déclaration selon laquelle le Parlement aura le seul pouvoir d'édicter de telles interdictions, oubliant que la réglementation du commerce était une prérogative exclusive. de la Couronne dans laquelle le Parlement n'avait pas le droit d'intervenir pendant de nombreux siècles après le règne d'Henri III.

(3) En 1680, M. Edward Cooke, avocat, publia un petit volume intitulé *Magna Charta, rédigé la neuvième année du roi Henri III. et confirmé par le roi Édouard I. dans la vingt-huitième année de son règne* . Celui-ci contenait une traduction de la Magna Carta d'Henry avec de courtes notes explicatives fondées principalement sur le commentaire de Sir Edward Coke. Dans sa préface, M. Cooke a déclaré que son objectif était de rendre la Grande Charte plus accessible au grand public, car, comme il l'a dit : « Je suis sûr que rares sont les gens ordinaires sur cent qui savent ce que c'est. .»

L'introduction de Sir William Blackstone à son édition des chartes, publiée en 1759, contient, comme déjà mentionné, des informations précieuses sur les documents qu'il édite ; mais il décline explicitement toute intention d'écrire un Commentaire. Il prend soin de préciser « qu'il n'est pas dans son intention actuelle, ni (il le craint) à la portée de ses capacités, de donner un commentaire complet et explicatif sur les questions contenues dans ces chartes ». [316]

(5) L'hon. Daines Barrington a publié en 1766 ses *Observations sur les Statuts de la Magna Charta à 21 James I*. Ce livre contient quelques notes sur la Charte également fondées principalement sur le *Second Institut de Coke* ; ses contributions originales n'ont pas une valeur exceptionnelle.

(6) En 1772, le professeur Francis Stoughton Sullivan a donné au public son cours précédemment donné à l'Université de Dublin sous le titre *Un traité historique sur le droit féodal, avec un commentaire sur la Magna Charta* . Les propres mots de l'auteur donnent une conception suffisamment précise de sa portée et de sa valeur : « Je vais donc parler brièvement de la *Magna Charta* et, ce faisant, j'omettrai presque tout ce qui concerne les régimes féodaux, qui en constituent la plus grande partie. et je me limite à ce qui est maintenant la loi.
[317]

History of English Law de M. John Reeves , dont la première édition parut en 1783-1784, marqua le début d'une nouvelle époque dans l'étude scientifique de la genèse du droit anglais. Abordant incidemment la Magna Carta, il fait preuve d'une merveilleuse perspicacité dans le sens réel de nombre de ses dispositions, mais l'état des connaissances historiques au moment où il écrivait rendait inévitables de nombreuses erreurs graves.

(8) En 1829, M. Richard Thomson a publié une édition élaborée des chartes combinée à un commentaire qui contient de nombreuses informations utiles, mais ne fait aucune tentative sérieuse pour compléter les explications non historiques de Sir Edward Coke par les résultats d'enquêtes plus récentes dans le provinces du droit et de l'histoire. Son œuvre est une mine d'informations qui doivent cependant être utilisées avec prudence.

(9) À bien des égards, la contribution la plus précieuse jamais apportée à l'élucidation de la Grande Charte est celle contenue dans la préface de M. Charles Bémont à ses *Chartes des Libertés Anglaises* , publiées en 1892. Bien qu'il se soit soumis aux sévères restrictions imposées par la taille réduite de son volume et par un désir rigide de n'énoncer que des faits de nature incontestée, laissant strictement seules les théories ; il a néanmoins beaucoup fait pour faire avancer l'étude des chartes. En particulier, il a rendu un service important en insistant sur l'étroite relation mutuelle entre les diverses Chartes des Libertés, depuis celle d'Henri Ier jusqu'aux confirmations d'Édouard Ier et des rois ultérieurs. Il est douteux, cependant, qu'en insistant sur le processus de développement progressif que l'on peut retracer dans cette longue série, il ne s'expose pas à l'idée fausse qu'il adopte une vision trop étroite de la portée et des relations de la Charte. . Les points de contact de la Magna Carta avec l'histoire passée et future des libertés anglaises et des lois et institutions anglaises ne doivent pas être réduits à ceux qui se déroulent en une seule ligne droite. Il ne faut pas chercher ses antécédents exclusivement dans des documents rédigés en forme de chartes, ni ses résultats seulement

dans leurs confirmations ultérieures. Il est impossible de le comprendre correctement, sauf en relation étroite avec tous les aspects variés de la vie nationale et du développement national. Chaque loi figurant au tableau des statuts est, en un sens, une loi modifiant la Magna Carta ; tandis que des textes tels que le Statut de Marlborough et le Statut de Westminster I. ont un lien aussi intime avec la Grande Charte de Jean que la *Confirmatio Cartarum* ou les *Articuli super Cartas* l'ont. C'est une vérité que M. Bémont reconnaît sans doute, bien que l'économie de son livre l'amène plutôt à souligner un autre aspect, à première vue contradictoire, de son sujet. Son objectif n'était pas d'expliquer les nombreuses façons dont les Chartes des Libertés sont liées à l'ensemble de l'histoire anglaise, mais simplement de fournir une base pour l'étude précise de l'un de leurs aspects les plus importants. Son livre est indispensable, mais il ne prétend en aucun cas constituer un commentaire sur la Magna Carta.

Il semblerait donc que seules deux tentatives sérieuses aient été faites pour produire des traités formant explicitement et exclusivement des commentaires de la Grande Charte, à savoir le *Second Institut* de Coke et l'ouvrage laborieux et utile de M. Richard Thomson. Depuis la parution de *la Magna Charta de M. Thomson* , trois quarts de siècle se sont écoulés, marquant un énorme progrès dans la science historique et juridique ; Pourtant, les résultats des recherches modernes, si capables d'éclairer la matière de la Grande Charte, n'ont jamais été systématiquement appliqués à celle-ci. Le Dr Stubbs, de qui un tel ouvrage aurait été particulièrement bienvenu, s'est contenté de donner une paraphrase ou un résumé de la Charte, traduisant en équivalents anglais aussi littéralement que possible les mots mêmes de son texte latin - une démarche prudente, qui ne peut conduire à ses disciples égarés, mais il les laisse se laisser guider par leur propre ignorance plutôt que par sa connaissance. La raison invoquée par le Dr Stubbs pour garder le silence est plutôt l'excès que l'absence d'information. « Toute l'histoire constitutionnelle de l'Angleterre, nous dit-il, n'est guère plus qu'un commentaire de la Magna Carta ». [318] C'est vraisemblablement pour cette raison qu'il s'abstient de toute explication et se limite à un résumé de ses principales dispositions. Bien que de nombreuses indications précieuses puissent être obtenues à partir des pages des trois volumes de son histoire et de ses autres ouvrages, le Dr Stubbs n'a, dans aucun de ses écrits publiés, apporté quoi que ce soit de la nature d'un commentaire direct sur la Grande Charte de Jean. Dans cette politique, il a été suivi par les membres de la grande école moderne des historiens anglais dont il est le fondateur. [319]

De nombreuses indications précieuses peuvent être obtenues auprès d'autres auteurs tels que le Dr Gneist, Sir Edward Creasy, M. Taswell Langmead, le Dr Hannis Taylor, Miss Norgate et Sir James Ramsay, [320] mais leurs efforts pour expliquer la signification du Grand La Charte prend la forme de notes décousues plutôt que de commentaires exhaustifs. [321]

---

310 . R. Wendover, III. 302-318.

311 . Cette date est donnée par Bémont, *Chartes* , lxxi., mais Robert Watt dans sa *Bibliotheca Britannica* , Thomson, *Magna Charta* , 450, et Lowndes, *Bibliographer's Manual* , 1449, donnent tous la date de la première édition comme 1514. Bémont, lxxi. , et Thomson, 450-460, Watt et Lowndes fournissent des détails sur les différentes éditions de Pynson, Redman, Berthelet, Tottel, Marshe et Wight, de 1499 à 1618. Toutes ces éditions sont désormais remplacées par les *Statuts du Royaume* , publié par la Record Commission en 1810.

312 . La substance de cette admirable édition, aujourd'hui malheureusement rare, a été reproduite dans les *Tracts du même auteur* (1762).

313 . Voir *The Mirror of Justices* (édité pour la Selden Society par le professeur Maitland), *Introd.* , XXII. au XXIV.

314 . *Ibid.* , xxxvii. *Cf.* xlviii.

315 . Voir *Dictionnaire biographique national* , XI. 243.

316 . Introduction, p. ii.

317 . Voir p. 375 de l'ouvrage cité.

318 . Voir *Const. Hist.* , I. 572, et cf. *Certaines chartes* , 296.

319 . L'un des membres les plus brillants de cette école, M. Prothero, dont la capacité à rendre des sujets difficiles à la fois lucides et intéressants l'aurait spécialement qualifié pour la tâche d'expliquer la Magna Carta, décline cette tâche en partie parce que cela serait impossible. jeter une lumière nouvelle sur un sujet épuisé par les écrivains les plus capables. "- *S. de Montfort* , p. 14.

320 . Les travaux de ces auteurs et d'autres sont mentionnés en annexe.

321 . Il est inutile de faire plus que mentionner *A Historical Treatise on Magna Charta* de M. Boyd C. Barrington, du barreau de Philadelphie (1899), dont l'auteur dit (p. ii.) : « Aucune prétention n'est faite pour l'originalité, mais uniquement pour la recherche, qui a été exhaustive dans tous les domaines que j'ai pu poursuivre. Son distingué compatriote, le Dr Gross (*Sources and Literature of English History* , p. 348), la considère comme « de peu de valeur ».

TEXTE, TRADUCTION ET COMMENTAIRE.
MAGNA CARTA.

- 182 -

PRÉAMBULE. [322]

Johannes Dei gratia rex Anglie, dominus Hibernie, dux Normannie et Aquitannie, et come Andegavie, archiepiscopis, episcopis, abbatibus, comitibus, baronibus, justiciariis, forestariis, vicecomitibus, prepositis, ministris et omnibus ballivis et fidelibus suis salutem. Sciatis nos intuitu Dei et pro salute anime nostre et omnium antecessorum et heredum nostrorum, ad honorem Dei et exaltationem sancte Ecclesie, et emendacionem regni nostri, per consilium venerabilium patrum nostrorum, Stephani Cantuariensis archiepiscopi tocius Anglie primatis et sancte Romane ecclesie cardinalis, Henrici Dublinensis archiepiscopi , Willelmi Londoniensis, Petri Wintoniensis, Joscelini Bathoniensis et Glastoniensis, Hugonis Lincolniensis, Walteri Wygorniensis, Willelmi Coventriensis et Benedicti Roffensis episcoporum; magistri Pandulfi domini pape subdiaconi et familiaris, fratris Aymerici magistri milicie Templi in Anglia ; et nobilium virorum Willelmi Mariscalli comitis Penbrocie, Willelmi comitis Sarresburie, Willelmi comitis Warennie, Willelmi comitis Arundellie, Alani de Galeweya constabularii Scocie, Warini filii Geroldi, Petri filii Hereberti, Huberti de Burgo senescalli Pictavie, Hugonis de Nevilla, Mathei filii Hereberti, Thome Basset , Alani Basset, Philippi de Albiniaco, Roberti de Roppeleia, Johannis Mariscalli, Johannis filii Hugonis et aliorum fidelium nostrorum.

Jean, par la grâce de Dieu, roi d'Angleterre, seigneur d'Irlande, duc de Normandie et d'Aquitaine et comte d'Anjou, aux archevêques, évêques, abbés, comtes, barons, justiciers, forestiers, shérifs, intendants, serviteurs et à tous ses huissiers et sujets liges, salut. Sachez que, regardant vers Dieu et pour le salut de notre âme, et de celle de tous nos ancêtres et héritiers, et pour l'honneur de Dieu et l'avancement de la sainte Église, et pour la réforme de notre royaume, [nous avons accordé comme souscrit] [323] sur les conseils de nos vénérables pères, Stephen, archevêque de Canterbury, primat de toute l'Angleterre et cardinal de la sainte Église romaine, Henry archevêque de Dublin, Guillaume de Londres, Pierre de Winchester, Jocelyn de Bath et Glastonbury, Hugues de Lincoln, Walter de Worcester, Guillaume de Coventry, Benoît de Rochester, évêques ; de maître Pandulf, sous-diacre et membre de la maison de notre seigneur le Pape, du frère Aymeric (maître des Chevaliers du Temple en Angleterre), et des hommes illustres, [324] William Marshall, comte de Pembroke, William · comte de Salisbury, William, comte de Warenne, William, comte d'Arundel, Alan de Galloway, (connétable d'Écosse), Waren Fitz Gerald, Peter Fitz Herbert, Hubert de Burgh (sénéchal de Poitou), Hugh de Neville, Matthew Fitz Herbert, Thomas Basset, Alan Basset, Philippe d'Albini, Robert de Ropesle, John Marshall, John Fitz Hugh et d'autres, nos seigneurs.

La Grande Charte de Jean s'ouvre, sous la forme commune à toutes les chartes royales de l'époque, par un salut du souverain à ses magnats, à ses fonctionnaires et à ses fidèles sujets, et annonce, dans la pieuse formule juridique utilisée par les impies et les pieux les rois aussi, qu'il avait accordé certaines subventions sur l'avis des conseillers qu'il nomme. Trois éléments de ce préambule appellent des commentaires.

I. *Le titre du roi.* Certains points d'intérêt sont suggérés par la forme du style royal adopté par Jean, qui est lié par un fil ininterrompu de développement à celui de Guillaume Ier, d'une part, et de Sa Majesté Édouard VII, d'autre part. L'adoption par John du pluriel royal « *Sciatis Nos* » se lit, à la lumière de l'histoire ultérieure, comme un hommage à son arrogance plutôt qu'à sa grandeur, par rapport à la première personne du singulier, plus humble, systématiquement utilisée par son père plus distingué. Dans ce cas particulier, cependant, c'est Richard, et non Jean, qui a été l'innovateur dans l'utilisation d'Henri II. [325] Jean était seul responsable d'une nouvelle modification du style royal. Aux titres portés par son père et son frère, Jean ajoutait invariablement celui de « seigneur d'Irlande », réminiscence de sa jeunesse. Lorsque les vastes territoires d'Henri II furent répartis entre ses fils aînés, le jeune Jean (d'où le nom de « Jean sans Terre ») resta sans héritage, jusqu'à ce que son père lui accorde l'île d'Irlande, récemment appropriée ; et cela lui apportait le droit de se faire appeler « *dominus Hibernie* ». Ce titre de sa jeunesse ne lui fut pas anormalement conservé après avoir survécu à tous ses frères et hérité de leurs vastes terres et de leurs honneurs.

Jean commença son règne en 1199 en tant que souverain des possessions indivises de la maison d'Anjou dans leur plus grande étendue, s'étendant sans interruption, autre que les eaux de la Manche, des Cheviots aux Pyrénées. Ces terres étaient détenues par John, comme par son père, sous divers titres et conditions. L'Anjou, demeure et fief originel de la race au sang chaud des Plantagenêt, ne portait encore en lui que le modeste rang de comte. Outre ce titre paternel, Henri II. était devenu très jeune duc de Normandie du droit de sa mère, puis duc d'Aquitaine par mariage avec Aliénor, son héritière. Ces trois grands fiefs étaient détenus par Henri et ses fils sous le roi de France comme leur seigneur suprême. Bien avant 1215, la malchance ou l'incompétence de Jean lui avaient fait perdre ces vastes dominations continentales, à l'exception du plus éloigné de tous, la dot de sa mère, l'Aquitaine. Ses domaines ancestraux d'Anjou et de Normandie avaient été irrémédiablement perdus, mais il conservait toujours leurs titres vides ; et en cela son fils Henri III. le suivit, saisissant l'ombre longtemps après que la substance eut fui. Les entrées relatives à la Gascogne apparaissent fréquemment sur les listes du Parlement d'Édouard Ier ; et les rois d'Angleterre furent appelés ducs d'Aquitaine, ducs de Guienne ou ducs de Gascogne (les trois appellations étant utilisées indifféremment) jusqu'à

Édouard III. a fusionné tous ces titres en un titre plus large, lorsqu'il a revendiqué le trône de France.

Seule l'Angleterre, parmi les possessions réelles et nominales de Jean, était détenue par le style supérieur de « *Rex* », impliquant un régime strictement souverain, indépendant de tout suzerain, et conservé par Jean en 1215 malgré sa récente acceptation d'Innocent III. comme seigneur féodal. Concernant l'Irlande, Jean se contentait encore de se décrire, comme autrefois, comme « seigneur », et non comme roi. La signification exacte du mot « *Dominus* » dans les chartes médiévales, en particulier dans celles d'Étienne, a fait l'objet de nombreuses controverses savantes ; ce qui n'a pas encore abouti à un consensus d'opinion quant à la signification technique éventuelle du mot. [326] « *Dominus* », en effet, semble avoir été utilisé de manière vague partout où quelque chose de substantiel ou de cérémonial manquait à la pleine souveraineté impliquée dans le nom plus spécifique de roi. A cet égard, l'accent a été mis sur le sacrement solennel du couronnement, impliquant entre autres la consécration formelle de l'Église. [327]

Le lien de John avec l'Angleterre s'exprime donc en deux mots simples, « *Rex Anglie* », aucune explication n'étant fournie sur la manière dont il avait acquis ce titre. Une telle justification, en effet, n'était pas nécessaire, car il ne s'agissait pas d'une charte de couronnement, Jean ayant déjà régné quinze ans sans rival sérieux — les prétentions d'Arthur, le fils de son frère aîné Geoffroy, n'ayant jamais été prises au sérieux en Angleterre. [328] Les mots simples « *Dei gratia rex Anglie* » peuvent être mis en contraste avec les titres détaillés énoncés dans les chartes de couronnement d'Henri Ier et d'Étienne respectivement. Henri Ier, en 1100, avait souligné sa relation avec les rois précédents, se décrivant comme « *Filius Willelmi regis post obitum fratris sui Willelmi, Dei gracia rex Anglorum* » ; [329] tandis qu'Étienne, en avril 1136, dans sa deuxième charte, plus délibérée, utilisait une formule entièrement différente : « *Dei gracia assensu cleri et populi in regem Anglie electus, et a Willelmo Cantuarensi archiepiscopo et sancte Romane ecclesie legato consecratus, et ab Innocentio sancte Romane sedis pontifice postmodum confirmatus* », dont le caractère laborieux trahit la conscience de la faiblesse ·

Ainsi Henri Ier et Étienne insistèrent chacun sur les points forts de son titre et ignorèrent ses défauts. Ces deux revendications de royauté expriment, sous une forme grossière, deux théories rivales sur le titre de la couronne anglaise : (1) la succession héréditaire et (2) l'élection. Ni l'un ni l'autre ne reflète fidèlement l'ensemble de la théorie et de la pratique du XIIe siècle, qui mélangeaient les deux principes dans des proportions difficiles à définir avec précision. Le professeur Freeman a poussé à l'excès le droit supposé du Witenagemot d'élire le roi, et a transféré en bloc à la *Curie normande* (qui, à certains égards, a pris sa place) tous les pouvoirs dont jouissait son prédécesseur. Un écrivain allemand récent, le Dr Oskar Rössler, [331] est allé tout aussi loin dans la direction opposée, niant catégoriquement que les Normands aient jamais admis l'élément électif. La théorie maintenant généralement adoptée est un juste milieu entre ces extrêmes, à savoir que la *Curie normande* (ou les principaux magnats qui la composaient habituellement) avait un droit limité de choisir parmi les fils, frères ou proches parents du dernier roi, l'individu le meilleur. apte à lui succéder. Un tel droit, jamais énoncé avec autorité, a progressivement sombré dans une vaine formalité. Sa place a été remplacée, dans une certaine mesure, par l'affirmation réussie par le pouvoir spirituel (généralement représenté par l'archevêque de Cantorbéry) d'une prétention à donner ou à refuser l'huile consacrante qui accompagnait la bénédiction de l'Église. Sans cela, aucun *dominus ne* pourrait être reconnu comme *rex* . Selon cette théorie, les descriptions de leurs propres titres données par Henri Ier et Stephen étaient également incomplètes : chacun ignorait les faits qui ne lui convenaient pas. Jean, au contraire, assuré de sa possession, ne condescend sur aucun détail, mais se contente de l'affirmation laconique du fait de sa royauté : « *Johannes, dei gratia, Rex Anglie* ».

II. *Les noms des nobles consentants.* Il était naturel que la Charte consacre formellement l'assentiment des conseillers qui accompagnaient Jean lorsqu'il concluait des accords avec ses ennemis, de ces magnats qui restaient dans une allégeance au moins nominale et étaient donc capables d'agir comme médiateurs par le bien desquels la paix dans les bureaux fut pour un temps rétablie. [332] Les hommes dirigeants d'Angleterre pendant cette crise peuvent être répartis en trois groupes : (1) les dirigeants de la grande armée ouvertement opposés à John à Runnymede ; (2) les agents des oppressions de Jean, des hommes extrêmes, pour la plupart des étrangers, dont beaucoup commandaient des châteaux royaux ou des levées de mercenaires prêtes à prendre le terrain ; et (3) des hommes modérés, pour la plupart des hommes d'Église ou des ministres ou parents de Jean, qui, quelles que soient leurs sympathies, restèrent fidèles au roi et aidèrent à arranger les conditions de paix - un groupe relativement petit, comme le manque de noms récités dans Magna. Carta témoigne. [333] Les hommes, ici rendus consentants à l'octroi de la Magna Carta par Jean, sont de nouveau mentionnés, mais pas par leur nom, au chapitre 63, comme des témoins.

III. *Les raisons de la subvention.* Le préambule contient également un énoncé de ce qui est censé être les raisons avancées par John pour reconnaître la Charte. Celles-ci sont étrangement paraphrasées par Coke : [334] « Voici quatre causes notables de l'élaboration de cette grande charte répétées. 1. L'honneur de Dieu. 2. Pour la santé de l'âme du roi. 3. Pour l'exaltation de la sainte église. , et quatrièmement, pour l'amendement du Royaume. La vraie raison est à chercher dans une autre direction, à savoir dans l'armée des rebelles ; et John, quelques jours plus tard, n'hésita pas à invoquer le consentement donné sous la menace de violence, comme raison pour annuler sa subvention. La «

contrepartie » technique et juridique, la *contrepartie* que Jean reçut comme prix de cette confirmation de leurs libertés était le renouvellement par ses adversaires de l'hommage et de la fidélité auxquels ils avaient solennellement renoncé. Cette « considérateon » n'était pas énoncée dans la charte, mais le fait était connu de tous. [335]

---

322 . La division de la Magna Carta en un préambule et soixante-trois chapitres est un procédé moderne, destiné à faciliter la référence, pour lequel il n'existe aucune garantie dans la Charte elle-même. Cf. *supra* , 200. Aucun titre ou en-tête ne précède la substance de l'acte dans aucun des quatre originaux connus, mais au verso de celui de Lincoln (cf. *supra* , 197) ces mots sont endossés : - " *Concordia inter Regem Johannem et Barones pro concessione libertatum ecclesie et regni Anglie* . La forme du document est discutée *supra* , 123- 9. Le texte est tiré de celui émis par les Trustees du British Museum fondé sur la version cotonienne n° 2. Cf. *supra* , 196.

323 . La phrase est conclue au chapitre premier (voir *infra*) — la division habituelle, suivie ici, étant purement arbitraire.

324 . L'expression « *nobiles viri* » n'a été utilisée ici dans aucun sens technique ; la conception moderne d'une classe distincte de « nobles » n'a pris forme que bien après 1215. Cf. ce qui est dit de la « pairie » sous cc. 14 et 39.

325 . Coke (*Second Institute* , pp. 1-2) est ici dans l'erreur ; il fait de John l'innovateur.

326 . Diverses théories seront trouvées dans *Geoffrey de Mandeville de Round* , 70 ; *Matilde* du Dr Rüssler , 291-4 ; et *Les Fondations de l'Angleterre* de Ramsay , II. 403.

327 . Cf. *supra* , p. 119 .

328 . La fille de Geoffrey, Eleanor, était en 1215, prisonnière à Corfe Castle. Voir *infra* , vers. 59.

329 . Voir l'annexe.

330 . Voir l'annexe.

331 . *Matilde* , *passim* .

332 . Dr Stubbs, *Const. Hist.* , I. 582, donne le motif de les nommer ainsi comme « l'espoir de lier les personnes qu'il inclut au soutien continu des libertés durement gagnées ». Les personnes nommées étaient tous des hommes modérés. M. Paris (*Chron. Maj.* II., 589) les décrit comme « *quasi ex parte regis* », tandis que Ralph de Coggeshall (p. 172) raconte comment « grâce à l'intervention de l'archevêque de Canterbury, avec quelques-uns de ses

évêques et quelques barons, une sorte de paix fut faite. Cf. *Annales de Dunstable* , III. 43. La neutralité des prélats est prouvée par d'autres témoignages. (*a*) C. 62 leur a donné le pouvoir de certifier par des lettres testimoniales l'exactitude des copies de la Charte. (*b*) Le 25e des articles des barons laissait à leur décision si Jean devait bénéficier des privilèges d'un croisé ; tandis que c. 55 a donné à Langton une place particulière dans la détermination des amendes injustes. (*c*) La Tour de Londres a été placée sous la garde de l'archevêque en tant qu'homme neutre en qui les deux parties pouvaient avoir confiance. (*d*) On conserve des copies de deux protestations sur des sujets différents des prélats en faveur du roi. Voir l'annexe.

333 . Cf. *supra* , 43–4, et pour les informations biographiques, voir les autorités citées.

334 . *Deuxième Institut* , 1, n.

335 . Cf. *supra* , 41.

CHAPITRE UN.

In primis concessisse Deo et hac presenti carta nostra confirmasse, pro nobis et heredibus nostris in perpetuum, quod Anglicana ecclesia libera sit, et habeat jura sua integra, et libertates suas illesas ; et ita volumemus observari; quod apparet ex eo quod libertatem Electionum, que maxima et magis necessaria reputatur ecclesie Anglicane, mera et spontanea voluntate, ante discordiam inter nos et barones nostros motam, concessimus et carta nostra confirmavimus, et eam obtinuimus a domino papa Innocencio tercio confirmari ; quam et nos observabimus et ab heredibus nostris in perpetuum bona fide volumus observari. [336] Concessimus eciam omnibus liberis hominibus regni nostri, pro nobis et heredibus nostris in perpetuum, omnes libertates subscriptas, habendas et tenendas eis et heredibus suis, de nobis et heredibus nostris.

> En premier lieu, nous avons accordé à Dieu, et par là notre présente charte a confirmé pour nous et nos héritiers pour toujours que l'Église anglaise sera libre, qu'elle aura ses droits entiers et ses libertés inviolées ; et nous voulons qu'il soit ainsi observé ; il ressort de là que la liberté des élections, qui est considérée comme la plus importante et la plus essentielle à l'Église anglaise, nous, de notre volonté pure et sans contrainte, l'avons accordée, et avons confirmé et obtenu la ratification de la même charte. de notre seigneur le pape Innocent III, avant que la querelle ne s'élève entre nous et nos barons, et cela nous l'observerons, et notre volonté est qu'il soit observé de bonne foi par nos héritiers pour toujours. Nous avons également accordé à tous les hommes libres de notre royaume, pour nous et nos héritiers pour toujours, toutes les libertés souscrites, qui doivent être possédées et détenues par eux et leurs héritiers, par nous et par nos héritiers pour toujours.

Ce premier des soixante-trois chapitres de la Magna Carta place ici côte à côte, entre parenthèses égales pour ainsi dire, (a) une confirmation générale des privilèges de l'Église nationale anglaise, et (b) une déclaration selon laquelle les divers droits civils à qui seront ensuite précisés en détail furent accordés « à tous les hommes libres » du royaume et à leurs héritiers pour toujours. La manière dont cette juxtaposition des droits de l'Église avec les droits laïcs des hommes libres suggère une intention de préciser qu'aucun groupe ne devait être traité comme ayant plus d'importance que l'autre. Si les droits civils et politiques de la nation dans son ensemble occupent la majeure partie de la Charte et sont définis dans leurs moindres détails, les droits de l'Église, dont aucune mention n'avait été faite dans les articles des barons, reçoivent ici une place prioritaire. . [337] Une double division s'impose donc.

I. *Les droits de l'Église nationale.* Une promesse générale selon laquelle l'Église anglaise devrait être libre était accompagnée d'une confirmation spéciale de la charte séparée récemment accordée garantissant la liberté d'élection canonique. (1) *Quod Anglicana ecclesia libera sit.* Cette déclaration emphatique, quoique vague, qui n'a pas d'équivalent dans les Articles des Barons, est répétée deux fois dans la Magna Carta, chaque fois dans une position proéminente, respectivement au début et à la fin. Si le travail des barons ne montra aucune tendresse particulière pour les privilèges des hommes d'Église, Stephen Langton et ses évêques prirent soin de remédier à ce défaut dans le document formel par lequel Jean exprimait son consentement définitif. En extorquant cette promesse d'une Église anglaise « libre », les prélats semblent avoir été convaincus qu'ils n'avaient rien à demander de plus ; les autres points sur lesquels la Charte diffère de son projet ne montrent aucune trace de parti pris clérical. En effet, la phrase utilisée était déplorablement vague et élastique ; il n'était guère nécessaire de l'étendre pour couvrir les empiètements les plus larges de l'arrogance cléricale. Pourtant, la formule n'était en aucun cas nouvelle ; Henri Ier et Étienne avaient successivement confirmé la prétention de la sainte Église à sa liberté. [338]

Henri II. prit soin d'éviter de faire de telles promesses : tout son règne fut un effort, non vain malgré le terrible désavantage dans lequel il fut placé par le meurtre de Becket, pour priver l'Église de ce que ses dirigeants considéraient comme sa « liberté » légitime. Jean, en 1215, s'éloigna cependant du terrain occupé par son père, confirmant par la Grande Charte la promesse faite par le plus faible de ses prédécesseurs normands, dans une phrase répétée dans toutes les confirmations ultérieures.

Il ne s'ensuit en aucun cas que la « liberté de l'Église », telle que promise par Étienne, signifiait exactement la même chose que la « liberté de l'Église » promise par Jean et ses successeurs. [339] La valeur à attacher à de telles assurances variait en raison inverse de la force des rois qui les faisaient, et ceci est bien illustré par une comparaison des chartes d'Henri Ier, d'Étienne et de Jean. Henry qualifie la phrase par des mots qui illustrent s'ils ne limitent pas son application. La sainte Église de Dieu devait être libre « *de sorte que* je ne vendrai ni ne louerai une ferme, ni à la mort d'un archevêque, d'un évêque ou d'un abbé, n'accepterai quoi que ce soit du domaine de l'église ou de ses locataires, jusqu'à ce que son successeur ait conclu possession." [340] Cela suggère une interprétation quelque peu étroite de la liberté de l'Église – l'exemption principalement des iniquités de Rufus. La charte d'Étienne, au contraire, explique ou complète la même phrase par des déclarations précises selon lesquelles les évêques devraient avoir la juridiction exclusive sur les hommes d'Église et leurs biens, et que tous les droits de tutelle sur les terres de l'Église étaient renoncés, ce qui en faisait une « promesse vaste et dangereuse ». .» [341]

La « liberté de l'Église » en était ainsi venue, en 1136, à inclure « le bénéfice du clergé » sous une forme particulièrement large, et bien plus encore. [342] Il est facile de comprendre pourquoi les ecclésiastiques chérissaient une expression élastique qui, aussi large que l'étaient les privilèges qu'elle couvrait déjà, pourrait facilement être étendue plus largement. Les profanes, au contraire, réclamaient un sens plus restrictif ; et les Constitutions de Clarendon doivent être considérées avant tout comme une tentative d'arriver à des conclusions définitives sur des points d'interprétation controversés. Henri II. a largement tenu bon, malgré sa reddition nominale après le meurtre de Becket. Grâce à sa fermeté, « la liberté de l'Église » s'est réduite à des proportions plus raisonnables, de sorte que la formule bien connue, répétée par Jean, a été vidée d'une grande partie de son contenu par les évêques d'Étienne. Si elle impliquait encore « bénéfice du clergé », cette expression était désormais lue dans un sens plus restreint, tandis que la tutelle des sièges vacants était expressément réservée à la Couronne par Jean. Le chapitre 18 de la Magna Carta acceptait, apparemment avec l'approbation de toutes les classes, le principe selon lequel les questions de patronage de l'Église (assises de présentation du darrein) [343] devaient être réglées devant les juges du roi, une concession au pouvoir civil incompatible avec les plus extrêmes. interprétations autrefois données par les ecclésiastiques sur la phrase. [344]

Sous les règnes ultérieurs, les prétentions de l'Église à un traitement privilégié furent progressivement réduites à des limites étroites, et le processus de compression fut facilité par cette élasticité même sur laquelle le clergé comptait comme étant favorable à l'expansion de ses revendications. C'est le gouvernement civil qui a finalement profité du flou des mots dans lesquels la Magna Carta déclarait *que siégeait l'Anglicana ecclesia libera* . [345]

(2) *Élection canonique.* Une charte distincte de l'Église nationale avait été accordée le 21 novembre 1214 et rééditée le 15 janvier 1215. [346] Sa teneur peut être donnée en trois mots : « liberté d'élection ». Dans toutes les églises et monastères cathédrales et conventuels, la nomination des prélats devait être libre de toute intervention royale pour l'avenir, à condition que l'autorisation de combler le poste vacant ait toujours été demandée au roi. Or, *en paroles* , il ne s'agissait pas là d'une nouvelle concession, mais simplement d'une confirmation du Concordat conclu bien avant entre Henri Ier et l'archevêque Anselme comme solution aux revendications rivales de l'Église et de l'État dans l'élection des évêques et des abbés. [347] L'essence de cet arrangement avait été de conférer uniquement aux chanoines du chapitre du diocèse vacant le droit nominal de nommer le nouvel évêque, sous réserve toutefois que l'élection effective ait lieu dans la cour ou la chapelle royale - donc que le roi, étant présent, pourrait s'efforcer d'empêcher la nomination

de tout homme d'église auquel il s'opposerait. Le résultat n'avait pas été celui attendu par Anselme et la cour papale ; Henri Ier et ses successeurs usèrent ou abusèrent énergiquement de l'influence qui leur était ainsi réservée : seuls les favoris royaux furent jamais nommés, et l'élection canonique nominalement libre devint une imposture. Les hommes d'Église désiraient depuis longtemps remédier à ce problème : Langton saisit l'occasion et, le 21 novembre 1214, obtint du roi Jean, autant que de simples paroles pouvaient garantir quoi que ce soit, que le droit d'élection par les canons du chapitre serait désormais transformé de un faux-semblant dans une réalité. Les évêques présents à Runnymede ont usé de leur influence pour obtenir une confirmation distincte de cette récente concession insérée au premier plan de la Magna Carta.

Leur prévoyance était insuffisante pour empêcher l'influence royale de plier l'élection canonique à sa volonté. Henri III, en effet, dans ses rééditions, fut obligé de répéter la phrase *quod Anglicana ecclesia libera sit* , mais omis toute référence aussi bien à l'élection canonique qu'aux chartes du 21 novembre 1214 et du 15 janvier 1215. Plus tard dans son règne, il en profita, avec la connivence ou le soutien du pape, pour réduire à nouveau les droits des chapitres cathédral dans la nomination des évêques à la sinécure qu'ils étaient auparavant.

Il est vrai qu'Henri III. était enclin, par nature et par politique, à s'appuyer sur le bras papal, et que la *Curie* de Rome plutôt que la *Curia Regis* dominait pendant un temps la nomination aux sièges vacants. Henri et Innocent IV. ils formèrent en effet une alliance tacite pour partager toutes leurs richesses entre leurs créatures respectives, hommes du roi ou hommes du pape, qui ne s'intéressaient guère à l'Angleterre ou à son bien-être. Édouard Ier, impatient des dictées étrangères comme il l'était, dut se soumettre à un maintien partiel des « provisions » pour les parasites de la papauté dans ses domaines insulaires ; mais l'Église nationale n'avait pas grand-chose à gagner. Les chanoines élisaient le candidat du roi ou du pape, chacun étant, pour le moment, ascendant. [348]

Une question intéressante, bien que purement académique, pourrait être soulevée : dans quelle mesure les droits garantis par la Magna Carta à l'Église anglaise étaient-ils censés impliquer une liberté à l'égard de l'ingérence papale aussi bien que royale. Il est clair que le mouvement qui aboutit à la charte du 21 novembre 1214 est né en Angleterre et non à Rome ; et apparemment Nicolas, légat papal à cette date, s'opposa aux efforts de Stephen Langton pour l'obtenir. L'archevêque considérait en effet le légat comme le principal obstacle à la réforme par le roi des doléances de l'Église nationale. [349] Malgré la Magna Carta, l'indépendance de l'Église nationale a donc rétrogradé plutôt qu'avancée au cours de la longue alliance entre Henri III. et les occupants successifs du trône papal. [350]

II. *Droits civils et politiques*. Après avoir brièvement décrit l'Église, le premier chapitre accorde une importance égale, mais plus longuement, à l'octroi ou à la confirmation des coutumes et libertés séculières. Cela prend ici la forme d'une clause d'application générale, dont les détails seront précisés dans les soixante-deux chapitres restants de la Charte. Certains des points les plus importants en jeu ont déjà été discutés dans l'Introduction historique : par exemple, la forme féodale de la concession, mieux adaptée, selon les idées modernes, à la cession d'une parcelle de terre spécifique qu'à la sécurisation de la propriété. les libertés politiques et civiles d'une nation puissante ; et la question épineuse de savoir quelles classes d'Anglais étaient censées, sous la description d'« hommes libres », participer à ces droits. [351]

Un autre point intéressant, quoique d'importance mineure, appelle un traitement séparé. John ne déclare pas que ses droits civils et politiques lui ont été accordés spontanément. Que ce soit délibérément ou non, il y a ici une distinction marquée entre la phraséologie appliquée respectivement aux droits laïques et aux droits ecclésiastiques. Alors que les concessions aux ecclésiastiques auraient été accordées « *mera et spontanéa voluntate* », aucune déclaration de ce type n'est faite concernant les concessions aux hommes libres. Jean a peut-être favorisé cette omission car elle renforçait son affirmation selon laquelle la Grande Charte avait été scellée par lui sous la contrainte. Dans la troisième réédition d'Henri III. (1225) ce défaut a été corrigé — les mots « *spontanea et bona voluntate nostra* » étant utilisés dans son préambule. [352] On semble avoir attribué quelque importance à cet ajout, qui formait l'essence d'une concession achetée par la cession du quinzième des biens meubles de tous les domaines du royaume.

---

336 . Certaines éditions de la Charte placent ici la division entre c. 1 et c. 2.

337 . Cf. *supra* , p. 50 .

338 . Voir ces chartes en annexe.

339 . Il est peut-être intéressant de noter que, alors que les chartes d'Henri Ier et d'Étienne ne parlaient que de « sainte église », Jean parle de « l'église anglaise ». Ce changement suggère une montée du patriotisme parmi les prélats, menés par Stephen Langton.

340 . Cf. *supra* , 117.

341 . Cf. Pollock et Maitland, I. 74.

342 . Cf. *supra* , 120–1.

343 . Pour explication, voir *infra* , c. 18.

344 . Par contre c. 22, qui fixe des règles spéciales pour l'amende des clercs bénéficiaires, confirme dans cette mesure les privilèges de classe du clergé.

345 . MJH Round (*Geoffrey de Mandeville* , 3), parlant du « serment » d'Étienne de restaurer la « liberté » de l'Église, décrit cela comme « une phrase dont le sens est bien connu ». S'il était « bien » connu, il l'était surtout comme quelque chose de vague, quelque chose qui déroutait toute définition, parce que les ecclésiastiques et les laïcs ne pouvaient jamais s'entendre sur son contenu, alors qu'il avait également tendance à varier d'un règne à l'autre. M. Round ne tente aucune définition. Sir James Ramsay (*Angevin Empire* , p. 475), qui écrit l'expression telle qu'elle est utilisée dans la Charte de Jean, est moins prudent. "Cela soulagerait le clergé de tout contrôle laïc et de toute responsabilité de contribuer aux besoins de l'État au-delà des scutages occasionnels dus par le haut clergé pour les honoraires de ses chevaliers." Cette définition n'aurait assurément pas satisfait Henri Ier, comme interprétation légitime des mots qu'il utilisait dans sa Charte des Libertés.

346 . Cf. *supra* , p. 39 . Le texte se trouve dans *Statutes of the Realm* , I. 5, et dans *New Rymer* , I. 126-7. Cela fut confirmé par Innocent le 30 mars 1215. Voir Potthast, *Regesta pontificum romanorum* , n° 4963.

347 . Cf. *supra* , p. 22 .

348 . Cf. *supra* , p. 167 .

349 . Voir Miss Norgate, *John Lackland* , p. 208, et les autorités citées.

350 . Cf. Prothero, *Simon de Montfort* , p. 152. « L'Église anglaise était en effet moins indépendante du roi en 1258 qu'en 1215, et beaucoup moins indépendante du pape qu'à l'époque de Becket. »

351 . Voir *supra* , p. 128-9 et 141-2 . Pour la signification de « homme libre » et l'inclusion par Coke des vilains sous ce terme à certaines fins mais pas à d'autres, voir *infra* , cc. 20 et 39.

352 . Cf. *supra* , p. 181 .

CHAPITRE DEUX.

Si quis comitum vel baronum nostrorum, sive aliorum tenencium de nobis in capite per servicium militare, mortuus fuerit, et cum decesserit heres suus plene etatis fuerit et relevium debeat, habeat hereditatem suam per antiquum relevium ; scilicet heres vel heredes comitis de baronia comitis integra pour centum libras; heres vel heredes baronis de baronia integra pour centum libras; heres vel heredes militis de feodo militis integro per centum solidos ad plus; et qui moins debuerit moins det secundum antiquam consuetudinem feodorum.

> Si l'un de nos comtes ou barons, ou autres personnes qui nous détiennent en chef par le service militaire, est décédé et qu'au moment de sa mort, son héritier soit majeur et doive des « secours », il aura son héritage contre paiement de l'ancien relief, à savoir l'héritier ou les héritiers d'un comte, 100 £ pour toute la baronnie d'un comte ; le ou les héritiers d'un baron, 100 £ pour une baronnie entière ; l'héritier ou les héritiers d'un chevalier, 100s. tout au plus pour l'intégralité des honoraires d'un chevalier ; et celui qui doit moins, qu'il donne moins, selon l'ancienne coutume des fiefs.

Tous les préliminaires terminés, la Charte s'attaqua aussitôt à ce qui était, aux yeux des barons, le principal des abus de Jean, son augmentation arbitraire des obligations féodales. Les articles des barons, en effet, s'étaient plongés immédiatement dans cette question des plus cruciales, sans un mot, au moyen de phrases pieuses ou de formules juridiques, telles qu'elles étaient nécessaires dans une charte régulière.

I. *Évaluation des croyances.* Chaque « incident » comportait ses propres possibilités d'abus, et la Grande Charte traite de chacune d'elles tour à tour. Le présent chapitre définit les secours qui seront désormais versés à Jean. [353] Le flou des sommes au début était un corollaire naturel des premiers doutes quant à savoir si le principe héréditaire était absolument contraignant ou non. L'héritier au titre non encore reconnu tenait à s'entendre. Le seigneur prit tout ce qu'il pouvait de l'inexpérience ou de la timidité du jeune héritier ; l'héritier cherchait à profiter de la bonhomie ou des embarras momentanés du seigneur. Tout était vague ; et ce flou favorisait les plus forts ou les plus rusés.

Cependant, un processus de définition était déjà en cours ; et j'ai progressé, quoique lentement. L'opinion publique a fixé des limites de variation, dont le dépassement était considéré comme déraisonnable, voire indécent. Une certaine conception d'une « réparation raisonnable » a été développée. Pourtant, le critère variait : la Couronne pouvait défier des règles contraignantes pour autrui. Henri Ier, en effet, lorsqu'il se présenta contre le duc Robert en 1099 pour le trône, se montra disposé, en paroles sinon en pratique, à accepter les limites fixées par l'opinion contemporaine. Sa Charte des Libertés promettait que tous les allègements devraient être *justa et legitima* — une phrase élastique sans aucun doute, et peu à peu interprétée libéralement par les fonctionnaires de l'Échiquier en faveur de leur maître royal. À la fin du XIIe siècle, lorsque Glanvill écrivait, les sommes exactes pouvant être prélevées par les seigneurs mesne avaient été fixées ; même si la Couronne restait libre d'exiger des taux plus élevés. *Les Baroniae capitales*, nous dit-il, recevaient des secours, non pas à un taux fixe, mais à des sommes qui variaient *juxta voluntatem et misericordiam domini regis*. [354]

Chaque année, cependant, est faite pour la définition ; et la coutume pointait avec une autorité croissante vers les centaines. par honoraire de chevalier et 100 £ pour une baronnie. Deux entrées sur le Pipe Roll du 10 Richard I. illustrent de manière amusante cette pratique instable. Une somme de 100 £ est décrite comme un « allègement raisonnable » pour une baronnie, et immédiatement cette entrée est invalidée par une seconde entrée d'un paiement supplémentaire considérable à titre d'« amende » pour inciter le roi à accepter la somme que son propre rôle avait. vient de déclarer « raisonnable ». [355] John était plus ouvertement, quelle que soit la raison. Le Pipe Roll de 1202 montre comment un malheureux héritier n'a pas réussi à récupérer son héritage avant de payer 300 marks, avec la promesse d'un « cadeau acceptable » annuel au roi. [356]

Si John pouvait demander tant de choses, qu'est-ce qui l'empêchait d'en demander davantage ? Il pourrait fixer un prix prohibitif et ainsi mettre fin à l'hérédité des fiefs. De telles exactions arbitraires doivent cesser, c'est pourquoi les barons furent déterminés en 1215 ; il faut définir la coutume, de manière à prévaloir désormais contre la discrétion royale. La première exigence des articles des barons est « que les héritiers majeurs aient leur héritage selon l'ancien relief qui sera énoncé dans la Charte ». Le voici donc dûment énoncé et défini dans le chapitre 2 de la Magna Carta comme 100 £ pour une « baronnie de comte », 100 £ pour « une baronnie de baron », 100 s. pour une somme de chevalier et une part proportionnelle de 100 s. pour chaque fraction des honoraires d'un chevalier. Cette clause a produit l'effet escompté. Ces tarifs étaient strictement observés par le Trésor public d'Henri III, comme nous le savons par les Pipe Rolls de son règne. Ainsi, lorsqu'un certain William Pantoll fut accusé de 100 £ pour sa relève, pensant à tort qu'il détenait une « baronnie », il protesta qu'il ne détenait que cinq honoraires de chevalier et s'en tira avec le paiement de 25 £. [357] Le soulagement d'une baronnie fut par la suite réduit de 100 £ à 100 marks. La date de ce changement, si l'on peut se fier à Madox, [358] se situe entre la vingt et unième et la trente-cinquième année d'Édouard Ier. [359]

Apparemment, tous ceux qui payaient des secours au roi recevaient un paiement supplémentaire (calculé à 9 pour cent des secours) au nom de « l'or de la reine », une contribution à la bourse privée de la reine consort, et collectée par un fonctionnaire spécialement la représentant au Trésor. [360]

La Charte ne traite que de la titularisation par le service des chevaliers ; rien n'est dit des autres mandats. L'explication de l'omission peut éventuellement être différente dans les cas de socage et de serjeanty respectivement. [361] a) *Socage* . Les barons n'étaient pas tellement intéressés par la socage, c'est-à-dire, dans le cas normal, le mandat d'hommes plus humbles. [362] Dans les règnes ultérieurs, le roi, comme un seigneur mesne ordinaire, se contentait d'un an de loyer des terres de socage en nom de soulagement. (*b*) *Sergent*. Les barons ne pouvaient pas être indifférents au sort des sergents, puisque beaucoup d'entre eux détenaient de grands domaines grâce à de tels mandats. Peut-être ont-ils supposé que les règles appliquées aux honoraires des chevaliers et des baronnies s'appliqueraient également aux sergents. La Couronne, cependant, a agi selon un point de vue différent ; de grosses sommes étaient fréquemment extorquées par Henri III. Sous le règne d'Édouard Ier, cependant, la pratique de l'Échiquier était de se limiter à un an de loyer (une exigence suffisamment sévère) [363] pour les sergents, ce qui s'alignait ainsi sur la socage. [364]

II. *Unités d'évaluation.* Une explication est nécessaire sur les trois groupes dans lesquels les domaines de la couronne étaient ainsi divisés : les honoraires de chevalier, les baronnies de barons et les baronnies de comtes.

(1) *Feodum milits integrum.* L'origine des honoraires du chevalier est obscurcie par un réseau de théories contradictoires. Un fil de connexion est parfois tracé entre lui et la mystérieuse unité à cinq peaux de l'époque anglo-saxonne ; d'autres autorités attribueraient son introduction en Angleterre à un acte précis d'un grand personnage - soit Guillaume le Conquérant, selon Selden, qui s'appuie sur un passage bien connu mais peu fiable d'Ordericus Vitalis, soit Ranulf Flambard, selon Freeman, Stubbs, et Gneist. Il semble probable que les Normands, ici comme ailleurs, ont poursuivi leur politique visant à éviter une rupture ouverte avec le passé et que le Conquérant a adapté autant que possible le système foncier existant à ses propres besoins. Il ne fait aucun doute, à la lumière des preuves accumulées par M. Round dans son *Angleterre féodale* , que Guillaume Ier a stipulé verbalement le service d'un nombre défini de chevaliers de chaque fief accordé par lui à ses partisans normands. Les honoraires ou *scutum d'un chevalier* devinrent ainsi une mesure du service militaire et d'une évaluation féodale ; *le servitium unius militis* était une unité juridique bien connue. Mais un problème difficile se pose lorsqu'on se demande quelle équation précise, le cas échéant, existe entre la terre et le service. Trois réponses ont été données : (*a*) Il existe un rapport défini entre la quantité de service et l'étendue du terrain. En d'autres termes, les

honoraires du chevalier contiennent une superficie de terrain fixe ; toutes les cinq peaux envoyaient un guerrier, préservant ainsi l'ancienne unité anglo-saxonne. [365] (*b*) Le rapport ne se situe pas entre le service et l'étendue, mais entre le service et la valeur. Un domaine de 20 £ de loyer annuel envoie un chevalier aux guerres du roi ; les honoraires normaux du chevalier contiennent 20 livres de terre. [366] (*c*) D'autres autorités nient l'existence d'une quelconque proportion : Guillaume le Conquérant exigeait de chacun de ses bénéficiaires exactement autant ou aussi peu de services de chevalier qu'il le jugeait bon.

N'est-il pas possible de concilier ces conclusions divergentes ? Sans doute le Conquérant ne se tenait tenu à aucune règle fixe, mais faisait des exceptions là où il lui plaisait : certaines fondations favorisées étaient exemptées de tout service quel qu'il soit. [367] Pourtant, s'il distribuait les successions de son plein gré, il ne les distribuait pas nécessairement de manière irrationnelle ou aléatoire. Il exigeait le service des chevaliers en nombre rond, 5, 10 ou 20, selon ses convictions, et dans les cas normaux, il était guidé par un certain sens des proportions. Lorsqu'il n'y a aucune raison de bénéficier d'un traitement préférentiel ou d'une sévérité particulière, le service serait à peu près proportionné soit à la superficie, soit à la valeur. Cette règle était la servante de Guillaume, non son maître, et devait céder à de nombreuses exceptions, ce qui expliquerait amplement l'existence plus tard d'honoraires de chevalier variant de 2 peaux à 14 peaux, au lieu des 5 normales. [368] Chaque ces honoraires, quelle que soit leur superficie ou leur location, devaient le service d'un chevalier et payaient un soulagement à 100 s.

(2) *Baronia intégra*. Le mot « baronnie » n'est pas facile à définir, en raison des nombreux changements qu'il a subis. [369] Une « baronnie » lors de la conquête normande différait à presque tous égards d'une « baronnie » d'aujourd'hui. Le mot *baro* était à l'origine synonyme d' *homo* , signifiant, dans l'usage féodal, un vassal de tout seigneur. Cependant, il devint bientôt habituel de limiter le mot aux hommes du roi ; Les « *barons* » étaient donc identiques aux « locataires de la couronne » — un groupe considérable au début ; mais une nouvelle distinction apparut bientôt entre les grands hommes et les plus petits parmi eux (entre *les barones majores* et *les barones mineurs*). Ces derniers étaient généralement appelés chevaliers (*milites*), tandis que « baron » était réservé au détenteur d'un « honneur ». [370] Toutefois, pour déterminer ce qui constituait un « honneur », il était impossible d'établir un quelconque critère absolu. La simple taille ne suffisait pas : un magnat autrefois classé comme « baron » à part entière pouvait prétendre avec succès n'être qu'un « chevalier », allégeant ainsi certaines de ses charges féodales, par exemple celle des « secours ». Le chapitre 14 de la Magna Carta a contribué à stéréotyper la division, puisqu'il stipulait que chaque *baro majeur* devait recevoir une assignation individuelle au Conseil, laissant les *barones mineurs* être convoqués

collectivement par l'intermédiaire du shérif. En tant que seul point de certitude, là où tout le reste était vague, ces brefs en sont venus à posséder une importance exagérée, et il a finalement été jugé (à une date bien postérieure à la Magna Carta) que la simple réception d'une convocation spéciale, si elle était exécutée, il fit du récipiendaire un baron et donna le droit à ses héritiers, à tout moment, de lui succéder dans ce qui devenait rapidement un titre de dignité reconnu. Les « barons » de 1215 ne savaient rien de tout cela ; ils désiraient simplement que les allègements dus par eux soient imposés à un taux fixe. Chaque « baronnie » devrait payer 100 £, somme ensuite réduite à 100 marks.

L'aide fut désormais une somme fixe, tandis que la taille de la baronnie variait dans chaque cas. Comme il en est de même pour les honoraires du chevalier, il est doublement ridicule de vouloir découvrir une équation entre les honoraires du chevalier et la baronnie fondée sur le rapport des sommes payables. Coke, cependant, était coupable de cette absurdité. [371]

(3) *Baronia comitis intégra.* Une expression particulière est utilisée dans le texte, une « baronnie de comte » apparaissant là où on pourrait s'attendre à un « comté ». [372] La raison en est que le terme « comté » impliquait à l'origine l'exercice d'une charge et non la propriété de terres, alors que l'allègement était payable pour les terres ou « l'honneur » du comte et non pour sa charge. La Charte utilise donc des mots bien adaptés pour en exprimer clairement le sens. Le comte (ou *come*) était le successeur de l'ealdorman en tant que gouverneur local d'un comté ou d'un groupe de comtés. Son titre était officiel, non foncier, ou même, dans les premiers temps, nécessairement héréditaire.

Certaines des idées les plus intimement liées à un comté moderne étaient manifestement inappropriées pour les comtes normands. De nos jours, le comté n'est qu'une des nombreuses « étapes de la pairie », une conception qui n'existait pas à l'époque. De nos jours, il possède un siège à la Chambre des Lords, alors qu'aucun exemple n'est enregistré longtemps après la conquête normande d'un comte ou d'un autre grand homme exigeant comme droit d'être présent au conseil du roi : la coutume de convoquer tous les locataires de la couronne ne sont devenus stéréotypés que sous le règne d'Henri II. et n'a pas été formellement reconnu avant le chapitre 14 de la Magna Carta. De nos jours encore, le principe héréditaire est la caractéristique principale d'un comté, alors que Guillaume n'admettait pas que la charge se transmette nécessairement de père en fils. [373]

La politique du Conquérant avait été de placer chaque comté, autant que possible, sous sa propre autorité directe ; de nombreux districts n'avaient pas de comtes, tandis que dans d'autres, le lien d'un comte avec son comté titulaire était réduit à une ombre, le seul point de lien étant le droit de jouir du « troisième penny » (c'est-à-dire le tiers pro *indiviso* du bénéfices de la justice administrée au tribunal départemental) et le droit de porter son nom. Il est vrai qu'en outre, le comte possédait généralement de précieux domaines dans le comté, mais il ne le faisait que comme n'importe quel autre propriétaire foncier. Aux fins de l'impôt, l'ensemble de ses terres, que ce soit dans son propre comté ou ailleurs, étaient considérées comme une seule unité, décrite ici sous le nom de *baronia comitis integra* , dont l'allègement était imposé à cent livres.

Très progressivement, au fil des âges, la conception du comté a changé. Le caractère officiel a cédé devant l'idée de titularisation, et plus tard a été formulée la conception moderne d'une dignité héréditaire conférant un rang et des privilèges spécifiques. La période de transition où prévaut l'idée tenuriale est illustrée par la tentative réussie de Ranulf, comte de Chester et Lincoln, sous le règne d'Henri III. pour aliéner l'un de ses deux comtés, décrit par lui comme le *comitatus* de Lincoln. [374] Les comtes sont désormais, comme les barons, créés par lettres patentes et n'ont pas besoin d'être propriétaires fonciers. Ainsi, les mots « baronnie » et « comté », si divers dans leur origine et leur développement précoce, furent étroitement liés dans leur histoire ultérieure.

III. *Responsabilité des biens de l'Église au « secours »*. La Grande Charte de Jean, contrairement à la Charte d'Henri Ier, ne fait aucune mention des terres des sièges vacants à cet égard, probablement parce que la question principale était réglée depuis longtemps en faveur de l'Église. La situation d'un évêché était cependant particulière . Chaque prélat était locataire de la couronne, et son fief était considéré comme une « baronnie », donnant droit à son propriétaire à tous les privilèges et lui imposant toutes les obligations féodales d'un baron. [375]

Il n'était alors pas anormal qu'à la mort d'un prélat, la Couronne demande des « secours » à son successeur, au même titre qu'à l'héritier d'un baron laïc décédé. De telles demandes, formulées par William Rufus et son ministre Flambard, rencontrèrent une vive opposition. En conséquence, la Couronne, ne voulant renoncer à aucune de ses redevances féodales, s'efforça de déplacer leur incidence des revenus du siège vers les épaules des sous-locataires féodaux. Après la mort de l'évêque Wulfstan le 18 janvier 1095, un bref fut délivré au nom de Guillaume aux propriétaires francs du siège de Worcester, appelant chacun d'eux à payer, à titre de secours dû au décès de leur évêque, une somme déterminée, évaluée par le barons de l'Échiquier. [376]

Pour se venger de telles extorsions sur les terres et les locataires de l'Église, les historiens de l'époque, tous nécessairement recrutés dans la classe cléricale, ont chaleureusement recommandé Rufus et Flambard à l'opprobre de la postérité. Anselme obligea Henri Ier à promettre un amendement à sa charte de couronnement, qui s'engageait à ne rien exiger pendant les vacances, ni du domaine de l'église, ni de ses locataires. [377] Aucune promesse correspondante ne fut exigée de Jean, preuve que de telles exactions avaient cessé. La Couronne n'extorquait plus de secours sur les terres de l'Église, même si la tutelle était, sans protestation, imposée pendant les vacances.

---

353 . Cf. *supra* , p. 73 .

354 . Les paroles de Glanvill (IX. c. 4) sont malheureusement ambiguës. Il distingue trois cas : (*a*) les honoraires normaux du chevalier, dont 100s. était dû à titre de réparation (il n'apparaît pas si cela s'étend aux honoraires des locataires de la Couronne); (*b*) les terres en socage, sur lesquelles un an de loyer peut être prélevé ; et (*c*) les « *capitales baroniae* », qui étaient soumises à des allègements à la discrétion du roi. Or « baronnie » était un mot vague : les baronnies, comme les barons, pouvaient être petites ou grandes (cf. *infra* , c. 14) ; tous les fiefs de la couronne étant des « baronnies » dans un sens, mais seuls certains « honneurs » plus importants étant ainsi considérés dans un autre. Glanvill laisse ce point vital indéterminé, mais des preuves provenant d'autres sources rendent probable que même les plus petites propriétés de la couronne devraient à cette fin être classées sous ses *capitales baroniae* , et non avec les honoraires de chevalier détenus par les seigneurs mesne. Deux passages du *Dialogus de Scaccario* (II. x. E. p. 135 et II. xxiv. p. 155) soutiennent clairement la distinction entre tous les locataires de la couronne (petits comme grands) d'une part, et les locataires de mesne les seigneurs de l'autre : seuls ces derniers avaient leurs reliefs fixés, tandis que les premiers étaient à la discrétion du roi. (Le deuxième passage montre comment les fonctionnaires de l'Échiquier incombaient à l'héritier d'un fief de la couronne de prouver qu'il était digne de succéder à son père, et suggère de riches cadeaux au roi comme la meilleure forme de preuve.) Madox (I. 315-6) cite dans les Pipe Rolls de grosses sommes exigées par la couronne. Habituellement, le nombre d'honoraires payés par les chevaliers n'est pas précisé, mais dans un cas, un allègement de 300 £ a été payé pour six honoraires, soit au taux de 50 £ par honoraire, soit exactement dix fois ce qu'un seigneur mesne pourrait avoir. exigé. (Voir Pipe Roll, 24 Henry II., cité par Madox, *ibid.*) Il existe d'autres preuves allant dans le même sens : là où une baronnie était en déshérence au profit de la couronne, les allègements des anciens sous-locataires seraient désormais payables directement au couronne; mais c'était la pratique d'Henri II. (confirmé par le c. 43 de la Magna Carta, *qv*) de facturer, dans de tels cas, seulement les taux inférieurs exigibles avant la déshérence. Une règle similaire s'appliquait aux sous-locataires des baronnies en tutelle ; voir le cas des chevaliers du siège de Lincoln entre les mains d'un gardien royal dans Pipe Roll, 14 Henry II. (cité par Madox, *ibid.*). Il semblerait donc que tous les détenteurs de fiefs de la

couronne (et pas seulement *les barones majores*) étaient encore à l'époque de Glanvill sujets à des extorsions arbitraires au nom de secours. Les rédacteurs du *Dialogus* (p. 223) sont également de cet avis. Pollock et Maitland (I. 289), cependant, maintiennent le point de vue opposé, à savoir que la limitation à 100 secondes. les honoraires de chevalier étaient contraignants pour la couronne ainsi que pour les seigneurs mesne.

355 . Madox, I. 316.

356 . Madox, I. 317.

357 . *Ibid.* , I. 318.

358 . *Ibid.* , I. 321.

359 . La première de la longue série de chartes et de confirmations qui la contient semble être l' *Inspeximus* du 10 octobre 1297, qui, selon toute probabilité, n'a fait que reconnaître officiellement une règle réclamée depuis longtemps comme simple justice par les barons et l'opinion publique. (Voir Madox, I. 318, Pollock et Maitland, I. 289, et Bémont, *Chartes* , p. 47.)

360 . Voir note des éditeurs de *Dialogus* , p. 238. La pétition des barons en 1258 (*Sel. Charters* , 382) protesta contre cela et la pratique fut interrompue.

361 . Cf. *supra* , p. 66-9 .

362 . On peut affirmer que la coutume relative à la socage était déjà trop bien établie pour nécessiter une quelconque confirmation. Glanvill (IX. c. 4) a fixé l'allégement pour le socage à la valeur annuelle d'un an. Il n'est cependant pas absolument clair si cette restriction s'appliquait à la couronne. De plus, aucune coutume, aussi bien établie soit-elle, n'était suffisamment à l'abri de l'avidité de Jean pour rendre la confirmation inutile.

363 . Voir Littleton, *Tenures* , II. VIII., art. 154, et Madox, I. 321, qui cite le cas d'un certain Henry, fils de William le Moigne, qui fut condamné à une amende de 18 £ pour le soulagement de terres d'une valeur de 18 £ par an détenues « par la sergent du Lardinaire du Roi ». "

364 . Cf. *supra* , p. 69 .

365 . C. Pearson, *Hist. d'Angl.* , I. 375, note 2.

366 . JH Round, *Angleterre féodale* , 295.

367 . *Par exemple* Gloucester et Battle Abbeys : voir Round, *ibid.* , 299.

368 . Voir Round, *Feudal England* , 294, et Pollock et Maitland, I. 235.

369 . Voir Pollock et Maitland, I. 262, et les autorités citées. « Un honneur ou une baronnie est donc considéré comme une masse de terres qui, depuis longtemps, ont été détenues par un seul titre. » Une définition exacte est

peut-être impossible : le terme a été appliqué pour la première fois au début sans aucune signification technique ; plus tard, chaque « honneur » avait établi séparément sa position par un usage prescriptif. Voir aussi Pike, *House of Lords*, pp. 88-9, sur la difficulté de définir « une baronnie entière ».

370 . Ce changement n'était pas complet en 1215, mais la Magna Carta, lorsqu'elle utilise uniquement « *barones* », semble se référer uniquement aux « *barones majores* » (voir cc. 2, 21, 61). En c. 14, les « *barones majores* » s'opposent aux « *barones minores* ».

371 . Voir Coca-Cola sur *Littleton*, II. iv. s. 112, et *ibid. Deuxième Institut*, p. 7. S'appuyant sur la pratique ultérieure de l'Échiquier, qui exigeait cent marks de soulagement d'une baronnie et cent shillings d'honoraires de chevalier, il a supposé la fausse équation « 1 baronnie = 13 ⅓ d'honoraires **de** chevalier » . S'il avait connu la pratique antérieure, qui suivait la règle de la Charte de Jean, il aurait pu sauter à une autre équation, tout aussi fausse, à savoir que « 1 baronnie = 20 honoraires de chevalier ». Il n'y a en réalité aucune proportion fixe entre les deux, ni en étendue ni en valeur.

372 . Dans l' *Inspeximus* d'Édouard Ier, cependant, le mot *comitatus* (comté) remplace le *baronia comitis* du texte. Voir *Statuts du Royaume*, I. 114.

373 . Voir Pike, *Chambre des Lords*, 57.

374 . Voir Pike, *House of Lords*, 63. Ce terme *comitatus* était un mot aux significations multiples. Désignant à l'origine le «comté» ou «de tribunal du comté», il en est venu à désigner également le bureau du comte qui dirigeait le comté, et plus tard, il pourrait indiquer, selon le contexte, soit son lien titulaire avec le comté, ses domaines, sa part des profits de la justice, ou son rang dans la pairie.

375 . Cela fut spécialement affirmé en 1164 par l'article 11 des Constitutions de Clarendon, qui stipulait que chaque prélat devait détenir ses terres *sicut baroniam*, simple reformulation de la loi existante.

376 . *Sicut per barones meos disposui.* L'écrit est donné dans Heming's *Cartulary*, I. 79-80, et réimprimé par Round, *Feudal England*, 309.

377 . Voir l'annexe.

CHAPITRE TROIS.

Si autem heres alicujus talium fuerit infra etatem et fuerit in custodia, cum ad etatem pervenerit, habeat hereditatem suam sine relevio et sine fine.

Si toutefois l'héritier de l'un des susdits a été mineur et sous tutelle, qu'il reçoive son héritage sans secours et sans amende lorsqu'il sera majeur.

Il est ici interdit à la Couronne d'exiger des secours là où elle avait déjà bénéficié de la tutelle. Il était dur pour la jeunesse, qui échappait aux ficelles, de se voir répondre, lorsqu'il « poursuivait sa livrée », en exigeant une large aide du Trésor public, qui s'était déjà approprié tous ses revenus disponibles. Le même événement, à savoir la mort de l'ancêtre, fut ainsi prétexte à deux incidents féodaux distincts. [378]

Une telle double extorsion était depuis longtemps interdite aux seigneurs mesne ; La Magna Carta étendait simplement des limitations similaires au roi. Le grief reproché avait été intensifié par un expédient injuste que John avait parfois adopté. En cas de succession contestée, il favorisait les prétentions d'un mineur, jouissait de la tutelle et répudiait ensuite complètement son titre, ou ne le confirmait qu'en échange d'une amende exorbitante. La seule garantie était de prévoir que le roi ne jouirait pas de la tutelle avant d'avoir permis à l'héritier de rendre hommage, ce qui constituait le lien de seigneur et de vassal entre eux, empêchait le roi de contester le droit du vassal et l'obligeait à « garantir » » le titre contre tous les prétendants rivaux. Cet expédient a en fait été adopté dans la Charte révisée de 1216. [379]

Les modifications apportées à cette réédition n'étaient pas entièrement en faveur du vassal. Un autre ajout faisait une stipulation raisonnable en faveur du seigneur, qui illustre d'ailleurs la théorie qui sous-tend la tutelle. L'essence de la titularisation dans la chevalerie était l'octroi de terres en échange de services militaires. Seul un chevalier était capable de porter les armes ; c'est pourquoi le seigneur gardait les terres en paroisse jusqu'à ce que le mineur atteigne le domaine de l'homme. Des tentatives ingénieuses avaient apparemment été faites pour vaincre ces droits légitimes des seigneurs féodaux en faisant du jeune héritier un « chevalier », supprimant ainsi la base sur laquelle reposait la tutelle. La réédition de 1216 a empêché cela, prévoyant que les terres d'un mineur devaient rester sous tutelle, bien qu'il soit fait chevalier. [380] Soit dit en passant, la même Charte de Henry déclarait que vingt et un ans était la période à laquelle un locataire militaire devenait majeur, un point sur lequel la Charte de John était restée muette.

Dans un cas, exceptionnellement, la tutelle et les secours pourraient tous deux être exigés à cause du même décès, mais pas par le même seigneur.

Lorsque le défunt possédait auparavant deux domaines, l'un appartenant à la Couronne et l'autre à un seigneur mesne, la Couronne pouvait revendiquer la tutelle des deux, et le seigneur mesne déçu était alors autorisé à exiger une réparation en guise de solatium pour sa perte. [381]

378 . Là où il y avait déjà eu une tutelle, la relève était donc le prix payé par l'héritier pour échapper à la main lourde du roi, et était donc connue sous le nom d'« *ousterlemain* ». M. Taswell-Langmead (*Engl. Const. Hist.* , p. 51, n.) indique le montant des bénéfices de six mois. Il ne cite aucune autorité à ce sujet et se trompe probablement. Le *Dialogue* , II. X. E., p. 135, interdit de prendre des mesures de redressement lorsque la tutelle a été exercée *par annos aliquote* .

379 . Voir le chapitre 3 de 1216, qui stipule qu'aucun seigneur ne peut avoir la tutelle d'un héritier « *antequam homagium ejus ceperit* ». Cf. Coke, *Deuxième Institut* , p. dix.

380 . Du Coca, *ibid.* , p. 12, fait une distinction subtile, et apparemment injustifiée, selon que le mineur a été fait chevalier avant ou après la mort de son ancêtre. Cette réserve, affirme-t-il, ne s'applique pas au premier cas, car le mot utilisé est « *remanate* » et les terres ne peuvent pas « rester » sous tutelle si elles n'y étaient pas auparavant. Un tel raisonnement est puéril.

381 . Voir *Coke sur Littleton* , Livre II. c. iv. s. 112 ; et cf. *infra* , cc. 37 et 43 pour la « prérogative de tutelle » de la Couronne.

CHAPITRE QUATRE.

Custos terre hujusmodi heredis qui infra etatem fuerit, non capiat de terra heredis nisi racionabiles exitus, et racionabiles consuetudines, et racionabilia servicia, et hoc sine destructione etvasto hominum vel rerum; et si nos commiserimus custodiam alicujus talis terre vicecomiti vel alicui alii qui de exitibus illius nobis répondre debeat, et ille destructionem de custodia fecerit velvastum, nos ab illo capiemus emendam, et terra committatur duobus legalibus et discretis hominibus de feodo illo, qui de exitibus l'intimé nobis vel ei cui eos assignaverimus; et si dederimus vel vendiderimus alicui custodiam alicujus talis terre, et ille destructionem inde fecerit vel Vastum, amittat ipsam custodiam, et tradatur duobus legalibus et discretis hominibus de feodo illo qui similiter nobis défendeant sicut prédictum est.

> Le gardien de la terre d'un héritier ainsi mineur ne devra retirer de la terre de l'héritier que des produits raisonnables, des coutumes raisonnables et des services raisonnables, et cela sans destruction ni gaspillage d'hommes ou de biens ; et si nous avons confié la tutelle des terres d'un tel mineur au shérif, ou à tout autre qui est responsable envers nous de ses questions, et qu'il a détruit ou gaspillé ce qu'il détient en tutelle, nous lui enlèverons amende, et la terre sera confiée à deux hommes légaux et discrets de ce fief, qui seront responsables envers nous des émissions, ou envers celui à qui nous les assignerons ; et si nous avons donné ou vendu la tutelle d'une telle terre à quelqu'un et qu'il y a fait destruction ou dévastation, il perdra cette tutelle, et elle sera transférée à deux hommes légaux et discrets de ce fief, qui seront responsables de nous de la même manière que mentionné ci-dessus.

Ce chapitre et le prochain traité sur la tutelle, [382] un incident féodal très détesté, qui a sans aucun doute ouvert la voie à de graves abus. C'est cependant une erreur de considérer sa simple existence comme un abus : elle semble avoir été parfaitement légale en Angleterre depuis la conquête normande, bien que certains auteurs [383] la considèrent comme une innovation imaginée par William Rufus et Flambard, sans précédent sous le règne du Conquérant. Le principal argument en faveur de cette vision erronée est que Henri Ier, en promettant la réparation de plusieurs inventions reconnues de Rufus, a également promis de réformer la tutelle. Cela peut montrer qu'il y a eu abus de la tutelle, mais cela ne prouve pas qu'il s'agit d'une innovation.

La Charte d'Henri l'engageait sans aucun doute à des remèdes drastiques, qui auraient équivalé à la quasi-abolition totale de la tutelle. Le chapitre 4 de ce document retirait de la garde du seigneur à la fois la terre et la personne de l'héritier, et les donnait à la veuve du locataire décédé (ou à l'un des parents, si ce parent avait, par une ancienne coutume, des droits avant ceux de la veuve). [384] Ce n'était là qu'une des nombreuses promesses peu sincères que le « lion de la justice » n'a jamais tenue, et n'a probablement jamais eu l'intention de tenir. La tutelle a continué à être exigée des fiefs laïcs tout au long des règnes d'Henri Ier et d'Étienne. L'article 4 des assises de Northampton (1176) ne fait que confirmer la pratique existante lorsqu'il autorise la tutelle au seigneur du fief. [385] Les barons en 1215 n'ont fait aucune tentative pour modifier cela, ni pour revenir aux remèdes drastiques de la Charte d'Henri Ier, bien que les maux dont on se plaignait aient empiré sous le mauvais gouvernement de Jean.

Il ne faut pas oublier que la « tutelle » mettait les biens et la personne de l'héritier à la merci de la Couronne. Même si la croyance populaire quant au sort réservé au prince Arthur aux mains de son oncle était infondée, John n'était en aucun cas le tuteur capable d'inspirer confiance à la mère veuve d'un jeune locataire de la Couronne dont le roi pourrait convoiter les domaines pour lui-même. De plus, le roi pourrait conférer la fonction, avec les questions délicates que cela implique, à qui bon lui semble. Lorsqu'une telle confiance était abusée, il était difficile d'obtenir réparation. En 1133, un tuteur, accusé *de puella quam dicitur violasse in custodia sua* , paya une amende à la couronne, sinon à titre d'argent secret, du moins afin d'obtenir la protection contre les poursuites ailleurs que devant la *Curia Regis* . [386] Il est facile de comprendre à quel point cet incident féodal a dû être détesté en Angleterre et en Normandie, d'autant plus si, comme le prétend Hallam, il n'a pas été reconnu comme un dû féodal dans d'autres parties de l'Europe. [387]

Les gardiens étaient de deux sortes. Le roi pouvait confier les terres au shérif du comté où elles se trouvent (ou à l'un de ses huissiers), ce shérif tirant les revenus au nom de la Couronne et en rendant compte en temps voulu au Trésor. Alternativement, le roi pourrait accorder entièrement la charge, ainsi que tous les bénéfices qui en découleront, à un particulier, soit à un favori royal, soit à l'enchérisseur du prix le plus élevé. Les commentateurs d'une date ultérieure [388] appliquent le mot « comité » au premier type de tuteur, réservant « bénéficiaire » au second. Cette distinction, mentionnée par Glanvill [389] , est reconnue dans ce passage de la Charte. Ni l'un ni l'autre n'était susceptible d'avoir à cœur les intérêts du mineur. Tous deux extorqueraient le maximum de revenus, l'un pour le roi, l'autre pour lui-même. Ils étaient toujours fortement incités à épuiser le sol, les stocks et le bois, à déraciner et à abattre tout ce qui pouvait rapporter un prix, et à ne rien remplacer. L'héritier se retrouvait trop souvent dans un désert de terres pauvres et de granges vides.

Les remèdes proposés par la Magna Carta étaient trop timides et timides ; pourtant quelque chose s'est produit. Il n'était pas nécessaire de répéter la règle reconnue selon laquelle le mineur doit recevoir, sur les revenus de la terre, l'entretien et l'éducation convenables à sa condition ; mais le chapitre 3 empêchait la Couronne d'exiger des secours là où la tutelle avait déjà été exercée ; le chapitre 37 interdisait à Jean d'exiger la tutelle dans certains cas où elle n'était pas légalement due ; tandis qu'ici, au chapitre 4, une tentative a été faite pour protéger le domaine du gaspillage.

Les réformes promises comprenaient une définition du « déchet » ; punition du tuteur inutile; et la protection contre la répétition des abus. Chacun de ces éléments appelle un commentaire. (1) *La définition des déchets*. La Charte utilise les mots « *vastum hominum vel rerum* » (expression qui apparaît également à Bracton). [390] Il est facile de comprendre le gaspillage de biens ; mais qu'est-ce que le « gaspillage d'hommes » ? Une réponse peut être trouvée dans les termes de la soi-disant « Charte inconnue des libertés » [391], qui oblige les tuteurs à remettre la terre à l'héritier « *sine venditione nemorum et sine redemptione hominum* ». De toute évidence, accorder le droit de vote aux vilains était une méthode pour « gaspiller des hommes ». Le jeune héritier, lorsqu'il parviendrait à la jouissance de ses domaines, ne devait pas trouver ses serfs prédiaux émancipés. [392] Les mots de la « Charte inconnue » peuvent être utilisés pour illustrer le texte, même s'il s'agit d'un faux, puisqu'un consensus d'opinion le considère comme étant soit contemporain, soit légèrement postérieur. [393]

(2) *La punition des tuteurs inutiles*. La Charte prévoit une forme de sanction distincte mais appropriée pour chacun des deux types de tuteur. John promet de prendre des « amendes », sans doute de la nature d'une amende, de la part du « comité » qui n'avait aucun intérêt personnel dans la propriété ; tandis que le « concessionnaire » doit renoncer à la tutelle, perdant ainsi un bien précieux pour lequel il a probablement payé un prix élevé, une punition suffisante, peut-être, sans exiger des dommages-intérêts.

Les lois ultérieures n'ont cependant pas adopté une vision aussi indulgente. Alors que le Statut de Westminster [394] ne faisait que répéter les paroles de la Magna Carta, le Statut de Gloucester [395] édictait que le bénéficiaire qui avait commis un gaspillage devait non seulement perdre la garde, mais devait, en outre, payer à l'héritier tout solde. entre la valeur de la tutelle ainsi confisquée et le montant total du dommage. Des sanctions plus sévères ont été jugées nécessaires. Statut 36 Édouard III. Le chapitre 13 édictait que les Escheators du roi (officiers qui devinrent importants pour la première fois vers la fin du règne d'Henri III et qui agissaient dans le cas normal en tant que gardiens des pupilles de la Couronne), lorsqu'ils étaient coupables de gaspillage, devraient « céder à l'héritier le triple dégâts." Si le garçon était encore mineur, ses amis pouvaient intenter une action en justice en son nom ; ou bien, une fois majeur, il pourrait l'apporter pour son propre compte. [396]

(3) *Provision contre une récurrence des déchets.* Il n'était que juste que des précautions raisonnables soient prises pour éviter que l'héritier qui avait déjà subi un préjudice ne soit maltraité de la même manière une seconde fois. Jean promit donc de remplacer le gardien coupable de gaspillage en nommant comme tuteurs deux des propriétaires les plus dignes de confiance de la succession de l'héritier. On pourrait s'attendre à ce que ces hommes, de par leurs liens locaux et personnels avec le jeune héritier, traitent ses biens avec tendresse. La « Charte inconnue », déjà évoquée, proposait un remède plus radical. Chaque fois que le droit de tutelle de la Couronne s'ouvrait, les terres devaient être confiées à quatre chevaliers du fief sans attendre que les dégâts soient causés. Cette suggestion, si elle avait été mise à exécution, aurait protégé les pupilles du roi, sans nuire aux intérêts pécuniaires légitimes de la Couronne.

---

382 . La nature de la tutelle est expliquée plus en détail *ci-dessus* , pp. 75-7 .

383 . *Par exemple,* M. Taswell-Langmead, *Engl. Const. Histoire* , p. 51, n.

384 . « Telle était, semble-t-il, la vieille règle anglaise » ; voir Ramsay, *Foundations of England* , II. 230.

385 . C'est une erreur commune de supposer que cette assise rende la tutelle au seigneur.

386 . Voir *Pipe Roll* , 29 Henry II., cité Madox, I. 483.

387 . Cf. *supra* , p. 78 .

388 . *Par exemple* Coke, *Second Institute* , p. 13.

389 . VII. c. dix.

390 . II. feuillet 87.

391 . Voir l'annexe.

392 . Une autre manière de « gaspiller » les vilains était de les tailler à outrance. (Pour la signification de tallage, cf. *infra* c. 12.) Ainsi, *le carnet de notes de Bracton* révèle comment un gardien *destruxit villanos per tallagia* (*v.* cas 485) ; comment un autre a exilé ou détruit des vilains pour une valeur de 300 marks (cas 574) ; comment un troisième détruisit deux riches vilains pour qu'ils deviennent pauvres, mendiants et exilés (cas 632). Cf. également cas 691. Daines Barrington, écrivant vers le milieu du XVIIIe siècle, est allé trop loin lorsqu'il a déduit de ce passage « que les vilains qui tenaient un régime servile étaient considérés comme autant de nègres dans une plantation de sucre » (Observations, *p* . 7.). Pour une définition du « vilain », voir *infra* c. 20.

393 . Cf. *supra* , p. 202-205 .

394 . 3 Édouard I. c. 21.

395 . 6 Édouard I. c. 5.

396 . Coke, *Deuxième Institut* , p. 13, énonce une doctrine en contradiction avec cette loi, estimant que l'héritier lésé ne pouvait, à sa majorité, obtenir de tels dommages-intérêts triples, ni même aucun dommage du tout, si le roi avait préalablement pris réparation lui-même. Coke soutient en outre que même après que le gaspillage ait été commis, la personne de l'héritier a été laissée au pouvoir du tuteur injuste, expliquant que lorsque la Charte a supprimé la charge, « cela s'entend de la terre et non du corps ». Il ne semble cependant y avoir aucune autorité pour de telles déclarations.

CHAPITRE CINQ.

Custos autem, quamdiu custodiam terre habuerit, sustentet domos, parcos, vivaria, stagna, molendina, et cetera ad terram illam pertinencia, de exitibus terre ejusdem; et reddat heredi, cum ad plenam etatem pervenerit, terram suam totam instauratam de carrucis et waynagiis, secundum quod tempus waynagii exiget et exitus terre racionabiliter poterunt sustinere.

> ^{terre} , entretiendra les maisons, les parcs, les lieux à bétail, les étangs à poissons, les moulins et autres choses appartenant à la terre, sur les issues de la même terre; et il restituera à l'héritier, lorsqu'il sera majeur, toutes ses terres, garnies de charrues et d'instruments de culture, selon que la saison de culture l'exigera et que les biens de la terre pourront raisonnablement supporter.

Ces stipulations forment le complément, du côté positif, des dispositions purement négatives du chapitre 4. Il ne suffisait pas d'interdire les actes de gaspillage ; le tuteur doit veiller à ce que les domaines soient maintenus en bon état.

I. *Les obligations du gardien d'un fief laïc.* Il était du devoir de chaque gardien de préserver les terres de la négligence, ainsi que toutes les maisons, « parcs » (terme expliqué au chapitre 47), étangs à poissons, moulins et autres éléments habituels de l'équipement d'un manoir médiéval. Toutes les dépenses requises à ces fins formaient, en langage moderne, une première charge sur les revenus de la succession, à déduire avant que le solde ne soit affecté par le « bénéficiaire » ou payé au Trésor par le « comité ». Il était en outre du devoir du tuteur de restituer le tout à l'héritier dans un état aussi bon que le permettaient raisonnablement les produits de la terre. Les Chartes d'Henry ordonnaient au gardien de restituer la terre approvisionnée en charrues « et avec toutes les autres nominations dans un état au moins aussi bon qu'il l'avait reçue ». [398]

La Magna Carta n'a pas tenté d'abolir la tutelle, qui a perduré pleinement pendant de nombreux siècles, avec seulement quelques-uns de ses pires abus quelque peu réduits. L'ensemble du sujet fut réglementé en 1549 par le Statut 32 Henri VIII. c. 46, qui instituait la Cour des pupilles et des livrées, dont la procédure coûteuse et dilatoire provoqua un mécontentement croissant, jusqu'à ce qu'un ordre des deux chambres du Parlement, en date du 24 février 1646, l'abolisse ainsi que « toutes les tutelles, livrées, premières saisies » . et *évincer les mains* . [399] Cette ordonnance fut confirmée à la Restauration par le Statut 12 Charles II. c. 24.

II. *Tutelles sur les sièges vacants.* L'Église avait ses propres griefs, même si ceux-ci prenaient une forme différente. Les Constitutions de Clarendon [400] avaient stipulé que chaque grand prélat devait détenir ses terres de la Couronne *sicut baroniam* ; et ce point de vue a finalement prévalu. Il s'ensuivait que toutes les charges féodales appropriées affectaient les fiefs ecclésiastiques au même titre que les fiefs laïcs. Les terres qui constituaient les temporalités d'un siège étaient cependant dans une situation particulière, étant la propriété, non pas d'un individu, mais d'une société éternelle (pour utiliser le langage défini d'une époque ultérieure). Lorsqu'un évêque ou un abbé mourait, un successeur d'un âge et d'une valeur appropriés devait être immédiatement nommé. Une minorité était donc impossible et, par conséquent, pourrait-on soutenir, des tutelles ne pourraient jamais survenir. Rufus s'est opposé à ce qu'il considérait comme une exemption injuste d'un incident féodal reconnu. Flambard imagina un ingénieux substitut aux tutelles ordinaires en gardant les sièges vacants depuis longtemps et en plaçant entre-temps les terres sous la tutelle de la Couronne. De telles pratiques constituèrent le motif initial de la querelle entre Anselme et Rufus. Henri Ier, tout en renonçant par sa Charte à toute prétention à exiger des secours, conserva son droit de tutelle, promettant simplement que les sièges vacants ne seraient ni vendus ni affermés. Stephen est allé plus loin, renonçant expressément à toute tutelle sur les terres de l'Église ; mais Henri II. Il ignora cette concession et revint à la pratique de son grand-père. Sous son règne, la tutelle des riches propriétés des sièges vacants constituait un atout précieux du Trésor. En cas de vacance, la Couronne percevait non seulement les fermages et les héritages du sol, mais aussi les divers paiements féodaux que les sous-locataires auraient autrement payés à l'évêque. Le rouleau de pipe du 14 Henri II. [401] enregistre des sommes de 30 £ et 20 £ versées au Trésor par deux locataires du siège vacant de Lincoln pour six et quatre honoraires de chevalier respectivement. [402]

La pratique d'Henri d'Anjou fut suivie par ses fils. Jean prit soin spécialement de réserver les tutelles sur les sièges vacants, même dans cette charte très accommodante, datée du 21 novembre 1214, qui cédait le droit d'élection canonique à l'Église nationale. Stephen Langton soit n'avait pas réussi à forcer Jean à renoncer aux tutelles, soit considérait une telle concession comme inutile maintenant que le roi avait renoncé à son droit de veto sur les nominations à l'église, car les tutelles sur les terres de l'église deviendraient non rentables si les élections n'étaient jamais indûment retardées. Quelle que soit la raison, la charte de 1214 ne faisait rien pour protéger contre les abus de tutelle sur les terres de l'Église, et la Grande Charte de Jean restait également silencieuse. [403] L'omission a été comblée en 1216, lorsqu'il a été ordonné que les dispositions déjà rendues applicables aux fiefs laïcs s'étendent également aux sièges vacants, avec la condition supplémentaire que les paroisses ne devraient jamais être vendues. La charte d'Henri III. on revient ainsi à la position exacte définie par la charte d'Henri Ier. Les terres des sièges vacants pourraient être placées sous un « comité », mais jamais données à un « concessionnaire », pour reprendre les termes de Coke.

Ces dispositions ont été complétées par des lois ultérieures. Acte du 14 Édouard III. (stat. 4, cc. 4 et 5) a donné au doyen et au chapitre d'un siège vacant un droit à la préemption de la tutelle à un juste prix. S'ils ne parvenaient pas à l'exercer, le droit du roi de nommer des déshéritiers ou d'autres gardiens était confirmé, mais selon des règles strictes en matière de gaspillage. Il s'agit là d'une confirmation nette du droit du roi à « engager » les terres de l'Église, même si les interdictions de les vendre ou de les affermer restaient toujours en vigueur.

397 . *Vivarium* au sens strict signifie un endroit pour garder le bétail, mais incluait probablement aussi les animaux. Par Coke, dans l' *ensemble des Statuts* et ailleurs, il est traduit par « warren » ; mais ce mot a sa forme latine en *warrena* . Le Glossaire de Stubbs pour *sélectionner des chartes* (p. 551) le décrit comme « un étang à poissons », mais *stagnum* a ce sens. Le Statut Westminster II. (vers 47) parle de *stagnum molendinæ* (un étang-moulin). Le Statut de Merton (c. 11) fait référence aux braconniers capturés *en parcis et vivariis* ; tandis que Westminster I. (c. 1) interdit *ne courge en autri parcs, ne pesche en autri vivers* , ce qui suggère un changement de connotation. Cf. *ibid.* , ch. 20.

398 . Blackstone, *Grande Charte* , lxxviii. considère cela comme « une indulgence envers les gardiens, en leur ordonnant seulement de rendre la terre... dans un état aussi bon qu'ils l'ont trouvé, mais pas dans un état aussi bon qu'il le supporterait ». Parfois, l'héritier, une fois devenu majeur, ne pouvait pas du tout récupérer ses terres. Le Statut de Marlborough (c. 16) donnait à une telle pupille un droit à la *mort d'ancêtre* (cf. *infra* , p. 325) contre un seigneur mesne, mais apparemment pas contre la Couronne. Le Statut de Westminster I. (c. 48) raconte que les héritiers étaient souvent enlevés physiquement pour les empêcher d'intenter des poursuites contre leurs tuteurs.

399 . Voir SR Gardiner, *Documents* , p. 207.

400 . Article 11 : voir *Chartes sélectionnées* , 139.

401 . Cité par les éditeurs du *Dialogus* , p. 223.

402 . Cf. sous c. 43 *infra* .

403 . C. 46 (voir *infra*) confirmait *les barons* , fondateurs d'abbayes, dans leurs droits de tutelle sur celles-ci en cas de vacance.

CHAPITRE SIX.

Heredes maritentur absque disparagacione, ita tamen quod, antequam contrahatur matrimonium, ostendatur propinquis de consanguinitate ipsius heredis.

> Les héritiers seront mariés sans dénigrement, mais de telle sorte qu'avant que le mariage ait lieu, le plus proche par le sang de cet héritier en soit informé.

Le droit de la Couronne de réglementer les mariages des pupilles était devenu un grief intolérable. L'origine de cet incident féodal et son extension aux mineurs, hommes comme femmes, ont été expliquées ailleurs. [404] John faisait un trafic régulier dans la vente de pupilles, jeunes filles de quatorze ans et veuves âgées. Aucune excuse ne sera acceptée. Le Pipe Roll de la première année de Jean [405] raconte comment les biens meubles d'une certaine Alice Bertram lui furent enlevés et vendus parce qu'elle refusait « de venir se marier » à la convocation du roi. Seuls deux expédients s'offraient à ceux qui s'opposaient à s'accoupler pour la vie avec les hommes à qui Jean les vendait. Ils pourraient prendre le voile, devenir morts en droit et renoncer à leurs fiefs pour échapper aux fardeaux qui leur sont inhérents. Seul le cloître pouvait leur offrir un abri ; nulle part dans le monde extérieur ils n'étaient en sécurité. L'autre moyen de s'échapper était de surenchérir sur les prétendants répréhensibles. Cela n'était pas toujours possible, car Jean était prédisposé à favoriser l'emprise de ses messieurs fortunés étrangers, se liant ainsi d'amitié avec ses créatures tout en ajoutant au petit nombre de locataires *en capite personnellement fidèles* . L'avidité de John était insatiable et de brèves entrées dans ses Exchequer Rolls condensent l'histoire de nombreuses tragédies. Au cours de la première année de son règne, la veuve de Ralph de Cornhill offrit 200 marks, avec trois palfres et deux faucons, pour qu'elle ne soit pas épousée par Godfrey de Louvain, mais qu'elle reste libre d'épouser qui elle veut, tout en gardant ses terres. Il s'agissait d'un cas d'urgence désespérée, puisque Godfrey, par amour pour la dame ou pour ses terres, lui avait offert 400 marks, si elle ne pouvait prouver le contraire. Il est satisfaisant d'apprendre que dans ce cas, le pot-de-vin le plus élevé a été refusé et que la dame s'est enfuie. [406]

Parfois, John variait sa pratique en vendant non pas la femme elle-même, mais le *droit* de la vendre. En 1203, Barthélemy de Muleton acheta pour 400 marks la tutelle des terres et l'héritier d'un certain Lambert, ainsi que la veuve, pour se marier avec qui il voudrait, mais afin qu'elle ne soit pas dénigrée. [407]

Une grande importance était naturellement accordée à l'exonération du « dénigrement », c'est-à-dire du mariage forcé avec quelqu'un qui n'était pas son égal. Lorsque Guillaume d'Écosse, par le traité du 7 février 1212, conféra à Jean le droit d'épouser le prince Alexandre avec qui il voudrait, la qualification fut expressément énoncée, « mais toujours sans dénigrement ». [408] Une telle réserve était comprise là où elle n'était pas exprimée et constituait apparemment la seule restriction admise par la Couronne à cette prérogative. Il n'est donc pas surprenant de le trouver spécialement confirmé dans la Magna Carta. Les articles des barons avaient en effet exigé une protection supplémentaire, à savoir qu'une pupille royale ne devait être mariée qu'avec *le consentement* du plus proche parent. Dans notre texte, cela est adouci jusqu'à la simple indication d'un projet de mariage. L'occasion était ainsi donnée de protester contre un match inapproprié. Aussi insuffisante que soit la disposition, elle fut entièrement omise des rééditions du règne d'Henri. La vente des héritières se poursuit sans contrôle.

La Magna Carta n'a pas tenté de définir le dénigrement, mais le Statut de Merton [409] a donné deux exemples : le mariage avec un vilain ou avec un bourgeois. Il ne s'agissait pas d'une liste exhaustive. Littleton, commentant ce statut, [410] ajoute d'autres illustrations : — « comme si l'héritier qui est en pupille était marié à quelqu'un qui n'a qu'un pied, ou une seule main, ou qui est difforme, décrépit, ou qui a une horrible maladie, ou bien une infirmité grave et continue, et, s'il est un héritier mâle, marié à une femme ayant dépassé l'âge de procréer. Il restait beaucoup de place pour imposer une pupille à un mari ou à une femme répréhensible, dont il n'était pas encore possible de prouver qu'il répondait à la définition de « dénigrement » donnée par la loi. Les barons affirmèrent en 1258 qu'une héritière anglaise était dénigrée si elle était mariée à quelqu'un qui n'était pas Anglais de naissance. [411]

Était-il au pouvoir du père prévoyant d'une future héritière, en l'épousant de son vivant, de rendre vain le droit de la Couronne de désigner un mari ? Pas entièrement; car la Charte d'Henri Ier (même en renonçant à la pratique plus oppressive de Rufus) réservait au roi le droit d'être consulté par les barons avant qu'ils n'accordent la main des femmes en mariage. La Magna Carta reste muette sur ce point et la présomption est que la loi existante devait être maintenue.

Bracton [412] explique cette loi : « Aucune femme ayant un héritage ne pouvait se marier sans le consentement du grand seigneur, sous peine de perdre cet héritage ; pourtant, le seigneur, lorsqu'on le lui demandait, était tenu d'accorder son consentement, s'il ne présentait pas de bonnes raisons de le contraire ; il ne pouvait cependant pas être contraint d'accepter les hommages d'un ennemi ou d'un autre locataire inapproprié. Les droits de la Couronne

dans de telles matières étaient apparemment les mêmes que ceux de
n'importe quel seigneur mesne. [413]

---

404 . Voir *supra* , 75-8 .

405 . Cité Madox, I. 565.

406 . Voir *Rotuli de Oblatis et Finibus* , p. 37, et *Pipe Roll* , 2 John, cité par
Madox, I. 515.

407 . *Pipe Roll* , 4 John, cité par Madox, I. 324.

408 . Voir *infra* , c. 59.

409 . 20 Henri III. c. 6.

410 . *Mandats* , II. iv. s. 109.

411 . Voir Pétition des barons (*Sel. Charters* , 383). Peu à peu, la conception
du dénigrement s'est élargie, en partie du fait du développement naturel des
principes juridiques et en partie du pouvoir accru que la noblesse obtenait en
imposant ses propres définitions au roi. Coke commentant Littleton (Section
107) mentionne quatre types de dénigrements : (1) *propter vitium animi* , *par
exemple* les fous et autres personnes aliénées ; (2) *propter vitium sanguinis* , vilains,
bourgeois, fils de personnes atteintes, bâtards, étrangers ou enfants
d'étrangers ; (3) *propter vitium corporis* , comme ceux qui avaient perdu un
membre ou étaient malades ou impuissants ; et (4) *propter jacturam privilegii* ,
ou un mariage qui entraînerait la perte des « avantages du clergé ». La dernière
clause n'avait aucun lien possible avec la loi telle qu'elle existait au XIIIe
siècle, mais était fondée sur le fait que le mariage avec une veuve ou un veuf
était plus tard considéré par l'Église comme un acte de bigamie et impliquait
donc la perte de la propriété. bénéfice du clergé, jusqu'à ce que cela soit
corrigé par le Statut 1 Édouard VI. c. 12 (art. 16).

412 . II. *feuillet* 88.

413 . Pour plus d'informations sur l'âge auquel le mariage peut être proposé
à une pupille et les sanctions en cas de refus, voir Thomson, *Magna Charta* ,
pp. 170-1.

CHAPITRE SEPT.

Vidua post mortem mariti sui stim et sine difficile habeat maritagium et hereditatem suam, nec aliquid det pro dote sua, vel pro maritagio suo, vel hereditate sua quam hereditatem maritus suus et ipsa tenuerint die obitus ipsius mariti, et maneat in domo mariti sui per quadraginta meurt post mortem ipsius, infra quos assignetur ei dos sua.

> Une veuve, après la mort de son mari, aura immédiatement et sans difficulté sa part de mariage et son héritage ; elle ne donnera rien non plus pour sa dot, ni pour sa part de mariage, ni pour l'héritage que son mari et elle détenaient au jour de la mort de ce mari ; et elle pourra rester dans la maison de son mari pendant quarante jours après sa mort, délai pendant lequel sa dot lui sera attribuée.

Aucune prévoyance de la part d'un locataire de la Couronne, mettant de l'ordre dans sa maison en prévision de son décès, ne pourrait sauver sa veuve de la situation extrêmement malheureuse dans laquelle sa mort la plongerait nécessairement. Il doit la laisser sans protection adéquate contre la tyrannie du roi, qui pourrait lui infliger de terribles souffrances en utilisant durement les droits qui lui sont conférés pour la sauvegarde des incidents féodaux dus à la Couronne comme suzerain. Fraîchement privée de son protecteur naturel, elle se trouve dans l'immédiat nécessité de mener une série de négociations délicates avec un adversaire puissant fortifié de prérogatives larges et vagues. En effet, si elle était privée de ses « estovers », elle pourrait se trouver momentanément dans un véritable dénuement, jusqu'à ce qu'elle ait conclu son marché avec la Couronne ; elle avait effectivement droit (dans des circonstances normales) à un tiers des terres de son défunt mari (her *dos rationalis*) en plus de toutes terres qu'elle aurait pu apporter en guise de part de mariage, mais elle ne pouvait entrer en possession qu'avec autorisation. du roi, qui avait des prétentions prioritaires sur les siennes, et pouvait tout saisir par sa prérogative de première saisine. [414] Ce chapitre offre une solution. Les veuves jouiront de leurs droits sans délai, sans difficulté et sans paiement.

I. *La part des biens immobiliers de la veuve*. Trois mots sont utilisés : *dos* , *maritagium* et *hereditas* .

(1) *Dot*. Le douaire d'une femme est la part des terres de son mari réservée pour subvenir à ses besoins pendant son veuvage. Dès le début, il était de coutume qu'un époux prenne des dispositions adéquates pour son épouse le jour où il l'épousait. Une telle cérémonie formait en effet un élément pittoresque des réjouissances du mariage, se déroulant littéralement à la porte de l'église, au moment où l'homme et la femme revenaient de l'autel. La part

des terres de son mari ainsi réservée à la jeune épouse était connue sous le nom de *dos* (ou dot) et la soutiendrait en cas de décès de son mari. En théorie, la transaction entre les époux avait la nature d'un contrat par lequel ils convenaient que l'étendue de la prestation devait être donnée et acceptée. Mais le rôle de l'épouse était passif ; son accord était supposé. Cependant, si aucune disposition n'était prise, la loi intervenait, présumant que l'omission avait été involontaire de la part du mari, et fixait la dot à un tiers de toutes ses terres. [415]

La Magna Carta de Jean se contente du bref texte « qu'une veuve aura sa dot ». La Charte de 1217 va plus loin, contenant un énoncé exact de la loi telle qu'elle existait alors : « La veuve lui aura assigné pour dot le tiers de toutes les terres de son mari qu'il possédait de son vivant (in vita sua) . à moins qu'une part moindre ne lui ait été donnée à la porte de l'église." Les avocats d'un âge plus récent ont, par une interprétation tendue des mots *in vita sua* , en faire une protection absolue pour une femme contre toutes les tentatives de son mari de vaincre ou de diminuer sa dot par des aliénations accordées sans son consentement pendant la durée du mariage. [416] La Magna Carta ne contient aucune garantie pour une telle proposition, bien qu'une clause ultérieure (chapitre 11) garantisse les terres de la dot contre la saisie par les créanciers du mari, qu'ils soient juifs ou autres.

(2) *Maritagium.* Il était d'usage qu'un propriétaire foncier accorde une part de ses biens en guise de part de mariage à ses filles, afin qu'elles ne puissent pas venir vers leurs maris comme des épouses les mains vides. La terre ainsi concédée était généralement soulagée de tout fardeau de service et d'hommage. On l'appelait donc *liberum maritagium* , qui en vint presque à être reconnu comme une forme distincte de tenure féodale. Des concessions à cette fin pouvaient être accordées sans le consentement des futurs héritiers du locataire, bien que les premières lois anglaises interdisaient absolument l'aliénation de terres à toute autre fin sans leur consentement. *Le maritagium* était donc « une provision pour une fille – ou peut-être une autre parente proche – et ses descendants ». [417] Le mari de la dame était, pendant le mariage, traité comme propriétaire virtuel à toutes fins pratiques ; mais à sa mort, la veuve avait un titre incontestable sur les terres apportées avec elle « en mariage libre ». [418]

Toutefois, le sens évident n'a pas toujours été apprécié. Coke [419] interprète la clause comme accordant aux veuves de sous-locataires un droit refusé (par le chapitre 8) aux veuves de locataires de la Couronne, à savoir « la liberté de se marier où elles veulent, sans aucune licence ni assentiment de leurs seigneurs ». Cette interprétation est intrinsèquement improbable, puisque les barons de Runnymede souhaitaient imposer des restrictions à leur ennemi, le roi, et non à eux-mêmes ; et cela s'oppose à la loi d'un règne antérieur, telle qu'exposée par Bracton. [420]

Daines Barrington [421] invente une règle de droit imaginaire pour expliquer une prétendue exception. Une veuve ordinaire, déclare-t-il, ne pourrait normalement pas se remarier avant l'expiration d'un an après la mort de son premier mari. Certaines veuves étaient cependant particulièrement privilégiées. *Le maritagium* était un droit conféré aux veuves des propriétaires fonciers d'abréger la période de deuil imposée aux autres. C'est une inversion complète de la vérité ; la possession de la terre restreignait toujours, au lieu d'étendre, la liberté du mariage. Plusieurs autorités ultérieures suivent l'erreur de Barrington. [422]

De telles erreurs, lorsqu'elles sont commises par des auteurs récents, sont d'autant plus inexcusables, compte tenu de l'explication claire donnée il y a un siècle par John Reeves, [423] qui distinguait deux sortes de part du mariage : *liberum maritagium* , d'où aucun service quel qu'il soit n'était exigible pendant trois générations, et *maritagium servitio obnoxium* , astreint aux services habituels dès le premier, quoique exempté d'hommage jusqu'après la mort du troisième héritier. [424]

(3) *Héréditas.* Les deux premiers mots se comprennent donc aisément : mais qu'est-ce que *hereditas* ? Est-ce simplement un autre nom pour l'un d'entre eux, ou est-ce quelque chose de différent ? Il est éventuellement utilisé pour désigner les successions acquises par l'épouse, non pas comme part du mariage, mais de toute autre manière, par exemple par l'ouverture d'une succession au décès de quelqu'un, de son père ou d'un autre parent, dont elle est l'héritière. .

II. *La part de la veuve dans le patrimoine personnel.* Le chapitre de la Charte actuellement en discussion ne dit rien quant au droit de la veuve à une quelconque partie des biens et effets personnels de son mari décédé. Le chapitre 26 confirme cependant la loi existante qui lui garantissait, dans le cas normal, un tiers des biens personnels de son mari, comme nous l'expliquerons plus en détail ci-après.

III. *Provision pour les besoins immédiats de la veuve.* De nombreuses questions complexes pourraient surgir avant qu'il ne soit possible de diviser la terre en portions aliquotes et ainsi de « lui attribuer » exactement le tiers qui lui est dû. En attendant, des dispositions temporaires doivent être prises pour son entretien. Il s'agissait de deux sortes : (1) *Quarantaine.* La Magna Carta a confirmé son droit de rester dans la maison familiale pendant une période de quarante jours. Les avocats ultérieurs appelèrent cela la quarantaine de la veuve. [425] La Charte de 1216 note une exception à la règle générale, sur laquelle la Charte de Jean reste muette : si la résidence principale du mari décédé avait été un château, la veuve ne pourrait y séjourner ; les forteresses féodales n'étaient pas réservées aux femmes. Dans de tels cas, cependant, comme le prévoit soigneusement la réédition de 1216, une autre résidence doit être immédiatement remplacée. Plus tard, les veuves illégalement privées de leur quarantaine ont obtenu un recours au moyen d'une ordonnance, connue sous le nom de « *de quarentina habenda* », ordonnant au shérif d'engager une procédure sommaire pour faire valoir son droit. [426]

(2) *Estovers de Common.* La veuve avait besoin de quelque chose de plus que la protection d'un toit ; car, jusqu'à ce que ses terres en dot lui fussent livrées, aucune partie des produits des manoirs de son défunt mari ne pouvait être strictement considérée comme sienne. La succession était détenue « en commun » entre elle et l'héritier de son mari (ou entre elle et le « tuteur » des successions de cet héritier). Il était tout à fait juste que, jusqu'à ce que ses droits soient vérifiés, elle reçoive une part raisonnable des produits. Ni la Charte de Jean ni le premier numéro d'Henri III. n'a rien dit à ce sujet. La réédition de 1217 a comblé l'omission, confirmant expressément la veuve d'un locataire de la Couronne dans le droit à *rationabile estoverium suum intérim de communi* . De nombreuses explications du mot *estovers* (généralement utilisé au pluriel) pourraient être citées : du Dr Johnson, qui le définit au sens large comme « produits nécessaires autorisés par la loi », au Dr Stubbs, qui le restreint au « bois de chauffage ». [427] Il s'agissait du droit d'utiliser certaines parties du produit naturel de la terre ou d'autres biens pour subvenir à ses besoins personnels ou domestiques. Ces droits varient cependant en étendue ; depuis le droit général à un approvisionnement complet de toutes les choses nécessaires à l'entretien de la vie, jusqu'au droit restreint de prendre un type de produit dans un but spécifique seulement. [428]

Il semble naturel de déduire que dans ce passage de la Magna Carta, le mot a sa signification plus large. Telle était l'opinion de Coke [429] , qui estimait que cela impliquait le droit de la veuve à toute sorte de « subsistance », y compris le droit de tuer les bœufs sur le manoir dont elle avait besoin pour se nourrir. Les estovers « de commun » doivent donc être interprétés comme étendant le droit de consommation de la veuve pour son propre usage et celui de son ménage sur toute forme de produit détenu « en commun » par elle et le tuteur de l'héritier avant un partage définitif. [430]

---

414 . Cf. *supra* , 78–9.

415 . Voir Pollock et Maitland, II. 422-3. La cérémonie à la porte de l'église, lorsqu'on y avait recours, n'était plus une occasion de donner une preuve matérielle d'affection à la mariée, mais un moyen de la détourner de ce que la loi considérait comme sa disposition légitime, en lui substituant quelque chose de moindre valeur.

416 . Pollock et Maitland, II. 419.

417 . Voir Pollock et Maitland, II. 15-16.

418 . *Le Liberum maritagium* , considéré comme un titre foncier, présente diverses particularités. Le mari de la dame devint le locataire féodal de son père. L'issue du mariage était celle des héritiers des terres et les tiendrait comme locataires de l'héritier du donateur. Mais pendant trois générations, ni service ni hommage n'étaient dus. Après la troisième transmission, les terres ont cessé d'être spécialement « gratuites » ; le mandat particulier prit fin ; et le nouveau propriétaire était soumis à toutes les charges habituelles d'un locataire ordinaire.

419 . *Deuxième Institut* , p. 16.

420 . Voir *supra* , p. 253 .

421 . *Observations* , p. 8-10.

422 . *Par exemple* Thomson, *Magna Charta* , p. 172. Le Dr Stubbs a sa propre lecture du *maritagium* , à savoir « le droit de marier en mariage une personne à charge féodale ». Voir Glossaire de *Sel. Chartes* , p. 545. Le mot peut parfois avoir ce sens, mais pas dans la Magna Carta.

423 . Voir son *History of English Law* , I. 121 (3e éd.).

424 . Cf. *Ibid.* I. 242, où Reeves souligne à juste titre que Coke se trompe, bien qu'il ne remarque pas la distinction établie dans le passage critiqué entre la Couronne et les seigneurs mesne.

425 . La « charte inconnue » (voir annexe) précisait soixante jours, mais la Magna Carta fixait le délai à quarante.

426 . Voir Coke, *Second Institute* , p. 16.

427 . Voir Glossaire pour *sélectionner des chartes* , p. 539 : « bois de chauffage ; à l'origine, la fourniture ou des trucs en général.

428 . Plusieurs exemples d'utilisation plus large du mot peuvent être donnés. Bracton (III. *folio* 137) explique que, en attendant le procès d'un homme accusé de crime, ses terres et ses biens étaient mis de côté par le shérif jusqu'à ce qu'il soit déterminé s'ils devaient devenir la propriété du roi par la condamnation de l'accusé ; pendant ce temps, l'homme emprisonné et sa famille recevaient, grâce aux revenus, des « estovers raisonnables ». (Cf. *infra* , c. 32.) Le Statut de Gloucester (6 Edward I. c. 4) mentionne incidemment une méthode pour stipuler la restitution des biens aliénés, à savoir, de prendre le cessionnaire tenu de fournir au concédant des estovers. de viande ou de vêtements. (« *A trouver estovers en vivre ou en vesture* »). Blackstone encore (*Commentaries* , I. 441) applique le nom *d'estovers* à la pension alimentaire ou à l'allocation versée à une femme divorcée « pour son entretien sur la succession du mari ». Parfois, cependant, le mot était utilisé dans un sens plus restreint. Coke (*Second Institute* , p. 17) dit : « Lorsque *les estovers* sont confinés

aux bois, cela signifie housebote, hedgebote et labourbote », c'est-à-dire le bois nécessaire à la réparation des maisons, des haies et des charrues. Apparemment, sa portée était encore plus restreinte lorsqu'il était utilisé pour décrire le droit de ceux qui habitaient dans les forêts du roi, à savoir de prendre du bois mort comme bois de chauffage. (Cf. *infra* , c. 44.)

429 . *Deuxième Institut* , p. 17.

430 . Il ne semble y avoir aucune raison de limiter ses estovers à un droit sur les « biens communs », au sens de pâturages et de bois détenus « en commun » par son défunt mari et les vilains de son manoir. Une telle signification s'attache en effet à l'expression « dot des estovers » rencontrée sous les règnes ultérieurs, *par exemple* dans l'*Annuaire* du 2 Édouard II. (Société Selden), p. 58, où il a été statué qu'un tel droit (revendiqué comme élément permanent de la dot) n'appartenait *pas* à une veuve.

CHAPITRE HUIT.

Nulla vidua distringatur ad se maritandum dum voluerit vivere sine marito; ita tamen quod securitatem faciat quod se non maritabit sine assensu nostro, si de nobis tenuerit, vel sine assensu domini sui de quo tenuerit, si de alio tenuerit.

> Qu'aucune veuve ne soit contrainte de se marier, aussi longtemps qu'elle préfère vivre sans mari ; pourvu toujours qu'elle donne garantie de ne pas se marier sans notre consentement, si elle tient de nous, ou sans le consentement du seigneur dont elle tient, si elle tient d'un autre.

Les dames riches et sages étaient heureuses d'échapper avec leurs enfants aux griffes de John en acceptant de racheter tous les droits oppressifs de la Couronne contre une somme forfaitaire. L'année même de la Magna Carta, Margaret, la veuve de Robert fitz Roger, paya 1 000 £ ; [431] et quelques années plus tôt Petronilla, comtesse de Leicester, dépensa jusqu'à 4 000 marks. [432] Bien que les circonstances de chacune de ces affaires semblent avoir été particulières, les Pipe Rolls contiennent de nombreuses sommes moins importantes ; en 1206 Juliana, veuve de Jean de Kilpec, compte 50 marks et un palfrey. [433] Les chevaux, les chiens et les faucons étaient fréquemment donnés en plus des amendes en argent et témoignent avec éloquence de l'avidité du roi, de l'inquiétude des victimes et du caractère extorqueur de tout le système. En échange, on obtenait généralement des chartes formelles, dont un bon exemple est celle accordée à Alice, comtesse de Warwick, en date du 13 janvier 1205, [434] contenant de nombreuses concessions ; entre autres, qu'elle ne devrait pas être forcée à se marier ; qu'elle serait la seule tutrice de ses fils ; qu'elle devrait avoir un tiers des terres de son défunt mari comme dot raisonnable ; et qu'elle serait dispensée de fréquenter les tribunaux du comté et des cent, et du paiement des aides du shérif pendant son veuvage. Une autre charte du 20 avril 1206 montre à quoi une veuve devait s'attendre si elle ne parvenait pas à conclure son marché avec la Couronne. John a accordé à Richard Fleming, un étranger comme son nom l'indique, et vraisemblablement l'un de ses mercenaires peu réputés, la tutelle des terres du défunt Richard Grenvill avec les droits de mariage de la veuve et des enfants. [435]

La Magna Carta cherchait à substituer une règle générale de droit aux dispositions de ces chartes privées achetées par des particuliers à des dépenses ruineuses. Il ne contenait aucune innovation surprenante, mais répétait seulement plus longuement les promesses faites (et jamais tenues) par Henri Ier dans la partie relative de la clause 4 de sa charte de couronnement. Aucune veuve ne devait être contrainte de se remarier contre son gré. Cette liberté ne doit toutefois pas être utilisée au détriment des droits légitimes de la Couronne. Bien que la veuve n'ait pas besoin d'épouser comme second mari l'homme choisi par le roi sans son consentement, elle ne pouvait pas non plus épouser sans le consentement du roi l'homme de son choix. La Magna Carta prévoyait spécialement qu'elle devait trouver une sécurité à cet effet, une stipulation ennuyeuse, mais pas injuste. La Couronne, plus tard, obligea la veuve, lorsqu'elle se faisait attribuer sa dot à la Chancellerie, à jurer de ne pas se marier sans licence ; et si elle violait son serment, elle devait payer une amende, qui fut finalement fixée à la valeur d'un an de sa dot. [436]

431 . Voir *Pipe Roll* du 16 Jean, cité Madox I. 491.

432 . Voir *Pipe Roll* of 6 John, cité Madox I. 488.

433 . Voir *Pipe Roll* of 6 John, cité Madox I. 488.

434 . *Nouveau Rymer*, I. 91.

435 . Voir *New Rymer*, I. 92.

436 . Voir Coke, *Second Institute*, 18.

CHAPITRE NEUF.

Nec nos nec ballivi nostri seisiemus terram aliquam nec redditum pro debito aliquo, quamdiu catalla debitoris sufficiunt ad debitum reddendum; nec plegii ipsius debitoris distringantur quamdiu ipse capitalis debitor sufficit ad solucionem debiti; et si capitalis debitor defecerit in solucione debiti, non habens unde solvat, plegii répondeur de débito; et, si voluerint, habeant terras et redditus debitoris, donec sit eis satisfactum de débito quod ante pro eo solverint, nisi capitalis debitor monstraverit se esse quietum inde versus eosdem plegios.

> Ni nous ni nos huissiers ne saisirons aucune terre ni aucun loyer pour aucune dette, tant que les biens meubles du débiteur suffisent à rembourser la dette ; les cautions du débiteur ne seront pas non plus saisies tant que le débiteur principal sera en mesure de régler sa dette ; et si le débiteur principal ne paie pas la dette, n'ayant rien pour la payer, les cautions répondront de la dette ; et qu'ils auront les terres et les rentes du débiteur, s'ils les désirent, jusqu'à ce qu'ils soient indemnisés de la dette qu'ils ont payée pour lui, à moins que le débiteur principal ne puisse prouver qu'il en est libéré à l'égard desdites cautions.

La Charte passe désormais à un autre groupe de griefs. Les chapitres 9 à 11 traitent de sujets apparentés aux dettes, à l'usure et aux Juifs, et doivent être lus en relation les uns avec les autres, ainsi qu'avec le chapitre 26, qui réglemente la procédure de saisie des biens personnels des locataires de la Couronne décédés qui étaient également des locataires de la Couronne. débiteurs. Le présent chapitre, bien que très général dans ses termes, faisait spécialement référence aux cas où la Couronne était créancière ; tandis que les deux chapitres suivants traitaient plus particulièrement des dettes contractées auprès des Juifs ou d'autres prêteurs d'argent.

Le fait que les sujets de Jean avaient des dettes envers son trésorier n'impliquait bien sûr pas qu'ils avaient emprunté de l'argent au roi. Les sommes inscrites comme dues aux rôles de l'Échiquier représentaient des obligations contractées de diverses manières. Entre les incidents féodaux et les scutages, et les amendes aveugles, si lourdes qu'elles ne pouvaient être payées que par acomptes, une grande partie des Anglais devaient être en permanence redevables envers la Couronne. A l'avènement de Jean, la plupart des barons du Nord devaient encore les scutages exigés par Richard. John n'a remis aucun des arriérés, tout en imposant de nouvelles charges: les tentatives faites pour recouvrer ces dettes ont intensifié les frictions entre John et ses barons. [437] En outre, la Couronne avait pour habitude, chaque fois que cela était possible, de faire trouver à ses débiteurs des cautions pour leurs dettes, élargissant ainsi le cercle des personnes susceptibles d'être saisies, tandis que les officiers qui exécutaient le paiement se rendaient coupables d'irrégularités, qui devenaient le manteau de la justice. de graves abus.

Trois règles équitables ont été établies. (1) Le patrimoine personnel du débiteur doit être épuisé avant que ses biens immobiliers ou ses revenus ne soient attaqués. Lui retirer ses terres risquait de le priver finalement de ses moyens de subsistance, puisque les biens qui lui étaient laissés ne pouvaient lui rapporter un revenu permanent. [438] La règle ici posée par la Magna Carta n'a pas trouvé sa place dans les systèmes juridiques modernes, qui laissent généralement le choix au créancier. (2) Les biens (tant réels que personnels) du débiteur principal devaient être épuisés avant que des poursuites puissent être intentées contre ses cautions. La Magna Carta a ainsi énoncé dans le droit anglais une règle qui a trouvé faveur dans la plupart des systèmes de jurisprudence. Celui qui n'est que garant de la dette d'autrui a droit à l'immunité jusqu'à ce que le créancier ait pris toutes les mesures raisonnables contre le débiteur principal. Un tel droit est connu en droit civil sous le nom de *beneficium ordinis* , et dans le droit écossais moderne sous le nom de « bénéfice de discussion ». (3) Si ces cautions devaient après tout payer la dette en tout ou en partie, elles avaient droit à « un droit de réparation » contre le débiteur principal, étant mises en possession de ses terres et de ses fermages. Cette règle a quelque analogie avec le principe d'équité du droit moderne, qui donne à la caution qui a payé la dette de son principal le droit à tous les biens que le créancier détenait en garantie de cette dette.

Même lorsque les huissiers de la Couronne obéissaient à la Magna Carta en laissant les terres tranquilles lorsque des biens meubles étaient disponibles, ils pouvaient toujours infliger sans raison de terribles difficultés aux débiteurs. Parfois, ils saisissaient des biens d'une valeur disproportionnée à la dette ; et une loi de 1266 [439] interdisait cette pratique lorsque la disproportion était « scandaleuse ». Parfois, ils tentaient d'extorquer un paiement prompt ou de ruiner leur victime en choisissant le bien qui lui était le plus indispensable. Les bœufs étaient retirés de la charrue et laissés mourir de faim et de négligence. La pratique du Trésor, du temps de Henri II, avait été plus attentionnée ; les bœufs devaient être épargnés autant que possible là où d'autres effets personnels étaient disponibles. [440] La charte de John ne contient aucune disposition humaine de ce type, [441] et les abus ont continué. La loi de 1266, déjà citée, interdisait aux officiers de chasser à ses frais le propriétaire venu nourrir son bétail mis en fourrière. Les *super cartas Articuli* [442] allèrent plus loin ; interdisant complètement la saisie des bêtes de charrue tant que d'autres effets pourraient être attachés d'une valeur suffisante pour satisfaire la dette. [443]

437 . Voir *supra* , p. 89 .

438 . Le *Dialogue de Scaccario* , II. XIV., avait, un demi-siècle plus tôt, posé des règles encore plus favorables au débiteur à deux égards : a) l'ordre dans lequel les meubles devaient être vendus était prescrit ; et (*b*) certains biens étaient absolument réservés au débiteur, *par exemple* les aliments préparés pour son usage ; et, dans le cas d'un chevalier, son cheval avec son équipement.

439 . 51 Henri III., stat. 4 (parmi les « statuts de date incertaine » dans *Statutes of Realm* , I. 197).

440 . Voir *Dialogue de Scaccario* , II. xiv. : « *Mobilia cujusque primo vendantur ; bobus autem arantibus, per quos agricultura solet exerceri, quantum poterint partant* » (p. 148).

441 . Cf. cependant la règle des amercements en c. 20.

442 . 28 Édouard I. c. 12. Voir également Statut de Marlborough, 52 Henri III. c. 15.

443 . Les rééditions de Henry apportent deux petits ajouts expliquant certains points de détail : (*a*) les mots « *et ipse debitor paratus sit inde satisfacere* » précèdent la clause accordant l'exemption des cautions ; et *b*) les cautions sont déclarées saisies, non seulement lorsque le débiteur principal n'a rien, mais encore lorsqu'il peut payer, mais ne le fera pas, « *aut reddere nolit cum possit* ».

CHAPITRE DIX.

Si quis mutuo ceperit aliquid a Judeis, plus vel minus, et moriatur antequam illud solvatur, debitum non usuret quamdiu heres fuerit infra etatem, de quocumque teneat ; et si debitum illud inciderit in manus nostras, nos non capiemus nisi catallum contentum in carta.

> Si celui qui a emprunté aux Juifs une somme, grande ou petite, décède avant que ce prêt ne soit remboursé, la dette ne portera pas d'intérêt tant que l'héritier sera mineur, quel qu'en soit le propriétaire ; [444] et si la dette tombe entre nos mains, nous ne prendrons rien d'autre que la somme principale [445] contenue dans la caution.

L'acceptation de l'usure, interdite par la loi aux chrétiens, était pratiquée par les Juifs avec de grands désavantages et de grands risques ; et les taux d'intérêt étaient proportionnellement élevés, allant dans les cas normaux de deux à quatre pence par livre et par semaine ; c'est-à-dire de 43 ⅓ à 86 ⅔ pour cent. par an. [446] Pendant son nonage, le pupille n'avait rien de quoi s'acquitter ni du capital ni des intérêts, puisque celui qui avait la tutelle en tirait le revenu. Au terme d'une longue minorité, un héritier aurait vu les domaines les plus riches engloutis par une dette automatiquement multipliée par dix ou vingt. [447]

La Magna Carta a empêché cette grande injustice envers la paroisse ; mais, ce faisant, il infligeait, selon les normes modernes, une certaine injustice aux prêteurs d'argent. Pendant la minorité, il était prévu qu'aucun intérêt ne devrait revenir au Juif ou à tout autre usurier ; tandis que, si la dette passait à la Couronne, le roi ne doit pas user de sa prérogative pour extorquer plus que ne le ferait un débiteur privé ; il doit se limiter à la somme principale indiquée dans l'acte de dette. La disposition selon laquelle aucun intérêt ne devrait courir pendant les minorités a été confirmée par le Statut de Merton [448], qui précisait cependant que ses dispositions ne devaient pas fonctionner comme une libération de la somme principale ou des intérêts qui avaient couru avant la naissance de l'ancêtre. la mort. Le Statut de la communauté juive, de date incertaine, [449] a rendu les intérêts irrécouvrables par voie judiciaire. Tous les actes antérieurs contre l'usure ont été abrogés par la loi 37 Henri VIII. c. 9, qui interdisait cependant d'exiger des intérêts à un taux supérieur à 10 pour cent, et ce taux resta le taux légal jusqu'à ce qu'il soit réduit à 8 pour cent, par 21 James I. c. 17. Le prêt d'argent et les lois sur l'usure sont des sujets étroitement liés aux mesures répressives contre les Juifs.

I. *L'histoire des Juifs en Angleterre.* La politique de la Couronne envers les étrangers de race hébraïque qui recherchaient sa protection variait à différentes époques, et trois périodes peuvent être distinguées. De la conquête normande au couronnement de Richard Ier, les Juifs furent escroqués et tolérés ; sous les règnes de Richard et de Jean et de la minorité d'Henri III. ils étaient tondus et protégés ; et enfin ils furent escroqués et persécutés, cette dernière étape s'étendant depuis la formation de l'alliance entre Henri et Innocent IV. jusqu'à l'ordonnance de 1290, qui bannit à perpétuité tous les Juifs d'Angleterre. Les détails de cette longue histoire de difficultés et d'oppression, tempérée par intermittence par la clémence royale, qui devait toujours être bien payée, ne peuvent être examinés ici que dans leurs grandes lignes. Il y avait des Juifs en Angleterre avant la conquête normande ; mais le premier grand afflux eut lieu sous le règne de Rufus, dont le génie financier reconnut en eux un instrument pour son gain, et qui les protégerait d'autant plus volontiers qu'il était susceptible de se révéler une épine dans le pied de son ennemi l'Église. Un deuxième afflux résulta de la persécution des Israélites sur le continent européen, consécutive à l'échec de la première croisade. Cette nouvelle immigration étrangère semble avoir suscité la méfiance en Angleterre et conduit au désarmement de tous les Juifs en 1181, mesure qui les laissa à la merci de la populace chrétienne.

Aussi, lorsqu'un trouble survint lors du couronnement de Richard Ier, le 3 septembre 1189, à cause de l'imprudence de quelques juifs officieux, un massacre général eut lieu à Londres, tandis qu'York et d'autres villes ne tardèrent pas à suivre l'exemple. Le roi était mis en colère, non pas tant par les souffrances des Juifs que par la destruction de leurs liens, puisque cela blessait indirectement la couronne ; car plus les Juifs en possédaient, plus on pouvait leur extorquer davantage, et lorsque la caution écrite avait été brûlée, il ne restait aucune trace de la dette. Richard, revenant de sa captivité quelques années plus tard, ayant un besoin urgent d'argent, était déterminé à empêcher la répétition d'une telle ingérence dans une précieuse source de revenus. Son mobile était égoïste, mais ce n'était pas une raison pour que les Israélites ne paient pas pour une mesure destinée à leur propre protection. Réunis à Nottingham, ils accordèrent une aide libérale, en échange d'un nouvel expédient conçu pour garantir leurs obligations. Ce projet, dont Richard devait probablement les détails au génie de son grand justicier, l'archevêque Hubert Walter, avait un caractère complet et pratique. À Londres, à York et dans d'autres villes importantes, des bureaux ou bureaux furent établis sous la protection de la Couronne, contenant des coffres au trésor, appelés archae, équipés *de* triples serrures, qui ne devaient être ouverts qu'à intervalles déterminés en présence de gardiens spéciaux, connus sous le nom de chirographes. qui a gardé les clés. Ces gardiens étaient généralement au nombre de quatre, deux chrétiens et deux juifs, choisis par des jurys spécialement convoqués à cet effet par le shérif du comté, et ils étaient obligés de trouver des garanties qu'ils rempliraient fidèlement leurs importantes fonctions. C'est seulement en leur présence que les emprunts pouvaient être valablement contractés entre juifs et chrétiens ; et il était de leur devoir de voir les termes de tous ces marchés réduits par écrit sous une forme régulière prescrite en double exemplaire. Aucun contrat n'était contraignant à moins qu'une copie écrite ou un chirographe n'ait été conservé dans l'un ou l'autre de ces dépôts ou arches, qui servaient ainsi à toutes les fins d'un registre moderne, et à d'autres fins également . Si le prêteur a subi des violences et s'est vu voler sa copie de la caution, le débiteur était toujours tenu à ses obligations par le duplicata qui lui restait. Si le Juif et tous ses proches étaient tués, même alors le débiteur ne s'échappait pas, mais se retrouvait confronté à un nouveau créancier plus puissant, le roi lui-même, armé du chirographe. Des listes de toutes les transactions étaient conservées, et toutes les quittances et cessions de dettes, connues sous leur nom hébreu « étoiles », devaient également être soigneusement enregistrées. [450] Des règles précises et strictes, codifiées par Hubert Walter dans les termes d'une commission écrite, furent délivrées aux juges lors de leur entrée en tournée en septembre 1194. [451]

Si ce système astucieusement conçu empêchait le débiteur chrétien de se soustraire à ses obligations, il plaçait aussi le créancier juif complètement à la merci de la Couronne ; car la richesse exacte de chaque Juif pouvait être déterminée avec précision à partir d'un examen minutieux du contenu des *archae* . Les fonctionnaires du roi pouvaient juger au centime près combien il était possible de tirer des coffres des Juifs, dont les obligations pouvaient d'ailleurs être commodément attachées jusqu'à ce qu'ils payent le montant exigé. La coutume de fixer dans les châteaux royaux les lieux de conservation de ces arches, explique probablement l'origine de la juridiction spéciale exercée sur les Juifs par les connétables du roi (« qui *turres nostras custodierunt* »). [452] Dans les cachots de leurs forteresses, d'horribles machines étaient à portée de main pour imposer l'obéissance à leurs récompenses. Toutefois, cette compétence ne s'étendait légitimement qu'aux dettes insignifiantes. [453] Tous les recours importants étaient réservés aux fonctionnaires de l'Échiquier des Juifs, un département gouvernemental spécial, qui contrôlait et réglementait toute la procédure. Les preuves de l'existence de cet échiquier séparé remontent à 1198, bien qu'aucune trace d'une date antérieure à 1218 n'ait été trouvée. [454] Jean, tout en méprisant les Juifs, ne tarda pas à se rendre compte qu'en eux la Couronne possédait un atout de grande valeur. Sa politique était de protéger leur richesse en tant que réservoir dans lequel il pouvait puiser en cas de besoin, se contentant entre-temps de sommes relativement modérées. Ainsi, par une charte du 10 avril 1201, il prit 4000 marks en échange de la confirmation de leurs privilèges ; et il obtint un second paiement d'un montant semblable après sa rupture avec Rome. La charte de 1201 n'était qu'une confirmation des droits dont jouissaient déjà tous les Juifs anglais en vertu de l'interprétation libérale donnée aux termes d'une charte antérieure qui avait été accordée par Henri Ier à un père particulier en Israël avec sa maison, mais par la suite étendu, avec le concours tacite de la Couronne, à toute la race hébraïque. En vertu de la charte de Jean, ils jouissaient de privilèges précieux et précis qui, tout en les laissant entièrement sous le pouvoir royal, les exemptaient de toutes juridictions, à l'exception de celles du roi et de ses châtelains ; tandis que si un chrétien portait plainte contre un juif, elle devait être jugée par les pairs de ce juif. [455]

Lorsqu'une répétition du massacre qui avait déshonoré le couronnement de son frère menaça d'avoir lieu en 1203, Jean ordonna aussitôt au maire et aux barons de Londres de réprimer toutes ces tentatives. Dans des termes méprisants aussi bien pour les Londoniens que pour les Juifs, son bref déclarait que sa promesse de protection, « même si elle était accordée à un chien », devait être tenue inviolée. [456] La protection ne leur fut cependant accordée que pour qu'ils puissent fournir un butin plus riche à la couronne, le moment venu. Soudain, Jean donna l'ordre d'arrêter massivement les Juifs dans toute l'Angleterre. Les membres les plus riches de leur communauté furent réunis à Bristol et, le 1er novembre 1210, furent contraints de donner leur consentement à contrecœur à une taille générale pour la somme énorme de 66 000 marks. Apparemment, ce montant avait été fixé à la suite d'une estimation exagérée du contenu des *archées* et était supérieur à ce qu'ils pouvaient se permettre de payer. Les méthodes adoptées par les châtelains de Jean pour extorquer les arriérés de la somme sont bien connues, notamment dans le cas du malheureux juif de Bristol, à qui on arracha sept dents, une par jour, jusqu'à ce qu'il consente à payer la somme demandée. [457]

Il était doublement dur que la race ainsi pillée et torturée par le roi soit soumise à un traitement sévère de la part des ennemis du roi au motif qu'ils étaient des protégés choyés de la Couronne. Pourtant tel fut le cas : le dimanche 17 mai 1215, lorsque les insurgés en route vers Runnymede entrèrent à Londres, ils pillèrent et assassinèrent les Juifs, utilisant les pierres de leurs maisons pour fortifier les murs de la ville. [458] Il n'est donc pas étonnant que les mêmes insurgés, en imposant au roi Jean les exigences qui constituaient la base de la Magna Carta, aient inclus des dispositions contre l'usure.

Les conseillers du jeune Henri omirent en 1216 ces clauses, mais non par amour des Juifs. Ils n'étaient pas disposés à altérer une ressource financière aussi utile, qui a été comparée à une éponge qui absorbait lentement les richesses de la nation pour être rapidement essorée à nouveau par le roi. Les Juifs étaient toujours prêts à restituer une partie de leurs gains en échange d'une protection sur le reste, même de manière méprisante et intermittente ; mais leur sort devint vraiment dur lorsque Henri III, poussé par la clameur populaire et les vœux du pape, commença une campagne de persécution active, sans relâcher la rigueur de ces exigences royales qui avaient été auparavant le prix de la protection. En 1253, une ordonnance sévère infligea aux Hébreux une longue liste de règlements vexatoires, transformant presque leurs quartiers de chaque grande ville en ghettos, comme ceux du continent européen. Ce n'était que le début d'une série de mesures d'oppression, résultat naturel de la haine croissante avec laquelle les chrétiens visaient les juifs, résultat en partie de l'imagination enflammée de la populace, prête à croire des histoires non authentifiées de crucifixion d'enfants chrétiens, et en partie du fait que les Juifs riches, malgré toutes les persécutions, s'étaient emparés des domaines fonciers des propriétaires fonciers et des nobles et prétendaient agir en tant que seigneurs de locataires chrétiens, bénéficiant de tutelles, de déshérences et d'advows, comme n'importe quel baron chrétien aurait pu le faire. . La portée de cette enquête exclut tout compte rendu détaillé des étapes par lesquelles est passée la législation répressive, jusqu'à ce que le sort des Juifs en Angleterre devienne intolérable. Le Statut des Juifs, cependant, [459] était d'une importance exceptionnelle ; en retirant aux usuriers le droit de recouvrer les intérêts par une procédure légale et en limitant l'exécution pour le principal à la moitié des terres et biens meubles du débiteur. En échange, des concessions temporaires ont été accordées. Un par un, tous ces privilèges furent retirés, jusqu'à ce que la fin survienne en 1290 avec la publication d'un décret de bannissement perpétuel par Édouard Ier, qui fut contraint de sacrifier le droit tant chéri de conserver une réserve royale de Juifs par déférence pour le point culminant. de préjugés nationaux dans une tempête de haine irraisonnée.

II. *Situation juridique des Juifs.* Tout au long de ces vicissitudes de la fortune, le statut juridique des Juifs était resté inchangé pour l'essentiel. Leur situation était doublement difficile ; ils furent pillés par la couronne et persécutés par la population. Si Jean les a sauvés du vol par ses sujets chrétiens, c'est qu'ils vaudraient peut-être mieux qu'ils soient volés par un roi chrétien. Pourtant, pour cette protection, à la fois intermittente et intéressée, les Juifs durent payer un lourd tribut ; non seulement ils étaient susceptibles d'être élevés arbitrairement au gré du roi, sans limite et sans appel, mais ils étaient détestés par les riches et les pauvres en tant qu'alliés du roi. De tels sentiments expliqueraient à eux seuls le traitement antipathique accordé aux prêteurs par la Magna Carta ; deux autres raisons y ont contribué. Au Moyen Âge, toute usure était considérée comme immorale (bien qu'illégale uniquement pour les chrétiens), alors qu'on exigeait habituellement des intérêts excessifs.

Le système féodal de la société n'accordait aucune place aux Juifs et ne leur accordait aucune protection. Non seulement ils partageaient les handicaps communs à tous les étrangers, mais ceux-ci n'étaient pas dans leur cas atténués par la protection accordée aux autres étrangers par leurs propres souverains et par l'Église. Exilés en terre étrangère, exposés aux attaques d'une foule hostile, ils étaient contraints de s'appuyer absolument sur la seule puissance assez forte pour les protéger, le bras du roi. Les Juifs devinrent de simples serfs, les biens ou les biens de la Couronne, de la même manière que les vilains devinrent les serfs ou les biens de leurs seigneurs. Ils pouvaient avoir des droits contre autrui par la souffrance royale, mais ils n'avaient aucun recours légal contre leur maître. Selon les mots de Bracton, [460] « le Juif ne pouvait rien avoir en propre, car tout ce qu'il acquérait, il ne l'acquérait pas pour lui-même mais pour le roi ». Sa propriété lui appartenait simplement par courtoisie royale, et non sous la protection de la loi. À sa mort, ses proches n'avaient aucun titre légal pour succéder à ses hypothèques, à ses biens ou à son argent ; le trésorier, fortifié par une connaissance intime de l'étendue de sa richesse (car celle-ci consistait principalement en obligations enregistrées), en entra en possession et pouvait faire ce qu'il voulait. Le roi, en effet, se contentait généralement en pratique d'un tiers du tout ; mais si les parents du juif décédé recevaient moins que le solde des deux tiers, ils seraient bien avisés de ne présenter aucune remontrance. La Couronne n'a pas admis l'existence d'une obligation légale; et il n'y avait personne ni assez puissant, ni assez intéressé, pour contraindre à l'accomplissement de l'accord tacite qui restreignait les prétentions royales. Tout ce que le Juif avait amassé lui appartenait légalement et potentiellement non pas à lui mais à la Couronne. La Magna Carta, en s'attaquant aux prêteurs, s'en prenait au roi.

444 . Les mots « *de quocumque teneat* » incluent à la fois les locataires de la Couronne et les sous-locataires, et suggèrent que seuls les propriétaires francs devaient bénéficier de la protection de cette clause.

445 . *Catallum* et *lucrum* étaient les mots techniques utilisés respectivement pour « principal » et « intérêt » dans les obligations et autres documents formels. Voir, *par exemple* , Round, *Ancient Charters* (Pipe Roll Society, Vol. X.) n° 51, et John's Charter to the Jewish, *Rot. Graphique.* , p. 93.

446 . Voir Pollock et Maitland, I. 452, et Round's *Ancient Charters* , notes de la Charte n° 51.

447 . La Couronne était parfois appelée à intervenir pour permettre à un créancier, accablé par l'accumulation des intérêts, de parvenir à un règlement avec ses créanciers. En 1199, Geoffroy de Neville donna un palefroi au roi pour qu'il l'aide « à payer une amende modérée aux Juifs à qui il était redevable ». Voir *Rotuli de Finibus* , p. 40. Devons-nous considérer l'intervention de John comme une tentative d'arrangement raisonnable avec des usuriers déraisonnables, ou était-ce simplement un complot visant à tromper les créanciers de Geoffrey ?

448 . 20 Henri III. c. 5.

449 . *Statuts du Royaume* , I. 221.

450 . Cf. JM Rigg, *Sel. Plaidoyers de l'Échiquier juif* , p. XIX.

451 . Voir le chapitre 24 du *Forma procedendi in placitis coronae regis* , cité dans *Sel. Chartes* , 262.

452 . Voir la Charte de Jean aux Juifs du 10 avril 1201, dans *Rotuli Chartarum* , p. 93.

453 . Voir Pollock et Maitland, I. 453, n.

454 . Rigg, *ibid.* , XX.

455 . « *Judicata sit per pares Judei.* » Voir *Pourriture. Graphique.* , I. 93.

456 . *Pourrir. Tapoter.* , I. p. 33, et *New Rymer* , I. 89. La date est le 29 juillet 1203.

457 . Voir Rigg, *Sel. Plaidoyers de l'Échiquier juif* , xxiv.

458 . Voir Miss Morgate, *John Lackland* , p. 230.

459 . *Statuts du Royaume* , I. 221.

460 . *In-folio* , 386b.

CHAPITRE ONZE.

Et si quis moriatur, et debitum debeat Judeis, uxor ejus habeat dotem suam, et nichil reddat de débito illo; et si liberi ipsius defuncti qui fuerint infra etatem remanserint, provideantur eis necessaria secundum tenementum quod fuerit defuncti, et de residuo solvatur debitum, salvo servicio dominorum ; simili modo fiat de débitis que debentur aliis quam Judeis.

> Et si quelqu'un meurt endetté envers les Juifs, sa femme aura sa dot et ne paiera rien de cette dette ; et si des enfants du défunt restent mineurs, le nécessaire leur sera fourni conformément à la propriété du défunt ; et sur le reliquat, la dette sera payée, en réservant toutefois le service dû aux seigneurs féodaux ; qu'il en soit de même pour les dettes dues à d'autres que les Juifs.

Si le chapitre précédent privait les Juifs d'une partie des intérêts qu'ils réclamaient, le présent chapitre les privait aussi, dans certaines circonstances, d'une partie des sûretés dont ils avaient prêté le principal. Les terres du dot de la veuve ont été libérées des dettes de son mari, seuls les deux tiers de la garantie initiale restant ainsi sous l'hypothèque. Même cela doit être soumis à une revendication préalable, à savoir le droit des enfants mineurs du débiteur aux « choses nécessaires » qui conviennent à leur situation dans la vie. La Magna Carta, en même temps, avec le souci caractéristique des droits féodaux, à condition que le plein service dû aux seigneurs de fiefs ne soit pas compromis, quels que soient ceux qui en subissent la perte. Enfin, ces rudiments d'une loi sur la faillite furent rendus applicables aux créanciers gentils tout autant qu'aux Juifs. Ces dispositions, ainsi que d'autres affectant de manière préjudiciable le revenu royal, furent omises en 1216, pour ne pas être rétablies dans les chartes futures : mais elles furent réédictées dans leur principe essentiel, bien que non en détail, par le Statut de la communauté juive, qui limitait le droit d'un créancier. droits d'exécution sur une moitié des terres et des biens meubles de son débiteur.

CHAPITRE DOUZE.

Nullum scutagium vel auxilium ponatur in regno nostro, nisi per commune consilium regni nostri, nisi ad corpus nostrum redimendum, et primogenitum filium nostrum militem faciendum, et ad filiam nostram primogenitam semel maritandam, et ad hec non fiat nisi racionabile auxilium: simili modo fiat de auxiliis de civitate Londonie.

> Aucun scutage ni aucune aide ne seront imposés dans notre royaume, sauf par le conseil commun de notre royaume, sauf pour racheter notre personne, pour faire de notre fils aîné un chevalier et pour épouser une fois notre fille aînée ; et pour ceux-ci, il ne sera pas perçu plus qu'une aide raisonnable. Il en sera de même pour les aides des citoyens de Londres.

Il s'agit d'une clause célèbre, très appréciée à l'époque où elle a été formulée en raison de ses termes précis et de sa portée étroite (qui rendaient la fraude difficile), et encore plus appréciée par la suite pour des raisons exactement opposées. Il a en effet été interprété dans un sens général par des enthousiastes qui, avec la constitution britannique pleinement développée devant eux, ont interprété la clause comme énonçant la doctrine moderne selon laquelle la Couronne ne peut imposer aucun fardeau financier au peuple sans le consentement du Parlement. Avant de discuter dans quelle mesure une telle estimation est justifiée, il sera nécessaire d'examiner le contexte historique, avec une référence particulière à deux classes de sujets de Jean ; ses locataires féodaux et les citoyens de Londres respectivement.

I. *Protection des locataires de la Couronne contre les exactions arbitraires.* Les obligations pécuniaires des barons peuvent être classées en deux groupes selon qu'elles dépendent des propres actions du roi ou qu'elles sont déterminées par des circonstances échappant au contrôle royal. Les paiements du premier type (tels que les allègements et les amercements), exigibles uniquement à des dates fixes ou lors de la survenance d'événements spécifiques, ont été traités ailleurs dans la Magna Carta. Le présent chapitre cherchait à empêcher Jean d'extorquer des paiements supplémentaires, soit de manière absolument à sa propre discrétion, soit en raison de situations qu'il avait délibérément créées comme excuses pour exiger de l'argent. Tout le domaine de ces redevances féodales arbitraires était couvert par les mots « scutages » et « aides extraordinaires » [461], dont l'usage protégeait les barons de toute sorte de paiement obligatoire qui pourrait être exigé par le roi à sa propre discrétion.

(1) *Scutage.* Le développement du système décrit sous ce nom a été retracé dans l'introduction historique. [462] Utilisé d'abord comme un expédient pour

substituer, au choix de la Couronne, les paiements en argent au service militaire, il devint, sous Jean, une source régulière de revenus, imposée presque chaque année sous un prétexte ou un autre, alors qu'elle était prélevée à un taux majoré et dans des conditions de nature vexatoire et onéreuse. Si une cause a contribué, plus que les autres, à la rébellion qui a culminé à Runnymede, c'est bien la méthode utilisée par John pour imposer des scutages. Ce chapitre tentait donc de s'attaquer à la racine commune à partir de laquelle de nombreux griefs sont nés. La Couronne ne devait plus être seule juge des occasions dans lesquelles un scutage pouvait être demandé. « Le consentement commun (ou conseil) du royaume » doit d'abord être obtenu. Si cette disposition avait été mise en pratique, elle aurait retiré le contrôle suprême du système de scutages de la Couronne qui recevait l'argent aux locataires de la Couronne qui le payaient. Ce remède véritablement radical incluait également le remède à tous les abus mineurs, puisque le corps collectif des barons, qui pouvait refuser de payer sans condition, pouvait *a fortiori* accorder des subventions aux conditions de son choix. Désormais, il leur appartiendrait de dire, à chaque fois, si les vieilles années 20 étaient normales. les honoraires par chevalier devraient être remplacés par un autre taux, supérieur ou inférieur. Cette disposition n'a jamais été appliquée, étant totalement omise de la réédition de 1216, tandis que la clause qui lui était substituée dans la Charte de 1217 prenait une forme entièrement différente. [463]

(2) *Aides féodales*. Il fut reconnu très tôt qu'en cas d'urgence, les vassaux féodaux devaient contribuer au soutien de leur seigneur proportionnellement à l'étendue de leurs propriétés. De tels paiements étaient connus sous le nom d'aides et étaient à l'origine censés être des offrandes de libre arbitre. [464] Sous le règne de Jean, ils étaient tombés en deux groupes : ordinaires et extraordinaires. Les premiers, au nombre de trois, n'ont été traités qu'accessoirement par la Charte. [465] C'est aux aides « extraordinaires » que ce chapitre s'occupe spécialement. Ceux-ci sont placés dans la même situation que les scutages : la Couronne ne peut exiger non plus, « que par le conseil commun du royaume ».

II. *Protection des citoyens de Londres contre les exactions arbitraires*. Des tentatives furent faites pour protéger les hommes de Londres, ainsi que les locataires de la Couronne, des demandes d'argent de John. Les dirigeants insurgés s'acquittèrent ainsi d'une partie de leur dette envers un allié ayant des droits particuliers à leur gratitude. [466] Les articles des barons contenaient plusieurs dispositions importantes affectant la capitale ; et celles-ci ont été incorporées dans la Charte dans des termes légèrement modifiés, ce qui suggère une certaine influence au travail pas tout à fait favorable aux citoyens. [467] La clause actuelle de la charte complétée, par exemple, n'utilise qu'un seul mot, « *aides* », là où le 32e des articles des barons avait fait référence à « tailles et aides ». Il n'existe aucune preuve permettant de déterminer si l'omission avait été délibérément planifiée ou si elle était simplement le résultat d'une inadvertance ; et l'ambiguïté inhérente aux deux mots rend dangereux de risquer une opinion dogmatique sur l'effet pratique de la modification. Pourtant, une ligne clairement marquée peut être tracée entre les significations respectives des deux termes lorsqu'ils sont utilisés techniquement.

(1) « *Aide* » est le mot le plus vague, applicable à tout paiement qui peut être considéré en quelque sens que ce soit comme une offre volontaire. Il englobait les cadeaux à la Couronne, qu'ils proviennent d'un prélat, d'un bourgeois ou d'un baron féodal. Londres a été incitée à des actes de générosité de la part des rois d'Angleterre avant et après Jean. Il fut un temps où les aides « volontaires », comme les « bienveillances » de l'époque Tudor, ne pouvaient pas être refusées en toute sécurité.

(2) Le « *Tallage* » était un impôt prélevé selon la volonté arbitraire d'un seigneur féodal sur des dépendants plus ou moins serviles, qui n'avaient ni le pouvoir ni le droit de refuser. La fréquence de ces exactions et les sommes prélevées dépendaient uniquement du caprice du seigneur, limité par aucune loi, mais seulement par les limites que pouvaient dicter un intérêt personnel éclairé ou le respect de l'opinion publique. L'assujettissement à une taille arbitraire était donc l'une des principales marques d'un statut non libre, et contrastait avec les impositions imposées aux propriétaires francs qui détenaient le service par le service des chevaliers, par la socage ou par le frankalmoin. Le propriétaire du plus petit manoir, comme le propriétaire de la plus grande baronnie, pouvait élever ses propres vilains ; et le roi avait un privilège similaire sur un champ plus vaste. Ses droits s'étendaient même aux communautés civiques titulaires de chartes royales, puisque les villes étaient théoriquement situées sur le domaine royal, et donc soumises à la taille. La grande ville de Londres, malgré sa richesse croissante, son importance politique et sa liste de privilèges reconnus, partageait toujours cette responsabilité. [468]

(3) *Comparaison de la taille et de l'aide.* La taille, en tant que paiement forcé, différait donc fondamentalement de l'« aide » nominalement gratuite, même si deux différences mineures peuvent également être notées. En organisant une aide, les donateurs suggéraient généralement le montant, bien que le roi puisse rejeter l'offre comme étant insuffisante ; tandis que le montant d'une taille, en revanche, était fixé arbitrairement par la Couronne. En outre, tandis que l'aide accordée par une communauté était une offrande commune que les citoyens évaluaient et collectaient par leurs propres officiers, et pour laquelle ils reconnaissaient une responsabilité collective, la Couronne elle-même répartissait à qui bon lui semblait les sommes particulières de taille à payer par chaque individu, aucune responsabilité solidaire n'étant admise par

ceux qui devaient payer. Il était évidemment dans l'intérêt d'un bourg de prévenir, par l'octroi d'une aide libérale, la demande anticipée de taille de la Couronne, car le collecteur d'impôts détesté était ainsi maintenu hors des portes de la ville. Une aide était aussi plus à l'avantage du roi qu'une hauteur d'un montant égal. Non seulement il a évité les ennuis, les dépenses et les retards liés au recouvrement, mais il a évité le risque de perte dû à l'insolvabilité de certaines des personnes désignées.

Une histoire racontée par Madox [469] fait ressortir le contraste. Une dispute avait éclaté entre le roi et les Londoniens. À la demande de 3 000 marks de « taille » d'Henri, ils répondirent d'abord en offrant 2 000 marks d'« aide », ce que le roi refusa. Les citoyens ont alors nié toute responsabilité en matière de taille, mais ont été confrontés à des inscriptions dans les listes de l'Échiquier et de la Chancellerie qui contredisaient entièrement leur affirmation audacieuse. Le lendemain, le maire et les citoyens reconnurent qu'ils étaient comptables et remirent au roi la somme qu'il demandait.

(4) *Effets de l'omission du mot « taille » dans la Magna Carta.* Comme les deux mots figurant dans les articles des Barons avaient des différences de sens bien connues, il est peu probable que l'omission de l'un d'eux dans la Charte ait été considérée comme un changement purement verbal. Jean renoncerait assez volontiers au droit d'exiger des « aides » des riches commerçants de sa capitale, s'il conservait encore son privilège de les tailler à son gré. L'omission a peut-être été délibérément faite par déférence pour les sentiments forts de John sur un point qui n'affectait pas personnellement les barons. [470] Une autre omission est à noter. Les articles avaient étendu la protection non seulement aux Londoniens, mais aussi « aux citoyens d'autres endroits qui jouissent de leurs libertés », c'est-à-dire les villes dont les privilèges reconnus avaient été calqués sur ceux de la métropole. La Magna Carta a complètement ignoré, à cet égard, toutes les villes à l'exception de Londres. [471]

(5) *La nature de la protection accordée par la Magna Carta.* La disposition du présent chapitre est particulière. Après avoir traité en détail des abus commis par les locataires de la Couronne, le cas des Londoniens est présenté négligemment en quelques mots : « Il en sera de même pour les aides des citoyens de Londres. » Diverses interprétations des mots « *simili modo* » sont possibles. Les hautes autorités suggèrent que la clause signifie simplement que les aides prélevées sur Londres, comme les aides ordinaires prélevées sur les locataires de la Couronne, doivent être « raisonnables ». [472] S'il en est ainsi, un critère de caractère raisonnable différent de celui applicable aux honoraires des chevaliers devenait nécessaire ; et cela aurait été difficile à trouver. [473]

Il est cependant également probable que l'intention était de rendre nécessaire à la validité des aides demandées à Londres le même consentement que celui qui avait été stipulé précédemment dans le cas des scutages des tenanciers en

chef. Si tel est le cas, alors la méthode proposée au chapitre 14 pour prendre
« le conseil commun du royaume » était particulièrement mal adaptée pour
garantir aux hommes de Londres une voix efficace pour s'imposer eux-
mêmes. La nécessité du consentement d'une assemblée exclusivement
baronniale ne pouvait pas protéger de manière adéquate les Londoniens,
dont les intérêts essentiellement différents n'étaient pas représentés.

L'histoire ultérieure ne jette aucune lumière sur l'intention initiale de cette
clause ; aucune occasion d'en tester le sens ne s'est jamais produite, le
chapitre entier dont il fait partie ayant été omis de toutes les éditions
ultérieures de la Charte.

(6) *Histoire ultérieure du droit de la Couronne de tailler les villes*. La Magna Carta,
même dans sa forme originale, n'a pas privé le roi de son droit de dominer
Londres, comme toute autre partie de son ancien domaine ; et la Couronne
continua tout à fait légalement et presque sans contestation à exercer cette
prérogative à intervalles de 12 h 15 à 13 h 40. On a parfois soutenu, en effet,
que la Confirmatio *Cartarum de* 1297 avait pour but d'abolir cette prérogative,
et il est vrai qu'un document Autrefois considérée comme faisant autorité, la
version de la *Confirmatio* portait le titre suggestif de *De tallagio non concedendo* .
Il est désormais bien connu que ce dernier document n'est absolument pas
authentique ; tandis que, si la *confirmatio* elle-même visait à soulager les villes
des coupes prises sans leur consentement, elle échoua manifestement.
Édouard III. on exigeait parfois des hauteurs de Londres et d'autres villes.
Ses parlements cherchèrent cependant à interdire cela et réussirent, en 1340,
à adopter une loi qui abolissait, dans des termes particulièrement larges et
catégoriques, les impôts non parlementaires de toutes sortes. Cette loi, que
les auteurs modernes appellent parfois « le véritable *statutum de tallagio non
concedendo* », est considérée par le Dr Stubbs comme ayant définitivement
aboli, *entre autres*, le droit de taille de la Couronne. [474] Cela fixa finalement la
loi, mais n'empêcha pas le roi d'essayer d'enfreindre cette loi. Dans les années
suivantes, Édouard III. Il ignorait fréquemment la restriction ainsi imposée
à ses ressources financières, et avec plus ou moins de succès. Cependant, il
le faisait rarement sans rencontrer de protestations ; et l'État de droit établi
dans la loi de 1340 n'a jamais été abrogé.

III. *Magna Carta et théorie de la fiscalité parlementaire*. C'est un lieu commun dans
nos manuels que les chapitres 12 et 14 pris ensemble équivalent à l'abandon
absolu de la Couronne de tout pouvoir de taxation arbitraire, et même qu'ils
énonce une doctrine générale du droit de la nation de s'imposer elle-même.
[475] Pourtant, l'idée même de « taxation » dans sa forme abstraite, par
opposition aux péages et taxes spécifiques perçus sur des choses ou des
individus précis, est essentiellement moderne. La doctrine de l'époque était
qu'en temps normal, le roi devait « vivre de son propre chef », comme tout
autre propriétaire terrien. Un système régulier de « taxation » pour faire face

aux dépenses ordinaires du gouvernement était inimaginable. Il est donc exagéré de supposer que nos ancêtres, en 1215, ont cherché à abolir quelque chose qui, à proprement parler, n'existait pas. La fameuse clause ne traite pas de la « fiscalité » dans l'abstrait, mais des scutages et aides déjà évoqués. Elle ne s'occupe pas des droits des Anglais en tant que tels, mais principalement des intérêts de ceux qui détenaient les pleines propriétés de la Couronne, et incidemment et insuffisamment de ceux des citoyens de Londres. Plusieurs considérations placent cela hors de tout doute raisonnable.

(1) Les termes de la restriction ne sont en aucun cas larges ou radicaux ; mais précis, précis et étroit. Le « consentement commun du royaume » était requis pour trois espèces d'exactions au maximum : pour les scutages et pour les aides extraordinaires prélevées sur les fermiers féodaux, et peut-être aussi pour les aides prélevées sur la ville de Londres : c'est tout. Pas un mot n'est dit d'une quelconque autre forme d'imposition ou d'autres groupes de contribuables. La restriction profite donc uniquement aux locataires de la Couronne, avec l'ajout douteux des Londoniens. (2) Si les sous-locataires recevaient par le chapitre 15 une certaine protection contre leurs seigneurs mesne, ils n'en recevaient aucune contre les réclamations du roi. La Charte ne concernait pas la « fiscalité » nationale, mais simplement les cotisations féodales. (3) La faible mesure de protection accordée ne s'étendait même pas à tous les locataires de la Couronne. Les vilains du roi étaient bien entendu exclus ; et il en était de même pour les propriétaires libres dont le mandat était autre que celui de la chevalerie. Les tenanciers de Socage étaient soumis au carucage et à d'autres exactions, les tenanciers de Frankalmoin (parmi eux les riches moines cisterciens) aux contributions forcées de la laine et des peaux de leurs moutons, tandis que le droit de la Couronne d'élever arbitrairement les « fermes » de toutes les parties de ses propres domaines était délibérément réservé. [476] (4) L'initiative de la Couronne en matière de « taxation » (limitée ici aux « aides » et aux « scutages ») a été, sous bien d'autres noms et formes, laissée intacte. Le roi n'exigeait aucun consentement avant de percevoir les prix et les droits de douane qu'il jugeait appropriés sur les marchandises arrivant ou sortant de l'Angleterre, ou avant de percevoir des péages et des amendes sur les marchés intérieurs sous prétexte de réglementer le commerce. Les tailles étaient également exigibles à discrétion des étrangers et des Juifs, des locataires de domaines, de Londres et d'autres villes à charte. (5) La portée limitée de cette restriction à la prérogative est encore illustrée par la méthode prévue pour recueillir « le consentement commun ». L'assemblée qui devait être convoquée à cet effet était un corps restreint, représentatif ni des divers rangs et classes de la communauté, ni des intérêts nationaux séparés, ni encore des divers districts de l'Angleterre. Au contraire, sa composition était extrêmement homogène, un conseil aristocratique des tenants militaires de la Couronne, convoqué de telle

manière que seuls les plus grands d'entre eux étaient susceptibles d'y assister.
[477]

Ces faits servent d'avertissement pour ne pas interpréter dans la Magna Carta des conceptions modernes que ses propres mots ne justifient pas. Cette fameuse clause était loin de formuler une quelconque doctrine nationale d'auto-imposition ; il visait principalement à protéger les locataires de la Couronne des impositions imposées par Jean, non pas *en tant que* souverain mais *en tant que* seigneur féodal. Tel qu'il était, il fut totalement omis, ainsi que son corollaire (chapitre 14), en 1216. La disposition substituée aux deux, dans la Charte de 1217, ne faisait référence qu'aux scutages, ne disait rien des aides, et ne pouvait être interprétée comme une interdiction générale de toute taxation arbitraire par la Couronne. [478]

---

461 . Le terme « extraordinaire » s'applique ici à toutes les aides autres que les trois normales qui, étant dues chacune à une occasion déterminée, relèvent du groupe opposé des versements forfaitaires.

462 . Voir *supra* , 86-93 .

463 . Voir *supra* , 172-3 .

464 . Cf. *supra* , 80–2 .

465 . Ces trois aides ont été soigneusement précisées, et un taux raisonnable a été stipulé, mais non défini. A cet égard, le traitement réservé ici aux *aides* est moins satisfaisant que celui des *allègements* du chapitre 2, qui définissait soigneusement le montant à verser. Il est probable que les rédacteurs du présent chapitre se sont appuyés sur l'usage existant, qui semble avoir considéré l'aide normale comme un cinquième du relief normal, c'est-à-dire *comme* 20s. par honoraire de chevalier. Une explication alternative est également possible, à savoir que le même « conseil commun », qui avait le droit de veto sur les aides extraordinaires, était également censé déterminer le montant raisonnable des aides ordinaires.

466 . Voir *supra* , p. 42 .

467 . Voir article 23 (devenu c. 33), article 31 (c. 41), et article 32 (cc. 12 et 13), et cf. *supra* , p. 140-1 . Il semble douteux que l'article 12 (c. 35) ait été plus un avantage qu'une contrainte pour les commerçants.

468 . Cette affirmation, dont la preuve est donnée *ci-dessous* , n'est pas toujours admise. Taswell-Langmead, *ing. Const. Hist.* , p. 107, dit : « La ville de Londres n'a jamais pu être considérée comme un domaine de la Couronne. »

469 . I. 712, citant Mem. Lancez 39 Henri III.

470 . D'autres explications sont possibles, *par exemple* que les prélats, habitués à élever leurs propres personnes à charge, ont utilisé avec succès leur influence pour combattre cette innovation comme étant « le bout du coin ».

471 . On pourrait peut-être soutenir que la dernière clause du chapitre 13, étendant à toutes les villes une confirmation des libertés et des coutumes, était destinée à englober cette disposition quant aux aides. Si tel est le cas, le rapporteur pour avis s'est exprimé de manière maladroite.

472 . Telle est l'opinion exprimée dans le *Lords' Report on the Dignity of a Peer* , I. 65.

473 . En 1168, lorsque Henri II. a pris une aide pour le mariage de sa fille, Londres a contribué 617 £ 16s. 8d., ce qui pourrait constituer un précédent pour une aide « raisonnable ». Voir *Pipe Roll* , 14 Henry II., cité Madox, I. 585.

474 . Voir *Const. Hist.* , II. 548. « La portée de cette loi ne fait aucun doute ; il doit avoir été destiné à couvrir toutes les espèces d'impôts non autorisés par le Parlement, et... il semble avoir eu pour effet d'abolir la prérogative royale de taille de domaine.

475 . *Par exemple,* Taswell-Langmead, *Engl. Const. Hist.* , 106, et Anson, *Law and Custom of the Const.* , I. 14. Dr Stubbs, *Const. Hist.* , I. 573, considère que ces mots « admettent le droit de la nation d'ordonner l'impôt ».

476 . Voir *infra* , sous c. 25 .

477 . Même lorsqu'un honneur revenait à la Couronne, les détenteurs de cet honneur « n'étaient pas des prétendants à la *Curia Regis* ». Voir *Rapport sur la dignité d'un pair* , I. 60.

478 . Cf. *supra* , pp . 173-4 et *infra* , en vertu du c. 14 .

CHAPITRE TROISIEME.

Et la civitas Londonienne habeat omnes antiquas libertates et liberas consuetudines suas, tam per terras, quam per aquas. Preterea volumeus et concedimus quod omnes alie civitates, et burgi, et ville, et portus, habeant omnes libertates et liberas consuetudines suas.

Et les citoyens de Londres jouiront de toutes leurs anciennes libertés et de leurs libres coutumes, aussi bien sur terre que sur eau ; en outre, nous décrétons et accordons que toutes les autres villes, bourgs, villes et ports auront toutes leurs libertés et libres coutumes.

Une liste complète des libertés et des coutumes de Londres serait longue ; et il n'est pas nécessaire de raconter ici comment chacun d'entre eux a grandi et a été confirmé par la Couronne. Les privilèges les plus précieux dont jouissait l'époque de Jean étaient le droit de nommer un chef civique, qui portait le nom de maire, et le droit de choisir ses propres shérifs qui devaient percevoir la firma de la ville [479] (ou le loyer *annuel* payable à l'Échiquier), afin d'éviter l'intrusion des huissiers royaux. Il suffit ici de tenter un bref exposé de la manière dont la métropole a obtenu ces deux privilèges.

La principale caractéristique de Londres avant la conquête normande semble avoir été le manque d'organisation municipale appropriée. Le Dr Stubbs décrit la capitale au XIe siècle comme « un ensemble de communautés, de cantons, de paroisses et de seigneuries, dont chacune a sa propre constitution ». [480] Il s'agissait donc d'un ensemble de petites unités administratives plutôt que d'une seule grande unité. Il est vrai que le débat populaire, dans lequel les citoyens se réunissaient régulièrement, offrait un semblant d'unité juridique ; par son petit conseil connu sous le nom de « husteng » ; et peut-être aussi par son « cnihtengild » (si toutefois ce troisième corps n'est pas entièrement mythique) ; tandis que l'existence d'un « portreeve » montre que, pour certaines raisons financières également, la ville était traitée comme un tout. Cependant, Londres, avant le règne d'Henri Ier, était loin de posséder un appareil adéquat aux devoirs d'un gouvernement local pour l'ensemble de la communauté.

On suppose généralement que le premier pas vers l'acquisition d'une constitution municipale a été fait par les citoyens lorsqu'ils ont obtenu une charte d'Henri Ier dans les dernières années de son règne (1130-1135). Ce n'est pas strictement exact. Londres, en effet, grâce à cette concession, obtint certains privilèges précieux et en jouit pendant une courte période, mais elle n'obtint pas de constitution. Les principaux droits effectivement conférés par Henry étaient les suivants : (1) La *firma* était fixée au taux réduit de 300 £ par an, les citoyens obtenant pour ce paiement un bail à perpétuité de leur propre ville avec le comté environnant de Middlesex : l'octroi étant fait aux citoyens et à leurs héritiers ; (2) ils ont acquis le droit de nommer qui bon leur semblait shérifs de Londres et de Middlesex, ce qui impliquait l'exclusion des percepteurs d'impôts du roi par des hommes de leur propre choix ; (3) un droit similaire de nommer leur propre candidat comme justicier leur fut également conféré, à l'exclusion apparemment des juges royaux d'Eyre. De nombreux privilèges mineurs ont été confirmés qu'il n'est pas nécessaire de préciser ici. MJH Round [481] soutient avec une force convaincante que ces concessions, aussi importantes soient-elles, n'ont pas conféré une constitution civique à Londres. La charte de Henry, à son avis, confirmait toutes les juridictions et franchises séparées déjà existantes, perpétuant l'ancien état de désunion, plutôt que de créer un nouveau principe de cohésion. Il prouve en outre que ces avantages ne sont restés en vigueur que quelques années après l'avènement de Stephen. Ce roi fut contraint par le comte d'Essex de porter atteinte aux droits reconnus aux citoyens ; et Londres ne reprit le terrain ainsi perdu que sous le règne de Richard Ier.

Henri II, en effet, accorda une charte aux citoyens en 1155, qui est généralement interprétée comme une confirmation complète de toutes les concessions du premier Henri. [482] M. Round a prouvé de manière concluante l'erreur de cette opinion. [483] La charte de 1155 restreignait, plutôt qu'élargissait, les privilèges de Londres, étant formulée en termes prudents et quelque peu réticents. Les principales concessions de la charte antérieure ont été complètement omises : les citoyens n'élisaient plus leurs propres shérifs ni leur propre justicier ; la réduction du *firma* à 300 £ n'a pas été confirmée ; et les rouleaux de tuyaux ultérieurs montrent qu'Henry a doublé ce montant, bien que les Londoniens aient protesté, plaidant pour un taux plus bas.

La crise suivante survint au début du règne de Richard. C'est alors que Londres obtint pour la première fois sa constitution municipale. Puis elle retrouva et assura de manière permanente les privilèges précairement détenus pendant quelques années sous Henri Ier et Étienne. La forme sous laquelle la Constitution fut enfin adoptée fut empruntée à la France et n'était ni plus ni moins que la *Commune*, si connue sur le continent aux XIIe et XIIIe siècles. La commune de Londres a peut-être été calquée sur la commune de Rouen ; les principales villes d'Angleterre et de Normandie devaient respectivement avoir des relations intimes. M. Round [484] a montré que ces concessions n'étaient pas, comme on l'a parfois supposé, volontairement accordées en 1189 par Richard Ier, mais qu'elles avaient été extorquées à son jeune frère Jean, lorsque ce prince ambitieux faisait des enchères élevées pour obtenir le soutien de puissants alliés. sa prétention d'agir en tant que régent. Londres obtint réellement sa première constitution le 8 octobre 1191, dans des circonstances pittoresques et mémorables. Pendant que Richard restait en

Terre Sainte, une bagarre eut lieu chez lui pour avoir le droit de le représenter. Le chancelier Longchamp avait été nommé régent ; mais John, rusé et sans scrupules, réussit à l'évincer, avec l'aide des hommes de Londres. Au moment critique, la métropole avait offert son soutien à certaines conditions, parmi lesquelles le rétablissement de tous les privilèges éphémères conférés par la charte d'Henri Ier et, en outre, une constitution municipale propre sous la forme d'une commune. de type continental.

M. Round, dans un passage remarquable, décrit la scène. « Lorsque, lors de la crise d'octobre 1191, l'administration se trouva paralysée par le conflit entre Jean, en tant que frère du roi, et Longchamp, en tant que représentant du roi, Londres, trouvant qu'elle tenait la balance, nomma aussitôt la « Commune ». comme prix de son soutien. Les chroniques de l'époque nous permettent de nous représenter la scène, alors que les citoyens excités, qui s'étaient afflués pendant la nuit, avec des lanternes et des torches pour accueillir Jean dans la capitale, affluaient ensemble le matin du Le 8 octobre fut mouvementé au son bien connu de la grosse cloche qui sonnait de son campanile dans le cimetière de Saint-Paul. Là, ils entendirent Jean prêter serment à la « Commune », comme un roi ou un seigneur de France ; puis Londres, pour la première fois, avait sa propre municipalité. [485]

Pour une définition précise de la commune, nous nous tournons en vain vers les écrivains contemporains, généralement emportés par leurs préjugés politiques. Richard de Devizes [486] cite avec approbation : « *Communia est tumor plebis, timor regni, tepor sacerdotii* ». On a cependant pu mieux comprendre, ces dernières années, sa nature exacte. Une Commune était une ville qui avait obtenu la reconnaissance comme personne morale, comme maillon de la chaîne féodale, devenant le vassal libre du roi ou d'un autre seigneur, et capable elle-même d'avoir ses propres sous-vassaux. [487] Ses principales institutions étaient un maire et un conseil électif, généralement composés de vingt-quatre membres, dont certains ou tous étaient connus sous le nom d' *échevins* ou *de skivini* , mot qui, sous sa forme moderne de « charognards », est tombé dans les mauvais jours. , désignant non plus les pères de la ville, mais des hommes qui accomplissent des devoirs civiques de nature utile mais moins digne. La principale particularité de la commune était peut-être la méthode de sa formation, à savoir par association populaire ou conspiration, impliquant la prestation d'un serment de nature plus ou moins révolutionnaire par les citoyens et sa ratification ultérieure par les autorités. Il est généralement admis que ces communes, quoique révolutionnaires dans leur origine, n'étaient pas nécessairement démocratiques dans leurs sympathies. En vertu de la nouvelle constitution de Londres, les lourdes taxes du règne de Richard devaient peser plus lourdement sur les pauvres de Londres que sur toute autre classe. La commune ainsi constituée en 1191, tolérée d'abord plutôt qu'encourageée par la Couronne, forme désormais le gouvernement municipal de la capitale ; les citoyens choisissaient non seulement leurs propres shérifs, mais aussi leur propre maire, bien que ce dernier, une fois nommé, exerçait ses fonctions à vie.

Lorsque Jean devint roi, il accorda trois chartes, ratifiant les privilèges de la capitale en échange d'une *gersuma* (ou paiement forfaitaire) de 3 000 marks. [488] Toutes les franchises spécifiées dans l'ancienne charte d'Henri I. étaient désormais confirmées, à une exception près : la liberté de nommer son propre justicier, désormais considérée comme incompatible avec la politique centralisatrice de la Couronne, était abandonnée. Aucune de ces chartes ne faisait mention de maire ou de commune, mais elles confirmaient quelques privilèges mineurs acquis sous le règne de Richard. [489]

Une quatrième charte, datée du 20 mars 1201, n'avait qu'un intérêt temporaire ; mais un cinquième, accordé le 9 mai 1215, un peu plus d'un mois avant la Magna Carta, est d'une grande importance et représente l'appât lancé par Jean aux citoyens dans l'espoir de gagner leur soutien dans cette nouvelle crise, comme il l'a fait. L'avait déjà obtenu lors de la crise de 1191. La cinquième charte non seulement confirmait en termes explicites aux citoyens le droit dont ils jouissaient déjà d'élire un maire à vie, mais leur permettait d'en élire un nouveau chaque année. Miss Norgate n'exagère pas lorsqu'elle décrit cette concession comme « le privilège suprême d'une municipalité pleinement constituée, le droit d'élire son propre maire chaque année ». [490] Un magistrat élu annuellement sentirait sans aucun doute sa dépendance à l'égard des citoyens plus que celui qui exercerait ses fonctions à vie ; mais il semble probable que la valeur principale de l'octroi résidait dans la confirmation par Jean en tant que roi des droits qu'il avait concédés quatorze ans plus tôt en tant que représentant non autorisé de son frère, et dont il jouissait entre-temps avec un mandat précaire. La charte de mai 1215, en reconnaissant officiellement le maire, donne une base juridique à la commune qu'il préside. La constitution civique révolutionnaire, adoptée en 1191, était désormais confirmée. Les citoyens agissaient sur la permission qui leur était accordée de changer chaque année leur premier magistrat : mais au lieu de soutenir le roi qui accordait la concession, ils ouvraient leurs portes à ses ennemis. [491]

Telle était alors Londres dont les privilèges étaient confirmés par la Magna Carta - une ville qui avait lentement grandi jusqu'à la grandeur, obtenant après de nombreuses luttes une constitution municipale complète sous la forme d'une commune avec un maire et un conseil élus chaque année, ainsi que ses propres shérifs. nomination, qui exclut les agents financiers de la Couronne non seulement du district situé à l'intérieur de ses murs mais de l'ensemble du Middlesex. La Grande Charte, évitant les détails, se bornait à une confirmation générale aux hommes de Londres de leurs anciennes « libertés et libres coutumes », deux mots dont le [flou] devrait à cet égard recevoir une interprétation libérale. [493]

Londres, à cet égard, ne devait pas être seule ; une concession similaire fut explicitement faite en faveur de toutes les autres villes, bourgs, villages et ports maritimes. Il ne s'agissait cependant que d'une simple confirmation, qui ne devait pas être interprétée comme conférant de nouveaux privilèges ou exemptions, chaque bourg devant prouver tant bien que mal ses propres coutumes. Dans les rééditions d'Henri, l'honneur d'être nommément cité était partagé par ces « barons de Londres », avec « les barons des Cinque ports », qui, par leur richesse, leur situation et leur flotte, étaient des alliés dignes d'être conciliés. . Ils jouèrent en effet un rôle de premier plan dans la victoire navale décisive remportée par Hubert de Burgh le 24 août 1217. [494]

D'autres parties de la Grande Charte de Jean qui affectèrent particulièrement les Londoniens étaient la dernière clause du chapitre 12 et les chapitres 33 et 41 ; tandis que bon nombre des privilèges accordés ou confirmés dans d'autres chapitres étaient partagés par eux. Il convient d'ajouter que le maire de Londres était l'un des vingt-cinq membres du comité exécutif, doté de pouvoirs étendus pour faire respecter les dispositions de la Charte. [495]

Parmi les privilèges les plus précieux revendiqués par les arrondissements à charte figuraient le droit d'exiger des péages et d'imposer des restrictions oppressives à tous les commerçants rivaux non membres de leurs guildes, étrangers et habitants. La confirmation de ces privilèges dans ce chapitre a été considérée comme contredisant le chapitre 41, qui accorde protection et immunités aux commerçants étrangers. [496] Il ne faut cependant pas pousser l'incohérence trop loin, puisque le chapitre ultérieur vise l'abolition des « mauvaises coutumes » infligées par le roi, et non de celles infligées par les bourgs. Dans le même temps, toute faveur accordée aux étrangers serait amèrement ressentie par leurs rivaux, les commerçants anglais. Si la charte avait été mise en vigueur dans son intégralité, les privilèges plus spécifiques en faveur des commerçants étrangers auraient prévalu sur la vague confirmation des « libertés » d'arrondissement partout où les deux entraient en collision. [497]

---

479 . *Firma* est expliqué *ci-dessous* , c. 25.

480 . Stubbs, *Const. Hist.* , I. 439. Cf. Round, *Commune de Londres* , 220, qui est en substance d'accord. Miss Mary Bateson estime cependant qu'« il y a eu une tendance injustifiée à minimiser la mesure de l'unité administrative dans le comté de Londres au XIIe siècle ». Voir la preuve produite par elle, *Engl. Hist. Rév.* , XVII. 480-510.

481 . *Geoffroy de Mandeville* , 356.

482 . Voir *par exemple* Miss Norgate, *Les Rois Angevins* , II. 471.

483 . *Geoffroy* , 367.

484 . *Commune de Londres* , 222.

485 . *Commune de Londres* , 224.

486 . *Sélectionnez Chartes* , p. 252.

487 . M. Luchaire, *Communes Françaises* , p. 97, la définit comme « *seigneurie collective populaire* ».

488 . Mlle Bateson, *angl. Hist. Rév.* , XVII. 508.

489 . *Par exemple,* la suppression des obstacles à la libre navigation dans la Tamise et la Medway. Cf. *infra* , c. 33.

490 . *Jean sans Terre* , 228.

491 . A partir de cette date, la liste des maires connaît des changements fréquents, parfois annuels. Ainsi Serlo le mercier était maire en mai 1215, lorsque Londres ouvrit ses portes aux insurgés, tandis que William Hardell lui avait succédé avant le 2 juin 1216, lorsqu'il dirigeait les citoyens qui accueillirent Louis pour faire de Londres son quartier général.

492 . Les deux mots sont discutés *ci-dessous* , c. 39.

493 . La Charte ne mentionne ni le maire ni la commune, mais confirme probablement implicitement les deux. Le professeur GB Adams trouve une telle confirmation, et non dans c. 13, mais en c. 12 (par son application du mot *auxilium* à Londres) ; et soutient qu'avec l'omission de ce mot dans les chartes ultérieures, « le droit légal de Londres à une commune est tombé à terre ». *Anglais. Hist. Rév.* , XIX. 706.

494 . Voir *supra* , p. 170 .

495 . Voir *infra* , c. 61.

496 . Cf. Pollock et Maitland, I. 447-8.

497 . Cf. *infra* , c. 41 .

CHAPITRE QUATORZE.

Et ad habendum commune consilium regni, de auxilio assidendo aliter quam in tribus casibus predictis, vel de scutagio assidendo, sumeri faciemus archiepiscopos, episcopos, abbates, comites et majores barones, sigillatim per litteras nostras ; et preterea faciemus summeri in generali, per vicecomites et ballivos nostros, omnes illos qui de nobis tenent in capite ; ad certum diem, scilicet ad terminum quadraginta dierum ad minus, et ad certum suppléant ; et in omnibus litteris illius sommicionis causam sommicionis exprimemus; et sic facta sumicione negocium ad diem assignatum procedat secundum consilium illorum qui présente fuerint, quamvis non omnes sumiti venerint.

> Et pour obtenir le conseil commun du royaume concernant l'évaluation d'une aide (sauf dans les trois cas ci-dessus) ou d'un scutage, nous ferons convoquer les archevêques, évêques, abbés, comtes et grands barons, par nos lettres. sous scellés; et nous ferons en outre convoquer généralement, par nos shérifs et huissiers, tous autres qui détiennent de nous en chef, à date fixée, savoir, après l'expiration d'au moins quarante jours, et à lieu fixé ; et dans toutes les lettres de convocation, nous préciserons le motif de la convocation. Et lorsque la convocation aura été ainsi faite, l'affaire se poursuivra au jour fixé, selon le conseil des personnes présentes, bien que tous ceux qui ont été convoqués ne soient pas venus.

Ce chapitre, qui n'a pas d'équivalent parmi les articles des Barons, apparaît ici incidemment : il n'aurait jamais trouvé sa place dans la Magna Carta sans la nécessité d'un mécanisme approprié pour donner effet aux dispositions du chapitre 12. [498]

De même que la clause précédente est souvent censée contenir une doctrine générale de *la fiscalité*, celle-ci est souvent citée comme énonçant une doctrine générale de *la représentation parlementaire* ; tandis que le lien étroit entre les deux chapitres est considéré comme indiquant un lien également étroit entre les deux conceptions censées les sous-tendre, et est avancé comme une preuve que les rédacteurs de la Magna Carta avaient saisi le principe essentiellement moderne selon lequel fiscalité et représentation vont de pair. [499] De ce point de vue, les barons de Runnymede méritent le mérite d'avoir anticipé certaines des meilleures caractéristiques du système moderne de gouvernement parlementaire. Les mots du texte, cependant, ne supportent guère une interprétation aussi libérale. Les points essentiels de différence entre les principes de la Magna Carta et la doctrine moderne de la représentation sont révélés par une analyse minutieuse.

Aux termes du chapitre 12, les scutages et les aides extraordinaires ne pouvaient être levées « qu'avec le conseil commun de notre royaume », et maintenant le chapitre 14, en formulant des règles pour convoquer les individus dont le consentement était ainsi requis, fixe avec autorité la composition d'une assemblée définitivement chargée de cette tâche spécifique. fonction. Les mêmes mots latins qui signifient « consentement » ou conseil conjoint en sont donc venus à signifier également une institution spéciale, à savoir ce « Conseil commun » d'une importance constitutionnelle si vitale, continuant sous un nouveau nom l'ancienne curia regis dans plusieurs de ses aspects les plus *importants* . aspects et passant à son tour au Parlement moderne. Les devoirs et l'importance constitutionnelle de ce *concilium communal* peuvent être considérés sous six chefs.

I. *Nature de la convocation.* Des brefs formels devaient être délivrés lorsque la présence des membres était requise. Ces brefs doivent préciser l'heure, le lieu et le motif du rassemblement, en donnant une mise en demeure au moins quarante jours à l'avance. À ces égards, les brefs délivrés devaient tous être les mêmes ; mais sur un point essentiel, une distinction a été reconnue. Chacun des hommes vraiment puissants du royaume – archevêques, évêques, abbés, comtes et « autres grands barons » – doit recevoir une assignation séparée, sous le sceau royal, qui lui est adressée individuellement et directement, tandis que les « petits barons » étaient être convoqué collectivement et indirectement par l'intermédiaire des shérifs et huissiers de chaque district.

II. *Composition du Conseil.* Il est clair que les réunions envisagées étaient des assemblées purement baronniales puisque seuls les locataires de la Couronne étaient invités à y assister ; tandis que l'avis individuel, sous le sceau du roi, n'était donné qu'aux magnats les plus importants d'entre eux. Le Conseil commun de la Charte était donc une assemblée de locataires militaires de la Couronne, et « le consentement commun de mon royaume » dans la bouche de Jean était synonyme de « consentement de mes barons ». [500]

Le Conseil du roi s'était désormais affranchi de toutes théories compliquées quant à sa propre composition, qui auraient pu un jour le gêner. C'était maintenant extrêmement homogène ; un rassemblement féodal de vassaux de la Couronne. Certains historiens, en effet, dans leur souci de trouver des pedigrees distingués pour leurs idéaux démocratiques, ont retracé les origines des principales caractéristiques du Parlement moderne à l'époque anglo-saxonne ; mais de telles tentatives nuisent aux meilleurs intérêts de l'histoire, alors qu'elles ne font en aucun cas avancer la cause des libertés populaires.

Il n'est pas nécessaire ici d'examiner les diverses théories rivales prétendant expliquer la composition du Witenagemot anglo-saxon, ni de discuter du lien exact entre cette vénérable institution et la *Curia Regis* des rois normands. En fait, la première constitution de la cour du Conquérant ou de Rufus semble avoir été monarchique plutôt qu'aristocratique ou démocratique ; c'est-à-dire que cela dépendait dans une large mesure de la volonté personnelle du roi, qui pouvait émettre ou refuser des assignations à comparaître à sa guise. Aucune preuve, antérieure à la Grande Charte, n'existe d'un magnat s'introduisant spontanément dans un conseil royal ou forçant le roi à émettre une invitation formelle. En une occasion, en effet, l'action d'Henri II. en omettant de délivrer un bref, il s'est exposé à des critiques défavorables. C'était en octobre 1164, lorsqu'un conseil spécial fut convoqué à Northampton pour statuer sur diverses questions en litige entre le roi et Thomas à Becket. Le primat reçut l'ordre de comparaître pour jugement, mais la citation formelle, que tout archevêque, en tant que titulaire d'une baronnie, avait l'habitude de recevoir naturellement, fut délibérément refusée. Il semble que l'opinion contemporaine ait condamné cette omission. [501] On peut donc en déduire sans se tromper que dès 1164, la méthode de délivrance de ces brefs était devenue uniforme, mais cette compréhension constitutionnelle n'a pas été réduite à l'écrit jusqu'à ce qu'elle soit incarnée dans la Magna Carta. C'est ainsi qu'en 1215 les magnats d'Angleterre formulent pour la première fois une revendication distincte d'être présents aux conseils du roi ; et même alors, la demande ne concernait que des assemblées convoquées dans un but précis. Auparavant, la fréquentation n'était pas considérée comme un privilège, mais simplement comme un fardeau coûteux, accessoire, comme tant d'autres fardeaux, à la possession de la terre. [502]

III. *Position des « barons mineurs »*. En reconnaissant une distinction entre deux classes de locataires de la Couronne, la Grande Charte ne faisait que donner le poids de son autorité à l'usage existant, tel qu'il avait pris forme sous le règne d'Henri II. Les locataires de la Couronne variaient en pouvoir et en position proportionnellement à l'étendue de leurs terres, depuis le grand comte qui possédait la plus grande part d'un ou plusieurs comtés, jusqu'au petit propriétaire franc ne possédant que quelques peaux, ou parfois des acres, de terre. Une division grossière s'est dessinée quelque part au milieu ; mais la limite exacte était nécessairement vague, et ce flou était probablement encouragé par la Couronne, dont les exigences pouvaient varier de temps à autre. [503] Les locataires de la Couronne d'un côté de cette ligne fluctuante étaient connus sous le nom de *barones majores*, ceux de l'autre sous le nom de *barones minores*. La distinction avait été reconnue dès l'époque d'Henri II ; [504] mais la Magna Carta a contribué à le stéréotyper et à la tendance croissante à confiner le mot « baron » aux hommes les plus grands. [505] Il est peu probable qu'un « baron mineur » ayant obéi à la convocation générale jouisse d'une autorité égale à celle des magnats invités individuellement par bref ; et il est difficile de dire même s'il était sûr d'être accueilli et, dans l'affirmative, à quel titre. Trois théories distinctes au moins ont été avancées quant à la position occupée par les « petits barons » au sein du Conseil commun. (1) Le devoir de présence, pesant pour tous, était particulièrement lourd pour les locataires les plus pauvres de la Couronne. Il a donc été suggéré que le dispositif consistant à les inviter par convocation générale avait pour but de leur faire entendre qu'ils n'avaient pas besoin de venir. C'est le point de vue adopté par le professeur Medley. [506]

(2) Le Dr Hannis Taylor a une opinion exactement opposée, lisant ce chapitre comme le résultat d'un désir d'assurer une présence plus complète des hommes plus petits – comme une tentative « d'inciter le petit baronnage à exercer des droits qui étaient pratiquement dépassés ». en désuétude. » [507] Chacun des *barones mineurs* était ainsi encouragé à s'occuper de lui-même et de ses propres intérêts. Si une telle tentative avait réellement été faite et avait réussi à imposer la présence d'une grande partie de ceux qui auparavant avaient presque fait valoir leur droit à se soustraire au fardeau, le résultat aurait été de ne laisser aucune place à l'introduction future de le principe représentatif au sein du conseil national.

(3) Une troisième théorie, tout en convenant que les personnes convoquées par ordonnance générale étaient destinées à obéir à la convocation, pense que les petits locataires de la Couronne étaient appelés non exclusivement chacun pour soi, mais à titre représentatif. Il est ainsi suggéré que quelques chevaliers (probablement élus à cet effet par leurs confrères) étaient attendus pour représenter les autres. Le Dr Stubbs semble prédisposé à cette opinion, bien qu'il s'exprime avec sa prudence habituelle. [508]

Les raisons du rejet de cette troisième théorie seront plus commodément discutées à propos de la doctrine de la représentation. Il n'est peut-être pas nécessaire de trancher entre les deux autres ; mais on peut suggérer, même au risque de paraître inventer une quatrième théorie dans une série déjà trop nombreuse, que pour les grands hommes qui ont rédigé la clause, il devait être d'une suprême indifférence que leurs plus humbles colocataires soient présents ou non. resté à l'écart. La convocation générale n'exprimait ni un désir urgent de leur présence, ni une indication qu'ils n'étaient pas recherchés ; mais il se conformait simplement à l'usage établi et laissait à chaque « baron mineur » la décision de venir ou de s'absenter. Sa présence n'aurait que peu d'effet sur les délibérations des magnats.

IV. *Représentation*. Il convient d'hésiter avant d'appliquer aux institutions anciennes un mot aussi essentiellement moderne que celui de « représentation ». Dans un sens, le préfet et les quatre meilleurs hommes de chaque village « représentaient » leurs camarades au tribunal de comté dès leur plus jeune âge ; et dans un sens quelque peu différent, le seigneur féodal « représentait » ses tenanciers libres et ses vilains à la cour du roi, mais dans aucun des deux cas il n'y avait quoi que ce soit qui se rapproche de la relation très définie qui existe aujourd'hui entre le membre élu du Parlement et les électeurs qu'il a élus. « représente ». Il est vrai que la différence peut, à certains égards, être une question de degré plutôt que de nature, et il est vrai en outre que deux ans avant la date de la Magna Carta, une tentative avait été tentée en vue d'introduire des représentants des comtés dans le gouvernement. Conseil du roi, franchissant ainsi le premier pas d'un long processus destiné à aboutir, sans rupture absolue, au Parlement moderne. Mais les barons de juin 1215 ne montrèrent aucune volonté de suivre l'exemple donné par Jean en novembre 1213. Les termes dans lesquels la Magna Carta ordonne que tous les barons mineurs soient convoqués sont explicites et peuvent être avantageusement comparés aux mots utilisés dans l'écrit du 7 novembre 1213, adressé au shérif d'Oxford, lui ordonnant de contraindre, outre les barons et les chevaliers déjà convoqués (vraisemblablement *barones minores*) , la présence de *quatuor discretos homines de comitatu tuo* (vraisemblablement autres que la Couronne locataires). [509]

Loin que les propos de la Magna Carta témoignent d'une volonté de confirmer ce précédent, ils témoignent d'une intention délibérée de l'ignorer et de se rabattre sur une pratique plus ancienne. Les membres de l'assemblée dont la Magna Carta stipulait qu'ils devaient être convoqués pour prendre « le consentement commun » étaient tous d'un même type, issus de la même section de l'aristocratie foncière, à savoir les militaires tenants en chef de la Couronne. . Les barons, grands et petits, pourraient être présents, chacun pour soi ; mais les autres classes contribuables furent complètement ignorées. [510] Ils n'étaient ni présents ni encore représentés. Les barons, dans ce domaine comme dans d'autres, se distinguaient par le vieil ordre féodal sous lequel ils avaient conservé une large mesure d'indépendance par rapport au contrôle de la Couronne ; tandis que le roi Jean, pour des raisons égoïstes, a adopté la politique plus éclairée de son père et a même, peut-être inconsciemment, anticipé certaines des mesures de son petit-fils, Edouard Plantagenêt. En bref, John était progressiste, alors que ses adversaires étaient conservateurs. Le présent chapitre doit être ajouté à la liste non négligeable de ceux qui ont tenté de provoquer une réaction féodale. [511]

V. *Pouvoirs et fonctions du Conseil.* Ce n'est que longtemps après l'époque de la Magna Carta que le Parlement s'est assuré les fonctions les plus importantes de ces fonctions désormais considérées comme essentielles à son existence. Aucune revendication n'a été faite par la Grande Charte au nom du *concilium de la commune* concernant le droit d'être consulté dans l'élaboration des lois ou dans l'exercice des fonctions administratives ou judiciaires par la Couronne. Aucun effort n'a été fait pour formuler une quelconque doctrine sur la responsabilité ministérielle. Cette assemblée, étroite et aristocratique dans sa composition, n'avait qu'un seul droit que lui garantissait la Magna Carta : à savoir un contrôle limité sur une forme d'impôt. Même ici, comme nous l'avons vu, aucune revendication générale ou radicale n'a été avancée en sa faveur. Elle n'avait aucun droit au contrôle de la bourse nationale : les barons se bornaient à revendiquer égoïstement le droit de protéger leurs poches individuelles contre une augmentation des charges féodales. Une Magna Carta moderne aurait contenu une liste minutieuse des pouvoirs et privilèges du « conseil commun du royaume » et aurait accordé à cette liste une place d'honneur bien en vue. [512]

VI. *Droits des majorités et des minorités.* La conception médiévale de la solidarité constitutionnelle était défectueuse ; le conseil du roi agissait trop comme un rassemblement fortuit d'individus sans lien de parenté, et trop peu comme un organe reconnu du corps politique. Chaque « baron » était convoqué pour son propre compte et afin de donner son consentement individuel à un prélèvement proposé ; en revanche, on peut se demander dans quelle mesure une minorité dissidente pourrait être liée par une décision du reste. En conséquence, les auteurs de la Magna Carta ont jugé nécessaire d'affirmer ce qui serait trop évident pour les hommes politiques modernes pour être exigé, à savoir que lorsque le concilium de la *commune* avait été convenablement convoqué, son pouvoir de traiter des affaires ne devait pas être entravé parce qu'une section de la les personnes convoquées ont choisi de rester à l'écart. « Les affaires se dérouleront au jour fixé, selon l'avis de ceux qui seront présents, bien que tous ceux qui ont été convoqués ne soient pas venus. » Mais toutes les affaires n'étaient pas compétentes, car le motif de la convocation devait être mentionné dans les brefs. Si ces brefs étaient en règle, le Conseil, on peut le présumer, avait le pouvoir d'imposer des aides ou des scutages à ceux qui étaient absents. [513]

Rien n'est cependant dit sur la validité d'une protestation formulée par ceux qui sont venus exprimer leur désapprobation de ce que la majorité avait accepté. Comme la substance de ce chapitre a été observée dans la pratique (bien qu'omise dans les confirmations ultérieures), un précédent de l'année 1221 pourrait peut-être être cité pour illustrer l'interprétation qui en a été donnée par la pratique contemporaine. Un conseil convoqué par Guillaume le Maréchal, comme régent d'Henri III, avait consenti à une levée de scutage, et l'évêque de Winchester fut évalué à 159 marks comme montant dû pour ses honoraires de chevalier. Il refusa de payer, au motif, ce qui est tout à fait intenable selon les normes modernes, qu'il avait toujours été en désaccord avec la subvention. Le fait de sa protestation fut attesté par Hubert de Burgh et d'autres personnes présentes au Concile. La demande fut effectivement acceptée par le régent, et l'Échiquier déclara que l'évêque Pierre était déchargé du paiement. [514] L'incident montre à quel point les hommes d'État de l'époque étaient loin de réaliser les principes les plus élémentaires de la théorie politique. Ils n'avaient pas encore saisi la conception d'un Conseil doté de l'autorité constitutionnelle pour imposer sa volonté à une minorité dissidente. Ici, c'était apparemment une minorité d'un.

Les barons, en consentant en 1217 à accepter le retour aux taux fixes de scutage en usage sous le règne d'Henri II, sacrifièrent délibérément le droit de contrôle sur les finances de la nation qu'ils avaient pu obtenir en 1215. À aucun moment, en effet, , ont-ils montré une quelconque appréciation de la nature vitale des questions constitutionnelles en jeu. L'importance du conseil commun et la nécessité de définir sa composition, ses fonctions et ses privilèges dépassaient entièrement leur sphère de vision étroite.

Il convient cependant de rappeler que la substance de ce chapitre de la charte de Jean (bien qu'écartée dans les rééditions ultérieures) fut pratiquement observée dans la pratique par la Couronne et traitée comme étant en vigueur par les barons. À partir de cette époque, le Conseil commun fut presque invariablement consulté avant que la Couronne ne tente de lever de telles contributions ; et était parfois assez audacieux pour poser des conditions ou pour refuser complètement le paiement, le premier cas enregistré d'un refus pur et simple ayant eu lieu lors d'un Parlement tenu à Londres en janvier 1242. [515]

Les barons, en octobre 1255, si Matthieu Paris ne s'est pas trompé, considéraient que les dispositions des chapitres 12 et 14 de la Magna Carta de Jean étaient toujours en vigueur, bien qu'elles aient été omises dans les rééditions d'Henri III. Lorsque le roi demanda une aide libérale pour faire avancer son projet visant à assurer la couronne de Sicile à son fils Edmond, les personnes présentes au Conseil refusèrent délibérément, au motif que certains de leurs pairs n'avaient pas été convoqués « selon la teneur de Magna ». Charte. » Cet incident illustre l'extrême importance constitutionnelle qu'attachent à juste titre les barons à l'observance rigide par la Couronne de l'usage établi relatif à la convocation du Parlement. [516]

---

498 . Sur tout le sujet du *concilium communal*, cf. *supra* 151-4 et également 173-4.

499 . *Par exemple*, Sir William R. Anson, *Law and Custom of the Constitution*, I. 14, déclare avec insistance que l'un des deux principes cardinaux de l'ensemble de la Charte est « que la représentation est une condition préalable à l'imposition ».

500 . Ceci est illustré par une comparaison des mots utilisés dans le texte avec les phrases dans lesquelles Henri et ses fils exprimèrent « le consentement commun » à des ordonnances et chartes importantes : par exemple (a) *les assises de* Clarendon en 1166 (*Select Charters*, 143) porte à croire qu'elle a été ordonnée par Henri II. « *de consilio omnium baronum suorum* » ; (*b*) La Charte

de Jean cédant son royaume à Innocent en 1213 déclare qu'il a agi « *communi consilio baronum nostrorum* » (*Select Charters* , 285) ; (*c*) Matthieu Paris fait porter plainte au comte Richard auprès de son frère Henri III. en 1255 que les affaires des Pouilles avaient été inscrites « *sine consilio suo et assensu barnagii* » (*Chron. Maj.* V. 520).

501 . Voir Ramsay, *Empire angevin* , p. 54, et les autorités citées.

502 . Voir LO Pike, *House of Lords* , 92, "Il n'y a aucune trace d'un quelconque désir de la part des barons d'être convoqués au grand Conseil du roi comme un privilège et un honneur avant le règne de Jean." Cf. aussi *Rapport sur la dignité d'un pair* , I. 389.

503 . Voir Prof. Medley, *Angl. Const. Hist.* , 123.

504 . Voir *Dialogue de Scaccario* , II. X. D., « *baronias scilicet majores seu minores* ».

505 . Cf. *supra* , ch. 2.

506 . *Anglais. Const. Hist.* , 123. « Les petits locataires en chef considéreraient heureusement la convocation générale comme une invitation à rester à l'écart. »

507 . *Anglais. Const.* , I. 466.

508 . Voir *Const. Hist.* , I. 666. « Si ou non le quatorzième article de la Grande Charte entendait prévoir une représentation des tenanciers en chef mineurs par un corps de chevaliers élus au tribunal de comté », etc.

509 . Cf. *supra* , p. 36 . Le bref apparaît dans *Rot. Claus* , I. 165, ainsi que dans *Sel. Chartes* , 287. Cf. *Nouveau Rymer* , I. 117.

510 . Cf. *supra* , ch. 12.

511 . Cf. Anson, *Law and Custom* , I. 44. « Les dispositions de 1215 décrivaient une assemblée d'un type qui était déjà en train de disparaître. » Cf. ce que l'on dit des tendances réactionnaires à propos du cc. 37 et 39.

512 . Cf. *Rapport sur la dignité d'un pair* , I. 63, où il est mentionné comme « remarquable qu'aucun article de la Charte ne fasse référence à l'existence antérieure d'une assemblée convoquée à des fins générales de législation ; et la charte ne contient aucune disposition prévoyant la convocation d'une telle assemblée à l'avenir, ni aucune disposition prétendant l'existence par la loi d'un système représentatif aux fins de la législation générale.

513 . Cf. Stubbs, *Const. Hist.* , I. 607 : « L'absence, comme le silence, implique en de telles occasions le consentement. »

514 . Voir *Pipe Roll* of 5 Henry III., cité Madox, I. 675.

515 . Voir Prothero, *Simon de Montfort* , 67 ans, et les autorités qui y sont mentionnées.

516 . Voir M. Paris, *Chron. Maj.* , V. 520. Ses mots sont : « *Et responsum fuit quod omnes tunc temporis non fuerunt juxta tenorem magnae cartae suae vocati, et ideo sine paribus suis tunc absentibus nullum voluerunt tunc responsum dare* ». Matthew, cependant, a probablement amélioré son histoire en y ajoutant la couleur locale de la seule version de la charte qu'il connaissait, à savoir cette fausse copie qu'il avait incorporée dans sa propre histoire. Il ne savait manifestement rien des différences essentielles entre les chartes de Jean et d'Henri. Les barons de 1255 étaient peut-être ou non également ignorants.

CHAPITRE QUINZE.

Nos non concedemus de cetero alicui quod capiat auxilium de liberis hominibus suis, nisi ad corpus suum redimendum, et ad faciendum primogenitum filium suum militem, et ad primogenitam filiam suam semel maritandam, et ad hec non fiat nisi racionabile auxilium.

Nous n'accorderons plus à personne le droit de recevoir une aide de ses propres locataires libres, sauf pour racheter son corps, pour faire de son fils aîné un chevalier et pour épouser une fois sa fille aînée ; et à chacune de ces occasions, il ne sera perçu qu'une aide raisonnable.

Ce chapitre confère aux locataires des seigneurs mesne une protection similaire à celle déjà conférée aux locataires de la Couronne : des sommes d'argent ne doivent plus leur être extorquées arbitrairement par leurs seigneurs. [517] Il a cependant fallu adopter ici un mécanisme différent, puisque l'expédient invoqué au chapitre 12 (« le consentement commun du royaume ») était manifestement inapplicable.

I. *Points de différence entre locataires en chef et sous-locataires.* Les locataires des seigneurs mesne étaient à certains égards mieux lotis que les locataires du roi, [518] mais à d'autres égards, leur situation était nettement pire. Non seulement ils devaient satisfaire aux demandes d'« aides » de leur propre seigneur, mais ils constataient généralement qu'une partie de chaque fardeau posé par le roi sur les épaules de ce seigneur était transférée sur les leurs. En cherchant à assurer aux sous-locataires la protection dont ils avaient tant besoin, la Magna Carta ne se tournait pas vers le conseil commun, mais vers le roi. Aucun seigneur mesne ne devait être autorisé à contraindre ses locataires à contribuer à ses besoins sans obtenir une licence écrite de la Couronne ; et des règles strictes interdisaient la délivrance de telles licences sauf dans les trois occasions habituelles. Comparez cette procédure avec celle qui a touché les locataires de la Couronne.

(1) Alors que le chapitre 12 avait parlé d'« aides et de scutages », celui-ci parle uniquement d'« aides ». Cette omission s'explique facilement : en Angleterre, un seigneur mesne n'avait aucun droit de guerre privée et, par conséquent, il lui était interdit de demander un scutage de sa propre initiative. Il pouvait en effet attribuer à ses francs-tenanciers une partie de tout scutage que la Couronne lui avait pris ; mais les grands barons qui ont rédigé la Charte n'avaient pas l'intention de renoncer à un droit aussi juste. La restriction de cette clause aux « aides » était donc intentionnelle.

(2) Il aurait été absurde d'exiger « le conseil commun du royaume » pour toute aide versée par les francs-tenanciers d'un manoir. Le Parlement

embryonnaire n'avait pas de temps à consacrer aux petites affaires locales ; et le présent chapitre ne fait aucune suggestion de ce genre. Il fallait cependant trouver un substitut. Un expédient naturel aurait été de contraindre le seigneur mesne qui souhaitait une aide à prendre « le consentement commun » des francs-tenanciers de son manoir, réunis à cet effet dans leur cour de baron, comme dans un parlement local. Cette voie a été parfois suivie. Henry Tracey, par exemple, en 1235 (bien que muni d'un mandat royal), convoqua ses chevaliers du Devonshire et obtint leur consentement collectif à une aide de 20 s. par honoraires à l'occasion du mariage de sa fille. [519] Aucune obligation de ce type, cependant, n'avait été imposée aux seigneurs mesne par la Magna Carta, qui avait cherché un substitut pratique au « consentement commun du royaume » dans une direction tout à fait différente, comme nous l'expliquerons immédiatement.

(3) Un frein à de telles exactions était recherché, non dans une action du baron de la cour, mais dans le besoin du seigneur mesne d'une licence royale. Il se peut que la nécessité d'une telle démarche ait d'abord été d'ordre pratique plutôt que juridique ; car le pouvoir exécutif appartenait aux seuls officiers de la couronne, et le shérif ne rendait ses services que sur ordre du roi. [520] La Couronne exerçait ainsi ce qui était pratiquement un pouvoir de veto sur toutes les aides prises par les seigneurs mesne. Un tel droit, utilisé consciencieusement, aurait mis un frein efficace à leur rapacité. John, cependant, l'utilisait uniquement pour son propre avantage, vendant des titres de propriété à chaque seigneur nécessiteux qui proposait de s'enrichir (et, incidemment, la couronne également) aux dépens de ses locataires.

La Magna Carta interdit ainsi aux deux tyrans de s'allier contre les sous-locataires, énonçant une règle stricte qui, si elle était dûment respectée, aurait frappé à la racine du grief. Toute la question des aides a été retirée du domaine du caprice royal pour entrer dans le domaine du droit établi. Aucun bref ne pouvait être légalement délivré sauf dans les trois occasions bien connues.

II. *L'influence de la Magna Carta sur la pratique ultérieure.* Ce chapitre, ainsi que les chapitres 12 et 14, ont été abandonnés par Henri III ; et peu de différences, voire aucune, peuvent être observées entre les pratiques qui prévalaient avant et après 1215. Les exigences de la Magna Carta de Jean n'ont été respectées que dans un domaine particulier, à savoir en ce qui concerne la nécessité d'obtenir une licence royale. Après cette date, les seigneurs Mesne, quelle qu'en soit la raison, demandèrent invariablement l'aide de la Couronne pour récupérer leurs aides. Ils ne pouvaient pas légalement saisir leurs propriétaires, sauf par l'intermédiaire du shérif, et c'était, au moins en partie, le résultat de la Magna Carta. [521]

Henri III, cependant, méconnaissait entièrement la règle qui interdisait l'autorisation d'aides extraordinaires. Comme ses ancêtres, il était prêt à accorder des brefs sous presque tous les prétextes plausibles. Il est facile de recueillir à partir des registres *des brevets* et *des registres fermés*, ainsi que d'autres sources, des illustrations des pratiques antérieures et ultérieures de la Couronne.

(1) *Scutages*. En 1217, par exemple, Henri accorda la permission à tous les locataires de la Couronne qui avaient servi en personne de collecter les scutages auprès de leurs chevaliers. [522]

(2) *Aides ordinaires*. (*a*) Jean autorisa en 1204 la collecte d'une « aide efficace » auprès des chevaliers et des francs-tenanciers du connétable de Chester pour la rançon de leur seigneur. [523] (*b*) Un bref royal en 1235 autorisa Henry Tracey, comme déjà mentionné, à prendre une aide pour le mariage de sa fille aînée.

(3) *Aides spéciales*. (*a*) Lorsqu'une *amende* de soixante marks fut encourue en 1206 par l'abbé de Peterborough, Jean lui permit de saisir ses sous-locataires pour leurs contributions. [524] (*b*) Un héritier, payant *un allègement*, pourrait également transférer l'obligation à ses francs-tenanciers. [525] (*c*) *Les dettes* du seigneur étaient fréquemment payées par ses locataires. Les rapports de l'enquête de 1170 contiennent des détails sur les « sommes données individuellement par une quarantaine de bourgeois de Castle Rising pour rembourser les hypothèques de leur seigneur, le comte d'Arundel, qui était clairement entre les mains des Juifs » ; [526] tandis qu'en 1234 le comte d'Oxford et le prieur de Lewes obtinrent chacun une lettre patente obligeant leurs locataires à contribuer à l'acquittement de leurs dettes. [527] Des preuves suffisantes sont ainsi préservées qu'Henri III. profita pleinement de l'omission dans ses propres chartes de cette partie des promesses de son père. Il ne remettait pas en question trop minutieusement la justesse des demandes d'obtention de tels brefs, si de bons honoraires étaient ponctuellement payés. Ses lettres, au cours des premières années de son règne, autorisaient l'acceptation d'une aide « raisonnable », sans faire allusion à un quelconque moyen de déterminer de quoi il s'agissait. Ceci est illustré par la procédure adoptée par Henry Tracey en 1235, qui a apparemment débattu avec ses chevaliers assemblés du Devonshire du montant à payer comme étant « raisonnable » et a finalement accepté 20 s. par frais. [528] Il est intéressant de noter cependant que ce même seigneur mesne, douze ans plus tard, obtint un bref enjoignant au shérif de Somerset de l'aider à percevoir « le scutage de Gascogne » à un taux déterminé, soit 40 shillings. par frais. [529]

Le premier Statut de Westminster revenait pratiquement à la règle posée en 1215, car ses termes impliquent que les aides ne pouvaient être prises qu'aux trois occasions bien connues. *La vague déclaration selon laquelle ces sommes* devraient être d'un montant raisonnable est remplacée par la spécification d'un taux fixe, à savoir 40 shillings, soit le double de ce qui était habituel à une époque antérieure. La définition du montant et des délais de paiement aurait peut-être cependant valu la peine d'être achetée, même avec cette augmentation.

517 . Le chapitre est donc d'une part un complément nécessaire du cc. 12 et 14, alors que, d'autre part, il s'agit simplement d'une application particulière du principe général énoncé au c. 60, qui étendait aux sous-locataires tous les avantages garantis aux locataires de la Couronne par les chapitres précédents.

518 . Les exemptions dont ils bénéficient sont expliquées sous c. 43.

519 . Voir Bracton's *Notebook*, cas 1146, cité par Pollock et Maitland, I. 331.

520 . En théorie, du moins sous le règne d'Henri II, une ordonnance royale n'était *pas* requise dans le cas normal. Voir *Dialogue*, II. viii., et le commentaire des éditeurs (p. 191) : « Normalement, le prélèvement d'argent sous quelque prétexte que ce soit auprès d'un propriétaire foncier lui donnait le droit de faire un prélèvement similaire sur ses sous-locataires. » En ce qui concerne *le scutage*, une distinction a été reconnue. Le seigneur qui payait effectivement le scutage pouvait le récupérer auprès de ses sous-locataires sans permis ; mais, s'il servait en personne, il ne pourrait recouvrer aucune de ses dépenses sauf par ordre royal. Voir *Ibid.*, et cf. Madox, I. 675. Il faut cependant éviter toute confusion entre deux types d'écrits, (*a*) celui qui autorise simplement des contributions, *par exemple*, *de scutagio habendo* ; (*b*) celui qui ordonnait au shérif d'apporter son aide active.

521 . Cf. Pollock et Maitland, I. 331 : « La clause supprimée de la Charte semble avoir pratiquement fixé la loi. »

522 . *Close Rolls*, I. 306, cité Pollock et Maitland, I. 331.

523 . *Patent Rolls*, 5 John, cité Madox. I. 615.

524 . *Close Rolls*, 7 John, cité Madox, I. 616.

525 . Voir Glanvill, IX. 8.

526 . Voir Round, *Commune de Londres*, 130.

527 . Voir Madox, I. 617, citant *Patent Rolls*, 18 Henry III. Divers autres exemples sont donnés par Pollock et Maitland, I. 331, *par exemple* « le comte de Salisbury, pour lui permettre de stocker ses terres ».

528 . *Supra*, p. 303, et cf. Pollock et Maitland, I. 331.

529 . Voir Madox, I. 677.

CHAPITRE SEIZE.

Nullus distringatur ad faciendum majus servicium de feodo militis, nec de alio libero tenemento, quam inde debetur.

> Personne ne sera obligé d'accomplir un service plus grand que celui qui en résulte pour les honoraires d'un chevalier ou pour tout autre logement gratuit.

Pour les locataires militaires, la transition du scutage au service était naturelle ; car il ne suffisait pas de se protéger des exactions en argent, s'ils étaient encore exposés aux exactions arbitraires en nature. Jean déclara donc qu'aucun propriétaire libre ne devrait être contraint de rendre plus de services à ses terres qu'il n'était légalement tenu de le faire. Des différends pourraient toutefois surgir quant à l'étendue du service qui était réellement dû dans chaque cas particulier, et la Magna Carta n'a rien fait pour lever de telles ambiguïtés. Les difficultés de définition étaient en effet énormes, puisque la durée et les conditions de service pouvaient varier considérablement, même parmi les locataires de la chevalerie, en conséquence d'exonérations spéciales ou de charges spéciales qui figuraient dans les titres de propriété ou reposaient sur un usage immémorial. Les barons ne seraient pas disposés à se lancer dans une tâche aussi complexe et laborieuse, craignant que l'introduction de telles complications ne fasse plus de mal que de bien. La nécessité d'une définition précise ne leur est peut-être jamais venue à l'esprit : le but principal de leur grief était si vivement présent dans leur propre esprit qu'ils n'ont reconnu la possibilité d'aucune erreur. Les locataires militaires de la Couronne s'étaient souvent opposés à servir à l'étranger, en particulier lors des campagnes de Jean dans le Poitou, qui impliquaient un long voyage coûteux vers une région dans laquelle ils n'avaient rien en jeu. [530] Ils ne se considéraient pas légalement tenus de faire des expéditions dans des parties de l'Empire angevin qui n'avaient pas appartenu aux rois normands lorsque leurs ancêtres obtinrent leurs fiefs. Les forcer à partir en campagne dans le sud de la France, ou leur imposer de lourdes amendes pour rester chez eux, revenait, affirmaient-ils, à les saisir ad faciendum majus *servicium de feodo milits quam inde debetur* . Lorsqu'ils insérèrent ces mots dans la Charte, ils y virent sans doute, en tout cas, une interdiction absolue du service obligatoire dans le Poitou. [531] La clause était cependant suffisamment large pour inclure de nombreux griefs mineurs liés au service. Les barons ne limitaient pas ses dispositions au service militaire, mais l'étendaient à d'autres formes de tenure libre (« *nec de alio libero tenemento* »). Aucun franc-tenancier, qu'il soit en socage, en serjeanty ou en frankalmoin, ne pourrait désormais être contraint de rendre des services qui ne sont pas légalement dus.

Si les barons pensaient avoir ainsi réglé les questions épineuses liées au service extérieur, ils se trompaient. Bien que ce chapitre (contrairement à ceux traitant du scutage) soit resté pleinement en vigueur dans toutes les confirmations ultérieures, il était loin d'empêcher les différends. Pourtant, les adversaires des règnes futurs occupaient un terrain quelque peu différent. Depuis l'époque de Guillaume Ier jusqu'à celle de Charles II., lorsque le système féodal fut aboli, des querelles surgirent fréquemment, dont la plus célèbre culmina en 1297 avec la querelle inconvenante d'Édouard avec les comtes de Norfolk et de Hereford, dont le devoir était de diriger le roi. armée comme connétable héréditaire et maréchal respectivement, mais qui refusa catégoriquement de s'embarquer pour la Gascogne sauf en présence du roi. [532]

Il a été démontré dans l'Introduction historique [533] comment les obligations d'un locataire militaire se répartissaient naturellement en trois groupes (services, incidents et aides), tandis qu'un quatrième groupe (scutages) était ajouté lorsque la Couronne avait adopté l'expédient des déplacements domicile-travail. service militaire pour sa valeur équivalente en argent.

Les griefs féodaux peuvent également être classés en quatre groupes correspondants, chacun réparé par des clauses spéciales de la Magna Carta : abus des *aides* par les chapitres 12, 14 et 15 ; abus des *incidents féodaux*, par les chapitres 2 à 8 ; abus de *scutage*, par chapitres 12 et 14 ; et abus de *service*, par le présent chapitre, qui complète ainsi la longue liste des dispositions destinées à protéger les tenanciers contre leurs seigneurs féodaux.

---

530 . Voir les autorités citées *supra*, p. 85, nn. Moi et 2.

531 . Dans la soi-disant « Charte inconnue des libertés » (voir annexe), Jean concède à ses hommes « *ne eant in exercitu extra Angliam nisi in Normanniam et in Brittaniam* », un compromis non injuste, qui peut éventuellement représenter le sens dans lequel l'actuel Le chapitre a été interprété par les barons.

532 . Walter d'Hemingburgh, II. 121. Cf., sur toute la question des services étrangers, *supra*, 154.

533 . *Supra*, 72-86.

CHAPITRE DIX-SEPT.

Communia placita non sequantur curiam nostram sed teneantur in aliquo loco certo.

Les plaidoyers communs ne suivront pas notre tribunal, mais auront lieu dans un lieu fixe.

Une tentative a été faite ici pour rendre la justice royale moins chère et plus accessible. Les procès dans lesquels la Couronne n'avait pas d'intérêt particulier, les plaidoyers communs, devaient se tenir dans un endroit fixe et prédéterminé, et ne devaient plus suivre le roi dans ses déplacements d'un endroit à l'autre. L'ampleur du bienfait conféré par cette réforme sera mieux appréciée après un bref examen de la méthode de rendre la justice adoptée par Henri II. et ses fils.

I. *La Curia Regis en tant que tribunal.* Le mal dont on se plaignait était typiquement médiéval et provenait du fait que tous les départements du gouvernement étaient à l'origine centrés sur le roi et sa maison, ou *Curia Regis* , qui s'occupait des affaires royales et nationales de toutes sortes. Cette *Curia Regis* réunissait en effet en elle-même les fonctions du Cabinet moderne, des départements administratifs (tels que le ministère de l'Intérieur, le ministère des Affaires étrangères et l'Amirauté) et des divers tribunaux judiciaires. C'était la société mère, *entre autres,* du tribunal de St. James's et des tribunaux de Westminster. Le fait de confier tant de tâches diverses à un petit corps de fonctionnaires travaillant dur a eu pour résultat de produire une congestion des affaires. Rien ne pouvait être fait en dehors de la maison royale, et cette maison ne restait jamais longtemps au même endroit. Tout était concentré sur un point, mais sur un point constamment en mouvement. Partout où le roi allait, la *Curia Regis* , avec tous ses départements, se rendait également. Toute la machine de la justice royale suivait Henri II, tandis qu'il passait, parfois sous l'impulsion du moment, d'un de ses terrains de chasse favoris à un autre. Les foules se pressaient à sa poursuite, car il était difficile de traiter des affaires importantes ailleurs.

Cela impliquait des retards, des ennuis et des dépenses intolérables pour les plaideurs qui plaidaient en faveur de la décision du roi. Le cas de Richard d'Anesty est souvent cité pour illustrer les épreuves que ce système infligeait aux prétendants. Son propre récit existe et donne un récit graphique de ses voyages à la recherche de la justice, tout au long d'une période de cinq ans, au cours de laquelle il visita dans le sillage du roi la plupart des régions de l'Angleterre, de la Normandie, de l'Aquitaine et de l'Anjou. Le plaignant, même s'il a finalement obtenu gain de cause, a payé cher son triomphe juridique. Réduit à emprunter aux Juifs pour faire face à ses énormes dépenses, principalement ses frais de voyage, il dut s'acquitter de ses dettes en accumulant des intérêts au taux ruineux de 86 ⅔ pour cent. [534]

II. *Plaidoyers communs et plaidoyers royaux.* Bien avant 1215, tous les litiges menés devant les tribunaux royaux en étaient venus à être grossièrement divisés en deux classes, selon que les intérêts royaux étaient ou non particulièrement touchés par l'affaire. Ceux qui se trouvaient d'un côté de cette ligne fluctuante étaient connus sous le nom de plaidoyers royaux, ou « plaidoyers de la Couronne », dispositions de jugement contenues au chapitre 24, ceux de l'autre côté sous le nom de plaidoyers ordinaires ou « plaidoyers communs », auxquels seuls les le présent chapitre fait référence. Comme ces procès ordinaires n'avaient pas besoin d'être jugés en présence royale, il était donc possible de nommer un collège spécial de juges qui siégeraient en permanence dans un endroit fixe, et qui seraient choisis une fois pour toutes selon la convenance des plaideurs. Aucune ville n'a été nommée dans la Magna Carta ; mais Westminster, qui était déjà à l'époque le siège naturel du droit, était probablement prévu dès le début. C'est Westminster que Sir Frederick Pollock a à l'esprit lorsqu'il écrit en référence à ce chapitre : « On peut aussi dire que la Magna Carta a donné une capitale à l'Angleterre. » [535] Mais les barons de 1215, en demandant cette réforme, n'insistaient sur aucune innovation éclatante, mais exigeaient simplement la stricte observance d'une règle reconnue depuis longtemps. Pendant la majeure partie du règne de Jean, un tribunal siégeait à Westminster pour rendre la justice, avec plus ou moins de régularité ; et c'est là que la plupart des « plaidoyers courants » furent jugés, à moins que Jean n'en ordonne autrement. [536] La Magna Carta a insisté sur le fait que toutes les exceptions devaient cesser ; l'État de droit doit remplacer le caprice royal.

III. *Effets de la Magna Carta sur la genèse des trois tribunaux de Common Law.* Les conséquences ultimes de la réalisation de cette réforme allèrent plus loin que prévu. Destiné simplement à éliminer des justiciables un grief pratique fréquent, il a eu des effets indirects importants sur le développement de la Constitution anglaise. En assurant aux besoins communs un foyer permanent, il donna une impulsion aux tendances à la désintégration déjà à l'œuvre au sein de la maison aux multiples facettes du roi. Cela a contribué dans une certaine mesure au lent processus par lequel la *Curia Regis*, en tant qu'organe administratif, se différenciait de la même *Curia* en tant que dispensatrice de justice. Il contribua à accentuer le clivage destiné à séparer complètement les futures cours de Westminster de la cour de St. James et de Downing Street. Et ce n'est pas tout : le traitement spécial accordé aux « plaidoyers communs » accentuait la distinction entre eux et les plaidoyers royaux, et contribuait ainsi à diviser la même *Curia Regis*, du côté judiciaire, en deux tribunaux distincts. Un petit groupe de juges était mis à part pour entendre les plaidoyers communs et était connu sous le nom de « juges du banc du roi », ou plus brièvement sous le nom de « banc », et plus tard sous le nom de Cour des plaidoyers communs. Un deuxième groupe, réservé aux plaidoyers royaux, devint la cour *Coram Rege*, connue par la suite sous le nom de Cour du Banc du Roi. Il y avait ainsi deux bancs : un banc commun pour les plaidoyers communs et un banc royal pour les plaidoyers de la Couronne. [537]

Le double processus par lequel ces deux petites cours se séparaient lentement de la cour mère et l'une de l'autre commença bien avant la Magna Carta et ne fut achevé qu'à la fin du XIIIe siècle. Ces bancs étaient également étroitement liés à un troisième banc, connu pendant des siècles sous le nom de Cour de l'Échiquier, qui n'était à l'origine qu'un simple département de ce bureau gouvernemental, l'Échiquier financier du roi, ce bureau dans lequel l'argent était pesé et testé et où les décisions royales étaient prises. comptes établis. De nombreux litiges ou plaidoyers concernant les dettes de la Couronne et les débiteurs devaient y être résolus, et en temps voulu, un groupe spécial de fonctionnaires fut désigné pour les juger. Ces hommes, appelés non pas juges, mais « barons de l'Échiquier », formaient ce qui était en fait, mais pas de nom, un troisième tribunal ou cour de justice.

Les trois tribunaux de droit commun – la Cour du Banc du Roi, la Cour des Plaidoyers Communs et la Cour de l'Échiquier – étaient donc des émanations de la maison du roi. En théorie, chacune d'elles aurait dû se limiter à la classe spéciale de procès à laquelle elle devait son origine : les plaidoyers royaux, les plaidoyers communs et les plaidoyers de l'Échiquier respectivement ; mais par un procédé bien connu des avocats et des tribunaux de tous âges, chacun d'eux empiétait avec empressement sur les juridictions et les honoraires appropriés aux autres, jusqu'à devenir, pour la plupart des cas, trois tribunaux frères d'autorité similaire et coordonnée. . Ils étaient tenus de trancher tous les litiges selon les règles techniques et inflexibles du droit commun ; et leur compétence nécessitait donc un supplément, qui fut fourni par la genèse de la Cour de Chancellerie, dispensant, non pas la common law, mais l'équité, qui prétendait donner (et, pendant une courte période, donna effectivement) réparation sur le fond de l'affaire. chaque cas tel qu'il se présentait, sans précédent ni subtilités juridiques.

IV. *L'évolution de la Cour des plaidoyers communs.* Le commentaire habituellement fait sur le présent chapitre est que nous avons là l'origine de la Cour des plaids communs. Aujourd'hui, les institutions juridiques ne voient pas le jour à part entière. La Cour des plaidoyers communs, comme ses cours sœurs du Banc du Roi et de l'Échiquier, était le résultat d'un long processus de séparation progressive d'une souche mère commune. Avant 1215, plusieurs tentatives semblent avoir été faites pour établir chacun de ces éléments. D'un autre côté, il est probable, voire certain, que longtemps après 1215, la Cour des plaidoyers communs ne s'est pas complètement débarrassée ni de sa dépendance initiale à l'égard de la *Curia Regis* , ni de ses liens étroits avec ses tribunaux frères.

Trois étapes dans le processus d'évolution peuvent être soulignées. (1) La première trace de l'existence d'un collège défini de juges, réservés au jugement des plaidoyers communs, se trouve en 1178, et non en 1215. Lorsque Henri II. De retour de Normandie l'année précédente, il constate qu'il y a eu des irrégularités en son absence. Pour éviter que cela ne se reproduise, il a apporté certaines modifications à ses dispositions judiciaires, dont la nature exacte est controversée. Un écrivain contemporain [538] raconte comment Henri choisit deux clercs et trois laïcs parmi les fonctionnaires de sa propre maison, et donna à ces cinq hommes le pouvoir d'entendre toutes les plaintes et de faire le bien « *et de ne pas se retirer de sa cour* ». On a longtemps pensé que c'était là l'origine de la Cour du Banc du Roi, mais M. Pike [539] a prouvé de manière concluante que le banc ainsi établi était le prédécesseur, non du banc royal, mais plutôt du banc des plaidoyers communs.

En 1178 donc, ces cinq juges furent mis à part pour entendre les procès ordinaires ; mais ils reçurent spécialement l'ordre de ne pas quitter la cour d'Henri ; de sorte que les plaidoyers communs « suivaient toujours le roi », même les plaideurs ordinaires dans les plaidoyers non royaux devant poursuivre le roi en quête de justice alors qu'il se déplaçait d'un endroit à l'autre en quête de sport.

Il ne faut pas croire que l'arrangement ainsi conclu en 1178 ait réglé la pratique pour toute la période de trente-sept ans précédant l'octroi de la Magna Carta. Au contraire, ce n'était qu'une des nombreuses expériences tentées par cet infatigable réformateur qu'était Henri d'Anjou ; et le tribunal séparé alors institué a peut-être été démoli et rétabli à plusieurs reprises. Le banc qui apparaît en 1178 a probablement eu, au mieux, une existence mouvementée et intermittente. Il existe cependant des preuves qu'un tribunal de ce type existait et jugeait des plaidoyers communs sous les règnes de Richard et de Jean. [540] D'autre part, ce tribunal avait, sous le règne de Jean, cessé de suivre habituellement les mouvements du roi (méconnaissant ainsi le décret de 1178), et s'était établi à Westminster. [541] En 1215, c'était considéré comme un abus de la part de Jean de tenter un plaidoyer commun ailleurs. Les temps avaient changé depuis que son père avait accordé, comme une aubaine, qu'un ensemble de juges restent constamment à « son tribunal » pour juger de telles affaires.

(2) La Magna Carta de 1215 a sanctionné avec autorité la règle déjà reconnue selon laquelle les plaidoyers communs devraient être jugés à Westminster, au lieu de se déplacer avec le roi. Aucune exception ne devait désormais être autorisée. Le jeune Henri renouvela cette promesse, et la situation de sa

minorité favorisait sa stricte observance. Un simple garçon ne pouvait pas faire des progrès royaux à travers le pays en rendant la justice au fur et à mesure. En conséquence, tous les plaidoyers ont continué pendant une vingtaine d'années à être entendus à Westminster. Les mêmes circonstances, qui mettaient ainsi l'accent sur la stabilité des plaidoyers communs (ainsi que de tous les autres types de plaidoyers) en un seul lieu fixe, auraient pu arrêter le processus de clivage entre les deux bancs. Tous les juges des deux tribunaux siégeaient à Westminster, et il était donc moins nécessaire de répartir les affaires entre eux avec exactitude. Les deux bancs risquaient de fusionner.

(3) Vers 1234, une troisième étape fut atteinte. Henry commença à suivre le précédent établi par ses ancêtres, consistant à se déplacer dans son royaume avec des juges à sa suite, entendant les plaidoyers partout où il s'arrêtait. Tandis qu'un groupe de juges l'accompagnait, un autre restait à Westminster. Il fallait donc trouver un moyen de répartir les affaires. Les plaidoyers communs, conformément à la Magna Carta, sont restés stationnaires ; tandis que les plaidoyers de la Couronne partaient en voyage. La division entre les deux bancs devient désormais absolue. Chacun s'est doté de dossiers séparés. À partir de l'année 1234, on peut retracer deux séries continues de rouleaux distincts, connus respectivement sous le nom de *rotuli placitorum coram rege* et *rotuli placitorum de banco* . Si une date dans l'histoire d'un tribunal, qui est en train d'en devenir deux, peut être considérée comme marquant spécialement le point de séparation, ce devrait être celle à laquelle apparaissent des rôles séparés. La *mémoire du tribunal* réside dans ses archives, qui sont donc étroitement liées à son identité. En 1234, le banc commun et le banc royal étaient devenus distincts. [542] Des éléments de preuve tirés de quelques années plus tard démontrent qu'une définition des plaidoyers communs avait été établie et que la règle qui exigeait qu'ils soient tenus « dans un lieu déterminé » a été insistée. Alors qu'Henri et ses juges siégeaient en jugement à Worcester en 1238, un plaideur protesta contre le fait que son procès soit jugé devant eux. Il s'agissait d'un « plaidoyer commun » et, par conséquent, affirmait-il, il ne fallait pas suivre le roi, en violation de la Magna Carta. C'est seulement à Westminster, et non à Worcester ou ailleurs, que sa cause put être entendue. [543]

Mais avec les supplications royales, il en était tout autrement : ils continuèrent longtemps à suivre la personne du roi sans qu'aucune protestation ne s'élève ; et la Cour du Banc du Roi ne s'est finalement installée à Westminster que près d'un siècle après que la Cour des plaids communs y ait été établie. En 1300 encore, Édouard Ier ordonna par les *super cartas Articuli* que « les juges de son siège » (ainsi que son chancelier) le suivraient afin qu'il puisse avoir à tout moment près de lui « quelques sages de la loi, qui être en mesure d'ordonner dûment toutes les affaires qui seront soumises à la Cour à tout moment lorsque les besoins l'exigeront. [544]

V. *Vues erronées*. Sous le règne d'Édouard Ier, le véritable motif de ce chapitre de la Magna Charta — si rapidement l'organisation des tribunaux avait progressé — avait déjà été perdu de vue. L'époque des plaidoiries communes errantes, comme celle de Richard d'Anesty, était oubliée depuis longtemps. Certains plaideurs de l'époque d'Edward avaient cependant un grief différent, lié à l'audition de leurs procès. La Cour de l'Échiquier était disposée, moyennant une contrepartie adéquate, à mettre son mécanisme particulièrement puissant, conçu à l'origine pour l'usage exclusif du roi, à la disposition des créanciers privés, traitant ainsi les « plaidoyers communs » comme des « plaidoyers de l'Échiquier ». Les débiteurs ordinaires, cités comme accusés devant les *barones scaccarii*, étaient soumis à un traitement plus dur qu'ils n'auraient subi ailleurs. Il n'était pas anormal que les accusés qui se trouvaient ainsi bousculés lisent les mots de la Magna Carta relatifs aux « plaidoyers communs » comme étant précisément adaptés à leur propre cas. Ils commettèrent cette erreur d'autant plus facilement que le motif originel avait été oublié. La Charte a donc été interprétée comme empêchant la Cour de l'Échiquier stationnaire (et non le Banc du Roi en constante évolution) d'entendre des poursuites ordinaires. Cette vision erronée a reçu une sanction législative. Les *super cartas Articuli* de 1300 déclaraient qu'aucune plaidoirie commune ne devrait désormais être tenue au Trésor public « contrairement à la forme de la Grande Charte ». [545]

Il s'agit d'une interprétation manifestement erronée de l'intention de la Magna Carta. L'Échiquier n'a jamais « suivi la Couronne » ; il est resté à Westminster où se trouvaient ses bureaux, ses comptes et ses rouleaux de tuyaux. La Charte se serait exprimée dans des termes très différents si elle avait voulu exclure les arguments communs du Trésor. Les *Articuli super Cartas* ont cependant tenté ce que la Charte de 1215 n'a pas fait. Après 1300, il était clairement illégal de détenir des plaidoiries à l'Échiquier, à moins que celles-ci n'affectent la Couronne et ses ministres. Des lois ultérieures l'ont confirmé ; mais leur intention évidente était toujours contrecarrée par l'usage ingénieux de fictions juridiques et la connivence des barons de l'Échiquier, qui se félicitaient de l'augmentation de leurs honoraires qui suivait l'augmentation des affaires. [546]

Le mal directement attaqué par la Magna Carta était quelque chose de tout à fait différent – un mal plus large, plus urgent et moins technique, à savoir la pratique consistant à faire danser des justiciables ordinaires, avec leurs conseillers juridiques et leurs témoins, devant un tribunal en mouvement constant.

534 . Cf. JF Stephen, *Hist. du Criminel. Loi* , I. 88-9.

535 . *Jurisprudence et éthique* , 209. Parfois, cependant, un autre « lieu fixe » était remplacé. La Cour des plaidoyers communs siégeait autrefois à York sous Édouard III. et à Hertford sous Elizabeth. Voir Maitland, *Select Pleas of the Crown* , xiii. Le Statut 2 Édouard III. c. 11, a statué qu'il ne devrait pas être déplacé vers un nouvel endroit sans préavis.

536 . Voir Prof. Maitland, *Select Pleas of the Crown* , xiii.-xvi.

537 . Cf. *supra* , 109.

538 . Le chroniqueur connu sous le nom de Benedict Abbot, I. 107 (Série Rolls).

539 . *Chambre des Lords* , 32.

540 . Voir Prof. Maitland, *Sel. PL. Couronne* , XIII.-XVI.; voir aussi dans *Pipe Roll* , 7 John (cité Madox, I. 791) comment l'argent a été payé pour qu'un plaidoyer en instance devant le *Justiciarii de banco* puisse être entendu *coram rege* . Cette entrée prouve qu'en 1205 il y avait deux tribunaux distincts, l'un connu sous le nom *de banco* et l'autre sous le nom de *coram rege* .

541 . Voir Maitland, *Ibid.*

542 . Voir Maitland, *Sel. PL. Couronne* , XVIII.

543 . Voir *Placitorum Abbreviatio* (p. 105) 21 Henri III., cité Pike, *Chambre des Lords* , p. 41. Cf. également Bracton's *Note Book* , plaidoyers nos 1213 et 1220.

544 . 28 Édouard I. c. 5.

545 . Voir 28 Edward I. c. 4. De nombreuses tentatives antérieures ont été faites pour garder les plaidoyers communs hors de l'Échiquier, *par exemple* les brefs de 56 Henri III. et 5 Edward I. (cité Madox, II. 73-4) le soi-disant statut de Rhuddlan (12 Edward I., voir *Statutes of Realm* , I. 70). Madox (II. 73-4) adopte également l'opinion erronée selon laquelle c. 17 de la Grande Charte concerne l'Échiquier ; il en va de même pour M. Bigelow (*History of Procedure* , 130-1), qui s'égare encore plus en expliquant le point du grief comme la difficulté d'obtenir rapidement justice à l'Échiquier, parce que les barons ont refusé de siéger une fois leurs affaires fiscales terminées. , aux séances de Pâques et de Saint-Michel. C'est une erreur : les barons de l'Échiquier n'ont fait aucune difficulté pour entendre les plaidoiries : bien au contraire. Les plaignants étaient également désireux d'acheter les titres qu'ils désiraient vendre : seuls les défendeurs (débiteurs) s'opposaient à la procédure rapide et stricte d'exécution du paiement adoptée par ce tribunal efficace. Les shérifs et autres personnes attendant de rendre leurs comptes devant l'Échiquier protestèrent également contre l'encombrement des affaires produit à l'Échiquier par l'empressement des justiciables qui y faisaient pression pour

obtenir justice. Voir Madox, II. 73. Les plaignants n'avaient aucune raison de se plaindre.

546 . La fiction des « débiteurs de la Couronne » est bien connue : les plaignants obtinrent audience au Trésor pour leurs plaidoyers communs en alléguant qu'ils voulaient recouvrer leurs dettes « afin de leur permettre de répondre aux dettes qu'ils devaient au roi ». Voir Madox, II. 192.

CHAPITRE DIX-HUIT.

Reconnaissances de nouvelle dissaisina, de morte antecessoris, et de ultima presentacione, non capiantur nisi in suis comitatibus et hoc modo; nos, même si extra regnum fuerimus, capitalis justiciarius noster, mittemus duos justiciarios per unumquemque comitatum per quatuor vices in anno, qui, cum quatuor militibus cujuslibet comitatus electis per comitatum, capiant in comitatu et in die et loco comitatus assistas predictas.

> Les enquêtes sur *la nouvelle disseisin*, sur *la mort d'ancêtre* et sur *la présentation du darrein*, ne seront pas tenues ailleurs que dans leurs propres tribunaux de comté, [547] et cela de la manière suivante : — Nous, ou, si nous devions être hors du royaume, notre justicier en chef, enverra quatre fois par an deux justiciers dans chaque comté, qui, avec quatre chevaliers du comté choisis par le comté, tiendront lesdites assises [548] au tribunal du comté, le jour *et* dans le lieu de réunion de ce tribunal.

Il est ainsi prévu de tenir devant les juges itinérants du roi, fréquemment et d'une manière commode, trois espèces d'enquêtes judiciaires connues sous le nom de « trois petites assises ». Celles-ci présentent un intérêt exceptionnel, non seulement par rapport à la Magna Carta, mais aussi en raison de leur lien étroit avec plusieurs problèmes constitutionnels de première importance ; avec les réformes d'Henri II. d'une part, et avec la genèse des procès avec jury et des juges d'assises d'autre part.

I. *La Curia Regis et les juges itinérants.* Dès le début, certainement depuis l'avènement d'Henri Ier, la Couronne avait pour habitude de compléter les travaux que ses fonctionnaires effectuaient dans l'enceinte du Trésor royal par l'envoi occasionnel d'individus choisis pour inspecter les provinces dans l'intérêt royal. collecter des informations et des revenus et, accessoirement, entendre des poursuites. La justice était ainsi rendue au nom du roi par ses délégués dans chaque comté d'Angleterre, et une distinction s'imposait entre deux types de cours royales : (1) *le Conseil du roi et ses ramifications* (y compris les trois cours de common law et la cour de chancellerie).) qui suivit d'abord la personne du roi, mais peu à peu, comme nous l'avons déjà montré, [549] trouva une demeure stable à Westminster ; et (2) *les tribunaux des juges itinérants* qui exerçaient les pouvoirs délégués que la Couronne choisissait de leur confier de temps à autre. La sphère naturelle du travail de ces commissaires royaux, lorsqu'ils passaient de district en district, était la cour de chaque comté, spécialement convoquée pour les rencontrer. Ils formèrent ainsi le lien principal entre les anciennes cours populaires locales et le système de justice royale organisé par Henri II [550] , subordonnant les premières aux secondes, jusqu'à ce que les tribunaux de comté deviennent pratiquement des cours royales. Ces juges itinérants passèrent par deux étapes, deux types différents recevant la reconnaissance royale à des époques différentes, respectivement les juges d'Eyre et les juges d'assises.

(*a*) *Les juges d'Eyre* étaient la première forme de juges itinérants, bien que leurs fonctions initiales étaient plutôt financières et administratives que strictement judiciaires. Leur histoire s'étend du règne d'Henri Ier jusqu'à la fin du quatorzième siècle. [551] Leurs caractéristiques marquantes étaient la nature radicale des commissions dans le cadre desquelles ils agissaient (*ad omnia placita*), la manière dure et drastique avec laquelle ils utilisaient leur autorité et leur intense impopularité. Leur arrivée était redoutée comme une peste : chaque quartier visité était appauvri par les amendes et les pénalités. À une occasion, les hommes de Cornwall « craignant leur arrivée, s'enfuirent dans les bois ». [552]

L'eyre n'était utilisée qu'à de longs intervalles - tous les sept ans devenaient le terme reconnu - et était conçue comme une méthode sévère pour punir les délinquances et les erreurs judiciaires survenues depuis la dernière, et pour recouvrer les arriérés de cotisations royales. Ce n'était pas une visite de ces juges d'Eyre universellement détestés que les barons exigeaient en 1215 quatre fois par an.

(*b*) *Les juges d'assises* étaient également des juges itinérants, mais, du moins dans leur forme originale, ils ne possédaient guère d'autre caractéristique en commun avec les juges d'Eyre. Leur histoire s'étend sur une période qui n'est pas antérieure au règne d'Henri II. jusqu'à nos jours. [553] Ils semblent avoir été populaires dès le début, car leur fonction première était de trancher les poursuites en cours par une forme de procédure rationnelle et acceptable ; tandis que l'étendue de leur juridiction, bien que progressivement étendue à mesure que leur popularité augmentait, fut toujours strictement limitée par les termes exprès de leurs commissions. Ils n'étaient pas considérés comme des collecteurs d'impôts royaux armés de puissants pouvoirs de coercition, mais comme des porteurs de justice bienvenus aux portes de ceux qui en avaient besoin.

Au début, leurs fonctions se limitèrent à une seule espèce de travail judiciaire, à savoir présider des enquêtes du genre spécialement mentionnées dans le texte. Ces enquêtes particulières étaient connues sous le nom d'« assises », et les nouvelles espèces de juges itinérants furent donc appelées « juges d'assises », nom qui leur est resté attaché pendant des siècles, bien que leur juridiction ait été progressivement élargie jusqu'à inclure maintenant à la fois civile et civile. des plaidoyers criminels de toutes sortes, et bien qu'entre-temps l'invention de nouvelles formes de procédure ait remplacé les anciennes « assises » et ait finalement nécessité leur abolition totale. [554] Ils sont encore des « juges d'assises » à une époque qui ne connaît rien des assises.

II. *La nature et l'origine des trois petites assises*. L'institution des «assises», formes particulières d'enquête sous serment, occupait une place de premier plan parmi les expédients par lesquels Henri II. espéraient substituer une procédure plus rationnelle à la forme de preuve connue sous le nom de procès par combat. [555]

Le *duel*, introduit lors de la conquête normande, resta pendant un siècle la principale méthode utilisée par les classes supérieures pour trancher tous les plaidoyers ou litiges sérieux. Peu à peu, cependant, elle se limita à deux groupes importants de plaidoyers, l'un civil et l'autre pénal : à savoir les appels pour trahison et crime d'une part, et les poursuites visant à déterminer le titre foncier d'autre part. [556] Ce processus de restriction a été accéléré par la politique délibérée d'Henri II., qui a tenté, en effet, de le pousser beaucoup plus loin, en concevant un mécanisme qui offrait au défendeur ou à l'accusé, chaque fois que cela était possible, une option en recourant à laquelle il pourrait, dans des circonstances toujours plus diverses, échapper complètement à l'épreuve du combat. Au chapitre 36 sera expliqué l'expédient adopté pour échapper au combat dans un appel pour trahison ou crime. Le présent chapitre concerne la procédure imaginée par Henri pour remplacer le *duel* dans certains groupes importants de plaidoyers civils [557] et fournit incidemment la preuve que cette partie de ses réformes était déjà devenue populaire auprès des adversaires de la couronne. Le recours fréquent aux trois petites assises est désormais insisté, même si la grande assise est encore mal vue pour des raisons à expliquer à propos du chapitre 34.

(1) *La Grande Assise* n'est pas mentionnée dans la Magna Carta ; mais une certaine connaissance de ce sujet est un préalable nécessaire à une bonne appréciation des petites assises. Sous le règne troublé d'Étienne, qui était plutôt le règne de l'anarchie en son nom, les terres changèrent fréquemment de mains. Cela a laissé à son successeur un héritage de querelles, conduisant trop souvent à des effusions de sang. Il n'y avait guère de domaine important en Angleterre auquel, à l'avènement d'Henri, deux ou plusieurs magnats rivaux ne revendiquaient. Des litiges constants en résultèrent et la seule méthode légale pour trancher la question était le *duel*.

À une date incertaine, proche du début de son règne, Henri II. introduit une innovation surprenante. Le détenteur *de facto d'une propriété* (c'est-à-dire l'homme qui jouit effectivement de la succession en vertu d'un titre *de bonne foi*), lorsqu'il était mis au combat par un prétendant rival, avait une option : il pouvait forcer le réclamant (si ce dernier persistait) de renvoyer toute l'affaire au serment de douze chevaliers du quartier. L'ordonnance d'Henri établissait des règles précises pour la nomination de ces reconnaissants. Quatre chevaliers principaux de tout le comté devaient d'abord être choisis, à qui était confié le devoir de choisir douze chevaliers du district particulier où se trouvaient les terres, et ceux-ci, avec toute la solennité due et en présence des justiciers du roi, étaient déclarés sous serment. à quel prétendant appartenaient les terres. Leur décision était définitive et déterminait la question de la propriété pour toujours. [558] Le nom de Grande Assise s'appliquait aussi bien à la procédure qu'aux chevaliers qui rendaient le verdict. Les douze chevaliers anticipaient ainsi les fonctions d'un jury moderne, tandis que les justiciers du roi agissaient comme le président d'un procès moderne. [559]

Aussi précieuse que soit cette innovation, elle présentait un défaut évident. L'option qu'elle confère peut parfois être usurpée par la mauvaise personne. Il était destiné à fonctionner dans l'intérêt de l'ordre et de la justice en favorisant *de facto le détenteur pacifique* ; mais que se passerait-il si un demandeur turbulent et anarchique, méprisant un appel à une procédure judiciaire, prenait la loi en main, expulsait le précédent détenteur par la méthode grossière d'auto-assistance, et réclamait ensuite la protection de l'ordonnance de Henry ? Dans un tel cas, l'homme de la violence – le détenteur *de mauvaise foi* – bénéficierait de l'option réservée à sa victime innocente.

(2) *Les petites assises* peuvent peut-être être considérées comme le résultat de la détermination de Henry à empêcher une telle utilisation abusive de son nouveau moteur de justice. Si l'un prétendait que l'autre avait usurpé ses droits par violence ou fraude, le roi permettait que le plaidoyer ainsi soulevé soit jugé sommairement par le serment de douze propriétaires locaux, selon une procédure dite de petites assises. Ces petites assises, qui existent en trois sortes, portent toutes sur des questions de « possession », par opposition aux questions de « propriété », qui ne peuvent être tranchées que par la bataille ou par la grande assise.

(a) *Les assises de la dissidence romanesque.* Le mot «seisin», à l'origine synonyme de «possession» en général, a été progressivement restreint par les juristes médiévaux à la possession de biens immobiliers. « Disseisin » signifiait donc l'interruption de la saisine ou de la possession de la terre ; et c'était le terme technique appliqué à des actes d'expulsion violents susceptibles de contrecarrer l'intention de l'ordonnance de la Grande Assise d'Henri. Un discours « nouveau » impliquait qu'une expulsion aussi violente était relativement récente, car une réparation sommaire ne pouvait être accordée que s'il n'y avait pas eu de retard excessif dans la demande de celle-ci. La première des petites assises était donc une méthode rapide et pacifique permettant de vérifier, par référence à des témoignages locaux sous serment, si une prétendue expulsion récente avait réellement eu lieu ou non. Sans aucun délai légal, sans déplacements coûteux à la Cour du Roi ou à Westminster, mais de manière rapide et dans le district où se trouvent les terres, douze locaux ont statué sous serment sur toutes les allégations de cette nature gentlemen. Si les reconnaissants des petites assises répondaient « Oui », alors l'homme expulsé se verrait immédiatement restituer la

« saisine », et avec la « saisine » venait l'option précieuse de déterminer quelle preuve devrait décider de la « propriété » - si elle devait ou non ce sera la bataille ou la Grande Assise. Une ordonnance instituant la plus célèbre des trois petites assises fut rendue probablement en 1166, année fertile en expédients juridiques, et formait un complément nécessaire à l'ordonnance de la Grande Assise, prévenant tout danger que l'option destinée à l'homme de paix ne être usurpé par l'homme de la violence. [560]

(*b*) *Les assises de la mort d'ancêtre* . La protection accordée à la victime d'un « nouveau délit » n'élimine pas toute possibilité d'erreur judiciaire. Les parties intéressées, autres que l'homme expulsé de force, même ses héritiers, se sont retrouvées sans protection. De plus, un héritier pourrait être privé de force de son fonds, soit par son seigneur, soit par un autre prétendant rival, avant d'avoir eu l'occasion d'en prendre possession ; n'ayant jamais été « en saisin », il ne pouvait prétendre avoir souffert de « disseisin ». Au profit d'un tel héritier, une seconde petite assise, dite « mort d'ancêtre », fut inventée. [561] Ceci est mentionné dans l'article 4 des assises de Northampton, ordonnance émise par Henri en 1176 ; et cette première référence connue marque probablement son origine. Une procédure essentiellement similaire à celle déjà décrite, bien que moins rapide et informelle, était ainsi mise à la disposition de l'héritier. En cas de succès, il prenait temporairement les terres, sous réserve de tous les défauts du titre de son ancêtre, laissant comme auparavant la question de la propriété absolue être déterminée (en cas de contestation) par l'appareil plus lourd de la Grande Assise.

(*c*) *La présentation aux assises de Darrein.* Advowson ou le droit de nommer le titulaire d'un bénéfice d'église vacant était alors, comme aujourd'hui, une sorte de bien immobilier. Un tel mécénat était très prisé, car il offrait l'occasion de subvenir aux besoins d'un fils cadet ou d'un parent dans le besoin ; ou il pourrait être converti en espèces. Des différends surgissaient souvent à la fois quant à la possession et à la propriété des aveux. Quiconque revendiquera le droit absolu ou la propriété contre le titulaire devra le faire par bataille ou par la grande assise, exactement comme pour toute autre forme de propriété immobilière ; et la Charte ne dit rien à ce sujet. [562] En revanche, la question moins vitale de la possession pourrait être tranchée plus rapidement. Si un bénéfice devenait vacant et que chacun des deux propriétaires réclamait le patronage, l'Église ne pourrait pas rester sans berger, pendant des années peut-être, jusqu'à ce que la question du titre soit tranchée. Non; l'homme en possession a été autorisé à prendre rendez-vous. Mais qui était l'homme en possession ? De toute évidence, celui qui avait (ou dont le père avait) présenté un candidat aux vivants lors de la dernière vacance. Même ici, il y avait matière à controverse quant aux faits. Douze hommes locaux ont décidé quel demandeur avait effectivement pris le dernier rendez-vous (la « présentation Darrein ») ; et le prétendant ainsi préféré avait le droit légal de combler les postes vacants, restant en possession jusqu'à ce que quelqu'un prouve un meilleur titre par la bataille ou la Grande Assise.

Les trois formes de petites assises n'étaient que de nouvelles applications par Henry Plantagenêt de la procédure royale connue en Angleterre, depuis la conquête normande, sous le nom d' *inquisitio* ou *de recognitio* . [563]

III. *Les assises en 1215*. Les petites assises, lorsqu'elles furent inventées par Henri II, furent amèrement ressenties comme des innovations ; mais l'opinion publique, un demi-siècle plus tard, avait abondamment justifié la sagesse de cette partie de ses réformes. Les barons insurgés de 1215 étaient loin de réclamer leur abolition ; leur nouveau grief était plutôt que les séances des juges d'assises ne se tenaient pas assez souvent. Ils prescrivaient la manière dont devaient se tenir ces assises, devenues si populaires, et plusieurs points étaient particulièrement soulignés. (1) Aucune enquête de ce genre ne devait être tenue ailleurs que dans le comté où était située la propriété. Dans de tels cas, la justice devait être portée à la porte de chaque propriétaire foncier, même si les plaidoyers de la Couronne pouvaient toujours suivre le roi, et les plaidoyers communs ordinaires devaient être portés à Westminster. Cela visait à économiser des dépenses et à répondre à la commodité des plaideurs, de ceux qui servaient aux assises et de toutes les personnes concernées. [564] Toutefois, au bout de deux ans, on s'est rendu compte que cette disposition allait trop loin. Il était plus pratique de tenir certaines enquêtes devant le banc de Westminster que dans une localité particulière. La réédition de 1217 apportait donc deux modifications importantes : (*a*) Toutes les assises de présentation du Darrein devaient désormais être prises devant « les juges du siège ». (*b*) Toute assise de nouvelle disseisin ou de mort d'ancêtre révélant des points de difficulté particulière, pourra également être réservée à la décision du Tribunal. Un élément d'incertitude a ainsi été introduit, dont la Couronne a profité. Dans un cas rapporté de l'année 1221, il fut décidé qu'une assise de mort d'ancêtre devrait avoir lieu dans son propre comté, et non à Westminster. [565]

(2) La Charte de Jean insiste en outre sur les circuits trimestriels des juges d'assises ; de sorte que les justiciables de chaque comté d'Angleterre pourraient avoir quatre occasions chaque année de régler leurs différends à l'amiable. Une telle fréquence excessive était tout à fait injustifiée et impliquait des dépenses inutiles pour le roi et une quantité de travail pour ses officiers hors de toute proportion avec le bien réalisé. La Charte de 1217 prévoyait donc qu'un circuit ne devait être fait qu'une fois par an. En 1285, cependant, il fut décrété qu'ils pouvaient avoir lieu trois fois par an, mais pas plus souvent. [566]

(3) La Charte parle des deux juges et des quatre chevaliers du comté, mais ne dit rien des douze chevaliers du voisinage immédiat de la propriété litigieuse. L'omission n'a pas de signification particulière. La Magna Carta n'avait aucune directive à transmettre à ce sujet et c'est pourquoi elle a gardé le silence ; mais la présence des douze devait être présumée, puisque leur verdict constituait l'essentiel de toute la procédure. [567] Les douze formaient le jury, et les deux juges étaient les juges, tandis que la fonction principale des quatre était de sélectionner les douze. Le chapitre ordonnait aux juges « de tenir les assises avec les quatre chevaliers » ; mais il n'apparaît pas si ces derniers devaient siéger comme évaluateurs locaux de la cour, ou siéger aux côtés des douze reconnaissants, ou encore servir de lien entre les deux.

(4) Un fait à leur sujet était clairement énoncé, à savoir le mode de leur nomination. Les quatre chevaliers devaient être « élus » par le tribunal du comté (*cum quatuor militibus ... electis per comitatum*), et les historiens à la recherche d'anciens prototypes d'institutions modernes ont beaucoup insisté sur cette disposition. Ces chevaliers ont été chaleureusement accueillis en tant que magistrats de comté élus au suffrage plus ou moins étendu. [568]

Comme les dispositions de la réédition de 1217 sont exprimées avec plus de négligence, et comme notamment elles ne contiennent aucun mot impliquant « élection », on a supposé qu'il s'agissait d'un changement dans le mode de nomination ; qu'une mesure provisoirement prise vers un gouvernement local représentatif en 1215 a été délibérément retracée deux ans plus tard. [569] Cependant, « *Electus* », en latin médiéval, était un mot vague, très différent des idées habituellement associées à une « élection » moderne et appliqué sans discernement à toutes les méthodes de nomination ou de sélection, même aux procédures des officiers engagés par Edward. I. pour contraindre l'enrôlement des meilleurs soldats disponibles pour son armée. Les douze chevaliers devaient être « nommés » et non « élus » par le tribunal du comté, et il reste douteux que le shérif, les magnats ou l'ensemble des prétendants auraient obtenu la part principale dans la nomination. Aucune preuve n'est disponible qu'une importance particulière ait été attachée en 1217 à l'utilisation du mot « *electus* », et son omission peut avoir été due à une inadvertance.

IV. *Une vision erronée.* Henry Hallam, commentant ce chapitre, semble avoir mal compris les enjeux. « Cette clause s'opposait d'une part aux empiètements de la cour du roi, qui autrement, en s'attirant des droits de terre, aurait pu faire échouer le droit du prétendant à un jury du voisinage : et, d'autre part, à ceux de l'aristocratie féodale, qui détestait toute ingérence de la Couronne pour châtier ses violations de la loi ou contrôler sa propre juridiction. [570] Hallam interprète ainsi le chapitre comme dénotant un triomphe des anciennes cours populaires locales sur les cours du roi et sur les cours des magnats féodaux. Cela ne dénotait rien de tel, mais marquait en réalité un triomphe (dans la mesure où cela allait) des cours du roi sur les tribunaux des magnats féodaux - sur les tribunaux barons, comme on les appela plus tard, la plus importante des trois cours du pays. quelles juridictions seigneuriales se sont ensuite divisées. Les assises, il est vrai, devaient être prises au tribunal de comté, mais elles devaient y être prises par les juges du roi et non par le shérif. À cette époque, les tribunaux de comté étaient complètement tombés sous la domination du roi et étaient à toutes fins utiles (et en particulier à cette fin) des cours royales. Le présent chapitre constitue donc une preuve concluante du triomphe de la justice du roi sur tous ses rivaux dans trois groupes importants de plaidoyers. La justice royale était le meilleur article du marché, et méritait, malgré tous ses défauts, la popularité qu'elle avait évidemment conquise dans cette province, même parmi les barons dont elle supplantait la juridiction.

V. *Histoire ultérieure des juges d'assises.* Quelle qu'ait pu être la date exacte à laquelle les juges itinérants furent pour la première fois en tournée dans toute l'Angleterre et ayant droit au qualificatif de « juges d'assises », de telles tournées, une fois instituées, ont continué à se tenir à intervalles plus ou moins réguliers depuis le début de l'époque. XIIIe siècle à nos jours. Leur juridiction ne cesse de s'élargir sous les rois successifs, à partir d'Henri II. à Édouard III.; et ils ont progressivement remplacé les anciens juges d'Eyre, assumant celles de leurs fonctions qui n'étaient pas incompatibles avec le changement qui transformait progressivement le système de justice médiéval en système de justice moderne. [571] La Couronne avait l'habitude de décerner de nouvelles commissions aux juges à mesure qu'ils se lançaient dans chaque nouveau circuit. Cinq types distincts de ces commissions conféraient compétence à cinq départements différents des affaires judiciaires.

(1) *La commission d'assises* fut la plus ancienne de toutes, autorisant à tenir les petites assises, mais non la grande assise. Nous en avons déjà suffisamment parlé.

(2) *La commission du nisi prius* a conféré une juridiction civile plus large, englobant pratiquement tous les plaidoyers non pénaux pendants à l'époque dans les comtés qu'ils ont visités. Ces pouvoirs étaient à l'origine basés sur les termes du Statut de Westminster II, qui est devenu loi en 1285 [572] et ordonnait que toutes les plaidoyers civils (sous certaines exceptions) puissent être entendus dans leurs propres comtés. Désormais, la plupart des procès ordinaires pourraient être jugés soit localement devant les juges d'assises, soit devant le banc de Westminster. La loi stipulait cependant que les shérifs, lorsqu'ils convoquaient des jurés à Westminster, ne devaient le faire que sous certaines conditions : les jurés devaient s'y présenter à moins que (*nisi prius*) les juges d'assises ne soient déjà venus dans le comté ; c'est-à-dire que si les juges arrivaient entre-temps dans la localité, les jurés et toutes les autres personnes concernées évitaient un voyage et les plaidoyers en question

étaient entendus sur place. Les commissions au sein desquelles les juges itinérants entendaient localement ces plaidoyers civils étaient donc connues sous le nom de « Commissions de *nisi prius* ».

(3) *La commission de délivrance des prisons* fut, depuis 1299, invariablement conférée aux juges d'assises, conformément à un statut de cette année-là, [573] les autorisant à inspecter toutes les prisons et à enquêter sur toutes les accusations portées contre les prisonniers, et à libérer ceux qui sont injustement détenus. Auparavant, des pouvoirs similaires avaient été conférés de manière spasmodique à des commissaires distincts, parfois tout à fait inaptes à un tel mandat, qui avaient trop souvent abusé de leur autorité.

(4) *Les commissions d'Oyer et de Terminer*, décernées spasmodiquement dès 1285 [574] à des individus plus ou moins responsables, furent à partir de 1329 conférées exclusivement aux juges d'assises, qui obtinrent ainsi pouvoir [575] « de entendre et déterminer »tous les plaidoyers criminels en cours dans les comtés qu'ils ont visités. Ceci, combiné à la délivrance de prisons, équivalait à une pleine juridiction sur les crimes et les criminels de toutes sortes et de tous degrés ; de même que les commissions d'assises et *les nisi prius* réunis leur donnaient pleine juridiction sur tous les plaidoyers civils. [576]

(5) *La commission ordinaire de paix* était invariablement délivrée aux juges d'assises depuis le règne d'Édouard III, leur conférant des pouvoirs semblables à ceux des juges de paix locaux dans chaque comté qu'ils pouvaient visiter.

Par un processus de survie du plus apte, les juges d'assises, depuis les modestes débuts mentionnés dans la Grande Charte de Jean, rassemblèrent ainsi progressivement les pouvoirs exercés à l'origine par divers groupes rivaux de commissaires ; et ils ont continué pendant de nombreux siècles à remplir les fonctions conférées par ces cinq commissions différentes, formant une partie caractéristique et indispensable du système judiciaire de l'Angleterre. [577]

---

547 . « *Comitatus* » désigne à la fois le comté où se trouvent les terres et le tribunal de ce comté. C'était à l'origine la sphère d'influence d'un come ou d'un comte. Cf. *supra*, ch. 2, (p. 238, n.)

548 . « *Lesdites* assises » étaient autrefois appelées, non pas assises, mais « enquêtes » (*recogniciones*), terme plus large dont les trois petites assises ici nommées étaient trois applications spéciales.

549 . Voir *supra*, ch. 17 .

550 . Cf. *supra*, p. 106 .

551 . Voir WS Houldsworth (*History of English Law* , p. 115), qui cite 1397 comme date de l'abolition définitive d'Eyres.

552 . C'était en 1233 : voir Pollock et Maitland, I. 181.

553 . Blackstone, *Commentaires* , III. 58, attribue 1176 (assises de Northampton) comme date de leur institution.

554 . Voir Statut 3 et 4 Guillaume IV. c. 27 §§ 36-7. La dernière affaire réelle de grande assise s'est produite dans l'affaire *Davies* c. *Loundes* , en 1835 et 1838 (1 Bing. NC 597 et 5 Bing. NC 161).

555 . Le nom « Assises » est parfois source de confusion, en raison des diverses significations qui s'y attachent. (1) À l'origine, cela désignait une session ou une réunion de quelque nature que ce soit. (2) Il devint spécialement réservé aux séances du Conseil du roi. (3) Elle s'appliquait à toute ordonnance promulguée par le roi lors d'une telle session, *par exemple* les assises de Clarendon ou les assises de Northampton. (4) Elle était étendue à toute institution ou procédure instituée par telle ordonnance royale, mais (5) s'appliquait plus particulièrement aux institutions ou procédures dites de Grandes Assises et de Petites Assises, dont les « Juges d'Assises » tiraient leur nom. (6) Enfin, il désigne aujourd'hui une « séance » de ces juges d'assises, combinant ainsi quelque chose de son sens premier avec quelque chose de son sens le plus récent. Dans certains contextes, il a encore d'autres significations, *par exemple* (7) une cotisation ou une charge financière imposée lors d'une « session » du conseil du roi ou d'une autre autorité.

556 . Voir Neilson, *Trial by Combat* , 33-6, et les autorités citées.

557 . Cf. *supra* , pp. 103-104 pour la place du « combat » dans la procédure judiciaire ; et pp. 108-9 pour la politique de Henry visant à le décourager. Pour l'histoire ultérieure des épreuves par bataille, voir *infra* , sous c. 36.

558 . Voir Glanvill, II. 7.

559 . Les différentes étapes de la procédure doivent être clairement comprises, (*a*) Un demandeur a contesté le titre du véritable locataire devant le tribunal du baron du seigneur, dont l'immeuble était détenu, et s'est offert la bataille par un champion, qui était censé être témoin. (*b*) Le locataire (devenu défendeur) a demandé au roi une ordonnance royale dont l'émission, *ipso facto* , a arrêté toute procédure devant le baron du tribunal, (*c*) Le demandeur (demandeur) a donc dû faire la prochaine se déplacer; et l'ordonnance d'Henri ne lui laissait qu'une seule démarche à faire, à savoir demander un nouveau bref royal, mais d'un genre différent. Ce nouveau bref renvoyait la question du titre à douze chevaliers de la grande assise. (*d*) Avant que ceux-ci puissent être nommés et rendre leur verdict, de nombreuses formalités et retards intervinrent nécessairement, impliquant des voyages

coûteux à la *Curie du roi* , d'abord par les quatre chevaliers les ayant nommés, puis par les douze nommés. Des mois, voire des années pourraient s'écouler avant que le verdict final ne soit obtenu. Cette ingénieuse réforme, tout en supplantant le procès par bataille, supplanta incidemment également la juridiction des seigneurs mesne. C'est pourquoi la Grande Assise n'est jamais devenue populaire auprès des magnats. Cf. sous c. 34.

560 . La date de l'ordonnance de la Grande Assise n'est pas connue. On a avancé que son origine pouvait remonter à une date antérieure à celle des assises de la nouvelle dissidence (voir MJH Round à l' *Athénée* le 28 janvier 1899) ; mais en tout cas la séquence *logique* semble être celle donnée dans le texte. La question de la séquence *chronologique* reste ouverte.

561 . A une date aussi tardive qu'en 1267, il fut jugé nécessaire de reconnaître par la loi le droit de l'héritier devenu majeur d'évincer son tuteur de ses terres par une assise de mort d' *ancêtre* . Voir Statut de Marlborough, ch. 16.

562 . Telle était la loi jusqu'en 1285. Le Statut de Westminster II. (13 Edward I. c. 5) explique avec autorité que, lorsque quelqu'un avait présenté à tort un clerc à une église vacante, le véritable patron ne pouvait récupérer son aveu que par un bref de droit " quod habet terminari per duellum vel per magnam *assisam* .»

563 . Les relations des assises avec l'ancienne *inquisitio* et avec le jury moderne sont discutées *supra* , pp. 158-163 .

564 . Ainsi deux chapitres successifs de la Magna Carta soulignent deux tendances divergentes : c. 17 avait exigé que les « plaidoyers communs » aient tous lieu à Westminster, tandis que c. 18 exige que les « assises » ne soient *pas* prises là-bas. Dans les deux cas, il s'agissait de consulter la convenance des justiciables.

565 . Voir Bracton's *Note Book* , cas n° 1478 ; un cas également cité par Coke (*Second Institute, proem.*). Si cette assise avait présenté des points particulièrement difficiles, elle aurait pu se tenir à Westminster sans violer la Magna Carta.

566 . 13 Édouard I. c. 30. Stephen, *History of Criminal Law* , 105-107, donne plus de détails.

567 . Voir Assises de Northampton, c. 4.

568 . Voir, *par exemple* , Stubbs, *préface* de R. Hoveden, IV. xcviii.; Blackstone, *Grande Charte* , xxxvi.; Medley, *anglais. Const. Histoire* , 130.

569 . Pierre noire, *Ibid.* , rappelle ces changements dans la charte de 1217 : « laisser indéfini le nombre des chevaliers et des juges d'assises, abolir l'élection des premiers, et réduire les temps de prise d'assises à une fois par an ».

570 . Voir *Moyen Âge* , II. 464.

571 . Cf. Coke, *First Institute* , 293 b. : « À mesure que le pouvoir des juges d'assises augmentait en vertu de nombreuses lois du Parlement et d'autres commissions, ces juges itinérants disparaissaient peu à peu. »

572 . 13 Édouard I. c. 30.

573 . 27 Édouard I. c. 3.

574 . 13 Édouard I. c. 39 ; voir Étienne, *Hist. Droit pénal* , p. 106.

575 . 2 Édouard III. c. 2. *Idem.* , 110.

576 . Il est inutile de faire autre chose que de remarquer les « commissions de trailbaston » exceptionnelles, censées dater du Statut de Rageman (1276), conférant des pouvoirs spéciaux pour la répression des malfaiteurs puissants. Celles-ci furent bientôt remplacées par les commissions d'oyer et de terminer.

577 . MWS Holdsworth, *Hist. Ing. Law* , 116-123, donne un compte rendu admirable et concis des juges et de leurs commissions. Pour des informations plus complètes, voir Stephen, *Hist. Droit pénal* , I. 97-111.

CHAPITRE DIX-NEUF.

Et si dans le comitatus assis prévoyons capi non possint, tot milites et libere tenentes remaneant de illis qui interfuerint comitatui die illo, per quos possint judicia suffisanter fieri, secundum quod negocium fuerit majus vel minus.

> Et si aucune desdites assises ne peut être prise le jour du tribunal départemental, qu'il reste des chevaliers et des francs-tenanciers qui étaient présents au tribunal départemental ce jour-là, en autant qu'il sera nécessaire pour que les jugements soient rendus efficacement. selon que l'affaire soit plus ou moins grande.

Ce supplément au chapitre précédent prescrivait la marche à suivre lorsque la presse d'autres affaires aurait empêché que certaines des assises inscrites à l'ordre du jour n'aient pu être réglées le jour de l'audience. Le shiremoot ne durait qu'un jour, et tenir le lendemain une séance ajournée de tous les prétendants infligerait des difficultés à ceux dont la présence était requise ailleurs. Les rédacteurs de la charte se sont trouvés confrontés à un dilemme en cherchant à combiner l'expédition rapide des affaires avec le minimum de désagréments pour ceux qui venaient se présenter à la cour.

Les articles des barons avaient formulé deux exigences précises difficiles à concilier ; à savoir que seuls les jurés et les parties aux procès en cours devraient être convoqués pour rencontrer les juges d'assises lors de leurs rondes trimestrielles (article 8) ; et que les assises devaient être « raccourcies » (article 13), ce qui signifiait simplement que les délais de la loi devaient cesser.

Les termes de la Magna Carta, comme il convenait à un document commercial soigneusement rédigé, étaient plus précis. Ils précisèrent clairement que, dans les cas normaux, les assises devraient avoir lieu devant le tribunal de comté – un point sur lequel les articles étaient restés muets. C'était une disposition salutaire, puisqu'une saine publicité accompagnait les débats du comté-moot complet. Il n'a pas été question de « raccourcir » la procédure ; et la Charte a montré sa compréhension du fait qu'il pourrait y avoir plus d'affaires que ce qui pourrait être fait en une journée. Si cela se produit, un compromis doit être trouvé entre les revendications des justiciables souhaitant que leurs plaidoiries soient accélérées et le désir des autres personnes d'être dispensées de toute poursuite ultérieure. Les juges reçurent l'ordre d'achever leurs travaux le lendemain, mais il leur fut interdit de retenir quiconque à l'exception des parties elles-mêmes aux procès et d'un nombre suffisant de jurés. Ceux que la Magna Carta obligeait ainsi à attendre un deuxième jour étaient exactement ceux dont les articles avaient stipulé la présence le premier jour, sans admettre, en effet, la possibilité qu'un deuxième jour puisse être requis. La divergence entre les schémas des deux documents pourrait s'expliquer en supposant que le dispositif consistant à synchroniser la visite des juges avec la date de la tenue du shiremoot mensuel n'a été pensé qu'après que les statuts des barons aient été scellés. [578]

La Charte de 1217 prévoyait une disposition différente pour la même éventualité. Les assises inachevées ne doivent plus être prises dans leur propre département le lendemain du tribunal départemental, ni d'ailleurs aucun autre jour. Les juges ont reçu toute autorité pour les amener à une conclusion ailleurs dans leur circuit selon ce qui leur convenait. Cette concession aux juges, prise en relation avec les autres dispositions de 1217, réservant toutes les présentations de darrein, ainsi que d'autres assises de toute difficulté, à la décision du banc, montre un mépris relatif de la commodité des jurés, qui pourraient, en Au choix des juges, ils se voient contraints soit de suivre les assises de comté en comté, soit d'entreprendre le pénible voyage de Westminster, dont la Charte de 1215 les avait relevés. [579]

---

578 . La pratique ultérieure n'était pas conforme à cette règle. Une *nouvelle disseisin* ou une *mort d'ancêtre* pourrait être détenue par elle-même ; et des plaintes furent déposées en 1258 contre le fait que les shérifs proclamaient sur les places du marché que tous les chevaliers et propriétaires libres devaient se rassembler pour une telle enquête, et lorsqu'ils ne venaient pas, les amerciaient à volonté (pro voluntate sua) . Voir Pétition des barons, c. 19 (Sel. Chartes, 385).

579 . La législation ultérieure a oscillé entre deux politiques, parfois motivées par le désir de restreindre les pouvoirs discrétionnaires des juges ; et dans d'autres cas, par l'expérience de la manière dont le strict respect de règles inflexibles infligeait des difficultés aux justiciables. Le Statut de Westminster II. (13 Edward I. c. 30) confirma le pouvoir des juges de réserver les cas de mort d'ancêtre à la décision du tribunal, et autorisa par contre la *présentation* des assises de darrein (qu'il associa à cet égard aux enquêtes *quare impedit*) à être prises « dans leurs propres comtés ». L'Acte 6 Richard II. c. 5 a réduit les pouvoirs discrétionnaires précédemment conférés, ordonnant que les juges chargés de prendre les assises et de délivrer les prisons tiennent des séances dans les chefs-lieux de comté dans lesquels les tribunaux de comté avaient l'habitude de se tenir. Le Statut 11 Richard II. c. 11 assouplit une fois de plus cette règle, alléguant qu'elle avait entraîné des désagréments pour les prétendants. Aussi autorité fut-elle donnée au chancelier, avec l'avis des juges, pour déterminer dans quels lieux les assises pourraient se tenir, nonobstant les dispositions du Statut de cinq ans antérieur.

CHAPITRE VINGT.

Liber homo non amercietur pro parvo delicto, nisi secundum modum delicti ; et pro magno delicto amercietur secundum magnitudinem delicti, salvo contenemento suo; et mercator eodem modo, salva mercandisa sua; et villanus eodem modo amercietur salvo waynagio suo, si inciderint in misericordiam nostram; et nulla predictarum misericordiarum ponatur, nisi per sacramentum proborum hominum de visneto.

> Un homme libre ne peut être poursuivi pour une petite infraction, sauf en fonction du degré de l'infraction ; et pour une infraction grave, il sera puni en fonction de la gravité de son infraction, en sauvant toujours sa « contention » ; et un marchand de la même manière, sauvant ses marchandises ; et un vilain sera amercié de la même manière, sauf son van, s'il est tombé dans notre miséricorde : et aucun des amercements ci-dessus ne sera imposé sauf par le serment des honnêtes gens du quartier.

Ceci est le premier de trois chapitres consécutifs qui cherchent à remédier aux graves abus liés aux échanges royaux. Pour comprendre pleinement de quoi il s'agissait, il faut une certaine connaissance, non seulement du système de procédure juridique dont ils faisaient partie, mais aussi des systèmes antérieurs.

I. *Trois étapes du droit pénal.* Les efforts déployés dans l'Angleterre médiévale pour concevoir des mécanismes destinés à réprimer le crime ont pris diverses formes. Trois périodes peuvent être distinguées.

(1) *La vendetta.* La première méthode de réparation des torts dont il reste des preuves a été la pratique des représailles, ou la vendetta. Le blessé, ou son héritier s'il était mort, faisait justice lui-même et exigeait satisfaction à l'aide de la hache ou de la lance. Ce droit de vengeance, autrefois revêtu de l'entière sanction de la loi, avait pratiquement disparu avant l'aube de l'histoire authentique en Angleterre ; mais son existence antérieure peut être déduite avec certitude de certaines traces qu'elle a laissées sur les lois d'une période ultérieure.

(2) *Paiements en argent fixe.* À une date précoce, mais incertaine, il était devenu habituel d'accepter de l'argent au lieu de se venger. La nouvelle pratique, d'abord exceptionnelle et appliquée uniquement aux cas de blessures accidentelles, s'est progressivement étendue à tous les cas dans lesquels l'individu lésé était disposé à accepter un compromis. Il fut rendu obligatoire aux malfaiteurs d'offrir une somme d'argent pour chaque crime commis, et finalement il fut également rendu obligatoire à l'homme blessé de l'accepter lorsqu'on lui offrait. A ce stade, le droit de vengeance privée était devenu

presque une chose du passé. Cela n'était légal qu'après que la personne lésée avait demandé, et s'était vu refuser, une indemnisation au taux reconnu.

Divers codes formulaient des règles complexes pour déterminer les montants ainsi payables. Chaque homme avait sa propre valeur monétaire ou *wer* (du simple homme libre, estimé à 200 shillings, jusqu'aux prélats et nobles laïcs, estimés à des chiffres beaucoup plus élevés). Telles étaient les valeurs juridiques selon lesquelles la vie de chaque homme était évaluée. Des torts plus petits pourraient être compensés par des sommes plus modestes en nom de dommages, appelés *bots* : autant pour un pied, ou un œil, ou une dent. Le roi ou autre seigneur féodal exigeait du malfaiteur un paiement supplémentaire, sous le nom de *wites* , qui sont parfois expliqués comme le prix demandé par le magistrat pour imposer le paiement du *wer* ou *du bot* ; parfois comme sommes dues à la communauté, sous prétexte que toute mauvaise action inflige un tort à la société en général, ainsi qu'à sa victime.

(3) *Commerces*. Un troisième système a réussi. Ce système était d'une extrême simplicité et différait considérablement à bien des égards du système compliqué qu'il remplaçait. On le retrouve en parfait état de fonctionnement très peu de temps après la conquête normande, mais il était encore considéré comme une innovation à l'avènement d'Henri Ier. Il est connu sous le nom de système d'amercements. Aucune de nos autorités ne contient un compte rendu entièrement satisfaisant de la manière dont le changement s'est produit, mais les suggestions suivantes peuvent être hasardées. Les sommes exigées d'un malfaiteur qui souhaitait se racheter sous la protection de la loi et dans la communauté des bienfaiteurs devenaient de plus en plus onéreuses. Il devait satisfaire les réclamations de la famille de la victime, du seigneur de la victime, du seigneur sur le territoire duquel le crime avait été commis, de l'église, peut-être, dont le sanctuaire avait été envahi, d'autres seigneurs qui pouvaient manifester un intérêt quelconque. sorte, et enfin du roi comme seigneur suprême. Il devenait pratiquement impossible de racheter la paix une fois rompue. La Couronne, cependant, intervint et offrit sa protection sous certaines conditions : le coupable se rendit lui-même et tout ce qu'il possédait au roi, se plaçant « *in misericordiam regis* » et délivrant un gage tangible (*vadium*) comme preuve et garantie de la se rendre. [580]

Même si en théorie le fautif mettait sans réserve ses biens à la disposition du roi, il existait un accord tacite selon lequel il recevrait en échange non seulement une grâce gratuite, mais aussi le rétablissement du solde de ses biens, après que le roi se serait aidé à un partage. Une telle démarche, d'abord facultative, allait peu à peu être suivie avec une uniformité absolue. Peu à peu, on a supposé que chaque coupable souhaitait profiter de ce moyen d'évasion, et c'est pourquoi les mots « en miséricorde » étaient naturellement écrits dans les archives judiciaires, après le nom de toute personne reconnue coupable d'un crime. crime.

Il est facile de comprendre pourquoi les rois normands favorisèrent ce système ; car la Couronne a ainsi obtenu tout ce qu'elle a choisi d'exiger, tandis que les autres demandeurs n'ont rien obtenu. Peu à peu, alors, le vieux système compliqué des *wers* , *des bots* et *des wites* devint obsolète et fut avec le temps complètement oublié ; le système des échanges régnait à sa place. À proprement parler, la vie, les membres de l'homme et tout ce qu'il possédait étaient à la merci du roi. [581] La Couronne a toutefois conclu qu'elle pourrait nuire à ses propres intérêts par une cupidité excessive ; et se contentait généralement d'exiger des sommes modérées. Bientôt, des règles de procédure furent formulées pour sa propre orientation. Les sommes prélevées dans chaque cas étaient réglées en partie par la richesse du délinquant et en partie par la gravité de l'infraction. En outre, il est devenu une règle reconnue selon laquelle le montant devait être évalué par ce qui était pratiquement un jury composé de voisins du coupable ; et des tentatives ont également été faites pour fixer un maximum. [582]

C'est ainsi qu'est née une sorte de tarif, définissant les sommes à exiger pour diverses infractions les plus courantes. La Couronne et ses fonctionnaires respectaient généralement cela dans la pratique, mais n'abandonnaient jamais formellement le droit d'exiger davantage. De tels paiements étaient connus sous le nom d'« amercements » et étaient toujours techniquement distingués des « amendes » (ou offrandes volontaires). Les archives, encore existantes, du règne de Jean nous montrent que pour de très petites offenses, les hommes étaient constamment placés « en miséricorde » ; par exemple, pour non-assistance aux réunions de la centaine ou du tribunal de comté ; pour des verdicts faux ou erronés ; pour de légères infractions aux droits forestiers du roi ; et pour mille autres fautes insignifiantes. Tout homme qui intentait une action et échouait était amerdi. On comprendra aisément combien il était important que ces amercements, qui formaient une source de revenus si tentante pour le Trésor, ne fussent pas abusés. La Charte d'Henri Ier (chapitre 8) avait promis un remède, certes radical, mais de nature réactionnaire et impossible. Il accepta alors d'abolir complètement le système des amercements (alors récemment introduit) et de revenir au système anglo-saxon antérieur des bots et des wites, déjà évoqué. Cette promesse, comme d'autres, d'Henri Ier n'a été faite que pour être rompue. [583]

II. *Magna Carta et Amercements*. Toutes les classes s'intéressaient à ce sujet, puisque personne ne pouvait espérer traverser la vie (peut-être à peine une seule année) sans être soumis à une ou plusieurs amercements. Trois chapitres de la Magna Carta sont donc consacrés aux remèdes. Le chapitre 20 cherche à protéger le profane ordinaire ; chapitre 21, les barons ; et le chapitre 22, le clergé – anticipant ainsi vaguement la conception de trois domaines du royaume : les communs, les nobles et le clergé. Le « tiers-état » est analysé plus en détail, aux fins au moins de cette clause, en trois subdivisions : l'homme libre, le vilain et le marchand. [584]

(1) *L'amertume du propriétaire foncier.* Le grand objectif des réformes promises ici était d'éliminer l'élément arbitraire ; la Couronne doit se conformer à ses propres règles coutumières. Dans ce but, diverses garanties furent conçues pour réglementer le commerce des hommes libres. (*a*) Pour une petite infraction, seule une petite somme pouvait être prélevée. Ce n'était pas nouveau : les archives du règne de Jean montrent que, avant et après 1215, de très petites sommes étaient souvent prélevées : trois deniers étaient une somme courante. (*b*) Pour les infractions graves, une somme plus élevée peut être imposée, mais sans être disproportionnée par rapport à l'infraction. (*c*) En aucun cas le contrevenant ne doit être poussé absolument contre le mur. Ses moyens de subsistance doivent lui être épargnés. Même si tous les autres effets de l'homme libre défaillant devaient être vendus pour payer le montant évalué, il devait conserver sa pleine propriété ancestrale (ou « contention », un mot qui sera discuté plus tard). Il pourrait cependant se trouver redevable d'une somme importante qu'il aurait dû rembourser par versements pendant de nombreuses années. (*d*) Une autre clause prévoyait un mécanisme permettant de donner effet à toutes ces règles. Le montant de l'amende doit être fixé, non arbitrairement par la Couronne, mais par des évaluateurs impartiaux, « par le serment des honnêtes gens du voisinage ».

Il semble probable que toutes ces dispositions étaient déclaratives de l'usage existant, c'est-à-dire de l'usage du règne de Jean ; mais, apparemment, une procédure différente et moins favorable aux malfaiteurs était en vogue, aussi récemment que sous le règne d'Henri II. Les amercements avaient alors été évalués, non pas par des jurés locaux, mais par les barons de l'Échiquier, qui pouvaient cependant, lorsque des arriérés étaient encore dus, réviser leurs propres conclusions des années précédentes. [585]

Le Pipe Roll de la quatorzième année d'Henri II. [586] montre comment un certain prêtre, qui à cet égard se trouvait exactement sur le même pied qu'un laïc, avait été placé « *en misericordiam* » de 100 marks par William fitz John, l'un des juges du roi, mais comment cette somme fut ensuite réduit à 40 points « *per sacramentum vicinorum suorum* ». Il semble raisonnable de déduire que, lorsque le prêtre invoquait la pauvreté, la question de sa capacité de payer a été soumise aux reconnaissants locaux avec le résultat énoncé. Ce prêtre fut par la suite totalement gracié « à cause de sa pauvreté ». Son cas illustre comment un changement important s'est opéré progressivement. Les jurés locaux aidèrent d'abord, puis supplantèrent les barons de l'Échiquier dans l'évaluation des sommes payables à titre d'amendes. Cet avantage important, qui transférait la décision des fonctionnaires antipathiques de la Couronne aux propres voisins du défaillant, fut confirmé par la Magna Carta à tout le clergé et à tous les membres du tiers état. Il sera montré, en relation avec le chapitre 21, comment les comtes et les barons ont perdu un privilège similaire. [587]

(2) *L'amertume du commerçant*. Les dispositions en faveur des propriétaires fonciers ont été étendues aux membres des classes commerçantes. Une modification a cependant dû être apportée. Dans le cas normal, les moyens de subsistance du commerçant étaient ses marchandises et non sa pleine propriété. Ces marchandises lui étaient donc réservées, et non son « contentement » (s'il en avait un). Mais les commerçants de nombreuses villes favorisées avaient déjà acquis des privilèges spéciaux dans ce domaine comme dans d'autres, et ceux-ci avaient reçu une confirmation générale du chapitre 13 de la Grande Charte. Certains arrondissements avaient anticipé la Magna Carta en obtenant dans leurs propres chartes spéciales soit une définition du montant maximum d'amercement exigible, soit dans certains cas, par une définition de l'organisme d'amercement. Ainsi, la Charte de Jean à Dunwich du 29 juin 1200 [588] prévoit que les bourgeois ne seront amers que par six hommes de l'intérieur du bourg et six hommes de l'extérieur. La capitale jouissait de privilèges particuliers : dans sa Charte aux Londoniens, Henri Ier avait promis qu'aucun citoyen *de la misericordia pecuniae* ne paierait une somme supérieure à 100 shillings. (le montant de son *wer*). [589] Cela fut confirmé dans la Charte d'Henri II, qui déclarait « que nul ne sera jugé pour des échanges d'argent, mais selon la loi de la ville, qu'ils avaient au temps du roi Henri, mon grand-père ». [590] La Charte de Jean à Londres du 17 juin 1199 y fait également spécialement référence ; [591] et la confirmation générale des coutumes contenue dans le chapitre 13 de la Magna Carta la renforcerait encore. Selon toute vraisemblance, il ne couvrait que des délits insignifiants (comme le fait de placer le contrevenant entre les mains du roi *de misericordia pecuniae*). Le présent chapitre a une portée plus large, s'appliquant aux grands délits aussi bien qu'aux petits délits, et englobant les marchands partout, et pas seulement les bourgeois des villes à charte.

(3) *L'amertume du vilain*. L'histoire ancienne des vilains en tant que classe est enveloppée dans les brumes qui entourent encore la question controversée de l'essor du manoir anglais. Malgré les brillants efforts de M. Frederic Seebohm [592] pour trouver l'origine du vilainage dans le statut des serfs qui travaillaient pour les maîtres romains dans les fermes ou *villae britanniques* bien avant le début des immigrations teutoniques, une théorie plus ancienne tient toujours le coup, à savoir , que les vilains abjects de l'époque normande étaient les descendants des « ceorls » nés libres de l'époque anglo-saxonne. Selon cette théorie – la plus orthodoxe, et à juste titre, puisqu'elle est étayée par le plus grand nombre de preuves – la plus grande partie de l'Angleterre était autrefois cultivée par des propriétaires paysans anglo-saxons libres, regroupés à l'origine en petites sociétés dont chacune formait un village isolé. Ces villageois libres étaient connus sous le nom de « ceorls », pour les

distinguer de la noblesse ou de la noblesse appelée « eorls », qui bénéficiaient d'une considération sociale mais (comme on le prétend généralement) d'aucun avantage politique injuste en raison de leur sang noble. Les « ceorls » déclinèrent lentement de leur domaine initialement libre pendant plusieurs siècles avant 1066 : mais le processus de leur dégradation fut achevé rapidement et brutalement par les mesures sévères des conquérants normands. La majeure partie de la paysannerie autrefois libre a été réduite à l'état de vilains dépendants des XIe et XIIe siècles.

Quelle que soit la théorie correcte, la situation économique, juridique et politique des vilains au XIIIe siècle a été aujourd'hui établie avec exactitude et certitude. Économiquement, ils étaient considérés comme faisant partie de l'équipement nécessaire du manoir de leur seigneur, dont ils devaient cultiver les champs pour pouvoir rester en possession d'acres qui étaient autrefois, dans un sens plus réel, les leurs. Les services à exiger du propriétaire du manoir, d'abord vagues et indéfinis, furent progressivement précisés et limités. Ils variaient de siècle en siècle, de district en district, et même de manoir en manoir ; mais au mieux, la vie du vilain était, comme l'a décrit un écrivain contemporain, pesante et misérable (*graviter et miserabiliter*). Une fois ses multiples obligations remplies, il lui restait peu de temps pour labourer et récolter sa propre petite propriété. Le vilain normal possédait sa part de terre, d'une étendue de virgate ou de demi-virgate (trente ou quinze acres dispersés) sous un régime connu sous le nom de *villenagium*, nettement distinct des tenures des propriétaires fonciers, qu'il s'agisse de chevalerie, de sergent ou de socage. Il était l'habitant dépendant d'un manoir qu'il n'osait quitter sans l'autorisation de son maître. Il est vrai qu'il avait certains droits de propriété sur les acres qu'il revendiquait comme siennes ; pourtant, celles-ci étaient déterminées, non pas par la common law d'Angleterre, mais par « la coutume du manoir », ou virtuellement par la volonté du seigneur. Ces droits, tels qu'ils étaient, ne pouvaient être invoqués ailleurs que devant le tribunal coutumier de ce manoir que présidait l'intendant du seigneur avec des pouvoirs étendus et indéfinis. Juridiquement parlant, le vilain était un locataire à volonté que le seigneur pouvait expulser sans l'intervention d'un tribunal supérieur au sien. Politiquement, cependant, la position du vilain était particulière. Bien qu'il ne jouisse d'aucun des privilèges, il était néanmoins censé accomplir certaines des fonctions de l'homme libre. Il fréquenta le comté et une centaine de tribunaux, fit partie de jurys et exerça d'autres fonctions publiques, subissant ainsi encore davantage d'empiétements sur le peu de temps qu'il pouvait appeler le sien, mais préservant pour un jour meilleur une vague tradition de sa liberté antérieure. . Le fait que de telles fonctions publiques étaient accomplies par le vilain donne un solide soutien à ceux qui plaident en faveur de sa descendance du vieux « ceorl » qui jouissait de tous les droits et accomplissait toutes les obligations du libre. De pareils devoirs n'auraient jamais été exigés d'une race d'esclaves héréditaires ; mais il est facile de comprendre comment des hommes initialement libres peuvent être progressivement privés de leurs droits légaux, tout en étant laissés à accomplir des devoirs légaux si utiles à la société et à leurs maîtres.

Les mots de ce chapitre de la Magna Carta étendent sans aucun doute une certaine mesure de protection aux vilains. Deux questions peuvent cependant être posées : — Quelle mesure et pour quel motif ? Des réponses s'imposent, en raison de l'importance accordée à cette clause par les auteurs qui revendiquent pour la Magna Carta une base populaire ou démocratique. Une chose est claire : les vilains étaient protégés de l'abus des amercements que Jean lui-même pouvait infliger, et non des amercements de leurs seigneurs ; car les mots utilisés sont « *si inciderint in misericordiam nostram* ». Un vilain à la merci du roi bénéficiera de la même considération que le propriétaire foncier ou le marchand dans une situation similaire : son « Wainage », c'est-à-dire sa charrue et ses accessoires, y compris éventuellement les bœufs, lui étant conservés. Quel est le motif de ces restrictions ? On suppose généralement qu'il s'agit de clémence, de désir humain de ne pas réduire le pauvre malheureux à la mendicité absolue. Il est cependant possible d'imaginer un motif entièrement différent ; le vilain était la propriété de son seigneur et le roi devait respecter les intérêts particuliers des autres. Qu'il puisse faire ce qu'il voulait de sa propre propriété, son domaine vilains, semble clair d'un passage habituellement négligé par les commentateurs, à savoir le chapitre 16 de la réédition de 1217. Quatre mots importants limitant les restrictions sur le pouvoir du roi y sont introduits : *villanus alterius quam noster*. Le roi ne devait pas infliger des amercements absolument écrasants à des vilains « *autres que les siens* », laissant ainsi les vilains des anciens domaines sans réserve sous son pouvoir. [593]

Il ne faut cependant pas croire que la situation des vilains du roi – « locataires d'anciens domaines », comme on les appelait techniquement – était pire que celle des vilains d'un manoir ordinaire non royal. Au contraire, il a été clairement démontré [594] que les paysans du roi jouissaient de privilèges refusés aux paysans des autres seigneurs. La Magna Carta, ce « rempart des droits du peuple », laissait ainsi la grande majorité de la population rurale d'Angleterre complètement sans protection contre la tyrannie de leurs seigneurs, dans les affaires comme dans d'autres domaines. Le roi ne doit pas prendre trop des vilains seigneurs au point de détruire leur utilité en tant que biens seigneuriaux ; c'était tout. [595]

(4) *La différence entre les amendes et les amendes*. Au XIIIe siècle, ces termes étaient très contrastés. L'amercement ne s'appliquait qu'aux sommes imposées en punition de méfaits, le contrevenant corrigeant ainsi sa faute. Il n'avait aucune possibilité de refuser, ni aucune voix pour fixer le montant qui lui était imposé. « Bien », au contraire, était employé pour les offrandes volontaires faites au roi dans le but d'obtenir en retour quelque concession, d'obtenir

quelque faveur ou d'échapper à quelque punition préalablement décrétée. Ici, l'initiative revenait à l'individu, qui suggérait le montant à payer, et n'était en effet tenu par aucune obligation légale de faire une quelconque offre. Cette distinction entre amendes et amercements, si absolue qu'elle était en théorie, pourrait facilement être effacée dans la pratique. L'esprit de la restriction imposée par ce chapitre et par la common law à la prérogative du roi d'infliger des amendes pouvait généralement être éludé en appelant les sommes exigées « amendes ». Par exemple, la Couronne pourrait emprisonner ses victimes pour une période indéterminée, puis leur permettre gracieusement de leur offrir de grosses sommes pour échapper à la mort par fièvre ou par famine dans une prison insalubre. La lettre de la Magna Carta était ainsi strictement observée, puisque le prisonnier était théoriquement aussi libre de s'abstenir entièrement d'offrande que le roi de rejeter toutes les offres jusqu'à ce que le chiffre soit suffisant pour tenter sa cupidité. *Des amendes* énormes pourraient ainsi être imposées ; tandis qu'il était strictement interdit aux fonctionnaires royaux d'infliger *des amendes arbitraires*.

Avec l'élimination progressive de l'élément volontaire, le mot « fine » a acquis son sens moderne, tandis que « amercement » a disparu de l'usage courant. [596]

(5) *Confinement.* Ce mot, qui apparaît dans Glanvill [597] et dans Bracton, [598] et aussi (sous sa forme française) dans le Statut de Westminster, I., [599] ainsi que dans la Magna Carta, a formé un texte pour de nombreuses explications laborieuses et insatisfaisantes depuis l'époque de Sir Edward Coke [600] jusqu'à la nôtre.

Il ne semble cependant pas y avoir de véritable obscurité, puisqu'il s'agit clairement d'un composé de « tenement » – un mot bien connu comme terme technique exact de transfert de propriété féodal – et du préfixe « con ». Un « immeuble » est précisément ce qu'un homme libre est censé avoir, à savoir son propre domaine en pleine propriété. Le « con » ne fait qu'intensifier le sens, en soulignant le lien étroit entre l'homme libre et sa terre. Tous les autres immeubles qu'il possédait pouvaient lui être retirés, sans lui infliger de difficultés extrêmes ; mais lui retirer son « contentement » – ses terres ancestrales – le laisserait vraiment pauvre.

Le mot apparaît non seulement dans Glanvill et Bracton, mais aussi dans plusieurs entrées des rouleaux de l'Échiquier d'Henri III. et Edward I., rassemblés par Madox, [601] et rassemblés par lui avec d'autres entrées qui éclairent la manière dont un « contentement » pourrait être sauvé pour l'homme amercié. Ainsi en 40 Henri III. les fonctionnaires de l'Échiquier, après avoir discuté du cas d'un délinquant qui n'avait pas payé une amercement de 40 marks, ordonnèrent de faire enquête, « combien il était en mesure de payer au roi par an, sauf sa propre subsistance et *celle* de sa femme et ses enfants », un extrait qui illustre également le côté plus humain de la procédure fiscale. En 14 Edouard Ier encore, les fonctionnaires de l'époque, en recherchant les arriérés, découvrirent que certains pauvres hommes du village de Doddington n'avaient pas payé la totalité de leurs amercements. Une enquête fut ouverte, et les barons de l'Échiquier furent chargés de fixer les dates auxquelles les différents débiteurs devraient s'acquitter de leurs dettes (il s'agissait évidemment d'un arrangement pour le paiement par acomptes) « salvo contenemento *suo* ». [602]

Ces illustrations de la procédure réelle des règnes ultérieurs, en s'accordant si étroitement avec les règles établies par la Grande Charte, montrent comment le contenu d'un homme pouvait lui être sauvé sans aucune perte pour la Couronne. La Magna Carta souhaite apparemment qu'un délai soit accordé pour payer les dettes progressivement. Pendant ce temps, l'homme amerced n'était pas obligé de vendre les biens (ou les marchandises ou le bois) qui étaient nécessaires pour subvenir à ses besoins avec sa femme et sa famille. À long terme, la clémence pourrait s'avérer la meilleure solution pour toutes les parties concernées, y compris la Couronne.

---

580 . Voir Charte d'Henri I. c. 8, qui condamne pourtant toute cette pratique parmi les autres innovations du Conquérant et de Rufus.

581 . Voir *Dialogue de Scaccario* , II. XVI.

582 . Cf. Pollock et Maitland, II. 511-4. Il y avait cependant des exceptions, *par exemple* Henri II. n'accepterait pas de paiements en espèces pour certaines infractions forestières. Des mutilations ont été infligées. Voir Assises de Woodstock, c. 1, et contrastent avec la Charte forestière de 1217, c. dix.

583 . Cf. Pollock et Maitland (II. 512), qui décrivent la promesse d'Henri comme « un retour au vieux système anglo-saxon des témoins pré-nommés ». Afin d'éviter toute confusion inutile, aucune mention n'a été faite dans l'exposé ci-dessus d'une classification des amercements en trois degrés, ce qui accroît l'obscurité autour de leur origine. Le *Dialogue de Scaccario* , II. XVI., raconte comment (*a*) pour les crimes graves, la vie et les membres du coupable étaient à la merci du roi ainsi que ses biens ; b) pour des délits moins graves, ses terres ont été confisquées, mais sa personne était *en* sécurité ; tandis que (*c*) pour les fautes mineures, seuls ses effets mobiliers étaient à la disposition du roi. Dans ce dernier cas, le délinquant était « *in misericordia regis de pecunia sua* ». Ainsi, être « en miséricorde » ne signifiait pas toujours la même chose. De plus, un vilain ou un homme libre dépendant d'un manoir pouvait tomber à la « miséricorde » de son seigneur, ainsi que du roi. Les archives des tribunaux seigneuriaux regorgent de petites amendes pour de petites transgressions des coutumes du manoir.

584 . Même Coke (*Second Institute* , p. 27) doit admettre qu'aux fins de ce chapitre au moins, il doit abandonner la tentative faite ailleurs (*Ibid.* , p. 4 et p. 45) pour amener les vilains dans la classe des hommes libres. Sous prétexte que le vilain était relativement libre à l'égard des tiers autres que son seigneur, il revendiquait pour lui tous les avantages garantis par anticipation au chapitre 1 de la Charte, et il faisait une application spéciale de la même doctrine à propos du droit de propriété. *judicium parium* garanti à tous les hommes libres par le chapitre 39 (*qv*). Ici, cependant, il est obligé d'admettre la distinction entre homme libre et vilain, le premier terme étant, aux fins des échanges, virtuellement identifié avec « propriétaire libre ».

585 . Voir note des éditeurs de *Dialogus de Scaccario* , p. 207.

586 . Madox, I. 527.

587 . Reeves, *History of English Law* , I. 248 (troisième édition) dit : « Sur ce chapitre a ensuite été rédigé le bref *de moderata misericordia* , pour donner réparation à une partie qui a été excessivement amer. »

588 . *Rotules chartarum* , 51.

589 . Voir *Certaines Chartes* , 108.

590 . Voir Birch, *Chartes historiques de Londres* , p. 5.

591 . *Ibid.* , p. 11.

592 . Voir *Communauté du village anglais* , *passim* .

593 . Thomson, *Magna Charta* , p. 202, semble avoir complètement mal compris ce chapitre 16 de la réédition de 1217, interprétant les quatre mots interpolés dans un sens que le latin ne supporte pas, à savoir : « Un vilain, *bien qu'il appartenait à un autre* ». Le point de vue adopté ici sur le motif de la protection des vilains est renforcé par l'utilisation de l'expression particulière « *vastum hominum* » au chapitre 4 (*qv*).

594 . Notamment par le professeur Vinogradoff dans son *Villeinage en Angleterre* , *passim* .

595 . Le large fossé qui séparait le vilain de l'homme libre en matière d'amercements est montré par une entrée sur le *Pipe Roll* du 16 Henri II. (cité Madox, I. 545) *Herbertus Faber debet j marcam pro falso clamore quem fecit ut liber cum sit rusticus.* Un méchant pourrait être lourdement critiqué pour le simple fait de prétendre être libre. Il est particulièrement difficile de concilier une théorie de la liberté du vilain avec la doctrine de Glanvill, V. c. 5, qui refuse à quiconque a été un vilain le droit de « faire sa loi », même après l'émancipation, où les intérêts d'un tiers pourraient ainsi être lésés.

596 . Cf. *infra* , c. 55, qui complète ce chapitre, prévoyant l'annulation de toutes les amendes injustement infligées dans le passé, alors que ce chapitre cherche à empêcher l'infliction de nouvelles dans le futur.

597 . IX. 8.

598 . III. feuillet 116 b.

599 . 3 Édouard I. c. 6.

600 . *Deuxième Institut* , p. 27.

601 . Voir II. 208-9.

602 . Voir Madox, *Ibid.*

CHAPITRE VINGT ET UN.

Comités et barones non amercientur nisi per pares suos, et non nisi secundum modum delicti.

Les comtes et les barons ne pourront être amerciés que par l'intermédiaire de leurs pairs, et seulement en fonction du degré de l'offense.

L'amertume des comtes et des barons. Les *barones majores* , bien entendu, entendaient s'assurer des privilèges au moins égaux à ceux du propriétaire ordinaire. Lors de l'évaluation de leurs récompenses, il faudrait naturellement tenir compte à la fois de la gravité de l'infraction et de leur capacité de payer (telle que mesurée par leurs biens). La Magna Carta ne mentionne que le premier critère : il était en effet inutile d'attirer l'attention du roi sur le fait que l'on pouvait tirer davantage de leur richesse que de la pauvreté relative du propriétaire foncier ordinaire. La sauvegarde d'un « confinement » à leur égard serait aussi naturellement assumée. Une différence essentielle a cependant été clairement soulignée. Le corps américain ne devait pas être un jury composé de bons hommes de la localité ; mais un jury composé de leurs « pairs ». [603] Les barons demandaient ici seulement quel était leur droit incontestable : que le montant de leurs confiscations ne soit déterminé ni par leurs inférieurs féodaux (propriétaires libres ou d'autres seigneurs mesne) ni par les fonctionnaires de la Couronne, mais par leurs propres magnats. position et avec des intérêts communs. Ce n'était pas une innovation. M. Pike [604] a montré comment, sous le règne de Richard, les barons n'étaient pas amercis avec le troupeau commun : lors d'une eyre tenue à Hertford en 1198-1199, une liste de ceux amercis fut dressée et des sommes précises furent inscrites après chaque nom. , à deux exceptions près, Gérald de Furnivall et Réginald de Argenton, chacun étant réservé à un traitement spécial « de baron ». Un jury local avait évidemment évalué sur place les amercements des vilains et des simples propriétaires fonciers (en parfaite conformité avec les règles du chapitre 20) ; mais l'inscription suivante était faite en face de chacun des noms des deux barons « pour être demandée *à l'Échiquier* pour un disseisin ». Le Pipe Roll de la première année de John montre que cela a été fait par la suite. [605]

La Magna Carta avait donc de bons précédents pour insister sur le fait que les barons ne devaient pas être amerciés par les juges d'Eyre au cours de leurs circuits ; mais que signifiait exactement le fait d'exiger des amercements « de la part de leurs pairs » ? Cela signifiait-il simplement que quelques pairs, quelques locataires de la couronne, devaient être présents au Trésor lors de l'amende ; ou s'agissait-il d'une demande de réunion, à cet effet, d'un *concilium de commune complet* comme celui défini au chapitre 14 ?

La couronne, sous le règne suivant, donna sa propre interprétation de ces mots, et réussit à transformer en un désavantage spécial ce que les barons avaient insisté comme un privilège. Bracton [606] répète ce chapitre textuellement, mais y ajoute ce qui semble être une glose officielle, en le qualifiant par ces mots : « *et hoc per barones de scaccario vel coram ipso rege* ». Les barons, selon cette interprétation de la Magna Carta, ne faisaient évaluer leurs amercements ni par l'ensemble de « leurs pairs » au sein d'un conseil plénier, ni par un jury restreint de ces pairs inscrits dans le Trésor à cet effet, mais par des fonctionnaires royaux. les barons de l'Échiquier ou les juges du banc du roi. Ainsi, les termes de la Charte ont été déformés par l'ingéniosité des avocats de la Couronne qui ont autorisé précisément ce qu'ils étaient censés interdire à l'origine. [607]

Au XIVe siècle, on connaît plusieurs cas au cours desquels des défaillants, dans l'espoir de s'en sortir avec des paiements moindres, protestèrent contre le fait d'être considérés comme des barons. Par exemple, un certain Thomas de Furnivall, dans la dix-neuvième année d'Édouard II. se plaignait d'avoir été nommé baron « à son grand préjudice, et contre la loi et la coutume du royaume », alors qu'en réalité il ne détenait rien par baronnie. Le roi ordonna au trésorier et aux barons de l'Échiquier « que s'il leur apparaissait que Thomas n'était pas un baron et qu'il ne détenait pas ses terres par baronnie, alors ils devraient le décharger dudit amercement imposé ; à condition que Thomas soit amerced selon la teneur de la grande Charte des Libertés », [608] c'est-à-dire comme simple propriétaire foncier selon les dispositions du chapitre 20. Il est clair que Thomas de Furnivall était convaincu qu'un local Le jury lui accorderait un montant inférieur à celui fixé par les barons de l'Échiquier. Quelques années plus tôt, l'abbé de Croyland avait lancé un plaidoyer similaire, mais sans succès. [609]

Plus tard, les barons et les comtes réussirent à obtenir, par un autre expédient, une certaine immunité contre les exactions excessives. Ils avaient établi, avant la première année d'Henri VI, une échelle reconnue d'amendes dont la couronne était censée, dans les circonstances ordinaires, se contenter. [610] Sous le règne d'Édouard IV. un duc était normalement amered à 10 £ et un comte ou un évêque à 100 s. [611]

---

603 . Cf. *infra* , sous c. 39.

604 . *Chambre des Lords* , 255.

605 . Cité par Pike, *Ibid.*

606 . III., folio 116 b.

607 . Pike, *House of Lords* , 256-7, montre comment les barons étaient parfois évalués : (*a*) devant les barons de l'Échiquier ; ou (*b*) devant le Conseil du Roi au complet ; ou (*c*) à une date ultérieure, même devant les juges des plaidoyers communs. Ils n'ont cependant jamais été évalués devant les juges de circuit. Est-il possible que l'une des raisons pour lesquelles le nom de *Barones Scaccarii* ait été retenu comme titre officiel des quatre juges qui présidaient la Cour de l'Échiquier soit le souhait de la Couronne de préserver la fiction selon laquelle ces « *barons* » officiels étaient en réalité les pairs des titulaires de " baronnies" ?

608 . Madox, I. 535-8.

609 . Voir Madox, *Ibid.* , et aussi Pike, *House of Lords* , 257.

610 . Voir Pike, *Ibid.*

611 . Madox, *Baronia Anglica* , 106 ans, semble considérer ces sommes comme fixant un minimum et non un maximum. « Si un baron devait être amercié pour une petite intrusion, son amercement était généralement de 100 s. au moins; il pourrait être content de plus, pas de moins. C'est, je pense, le sens du terme *« amerciater ut baro »*. Il ajoute qu'un roturier coupable d'une intrusion similaire s'en tirerait avec 10, 20 ou 40 s.

CHAPITRE VINGT-DEUX.

Nullus clericus amercietur de laico tenemento suo, nisi secundum modum aliorum prédictorum, et non secundum quantitatem beneficii sui ecclesiastici.

Un commis ne sera pas amercié à l'égard de sa propriété laïque, sauf à la manière des autres susdits ; de plus, il ne sera pas amercié conformément à l'étendue de son bénéfice ecclésial.

Amercement du clergé. L'homme d'Église devait recevoir le même traitement favorable que le laïc à tous égards, et bénéficier d'un privilège supplémentaire. En proportionnant l'amercement à l'étendue de sa richesse, il ne fallait pas tenir compte de la valeur de son « bénéfice ecclésial ». Une distinction nette est ici établie entre *laicum tenementum* (ou, comme l'exprimait le 10e des articles des barons, *laicum feodum*) et *beneficium ecclesiasticum* . Cette antithèse entre les « honoraires laïcs » et les « aumônes » – c'est-à-dire entre les terres détenues par la baronnie, le service des chevaliers ou toute autre tenure laïque d'une part, et les terres détenues par Frankalmoin de l'autre – était familière au Moyen-Orient. Âge. [612]

Seul le premier devait être pris en compte pour régler l'amertume du commis défaillant. Cela laisserait l'évêque ou l'abbé exposé à une rétribution plus élevée, proportionnelle à sa baronnie, tout en exemptant le curé de toute cotisation au titre de son presbytère et de sa glebe. Il semblerait presque que, dans le cas normal, l'exploitant en place, qui n'a d'autre richesse que les produits et les rentes de son bénéfice, échapperait ainsi complètement à l'amercement ; cependant, s'il n'avait pas de logement laïc, il pourrait toujours avoir des biens meubles, ou au moins payer des acomptes sur l'augmentation annuelle de ses récoltes. Cette exemption en faveur de ceux qui possédaient des terres en « aumône » pouvait provenir de plusieurs motifs possibles. Frankalmoin jouissait de nombreux privilèges, dont, sous le règne d'Henri II, l'immunité totale de la juridiction de tous les tribunaux laïques. [613] Peut-être que l'Échiquier n'a pas osé lever des contributions sur ces terres. De toute façon, il aurait été manifestement injuste de traiter le clerc en exercice comme s'il était le propriétaire en fief simple du patrimoine de l'Église.

Le mot « clerc » était très large, incluant non seulement les curés ordinaires (qu'ils soient recteurs ou vicaires) avec les diacres et ceux qui avaient pris les ordres mineurs, mais aussi les moines et les chanoines réguliers (dont les vœux de pauvreté laissaient cependant aucune échappatoire pour la conservation légale par eux de propriétés privées qui pourraient nécessiter une protection). Il comprenait également le haut clergé, les grands prélats, les évêques et les abbés, dont le statut était cependant compliqué par leur propriété des terres de la Couronne. Leur qualité de « baron » était souvent plus importante dans les questions constitutionnelles que celle de « clerc aux ordres sacrés ». Leur traitement en matière d'amendements en est un bon exemple. [614] Il ne pouvait y avoir de doute dès le départ qu'un évêque « en miséricorde » devait se soumettre à ce que sa baronnie soit prise en considération dans la fixation de son amercement. Il semblerait presque que les grands prélats n'étaient pas destinés à bénéficier en aucune façon de cette exemption. Telle est la suggestion que suggère une légère modification apportée à la Charte de 1217, qui substitue au plus large « *clericus* » du texte l'expression plus restreinte « *ecclesiastica persona* », mots qui, au XIIIe siècle, désignaient le clergé paroissial et étaient utilisés tout comme le mot « pasteur » dans le langage courant d'aujourd'hui.

Un certain relâchement dans la disposition des mots latins de ce chapitre, tels qu'ils existaient initialement en 1215, semble avoir suggéré la nécessité d'une amélioration. Des modifications, apparemment de nature verbale, ont été apportées avec quelques preuves de soin aux rééditions de Henry. Le « *de laico tenemento* » de 1215 fut complètement omis en 1216 ; mais une référence aux « honoraires laïcs » du clergé fut réintroduite en 1217, sous réserve d'une reconstruction complète de la phrase pour en rendre la lecture fluide, et ainsi éviter toute possibilité de malentendu. [615]

---

612 . Voir *supra* 66-70 et cf. Constitutions de Clarendon (vers 9), qui distinguent *le tenementum pertinens ad eleemosinam* de *l'ad laicum feudum* .

613 . Voir Constitutions de Clarendon, *Ibid.* La Couronne a bientôt retiré cette immunité.

614 . Cf. Pike, *Chambre des Lords* , 254.

615 . Dans sa forme définitive, on peut lire : « *Nulla ecclesiastica persona amercietur secundum quantitatem beneficii sui ecclesiastici, sed secundum tenementum suum et secundum quantitatem delicti.* »Dr Stubbs, *Sel. Chartes* 345, par un curieux oubli, lit pour « *tenementum* » le composé « *contenementum* », pour lequel il ne semble y avoir aucune autorité.

CHAPITRE VINGT-TROIS.

Nec villa nec homo distringatur facere pontes ad riparias, nisi qui ab antique et de jure facere debent.

> Aucune communauté ou individu [616] ne sera obligé de construire des ponts sur les rives des rivières, à l'exception de ceux qui, autrefois, étaient légalement tenus de le faire.

L'objet de ce chapitre est évident ; contraindre le roi à renoncer à sa pratique d'augmenter illégalement l'étendue d'une obligation, admise comme parfaitement légale dans les limites définies par l'usage ancien, l'obligation de maintenir en bon état tous les ponts sur les rivières existants. Jean pourrait continuer à exiger ce que ses ancêtres avaient exigé ; mais rien de plus. Il y a tellement de choses à la surface de la Charte, qui n'expliquent cependant ni l'origine de l'obligation ni les raisons qui ont poussé John à vouloir la faire respecter.

I. *Origine de l'obligation de faire des ponts.* Les rois normands semblent avoir fondé leur prétention d'obliger leurs sujets à entretenir les ponts nécessaires, sur une ancienne triple obligation [[616] (connue sous le nom de *trinoda necessitas*) incombant à tous les hommes libres pendant la période anglo-saxonne. Trois devoirs étaient [617] exigés de tous les hommes d'Angleterre dans l'intérêt du bien commun : participer au fyrd ou à la milice locale ; la construction de routes, si nécessaires à des fins militaires ; et la réparation des ponts et des fortifications. Peu à peu, à mesure que les tendances féodales prédominaient, l'obligation de construire des ponts cessa d'être une charge personnelle pour tous les hommes libres et devint une charge territoriale attachée à certains manoirs ou propriétaires libres. En d'autres termes, il faisait partie des services accessoires à la tenure féodale de domaines particuliers. Le présent chapitre, en interdisant l'extension illégale de cette charge à des communautés ou à des individus autres que ceux qui l'ont rendu dans le cadre des services dus pour leurs terres, semble n'être qu'une application particulière du principe général énoncé au chapitre 16. Le mal Cependant, l'objet de la plainte exigeait un traitement spécial en raison de l'importance que lui avait imposée Jean, qui avait abusé des pouvoirs conférés à ses ancêtres à des fins nationales, afin de favoriser ses propres plaisirs égoïstes, d'une manière si bien connue de ses ancêtres. contemporains afin de ne pas exiger de spécification dans la Magna Carta.

II. *L'intérêt du roi pour la réparation des ponts.* Les motivations de Jean pour faire un usage oppressif de cette prérogative doivent être recherchées dans un domaine quelque peu inattendu, dans les droits de fauconnerie du roi et dans son besoin fréquent de moyens faciles pour traverser les rivières à la poursuite de ses précieux oiseaux de proie. Chaque fois que John proposait de monter à dos d'oiseau, son faucon au poignet, il envoyait des lettres obligeant tout le pays à s'efforcer de réparer les ponts dans chaque région que son plaisir capricieux pourrait l'amener à visiter. Plusieurs de ces écrits du règne d'Henri III. sont toujours existants. Les termes exacts de ceux-ci varient quelque peu, mais une comparaison de leurs termes ne laisse place à aucun doute ni sur la nature des ordres qu'ils transmettaient, ni sur les raisons pour lesquelles ils les ont émis. Adressées aux shérifs des comtés que le roi était susceptible de visiter, à un intervalle convenable à l'avance, ces lettres donnaient des instructions selon lesquelles toutes les mesures nécessaires devraient être prises en vue de la préparation du colportage du roi. Les brefs contenaient deux commandements, un ordre pour la réparation des ponts et une interdiction de capturer des oiseaux avant que le roi n'ait pris plaisir à son sport. Les deux points sont bien mis en évidence dans une lettre Close d'Henri III, datée du 26 décembre 1234, qui ordonnait que « tous les ponts sur les rivières Avon, Test et Itchen soient réparés comme c'était l'habitude au temps du roi Jean, de sorte que Lorsque le seigneur Roi pourra venir dans ces régions, le libre transit lui sera ouvert pour «rivier» (*ad riviandum*) sur lesdites rivières. Le bref ordonnait ensuite au shérif d'émettre une interdiction générale contre quiconque tentait de «rivier» le long des berges du fleuve, avant l'arrivée du roi (« ne aliquis riviare praesumat per riparias illas antequam rex illic venerit ») . [618]

Le verbe latin, pour lequel « to riviate » a été inventé comme équivalent anglais, a longtemps fait l'objet d'idées fausses ; mais des preuves concluantes ont été récemment apportées pour prouver qu'il se référait au sport médiéval de la chasse à la chasse, c'est-à-dire à la capture sportive d'oiseaux sauvages au moyen de faucons et de faucons. [619]

Ces brefs prouvent que la Couronne revendiquait et exerçait un monopole, ou du moins un droit préférentiel, sur cette forme de sport le long des rives de certaines rivières ; et on disait donc que ces rivières « préservées » étaient placées « en défense » (*in defenso*), expression qui apparaît dans de nombreux écrits mentionnés, ainsi que dans un chapitre ultérieur de la Magna Carta. [620]

Deux difficultés distinctes furent ainsi imposées à la nation par l'exercice par le roi de ses droits de fauconnerie, l'une négative et l'autre positive. Dans l'intervalle entre l'avertissement du roi et son arrivée aux rivières indiquées, le sport de tous les autres peuples était gêné, tandis que l'obligation de reconstruire des ponts autrement inutiles constituait un fardeau plus matériel pour chaque village et chaque individu qui y était exposé. Un roi sage veillerait à utiliser ces droits de manière à infliger à ses sujets un minimum de difficultés. Jean, cependant, ne fit preuve d'aucune modération, plaçant « en défense » non seulement quelques rives à la fois, mais de nombreuses rivières sans discernement, y compris celles qui n'avaient jamais été ainsi traitées à l'époque de son père, et exigeant que tous les ponts soient réparés partout. dans le but, non pas tant de satisfaire un véritable amour du sport, que d'infliger de lourdes sanctions à ceux qui négligeaient d'obéir promptement à ses commandements. Une grande consternation fut suscitée par l'action de Jean à Bristol en 1209 lorsqu'il interdisa la capture d'oiseaux dans tout le royaume d'Angleterre. [621]

Ces deux griefs, ainsi accrus par la politique du roi Jean, furent réparés par la Magna Carta, bien que dans des clauses différentes. Dans le présent chapitre, Jean a promis de ne pas imposer le fardeau de la réparation des ponts à ceux à qui cela n'était pas légalement dû. [622] Le chapitre 47, dans lequel il acceptait de retirer son interdit sur toutes les rivières qu'il avait mises « en défense » pendant son propre règne, et également de déboiser toutes les forêts de sa propre création, fut entièrement omis dans la Charte de 1216 ; [623] mais en 1217 il réapparut dans une position nouvelle et exprimé en des termes différents. La disposition du chapitre 47 original, relatif aux forêts, fut reléguée à la *Carta de Foresta* , alors accordée pour la première fois, et l'autre partie de ce chapitre, relative à la fauconnerie, fut assez naturellement jointe à une clause qui redressait un autre grief. poussant à partir de la même racine. Le chapitre 19 de la Charte d'Henri III, dans sa forme finale, répète mot pour mot les termes du chapitre actuel de Jean, tandis qu'au chapitre 20, Henri déclare « qu'à l'avenir aucune rivière ne sera mise en défense, sauf celle qui étaient en défense à l'époque du roi Henri, notre grand-père, dans les mêmes endroits et pendant les mêmes périodes qu'à son époque.

Cette interdiction expresse semble avoir empêché la Couronne d'étendre davantage ses prérogatives dans ce sens. Pourtant Henri III. avait de nombreuses occasions de harceler ses sujets par un usage inconsidéré des droits qui lui restaient encore. En émettant des ordonnances globales concernant chaque rivière préservée qu'il avait le droit reconnu de mettre « en défense », il pourrait infliger des difficultés généralisées et gratuites. Dans de nombreux cas, il existait un doute sur la question de fait quant aux rives qui avaient réellement été « défendues » par Henri II, et un vague commandement général qui ne nommait aucune rivière particulière laissait dans une cruelle incertitude la région à visiter. Henri III fit donc, soit sous la pression, soit en échange de subventions, d'importantes concessions. Après l'année 1241, il précisait invariablement le fleuve sur les rives duquel il avait l'intention de jouer, et annonçait même parfois la date exacte à laquelle il comptait arriver. Comme aucun écrit n'apparaît après 1247, il est possible qu'il ait été incité à s'abstenir complètement de l'exercice d'un droit qui infligeait au peuple des difficultés sans commune mesure avec les avantages conférés au roi. [624]

La Couronne, cependant, n'avait pas renoncé à ses prérogatives, et plusieurs écrits existent encore pour montrer qu'Édouard Ier permettait occasionnellement à ses grands nobles de participer au sport royal. Des licences à cet effet furent accordées en 1283 au comte de Hereford et à Reginald fitz Peter, et l'année suivante au comte de Lincoln. Le 6 octobre 1373, Édouard III. par son bref, il ordonna au shérif de l'Oxfordshire de déclarer que tous les ponts seraient réparés et tous les gués balisés avec des pieux pour la traversée du roi « avec ses faucons » pendant l'hiver qui approchait. [625]

III. *Interprétations erronées.* Il n'y a rien d'étonnant à ce qu'un passe-temps aussi passionné que la fauconnerie l'était au Moyen Âge ait laissé ses traces sur deux chapitres de la Magna Carta, dont la portée n'a pas encore été appréciée par les commentateurs, en partie à cause de l'incapacité à les deux, mais principalement à cause de l'hypothèse trop précipitée selon laquelle les mots *ad riviandum* et *in defenso* , apparaissant dans les brefs et les chartes, faisaient référence à *la pêche* plutôt qu'à la chasse à la chasse. [626]

On a déduit avec assurance que les auteurs de la Magna Carta, lorsqu'ils interdisaient de mettre des berges supplémentaires « en défense », tout comme lorsqu'ils exigeaient la suppression des « déversoirs » des eaux sans marée, [627] étaient influencés par le désir de préserver les eaux publiques . droits de pêche contre les empiètements du roi ou des propriétaires privés. Dans les deux cas, les motivations étaient totalement différentes. Au Moyen Âge, la pêche était un moyen de se procurer de la nourriture, et non une forme de sport : décrire John et ses courtisans épris d'action comme des représentants de l'art doux d'Isaac Walton est un anachronisme ridicule.

Il est tout à fait vrai que la valeur du poisson en tant qu'article de régime a conduit, avec le temps, à une législation visant principalement à sa protection ; mais apparemment aucune loi ayant un tel motif n'a été adoptée avant 1285. [628] Il est vrai en outre que sous le règne d'Édouard Ier, il est devenu habituel de décrire les rivières sur lesquelles des droits exclusifs de pêche avaient été établis par les propriétaires riverains, comme être *en défense* ; [629] mais les rivières pourraient être « préservées » à plusieurs fins. Cependant, à partir du règne d'Édouard, les droits de pêche sont devenus de plus en plus précieux, tandis que la fauconnerie a été remplacée par d'autres passe-temps. En conséquence, un nouveau sens a été recherché pour les dispositions de la Magna Carta dont le motif initial avait été oublié. Dès 1283, les termes d'une pétition adressée au roi au Parlement montrent que « pêcher » avait été substitué à « colportage » dans l'interprétation de l'interdiction mentionnée au chapitre 47 de la Charte de Jean. Cette année-là, les hommes d'York se plaignirent que le comte Richard avait porté atteinte à leurs droits de pêche en plaçant *en défense* les rivières Ouse et Yore, une procédure qu'ils déclarèrent être « contraire à la teneur de la Magna Carta ». [630] Cette erreur, dont la première apparition date donc de 1283, est acceptée depuis plus de cinq cents ans par tous les commentateurs de la Magna Carta. Le mérite de l'avoir dissipé revient à M. Stuart A. Moore et à MHS Moore dans leur *History and Law of Fisheries* , publié en 1903.

---

616 . Le mot « *villa* », utilisé d'abord comme synonyme de « manoir », fut librement appliqué non seulement à tous les villages, mais aussi aux villes à charte. Même Londres était décrite comme une *villa* dans les actes officiels. « *Homo* », bien que souvent utilisé de manière vague, était le mot naturellement appliqué à un locataire féodal. La version donnée par Coke (*Second Institute* , p. 30) dit « *liber homo* », qui est aussi la lecture d'un MS. de l' *Inspeximus* de 1297 (25 Edward I.). Voir *Statuts du Royaume* , I. 114.

617 . Voir *Pourriture. Noël.* , 19 Henri III., cité par Moore, *History and Law of Fisheries* , p. 8.

618 . Voir *Pourriture. Noël.* 19 Henri III., cité dans Moore, *History and Law of Fisheries* , p. 8.

619 . Voir Moore, *Ibid.* , 8-16. Deux maillons de la chaîne de preuves méritent d'être soulignés : (*a*) Les décrets du 13 novembre et du 1er décembre 1234 ordonnent la réparation des ponts pour le transit du roi « avec ses oiseaux » (*cum avibus suis*). (*b*) Un édit du 28 octobre 1283 donne *aves capere* comme équivalent de *riviare* . Ce bref contient une licence au comte de Hereford « pendant la saison hivernale actuelle pour *rivier* et capturer des oiseaux de rivière de cette nature (*riviare et aves ripariarum hujusmodi capere*) à travers les rivières Lowe et Frome qui sont en défense (*in defenso*). »

620 . *C'est-à-dire* c. 47 (*qv*). Tout district ou objet sur lequel le roi ou un particulier avait des droits exclusifs de quelque nature que ce soit à l'exclusion du public pourrait apparemment être considéré comme placé *en défense* à l'égard de l'objet de ces droits. Dans ce cas, le mot « riviation » rend l'objet clair.

621 . R. Wendover, II. 49 (RS), « *Ibi capturam avium per totam Angliam interdixit.* »

622 . L'article 11 des Barons avait exigé qu'aucune *villa ne* soit *amerciée* pour défaut d'effectuer de telles réparations illégales, illustrant ainsi à la fois la politique de John et le point de lien entre cette disposition et les chapitres immédiatement précédents qui traitaient des amercements.

623 . Elle fut cependant incluse parmi les sujets réservés à un examen plus approfondi dans « la clause de répit » (c. 42 de 1216) sous les mots « *de ripariis et earum custodibus* ». Cf. *supra* , 169.

624 . Moore, *Ibid.* , 9.

625 . Moore, *Ibid.* , 12.

626 . Le *Mirror of Justices* est cité comme le premier à suggérer cela. Voir Moore, *Ibid.* , 12-16, où l'on retrace le développement progressif de l'erreur. Coke, *Second Institute* , 30 ans, a été induit en erreur par le *Mirror* , et il a à son tour induit les autres en erreur.

627 . Cf. *infra* , sous c. 33.

628 . C'était le 13 Edward I., stat. 1, ch. 47, cité Moore, *Ibid.* , 173.

629 . *Ibid.* , p. 6.

630 . *Ibid.* , p. 16.

CHAPITRE VINGT-QUATRE.

Nullus vicecomes, constabularius, coronatores, vel alii ballivi nostri, locataire placita corone nostre.

> Aucun shérif, constable, coroner ou autre de nos huissiers ne pourra retenir les plaidoyers de notre Couronne.

L'objet principal de cette disposition ne fait aucun doute : les hommes accusés de crimes doivent être jugés devant les juges du roi et non par des magistrats locaux de quelque nature que ce soit. Les innocents attendaient avec confiance justice auprès des représentants du gouvernement central ; tandis qu'ils redoutaient la juridiction des fonctionnaires les moins responsables résidant dans le comté, des tyrans locaux dont la dureté leur avait valu une haine chaleureuse et généralisée. Les shérifs et les châtelains méritaient amplement leur mauvaise réputation ; car les archives de l'époque regorgent d'histoires sur leurs cruautés et leurs oppressions illégales. Il ne faut cependant pas oublier que si ce chapitre contient une condamnation de l'administration locale de la justice, il témoigne en même temps de la relative pureté de la justice rendue par les propres juges du roi. Jusqu'à présent, il n'y a aucune difficulté ; mais certaines divergences d'opinion existent quant à la portée exacte de cette disposition sur certains points de détail.

I. *Plaidoyers de la Couronne.* Tous les litiges avaient tendance à être distingués en deux sortes, les plaidoyers royaux et les plaidoyers communs, selon que les intérêts de la Couronne étaient ou non spécialement en jeu. Cette classification a déjà été discutée à propos du chapitre 17, qui cherchait à réglementer la procédure des plaidoyers communs. Le présent chapitre ne s'intéresse qu'aux « plaidoyers de la Couronne », expression qui, même en 1215, avait considérablement modifié son sens originel. Au XIe siècle, il désignait toutes les affaires royales, qu'elles soient spécialement liées à la procédure judiciaire ou non, englobant toutes les questions liées à la maison du roi ou à ses domaines, à la perception de ses revenus ou à l'administration de sa justice, tant civile que civile. criminel. Peu à peu, cependant, l'usage du mot a changé à deux égards, se contractant dans un sens, tout en s'étendant dans un autre. Il a cessé de s'appliquer aux affaires financières et même aux affaires judiciaires non pénales ; et elle fut désormais réservée aux procès criminels tenus devant les juges du roi. Ce processus de contraction était presque achevé avant l'avènement de Jean.

Mais une autre tendance, dans une direction opposée, se dessinait depuis quelque temps ; la distinction faite dans les premiers règnes entre les petites offenses, qui étaient du ressort du shérif, et les délits graves, qui seuls méritaient l'attention du roi, s'effaçait lentement. [631] Les cours royales n'ont cessé d'étendre le champ de leur activité à tous les méfaits, si insignifiants soient-ils, jusqu'à ce que tout le domaine du droit criminel tombe sous la description de « plaidoyers de la Couronne ».

Sous le règne de Jean, ce processus d'expansion était loin d'être achevé : les mots englobaient alors, en effet, les délits criminels graves jugés par les tribunaux du roi, mais pas les nombreux délits mineurs, qui étaient encore jugés dans les tours des shérifs ou ailleurs. [632]

Au nord de la Tweed, la même expression a eu une histoire complètement différente : dans le droit écossais moderne, sa connotation est encore étroite ; et ceci est un résultat direct de la lente croissance de la couronne écossaise en autorité et en juridiction, en contraste notable avec la rapidité avec laquelle la couronne anglaise a atteint le zénith de sa puissance. Les rois d'Écosse n'ont pas réussi à écraser leurs vassaux puissants et indisciplinés, et par conséquent les plaidoyers de la Couronne écossaise, exclusivement réservés à la Haute Cour de Justice, ont formé une maigre liste des quatre crimes odieux que sont le meurtre, le vol, le viol et l'incendie criminel. Les tribunaux féodaux des nobles écossais ont longtemps conservé leur large juridiction sur tous les autres délits. Lorsque les juridictions héréditaires furent finalement abolies, en 1748, principalement à la suite de la rébellion de trois ans auparavant, l'ancienne distinction, si profondément enracinée dans le droit écossais, subsistait encore. Jusqu'à la fin du XIXe siècle, la cour du shérif n'avait pas connaissance des quatre crimes spécialement réservés aux juges du roi. [633] Ainsi, en Écosse, l'expression historique « plaidoyers de la Couronne » est, même à l'heure actuelle, limitée au meurtre, au vol, au viol et à l'incendie, tandis que pour un avocat anglais, elle embrasse tout le domaine du droit pénal.

II. *Garder et juger les plaidoyers criminels.* Le mécanisme mis en place par Henri II pour traduire les criminels en justice était quelque peu élaboré. Pour notre propos actuel, il suffira peut-être de souligner deux étapes importantes de la procédure. Un intervalle devait toujours s'écouler entre la commission d'un crime grave et le procès formel du criminel, puisqu'il fallait attendre l'arrivée des juges itinérants, qui n'avaient lieu qu'à des intervalles d'environ sept ans. Entre-temps, des mesures préliminaires doivent être prises pour recueillir et enregistrer les preuves des infractions, qui autrement pourraient être perdues. On disait que le magistrat chargé de ces démarches préliminaires « gardait » les plaidoyers (*custodire placita*), c'est-à-dire les surveillait ou les empêchait de s'évanouir en attendant l'arrivée des juges qui formellement « tiendraient » ou « jugeraient ». » ou « déterminer » les mêmes moyens (*placitare* ou *habere* ou *tenere placita*).

Avant le règne de Jean, non seulement la distinction fondamentale entre ces deux étapes de la procédure était bien comprise, mais les deux fonctions avaient été confiées à deux types distincts d'officiers royaux. Les magistrats locaux de chaque district « conservaient » les plaidoyers royaux, tandis que seuls les juges qui représentaient le gouvernement central pouvaient les « détenir ». Le processus de différenciation s'est accéléré vers la fin du XIIe siècle en raison de la jalousie avec laquelle la Couronne considérait l'indépendance croissante des shérifs. Les instructions détaillées adressées en 1194 aux juges que l'archevêque Hubert Walter envoyait pour une visite plus que d'habitude importante dans les comtés contiennent deux dispositions destinées à maintenir dans les limites les prétentions croissantes des shérifs. [634]

Il leur était expressément interdit d'agir en tant que juges dans leur propre comté, ni même dans tout comté dans lequel ils avaient exercé les fonctions de shérif à aucun moment depuis le couronnement de Richard. [635]

On peut en déduire sans risque de se tromper que le « jugement » des plaidoyers royaux était la province dont le shérif était ainsi exclu en particulier. Même en ce qui concerne la « conservation » ou les étapes préliminaires de ces plaidoyers, le shérif n'était en aucun cas laissé seul aux commandes. Les juges reçurent instructions [636] de faire choisir dans chaque comté trois chevaliers et un clerc comme « *custodes placitorum coronae* ». Il est possible que ces nouveaux officiers locaux, spécialement chargés de « garder » les plaidoyers royaux, aient été destinés plutôt à coopérer avec les shérifs qu'à les remplacer dans cette fonction, mais de toute façon les shérifs n'avaient plus le monopole de autorité dans leurs bailliages. Des magistrats, connus plus tard sous le nom de coroners, leur furent désormais associés dans l'administration du comté. [637]

L'ordonnance de 1194 semble avoir réglé la pratique ultérieure à ces deux égards. Les shérifs, tout en restant libres de punir les petits contrevenants de leur propre autorité, lors de leurs tournées ou circuits semestriels, permettaient aux coroners de « conserver » les plaidoyers royaux et aux juges de les « juger ».

L'opinion publique de l'époque approuvait fortement les deux règles, mais John tolérait et encourageait les irrégularités, permettant aux shérifs de se mêler des demandes de la Couronne, même lorsque les coroners n'étaient pas présents pour vérifier leurs méthodes arbitraires ; [638] et leur permettre de rendre un jugement définitif sur de tels plaidoyers, impliquant peut-être la mort ou la perte de l'intégrité physique des personnes reconnues coupables, sans attendre l'arrivée des juges. [639] De tels écarts par rapport au déroulement normal de la procédure ne pouvaient plus être tolérés. La Magna Carta, dans ce premier d'une série de chapitres dirigés contre les méfaits des shérifs et autres magistrats locaux, leur interdisait donc d'intervenir dans cette province.

III. *L'intention de la Magna Carta*. Les barons, en cette matière comme en tant d'autres, demandaient simplement que la couronne observait strictement et impartialement les règles qu'elle avait fixées pour sa propre conduite : le caprice devait céder le pas à la loi. Les shérifs ne doivent pas, avec ou sans la connivence du roi, usurper les fonctions de coroners ; et les shérifs et les coroners ne doivent pas non plus usurper ensemble ceux des justiciers du roi. Les chefs de l'opposition ont naturellement associé ces deux irrégularités, et ont peut-être même supposé qu'abolir expressément l'une impliquait, de manière suffisamment claire, l'intention d'abolir également l'autre. Une telle supposition expliquerait une divergence particulière entre les articles et la Charte, dans sa forme définitive, qu'il est autrement difficile d'expliquer. Alors que l'article 14 exigeait la réparation d'un grief spécifique, la Magna Carta accordait la réparation d'un tout autre grief. Le document précédent, négligeant la distinction entre « conserver » et « juger » les plaidoyers, exige simplement que les coroners (dont la popularité relative s'explique par leur nomination au tribunal de comté) soient toujours associés au shérif lorsqu'il se mêle de quelque manière que ce soit des plaidoyers. de la Couronne. La Charte reste muette sur ce sujet ; mais interdit aux shérifs et aux coroners, qu'ils agissent séparément ou ensemble, de « juger » ou de trancher définitivement des plaidoyers de cette description. Ces deux dispositions sont complémentaires l'une de l'autre. La Magna Carta semble donc ici incomplète.

L'interdiction faite aux shérifs de juger les plaidoyers de la Couronne a été répétée dans toutes les rééditions de la Charte ; et, bien que peut-être pas strictement appliquée sous le règne d'Henri, elle devint bientôt absolue. Sous Édouard Ier, cela était interprété comme signifiant que personne ne pouvait trancher de tels plaidoyers à moins d'être armé d'une commission royale à cet effet ; [640] et la commission prendrait la forme soit de délivrance en prison, soit de trailbaston, soit d'oyer et terminer. [641]

IV. *Une vision erronée*. Hallam semble avoir mal compris le but visé par cette disposition. Commentant le chapitre correspondant de la Charte d'Henri de 1225, il déclare que « la juridiction pénale du shérif est entièrement supprimée par la Magna Charta, c. 17. » [642] Il s'agit là d'une erreur totale : tant avant qu'après l'octroi de la Charte, le shérif exerçait une compétence pénale, et celle-ci de deux sortes distinctes. Avec les coroners, il mena des enquêtes préliminaires même sur les plaidoyers de la Couronne ; tandis que lors de son tour (qui était spécialement autorisé à avoir lieu deux fois par an par le chapitre 42 de la Charte même citée par Hallam), il était entièrement responsable de chaque étape de la procédure concernant les infractions insignifiantes. Il entendait les actes d'accusation, puis jugeait et punissait les petits délinquants de manière sommaire. [643] Plusieurs statuts des règnes ultérieurs confirmèrent, tout en réglementant, le pouvoir du shérif de prendre des actes d'accusation à son tour, [644] jusqu'à ce que cette juridiction soit transférée, par un acte du XVe siècle, aux juges de paix réunis en Séances trimestrielles. [645]

La Magna Carta n'a fait qu'insister sur le fait qu'aucun shérif ou magistrat local ne devrait empiéter sur le domaine réservé aux juges royaux, à savoir le « jugement » final de crimes aussi graves qui étaient désormais reconnus comme des « plaidoyers de la Couronne ». [646] La Charte n'a même pas tenté de définir de quoi il s'agissait, laissant la frontière entre les grandes et les petites infractions être réglée par l'usage et l'habitude. En tout cela, il s'agissait simplement d'une déclaration de la pratique existante, sans tenter de tracer une limite dans un nouvel endroit. [647]

V. *Magistrats locaux sous Jean.* La nécessité urgente d'empêcher les petits tyrans qui contrôlaient l'administration des divers districts d'exercer leur juridiction sur la vie et l'intégrité physique des hommes libres peut être abondamment illustrée par les détails fournis par les archives contemporaines sur les oppressions ingénieuses et cruelles auxquelles ils recouraient constamment. Des tentatives inefficaces avaient en effet été faites plus d'une fois pour restreindre leurs mauvaises pratiques, comme en août 1213, lorsque des instructions furent émises par le Conseil de Saint-Alban ordonnant aux shérifs, aux forestiers et autres, de s'abstenir de tout commerce injuste, [648] et, de nouveau, environ deux mois plus tard, lorsque Jean, à la demande de Nicolas de Tusculum, légat papal, promit de restreindre leur violence et leurs exactions illégales. [649] Cependant, peu ou rien n'a été réalisé en termes de réforme ; et la Magna Carta, en plus de condamner certains maux précis, contenait deux dispositions générales, à savoir le chapitre 45, qui indiquait quel type d'hommes devaient être nommés fonctionnaires de la Couronne, et le chapitre actuel, qui interdisait aux magistrats locaux d'empiéter sur la province de les juges du roi. Ces magistrats locaux sont décrits de manière exhaustive sous quatre noms différents. [650]

(1) *Le shérif.* Aucun officier royal n'était meilleur ni plus justement détesté que le shérif. Le chapitre en discussion fournit des preuves solides de son importance et de la jalousie avec laquelle son pouvoir était considéré. L'esquisse la plus brève de l'origine et de la croissance du bureau est tout ce qui est possible ici. Bien avant la Conquête, dans chaque comté d'Angleterre, les intérêts, financiers et autres, des rois de la maison royale de Wessex avaient été confiés à un agent ou un homme d'affaires de leur propre chef, connu sous le nom de scir-gerefa (ou préfet de comté). Ces officiers furent maintenus par les monarques normands avec des pouvoirs accrus sous le nouveau nom de *vice-comités* . [651] C'est une illustration de la ténacité des

coutumes et des noms anglo-saxons que ce titre latin n'ait jamais pris racine, alors que l'ancien titre de sheriff perdure jusqu'à nos jours.

Il est vrai qu'en Angleterre, à l'époque anglo-saxonne, le pouvoir principal sur chaque comté ou groupe de comtés était partagé entre trois officiers : l'évêque, le comte et le shérif. L'évêque, par la différenciation naturelle des fonctions, borna bientôt ses travaux aux affaires spirituelles de son diocèse ; tandis que la politique délibérée du Conquérant et de ses successeurs reléguait le comte à une position de dignité totalement séparée de la possession du pouvoir réel. Ainsi, le shérif se retrouva sans rival dans son comté. Pendant une période d'au moins cent ans après la conquête normande, il exerça une autorité locale excessive en tant qu'unique tyran du comté. Il n'était certes pas irresponsable, mais il était difficile à ses victimes d'obtenir l'oreille du roi lointain, qui seul était assez fort pour le punir. Cependant, l'apogée du pouvoir du shérif fut atteint au douzième siècle, et avant ses derniers changements avaient été introduits en vue de réprimer ses abus. Henri II. Il punissait fréquemment ses shérifs pour leurs méfaits et les démis de leurs fonctions.

On a déjà expliqué comment, en 1194, les pouvoirs du shérif furent encore restreints, tandis que de nouveaux officiers furent nommés dans chaque comté pour partager l'autorité qui lui restait encore. L'année suivante (1195) remonte généralement à l'origine des juges de paix, qui assumèrent progressivement les principales fonctions de shérif jusqu'à ce qu'ils l'aient pratiquement supplanté en tant que pouvoir dirigeant dans le comté. À l'époque des Tudor, un nouveau rival apparut : le Lord Lieutenant, alors nommé d'abord dans chaque comté pour représenter la Couronne dans sa capacité militaire, et notamment pour prendre le commandement de la milice du comté. La chute du shérif de son ancien domaine élevé fut donc progressive, bien qu'en fin de compte la plus complète. De présider, comme il le faisait à son âge d'or, à toutes les affaires du district - financières, administratives, militaires et judiciaires - le shérif est devenu, en Angleterre aujourd'hui, une simple figure de proue honoraire de l'exécutif du comté. . Un grand shérif est encore choisi chaque année par le roi Édouard pour chaque comté, au pickinghasard, sur une liste de trois principaux propriétaires fonciers qui lui est présentée à cet effet par les juges. Le gentleman auquel est imposée cette dignité parfois malvenue est toujours nominalement responsable, au cours de son année de mandat, de l'exécution de tous les brefs des cours supérieures de son comté, du retour des noms des personnes élues pour siéger à la Chambre des communes et de de nombreux autres objectifs ; mais sa responsabilité est surtout théorique. Toutes les véritables tâches de sa fonction sont désormais exercées en pratique par des subordonnés. Ce qui lui reste en réalité, c'est un honneur vide et coûteux, généralement évité plutôt que courtisé. En Écosse et en Amérique, le shérif existe également de nos jours, mais sa position et ses fonctions ont évolué dans des directions très différentes. En Écosse, contrairement à ce qui s'est passé en Angleterre et en Amérique, le shérif est resté résolument un officier de justice, le juge d'un tribunal inférieur, à savoir le tribunal local de son comté, connu sous le nom de « Sheriff Court ». Il a ainsi conservé intactes ses fonctions judiciaires, auxquelles sont entièrement subordonnées les fonctions administratives nominales qui lui restent encore. Aux États-Unis d'Amérique, au contraire, le shérif est un fonctionnaire purement exécutif, possédant peut-être plus de pouvoir réel, mais notablement moins d'honneur et de distinction sociale que ceux qui reviennent au grand shérif anglais. Les devoirs de sa charge sont parfois exercés par lui en personne ; il peut même se lancer à la tête du *posse comitatus* à la poursuite des criminels. Trois fonctions complètement différentes sont ainsi issues de la même racine constitutionnelle, et toutes trois sont toujours connues sous le même nom respectivement en Angleterre, en Écosse et en Amérique.

(2) *Le gendarme*. Des parties de certains comtés étaient exemptées, partiellement ou entièrement, du bailliage du shérif et placées sous l'autorité de magistrats spécialement nommés. Ainsi les districts boisés étaient administrés par des gardes forestiers assistés de verderers qui excluaient les shérifs et les coroners ; tandis que les forteresses royales, ainsi que les terres qui les entouraient immédiatement, étaient sous le commandement exclusif d'officiers appelés indifféremment châtelains ou connétables. [652] Les fonctions de gardien d'une forêt particulière et de gardien d'un château royal adjacent étaient fréquemment conférées au même individu. En effet, le chapitre 16 de la Charte forestière d'Henri III. semble utiliser le terme de « châtelains » comme nom reconnu des gardes forestiers, à qui il interdit de détenir des « plaidoyers de forêt », bien qu'ils puissent les attacher ou les « conserver » (avec la coopération des verderers), et présenter ils seront jugés devant les émissaires du roi lorsqu'ils seront ensuite envoyés tenir une aire forestière - offrant ainsi un parallèle complet entre la procédure des « plaidoyers forestiers » et celle prescrite par le présent chapitre pour les plaidoyers ordinaires de la Couronne. [653]

Le nom de gendarme est ambigu, car il a été appliqué à différentes périodes de l'histoire à des officiers de types extrêmement différents. Le grand connétable du roi, descendant du horse-thegn des rois anglo-saxons, était à l'origine ce membre de la maison royale spécialement responsable des écuries du roi. Plus tard, il partagea avec le comte maréchal les fonctions de commandant en chef des armées du roi. Le nom de connétable était également utilisé dans un sens plus large pour désigner d'autres ministres royaux subordonnés. Il fut appliqué aux commandants de petits corps de troupes, que ce soit dans les châteaux ou ailleurs. Plus tard, le mot perdit ses associations guerrières et fut utilisé en relation avec les devoirs de surveillance et de garde. Un constable était une personne spécialement chargée de faire respecter l'ordre dans sa propre localité. Ainsi chaque centaine avait son grand connétable et chaque village son petit connétable aux XIVe et XVe siècles. [654] Ces différents fonctionnaires furent ainsi, à des époques différentes, tous désignés par un nom habituellement, aujourd'hui, réservé aux simples membres de la police.

Le mot utilisé dans la Magna Carta n'avait pas encore perdu son caractère militaire, mais désignait le châtelain qui commandait les troupes en garnison dans un château royal. [655] Une telle fonction était une charge de grande confiance ; et des pouvoirs en conséquence étendus ont été conférés à son titulaire. Le gardien d'un château détenait un commandement militaire important et faisait office de geôlier des prisonniers confiés à la garde de ses cachots. Il avait le pouvoir, sous certaines restrictions mal définies, de prendre tout ce qu'il jugeait nécessaire pour approvisionner la garnison - privilège dont l'exercice conduisait fréquemment à des abus, contre lesquels les chapitres 28 et 29 de la Magna Carta, où ils sont discutés sous le chef de l'approvisionnement. Il disposait également, dans une mesure limitée, de l'autorité judiciaire. Non seulement il plaidait pour de petites dettes auxquelles les Juifs étaient parties, mais il jouissait d'une juridiction sur tous les délits mineurs commis dans l'enceinte du château, analogue à celle du shérif dans le reste du comté. Ce pouvoir de juger et de punir les délits n'a pas été supprimé par la Grande Charte, et a été confirmé implicitement en 1300 par une loi qui ordonnait que le connétable du château de Douvres ne puisse pas retenir à l'intérieur de la porte du château les plaidoyers « étrangers » du comté qui le faisait. n'affecte pas « la garde du château ». [656] On ne sait pas à quelle date les pouvoirs judiciaires des constables sont tombés en désuétude ; mais ils firent encore office de geôliers bien plus tard. Sous le règne d'Henri IV. On se plaignit que les connétables des châteaux étaient nommés juges de paix et emprisonnaient dans un certain sens les victimes qu'ils avaient injustement condamnées dans un autre. Cette pratique a été réprimée par la loi en 1403. [657]

Il semblerait qu'à une époque antérieure, le constable agissait parfois comme shérif adjoint. Le chapitre 12 des assises de Northampton prévoyait qu'en cas d'absence du shérif, le *châtelain le plus proche* pouvait prendre sa place face à un voleur arrêté. Son ingérence en dehors de son propre quartier a cependant dû être considérée avec une grande jalousie, et les coroners, après leur nomination en 1194, agiraient naturellement comme substituts pendant l'absence du shérif.

(3) *Les coroners.* Les coroners de chaque comté, après leur institution en 1194, semblent avoir partagé avec le shérif la plupart des pouvoirs dont celui-ci jouissait auparavant du monopole. La nature de leurs fonctions s'explique par le serment d'office prêté dans les mêmes termes pendant de nombreux

siècles : « *ad custodienda ea quae pertinent ad coronam* ». Leur devoir était de protéger les intérêts royaux en général ; et leur « conservation » des requêtes royales n'était qu'un aspect de cette fonction plus large. Outre « l'arrestation » des personnes soupçonnées de crimes, c'est-à-dire recevoir des accusations formelles et prendre toutes les garanties nécessaires, il était de leur devoir de procéder à toutes les enquêtes préliminaires susceptibles d'éclairer l'affaire lors de la tenue ultérieure du procès formel ; ils devaient, par exemple, examiner la taille et la nature des blessures de la victime dans le cadre d'une accusation de mutilation. [658] Ils étaient tenus, en particulier, de garder un œil vigilant sur tous les biens royaux, étant responsables de la garde des déodands, des épaves et des trésors. Ils devaient également évaluer la valeur de tous les biens des criminels confisqués au profit du roi. Lorsque les criminels se réfugiaient dans un sanctuaire, c'était le coroner qui faisait en sorte qu'ils quittent le pays en perdant tout ce qu'ils possédaient. Ils tenaient également un registre de ceux qui avaient été mis hors-la-loi et recevaient des « appels » ou des accusations privées d'accusations criminelles. [659]

La Magna Carta interdisait au coroner de statuer sur les plaidoyers de la Couronne ; mais, même après 12 h 15, il rendit parfois justice à des criminels pris en flagrant délit, dont la culpabilité était évidente sans procès. Un acte d'Édouard Ier [660] définissait avec précision ses devoirs, lui permettant de joindre les plaidoyers de la Couronne et de présenter les criminels aux juges pour jugement, mais lui interdisant d'aller plus loin seul.

Les fonctions du coroner, à l'origine si vastes et variées, se sont progressivement restreintes, jusqu'à ce qu'il n'y ait pratiquement qu'une seule fonction communément associée à sa fonction, à savoir la tenue d'une enquête sur un cadavre en cas de circonstances suspectes. [661] En plus de cela, cependant, il est toujours responsable des trésors ou des objets de valeur trouvés enfouis dans le sol, et il est également compétent pour agir généralement comme substitut du shérif en cas de maladie ou d'absence de ce dernier pendant son mandat. année de mandat.

(4) *Les huissiers.* La mention nominative de trois classes d'officiers locaux est complétée par l'ajout d'un mot indéfini suffisamment large pour couvrir tous les grades d'officiers de la Couronne. Le terme « huissier » peut être correctement appliqué à tout individu à qui une autorité de quelque nature que ce soit a été déléguée par un autre. Cela comprendrait, dans le cas présent, les assistants des shérifs et des constables, les hommes qui signifiaient effectivement les brefs ou saisissaient les biens des débiteurs ; et aussi généralement tous les fonctionnaires locaux de toute sorte détenant une autorité directement ou indirectement de la Couronne. Le district sur lequel s'étendait son mandat était appelé son « bailliage », terme souvent appliqué au comté considéré comme la sphère des travaux du shérif.

631 . On en retrouve des traces jusqu'au règne d'Henri II. Voir Glanvill, I.c. 1.

632 . Le triomphe progressif de la justice royale sur tous ses rivaux dans le domaine du droit criminel est ainsi symbolisé par l'extension de l'expression « plaidoyers de la Couronne », dont on peut retracer une série de documents, par exemple (a) les *lois* de *Cnut* ; (*b*) Glanvill, I. cc. I, 2 et 3 ; (*c*) les assises de Clarendon et de Northampton ; d) l'ordonnance de 1194 ; et (*e*) le présent chapitre de la Magna Carta.

633 . La loi de 1887 sur la *procédure pénale* (*Écosse*) (50 et 51 Victoria, ch. 35) lui confère compétence sur trois d'entre eux.

634 . Voir *Forma procedendi in placitis coronae regis* , cc. 20 et 21, cités dans *Sel. Chartes* , 260.

635 . *Ibid.* , ch. 21.

636 . *Ibid.* , ch. 20.

637 . Le *Forma procedendi* de 1194 est généralement considéré comme la première référence distincte à la fonction de coroner. Le Dr Gross, cependant (*History of Office of Coroner* , 1892, et *Select Cases from Coroners' Rolls* , 1896), prétend avoir trouvé des traces de leur existence à une date bien antérieure. Le professeur Maitland n'est toujours pas convaincu (*Eng. Hist. Rev.* , VIII. 758, et Pollock et Maitland, I. 519).

638 . C'est la conséquence qu'il faut tirer du 14e des articles des barons.

639 . C'est la conclusion à tirer de c. 24 de la Grande Charte.

640 . Voir Coke, *Second Institute* , 30, et les autorités citées.

641 . Pour l'explication de ces termes, voir *supra* , c. 18.

642 . Voir *Moyen Âge* , II. 482, n.

643 . Cf. Stephen, *History of Criminal Law* , I. 83. L'erreur commise par Hallam et d'autres peut avoir été en partie le résultat de leur négligence de la modification importante subie par l'expression « plaidoyers de la Couronne » entre 1215, alors qu'elle était encore limitée à quelques crimes spécifiques d'une gravité particulière, et aujourd'hui, où il est devenu synonyme de tout le domaine du droit pénal.

644 . *Par exemple* 13 Edward I. c. 13, et 1 Édouard III., stat. 2, ch. 17.

645 . 1 Édouard IV. c. 2.

646 . Contrast Coke, *Second Institute* , 32 ans, qui semble suggérer qu'un des effets de la Magna Carta a été de retirer au shérif une juridiction sur *les vols* dont il jouissait auparavant.

647 . Dr Stubbs, *Const. Hist.* , I. 650, estime que les propositions des Articles et de la Charte indiquaient une tendance à l'absolutisme judiciaire, seulement freinée par le développement des procès avec jury. Pourtant, les barons, en prévenant les irrégularités du shérif, n'avaient certainement pas l'intention de renforcer le pouvoir royal. L'attitude des insurgés en 1215 suggère plutôt que les shérifs étaient désormais devenus des instruments de l'absolutisme royal, bien plus que les juges du roi eux-mêmes. Le problème du gouvernement local avait ainsi pris une forme nouvelle (cf. *supra* , p. 20). En effet, Edward Ier a adroitement tourné ce chapitre à son avantage, arguant qu'il annulait toute juridiction privée sur les plaidoyers criminels précédemment revendiqués par les arrondissements ou les particuliers. Voir Coke, *Second Institute* , 31, et les cas cités.

648 . Voir *supra* , p. 34 .

649 . Voir W. Coventry, II. 214-5.

650 . Les abus commis par les shérifs et autres huissiers ont continué à être monnaie courante après 12 h 15 comme avant. De nombreuses lois ultérieures offrent des illustrations graphiques des comportements oppressifs qu'elles cherchaient à contrôler. En 1275, Édouard jugea nécessaire de prévoir « que les shérifs ne logeront désormais chez personne avec plus de cinq ou six chevaux ; et qu'ils n'affligeront pas les religieux ni les autres, en venant souvent et en logeant, ni dans leurs maisons ni dans leurs manoirs. Voir Statut de Westminster, ch. 1, confirmé par 28 Edward I., stat. 3, ch. 13.

651 . Cf. *supra* , p. 17-20 .

652 . Ces localités étaient totalement indépendantes des autorités exécutives ordinaires du comté ; en outre, (*a*) les arrondissements à charte et (*b*) les *titulaires de franchises* bénéficiaient d'une exemption partielle du contrôle du shérif .

653 . Cf. *infra* , c. 48.

654 . Voir HB Simpson dans *English Historical Review* , X. 625, et les autorités citées.

655 . Les preuves recueillies par Coke, *Second Institute* , 31 ans, prouvent de manière concluante l'identité de ces deux bureaux. Voir aussi Round, *Ancient Charters* n° 55, où Richard Ier parle en 1159 de « *constabularia castelli Lincolniae* ».

656 . Voir *Articuli super cartas* , 28 Edward I. c. 7.

657 . Voir 5 Henri IV. c. 10. Coke, *Second Institute* , 30, raconte, comme indication de l'autorité et des prétentions de ces agents, qu'ils avaient leurs propres sceaux « avec leur portrait à cheval ».

658 . Voir Bracton, f. 122 b.

659 . En 1197, les assises des mesures de Richard nommèrent six *custodientes* dans chaque comté et ville. Il s'agissait de *coroners* chargés d'une catégorie limitée d'infractions, à savoir l'utilisation de faux poids et mesures. Cf. *infra* , sous c. 35.

660 . Statut de Westminster, I. c. dix.

661 . Cf. Coke, *Second Institute* , 31, « Dans le cas où un homme meurt violemment ou prématurément, *super visum corporis* . »

CHAPITRE VINGT-CINQ.

Omnes comitatus, cente, wapentakii, et trethingic, sint ad antiquas firmas absque ullo incrémento, exceptis dominicis maneriis nostris.

> Tous les comtés, centaines, wapentakes et trithings (à l'exception de nos manoirs de domaines) resteront aux anciens loyers, et sans aucun paiement supplémentaire.

Cette disposition était également dirigée contre les shérifs et témoigne d'une louable détermination à s'attaquer à la racine de la maladie, au lieu de simplement s'attaquer aux symptômes. Les loyers auxquels les comtés (ou certaines parties d'entre eux) étaient cédés aux shérifs ne devaient plus être augmentés arbitrairement, mais devaient rester aux anciens chiffres devenus stéréotypés à cause d'un long usage. Pour comprendre comment de telles augmentations pourraient nuire aux habitants du comté, quelques explications sont nécessaires. Des siècles avant la conquête normande, le long processus par lequel l'Angleterre avait été progressivement découpée en comtés selon des lignes sensiblement les mêmes que celles qui existent encore était déjà achevé. Chaque comté avait été subdivisé en districts plus petits appelés « centaines » dans le sud et « wapentakes » dans les districts danois du nord ; tandis que des divisions intermédiaires existaient, exceptionnellement, dans certains des comtés particulièrement grands, comme York et Lincoln, dont chacun comptait trois « trithings » ou circonscriptions.

En commentant le chapitre 24, il a déjà été expliqué comment les rois anglo-saxons confiaient leurs intérêts dans chaque comté à un officier appelé shérif, et comment un officier similaire sous les rois normands devenait pratiquement le magistrat en chef et le juge local du comté. . Ses fonctions financières restèrent cependant longtemps les plus importantes : Guillaume Ier et ses successeurs avaient des intérêts pécuniaires plus grands dans les comtés anglais que leurs prédécesseurs anglo-saxons n'en avaient jamais eu, et les shérifs étaient leurs agents pour percevoir tous les loyers et autres cotisations. Cependant, même avant la Conquête, le shérif d'un comté ordinaire avait cessé d'être un simple intermédiaire, qui collectait les loyers du roi et payait livre par livre les sommes variables annuelles qu'il pouvait recevoir. Il était devenu *firmarius* : il achetait moyennant un loyer annuel le droit de percevoir et d'affecter à ses propres usages les divers revenus du comté. La Couronne ne reçut que la somme exacte stipulée, connue sous le nom de *firma comitatus* ; tandis que le solde, le cas échéant, restait entre les mains du shérif. En revanche, cet officier était redevable de la somme convenue, même lorsque le rendement annuel ne répondait pas à ses attentes.

En termes simples, le shérif spéculait sur les revenus, et c'était son affaire, par de bons ou de mauvais moyens, de s'assurer d'un beau surplus.

Les autorités diffèrent quant à la liste exacte des articles achetés grâce à la somme forfaitaire connue sous le nom de *firma comitatus* ; mais sans doute les deux principales sources de revenus étaient les bénéfices de la justice rendue dans les tribunaux locaux, et les loyers et revenus des divers manoirs royaux du comté.

Guillaume Ier augmenta fortement le montant de toutes ces fermes pour son propre bénéfice, et ses successeurs s'efforcèrent, chaque fois que cela était possible, de les augmenter encore davantage. Or, il pourrait sembler à première vue que ces charges supplémentaires concernaient exclusivement la Couronne et le shérif, mais tel n'était en aucun cas le cas. Le shérif prenait soin de transférer le fardeau qui incombait en premier lieu sur les épaules de ceux qui étaient soumis à son autorité. Lorsque le roi exigeait davantage du shérif, celui-ci augmentait à son tour la pression sur les habitants de son comté ou groupe de comtés. Son règne a toujours eu tendance à être oppressif, mais ses amendes et exactions injustes étaient doublées à certains moments lorsque le montant de la *firma* avait été récemment augmenté.

Sous le règne vigilant d'Henri II. Les comtés obtinrent un certain soulagement des méfaits de leurs tyrans locaux, puisque ce roi clairvoyant savait que son propre intérêt exigeait une réduction des prétentions des shérifs. Il punissait leurs excès et les privait fréquemment de leurs fonctions. Sous Jean, les shérifs avaient les mains relativement libres pour opprimer leurs victimes, car il conclut une alliance tacite avec elles, afin que les deux tyrans (respectivement les chefs du gouvernement central et local) puissent ensemble escroquer les hommes du comté. plus efficacement. En plus des loyers annuels fixes au nom de *l'entreprise* qui étaient à nouveau devenus stéréotypés, John extorqua un paiement forfaitaire supplémentaire appelé soit un *incrémentum* , soit sous divers autres noms, et permit aux shérifs d'infliger de nouvelles sévérités afin de récupérer leur dépense supplémentaire. . [662]

La Magna Carta n'a pas tenté d'abolir la pratique de l'exploitation agricole des comtés, mais a interdit à la fois l'augmentation de la ferme et l'exigence d'un *incrémentum* .

Si cette réforme profita aux hommes des comtés dans leurs relations avec les shérifs, elle donna également aux shérifs un avantage injuste sur le Trésor. La valeur totale des différents actifs inclus dans le *firma comitatus* a considérablement augmenté dans le passé et continuera probablement d'augmenter à l'avenir. Il était donc absurde de lier la Couronne par une règle stricte qui ferait pratiquement cadeau de cette future « augmentation non méritée » au shérif. Il appartenait de droit à la couronne ; et le Trésor avait de plus en plus besoin de fournitures pour faire face aux tâches croissantes du gouvernement central. Stéréotyper la *firma* devant être payée en échange de revenus en constante augmentation était injuste envers la Couronne. [663] Il est alors facile de comprendre pourquoi ce chapitre a été entièrement omis en 1216 et dans les rééditions ultérieures. Les *Articuli super cartas*, d'autre part, tout en concédant aux comtés le droit d'élire leurs propres shérifs, réaffirmèrent le principe de la Charte de Jean, déclarant que ni les bailliages et les centaines du roi, ni ceux des grands seigneurs ne devaient être mis à disposition. cultiver à des taux trop élevés. Le mal cependant continua sous une forme nouvelle ; les shérifs, tout en ne payant eux-mêmes qu'une ferme modérée, sous-louaient des parties de leur province à des taux beaucoup plus élevés, s'appropriant ainsi l'augmentation refusée au Trésor, tandis que les huissiers qui avaient payé l'augmentation ne pouvaient « lever ladite ferme sans faire d'extorsion et de contrainte pour les gens." [664] Trois lois successives interdisaient cette pratique, déclarant que les centaines et les wapentakes devaient soit être conservés entre les mains du shérif, soit sous-loués, le cas échéant, dans les anciennes fermes fixes uniquement. [665]

Une exception à la portée de ses propres dispositions a été délibérément faite par la Magna Carta – une exception de nature importante et notable ; les domaines domaniaux de la Couronne ont été délibérément exposés à des augmentations arbitraires de leurs loyers annuels. Les villes, à cet égard, se trouvaient pratiquement dans la même situation que les domaines. Il est vrai que beaucoup d'entre eux avaient reçu des chartes distinctes fixant les sommes payables annuellement sous le nom de ferme (*firma burgi* dans leur cas), et que toutes ces chartes recevaient une confirmation générale au chapitre 13 de la Grande Charte, mais la Couronne pouvait Ils pourraient probablement se soustraire à ces promesses en appliquant le nom d'« augmentation » à tout paiement supplémentaire souhaité, ou, si cela était contesté, ils pourraient encore recourir à un « tallage » arbitraire, le droit d'extorquer qui n'avait pas été supprimé par la Magna Carta. L'argent était aussi bon pour la Couronne sous un nom que sous un autre. [666]

662 . Cf. Miss Norgate (*John Lackland*, p. 214) qui explique que la Couronne réclamait une part du surplus toujours croissant des shérifs, et « cela a été fait, non pas en augmentant le chiffre de la ferme, mais en chargeant le shérif d'un une somme forfaitaire supplémentaire sous le titre de *crementum* ou, à l'époque de Jean, *de proficuum*. " Mais cette pratique n'était en aucun cas une innovation inventée par Jean. Henri II exigeait souvent de tels paiements supplémentaires sous le nom de " *gersuma* ". Ainsi dans *Pipe Roll* Henri II. (p. 11) le shérif de Norfolk et Suffolk a payé 200 marks sous ce nom. La méthode adoptée consistait pratiquement à créer un bureau de shérif aux enchères. Le plus offrant a obtenu le poste et le montant de l'offre retenue a été inscrit au Trésor public sous forme de *gersuma* .

663 . Cf. Sir James Ramsay, *Angevin Empire* , 476, qui décrit cette disposition comme « une exigence impossible ». La paraphrase du Dr Stubbs n'est pas entièrement heureuse : « les fermes des comtés et autres juridictions ne doivent pas être augmentées. » Voir *Const. Hist.* I. 575.

664 . Ce sont les mots du Statut de 1330, cité ci-dessous.

665 . Voir 4 Édouard III. c. 15 ; 14 Édouard III. c. 9 ; et 4 Henri IV. c. 5.

666 . Cf. *supra* , p. 278 à 280 .

CHAPITRE VINGT-SIX.

Si vous avez des aliquis tenens de nobis laicum feodum moriatur, et vicecomes vel ballivus nostro ostendat litteras nostras patentes de sommicione nostra debito quod defunctus nobis debuit, liceat vicecomiti vel ballivo nostro attachiare et inbreviare catalla defuncti, inventa in laico feodo, ad valenciam illius debiti, per visum legalium hominum, ita tamen quod nichil inde amoveatur, donec persolvatur nobis debitum quod clarum fuerit ; et résiduel relinquatur exécutoribus ad faciendum testamentum defuncti ; et, si nichil nobis debeatur ab ipso, omnia catalla cedant defuncto, salvis uxori ipsius et pueris racionabilibus partibus suis.

> Si quelqu'un de nous détenant un fief laïc décède et que notre shérif ou huissier présente nos lettres patentes d'assignation pour une dette que le défunt nous devait, il sera légal à notre shérif ou huissier de saisir et de cataloguer les biens meubles du décédé, trouvé sur le fief laïc, à la valeur de cette dette, à la vue d'hommes légitimes, pourvu toujours que rien ne soit enlevé de là jusqu'à ce que la dette qui est évidente [667] nous soit entièrement payée ; et le résidu sera laissé aux exécuteurs testamentaires pour accomplir la volonté du défunt ; et s'il ne nous doit rien, tous les biens reviendront au défunt, sauf à sa femme et à ses enfants leurs parts raisonnables.

L'objet principal de ce chapitre était de réglementer la procédure à suivre pour saisir les biens personnels des locataires de la Couronne qui étaient également débiteurs de la Couronne. Mais cela éclaire incidemment la question générale du droit de léguer des biens.

I. *La nature du grief.* Lorsqu'un locataire de la Couronne décédait, il était presque certain que les arriérés de l'un ou l'autre des nombreux scutages, incidents ou autres paiements dus à la Couronne restaient impayés. Le shérif et les huissiers du district où se trouvaient les biens du défunt avaient l'habitude de saisir tout ce qu'ils pouvaient trouver dans son manoir sous prétexte de garantir les intérêts de leur royal maître. Ils saisirent et vendirent des biens mobiliers hors de toute proportion avec la somme effectivement due ; et après avoir satisfait à la dette de la Couronne, il restait souvent entre les mains du shérif un excédent important qu'il serait extrêmement difficile pour les parents du propriétaire foncier décédé de le forcer à restituer.

La Magna Carta a cherché ici à rendre de telles irrégularités impossibles à l'avenir en définissant soigneusement la procédure exacte à suivre dans de telles circonstances. Il était interdit au shérif et à ses huissiers de toucher à un seul bien d'un locataire de la Couronne décédé, à moins qu'ils ne soient munis d'un mandat légal sous la forme de lettres patentes royales attestant l'existence et le montant de la dette de la Couronne . Même après avoir présenté un mandat en bonne et due forme, les officiers n'étaient autorisés à saisir qu'autant de biens meubles qu'ils pouvaient raisonnablement être considérés comme nécessaires pour satisfaire la pleine valeur de la dette due au Trésor ; et tout ce qui est ainsi pris doit être soigneusement inventorié. Tout cela devait se faire « à la vue d'hommes légitimes », de voisins respectables, quoique humbles, spécialement convoqués à cet effet, dont la fonction était de contrôler les actions des officiers du shérif en général, pour les empêcher de s'approprier quoi que ce soit. non inclus dans l'inventaire, pour aider à évaluer chaque article et pour veiller à ce que pas plus de biens meubles ne soient saisis que nécessaire. Une clause de sauvegarde protégeait les intérêts de la Couronne en interdisant de retirer du fief du locataire tous les biens meubles, même ceux qui n'y étaient pas attachés, jusqu'à ce que la totalité du montant constaté ait été effectivement payée au Trésor. Les prétentions préférentielles de la Couronne restèrent sur tout ce qui concernait le manoir jusqu'à l'extinction de la dette. Ce n'est qu'après cela qu'un partage de la succession pouvait avoir lieu entre les parents du défunt ou ceux en faveur desquels il avait rédigé un testament.

Ces dispositions doivent être lues en relation avec les termes du chapitre 9, [668] qui prévoyait que la diligence relative aux dettes de la Couronne devait porter sur les biens personnels avant que la pleine propriété du débiteur ne soit saisie, et qui fixait d'autres règles équitables applicables également au cas d'un défunt. Débiteur de la Couronne et à celui d'un vivant.

II. *Le droit de léguer.* L'intérêt principal de ce chapitre se situe cependant, pour l'historien du droit et des institutions, dans une tout autre direction ; pour lui, elle est précieuse en raison de la lumière qu'elle jette incidemment sur les limites dans lesquelles le droit de faire des testaments était reconnu en 1215. Le premier droit anglais semble avoir eu de grandes difficultés à décider dans quelle mesure il devait reconnaître les réclamations formulées par les propriétaires de biens immobiliers. biens, tant immobiliers que personnels, pour déterminer leur destination après le décès. Diverses influences ont été à l'œuvre, avant la conquête normande, pour rendre le développement de cette branche du droit illogique et capricieux. [669] Mais du droit des legs au XIIe siècle, il est possible de parler avec plus de certitude ; des principes précis avaient alors reçu une reconnaissance générale. Tous les droits testamentaires sur la terre ou d'autres biens immobiliers (dans la mesure où ils existaient réellement) étaient désormais abolis, non pas, comme on l'a parfois soutenu, dans l'intérêt du seigneur féodal, mais plutôt dans l'intérêt du futur héritier. [670] Ainsi le droit d'aménager avait été absolument interdit avant la fin du XIIe siècle. De nombreuses raisons ont contribué à ce résultat. D'une part, il était devenu nécessaire d'empêcher les hommes d'Église d'user de leur influence pour arracher des legs de terres aux mourants, pour appauvrir l'héritier légitime et pour détruire l'équilibre entre l'Église et l'État, déjà menacé par la crise rapide. accumulant les richesses des différents ordres religieux.

Les hommes d'Église, en guise de compensation pour les obstacles ainsi opposés à leur soif du pays des mourants, ont fait valoir leur prétention de réglementer tous les testaments traitant des biens personnels ; c'est de l'argent, des biens et des biens meubles. Ils réclamèrent et obtinrent pour leurs propres tribunaux le droit à une juridiction exclusive sur toutes les dispositions testamentaires, désormais, bien entendu, compétentes uniquement en matière de patrimoine personnel. Les tribunaux chrétiens « prouvaient » les testaments (c'est-à-dire usurpaient le droit de déterminer s'il s'agissait ou non d'actes réellement valides du défunt) et supervisaient également leur administration. Ils exerçaient notamment un contrôle sur les « exécuteurs testamentaires », qui étaient à l'origine les amis à qui le défunt avait fait part de ses volontés quant à la répartition de son argent et de ses biens mobiliers à son décès. Les tribunaux ecclésiastiques veillaient à ce que les exécuteurs testamentaires exécutent loyalement ces intentions et les empêchaient de s'approprier à leur usage ce qui leur avait été confié pour le bien de l'âme du défunt. Sous le règne de Jean, cependant, la Couronne et ses officiers interférèrent à la fois dans les droits des testateurs de rédiger des testaments et dans les droits de l'évêque du diocèse de superviser la distribution. Non seulement les shérifs ont trouvé des prétextes pour s'aider eux-mêmes ; mais John semble avoir soutenu que les testaments n'étaient pas valables sans son consentement, qui devait, comme d'habitude, être payé. Telle est du moins la conclusion qu'on peut tirer de l'existence de brefs accordant l'autorisation de faire un testament, ou confirmant celui qui a été fait. [671] L'ingérence du roi dans cette province semble cependant avoir été considérée comme un empiètement tout à fait illégal.

En droit strict, les droits de test, bien qu'interdits *pour quatre* terres, étaient reconnus *pour quatre* biens personnels. Il ne faut cependant pas supposer que le testateur était libre de diviser ou de « planifier » tout son argent et ses biens. Les réclamations raisonnables de la femme et des enfants doivent d'abord être respectées, et seul le solde libre, après les avoir satisfaites, pourra être distribué. Il a fallu longtemps avant qu'une règle précise soit établie pour déterminer le montant de ces réclamations « raisonnables ». Il y aurait beaucoup à dire en faveur d'une règle élastique qui permettrait à la proportion des biens personnels revenant à la femme et aux enfants de varier selon les circonstances de chaque cas ; mais ce flou avait une sérieuse objection ; cela entraînait inévitablement des frictions et des querelles familiales. À cet égard, la Magna Carta a simplement confirmé la pratique existante et n'a fait aucune tentative de définition. Cependant, au XIIIe siècle, les parts légales de la femme et des enfants étaient définitivement fixées par la common law anglaise, et cela aussi exactement dans les mêmes proportions de l'ensemble de la succession personnelle que celles reconnues jusqu'à nos jours par la loi écossaise. . Lorsqu'un testateur écossais décède en laissant femme et enfants, ses biens meubles ou personnels sont considérés comme se répartissant naturellement en trois parties égales, connues respectivement sous le nom de part de la veuve, de part de l'enfant et de part du défunt. Ce n'est qu'avec le dernier tiers de ses propres meubles qu'il peut faire ce qu'il veut. S'il dispose du reste, la femme et les enfants peuvent revendiquer leurs droits légaux et « briser le testament ». Lorsqu'une femme survit mais n'a pas d'enfants, ou *vice versa* , le partage se fait en deux parts égales. La Magna Carta reconnaît une décision similaire en trois ou deux volets et contient une reconnaissance claire de ce que la loi écossaise décrit encore aujourd'hui de manière étrange comme « la part des morts ». Ce n'était que le résidu des biens meubles du défunt, après satisfaction des créances de l'épouse et des enfants, qui devait « revenir au défunt », et dont on parle aussi comme de la part des biens personnels laissée aux exécuteurs testamentaires « pour accomplir le testament ». du défunt. » Cette part était réservée « à l'usage des morts » : c'est-à-dire que ses exécuteurs testamentaires, sous la direction des tribunaux de l'Église, l'utiliseraient pour le salut de son âme. Le défunt pouvait soit avoir donné des instructions spécifiques, soit avoir laissé tous pouvoirs à ses exécuteurs testamentaires (souvent des hommes d'Église) pour procéder au partage à des fins caritatives et religieuses selon leur propre discrétion. Une partie pouvait aller à des parents nécessiteux ou aux pauvres du quartier ; une partie pour doter les maisons religieuses ; et participez aux messes pour son bien-être éternel.

Bien après le XIIIe siècle, les lois d'Angleterre et d'Écosse concernant les droits de succession de la femme et des enfants semblent être restées identiques : mais, si la loi écossaise est la même jusqu'à nos jours, reconnaissant toujours le jus relictae de la veuve *et* le *légitime* des enfants , la loi anglaise a, par des étapes lentes, dont les détails sont obscurs, entièrement changée. La règle qui reconnaissait aux enfants le droit à un tiers des biens personnels fut progressivement assouplie, tandis que le testateur devenait seul juge des dispositions qu'il devait prendre pour ses fils, jusqu'à ce qu'enfin une somme d'argent purement symbolique suffise. Finalement, le pouvoir de léguer des biens personnels (en accord avec les conceptions modernes exagérées du caractère sacré des droits de « propriété ») s'est étendu à un point tel qu'un père peut laisser ses enfants entièrement sans le sou ; et la loi n'interviendra pas. La loi anglaise, à l'heure actuelle, ne l'oblige pas à laisser à son fils ou à sa fille même le proverbial shilling. L'expression « couper un fils avec un shilling », qui est encore dans l'usage populaire, perpétue peut-être une tradition aujourd'hui oubliée d'une étape intermédiaire du droit anglais, où certaines dispositions, aussi inadéquates soient-elles, devaient être prises, si le testament devait être autorisé à se lever. [672]

667 . Cf. l'utilisation de l'expression « une dette liquide » dans la loi écossaise.

668 . Cf. que dit-on des oppressions du shérif et des tentatives faites pour y mettre fin ?

669 . Le sujet est discuté de manière exhaustive par Pollock et Maitland, II. 312-353.

670 . Voir Pollock et Maitland, II. 324.

671 . Le 30 août 1199 (*New Rymer* , I. 78) Jean confirma le testament de l'archevêque Hubert Walter ; et le 22 juillet 1202 (*Ibid.* , I. 86), il accorda à sa mère, la reine douairière Eleanor, la permission de faire un testament.

672 . La réédition de 1216 n'apporte ici aucune modification, mais celle de 1217 omet « *et pueris* », protégeant ainsi la « part raisonnable » de l'épouse mais pas celle des fils. Les mots omis ont été restaurés en 1225. Il s'agissait probablement d'une simple erreur matérielle.

CHAPITRE VINGT-SEPT.

Si aliquis liber homo intestatus decesserit, catalla sua per manus propinquorum parentum et amicorum suorum, per visum ecclesie distribuantur, salvis unicuique debitis que defunctus ei debebat.

Si un homme libre meurt intestat, ses biens seront distribués par les mains de ses parents et amis les plus proches, sous la surveillance de l'Église, épargnant à chacun les dettes que le défunt lui devait.

Ici, la Grande Charte cherche à remédier à un mal lié à la succession *ab intestat* , une suite naturelle au sujet de la succession *testamentaire* . On fit promettre à Jean qu'il ne saisirait pas, comme confiscation à son trésorier, les biens d'hommes qui avaient négligé de faire un testament. Au Moyen Âge, toutes les classes d'hommes, bons et mauvais, manifestaient une horreur extrême à l'idée de mourir intestat. [673] Plusieurs causes ont contribué à cet état d'esprit. Les hommes d'Église, pour des raisons diverses, inculquèrent avec diligence la croyance que le devoir d'un mourant était de laisser au moins une partie de ses biens personnels (les seuls biens sur lesquels la loi lui accordait le pouvoir de disposer) à des fins religieuses et caritatives. L'évêque ou le prêtre, qui avait le pouvoir de donner ou de refuser l'extrême-onction au pécheur qui avait confessé ses péchés, était dans une position particulièrement forte pour imposer ses conseils aux hommes qui croyaient que l'Église détenait les clés du ciel. Ainsi, chaque homme sur son lit de mort avait de puissants motifs pour rédiger son testament sous la forme approuvée par l'Église. Des motifs d'ordre plus mondain le poussaient dans la même direction. S'il mourait intestat, cela entraînerait sans aucun doute une ruée pour récupérer ses effets personnels. De nombreux prétendants puissants étaient prêts à rivaliser. À l'époque de Glanvill, par exemple, [674] chaque seigneur féodal réclamait les biens de ses vassaux ab intestat. De telles demandes furent difficiles à rejeter, même si Bracton les déclara ultérieurement [675] illégales, du moins dans les cas de mort subite. Ensuite, les parents – parents riches et pauvres – avaient certains droits jamais très clairement définis. L'Église, elle aussi, était prête, avec des revendications judicieusement vagues, qui pouvaient être élargies selon les circonstances. Il s'arrogeait, au minimum, le droit de distribuer les biens du défunt pour le bien de son âme, et il y a des cas où un évêque ou un abbé à l'esprit fort a insisté sur une telle distribution, bien que le défunt soit mort sans repentir, ne laissant aucune trace. volonté. [676]

Les prélats s'accordaient une large discrétion sur la « part des morts » dont ils assumaient ainsi le contrôle. Quelque chose pourrait aller aux pauvres, mais une grande partie serait naturellement dépensée pour les messes pour l'âme du défunt, tandis qu'une partie pourrait être ouvertement conservée en récompense des efforts dépensés pour cette pieuse cause. Le roi était un autre concurrent pour les biens de ceux qui ne laissaient aucun testament ; et des tentatives ont été faites à diverses reprises pour traiter l'intestat, plus particulièrement dans le cas des commis, comme une cause de confiscation. [677] Pour notre propos actuel, il est inutile de discuter si cette revendication était fondée sur la prérogative royale ou sur les droits du roi en sa qualité de suzerain ou de patron des sièges vacants. [678]

Ce chapitre de la Magna Carta était dirigé contre toutes ces prétentions de la Couronne ou de ses fonctionnaires. Quiconque pourrait bénéficier de ces aubaines, le roi Jean ne doit pas rivaliser. Tout est clair ; une sorte de compromis fut en outre conclu entre les deux demandeurs les plus probables. La Magna Carta prévoyait une coopération amicale entre les parents du défunt et l'Église dans la distribution du résidu de la succession personnelle du défunt, après avoir satisfait à toutes les réclamations préférentielles des créanciers, des épouses et des enfants. Ce chapitre, bien que rayé par la suite de toutes les rééditions de la Charte, semble avoir été respecté dans la pratique. [679] Apparemment, cependant, le droit des parents de partager le contrôle avec l'Église est progressivement relégué au second plan, tandis que les tribunaux chrétiens assumaient une autorité complète dans tous les cas d'intestat ; à tel point qu'il fallait souvent rappeler aux hommes d'Église qu'ils n'étaient que les administrateurs du mort et qu'ils n'avaient pas le droit de s'approprier les biens à leur propre usage.

Il est aisé de comprendre les motivations qui, en 1216, guidèrent les responsables du gouvernement du jeune Henri III. de retirer cette disposition de la Magna Carta. La Couronne avait alors besoin de tout l'argent qu'elle pouvait obtenir, et tant que l'incertitude de la loi permettait une ruée sur les biens intestats, on ne pouvait pas demander au roi de se tenir à l'écart, les mains liées par une clause. de la Grande Charte. Il tenterait sa chance avec les autres prétendants. Mais c'est l'Église, et non la Couronne, qui a finalement remporté le prix. [680]

---

673 . Pollock et Maitland, II. 354.

674 . VIIe s. 16.

675 . F. 60 b.

676 . Cette voie fut suivie en 1197 par l'abbé Samson, dont les hauts faits nous sont décrits par Jocelyn de Brakelond pour le plus grand plaisir de Thomas Carlyle. Voir *Passé et Présent* , *passim* . Cf. aussi Pollock et Maitland, II. 355.

677 . Voir Pollock et Maitland, II. 354. Des exemples sont faciles à trouver :
« Lorsque l'archevêque Roger d'York mourut en 1182, Henri II. J'ai bénéficié
d'une aubaine de 11 000 £, sans parler des cuillères et des salières. Pollock et
Maitland, I. 504.

678 . Au XIIe siècle, les prérogatives royales étaient encore élastiques et
indéfinies. Henri II. les utilisaient librement, mais dans l'ensemble
équitablement. Ses fils poussèrent toutes les prétentions douteuses jusqu'à
leurs limites extrêmes. La Couronne était l'héritière légale de tous les Juifs (cf.
c. 10) et apparemment aussi de tous les usuriers chrétiens, du moins de ceux
qui mouraient impénitents. (Voir Pollock et Maitland, II. 486, et les autorités
citées.) Il est intéressant à cet égard de noter que la rédaction d'un testament
était considérée comme une condition nécessaire du repentir d'un usurier.
(Voir *Dialogus de Scaccario* , 224-5, nn.) Le roi, en outre, prit les biens de tous
ceux qui mouraient de mort criminelle (cf. c. 32) et des hommes qui se
suicidaient (lui-même un crime). Jean, comme nous pouvons le déduire de la
Magna Carta, est allé plus loin et s'est approprié les biens meubles de tous les
ab intestats. Y avait-il des précédents depuis le règne de son père pour cette
revendication plus large ? Madox (I. 346) cite une entrée des *Pipe Polls* de
1172, enregistrant 60 marks dus au Trésor comme valeur des biens meubles
d'un ab intestat ; et, deux ans plus tard, il est fait mention *de pecunia Gilleberti
qui obiit intestatus* . Rien ne permet de savoir si ces hommes étaient ou non des
usuriers. Le pape était un autre concurrent pour les successions personnelles
des greffiers ab intestat. En 1246, il publia un édit faisant cette demande.
Même Henri III. (dépendant et allié de Rome comme il l'était) protesta et
l'édit fut retiré. (Voir Pollock et Maitland, II. 357.)

679 . Cf. Pollock et Maitland, II. 355. « Cette clause, bien qu'elle ait été
volontairement retirée, semble avoir réglé le droit. »

680 . Ce chapitre doit être comparé à une disposition correspondante de la
Charte des Libertés accordée par Henri Ier. William Rufus, comme Jean,
s'était évidemment servi librement des biens meubles intestats. Henri Ier
(vers 7) fit ce qui semble n'être qu'une renonciation partielle à ce droit : là où
le défunt avait été empêché « par les armes ou par infirmité » de faire son
testament, ses proches et ses vassaux pouvaient distribuer ses biens pour lui.
Devons-nous en déduire qu'Henri se réservait le droit de les saisir dans tous
les autres événements ? Stephen, dans sa deuxième Charte d'Oxford (cf. *supra*
, p. 121 et annexe), a clairement et sans ambiguïté renoncé à tous ces droits,
en ce qui concerne la propriété des hommes d'Église. *Si vero morte preoccupatus
fuerit, pro salute anime ejus ecclesie consilio eadem fiat distributio*. Il a également
confirmé le plein droit de faire des testaments aux hommes d'Église. Nous
avons déjà vu que ses successeurs n'ont pas respecté ces dispositions. (Voir
supra , pp. 383-4, ainsi que Pollock et Maitland, 1. 503.)

CHAPITRE VINGT-HUIT.

Nullus constabularius, vel alius ballivus noster, capiat blada vel alia catalla alicujus, nisi statim inde reddat deniers, aut respectum inde habere possit de volontaire venditoris.

> Aucun de nos connétables ou autres huissiers ne pourra prendre du blé ou d'autres provisions à qui que ce soit sans immédiatement présenter de l'argent, à moins qu'il ne puisse en avoir postponementavec la permission du vendeur.

Ce chapitre est le premier d'une série d'abus qui redressent des abus provenant d'une seule racine, à savoir l'exercice du droit royal de fourniture par les divers agents du gouvernement local.

I. *Fournitures en général.* Les rois normands et angevins d'Angleterre étaient contraints par leurs devoirs administratifs et poussés par les plaisirs de la chasse à déplacer constamment leurs cours de district en district. Au cours de ces progrès royaux, les difficultés devaient être grandes pour trouver suffisamment de nourriture pour les énormes cortèges entourant le roi en temps de paix, et pour ses levées armées en temps de guerre. Il était dans l'intérêt de la communauté dans son ensemble que le travail du gouvernement et de la défense nationale ne soit pas paralysé faute de fournitures. Aucune opposition ne se fit lorsque le roi s'arrogea le privilège de s'approprier, dans des conditions équitables, les nécessités dont sa maison pourrait avoir besoin. Un tel droit, semblable à celui dont jouissait dans les temps modernes le commandant d'une armée campée dans un pays ennemi, était accordé aux rois d'Angleterre sur leur propre pays en temps de paix et était connu sous le nom de prérogative de fourniture. [681] Malheureusement, les conditions dans lesquelles les fournitures pouvaient être réquisitionnées restaient vagues : le privilège était donc sujet à des abus constants. En théorie, on en a toujours parlé comme d'un simple droit de préemption ; les provisions saisies devaient être payées au taux du marché : mais la pratique tendait à différer lamentablement de la théorie. En l'absence d'un arbitre neutre pour fixer la valeur des marchandises, le malheureux vendeur était souvent heureux d'accepter toute somme dérisoire offerte par les fonctionnaires royaux, qui pourraient par la suite facturer un taux plus élevé à la Couronne. Le paiement était souvent retardé indéfiniment ou effectué non pas en pièces de monnaie mais en comptes de l'Échiquier, « une anticipation vexatoire de l'impôt », puisque ceux-ci ne pouvaient être utilisés que pour payer les cotisations de la Couronne. Pire encore, dans la précipitation du moment, les fournisseurs du roi omettaient souvent complètement la formalité du paiement.

La Magna Carta n'a pas aboli la fourniture et n'a imposé aucune restriction à son utilisation dans le but légitime et original d'approvisionner la maison du roi. Une légère tentative de contrôle de son exercice fut faite soixante ans plus tard dans le Statut de Westminster I. ; mais sans produire beaucoup d'effet. [682] Les griefs liés à la fourniture se sont poursuivis pendant quatre siècles comme une source fertile de mécontentement pour le peuple et de frictions entre le parlement et le roi. Une tentative faite par la Chambre des Communes pour inciter Jacques Ier à renoncer à cette prérogative contre une subvention financière convenable se solda par un échec, avec l'abandon du traité avorté connu sous le nom de « Grand Contrat ». Cependant, lors du réaménagement général des revenus, sous la Restauration, la fourniture et la préemption, tombées en désuétude pendant le Commonwealth, furent abolies. [683] Pourtant, l'année suivante, une nouvelle loi [684] relança pratiquement une branche du droit avec des modifications essentielles : lorsque des progrès royaux étaient nécessaires à l'avenir, des mandats pouvaient être émis par le Conseil du Drap Vert, autorisant le roi à utiliser les charrettes et voitures dont il pourrait avoir besoin, à un taux de location équitable spécifié dans la loi du Parlement.

II. *Branches de fourniture restreintes par la Magna Carta.* Une pratique tolérée malgré son caractère onéreux en raison de son absolue nécessité, lorsqu'elle se limitait à son objectif initial de subvenir aux besoins de la maison du roi, devenait intolérable lorsqu'elle était revendiquée par chaque gardien de château, shérif et bailli local pour ses besoins personnels. ou les besoins officiels. Les ennuis et les difficultés inséparables d'une telle ingérence arbitraire dans les droits de propriété privée étaient ainsi décuplés, tandis qu'un large pouvoir discrétionnaire était confié à une classe de fonctionnaires les moins qualifiés pour l'utiliser, des aventuriers étrangers sans scrupules engagés par John pour intimider la population indigène, responsables à personne sauf au roi, et soucieux de ne jamais sortir de leurs places fortes qu'à la tête de leurs soldats téméraires. La Grande Charte contenait quelques dispositions modérées pour contrôler les abus de la fourniture en tant qu'instrument d'administration locale.

(1) *L'approvisionnement des châteaux.* La Magna Carta laissait aux commandants de forteresses toute liberté de se procurer le maïs et autres fournitures qu'ils jugeaient nécessaires à leurs garnisons. Toutefois, le paiement immédiat doit être effectué en monnaie courante (et non en comptes de l'Échiquier) pour tout ce qu'ils réquisitionnent, à moins que le propriétaire, auquel une vente forcée a été imposée, n'ait consenti à différer la date du paiement. La Charte de 1216 apporta une légère modification en faveur des châtelains. Le paiement des biens confisqués aux habitants de la ville où se trouvait le château pouvait être légalement retardé de trois semaines, délai porté en 1217 à quarante jours. Un tel assouplissement était peut-être nécessaire pour faire

face au cas d'un directeur avec une bourse vide, appelé à se prémunir contre un siège inattendu ou une autre situation d'urgence ; mais les paisibles citadins, dont les habitations surplombaient les murs sombres d'une forteresse féodale, ne se montraient pas des créanciers qui insistaient indûment pour obtenir le paiement. Sous les chartes d'Henri, comme sous celle de Jean, un paiement immédiat devait être offert aux propriétaires de biens qui vivaient ailleurs que dans cette ville voisine. [685]

(2) *La réquisition des chevaux et des charrettes.* Les dispositions du chapitre 30, modifiées lors des rééditions ultérieures, cherchaient à interdire aux shérifs d'exiger le transport obligatoire des biens des hommes libres.

(3) *L'appropriation du bois.* Le chapitre suivant limita le roi et ses officiers à l'utilisation du bois qu'ils pouvaient obtenir des domaines royaux. [686]

III. *Branches de fourniture non mentionnées dans la Magna Carta.* Un large champ fut laissé à l'usage et à l'abus de cette prérogative, après que ces dispositions modérées eurent été dûment appliquées. En plus des frictions constantes entretenues pendant de nombreux siècles par son utilisation comme moyen de subvenir aux besoins de la maison du roi, deux aspects mineurs de la fourniture ont pris une importance particulière dans l'histoire ultérieure.

(1) *La réquisition du travail forcé.* Hallam souligne que les droits de préemption du roi sur les biens dont il avait besoin étaient étendus, par analogie, au travail de ses sujets. « Ainsi Édouard III annonce à tous les shérifs que Guillaume de Walsingham avait pour mission de rassembler autant de peintres que cela pourrait suffire pour que « nos œuvres dans la chapelle Saint-Étienne, à Westminster, soient à notre salaire aussi longtemps que nécessaire » ; et d'arrêter et de garder en prison tous ceux qui refuseraient ou seraient réfractaires ; et leur enjoint de prêter leur aide. Le château de Windsor doit sa magnificence massive aux ouvriers impressionnés de toutes les parties du royaume. Il y a même une commission d'Édouard IV pour prendre comme autant d'ouvriers en or qu'il le fallait, et les emploie aux frais du roi sur ses ornements et ceux de sa maison. [687] Peut-être, cependant, de telles demandes ne constituaient pas du tout une branche de fourniture, mais étaient simplement des exemples d'empiétements royaux illégaux.

(2) *Hébergement des soldats dans des maisons privées.* Cette pratique, qui peut être considérée comme une branche de la fourniture, a toujours été particulièrement répugnante à l'opinion publique anglaise. C'est aussi vieux que le règne de Jean ; car lorsque ce roi visita York en 1201, il se plaignit amèrement que les citoyens ne sortaient pas à sa rencontre ni ne pourvoyaient aux besoins de ses arbalétriers. Ses menaces et ses demandes d'otages furent difficilement écartées par un paiement en espèces de 100 £. [688] Charles Ier fit un usage oppressif de cette branche de ce qui semble avoir été autrefois une prérogative parfaitement légale, punissant les chefs de

famille qui s'opposaient à ses mesures impopulaires en cantonnant sur eux ses soldats dissolus, une pratique qualifiée d'illégale par la Pétition du Droit. en 1628. [689]

---

681 . Voir Blackstone, *Commentaries* , I. 287, pour une définition souvent citée de la fourniture.

682 . 3 Édouard I. c. 32.

683 . 12 Charles II. c. 24, art. 11-12.

684 . 13 Charles II. c. 8.

685 . Le Statut de Westminster I. (3 Edward I. c. 7) édictait « qu'aucun connétable ou châtelain ne prendra désormais de prix ou autre chose similaire autre que ceux de sa ville ou de son château, et qu'il soit payé ou payé. sinon accord conclu dans les quarante jours, s'il ne s'agit pas d'un ancien prix dû au roi, ou au château, ou au seigneur du château », et prévoyait en outre (c. 32) que les fournisseurs prenant des marchandises pour l'usage du roi, ou pour un la garnison, et s'appropriant le prix reçu du Trésor, devrait être passible d'un double paiement et de l'emprisonnement selon le bon plaisir du roi.

686 . Pour plus de détails, voir sous cc. 30 et 31.

687 . Hallam, *Moyen Âge* , III. 221.

688 . Voir *Rotuli de oblatis et finibus* , 119.

689 . Voir 3 Charles I. c. 1.

CHAPITRE VINGT-NEUF.

Nullus constabularius distringat aliquem militem ad dandum denarios pro custodia castri, si facere voluerit custodiam illam in propria persona sua, vel per alium probum hominem, si ipse eam facere non possit propter racionabilem causam; et si nos duxerimus vel miserimus eum in exercitum, erit quietus de custodia, secundum quantitatem temporis quo per nos fuerit in exercitu.

Aucun connétable ne peut obliger un chevalier à donner de l'argent en remplacement de la garde du château, lorsqu'il est prêt à l'accomplir lui-même, ou (s'il ne peut le faire lui-même pour une raison raisonnable) alors par un autre homme responsable. De plus, si nous l'avons conduit ou envoyé au service militaire, il sera relevé de la garde proportionnellement au temps pendant lequel il a été en service à cause de nous.

La garde du château, ou l'obligation de servir dans la garnison d'une forteresse royale, faisait partie des obligations féodales des propriétaires de certains domaines en pleine propriété. Ce service était parfois dû en remplacement de la fréquentation de l'armée ; le plus souvent, le locataire qui devait des fonctions de garnison devait également le service de chevalier. [690] C'est probablement cette duplication des tâches qui a empêché la garde du château de se durcir dans un mandat distinct. [691] Le droit de faire respecter ces obligations était naturellement confié aux connétables des différents châteaux chargés de maintenir leurs garnisons au complet. John, cependant, préférait remplacer le service personnel de garde du château contre des paiements en argent (analogue au scutage payé en remplacement du service de chevalier) et occuper ses tours féodales avec des soldats de fortune plutôt qu'avec des Anglais rebelles. Les Castellans avaient donc l'habitude d'exiger de l'argent même à ceux qui offraient un service personnel. Ce qui était pire, lorsque le propriétaire foncier avait suivi John lors d'un service lointain, il avait reçu une somme d'argent parce qu'il n'était pas resté chez lui pour effectuer des tâches de garnison pendant la même période. Ces deux formes d'abus étaient absolument interdites en 1215. Mais dans certaines circonstances, cette interdiction eût privé le roi de ce qui lui était équitablement dû. Supposons qu'il ait accordé deux fiefs au même tenancier, l'un par simple service de chevalier, l'autre par service de château. Une double possession impliquait un double service ; le locataire ne pouvait en toute justice prétendre que le service d'un chevalier rendu à l'étranger opérait comme la pleine décharge des services de deux chevaliers dus de ses deux fiefs distincts. La garde du château doit alors être assurée par un adjoint efficace, sous peine de recevoir l'indemnité d'usage. La réédition de 1217 a modifié la Charte de Jean à cet effet. Le service dans l'armée à l'étranger opérait comme une décharge de garde de château au pays, mais non lorsque le locataire devait deux services pour deux fiefs distincts. [692]

---

690 . Voir les exemples recueillis dans Pollock et Maitland, I. 257. Voir aussi dans *Rotuli de oblatis et finibus* , 107, comment en 1200 Ralph de Bradel offrit à Jean 40 marks et un palfrei pour être relevé de « la garde des travaux du château ». de Grimsby.

691 . Cf. *supra* , p. 70 .

692 . *De feodo pro quo fecit servicium in exercitu.* Cette variation dans la charte de 1217 semble avoir échappé à l'attention du Dr Stubbs. Voir *Certaines Chartes* , 346.

CHAPITRE TRENTE.

Nullus vicecomes, vel ballivus noster, vel aliquis alius, capiat equos vel carectas alicujus liberi hominis pro cariagio faciendo, nisi de voluntate ipsius liberi hominis.

Aucun de nos shérifs ou huissiers, ni aucune autre personne, ne pourra prendre les chevaux ou les charrettes d'un homme libre pour le transport, contre la volonté dudit homme libre.

La Charte revient ici sur le sujet de la fourniture, branche dont elle a pratiquement aboli, sauf dans le cas des vilains. Aucune charrette ou cheval appartenant à un homme libre ne devait être réquisitionné par un shérif ou un huissier pour l'usage de la Couronne sans le consentement du propriétaire ; c'est-à-dire qu'ils ne pouvaient pas du tout être réquisitionnés. La clause, cependant, était soigneusement limitée aux hommes libres ; la conclusion est claire, que les chevaux et les instruments des vilains étaient laissés à la disposition de la couronne sans autorisation demandée ni prix payé pour leur utilisation. Le chapitre relatif de la réédition de 1216 rétablit pratiquement cette branche de fourniture ; le consentement du propriétaire, même lorsqu'il est homme libre, n'a pas besoin d'être obtenu, à condition que le loyer soit payé aux taux sanctionnés par l'ancienne coutume. Ces tarifs étaient cependant clairement indiqués, à savoir 10d. *indemnité journalière* pour une charrette avec deux chevaux, et 1 s. 2d. pour un avec trois. [693] Ainsi, la prérogative, bien que rétablie, ne devait pas être abusée.

En 1217, elle fut à nouveau légèrement restreinte en faveur des classes supérieures. Aucune charrette domaniale d'un « curé » (*ecclesiastica persona*), d'un chevalier ou d'une dame ne pouvait être réquisitionnée par les huissiers. Les charrettes du « domaine » étaient bien entendu celles qui appartenaient au propriétaire du manoir par opposition aux charrettes des vilains. Ici encore, nous avons la preuve d'un souci de préciser, sinon que les vilains ne devaient avoir aucune part aux bénéfices de la grande Charte, du moins que leurs droits, s'ils en avaient, ne pourraient pas s'opposer aux droits les plus importants. de la Couronne. Les Yeomen et les petits propriétaires fonciers ont également été exposés à cette forme d'interférence gênante. Les abus se sont poursuivis. Les fournisseurs mettaient occasionnellement la main sur tous les chevaux et charrettes disponibles dans la campagne – bien plus que ce dont ils avaient besoin – en choisissant peut-être la saison des récoltes ou une période tout aussi chargée. Les propriétaires, qui en avaient un besoin urgent pour leurs propres besoins, payaient une rançon pour en reprendre possession. Edward I. a décrété que les auteurs de tels actes devraient être « sévèrement punis par les maréchaux », s'ils étaient membres de sa maison, et donc soumis à la juridiction sommaire de son tribunal national, ou, s'ils ne sont pas membres, alors ils devraient payer le triple. dommages-intérêts et sera condamné à une peine d'emprisonnement de quarante jours. [694]

---

693 . Le tarif fixé par 13 Charles II. c. 8, pour la location de charrettes ou de voitures réquisitionnées par le roi, était de 6d. par mile. Cette location comprenait six bœufs, ou bien deux chevaux et quatre bœufs, pour chaque véhicule.

694 . Voir 3 Edward I. c. 32.

CHAPITRE TRENTE ET UN.

Nec nos nec ballivi nostri capiemus alienum boscum ad castra, même alia agenda nostra, nisi per volontairem ipsius cujus boscus ille fuerit.

> Ni nous ni nos huissiers ne prendrons, pour nos châteaux ou pour tout autre ouvrage de notre part, du bois qui n'est pas le nôtre, contre la volonté du propriétaire de ce bois.

La fourniture de bois poussant ailleurs que sur les domaines royaux est ici interdite en termes absolus. Contrairement aux restrictions limitées imposées aux autres branches de l'approvisionnement, cette branche est retirée, non seulement aux fonctionnaires locaux, mais au roi lui-même. [695] Il y avait une raison évidente pour une plus grande rigueur dans ce cas : les vastes forêts du domaine du roi fournissaient du bois en abondance, que ce soit à des fins de construction ou de bois de chauffage, ne lui laissant aucune excuse pour prendre, surtout si c'était pour rien, les arbres d'autres pays. personnes.

Les fournisseurs de Jacques Ier, peu après son avènement, transgressèrent cette disposition de la Magna Carta en réquisitionnant du bois pour réparer les fortifications de Calais. Une décision contre la Couronne fut rendue par les barons de l'Échiquier au cours de la deuxième année du règne de Jacques, et une proclamation fut publiée, datée du 23 avril 1607, rejetant tout droit à une telle prérogative. Les fournisseurs coupables ont été traduits devant la Chambre Étoile. [696]

---

695 . Cf. Sir James Ramsay, *Empire angevin* , p. 476, qui considère que les chapitres 28 et 30, dans les branches de prérogative dont ils traitent respectivement, « laissent ouvert le droit personnel du roi ».

696 . Voir Coke, *Second Institute* , 36.

CHAPITRE TRENTE-DEUX.

Nos non tenebimus terras illorum qui convicti fuerint de felonia, nisi per unum annum et unum diem, et tunc reddantur terre dominis feodorum.

Nous ne conserverons pas plus d'un an et un jour les terres de ceux qui auront été reconnus coupables de crime, et les terres seront ensuite remises aux seigneurs des fiefs.

I. *La revendication de la Couronne sur la propriété des criminels.* La Couronne avait progressivement établi certains droits, pas trop clairement définis, sur la propriété de tous les criminels formellement inculpés et condamnés pour crime. Jean, ici comme ailleurs, profita pleinement du flou de la loi pour pousser la prérogative jusqu'à ses limites. La Magna Carta a donc tenté de définir les limites exactes de ses droits. L'ancien droit coutumier semble avoir invariablement donné les biens d'un condamné au propriétaire du tribunal qui l'a jugé, et le désir de tels avantages a dû créer un préjugé malheureux contre l'accusé. Il n'était cependant pas possible d'adopter une règle aussi simple en ce qui concerne les biens immobiliers des criminels, car ceux-ci étaient considérés comme une déshérence par le seigneur féodal dont les terres étaient détenues. La coutume donnait les terres d'un criminel à son seigneur féodal, et ses biens au seigneur qui le jugeait. La Couronne empiétait peu à peu sur les droits des uns et des autres, réclamant les biens immobiliers des criminels, contre les seigneurs mesne, et leurs biens personnels, contre les seigneurs qui avaient juridiction.

(1) *Les terres du criminel.* Aucune difficulté ne surgit lorsque les locataires de la Couronne furent reconnus coupables, puisque là, le roi était seigneur du fief ainsi que seigneur suprême, et revendiquait la totalité des terres en déshérence. Cependant, lorsque le condamné était le locataire d'un seigneur mesne, un conflit d'intérêts survenait, et ici une distinction, qui devint peu à peu dure et rapide, fut établie entre la trahison et le crime. [697] La trahison était un délit contre la personne du souverain, et c'est probablement sur ce motif que le roi fit valoir sa prétention de saisir en confiscation tous les biens immobiliers et personnels de toute personne condamnée à mort de traître. En ce qui concerne les criminels ordinaires, un compromis semble avoir été trouvé. Le roi s'assura le droit de dévaster les terres en question et de s'approprier tout ce qu'il pourrait y trouver pendant l'espace d'un an et d'un jour ; après quoi, il était tenu de remettre la propriété ainsi dévastée au seigneur qui réclamait la déshérence. Telle était la coutume sous le règne d'Henri II. comme le décrit Glanvill, qui précise clairement qu'avant que les terres ne soient cédées à l'expiration de l'année, les maisons furent démolies et les arbres déracinés, purgeant ainsi la souillure du crime et enrichissant le

Trésor public du prix de le bois et les matériaux de construction. [698] L'exercice de ce droit de dilapidation infligeait au seigneur de la déshérence un préjudice sans commune mesure avec le bénéfice qu'il rapportait au roi. Le seigneur, lorsqu'il entra enfin en possession des terres en déshérence, trouva un désert et non un manoir prospère. [699]

Coke a tenté de donner une explication plus restreinte des droits de la Couronne à cet égard, en soutenant que « l'année et le jour » n'étaient pas un ajout, mais un substitut au droit antérieur de « gaspillage », que le roi avait renoncé à son barbarie. réclame en échange la jouissance incontestée des produits ordinaires pendant un an seulement, et s'engage, en échange, à céder le terrain avec tous les bâtiments et dépendances intacts. [700] Les autorités qu'il cite ne sont toutefois pas concluantes et le poids de la preuve de l'autre côté laisse peu de place au doute. Non seulement l'expression « année, jour *et* gaspillage » couramment utilisée crée une forte présomption ; mais les paroles de Glanvill en parlant de la pratique antérieure sont tout à fait exemptes d'ambiguïté, tandis que le document connu sous le nom de *Praerogativa Regis* est tout aussi explicite pour une période bien après la Magna Carta. [701] Le gaspillage, en effet, était une question de degré, et la Couronne n'était probablement pas scrupuleuse à l'égard des terres des criminels, lorsqu'elle permettait la destruction gratuite même des fiefs de la Couronne détenus sous une tutelle honorable. [702] Une année n'était en aucun cas trop longue pour exercer pleinement le droit au gaspillage.

Aussi étendus que fussent les droits légaux de la Couronne, John les étendit illégalement. Lorsque ses officiers eurent pris pied sur les terres du criminel, ils refusèrent de les céder au seigneur légitime après l'expiration de l'année et du jour. En 1205, Thomas de Aula paya 40 marks et un palefroi pour obtenir ce qu'il aurait dû avoir gratuitement, à savoir les terres qui lui avaient été échappées à cause du crime de son locataire. [703] La Magna Carta a interdit de tels abus à l'avenir ; une évacuation rapide devra désormais avoir lieu à la fin de l'année ; et cela a réglé la loi pendant des siècles. [704] La Couronne exerça longtemps ses droits, ainsi limités, et Henri III. vendait parfois son « jour d'année et ses déchets » pour des sommes considérables. Ainsi, en 1229, Geoffroy de Pomeroy fut débité de 20 marks pour les droits de la Couronne sur les terres de Guillaume de Streete ainsi que pour son maïs et ses biens meubles. Cette somme fut cependant ensuite acquittée, sous prétexte que le roi, amené à changer d'avis, sans doute par une offre plus élevée, avait accordé ces droits à un autre. [705]

(2) *Les biens meubles du criminel.* Très tôt, le roi jouit, comme les autres propriétaires de tribunaux, du droit aux biens des délinquants qu'il condamnait. Quand Henri II. réorganisa tout le système de justice pénale et formula, aux assises de Clarendon et de Northampton, un plan selon lequel tous les délinquants graves devraient être formellement inculpés, et ensuite

réservés à la venue de ses propres juges, il établit ce qui était pratiquement un monopole royal de la justice pénale. juridiction sur les criminels; et cela impliquait logiquement un monopole également sur leurs biens – une conclusion confirmée par les termes exprès de l'article cinq des assises antérieures. À mesure que la liste des « plaidoyers de la couronne », qui est sous ce rapport identique à la liste des « crimes », s'allongeait, de même cette branche du revenu royal augmentait proportionnellement aux dépens des propriétaires privés de « courts leet ». Même dans les dix années séparant les codes pénaux de 1166 et 1176, deux nouveaux délits sont venus s'ajouter à la liste, le faux et l'incendie criminel. Les biens de tous les hors-la-loi et des fugitifs tombaient également au Trésor, le shérif qui les saisissait étant responsable de leur valeur estimative. [706]

En 1215, les magnats ne tentèrent pas d'intervenir dans cette branche de l'administration, acquiesçant tacitement aux empiètements d'Henri II sur les juridictions pénales et les avantages sociaux de leurs ancêtres. Sous Henri III. et Édouard Ier, les biens confisqués par les criminels ont continué à constituer une source de revenus précieuse. En 1290, la veuve d'un homme qui s'était suicidé et avait donc encouru une confiscation comme *felo de se* , acheta ses biens et ses meubles pour 300 £, un prix élevé, en plus duquel la Couronne réservait spécialement son « jour d'année et ses déchets ». .» [707]

II. *Acte d'accusation, condamnation et atteinte.* La Couronne ne pouvait pas s'approprier les biens d'hommes simplement soupçonnés d'un crime, aussi forte que puisse être la présomption de culpabilité. Une simple accusation ne suffisait pas ; un jugement formel était nécessaire. La Charte fait référence aux terres d'un délinquant « reconnu coupable », et la condamnation doit être distinguée de l'acte d'accusation d'une part et de l'accusation d'autre part ; puisque celles-ci formaient trois étapes dans la procédure de détermination de la culpabilité.

(1) *Acte d'accusation.* On a déjà montré [708] comment Henri d'Anjou essaya de substituer, autant que possible, l'accusation par un jury à l'appel privé dans les procès criminels. Les assises de Clarendon autorisèrent que de tels actes d'accusation soient portés devant des shérifs, et nous apprenons de Bracton qu'immédiatement l'accusation formelle avait été portée, le shérif devenait responsable de la sécurité des biens, tant réels que personnels de l'accusé. Avec l'aide des coroners et des hommes légitimes du quartier, il doit faire évaluer et inventorier les biens meubles, et les tenir en suspens jusqu'au « procès », en fournissant dans l'intervalle des « estovers », c'est-à-dire une nourriture suffisante pour l'accusé. et sa famille. [709]

Si le prisonnier était acquitté ou décédait avant sa condamnation, alors les terres et les biens lui étaient restitués ou à ses proches, la Couronne ne prenant rien. Reginald de Cornhill, shérif de Kent, fut libéré en 1201 de sa responsabilité pour la valeur estimative des biens d'un homme qui, après avoir été inculpé pour l'incendie d'une maison, était mort en prison non *convictus* . Comme le dit clairement le *Pipe Roll* , ses biens n'appartenaient pas au roi. [710]

(2) *Condamnation.* Si le shérif présidait toute la procédure préliminaire liée à l'acte d'accusation, seuls les juges pouvaient « juger » le plaidoyer, c'est-à-dire prononcer la sentence en fonction du succès ou de l'échec à l'épreuve assignée à l'accusé. [711] Avant 1215, l'épreuve habituelle, conformément aux assises de Clarendon, était l'épreuve de l'eau dans le cas ordinaire, ou du fer rouge dans le cas des hommes de haut rang ou des femmes. Si le suspect échouait, la sentence n'était qu'une simple formalité ; il s'était « reconnu coupable » du crime. À la suite de la condamnation de l'épreuve par le Concile du Latran de 1215, le verdict de culpabilité prononcé par ce qui était pratiquement un petit jury, est devenu le « test » normal qui qualifiait un délinquant de *convictus* . Cela fut longtemps considéré comme une innovation, et en conséquence la loi refusa d'obliger l'accusé, contre son gré, à confier son sort à cette nouvelle forme de procès. Il pourrait refuser de « s'investir dans son pays » et, en « restant muet », comme l'expression était l'expression, rendre sa propre « conviction » impossible, s'épargnant du châtiment et privant le roi de ses biens et de « l'année et du jour ». » Pendant des siècles, les responsables ont hésité à considérer le silence comme l'équivalent d'un plaidoyer de culpabilité ; mais alors que la liberté de refuser de se soumettre au verdict d'un jury était théoriquement reconnue, des mesures barbares étaient en réalité adoptées pour contraindre au consentement. Le Statut de Westminster de 1275 [712] ordonnait que tous ceux qui refusaient soient emprisonnés *dans la prison forte et dure* . L'objectif semble avoir été d'assurer que les délinquants obstinés ne restent pas totalement impunis, même s'ils ont sauvé leurs biens en évitant une condamnation technique. Cette autorisation légale de détention stricte fut cependant interprétée très libéralement par les agents de la Couronne, qui la traitèrent comme un mandat légal pour des cruautés révoltantes, visant à contraindre les plus obstinés à se soumettre à un jury. La nourriture et la boisson leur étaient pratiquement refusées, un peu de pain moisi et une gorgée d'eau impure ne leur étant autorisées qu'un jour sur deux ; et plus tard, le prisonnier fut lentement écrasé à mort sous des poids « aussi lourds, voire plus lourds qu'il ne pouvait supporter ». Des hommes courageux, coupables ou peut-être innocents, mais méfiants à l'égard d'un jury corrompu, préféraient mourir ainsi dans les tourments, afin de pouvoir conserver à leurs femmes et à leurs enfants les biens qui, une fois convaincus, seraient tombés entre les mains de la Couronne. La fiction a été soigneusement entretenue selon laquelle la victime d'un traitement aussi barbare n'était pas soumise à la « torture », toujours illégale en droit commun, mais simplement à la *peine forte et dure* , une méthode de persuasion parfaitement légale en vertu du Statut de 1275. Cette

procédure n'était pas aboli jusqu'en 1772; C'est alors seulement qu'un accusé fut pour la première fois privé de son droit « d'avoir sa loi », sa prétention à l'épreuve comme ancienne méthode pour prouver son innocence. Jusqu'à cette date, le verdict du jury était traité comme s'il s'agissait encore d'une forme nouvelle et injustifiée de « test » usurpant le lieu de l'épreuve, alors que celle-ci avait été pratiquement abolie au début du XIIIe siècle. [713]

(3) *Atteindre.* Coke, en commentant ce passage, établit une distinction supplémentaire entre la « condamnation » qui résultait immédiatement soit d'un aveu, soit d'un verdict de culpabilité, et la « condamnation » qui nécessitait en outre une condamnation formelle du juge . À son époque, apparemment, c'était la peine d'atteint qui impliquait la confiscation ; regardant comme d'habitude la Magna Carta à travers des lunettes du XVIIe siècle, il semble surpris de trouver « condamné » utilisé là où il aurait écrit « atteint ». Pourtant, cette distinction, si elle était reconnue en 1215, devait alors être tout à fait sans importance. C'est sous les souverains Tudor que la doctrine des effets pénaux de l'attendre fut pleinement élaborée. Lorsqu'un criminel était condamné, un fléau s'abattait immédiatement sur lui : son sang était désormais impur aux yeux de la loi, et ses proches ne pouvaient hériter de rien de ce qui lui appartenait ou de ce qui passait par lui. Personne ne pouvait être traité comme un parent de quelqu'un dont tout le sang était souillé ; et la Couronne en récolta naturellement les bénéfices. [714]

Une série de lois du XIXe siècle modifièrent la dureté avec laquelle cette règle portait sur les relations innocentes du criminel ; [715] et enfin le Forfeiture Act de 1870 [716] abolit la « corruption du sang » et privait complètement la Couronne de tout intérêt dans les successions des criminels, tant dans les déshérences que dans les biens meubles. Ainsi, le mot « atteint » est devenu pratiquement obsolète, et la distinction insistée par Coke a perdu toute importance dans le droit moderne. Un criminel qui exécute sa peine est connu non pas comme un homme atteint, mais simplement comme un « condamné », le même mot que celui utilisé dans la Magna Carta.

---

697 . Pollock et Maitland, II. 500, considèrent que le présent chapitre a eu une influence marquée en accentuant cette double classification des crimes.

698 . Glanvill, VII. c. 17. Cf. Bracton, *folio* 129, pour une description graphique du « gaspillage », qui comprenait la destruction des jardins, le labourage des prairies et le déracinement des bois.

699 . Est-il possible que l'origine de « année et déchets » puisse être attribuée à la difficulté de s'entendre sur une définition respectivement des biens « immobiliers » et « personnels » ? La Couronne réclamerait tout ce qu'elle

pourrait comme « biens meubles » : les récoltes d'un an et tout ce qui se trouve au-dessus du sol.

700 . *Deuxième Institut* , p. 36.

701 . Voir Pollock et Maitland, I. 316. « Le statut apocryphe *praerogativa regis* qui peut représenter la pratique des premières années d'Édouard Ier. » Bracton (*folio* 129), tout en affirmant que la Couronne revendiquait les deux, semble douter de la légalité de cette réclamation.

702 . Cf. *supra* , p. 244-6 .

703 . Telle est du moins l'explication la plus probable d'une entrée sur le Pipe Roll de 6 Jean (cité Madox, I. 488) ; bien qu'il soit possible que Thomas n'ait acheté que « l'année, le jour et le gaspillage ».

704 . La Magna Carta a la particularité de parler d'année et de jour, sans aucune référence au gaspillage. S'il s'agissait d'abolir le « gaspillage », cela aurait dû être plus explicite. Des documents ultérieurs parlent de « *annum etvastum* », *par exemple* le *Memoranda* Roll, 42 Henry III. (cité Madox, I. 315), raconte comment 60 marks étaient dus comme prix de « l'année et du gaspillage » d'un moulin dont le propriétaire avait été pendu.

705 . *Pipe Roll* , 13 Henry III., cité Madox, I. 347. Dans le Kent, les terres détenues en gavelkind étaient exemptées aussi bien de la déshérence du seigneur que de la dévastation du roi, selon la maxime « Le père à la branche, le fils à la charrue ». .» Voir, *par exemple praerogativa regis* , ch. 16.

706 . Madox. I. 344-8, cite de nombreux exemples tirés des *Pipe Rolls* .

707 . Ce cas est cité par Madox, I. 347, de 18 Edward I.

708 . *Supra* , p. 108 .

709 . Voir Bracton, II. *feuillet* 123 et *feuillet* 137.

710 . *Pipe Roll* , 2 John, cité Madox, I. 348.

711 . Cf. *supra* , ch. 24 .

712 . 3 Édouard I. c. 12.

713 . L'Acte 12 George III. c. 20, rendu muet équivaut à un plaidoyer de *culpabilité* . Un acte ultérieur, 7 et 8 George IV. c. 28, cela équivaut à un plaidoyer de *non-culpabilité* . Voir Étienne, *Hist. Criminel. Loi* , I. 298.

714 . Cette fiction du sang corrompu était apparemment basée en partie sur une fausse dérivation du mot « attaquant ». Voir *le dictionnaire anglais d'Oxford* .

715 . *Par exemple* 54 George III. c. 145, et 3 et 4 Guillaume IV. c. 106, art. dix.

716 . 33 et 34 Victoria, ch. 23.

CHAPITRE TRENTE-TROIS.

Omnes kydelli de cetero déponantur penitus de Tamisia, et de Medewaye, et pour totam Angliam, nisi per costeram maris.

> À l'avenir, tous les kydells seront complètement retirés de la Tamise et de la Medway, et dans toute l'Angleterre, sauf sur la côte maritime.

L'objet de cette disposition ne laisse place à aucun doute raisonnable ; il s'agissait d'éloigner des rivières tous les obstacles susceptibles de gêner la navigation. On ne comprendra toute l'importance d'une telle mesure qu'en tenant compte de l'état déplorable des quelques routes qui existaient au Moyen Âge. Les voies navigables étaient les grandes voies de commerce ; lorsque ceux-ci étaient bloqués, les citadins et les commerçants subissaient des pertes, tandis que ceux qui dépendaient d'eux pour leurs nécessités, leur confort et leur luxe partageaient les inconvénients généraux. La Magna Carta est intervenue dans l'intérêt de toutes les classes et a exigé la suppression immédiate des obstacles qui interrompaient la circulation intérieure. En effet, une seule catégorie d'obstacles a été mentionnée, les « kydells » (ou barrages à poissons), non pas en raison des objectifs poursuivis, mais parce qu'ils constituaient une forme d'obstruction qui appelait des mesures répressives à l'heure actuelle. Ce mot, quelle que soit sa signification technique plus étroite qu'il ait pu revêtir plus tard, semble avoir été utilisé par les auteurs de la Magna Carta dans un sens général et large, comme s'appliquant à tous les appareils ou « moteurs » fixes et volumineux destinés à capturer du poisson, et susceptibles de gêner le libre passage des bateaux. [717]

On a supposé gratuitement que le motif de l'interdiction de ces « kydells » devait être du même genre que le motif de leur construction ; et que par conséquent le but du présent chapitre était d'empêcher la Couronne ou d'autres d'acquérir un monopole des droits de pêche à l'exclusion du public. Les tribunaux et les auteurs de jurisprudence ont uniformément approuvé ce point de vue erroné pendant de nombreux siècles et ont traité la Magna Carta comme une interdiction absolue de la création de « plusieurs » (ou exclusives) pêcheries dans les eaux de marée. [718] Bien que cette doctrine juridique ait été énoncée fréquemment et avec autorité, elle repose sans aucun doute sur une idée fausse historique. La Grande Charte cherchait à protéger la liberté de navigation, et non la liberté de pêche ; et cela ressort clairement des derniers mots du chapitre : les kydells doivent être retirés de la Tamise et de la Medway et dans toute l'Angleterre « *sauf sur la côte de la mer* ». Il eût été d'une absurdité manifeste de permettre la création de monopoles de pêche en haute mer, tout en insistant sur une parfaite liberté de pêche dans les rivières dont les rives étaient propriété privée. Le sens est tout à fait clair : aucune objection n'a été formulée à l'égard des « kydells », quels qu'ils soient, tant qu'ils ne gênaient pas la navigation.

Cette conception erronée avait cependant de nombreuses raisons d'excuser cette idée et devenait plausible du fait que la destruction des obstacles au libre passage des bateaux garantissait incidemment également le libre passage du saumon et d'autres poissons migrateurs ; et que des lois *ultérieures*, lorsque les motifs législatifs étaient devenus plus compliqués, furent parfois adoptées en vue de ces deux objets. Le changement est bien illustré par une comparaison des termes de deux lois de 1350 et de 1472 respectivement. Le premier d'entre eux reprend la substance de ce chapitre de la Magna Carta, et explique ainsi son objet : « Alors que le passage commun des bateaux et des navires dans les grands fleuves d'Angleterre est souvent gêné par l'amélioration des gouttières, des moulins, des déversoirs, des puants. , enjeux et kydells. [719] Il n'y a ici aucune allusion au poisson ou aux droits de pêche. Cette dernière loi, tout en confirmant, sous peine de sanctions, les lois antérieures sur la suppression des barrages, non seulement énonce sa propre intention comme étant double, à savoir protéger la navigation des rivières, et « aussi sauvegarder tous les alevins de poissons frayés dans le même », mais attribue rétrospectivement et sans justification un double motif similaire à la Magna Carta. [720]

En ce qui concerne la Tamise et la Medway, cette disposition n'apportait rien de nouveau. Pour les Londoniens, en effet, garder leur fleuve ouvert au commerce était une question d'une importance vitale. Le droit de détruire tous *les kydelli* de la Tamise et de la Medway avait été acheté à Richard Ier pour 1 500 marks, et une somme supplémentaire avait été versée à John pour que cela soit confirmé. La charte de Richard Ier est datée du 14 juillet 1197 ; et celle de Jean, le 17 juin 1199. Chaque roi déclara, dans des termes pratiquement identiques, qu'Hubert Walter, archevêque de Cantorbéry, et d'autres avaient souligné « qu'un grand préjudice et un grand désagrément se sont accrus pour notre dite ville de Londres, ainsi que pour ledit royaume à l'occasion desdits kydells. En conséquence, chaque charte déclarait que le roi avait « accordé et fermement ordonné que tous les kydells qui se trouvent dans la Tamise soient retirés partout où ils se trouveront dans la Tamise ; nous avons également renoncé à réclamer tout ce que le directeur de notre tour de Londres avait l'habitude de recevoir chaque année desdits kydells. C'est pourquoi nous ordonnerons fermement qu'aucun gardien de ladite Tour, à aucun moment par la suite, n'exigera quoi que ce soit de qui que ce soit, ni ne harcèlera ni n'imposera aucune exigence à quiconque en raison desdits kydells. La charte de Jean de 1199 allait plus loin que celle de Richard, précisant clairement que l'interdiction faisait référence à la Medway ainsi qu'à la Tamise, et accordant le droit d'infliger une amende de 10 £ à toute personne enfreignant ses dispositions. [721]

La Magna Carta n'a fait que confirmer et étendre à tous les fleuves une interdiction déjà fixée par les Londoniens spécialement pour leur propre fleuve. La disposition fut reprise dans les rééditions d'Henri III. Les citoyens, cependant, ne se contentèrent pas d'une clause d'un texte général, mais achetèrent pour 5 000 marks trois nouvelles chartes exclusivement en leur faveur. L'un d'eux, traitant des kydells de la Tamise et de Medway, fut publié par Henri le 18 février 1227, dans des termes presque identiques à ceux de Richard et de Jean. [722]

717 . L' *Oxford English Dictionary* le définit comme « un barrage, un barrage ou une barrière dans une rivière, comportant une ouverture équipée de filets ou d'autres appareils pour attraper le poisson », et également comme « un arrangement de filets à piquets sur la plage. dans le même but. »

718 . Blackstone, *Commentaires* , IV. 424, a déclaré que ce chapitre « interdisait pour l'avenir l'octroi de pêcheries exclusives ». Cf. *par exemple* Thomson, *Magna Charta* , 214, et Norgate, *John Lackland* , 217. Voir aussi Malcolmson *c.* O'Dea (1862), 10 *H. of L. Cas.* , 593, et Neill *c.* Duc de Devonshire (1882), 8 App. Californie. à la p. 179,—cas cités dans Moore, *History and Law of Fisheries* , p. 13, où l'erreur est exposée.

719 . 25 Édouard III., stat. 3, ch. 4.

720 . 12 Édouard IV. c. 7. Apparemment, la première loi faisant référence aux barrages comme causant des dommages aux poissons date de 1402, à savoir 4 Henri IV. c. 11, voir Moore, *Pêcheries* , p. 175.

721 . Il semble avoir été généralement supposé que ces chartes conféraient des privilèges positifs et négatifs aux citoyens de Londres ; que non seulement les obstacles à la navigation étaient ainsi interdits dans leur intérêt, mais que de vastes droits d'administration et de juridiction sur les eaux de la Tamise étaient conférés aux autorités de la ville (droits qui, avant 1197, avaient été exercés, suppose-t-on, par le connétable). de la Tour de Londres). Voir Noorthouck, *Nouvelle histoire de Londres* (1773) p. 36, et Luffman, *Charters of London* (1793) p. 13. Ce dernier dit de la concession accordée par Richard en 1197 : « Par cette charte, les citoyens devinrent les conservateurs de la Tamise. » Les *listes de brevets* de 33 Edward I. ; 5 Édouard III.; 8 Édouard III., *etc.* ; contiennent des commissions de conservation. Voir Moore, *ibid.* , p. 176. En 1393 le statut de 17 Richard II. c. 9 accordait au maire de Londres le pouvoir de réglementer les déversoirs susceptibles de détruire les poissons, et de manière générale de « conserver » la Tamise depuis Staines vers le bas, ainsi que la Medway.

722 . Voir *Rotuli Cartarum* , sous l'an 11 Henri III.

CHAPITRE TRENTE-QUATRE.

Breve quod vocatur *Precipe* de cetero non fiat alicui de aliquo tenemento unde liber homo amittere possit curiam suam.

Le bref appelé *praecipe* ne sera délivré à personne à l'avenir concernant un immeuble par lequel un homme libre peut perdre sa cour.

En extorquant à Jean une promesse solennelle de restreindre l'usage du bref particulier mentionné ici, les barons ont gagné quelque chose d'infiniment plus précieux qu'une petite réforme de la procédure judiciaire ; ils ont engagé leur ennemi dans un renversement complet d'une ligne politique poursuivie avec vigueur et constance pendant au moins un demi-siècle. Le processus par lequel la juridiction des tribunaux royaux sapait progressivement celle des tribunaux féodaux allait maintenant être soudainement arrêté. La Magna Carta, par cette clause apparemment inoffensive, était en réalité aux prises avec un problème politique urgent de l'époque, semé d'énormes problèmes pratiques aussi bien pour le roi que pour les barons. Cela ne peut être compris qu'en relation avec les détails techniques sur lesquels il repose.

I. *Les brefs royaux et les juridictions féodales*. La classe de brefs, appelée d'après leur mot initial « Writs *praecipe* », était vaste et librement utilisée par la Couronne pour émettre des ordonnances péremptoires de diverses sortes à ses officiers et à d'autres. Cette disposition de la Magna Carta faisait spécifiquement référence à un seul type de ces brefs, le soi-disant *praecipe quod reddat* . [723] Celles-ci étaient destinées à inaugurer, devant les juges du roi, les plaidoyers pour déterminer la propriété des biens, soit par bataille, soit par grandes assises, de préférence cette dernière. On les appelait « brefs de droit » parce qu'ils traitaient de questions de titre, et pas seulement de questions de possession.

La forme d'un *praecipe quod reddat* , tel qu'il émanait effectivement de la chancellerie d'Henri II. (qui l'a inventé), est donné par Glanvill, et ses termes illustrent les méthodes insidieuses par lesquelles la Couronne empiétait sur les juridictions féodales. [724] L'assignation était adressée au shérif et commençait crûment : « Ordre » (*praecipe*) A. « de rendre » (*quod reddat*) à B. un terrain qui y était spécifié, ou alternativement, « d'expliquer pourquoi il ne l'avait pas fait » (*ostensurus quare non fecerit*). L'objet réel n'apparaît cependant pas à la surface. Il n'était en aucun cas prévu que l'homme à qui l'ordre avait été donné devait abandonner sa réclamation sans discussion. Il choisirait naturellement l'alternative qui lui était permise, à savoir comparaître devant les juges du roi et y «montrer les raisons» pour lesquelles il n'avait pas obéi à l'ordre, en prouvant (s'il le pouvait) un titre sur la propriété en litige meilleur que celui allégué par le prétendant rival. Le bref, qui à première vue se lit simplement comme un ordre sommaire et final de céder la succession à un autre, est en réalité un « bref original » ouvrant un litige devant la cour du roi. L'un des effets importants de sa délivrance était que toutes les procédures engagées devant des tribunaux inférieurs devaient immédiatement cesser.

Le seigneur féodal, devant la cour duquel le baron aurait naturellement dû trancher le litige, fut ainsi privé par le roi de sa juridiction. Avec cela, il perdit également l'autorité sur ses locataires, ainsi que de nombreux frais et avantages sociaux. Le bref *précipe* était donc avant tout un ingénieux dispositif pour « évoquer » une cause particulière de la cour seigneuriale à la cour du roi. [725]

Henri II, en inventant ou en systématisant la procédure judiciaire connue sous le nom de « procédure écrite », parce que sa caractéristique principale était qu'elle interdisait de commencer toute action sans un bref royal, avait deux objectifs en vue. En réformant par son intermédiaire toute l'administration de la justice en Angleterre, le roi espérait par le même moyen détruire progressivement les privilèges féodaux de ses magnats. Il entendait, étape par étape, amener devant ses propres tribunaux tous les plaidoyers relatifs à la terre. Les questions de propriété devaient être jugées devant ses juges, par combat ou, au choix de l'accusé, par la grande assise ; les questions de possession (sans aucune option) par la petite assise compétente. Les barons ne montrèrent aucune volonté de contester le monopole de la Couronne sur les petites assises ; en fait, ils y ont cordialement acquiescé aux termes du chapitre 18 de la Charte. La grande assise, c'était une autre affaire ; ils refusaient de se voir privés de leur droit de déterminer, devant leurs propres tribunaux baron, les actions patrimoniales entre leurs propres locataires. En effet, pour une telle extension globale de la juridiction du roi sur les terres, Henri II. n'avait absolument aucun précédent. Il avait rendu la Couronne forte et avait ensuite utilisé son pouvoir pour son propre développement. Les tribunaux du roi avaient accru leur autorité, comme l'a exprimé un éminent historien américain, « par usurpation directe, en dérogation aux droits des tribunaux populaires et des franchises seigneuriales, sous la seule autorité du roi ». [726]

Or, le principal instrument conçu par Henri pour effectuer de telles usurpations était précisément cette forme particulière du bref *praecipe* (ou bref de droit). [727] Les locataires dont les titres étaient contestés achetaient volontiers de tels brefs, comme étant le seul moyen d'échapper au procès par le combat ; et Jean les délivrait fréquemment au préjudice des seigneurs féodaux, dont la juridiction était ainsi réduite. Les barons en 1215 considéraient cela comme un grief ; et la Magna Carta, en exigeant sa réparation, ont délibérément tenté d'arrêter le processus d'usurpation royale. Il faut inverser la tendance ; le système de justice féodale, désormais rapidement obsolète, doit être rétabli dans son intégralité. Chaque homme libre ou baron doit être laissé sans concurrence comme seule source de justice envers ses propres locataires dans tous les litiges fonciers, sans être inquiété par ces nouveaux titres de droit. Il ne s'agissait évidemment pas d'abolir complètement la vaste et utile classe des brefs *praecipe* ; mais simplement pour empêcher la Couronne de les utiliser comme moyen d'empiéter sur les juridictions seigneuriales. [728] Le roi pouvait tenir sa propre cour et délivrer des brefs à ses propres locataires ; mais qu'il respecte les tribunaux des autres. À l'avenir, de tels brefs ne devront plus être délivrés « concernant tout immeuble par lequel un homme libre pourrait perdre sa cour ». Les brefs *praecipe* peuvent être librement utilisés à toute autre fin, mais pas à cette fin. Mais c'était précisément ce but qui l'avait spécialement recommandé au grand roi qui l'avait inventé.

Le présent chapitre doit donc être considéré comme contenant l'une des dispositions les plus réactionnaires de toute la Charte. Les barons avaient enfin réussi à contraindre John à promettre un renversement complet d'un élément central de la politique délibérée de son père.

Ici donc, sous couvert d'un petit changement dans la procédure juridique, se cachait un triomphe notable de la féodalité sur la politique centralisatrice de la monarchie – un pas en arrière qui, s'il avait été pleinement mis en œuvre, aurait pu ouvrir la voie à une seconde ère de des turbulences féodales telles que celles qui avaient déshonoré le règne d'Etienne. On nous dit de haute autorité que la reconnaissance par Jean des « prétentions du seigneur féodal de tenir un tribunal qui jouira d'une compétence exclusive dans les actions de propriété » était une reconnaissance que « Henri II. on n'y aurait guère été contraint. [729] Cela se pourrait bien; mais Jean avait déjà plus d'une fois rejeté cette proposition avec violence. En 1215, il ne pouvait plus lutter contre l'inévitable et accepta sous la contrainte des dispositions qu'il n'avait pas l'intention de respecter. Cette concession, bien que peu sincère, n'en était pas moins importante. La substance du chapitre 34 a été répétée avec quelques modifications verbales triviales dans tous les numéros futurs de la Magna Carta. [730]

II. *Influence de cette disposition sur le développement juridique ultérieur.* Une question importante demeure : cette disposition a-t-elle été respectée dans la pratique ? La réponse est en partie oui, mais surtout non. Sa lettre a été strictement appliquée ; mais son esprit a été éludé. (1) La Chancellerie, conformément à la Magna Carta, a cessé de délivrer cette forme particulière de bref de manière à faire « perdre sa cour » à un homme libre. Il était toujours délivré aux locataires de la Couronne ; mais strictement refusé à tous les sous-locataires, qui devaient ainsi trouver réparation auprès de la cour féodale du magnat dont ils tenaient leurs terres. [731] La mesure ainsi imposée à la Couronne dans les intérêts égoïstes du baronnage infligea des difficultés aux locataires des seigneurs mesne, devant lesquels les portes des tribunaux du roi, ouvertes par Henri II, furent une fois de plus fermées dans tous les plaidoyers. touchant leurs terres franches. Dans de tels cas, le baron de la cour de leur seigneur était désormais leur seule source de justice, et dans cette cour, ils ne pouvaient pas bénéficier des méthodes améliorées de la procédure royale. En particulier, la grande assise était un monopole royal. Les magnats voulaient bien l'adopter, mais cela était rendu difficile par un obstacle dont la couronne profitait. [732] On eut peine à réunir douze chevaliers disposés à faire office de jurés ; et ils ne pouvaient pas les forcer à prononcer un verdict sous serment contre leur gré. Le roi pourrait contraindre ; mais un seigneur mesne ne pouvait que persuader. Les hommes du statut requis protestaient contre la perte de temps et redoutaient le danger d'être punis pour de faux verdicts, inséparables du devoir de siéger aux grandes assises. Tous les espoirs qu'avaient pu nourrir les barons de surmonter de telles difficultés furent déçus. En 1259, les Dispositions de Westminster déclaraient que les propriétaires libres ne devraient pas être obligés de jurer contre leur gré « puisque personne ne peut les obliger à le faire sans le mandat du roi ». [733] La politique délibérée d'Édouard Ier était d'exagérer toutes ces difficultés, en mettant tous les obstacles sur le chemin des tribunaux privés, jusqu'à ce qu'il réduise leurs juridictions à des sinécures. [734]

(2) Même si la lettre de la Magna Carta a été strictement respectée, son esprit a été éludé. Il était impossible de donner un effet fidèle à une loi qui allait directement à l'encontre de tout le courant du progrès. La justice seigneuriale tombait rapidement en discrédit et en suspens, tandis que la justice royale devenait plus efficace et plus populaire, et allait bientôt se débarrasser de tous ses concurrents et obtenir un monopole. Les sous-locataires, privés de l'accès à la cour du roi par la voie directe du bref *praecipe*, cherchaient d'autres modes d'entrée, plus tortueux. Des fictions juridiques ont été imaginées. Le grand problème est de savoir comment se soustraire à la Magna Carta sans la violer ouvertement. Les juges du roi et les plaideurs potentiels dans les tribunaux du roi formèrent une alliance tacite à cette fin, mais durent procéder par étapes lentes et prudentes, malgré l'opposition amère des puissants propriétaires des tribunaux seigneuriaux. Le processus adopté consistait en une série de changements formels dans la procédure technique des cours royales. Sa clé réside dans les ingénieux brefs originaux (ou introductifs) inventés par les avocats de la Couronne, qui ont en réalité produit une chose tout en prétendant produire quelque chose de tout à fait différent. Ces nouveaux brefs étaient connus sous le nom de brefs d'entrée et se situaient à mi-chemin entre les brefs de droit (ou brefs *praecipe*) et les petites assises ; à mi-chemin entre les brefs d'action portant sur le titre (et donc attaqués par le chapitre 34 de la Magna Carta) et les brefs portant sur la possession (et donc accueillis par le chapitre 18). Les titres d'entrée étaient donc, du point de vue du magnat avec sa cour privée, des loups déguisés en mouton. Ils

prétendaient trancher une question de *possession* , mais en réalité ils décidaient d'une question de *propriété* . Au début, les moyens auxquels ils pouvaient s'appliquer étaient peu nombreux et particuliers. De nouvelles formes d'action ont été progressivement conçues pour couvrir presque tous les cas imaginables. Le processus d'évolution fut long, commençant peu après 1215 et se terminant pratiquement avec le chapitre 29 du Statut de Marlborough, ou plutôt avec l'interprétation libérale que les avocats de la Couronne donnèrent à ce statut sous le règne suivant.

Édouard Ier, au sommet de sa puissance et désireux de mettre de l'ordre dans sa maison, recula devant une violation ouverte de la Grande Charte, adoptant volontiers des expédients subtils pour tromper les seigneurs mesne et les priver des droits que leur garantissait le présent chapitre. Sous le règne d'Édouard, le mécanisme juridique inventé à cet effet fut perfectionné, de sorte qu'à partir de ce moment-là, aucune action relative à la pleine propriété ne fut plus jamais jugée devant les tribunaux des barons des magnats. Tous ces recours ont été, en violation directe de l'esprit de la Magna Carta, jugés par les tribunaux du roi. [735]

Le demandeur n'avait donc pas besoin d'enfreindre l'interdiction du bref *praecipe* lorsqu'il pouvait obtenir un autre bref, tout aussi efficace, sous un nom différent. Un bref d'entrée était en effet, pour un *plaignant* pacifique, infiniment préférable à un bref d'entrée , qui ne pouvait être délivré qu'à celui qui était prêt à *offrir* la bataille, la possibilité d'accepter de mentir avec son adversaire. Même les locataires de la Couronne, qui pouvaient obtenir le bref *praecipe* , en sont venus à préférer le substitut plus moderne ; et l'article 34 de la Magna Carta était désormais pratiquement obsolète.

L'un des effets indirects de la clause fut des plus fâcheux. La nécessité d'effectuer des réformes par une voie tortueuse a causé un préjudice grave et durable à la forme du droit anglais. Les fictions juridiques ont en effet leur utilité, en évitant les règles techniques du droit dans l'intérêt d'une justice substantielle. Toutefois, le prix à payer pour cette aide est généralement élevé. Il faut inventer des procédures compliquées et des expédients sournois, qui conduisent à leur tour à de nouvelles subtilités juridiques de nature plus irrationnelle que les anciennes. Il aurait été préférable, dans l'intérêt de la jurisprudence scientifique, qu'un résultat aussi souhaitable puisse être obtenu d'une manière plus simple. Les auteurs de la Magna Carta doivent en porter la responsabilité. [736]

---

723 . Les nombreuses variétés de brefs *praecipe* sont classées par Coke (*Second Institute* , p. 40) en trois groupes, selon la nature des ordres qu'ils étaient destinés à transmettre, à savoir : — (a) *praecipe quod reddat* ; b) *quod permittat* ;

et c) *quod faciat* . Ceux spécialement mentionnés dans ce chapitre sont du premier type.

724 . L'ordonnance était rédigée comme suit : — *Rex vicecomiti salutem, Praecipe A. quod sine dilate reddat B. unam hidam terrae in villa illa, unde idem B. queritur quod praedictus A. ei deforceat : et nisi fecerit, sume eum per bonos sumitores quod sit ibi coram me vel Justiciariis meis in crastino post octabas clausi Paschae apud suppléant illum, ostensurus quare non fecerit. Et habeas ibi soumitores et hoc breve. Teste Ranulpho de Glanvilla et Clarendon.* Voir Glanvill, I.c. 6.

725 . Cf. Stubbs, *Const. Hist.* , I. 576.

726 . Voir Bigelow, *Hist. of Procedure* , 78. Glanvill, lu entre les lignes, contient des aveux qui soutiennent ce point de vue. Ami des prérogatives comme il l'était, il montre une conscience de la distinction entre l'usage approprié et impropre de la juridiction royale. Ainsi dans I. c. 3, il parle des tribunaux du roi comme traitant normalement des « plaidoyers des baronnies » (*c'est-à-dire des* litiges concernant les fiefs de la Couronne) ; dans I.c. 5, il parle de ce qu'il considère évidemment comme un élargissement anormal de cette compétence à tout plaidoyer relatif à un immeuble ou à un fief libre, si la Couronne le souhaitait, c'est-à-dire que la Couronne revendiquait la possibilité, dans des circonstances reconnues anormales, de décider plaidoyers quant aux fiefs détenus sous les seigneurs mesne. Cette distinction est identique à celle sur laquelle repose le présent chapitre de la Magna Carta.

727 . La procédure normale semble avoir compris les étapes suivantes : (*a*) un demandeur devant le tribunal du seigneur du fief propose de prouver par bataille un titre meilleur que celui du locataire en possession ; b) le locataire s'adresse au roi pour que la question soit tranchée en grande assise *;* (*c*) un bref *praecipe quod reddat* est alors délivré sous la forme donnée par Glanvill, I. c. 6, (déjà cité) interdisant virtuellement au prétendant de procéder ailleurs que devant le roi ; (*d*) un deuxième bref suit sous la forme donnée par Glanvill, II. c. 8, défendant au seigneur « de tenir en son tribunal le plaidoyer entre les plaideurs M. et R. parce que M. le locataire s'est mis en assises ». Cf. *supra* , ch. 18.

728 . Cf. Bracton, folio 281. Voir aussi Bracton's *Note Book* , affaire 1215, où un certain bref *praecipe* a été jugé ne pas être frappé par la Magna Carta, car il n'a fait disparaître la cour d'aucun homme.

729 . Pollock et Maitland, I 151.

730 . La version de 1216 parle d'un « immeuble libre », là où celle de 1215 parle simplement d'un « immeuble ». L'ajout n'apporte aucun changement, puisqu'en aucun cas les cours du roi ne pourraient juger des plaidoyers affectant les vilains des seigneurs mesne. L'objet de cet ajout est peut-être de

préciser qu'il n'y a eu aucune ingérence dans les droits du roi sur les propriétés de ses propres vilains sur le domaine royal.

731 . Les brefs, ainsi restreints afin que seuls les locataires *in capite* puissent les obtenir, furent par la suite connus sous le nom de brefs *praecipe in capite* . Sous ce nom, le bref apparaît dans la version de Coke de la charte d'Henri III. (*Deuxième Institut* , p. 38), et dans la traduction donnée dans les *Statuts généraux* de la réédition de 1225. Il n'y a aucune autorité dans aucun texte de la Magna Carta pour l'ajout des mots *en capite* , et l'explication de leur présence dans ces versions, il faut chercher la tendance des juristes d'une époque bien postérieure à 1215 à rééditer la Magna Carta dans le langage technique de leur époque. Coke a souligné que ce recours était réservé aux locataires de la Couronne. « Personne ne devrait obtenir cet écrit de la Chancellerie sur suggestion, mais il faut prêter serment, avant de l'accorder, que la terre est la propriété du roi en capite » (p. 38), *et* il illustre ce qu'il » dit en référence à deux cas tirés du règne d'Édouard Ier.

732 . Une telle tentative semble avoir été faite en 1207 par Walter de Lacy, comte d'Ulster, qui installa dans son fief irlandais ce que l'on appelle *nova assisa* , contre laquelle Jean protesta. Voir *Pourriture. Tapoter.* , I. 72, pour bref du 23 mai 1207. Dans un cas au moins, exceptionnel il est vrai, Jean consentit à ce que les grandes assises se tiennent dans les cours féodales. Le 4 mai 1201, il accorda à Hubert Walter (et à ses successeurs) l'autorisation de les détenir pour ses locataires à gavelkind, un mandat particulier au Kent. Voir *New Rymer* , I. 83.

733 . Voir article 18 (*Select Charters* , p. 404). D'autres articles montrent un parti pris similaire contre la justice seigneuriale. Cf. chapitre 29 de la Pétition des Barons (*Select Charters* , 386), et le commentaire de Pollock et Maitland, I. 182 : « La voix de la nation, ou ce qui se faisait entendre comme tel, n'exigeait plus, comme en 1215, protection des tribunaux seigneuriaux.

734 . Il y a eu cependant une tentative partiellement réussie de faire revivre les juridictions féodales jusqu'au règne d'Édouard III. Voir Stubbs, *Const. Hist.* , II. 638-9.

735 . Les détails techniques sont admirablement donnés par Pollock et Maitland, II. 63-7. Toute la famille des brefs était connue sous le nom de « brefs d'entrée *sur disseisin* » ; et ceux-ci furent appliqués à des usages encore plus larges après 1267 sous l'autorité du Statut de Marlborough, en tant que « brefs d'entrée *sur disseisin* on the *post* ». Voir aussi Maitland, Préface à *Sel. Plaidoyers devant les tribunaux seigneuriaux* , p. lv.

736 . Cf. Pollock et Maitland, I. 151, et *Sel. Plaidoyers devant les tribunaux seigneuriaux* , déjà cités.

CHAPITRE TRENTE-CINQ.

Une mensura vini sit per totum regnum nostrum, et une mensura cervisie, et une mensura bladi, scilicet quarterium Londonie, et une latitudo pannorum tinctorum et russetorum et halbergectorum, scilicet due ulne infra listas ; de ponderibus autem sit ut de mensuris.

> Qu'il y ait une seule mesure de vin dans tout notre royaume ; et une mesure de bière ; et une mesure de maïs, à savoir « le quartier de Londres » ; et une largeur de tissu (qu'il soit teint, ou roux, ou halberget), à savoir, deux aunes dans les lisières ; des poids qu'il en soit aussi des mesures.

Ce chapitre reconstitue une ordonnance importante de Richard I., généralement connue sous le nom d'Assises des mesures, mais parfois sous le nom d'Assises du drap. Cette ordonnance, dont la date exacte est le 20 novembre 1197, était, selon les conceptions modernes de la sphère propre du gouvernement, en partie louable et en partie peu judicieuse. Cela montrait, d'une part, un désir louable d'établir des normes définies de poids et mesures, uniformes dans toutes les régions de l'Angleterre. Elle s'efforçait ainsi de surmonter les graves désagréments rencontrés par les commerçants, qui se heurtaient à des normes variables au fur et à mesure qu'ils déplaçaient leurs marchandises d'un endroit à l'autre. Plus important encore, les assises cherchaient également à prévenir les fraudes fréquemment commises sur les acheteurs par des marchands sans scrupules, à l'abri de poids et mesures ambigus. Le quartier de Londres doit donc être utilisé partout pour le blé ; et une mesure pour le vin ou la bière. Jusqu'ici, tout va bien. D'un autre côté, l'ordonnance de Richard est allée bien plus loin que ce que les idées modernes de *laissez-faire* pouvaient tolérer. En particulier, la liberté légitime du commerce a été entravée par la réglementation du tissu rapportée par Roger de Hoveden. [737] Aucun tissu, nous dit-il, ne devait être tissé sauf d'une largeur uniforme, c'est-à-dire « deux aunes à l'intérieur des listes ». [738]

Les tissus teints, était-il prévu, devraient être de qualité égale de part en part, aussi bien au milieu qu'à l'extérieur. Il était interdit aux commerçants d'obscurcir leurs vitrines en raccrochant, pour reprendre le langage suranné de l'ordonnance, « du tissu rouge ou noir, ou des boucliers (*scuta*) afin de tromper la vue des acheteurs cherchant à choisir du bon tissu ». Les tissus colorés ne devaient être vendus que dans les villes ou les bourgs importants. Nous avons ici, apparemment, une loi somptuaire destinée à garantir que les classes inférieures portent de modestes vêtements gris. Six hommes légaux devaient être chargés de tenir les assises dans chaque comté et chaque bourg important. Ces gardiens des mesures doivent veiller à ce qu'aucune marchandise ne soit achetée ou vendue autrement que selon les normes ;

emprisonner ceux qui sont reconnus coupables d'avoir utilisé d'autres mesures, que ce soit de leur propre aveu ou d'un échec à l'épreuve (*confus vel convictus*) ; et saisissez les biens des défaillants pour le compte du roi. Si les *gardiens* accomplissaient leurs devoirs avec négligence, ils devaient subir une amende pour leurs biens. [739] Les assises des mesures de Richard furent complétées en 1199 par les assises du vin de Jean, qui tentèrent de réguler le prix des vins de diverses qualités, [740] une tentative non répétée dans la Magna Carta.

Le même auteur qui nous donne le texte de l'ordonnance de 1197 nous dit aussi que ses termes furent jugés trop stricts et durent être fréquemment assouplis dans la pratique. [741] Cela se fit en 1201. Les juges du roi, nous dit-on, voulurent saisir les draps de certains marchands, sous prétexte qu'ils étaient inférieurs à la largeur légale. Ils firent cependant un compromis en acceptant une grosse somme d'argent « à l'usage du roi et au détriment du plus grand nombre ». Hoveden dénonce ainsi ce qu'il considère comme un marché illégal entre les juges et les commerçants pour avoir porté préjudice aux acheteurs en se soustrayant à la stricte lettre de l'ordonnance.

De nombreux exemples d'évasion peuvent être trouvés dans les *Pipe Rolls* avant et après la Magna Carta. En effet, les juges étaient généralement plus déterminés à percevoir des amendes en cas de violation qu'à faire respecter les assises. En 1203, deux marchands de Worksop furent chacun condamnés à un demi-mark pour avoir vendu du vin contrairement aux assises, tandis que les gardiens des mesures du bourg furent également condamnés à un mark pour avoir exercé leur devoir avec négligence - illustration exacte des paroles de l'ordonnance. . [742] La même année, une amende d'un mark fut infligée à certains marchands « pour avoir étiré du tissu », afin, vraisemblablement, de l'amener à la largeur légale. [743] Les commerçants payaient fréquemment de lourdes amendes pour échapper complètement à l'ordonnance. [744]

Lorsque les barons en 1215 insistèrent pour que Jean fasse respecter l'ordonnance de son frère dans toute sa rigueur, ils firent un pas dans leur propre intérêt en tant qu'acheteurs, et contre les intérêts des corporations commerciales en tant que vendeurs. Bien que cette disposition ait été répétée dans toutes les chartes ultérieures, elle ne semble jamais avoir produit beaucoup d'effet. Il était très difficile de faire respecter ces dispositions dans leur rigueur et les fraudes se poursuivaient. Un exemple peut suffire. Dans la deuxième année d'Henri III. [745] Les citoyens de Londres payèrent 40 marks pour ne pas pouvoir être interrogés pour la vente de draps de moins de deux mètres de largeur. Voici une illustration de la pratique des juges à laquelle Hoveden s'était opposé et que la Magna Carta n'avait apparemment pas réussi à réprimer. Parfois, cependant, les dispositions des assises des mesures de Richard et des assises du vin de Jean étaient encore appliquées. En 1219, un curé du Lincolnshire, avec une conception libérale de l'étendue de ses devoirs paroissiaux, dut payer 40 shillings. pour le vin vendu *en supplément Assisam* . [746] Les Parsons, apparemment, pouvaient se livrer au commerce, mais seulement s'ils se conformaient aux réglementations habituelles.

737 . R. Hoveden, IV. 33-4.

738 . Plus tard, des tissus d'une largeur standard alternative furent également légalisés, à savoir un mètre entre les « listes ». D'où la distinction entre le « drap large » (c'est-à-dire un tissu de deux mètres) et le « streits » (c'est-à-dire un tissu étroit d'un mètre). (Voir Statut I Richard III. c. 8.) Le mot « drap » a depuis longtemps changé de sens et désigne désormais un matériau de qualité supérieure, quelle que soit sa largeur. Voir *l'Oxford English Dictionary* , sous « Broadcloth ».

739 . Cf. *supra* , ch. 20, pour les « amercements », et *supra* , c. 24, pour les « gardiens » des plaidoyers (ou coroners).

740 . Voir R. Hoveden, IV. 100.

741 . Voir Hoveden, IV. 172, et Stubbs, *Const. Hist.* , I. 616.

742 . Voir *Pipe Roll* , 4 John, cité Madox, I. 566.

743 . Voir *Ibid.*

744 . En 1203, les hommes de Worcester payèrent 100 shillings. « *ut possint emere et vendere pannos tinctos sicut solebant tempore Regis Henrici* » ; et les hommes de Bedford, Beverley, Norwich et d'autres villes effectuèrent des paiements similaires. Voir *Pipe Roll* , 4 John, cité Madox, I. 468-9.

745 . Voir *Pipe Roll* , cité Madox, I. 509.

746 . *Pipe Roll* , 3 Henri III., cité Madox, I. 567.

CHAPITRE TRENTE-SIX.

Nichil detur vel capiatur de cetero pro brevi inquisitions de vita vel membris, sed gratis concedatur et non negetur.

Rien à l'avenir ne sera donné ou pris pour une ordonnance d'inquisition de la vie ou des membres, mais cela sera accordé librement et jamais refusé.

Ce chapitre a une incidence importante sur le procès par combat, et n'a aucune incidence sur *l'habeas corpus* , auquel il est souvent censé être étroitement lié. L'écriture particulière sur laquelle l'accent est mis ici avait été inventée par Henri II. d'éviter le duel judiciaire dans certains cas, en permettant à l'accusé de renvoyer virtuellement la question de sa culpabilité ou de son innocence au verdict sous serment de ses voisins.

I. *Procès par combat avant le règne de Jean.* Le moment crucial dans la procédure judiciaire au Moyen Âge arriva, comme nous l'avons déjà expliqué [747] , lorsque le « test » ou le « procès » (*lex*) désigné par le tribunal fut tenté par l'un ou les deux justiciables. La forme particulière de preuve à laquelle étaient attachés les guerriers barons normands était le *duel* , et il était naturel que ceux de la vieille aristocratie anglo-saxonne qui leur étaient associés sur des termes d'égalité adoptent leurs préjugés. Le « combat » est donc devenu le mode normal pour résoudre tous les conflits sérieux entre les classes supérieures. Cependant, même dès le début, il ne semble pas avoir été compétent pour les biens de moins de 10 s. en valeur, [748] et il fut bientôt spécialement réservé à deux classes de litiges : les plaidoyers civils institués par bref de droit, et les plaidoyers criminels ultérieurs en « appel ». Le présent chapitre s'intéresse uniquement à ce dernier.

Un « appel » à cet égard était totalement différent du recours moderne d'un tribunal inférieur à un tribunal supérieur. Il s'agissait d'une accusation formelle de trahison ou de crime portée par un particulier de sa propre initiative, et était généralement suivie d'un combat judiciaire entre l'appelant et l'intimé, chacun combattant en personne. Un tel droit était nécessaire à une époque où le gouvernement n'avait pas encore assumé la responsabilité générale de traduire en justice les criminels ordinaires, ou du moins était si laxiste et spasmodique dans l'exercice de cette fonction qu'il laissait de nombreux malfaiteurs impunis. L'appel suivi d'une bataille était probablement à l'origine une forme de procédure judiciaire substituée aux anciennes vendettas. [749] Ceux qui ont subi un préjudice seraient plus facilement dissuadés de leur vendetta si on leur accordait en revanche le droit au duel judiciaire dans des conditions équitables fixées par le tribunal. Le procès normand par le combat était donc une survivance d'une époque antérieure de la société où la personne lésée, et non le magistrat, était le vengeur du crime ; et cela explique plusieurs particularités : pourquoi, par exemple, lorsque l'accusé avait prononcé « ce mot odieux lâche », [750] s'avouant ainsi vaincu et méritant le sort d'un parjure, l'accusateur victorieux avait droit à sa vengeance, même face à une grâce royale. Lorsqu'Henri d'Essex, connétable et porte-drapeau d'Henri II, accusé par son ennemi Robert de Montfort, en 1163, eut été vaincu dans le combat, la faveur royale ne put le protéger, bien qu'apparemment la connivence du roi lui permit, en renonçant à ses biens et en devenant moine, et donc bel et bien mort, pour échapper à la mort par pendaison. [751] Il semblerait qu'au début, l'ensemble de la procédure ressemblait encore plus à une vengeance privée légalisée, puisque l'appelant qui avait vaincu son ennemi était autorisé à le mettre personnellement à mort. "L'usage ancien était, même à l'époque d'Henri IV, que tous les parents du tué devaient traîner l'intimé jusqu'au lieu d'exécution." [752]

Les méfaits du procès par le combat sont évidents. Dès l'origine, elle fut redoutée et évitée par les commerçants des bourgs, qui payèrent cher les chartes d'exonération. Leur aversion s'étendit aux classes supérieures et fut partagée par Henri II. Pour ce grand homme d'État, doté des instincts ardents d'un réformateur, méprisant absolument toutes les procédures obsolètes et irrationnelles, et totalement dépourvu de respect pour la tradition, le procès par le combat était totalement odieux. Il l'aurait volontiers aboli s'il l'avait osé ; mais il suivit prudemment la politique plus subtile consistant à miner lentement sa vitalité. À cette fin, il a utilisé quatre expédients qui sont d'un grand intérêt en ce qu'ils éclairent le processus par lequel le procès par jury a remplacé le procès par bataille. [753] (1) Toutes les facilités ont été accordées aux parties à une poursuite civile qui étaient prêtes à renoncer volontairement au *duel*. Henri mit à leur disposition, en remplacement, un procédé qui avait été spécialement réservé par ses ancêtres au service de la Couronne. Les plaideurs pouvaient soumettre leurs revendications rivales au serment d'un groupe choisi de voisins locaux : les anciens reconnaissants se sont ainsi développés en *jurata*. Cette solution n'était toutefois possible que lorsque les deux parties y consentaient, et elle présentait de nombreux traits communs avec un arbitrage moderne. (2) Dans les arguments relatifs au titre et à la possession des terres, Henry est allé plus loin, accordant au défendeur la possibilité d'un règlement pacifique même lorsque le demandeur préférait la bataille. Les hommes auxquels de tels cas étaient soumis sous serment étaient connus sous le nom d'*assise* et non de *jurata*, puisque les deux plaideurs n'avaient pas consenti. Les trois différentes commissions d'assises accueillies par les barons au chapitre 18 ont déjà été évoquées. L'*assise*, comme la *jurata*, ne pouvait s'appliquer qu'aux plaidoyers civils. (3) Des tentatives ont été faites pour décourager le procès par combat dans les plaidoyers criminels également en décourageant l'exercice du droit d'« appel » privé, son prélude naturel. La voix collective du jury accusateur a été faite autant que possible pour supplanter la plainte individuelle de la partie lésée proposant la bataille. Seul le proche parent, ou le seigneur lige, d'un homme assassiné était autorisé à prouver la culpabilité du coupable par le combat ; tandis que le droit de recours d'une femme était limité à des limites étroites. [754] (4) Un vaste champ restait encore pour les appels privés et les batailles ; mais Henry s'efforça de le réduire par un procédé subtil. Dans les appels pour homicide, où l'accusation n'a pas été portée *de bonne foi* , mais malicieusement ou sans cause probable, l'intimé s'est vu offrir un moyen d'échapper au *duel* . Il pourra demander le bref qui fait l'objet de ce chapitre.

II. *L'écrit de vie et de membre*. Le bref mentionné ici, mieux connu dans l'Angleterre médiévale sous le nom de bref *de odio et atia* , [755] avait pour but de protéger contre un duel les hommes injustement appelés pour homicide. Des accusations téméraires ou malveillantes pouvaient être portées par des chevaliers turbulents, qui faisaient du combat leur passe-temps, afin d'assouvir une rancune contre les commerçants ou d'autres hommes de paix, et beaucoup d'hommes appelés étaient heureux d'acheter du roi la permission de s'échapper en prenant l'habit. et tonsure d'un moine ; [756] mais Henri désirait sauver des hommes innocents du risque d'échec dans le *duel* sans ce subterfuge. Si l'accusé affirmait que son appelant avait agi « par dépit et par haine » (*de odio et atia*), il pouvait acheter à la chancellerie royale un acte connu sous ce nom, qui renvoyait le plaidoyer ainsi soulevé au verdict d'un corps assermenté. de douze reconnaisseurs tirés de sa propre localité. Si ses voisins faisaient droit à son plaidoyer, toutes les autres procédures d'appel étaient annulées : le *duel* était évité. [757] Un privilège similaire fut ensuite étendu à tous ceux qui étaient coupables d'homicide en état de légitime défense, ou d'homicide par mésaventure, et non de meurtre délibéré. [758] Bientôt, tous les hommes firent appel du meurtre, qu'ils soient coupables ou non, alléguant naturellement qu'ils avaient été accusés sans fondement et par méchanceté, de simples « mots de forme courante ». Cet élargissement de la sphère d'utilité du bref s'accompagna d'un autre changement. La question principale de la culpabilité ou de l'innocence, et pas seulement les plaidoyers préliminaires, a fini par être tranchée par le verdict des voisins [759] qui, que ce soit pour ou contre l'accusé, a été considéré comme définitif. Aucune autre procédure n'était nécessaire : aucune n'était autorisée. Le *duel* fut finalement écarté avec succès, même s'il ne fut aboli qu'en 1819. [760]

III. *Utilisations subsidiaires du bref.* Cette enquête sur la vie et l'intégrité physique, conçue comme un moyen de substituer un verdict sous serment au *duel* en cas d'homicide, a souvent été présentée comme l'antécédent direct, sinon comme identique, de la procédure qui, au XVIIe siècle, devint si précieuse. un rempart de la liberté du sujet, sous le nom d' *habeas corpus* . C'est une erreur; l'ordonnance moderne d' *habeas corpus* a été développée à partir d'une ordonnance entièrement différente, dont l'objet initial était la garde du corps du prisonnier en prison, et non sa libération d'une détention injuste. [761]

L'opinion générale, quoique erronée, n'est pas sans excuse ; car l'ordonnance mentionnée par la Magna Carta, en plus d'atteindre son objectif principal, a été utilisée à un autre usage, subsidiaire, qui présente une ressemblance superficielle avec celui servi par l' *habeas corpus* des siècles ultérieurs. Un délai considérable peut s'écouler entre la demande d'inquisition présentée par l'intimé et le verdict rendu à son sujet. Dans l'intervalle, l'homme accusé de meurtre n'avait, dans le cas normal, pas le droit d'être libéré sous caution, un privilège accordé aux personnes soupçonnées de crimes moins graves. Cela était difficile dans les cas où l'accusé était victime de malveillance ou coupable uniquement d'homicide justifiable. Les prisonniers, placés dans une telle situation, pourraient acheter de la Couronne, toujours prête à accepter des honoraires pour une bonne cause, des ordonnances royales qui les éviteraient de languir pendant des mois ou des années en prison. L'ordonnance la mieux adaptée à cet effet était celle *de odio et atia* , puisqu'elle était déjà applicable à des intimés présumés innocents à une autre fin. [762]

À mesure que le procès par combat devenait rapidement obsolète, le but initial du bref fut oublié et son objet autrefois subsidiaire devint plus important. Avant l'époque de Bracton (peut-être même avant la date de la Magna Carta), ce changement avait eu lieu : l'ordonnance était devenue principalement considérée comme un expédient pour la libération sous caution des homicides *per infortunium* ou *se défendendo* . Bracton, en donnant la forme du bref, [763] déclare qu'il est inique que des hommes innocents accusés d'homicide soient longtemps détenus en prison ; c'est pourquoi, nous dit-il, une enquête est généralement faite à la demande d'amis tristes, que l'accusation soit *de bonne foi* ou qu'elle ait été portée *de odio et atia* . Cette image agréable d'un roi ému par les amis en larmes des accusés ne s'applique guère à Jean, qui n'écoutait que les prétendants aux longues bourses qu'ils étaient prêts à vider dans son trésor. Les brefs qui libéraient les homicides étaient devenus une source précieuse de revenus. Les shérifs furent fréquemment réprimandés pour avoir libéré des prisonniers sous caution sans mandat du roi, mais, malgré de lourdes sanctions, ils continuèrent leurs irrégularités, soit en faveur de particuliers, soit en échange de pots-de-vin. Ainsi, en 1207, Pierre de Scudimore paya au Trésor public une amende de 10 marks pour avoir libéré des homicides sur gages, sans mandat du roi ou de ses juges. [764] Cette année-là, Jean réitéra ses ordres, interdisant strictement aux meurtriers d'être libérés sous caution, sauf sur ordre royal, jusqu'à ce qu'ils aient reçu un jugement en présence des juges du roi. [765]

Pour Jean donc, les honoraires excessifs et arbitraires à recevoir pour ce bref constituaient son plus grand mérite ; tandis que les barons prétendaient, par pure question de justice, qu'il devait être délivré gratuitement à tous ceux qui en avaient besoin. L'acceptation par John de leurs demandes, contenues dans le présent chapitre, a été répétée dans toutes les rééditions et apparemment observée dans la pratique. La procédure sous le règne d'Henri III. est décrit par Bracton dans un passage déjà cité. Une fois le bref *de odio* reçu, une enquête, nous dit-il, doit être tenue rapidement, et si le jury décide que l'accusation a été portée par malveillance, ou que le meurtre a été commis en état de légitime défense ou par accident, le Crown devait en être informé. Par la suite, de la chancellerie serait délivré un deuxième bref, dont la forme est également donnée par Bracton (connu plus tard sous le nom de bref *tradias in ballium*) enjoignant au shérif, lorsque l'accusé aura trouvé douze bonnes cautions du comté, de « livrez-le sous caution à ces douze-là » jusqu'à l'arrivée des juges. Toutefois, de tels mandats, même s'ils étaient en un sens délivrés « librement », devaient toujours être payés. Un certain Reginald, fils d'Adam, accusé en 1222, offrit un mark au roi pour un verdict des trois comtés voisins (il s'agissait d'un plaidoyer du Lincolnshire), pour savoir si l'accusation était portée à cause de « la mauvaise volonté et haine » (*per odium et atiam*) que Guillaume de Ros, seigneur de l'appelant, enfanta au père de Reginald « *vel per verum appellum* ». [766]

Une longue série de lois ultérieures ont imposé ou modifié cette procédure. Celles-ci ont été interprétées comme impliquant de fréquents changements de politique, parfois abolissant et parfois réintroduisant le bref et la procédure qui le suivait. [767] C'est une erreur; les divers statuts n'apportèrent aucun changement radical, mais modifièrent simplement des points de détail ; cherchant parfois à empêcher la libération sous caution des coupables, et parfois à éliminer les difficultés du chemin des innocents. Le Statut de Westminster, I., par exemple, après un préambule qui évoquait la manière dont les shérifs constituaient des jurys favorables à l'accusé, prévoyait que les enquêtes « seraient menées par des hommes légitimes choisis sous serment (dont deux au moins seront des chevaliers) qui n'ont aucune affinité avec les prisonniers ni ne doivent être soupçonnés. [768] Le Statut de Gloucester, en revanche, ordonnait la détention stricte, en attendant leur procès, des délinquants dont la culpabilité était évidente. [769] Le Statut de Westminster, II. une fois de plus favorisé les prisonniers, prévoyant par le chapitre 12 la punition des faux appelants ou accusateurs, et par le chapitre 29 que « de peur que les parties appelées ou inculpées ne soient maintenues longtemps en prison, elles auront un bref d'odio et atia, comme *il* est déclaré dans la Magna Carta et d'autres statuts. [770]

L'ordonnance en question était en usage en 1314 [771] et semble n'avoir jamais été expressément abolie, mais avoir sombré progressivement dans l'abandon, à mesure que les appels devenaient obsolètes et que les commissions de délivrance de prison étaient plus fréquemment tenues.

IV. *Histoire ultérieure de l'appel et de la bataille.* Le droit d'accusation privée fut seulement limité, mais non aboli, par Henri II. et ses successeurs. Elle ne pouvait être refusée à aucun blessé, qui n'était soupçonné d'abuser de son droit. Les poursuites engagées au nom du roi par voie d'acte d'accusation et de procès devant jury complétaient, sans les remplacer, les poursuites privées par voie d'appel et de bataille. Le danger d'une seconde poursuite pourrait peser sur la tête d'un accusé après qu'il ait « résisté à son procès » et ait été honorablement acquitté. ItIl était injuste qu'il soit tenu pour toujours dans un tel suspens ; et, en conséquence, le Statut de Gloucester prévoyait que le droit d'appel deviendrait caduc à moins qu'il ne soit exercé dans l'année et le jour suivant la commission de l'infraction. [772] Afin que l'accusé échappe à tout risque de double poursuite pour le même crime, il était nécessaire que la Couronne complète les dispositions de cette loi en retardant la poursuite jusqu'à l'expiration de l'année et du jour. Cette règle fut suivie en 1482. Une telle immunité de poursuite contre le roi pendant une période de douze mois (combinée aux dispositions du Statut de Gloucester) aurait sans aucun doute évité la possibilité de deux procès pour un seul délit ; mais elle produisit un mal bien pire, d'une autre nature, en facilitant l'évasion des criminels devant la justice. Après avoir éprouvé ses effets pernicieux, cette règle fut condamnée par la loi du Parlement qui instituait la Chambre Étoile. [773]

Cela remédiait au mal le plus récent, mais ravivait l'ancienne injustice ; la même loi stipule que l'acquittement ne doit pas empêcher l'épouse ou l'héritier le plus proche d'un homme assassiné de faire appel. Ainsi, une fois de plus, un homme déclaré innocent par un jury pourrait se retrouver exposé à une seconde poursuite. Cette anomalie injuste est restée sans réparation formelle jusqu'au XIXe siècle ; et en 1817, le public britannique fut surpris de découvrir qu'une procédure judiciaire oubliée depuis longtemps faisait toujours partie du droit anglais. Le corps d'une jeune fille du Warwickshire, Mary Ashford, a été découvert dans une fosse d'eau dans des circonstances suggérant un acte criminel. Les soupçons se portent sur Abraham Thornton, qui se trouvait en sa compagnie la nuit de sa disparition. Après une inculpation et un procès aux assises de Warwick pour viol et meurtre, il a été acquitté. Le frère aîné de la jeune fille, William Ashford, n'était pas satisfait de ce qui semblait être un verdict parfaitement honnête. Il essaya d'obtenir un second procès, et revendiqua dans ce but l'ancien droit d'appel du crime, que les juges ne crurent pas pouvoir refuser. La tentative d'Ashford de faire revivre cette procédure obsolète a été accueillie par la reprise par Thornton de son homologue tout aussi obsolète. Convoqué devant les juges du Banc du Roi, il proposa de se défendre par le combat, jetant comme « pari de bataille » un gant au modèle antique approuvé. Les juges ont dû reconnaître son droit légal de se défendre contre l'appel « de son corps », et Thornton a ainsi réussi à déjouer la tentative de le contraindre à un deuxième procès, car le tribunal n'a jamais envisagé la possibilité qu'un combat judiciaire médiéval soit réellement mené. au XIXe siècle. L'appel a été retiré et la procédure a été close. [774]

La renaissance inattendue de ces curiosités juridiques d'une époque antérieure a conduit à leur suppression définitive. En 1819, un statut fut adopté abolissant la preuve par bataille aussi bien dans les plaidoyers criminels que civils ; et le droit d'appel tombait avec lui. [775]

----

747 . Voir *supra* , p. 103-106 .

748 . Voir *Leges Henrici primi* , c. 69, §§ 15-16.

749 . Cf. *supra* , ch. 20.

750 . « *Illud verbum odiosum quod recreantus sit.* » Bracton, *feuillet* 153.

751 . Voir Jocelyn de Brakelond, pp. 50-2.

752 . Blackstone, *Commentaires* , IV. 316.

753 . Cf. *supra* , 107-109, ainsi que 158-163.

754 . Quelques précisions sont données sous c. 54.

755 . En identifiant l'écrit dont parle la Magna Carta comme celui « de la vie et des membres » avec le célèbre bref *de odio et atia* , la plupart des autorités s'appuient sur un passage de Bracton (à savoir : *folio* 123). Il existe encore de meilleures preuves. Le Statut de Westminster, II. c. 29, ordonne : « Dans le cas où les parties faisant appel ou inculpées ne seraient pas maintenues longtemps en prison, elles auront un bref *de odio et atia* comme cela est déclaré dans la Magna Carta et d'autres statuts. » De plus, en 1231, on demanda à douze jurés qui avaient rendu un verdict sur la fausseté d'un appel *quo waranto fecerunt sacramentum illud de vita et membris* , sans l'autorisation du roi. Voir *le carnet de notes* de Bracton , cas 592.

756 . Madox, I. 505, a rassemblé des exemples.

757 . Cf. Pollock et Maitland, II. 585-7, et Thayer, *Témoignages* , 68.

758 . Elle s'étendit également dans une autre direction : certains tribunaux féodaux adoptèrent une procédure similaire en cas de faux appels (bien que le roi s'y opposât sans autorisation royale). Des enquêtes ont eu lieu peu après l'abolition du supplice (1215) à la cour de l'abbé de Saint-Edmond. Voir *le carnet de notes* de Bracton , cas 592.

759 . Voir Pollock et Maitland, II. 586.

760 . 59 Georges III. c. 46.

761 . Les débuts de *l'habeas corpus* sont retracés par le professeur Jenks dans un article érudit et intéressant paru dans la *Law Quarterly Review* , VIII. 164. Le bref *de odio* était obsolète à une date antérieure à l'invention de l' *habeas corpus* .

762 . Cf. Brunner, *Entstehung der Schwurgerichte*, p. 471.

763 . Voir *folio* , 123.

764 . Voir *Pipe Roll* , 8 John, cité Madox, I. 566.

765 . Voir *Pourriture. Tapoter.* , I. 76, cité Madox, I. 494. La date est le 8 novembre 1207.

766 . Voir Bracton's *Note Book* , cas 134, et cf. cas 1548.

767 . Stephen, *Hist. Criminel. Law* , I. 242 (d'après Foster, *Crim. Cases* , 284-5), considère qu'elle a été abolie par 6 Edward I., stat. 1, ch. 9. Coke, *Second Institute* , 42 ans, pensait qu'il avait été aboli par 28 Édouard III. c. 9 (qui, cependant, ne semble pas du tout faire référence à cela), et restauré par 42 Édouard III. c. 1 (abolissant toutes les lois contraires à la Magna Carta). Du Coca, *Ibid.* , et Hale, *Plaidoyers de la Couronne* , II. 148, estimaient que le bref n'était pas obsolète à leur époque. Cf. Pollock et Maitland, II. 587, n.

768 . 3 Édouard I. c. 11.

769 . 6 Édouard I., stat. 1, ch. 9.

770 . 13 Édouard I. cc. 12 et 29.

771 . Voir *Pourriture. Parl.* , I. 323.

772 . 6 Édouard I. c. 9. Les appels étaient extrêmement fréquents vers la fin de la période Plantagenêt, en particulier à l'époque des « Lords Appellants ». Les procédures qui suivirent en appel se déroulèrent tantôt devant la Court of the Constable and Marshal, tantôt devant le Parlement. Dans aucun des deux cas, ils n'étaient populaires. Une des accusations portées contre Richard II. par le Parlement qui l'a destitué, c'est que « en violation de la Magna Carta » (c'est-à-dire probablement du chapitre 39) les personnes malicieusement accusées de propos traîtres étaient jugées devant le connétable et le maréchal, et bien qu'elles puissent être « vieilles et faibles, mutilés ou infirmes », mais contraints de lutter contre les appelants « jeunes, forts et chaleureux ». Voir *Pourriture. Parl.* , III. 420, cité Neilson, *Trial by Combat* , 193. En revanche, le Statut 1 Henri IV. c. 14 prévoyait qu'à l'avenir aucun appel ne devrait être entendu devant le Parlement, mais uniquement devant la Cour du connétable et du maréchal.

773 . Voir 3 Henri VII. c. 1, art. 11. Ce statut soulignait que la personne lésée, disposant du droit de faire appel, était « souvent lente et également d'accord, et à la fin de l'année tout est oublié, ce qui est une autre occasion de meurtre ».

774 . Voir *Ashford c. Thornton , précité* , 1 B. et Ald. 405-461.

775 . Voir 59 Georges III. c. 46.

CHAPITRE TRENTE-SEPT.

Si aliquis teneat de nobis per feodifirmam, vel per sokagium, vel per burgagium, et de alio terram teneat per servicium militare, nos non habebimus custodiam heredis nec terre sue que est de feodo alterius, occasione illius feodifirme, vel sokagii, vel burgagii ; nec habebimus custodiam illius feodifirme, vel sokagii, vel burgagii, nisi ipsa feodifirma debeat servicium militare. Nos non habebimus custodiam heredis vel terre alicujus, quam tenet de alio per servicium militaire, occasione alicujus parve serjanterie quam tenet de nobis per servicium reddendi nobis cultellos, vel sagittas, vel hujusmodi.

> Si quelqu'un nous détient par fief, par socage ou par burgage, et qu'il possède également les terres d'un autre seigneur par le service d'un chevalier, nous n'aurons pas (en raison de ces fiefs, socage ou burgage) la tutelle de l'héritier, ou de ses terres qui appartiennent au fief de cet autre ; nous n'aurons pas non plus la tutelle de cette ferme fief, de ce socage ou de ce burgage, à moins que cette ferme fief ne doive le service d'un chevalier. Nous n'aurons pas, en raison d'un petit sergent que quiconque pourrait détenir sur nous en nous fournissant des couteaux, des flèches ou autres, la tutelle de son héritier ou des terres qu'il détient d'un autre seigneur par le service d'un chevalier.

Par ces dispositions, la Charte revient une fois de plus au sujet de la tutelle, énonçant trois règles qui seront mieux comprises lorsque leur ordre sera quelque peu modifié, la seconde étant prise en premier.

(1) *Tutelle ordinaire.* La raison pour laquelle on revendiquait la tutelle des terres chevaleresques, à savoir qu'un garçon locataire ne pouvait pas effectuer son service militaire, ne s'appliquait pas aux fiefs, aux socages ou aux burgages. Il y avait cependant beaucoup de relâchement dans l'usage ; et John en profita pleinement. La Charte énonçait explicitement le droit ; la tutelle n'était pas due pour ces propriétés, sauf dans les cas quelque peu anormaux où les terres en fief devaient expressément servir au service militaire. [776] Comme il n'est pas dit expressément que les petits sergents (bien que mentionnés dans le présent chapitre dans un contexte différent) partagent cette exemption, on peut en déduire que les barons admettaient la tutelle de Jean sur eux, tout comme dans le cas des grands sergents. À l'époque de Littleton, la loi avait été modifiée. Les petits sergents étaient alors exemptés. [777]

(2) *Tutelle de prérogative.* Lorsqu'un tenancier de chevalerie mourait en laissant deux fiefs militaires distincts détenus par différents seigneurs mesne, chacun de ces seigneurs jouissait, pendant la minorité, de la tutelle sur son propre

fief. C'était parfaitement juste pour toutes les parties ; mais si le pupille détenait un domaine de la couronne et un autre d'un seigneur mesne, le roi revendiquait la tutelle sur les deux ; et cela aussi, même lorsque le fief de la Couronne était de peu de valeur. [778] De tels droits étaient connus sous le nom de « tutelle de prérogative », et donc limités, étaient en 1215 parfaitement légaux, aussi inéquitables qu'ils puissent paraître aujourd'hui.

(*a*) *Fee-ferme, socage et burgage.* Jean, cependant, poussa ce droit plus loin et exerça une prérogative de tutelle sur les fiefs des seigneurs mesne, non seulement à l'occasion de fiefs de la Couronne détenus dans le cadre de la chevalerie, mais également à l'occasion de fiefs de la Couronne détenus par toute autre tenure libre. Il était donc scandaleux de revendiquer une prérogative de tutelle à l'égard des terres en fief, en socage ou en burgage, qui étaient elles-mêmes exemptées de la tutelle ordinaire. John fut donc obligé de promettre un amendement. [779]

(*b*) *Les petits sergents* [780] étaient dans une position légèrement différente. Bien que la Magna Carta n'ait pas aboli les droits de tutelle ordinaire de la Couronne sur ces derniers, elle a interdit que cela constitue une occasion de tutelle de prérogative. Le roi pouvait jouir de la garde de son propre fief s'il le voulait, mais pas des fiefs plus larges des autres sous ce prétexte. [781]

La tutelle par prérogative (même sous la forme limitée admise par la Magna Carta) pourrait impliquer une double épreuve pour le seigneur mesne privé par elle de la garde de son fief. Supposons que le locataire commun détienne des terres d'un seigneur mesne à condition, disons, de servir cinq chevaliers, en plus de son fief de la Couronne. Le roi s'empara des deux fiefs à sa mort, nominalement en compensation de la perte du service militaire, que l'héritier mineur ne pouvait rendre. Pourtant, lorsqu'un scutage était en cours, le roi exigeait du seigneur mesne des paiements proportionnels à son *quota complet*, sans tenir compte des honoraires de cinq chevaliers qui lui étaient retirés par prérogative de tutelle. Ce n'est pas un cas imaginaire. Les barons en 1258 se plaignirent de cette pratique et demandèrent réparation. [782]

---

776 . Cf. *supra* , p. 66 à 70 et 75 à 7.

777 . II. viii. s. 158.

778 . Cf. Glanvill, VII. c. 10. « Lorsque quelqu'un tient le roi *en capitation*, la tutelle sur lui appartient exclusivement au roi, que l'héritier ait ou non d'autres seigneurs ; parce que le roi ne peut avoir aucun égal, encore moins un supérieur.

779 . Glanvill, VII. c. 10, avait stipulé que la tenure de burgage ne pouvait donner lieu à une prérogative de tutelle.

780 . Voir *supra* , p. 68 .

781 . Voir Bracton, *folio* 87 b. Le *Carnet de notes* , dossier 743, contient une bonne illustration. Le motif de ces restrictions était clairement d'éviter toute injustice envers les seigneurs mesne. Ce fut probablement cependant une conséquence indirecte de la Magna Carta qu'une règle similaire fut appliquée lorsqu'aucun seigneur mesne n'était affecté de manière préjudiciable. En 1231, mourut un certain Ralf de Bradeley qui détenait deux propriétés distinctes de la Couronne, (i) une petite redevance par petit sergent pour laquelle il rendait vingt flèches par an, et (ii) des terres d'une valeur considérable détenues en socage. La Couronne prit possession des deux domaines, en partant du principe que le droit de tutelle reconnu sur le petit sergent entraînait également un droit de tutelle sur les terres du socage (bien que celles-ci auraient été exemptées si elles avaient été seules). Le roi vendit ses droits pour 300 marks. La veuve de Ralf revendiquait la tutelle des terres du socage, au motif que celles-ci avaient une bien plus grande valeur que celles détenues par la sergentie. Son argument fut retenu et les 300 marks furent remboursés par le Trésor public à l'acheteur déçu. Voir *Pipe Roll* , 5 Henry III., cité Madox, I. 325-6.

782 . Voir Pétition des Barons, article 2 (*Select Charters* , 383). L'article C. 53 de la Magna Carta revient à la prérogative de tutelle, accordant une réparation, mais non une réparation sommaire, lorsque John, ou son père ou son frère, l'avait illégalement étendue par socage, etc. Voir aussi supra, *p* . 241 .

CHAPITRE TRENTE-HUIT.

Nullus ballivus ponat de cetero aliquem ad legem simplici loquela sua, sine testibus fidelibus ad hoc inductis.

> Aucun huissier à l'avenir ne soumettra un homme à sa « loi » sur sa simple bouche, sans témoins crédibles amenés à cet effet.

L'intention évidente de cette disposition était de prévenir les irrégularités au stade critique d'un procès, lorsque la *loi* fixée par le tribunal était appliquée. Ce mot *lex*, dans son sens technique, peut être correctement appliqué à toute forme d'épreuve judiciaire, telle que la compurgation, l'épreuve ou le combat, la signification précise requise dans chaque cas particulier étant déterminée par le contexte. [783] Dans ce passage de la Magna Carta, il peut être utilisé dans sa connotation la plus large, mais des raisons seront immédiatement avancées pour justifier la croyance que *l'épreuve* était spécialement présente à l'esprit de ceux qui l'ont formulée. Les huissiers (le mot est très large, incluant certainement les shérifs et leurs subordonnés, et peut-être aussi les stewards qui présidaient les tribunaux seigneuriaux) [784] s'étaient évidemment rendus coupables d'irrégularités que l'opinion publique de l'époque condamnait. Tout est clair : mais les autorités diffèrent considérablement quant à la nature exacte des abus qui sont ici interdits.

I. *Objet probable du chapitre.* La clé nous est fournie par les termes de l'article 4 des assises de Clarendon, dont les dispositions réglementaient encore la pratique de la Couronne en matière criminelle sous le règne de Jean. Cette ordonnance explique la procédure à suivre lorsque des voleurs, des meurtriers ou des voleurs, appréhendés par les shérifs sur mise en accusation, étaient traduits devant les juges pour jugement : « et les shérifs les amèneront devant les juges ; et avec eux ils amèneront deux hommes légitimes de la centaine et du village où ils ont été appréhendés, pour porter le dossier du comté et de la centaine, quant à la raison pour laquelle ils avaient été appréhendés ; et là, devant les juges, ils feront leur loi. Cette « loi » est ailleurs dans l'ordonnance clairement identifiée avec l'épreuve ; [785] et le but de l'ensemble était que les accusés ne pouvaient être soumis à l'épreuve qu'en présence de deux hommes légitimes qui avaient assisté à l'acte d'accusation et s'étaient présentés spécialement devant les juges pour en témoigner. En d'autres termes, le rapport verbal du shérif sur l'acte d'accusation « *sine testibus fidelibus ad hoc inductis* » n'était pas suffisant. Le « comté » et la « centaine » qui avaient accusé le prisonnier doivent envoyer des représentants pour constater les faits. [786]

L'épreuve était en effet une affaire solennelle pour laquelle des règles précises avaient été établies. Toutes les précautions furent prises pour éviter que le shérif n'abuse de son autorité. Son récit de l'acte d'accusation a été vérifié par la présence de fonctionnaires subalternes ainsi que de ces membres du jury accusateur. De plus, les seigneurs des cours féodales, revendiquant ce droit de vote, ne pouvaient l'exercer que sur mandat royal. Henri, l'inventeur du système, réprimait sévèrement toutes les irrégularités, qu'elles soient celles de ses propres huissiers ou des intendants des seigneurs privés. [787]

Les mêmes règles de procédure prévalaient sous John, qui était cependant moins attentif que son père à réprimer les irrégularités. Dans la Magna Carta, il a promis un amendement. La présence de témoins exigée par les assises de Clarendon fut une fois de plus insistée pour contrôler l'utilisation capricieuse ou injuste de l'épreuve. La Charte de 1216 reprit cette disposition sans modification. En 1217, cependant, un changement se produisit, qui était sans aucun doute une conséquence de la quasi-abolition de l'épreuve par le concile du Latran en 1215. Les auteurs de la deuxième réédition d'Henri, ne sont plus aussi absorbés par les questions pressantes de l'État qu'ils l'étaient au début. l'année précédente, j'ai trouvé le loisir d'ajuster des points de détails administratifs. La simple référence à l'épreuve est inappropriée maintenant que de nouvelles formes de procès prennent sa place. Les juges, en effet, savaient à peine quel test ils devaient prescrire, lorsque l'épreuve avait été interdite. Ils semblent avoir eu recours tantôt à la compurgation, tantôt au combat ; mais le verdict juré des voisins occupait rapidement le terrain laissé vacant. La nouvelle Charte précise alors que les dispositions appliquées en 1215 à l'épreuve devaient être étendues aux autres épreuves qui lui sont désormais substituées. Le « *ad legem* » de la Charte de Jean est devenu dans la nouvelle version « *ad legem manifestam nec ad juramentum* », qui pourrait très bien inclure la bataille et les décisions des jurés, ainsi que l'épreuve. [788]

II. *Interprétations médiévales du passage.* L'ignorance de la nature exacte des abus interdits peut fort bien être excusée aujourd'hui, puisqu'elle était devenue obscure un siècle après l'octroi de la Charte. Quelques notes juridiques du début du XIVe siècle, contenant trois suggestions alternatives, nous sont parvenues. [789]

(1) La première interprétation discutée, et apparemment rejetée, dans ces notes, était que la Magna Carta, par cette interdiction, souhaitait garantir que personne ne puisse faire partie d'un jury (in juratam) à moins d'avoir été averti par une *convocation* en temps opportun. Cette suggestion tirée par les cheveux est clairement erronée.

(2) L'hypothèse suivante soulevée est que la clause empêchait le défendeur sur un bref de dette (ou tout autre bref similaire) de gagner sa cause par son serment non étayé, alors que les compurgateurs auraient dû prêter serment

avec lui. Une exception a été faite, de ce point de vue, au fait que l'huissier traite *les accusés favorisés* dans les plaidoyers civils avec une indulgence injuste.

(3) Une troisième opinion est formulée et saluée comme meilleure, à savoir que la Charte interdisait aux huissiers de favoriser indûment les *plaignants* dans les plaidoyers civils. Le défendeur en vertu d'un bref de dette (ou similaire) ne devrait pas, dans cette interprétation de la Magna Carta, être obligé d'aller à la preuve (c'est-à-dire de faire sa « loi ») à moins que le demandeur n'ait intenté une « action » contre lui (c'est-à-dire qu'il avait soulevé une présomption selon laquelle la réclamation était fondée, par la production de témoins préliminaires ou par un équivalent reconnu). [790] C'est la dernière des trois interprétations ainsi suggérées sous le règne d'Édouard II. a ses adeptes modernes, comme nous le montrerons immédiatement ; mais la discussion inaugurée à l'époque de Plantagenêt n'a pas encore reçu un règlement faisant autorité. Cette question a été discutée à la Cour des plaidoyers communs dès 1700 [791] et les historiens d'aujourd'hui diffèrent autant que les avocats.

III. *Interprétations modernes du passage.* Aucune des autorités récentes n'a des opinions exactement similaires. Quatre points de vue au moins peuvent être distingués. (1) Cette disposition est parfois considérée comme une tentative visant à empêcher que les plaignants dans des poursuites civiles soient traités de manière indue en faveur, au détriment des défendeurs. Une « action » de témoins (*sectatores*) devait être présentée au tribunal par le plaignant avant qu'un « procès » (*lex*) puisse avoir lieu. Il était interdit aux huissiers de permettre, par relâchement, faveur ou corruption, que cette règle soit assouplie. Cette interprétation, adoptée par l'auteur du *Mirror of Justices* et par l'auteur des notes annexées à l'Annuaire déjà citées, trouva grâce auprès du juge en chef Holt en 1700. [792]

(2) Une deuxième théorie considère que la clause interdit aux huissiers (qu'il s'agisse d'officiers royaux ou d'intendants seigneuriaux) d'user de leur autorité pour transmettre des poursuites auxquelles ils se trouvaient être parties. Dans certaines circonstances, semble-t-il, l'intendant qui présidait le tribunal seigneurial comme représentant de son maître revendiquait le droit de mettre un accusé à l'épreuve, sans produire au préalable un « procès » ou son équivalent, privilège cependant qu'il pouvait exercer. seulement une fois par an. Les huissiers royaux réclamaient ce privilège, et cela sans aucune restriction similaire. Selon nous, l'un des objectifs de la Magna Carta était de réduire les huissiers à l'égalité avec les autres justiciables. Leur simple affirmation ne devrait plus leur permettre de se dispenser des formalités que le tribunal exigeait des plaignants ordinaires avant de faire courir à leurs adversaires le risque d'une « loi » ou d'une preuve. [793]

(3) À l'opposé de ces deux théories, selon lesquelles la Magna Carta empêche toute faveur indue accordée aux plaignants, une troisième la considère

comme interdisant toute faveur indue accordée aux défendeurs. La Couronne, souligne-t-on, favorisait les Juifs par rapport aux chrétiens avec lesquels ils intentaient des poursuites judiciaires. L'accusé hébreu dans une action civile « pourrait se purger par son simple serment sur le Pentateuque, alors que dans un cas similaire, un chrétien, selon la loi de l'époque, pourrait être tenu d'appliquer sa loi à douze mains, c'est-à-dire avec onze compurgateurs » . [794] La Magna Carta, a-t-on suggéré, s'est attaquée à ce traitement préférentiel des justiciables juifs, triplement détestés en tant qu'étrangers, capitalistes et rejeteurs du Christ. Si tel est le cas, la tentative a échoué ; car en 1275, un certain Hébreu, nommé Abraham, fut autorisé « à faire seul sa loi sur son Livre de la Loi juive » malgré la protestation du plaignant selon laquelle cela était contraire à la coutume du royaume. [795]

(4) Une quatrième théorie interprète le chapitre comme une interdiction d'une sévérité excessive dans les poursuites pénales. Un acte d'accusation formel par le jury accusateur doit toujours précéder le « procès ». Aucun huissier ne doit mettre quelqu'un à l'eau ou au fer rouge sur la base de soupçons ou d'informations privées. [796] Il y a beaucoup à dire sur cette interprétation dans la mesure où elle va ; mais les assises de Clarendon et la Magna Carta s'accordent pour exiger quelque chose de plus. Il ne suffisait pas que l'accusation précède l'épreuve ; ils exigeaient que certains membres du jury qui avait présenté l'accusation à la première diète accompagnent le shérif devant les juges à la diète finale, pour y témoigner à la fois sur la nature du crime et sur le fait de l'accusation. . Avant que quiconque puisse être soumis « à sa justice », le rapport verbal du shérif doit être corroboré par le témoignage des jurés représentatifs.

---

783 . Le Dr Stubbs (*Const. Hist.* , I. 576) traduit « *lex* » dans ce passage par « compurgation ou épreuve ». Pollock et Maitland (II. 604, n.) expliquent que le mot « n'indique pas nécessairement une épreuve unilatérale ; cela pourrait bien être une épreuve par la bataille. Thayer (*Evidence* , 199-200) l'étend encore plus loin, de manière à englober les tests judiciaires de toutes sortes : bataille, épreuve du feu ou de l'eau, serment simple, serment avec compurgators, charte, témoins de transaction ou verdict sous serment. Bigelow (*Placita Anglo-Normannica* , 44) cite des affaires du Domesday Book dans lesquelles les justiciables ont présenté des preuves *omni lege* ou *omnibus legibus* , c'est-à-dire de quelque manière que ce soit, selon la décision du tribunal. Parfois, *lex* avait un sens plus restreint ; dans les coutumes de Newcastle-on-Tyne *(Select Charters* , 112), cela semble signifier compurgation par opposition à combat.

784 . Cf. *supra* , ch. 24. Coke, *Deuxième Institut* , p. 44, suivant l'autorité douteuse du *Miroir des Justices* , l'étend à tous les juges et ministres du roi. Le

« *ballivus* » non qualifié de ce passage devrait peut-être être mis en contraste avec le « *noster ballivus* » de cc. 28 et 30.

785 . Voir l'article 12 où « *eat ad aquam* » s'oppose à « *non habeat legem* » de l'article 13 (*Select Charters* , 144).

786 . Le « *ad portandum recordationem comitatus et centi* » de l'ordonnance s'oppose exactement au « *simplex loquela sua* » de la Charte.

787 . Ainsi en 1166 (l'année des Assises de Clarendon) la « *Soca* » d'Alverton fut amerced à cause d'un homme placé « *ad aquam sine serviente* » (*Pipe Roll* , 12 Henry II., p. 49 de l'édition de Pipe Roll Society) . En 1185, la « *villata* » de Preston paya 5 marks pour mettre un homme « *ad aquam sine waranto* » (*Pipe Roll* , 31 Henry II., cité Madox, I. 547). La même année, un certain Roger devait un demi-mark pour avoir assisté à une épreuve « *sine visu servientum regis* » : et de lourdes amendes étaient exigées de ceux qui avaient mis un homme « *injuste ad aquam* » (*Ibid.*). Apparemment, les huissiers étaient parfois décrits comme sergents du roi et parfois comme sergents du shérif : le même rôle enregistre les amendes pour un homme enterré « *sine visu servientum vicecomitis* » et pour un voleur pendu « *sine visu servientis regis* » (*Pipe Roll* , 31 Henri II .).

788 . Voir Thayer, *Témoignages* , 37, n. pour un cas de 1291, où « *ad legem manifestam* » ne peut signifier que le procès par le combat. Le Statut de Westminster I. (3 Edward I. c. 12) décrivait les hommes refusant de se soumettre au verdict d'un jury, « *come ceas qui refusent la commune ley de la terre* ».

789 . Ceux-ci apparaissent en annexe de l'Annuaire de 32-3 Edward I. (p. 516) ; mais l'écriture est censée dater du règne d'Édouard II.

790 . Cf. *supra* , p. 101-2 . La nécessité d'une telle « poursuite » n'a été légalement abolie qu'en 1852 (par les Statuts 15 et 16 Victoria, c. 76, art. 55). En 1343, il avait été décidé que le « procès » devait exister, mais n'avait pas besoin d'être intenté devant le tribunal ; et que s'ils se présentaient, ils ne pourraient pas être interrogés. Voir Thayer, *Témoignages* , p. 13-15.

791 . Voir City of London *c.* Wood, cité *infra* .

792 . Voir City of London *c.* Wood (12 Modern Reports, 669). Holt considérait que la clause de la Magna Carta signifiait que le demandeur, à moins d'avoir ses témoins, ne pouvait pas faire prêter serment à un défendeur. Pollock et Maitland, II. 604, semblent concourir, au moins dans la mesure où cela est compté parmi les abus condamnés par le c. 38 : « La règle qui exigeait une action en justice de témoins avait été considérée comme une règle précieuse ; en 1215, les barons exigeaient qu'aucune exception ne soit permise en faveur des officiers royaux.

793 . Cette lecture est soulignée par Brunner, *Entstehungder Schwurgerichte* , 199-200.

794 . Voir l'admirable préface de JM Rigg à Sel. *Plaidoyers tirés des rouleaux de l'Échiquier juif*, p. XII., et cf. *supra*, ch. dix.

795 . Voir *Ibid.*, p. 89, où l'affaire est citée.

796 . Cette lecture est soutenue par Pollock et Maitland, I. 130, n. Il n'y a pas nécessairement d'incohérence entre le point de vue cité ici et celui déjà cité dans *Ibid.* II. 604. La même clause de la Magna Carta aurait pu viser des irrégularités de deux types, respectivement au civil et au pénal.

CHAPITRE TRENTE-NEUF.

Nullus liber homo capiatur, vel imprisonetur, aut disseisiatur, aut utlagetur, aut exuletur, aut aliquo modo destruatur, nec super eum ibimus, nec super eum mittemus, nisi per legale judicium parium suorum vel per legem terre.

Aucun homme libre ne sera arrêté, ni détenu en prison, ni privé de sa pleine propriété, ni mis hors la loi, ni banni, ni agressé de quelque manière que ce soit ; et nous ne partirons pas contre lui, ni n'enverrons contre lui, [797] sauf par le jugement légitime de ses pairs et par la loi du pays.

Ce chapitre occupe une place importante dans les livres de droit et est d'une importance considérable, bien qu'il y ait des raisons de penser que sa valeur a été grossièrement exagérée.

I. *Son objet principal.* Il a été habituel de le lire comme contenant une garantie de procès par jury pour tous les Anglais ; comme interdisant absolument tout engagement arbitraire ; et comme s'engageant solennellement à rendre à tous une justice égale, pleine, libre et rapide. [798] L'interprétation traditionnelle en a donc fait, dans les termes les plus larges, une promesse de droit, de liberté et de bon gouvernement pour chacun. [799] Une analyse minutieuse des termes de la clause, lus en relation avec sa genèse historique, suggère la nécessité de modifier ce point de vue. Il était conforme au génie pratique de ce grand document de consacrer ses énergies, non à l'énonciation de vagues platitudes et de généralités bien sonnantes, mais à la réforme d'un groupe d'abus spécifique et clairement défini. Son objectif principal était d'interdire à John de recourir à ce que l'on appelle parfois de manière fantaisiste en Écosse la « justice de Jeddart ». [800] Elle lui défendit désormais de placer l'exécution avant le jugement. Trois aspects de cette interdiction peuvent être soulignés.

(1) *Le jugement doit précéder l'exécution.* Dans quelques cas isolés, heureusement peu nombreux, Jean procéda, ou menaça de procéder, par la force des armes contre les récalcitrants, comme s'il était assuré de leur culpabilité, sans attendre une procédure judiciaire. [801] On se plaignait des arrestations et des emprisonnements subis « sans jugement » (*absque judicio*) ; et ce sont les mêmes mots utilisés dans la « charte inconnue » : « *Concedit Rex Johannes quod non capiet homines absque judicio* ». [802] Tant les articles des barons que la Magna Carta développent cette expression. *Absque judicio devient nisi per legale judicium parium suorum vel per legem terre* , protégeant ainsi non seulement contre le mal le plus évident – l'exécution sans jugement – mais aussi contre le stratagème plus subtil de Jean pour attaquer ses ennemis par une parodie de processus judiciaire. La Charte demande non seulement un « jugement », mais aussi un « jugement des pairs » et « selon la loi du pays ». Deux espèces d'irrégularités

furent condamnées par ces mots ; et ceux-ci seront expliqués dans les deux sous-sections suivantes.

(2) *Per judicium parium* : tout jugement doit être rendu par les « égaux » de l'accusé. La nécessité d'un « jugement des pairs » a été reconnue très tôt en Angleterre. [803] Ce n'était pas à l'origine un privilège de classe de l'aristocratie, mais un droit partagé par tous les grades de propriétaires fonciers ; quel que soit leur rang, ils ne pouvaient être jugés par leurs inférieurs. [804] À cet égard, la coutume anglaise ne différait pas de la procédure prescrite par l'usage féodal sur le continent européen. [805] Deux applications de ce principe général présentaient cependant un intérêt particulier pour les rédacteurs de la Magna Carta : les « pairs » d'un locataire de la Couronne étaient ses confrères locataires de la Couronne, qui rendaient normalement leur jugement à la Curia *Regis* ; tandis que les « pairs » du locataire d'un seigneur mesne étaient les autres locataires en pleine propriété rassemblés dans la cour baron du manoir. Dans les deux cas, des jugements ont été rendus *par pares curiae* , qui a décidé quel « test » devait être désigné, qui a ensuite siégé comme arbitres pendant que leur « pair » accusé menait à bien l'épreuve, et qui a finalement prononcé une sentence conformément au résultat. . Les locataires et les sous-locataires de la Couronne se plaignaient d'avoir été privés par John de la seule garantie en laquelle ils pouvaient avoir confiance, le jugement d'un tribunal composé d'Anglais de leur propre rang, qui n'avaient donc probablement aucun parti pris indu en faveur d'une condamnation. Jean, qui n'était pas ici un innovateur, mais qui recourait simplement à des pratiques utilisées avec parcimonie et prudence sous les règnes précédents, avait ouvertement défié ces droits. Ses ennemis politiques et personnels étaient fréquemment exilés ou privés de leurs biens, par le jugement d'un tribunal entièrement composé de candidats de la Couronne prêts à prononcer toute sentence que Jean pourrait dicter. La Magna Carta promettait un retour à la pratique ancienne reconnue. Aucun homme libre ne devrait désormais souffrir, personnellement ou matériellement, du résultat d'un jugement des juges professionnels formant le banc des plaidoyers communs, ou l'autre banc connu sous le nom de *coram rege* . Il s'agissait d'abolir non seulement les abus de Jean, mais le système d'Henri II, dont il abusait.

Les significations variées véhiculées par le mot « pairs » pour un esprit médiéval, ainsi que la nature du *judicium parium* , peuvent être davantage illustrées par les règles spéciales applicables à quatre classes exceptionnelles d'individus : (*a*) tous les Juifs d'Angleterre et de Normandie bénéficiaient en vertu de la charte de Jean du 10 avril 1201, le droit de faire juger les plaintes contre eux par des hommes de leur propre race. Pour eux, un *judicium parium* était un jugement contre les Juifs. [806] (*b*) Un commerçant étranger, par des lois ultérieures, a obtenu le droit à une forme spéciale de *judicium parium* — à un jury de « demi-langue » (*de medietate linguae*), composé en partie d'étrangers de son propre pays. [807] (*c*) Les pairs d'un Gallois semblent, dans certains conflits avec la Couronne, avoir été des hommes issus des marches, et donc peu susceptibles de se ranger entièrement du côté des Anglais ou du point de vue gallois. Telle est du moins l'interprétation la plus plausible de l'expression « *in marchia per judicium parium suorum* », apparaissant dans les chapitres ultérieurs de la Magna Carta et accordant aux Gallois réparation pour des dissensions injustifiées. [808] (*d*) Un Lord Marcher occupait une position particulière, bénéficiant de droits refusés aux barons dont les domaines se trouvaient dans des régions plus peuplées de l'Angleterre. En 1281, le comte de Gloucester, accusé par Édouard Ier de manquement à son allégeance, prétendait être jugé, non pas par l'ensemble des locataires de la couronne, mais par ceux qui étaient, comme lui, des seigneurs marcheurs. [809] Ces illustrations montrent qu'au Moyen Âge, le « procès par les pairs » avait une signification plus large et moins stéréotypée qu'aujourd'hui. [810]

(3) *Par legem terrae*. Aucun homme libre ne pouvait être puni sauf conformément à la loi anglaise. Ces mots souvent cités ont été utilisés dans la Magna Carta avec une référence particulière, mais peut-être pas exclusive, au sens technique étroit de « *lex* », qui était si important en 1215 et qui a déjà été expliqué. [811] La Grande Charte promettait qu'aucun plaidoyer, civil ou criminel, ne devrait désormais être décidé contre un homme libre tant qu'il n'aurait pas réussi la « preuve » habituelle – qu'il s'agisse d'une bataille, d'une épreuve ou autre. [812]

Cette signification plus ancienne et plus technique fut progressivement oubliée, et « la loi du pays » devint l'expression vague et quelque peu dénuée de sens du discours populaire d'aujourd'hui. Il était tout à fait naturel que ce changement de sens se reflète dans les statuts ultérieurs réaffirmant, élargissant ou expliquant la Magna Carta. Une série importante d'entre eux, adoptée sous les règnes d'Édouard III. et Richard II, montre comment le *per legem terrae* de 1215 était interprété au XIVe siècle comme équivalent à l'expression plus large « selon une procédure régulière » et comment la Grande Charte était interprétée comme interdisant de juger des hommes pour leur vie et leur vie. membres devant le Conseil du Roi sur de simples suggestions informelles et irresponsables, parfois formulées de manière vague ou motivées par des intentions malveillantes et intéressées. [813]

La loi de 1352, par exemple, après avoir rappelé la disposition de la Magna Carta actuellement en discussion, insistait sur la nécessité « d'inculper ou de présenter les bonnes et légitimes personnes du même quartier où de tels actes sont commis ». Coke [814], se fondant apparemment sur les termes de ces lois du XIVe siècle, assimile « *per legem terrae* » de la Charte à « selon une procédure régulière » et encore une fois à « par mise en accusation ou présentation d'hommes bons et licites, » retrouvant ainsi le grand jury inscrit dans la Magna Carta. Les rédacteurs de la Pétition du Droit [815] ont interprété les mêmes mots comme une interdiction, non seulement de l'emprisonnement « sans aucune cause démontrée », mais aussi des poursuites sous la loi martiale, interprétant ainsi les objectifs des opposants du roi Jean à la lumière des méfaits commis. du roi Charles, et appliquant au système grossier établi par Henri d'Anjou des réformes plus appropriées à l'administration très développée des Tudors.

Ces gloses doivent être jetées ; les paroles de la Charte de Jean promettaient une triple sécurité à tous les hommes libres d'Angleterre. Leurs personnes et leurs biens étaient protégés de la volonté arbitraire du roi par la règle selon laquelle l'exécution devait être précédée d'un jugement - par un jugement des pairs - par un jugement selon l'« épreuve » consacrée par le temps, la bataille, la compurgation ou l'épreuve appropriée.

(4) *La signification de « vel »*. L'usage particulier du mot « *vel* » introduit un malheureux élément d'ambiguïté. Aucune procédure ne devait avoir lieu « sans jugement légal des pairs ou selon la loi du pays » – « ou » se produisant ainsi là où « et » pouvait naturellement être attendu. Les autorités en latin médiéval s'accordent cependant sur le fait que « *vel* » est parfois équivalent à *et* . [816] La comparaison avec les termes du chapitre 52 et avec ceux de l'article correspondant des Barons met la question presque hors de doute. Le 25e article des barons prévoyait que tous les hommes dénoncés par Henri ou Richard devraient « avoir droit sans délai au jugement de leurs pairs à la cour du roi », ne laissant aucune allusion à une alternative possible au judicium *parium* . Le chapitre 52 de la Charte, en complément du présent chapitre, décrit les maux dénoncés dans les deux cas comme des actes de dissidence ou de mise hors la loi du roi « *sine legale judicio parium suorum* », ne laissant aucune place à l'ambiguïté.

II. *L'étendue de la protection accordée*. Le but des barons était de se protéger eux-mêmes et de protéger leurs amis contre le roi, non d'établir un système scientifique de jurisprudence : le *judicium parium* était interposé comme une barrière contre les poursuites intentées par le roi, non contre les appels des particuliers. Les plaidoyers faisant suite aux accusations de la partie lésée ont été jugés en 1471 comme ne relevant pas des termes de la Magna Carta. [817] Il s'agissait d'une limitation sérieuse ; mais vis-à-vis de la Couronne, la portée de la protection accordée par la Grande Charte était en effet très large. On a veillé à ce que la triple garantie couvre toutes les formes d'abus susceptibles d'être pratiquées par John.

(1) *Capiatur vel emprisonetur*. Si ces deux mots étaient interprétés littéralement et que les dispositions qu'ils contiennent étaient strictement appliquées, tout gouvernement ordonné prendrait fin. Lorsqu'un crime a été commis, le contrevenant doit être arrêté et détenu provisoirement, sans attendre aucun jugement, que ce soit de la part de ses pairs ou autre. Un homme accusé d'un

crime peut, en effet, à juste titre exiger trois choses : un procès avant sa condamnation, que le procès ne soit pas trop retardé et que, dans certaines circonstances, il soit entre-temps libéré sous caution. La Magna Carta va plus loin, promettant une exemption complète de toute arrestation jusqu'à ce qu'un jugement soit rendu contre lui. Ici, les barons ont extorqué une concession plus large qu'il n'était possible d'imposer. Leur excès de prudence les avait amenés à utiliser une expression vague et dangereusement large, qui ne devrait pas être interprétée de manière trop littérale. [818]

(2) *Aut dissertation.* L'avarice était l'un des motifs les plus fréquents des oppressions de Jean : l'ensemble de l'appareil judiciaire était avant tout considéré comme un moteur de transfert de terres et d'argent vers son trésor. Les locataires de la Couronne ont souvent vu leurs domaines appropriés par la Couronne en déshérence. Qu'il s'agisse d'un de leurs griefs auquel les barons attachaient une importance suprême est démontré de plusieurs manières : par le soin pris dans le 25e des articles des barons et dans le chapitre 52 de la Charte de prévoir une procédure de restitution des domaines à leurs propriétaires légitimes. dont ils avaient été indûment « disséminés » [819] et par les termes de certains brefs émis par John après le traité de Runnymede, par exemple la lettre du 19 juin à son demi-frère, le comte de Salisbury, expliquant que la paix avait été faite à la condition de la restauration immédiate de toutes « les terres, châteaux et franchises dont nous avons fait disséquer quiconque *injustement et sine judicio* ». [820]

Les versions ultérieures de la Magna Carta (à commencer par celle de 1217) prennent soin de définir les objets à protéger contre la disseisin : « immeubles libres, franchises et douanes libres ». [821] (*a*) *Liberum tenementum.* Les immeubles « libres » étaient des propriétés franches, par opposition aux propriétés des vilains. Aucun de leurs biens ainsi protégés n'était plus apprécié par les barons que leurs fiefs féodaux. [822] Les châteaux revendiqués par les grands seigneurs comme leur propriété propre sont mentionnés dans de nombreux écrits de l'époque — par exemple dans celui du comte de Salisbury déjà cité — tandis que le chapitre 52 de la Magna Carta leur donne une place de choix parmi les « disseisins ». à restaurer. (*b*) Les « *libertés* » couvraient les droits féodaux et les incidents de nature trop intangible pour être décrits à juste titre comme des « propriétés ». En un sens, tous les droits garantis par la Magna Carta étaient des « libertés » ; mais le mot est probablement utilisé ici comme équivalent aux « franchises », englobant les juridictions féodales, les immunités et les privilèges de toutes sortes, tous traités par le droit médiéval comme relevant de la catégorie de la « propriété ». (*c*) *Consuetudines* avait deux significations, une large signification générale et une signification financière plus étroite. [823] Comme la Charte de 1217 utilise un pronom propriétaire (aucun homme libre ne sera dénoncé de *ses* libres coutumes), elle fait probablement référence à des droits tels que ceux de lever des péages et des hauteurs. Ces intérêts particuliers étaient de la nature de monopoles sur tout le territoire du seigneur qui en jouissait ; et il s'ensuit que Coke, en traitant ce passage comme un texte sur lequel prêcher la doctrine selon laquelle les monopoles ont toujours été illégaux en Angleterre, vise particulièrement loin de son objectif. Commentant les mots « *de libertatibus* », il déclare que « généralement tous les monopoles sont contre cette grande charte, parce qu'ils sont contre la liberté et la liberté du sujet et contre la loi du pays ». [824] Dans cette erreur, il a été assidûment suivi. [825]

(3) *Aut utlagetur, aut exuletur, aut aliquo modo destruatur.* La pratique consistant à placer hors de la protection de la loi les malfaiteurs qui ne pouvaient être traduits en justice trouve son origine dans les premiers temps où l'appareil judiciaire existant était inadéquat au travail qui lui était demandé. Avec les progrès de l'ordre et de l'organisation, les chances du criminel d'échapper à la justice sont devenues moindres ; et la déclaration de mise hors-la-loi, qui ne pouvait être faite que devant le tribunal de comté, tendait à devenir une simple formalité préalable à la confiscation des terres et des biens du hors-la-loi. L'expédient était particulièrement recommandé au génie de John ; c'était sa politique délibérée de terrifier ceux avec qui il s'était disputé, jusqu'à ce qu'ils fuient le pays ; puis de les convoquer trois fois devant le tribunal départemental pour répondre des accusations portées contre eux, sachant bien qu'ils n'osaient pas affronter ses officiers corrompus et serviles ; et enfin les faire interdire formellement et saisir leurs biens. Tel avait été le sort subi par deux des chefs baronnials, Robert Fitz Walter et Eustace de Vesci, à l'automne 1212. [826] La mise hors la loi n'a cependant pas toujours été une simple formalité sous le règne de Jean. L'homme qui avait été mis hors-la-loi était en dehors de la société ; n'importe qui pouvait le tuer à son gré ; selon l'expression sombre de l'époque, il portait « une tête de loup » (*caput lupinum*) et pouvait être chassé comme une bête nuisible. Une récompense de deux marks était offerte pour chaque tête de hors-la-loi apportée à Westminster. Cette somme fut versée en 1196 pour la tête de Guillaume d'Elleford. [827] Le mot « exilé » s'explique ; et les commentateurs ont très justement noté le soin pris pour élargir la portée de la clause en utilisant les mots « ou agressé de toute autre manière ». [828]

(4) « *Nec super eum ibimus, nec super eum mittemus.* » Ces propos ont souvent été mal interprétés. Il faut les considérer à la lumière des incidents historiques des années immédiatement précédentes ; et, ainsi lus, ils ne présentent aucune difficulté et ne laissent aucune place à l'ambiguïté. Leur objectif était d'empêcher John de substituer la violence à la procédure judiciaire ; de prendre la loi en main et « d'aller contre eux » avec une armée à ses côtés, ou « d'envoyer contre eux » de la même manière. Il ne doit plus jamais attaquer les hommes *per vim et arma* sans jugement ni condamnation.

Le sens est clair. Pourtant, Coke, suivant sa méthode vicieuse consistant à supposer l'existence, dans une partie de la Magna Carta, d'un fondement pour chaque principe juridique établi à son époque, a complètement induit en erreur plusieurs générations de commentateurs. Il a soutenu que ce que John avait promis était de s'abstenir de soulever devant ses propres tribunaux des actions qui l'intéressaient personnellement. En élaborant cette erreur, il faisait une distinction fine entre la cour du Banc du Roi, autrement connue sous le nom de *coram rege*, car le roi y était toujours en théorie présent, et les autres cours dans lesquelles n'étaient présents que ceux à qui il avait délégué l'autorité par un écrit « envoyé » à lui. *Ibimus*, semble-t-il penser, s'appliquait dans le premier cas ; *mittemus* dans ce dernier. Pour citer ses propres mots : « Nul ne sera condamné à la suite du procès du roi, ni devant le roi sur son banc, où les plaidoyers sont *coram rege* (et les mots, *nec super eum ibimus*, doivent donc être compris), ni devant aucun tribunal ». autre commissaire, ou juge quel qu'il soit (et ainsi doivent être compris les mots *nec super eum mittemus*), *mais par le jugement de ses pairs, c'est-à-dire égaux, ou selon la loi du pays*. [829] Coke se trompe complètement ; c'était l'usage de la force brutale, et non simplement une forme limitée de procédure légale, à laquelle Jean renonçait dans ces termes.

III. *Quelles classes d'hommes bénéficiaient de la protection du Judicium Parium ?* Aucun « homme libre » ne devait être agressé de l'une des manières spécifiées ; mais jusqu'où descendait cette description dans l'échelle sociale ? Coke revendique les vilains comme libres aux fins de ce chapitre et du chapitre I., tout en les rejetant aux fins du chapitre 20. [830] Son droit au statut d'homme libre a déjà été refusé, [831] et tout possible l'ambiguïté quant à sa part aux bénéfices du présent chapitre est levée par les mots délibérés de la version révisée de 1217. Le chapitre 35 de cette réédition, dans le but d'en rendre le sens plus clair, insère après « disseisiatur » les mots (*déjà* discutés) « *de libero tenemento suo vel libertatibus vel liberis consuetudinibus suis* ». M. Prothero suggère que cet ajout implique un progrès par rapport aux privilèges garantis en 1215 : « Il convient de remarquer que les mots dans lesquels ces libertés sont énoncées au § 35 de la charte de 1217 sont considérablement plus complets et plus clairs que les mots correspondants. déclaration dans la charte de 1215. » [832] Il est plus prudent de déduire qu'aucun changement n'était ici prévu, mais simplement la suppression de l'ambiguïté. S'il y a un changement, c'est plutôt une contraction qu'une extension, précisant que seuls les immeubles « libres » sont protégés, et excluant soigneusement les propriétés des vilains et même les propriétés de villenagium (ou terres non libres) *appartenant* aux hommes libres. [833] On a donc pris soin de préciser au-delà de tout doute raisonnable qu'aucun vilain ne devrait avoir une part ou un lot dans des droits salués par des générations de commentateurs comme l'héritage national de tous les Anglais. [834]

IV. *Côté réactionnaire de ces dispositions*. Insister rigoureusement sur le fait que, dans tous les cas, un jugement des pairs féodaux, soit à la Cour du Roi, soit à la Cour des Barons, devait remplacer un jugement des fonctionnaires du Banc Commun et du Banc du Roi, c'était renverser l'un des traits marquants de la la politique d'Henri II. À cet égard, le présent chapitre peut être lu en relation avec le chapitre 34. Les barons, en effet, n'étaient pas des logiciens stricts et jugeaient probablement prudent de revendiquer plus que ce qu'ils avaient l'intention d'imposer. [835] Pourtant, un réel danger se cachait dans ces dispositions ; la clause était, après tout, une clause réactionnaire, tendant à la restauration des privilèges et des juridictions féodales, hostiles à la fois à la Couronne et au développement des libertés réellement populaires. Jean promit que la justice féodale (comme avant les réformes de son père) serait dispensée dans les tribunaux féodaux ; et, si cette promesse avait été tenue, le résultat aurait été de freiner le développement des petits comités destinés à devenir prochainement les Cours du Banc du Roi et des Plaidoyers Communs, et de faire revivre les juridictions en déclin rapide des cours seigneuriales. d'une part et du *concilium communal* d'autre part. [836]

V. *La Genèse du Chapitre*. L'interprétation donnée ici de ce célèbre chapitre est soulignée par une comparaison de ses mots avec certains documents et événements antérieurs. Les règnes de Richard et de Jean fournissent d'abondants exemples des abus dont on se plaint. En 1191, le prince Jean, en tant que chef de l'opposition contre le chancelier de son frère, William Longchamp, conclut un traité le protégeant ainsi que ses alliés des maux mêmes que Jean commet par la suite contre ses propres barons. Les paroles de ce traité de 1191 font admirablement ressortir ce que les barons de Richard cherchaient à obtenir et ce à quoi ils cherchaient à échapper. Longchamp concéda au nom de Richard que les évêques et les abbés, les comtes et les barons, les « vavasseurs » et les tenanciers libres, ne devaient pas être dépouillés de leurs terres et de leurs biens au gré des juges ou des ministres du roi, mais qu'ils devaient être traités. par jugement de la cour du roi, selon les coutumes et assises légales, ou par ordre du roi. [837] Les magnats ne devaient pas être jugés par des fonctionnaires qu'ils méprisaient comme leurs inférieurs sociaux et dont ils se méfiaient comme des instruments rémunérés de la tyrannie royale ; leur demande d'être jugés par leurs égaux devant la cour du roi fut accordée.

Or, le sujet principal de l'arbitrage, qui aboutit au traité dont cet extrait est tiré, était la garde de certains châteaux et domaines. Après que le droit d'occuper chaque château distinct en litige eut été soigneusement déterminé, des dispositions furent alors prises, dans les termes généraux cités ci-dessus, pour que cet arrangement ne soit pas perturbé sans un jugement de la *curia regis* . La disseisin, et en particulier la disseisin des châteaux, était donc en 1191, comme en 1215, un sujet d'une importance particulière.

Au début de 1213, le roi tenta de se venger de ses adversaires d'une manière qu'ils n'auront probablement pas oubliée deux ans plus tard à Runnymede, et qui influença probablement la rédaction du présent chapitre. Jean, mécontent de l'attitude des barons du Nord qui avaient refusé de l'accompagner en Poitou et de payer le scutage, résolut de faire justice lui-même. Sans convoquer ses adversaires devant un *concilium communal* de ses tenanciers féodaux, sans même un procès et une condamnation par l'un de ses bancs, sans faire aucun effort pour rechercher la justice ou l'injustice de leurs arguments de refus, il partit avec une armée pour les punir. . Il était allé aussi loin au nord que Northampton pour sa mission de vengeance lorsqu'il fut rattrapé par l'archevêque de Canterbury, ardent défenseur de la conciliation. Le 28 août 1213, Stephen Langton persuada le roi de différer la procédure forcée *jusqu'à ce qu'il ait obtenu une sentence légale* devant une *curie formelle* . [838] Que Jean menace une fois de plus de recourir à des méthodes violentes peut être déduit avec certitude des mots d'une lettre patente émise en mai 1215, lorsque les deux camps étaient armés pour la guerre. Il proposa un arbitrage et promit une trêve jusqu'à ce que les arbitres aient rendu leur sentence. Les mots de cette promesse sont remarquables ; car non seulement ils illustrent la procédure d'août 1213, mais ils s'accordent étroitement avec la clause de la Magna Carta en discussion. Les mots sont : « Sachez que nous avons concédé à nos *barons* qui sont contre nous que nous ne les prendrons pas, ni ne les dissoudrons ni leurs hommes, et que nous n'irons pas contre eux *per vim vel per arma* , à moins que par la loi de notre royaume. , ou par le jugement de leurs pairs *dans la curia nostra* . [839] La Magna Carta répète cette concession en termes plus généraux, en substituant les « hommes libres » aux « barons » de l'écrit, modification qui a nécessité l'omission de la charte des derniers mots de l'écrit, « *in curia nostra* » ; parce que les pairs des hommes libres, autres que les barons, se trouveraient non pas parmi les barons de la cour du roi, mais parmi les francs-tenanciers de la cour des barons. [840]

Les paroles de la Magna Carta, prises en relation avec le traité de 1191 et le bref de 1213, apparaissent ainsi comme ayant un sens plus étroit que celui qui leur a été extrait par les commentateurs ultérieurs.

VI. *Histoire ultérieure du « jugement des pairs »*. La revendication des barons de Runnymede a été réaffirmée sous des formes quelque peu variables par les mêmes barons ou par leurs descendants à de nombreuses reprises ultérieures. Le « *judicium parium* » était destiné à connaître une longue et brillante carrière, et les interprétations qui en ont été données respectivement par la Couronne et par l'opposition, tout en étant intéressantes en elles-mêmes, fournissent une forte confirmation de l'estimation quelque peu restreinte de la portée du présent chapitre. , qui a été énoncé ci-dessus.

(1) *La querelle baronniale*. Les comtes et les barons, tout au long du règne du malheureux fils de Jean, tentèrent de donner une interprétation large au

privilège que leur garantissait ce chapitre, affirmant que tous les plaidoyers, civils et criminels (tels du moins que ceux qui avaient été soulevés contre eux à l'instance de la Couronne) devraient être jugés par leurs confrères comtes et barons, et non par des juges professionnels de rang inférieur.

(2) *La dispute royale*. La Couronne, en revanche, sans violer ouvertement la Charte, a tenté d'en restreindre la portée. Les juges nommés par le roi pour déterminer les plaidoyers *coram rege* , quel que soit leur statut d'origine, devenaient (selon la Couronne) par une telle nomination, les pairs de tout baron ou comte. Cette doctrine fut énoncée en 1233 lorsque Henri III. et son justicier, Peter des Roches, dénonça Richard, comte maréchal, comme traître, lors d'une réunion (*colloque*) des locataires de la Couronne tenue à Gloucester le 14 août de la même année. Par la suite, « *absque judicio curiae suae et parium suorum* », comme le raconte soigneusement Matthieu Paris, [841] Henri traita le comte Richard et ses amis comme des hors-la-loi et accorda leurs terres à ses propres favoris poitevins. On a tenté, lors d'une réunion ultérieure, tenue le 9 octobre, d'obtenir l'annulation de cette procédure au motif, déjà indiqué, qu'elle s'était déroulée *absque judicio parium suorum* .

La suite met en évidence un point resté vague dans le récit de Matthieu : il y avait eu un jugement avant la saisie, mais seulement un jugement des fonctionnaires de la Couronne *coram rege* , et non des comtes et barons du *concilium de la commune* . Le justicier défendit l'action du gouvernement par un argument frappant : « il n'y avait pas de pairs en Angleterre comme il y en avait dans le royaume de France », et, par conséquent, Jean pouvait employer ses juges pour condamner tous les rangs des traîtres. [842] L'évêque Peter cherchait ici à échapper aux dispositions de la Magna Carta sans les défier ouvertement, et son argument était que les juges professionnels du roi, aussi modestes soient-ils, étaient les pairs d'un comte ou d'un baron anglais. [843] Ni le point de vue royal ni le point de vue baronnial n'ont entièrement prévalu. Il faut toutefois faire une distinction entre les plaidoyers criminels et civils.

(3) *Plaidoyers criminels*. Les délinquants du rang de barons ont en partie fait valoir leur droit à un procès par des égaux ; tandis que toutes les autres classes ont échoué. Une distinction supplémentaire est donc nécessaire. (*a*) *Locataires de la Couronne*. Les opinions contradictoires du roi et du baronage ont abouti à un compromis. Dans les plaidoyers criminels, la Couronne fut obligée de reculer par rapport aux hauteurs prises par Pierre des Roches en 1233. À contrecœur, et avec une tentative de dissimuler le fait de la reddition en confondant la question, Bracton en théorie et Henri III. en pratique, il admettait une partie de la demande des barons, à savoir que « dans les cas de trahison et de crime présumés, lorsqu'il s'agissait de confiscation ou de déshérence, ils devraient être jugés uniquement par les comtes et les barons ». [844] Cette concession ne reposait en aucun cas sur le fondement général de la Charte. Bracton n'admet pas que les juges du roi n'étaient pas des « pairs »

des barons ; mais il déduit leur handicap de la considération plus étroite que le roi, par l'intermédiaire de ses fonctionnaires, ne devrait pas être juge en son propre nom, puisque ses intérêts en matière de déshérence pourraient biaiser son jugement. C'est la raison pour laquelle, depuis l'époque de Bracton jusqu'à nos jours, le « privilège des pairs », qui a progressivement pris sa forme moderne, ne s'est jamais étendu aux délits, puisque de telles condamnations n'ont jamais entraîné de confiscation ou de déshérence au profit de la Couronne.

La manière de donner effet à cette concession est remarquable. Le *judicium parium* a été assuré aux comtes et aux barons au cours des règnes ultérieurs, non seulement en accordant des sièges sur le banc judiciaire à quelques titulaires de « baronnies », mais en portant l'affaire devant l'ensemble des comtes et des barons au sein du concilium de *commune* . Ce que les barons obtenaient au début, c'était le « jugement » de leurs pairs. Le véritable « procès » était la « bataille », les pairs agissant comme arbitres et faisant respecter le fair-play. [845] Même si de nouveaux modes de procédure prirent le dessus, la Cour des pairs continua son contrôle et le *jugement* des pairs passa progressivement au *procès moderne* par les pairs. [846] Le sujet a été encore compliqué par la croissance progressive de la conception moderne d'une « pairie », englobant différents grades de « nobles ». Pour l'essentiel, cependant, les droits d'un baron (ou de tout magnat de rang supérieur) accusé de crime sont restés inchangés depuis l'époque d'Henri III. au nôtre. Le privilège du « procès par les pairs », quelle que soit la raison qui le sous-tend, s'étend toujours à la trahison et au crime, et est toujours exclu des délits. Lorsqu'elle est compétente, elle a toujours lieu devant une « Cour des pairs », à savoir la Chambre des Lords si le Parlement est en session, et la Cour du Lord High Steward sinon. Les délits mineurs commis par les pairs, comme ceux commis par les roturiers, sont portés devant les tribunaux ordinaires. Compte tenu de ces limitations, le privilège d'un pair d'être jugé uniquement par la Chambre des Lords (ou par la Cour du Lord High Steward) a été pendant des siècles une réalité en Angleterre pour les comtes et les barons, ainsi que pour les membres de ces derniers. d'autres grades de la « pairie » moderne inconnus en 1215 : ducs, marquis et vicomtes. [847]

(*b*) *Pour les locataires d'un seigneur mesne* , cependant, aucun privilège similaire n'a été établi, même sous une forme restreinte. Dans les accusations de crime, comme dans celles de délit, tous les hommes libres en dehors de la pairie sont jugés, et l'ont été depuis de nombreux siècles, par les tribunaux ordinaires. Il n'y a pas de traitement privilégié pour le chevalier ou le gentleman terrien. Tous sont jugés par les mêmes tribunaux et selon la même procédure. Les cours féodales privées ne se remirent jamais des blessures infligées par Henri II. Les clauses de la Magna Carta qui cherchaient à les faire revivre ont été rendues vaines par des fictions juridiques ou simplement par négligence.

(4) *Plaidoyers civils*. Diverses tentatives furent faites par les barons en tant que classe, ou par leurs membres influents, pour faire valoir leur droit au *judicium parium* dans les affaires civiles. [848] La principale préoccupation, peut-être, des hommes de 1215 était de sauver leurs domaines et leurs châteaux des dissensions consécutives à de tels plaidoyers. Pourtant, les efforts des barons dans cette direction furent totalement vains. La Chambre des Lords (sauf dans les cas impliquant la dignité ou le statut d'un pair) n'a jamais prétendu agir en tant que tribunal de première instance dans les affaires civiles auxquelles un pair était partie. Nobles et roturiers sont ici parfaitement à un niveau. Aucun « pair du royaume » n'a demandé depuis des siècles à plaider devant un tribunal spécial de ses pairs dans un litige ordinaire non pénal, qu'il s'agisse de ses biens immobiliers ou personnels.

VII. *Interprétations erronées*. La tendance générale au flou et à l'exagération a déjà été évoquée incidemment. Deux erreurs d'une persistance inhabituelle nécessitent une notification plus détaillée.

(1) *L'identification de* tribunal judiciaire *avec procès devant jury* . Les mots du présent chapitre constituent le fondement principal, sinon le seul, sur lequel s'est fondée cette erreur traditionnelle. [849] L'erreur doit probablement son origine à une tendance non anormale des générations ultérieures de juristes à expliquer ce qui n'était pas familier dans la Grande Charte par ce qui était familier dans leur propre expérience. Ils n'ont rien trouvé à leur époque qui corresponde au *judicium parium* de 1215, du moins dans la mesure où cela affectait ceux qui n'étaient pas locataires de la Couronne ; ils n'ont rien trouvé dans la Magna Carta (sauf cette clause) qui corresponde à leur propre procès par jury : ils ont donc identifié les deux, interprétant le présent chapitre comme une garantie générale du droit à un procès par jury. [850] M. Reeves, le Dr Gneist et d'autres auteurs ont depuis longtemps dénoncé cette erreur, mais les réfutations les plus concluantes sont celles récemment données par le professeur Maitland et M. Pike. Les arguments par lesquels ces auteurs prouvent que le « jugement des pairs » est une chose et le « verdict d'un jury » une tout autre chose sont de nature quelque peu technique ; [851] mais comme leur importance est considérable, ils doivent être expliqués, même brièvement. Ils semblent être principalement au nombre de trois :

(*a*) Le petit jury criminel ne peut pas être visé ici, puisqu'il n'a pas été inventé en 1215 : [852] introduire le procès par jury dans la grande Charte de Jean est un anachronisme impardonnable. (*b*) Les barons auraient répudié le procès avec jury s'ils l'avaient su. Ils désiraient (ici comme au chapitre 21) que toutes les questions les concernant soient « jugées » devant d'autres barons et, dans le cas normal, par le *duel* . Ils auraient dédaigné de se soumettre au verdict des

« douze bons hommes » de leur propre localité. Leurs inférieurs ne doivent pas avoir voix au chapitre pour déterminer leur culpabilité ou leur innocence. Ce sentiment était partagé par les locataires des seigneurs mesne. (*c*) *Le jugement* et *le verdict* étaient essentiellement différents. La fonction d'un petit jury (après son *invention*) était de répondre à la question précise qui lui était posée. Les barons insurgés exigeaient plus que cela : ils demandaient une décision sur toute l'affaire. [853] Les « pairs » qui jugeaient présidaient les débats du début à la fin, nommant la preuve qu'ils jugeaient appropriée, siégeant comme arbitres pendant que l'on essayait de l'accomplir et rendant une décision finale quant au succès ou à l'échec de celle-ci.

(2) *Magna Carta et engagement arbitraire.* Une deuxième théorie erronée reste encore à discuter. La Pétition du Droit, comme nous l'avons déjà dit, considère la Magna Carta comme interdisant à la Couronne de procéder à des arrestations sans mandat indiquant la cause de la détention ; et les commentateurs précédents l'ont en outre interprété comme rendant absolument illégaux tous les actes d'emprisonnement arbitraire de la Couronne, même si de solides raisons d'État pouvaient inciter à la détention d'individus dangereux. Hallam, par exemple, déclare que depuis l'époque « de la Charte du roi Jean, nos institutions devaient avoir pour principe clair qu'aucun homme ne peut être détenu en prison sans procès ». Pourtant, tous les rois d'Angleterre, depuis l'époque de Jean sans Terre jusqu'à ceux de Charles Stewart, ont revendiqué et exercé la prérogative de mettre en prison sommairement tout homme soupçonné de desseins maléfiques contre la Couronne ou le Commonwealth. Les rois forts utilisaient librement ce pouvoir pour écarter ceux qu'ils souhaitaient réduire au silence. Souvent, aucune cause d'arrestation n'était mentionnée, aucune explication donnée, sauf les mots « par ordre du roi ». Au cours de tous ces siècles, la légalité d'une telle procédure n'a jamais été contestée comme étant contraire à la Magna Carta ou pour tout autre motif. Même la célèbre protestation des juges de la reine Elizabeth, affirmant l'existence de limites juridiques à la prérogative royale d'engagement, prouve la licéité de la pratique générale à laquelle elle fait des exceptions relativement insignifiantes. De tels droits inhérents à la couronne, dangereux sans aucun doute pour la liberté, mais pourtant parfaitement légaux, ne furent jamais sérieusement contestés avant que la lutte entre Charles Ier et ses parlements n'eût réellement commencé. C'est alors que les anciens précédents ont été activement recherchés et utilisés à de nouvelles fins. C'est seulement à ce moment-là qu'il a été suggéré, pour la première fois, que la Magna Carta avait pour but d'interdire les engagements arbitraires sur ordre de la Couronne. Tel fut l' argument délibérément avancé en 1627 lors de la célèbre procédure connue tantôt sous le nom de cas Darnell, tantôt sous le nom de cas des Cinq Chevaliers. Heath, le procureur général, repoussa facilement cette affirmation : « la loi a toujours accordé cette latitude au roi, ou à son conseil privé, qui sont son organe

représentatif, dans des cas extraordinaires pour restreindre la personne de tels hommes libres, pour des raisons d'État. ils en jugent nécessaire pour un temps, sans pour le moment en exprimer les causes. [854] Cependant, les dirigeants parlementaires, trop sérieux pour se laisser dissuader par la logique, étaient loin d'abandonner leur erreur parce que Heath l'avait révélée sans réponse. Ils l'incarnaient, au contraire, dans la Pétition du Droit, qui condamnait la pratique de la Couronne consistant à emprisonner les délinquants politiques « sans qu'aucune raison ne soit démontrée » (ou seulement *par mandat spécial regis*) comme étant contraire à la teneur de la Magna Carta – une affirmation efficace comme un expédient politique, mais fondamentalement malsain sur le plan juridique.

797 . La disposition correspondante des Statuts des Barons (29) ajoute le mot « *vi* » (« *nec rex eat vel mittat super eum vi* »). L'idée de violence ouverte, ainsi clairement indiquée, est exprimée dans les documents contemporains par la phrase plus complète, *per vim et arma* . La traduction acceptée, telle que contenue dans les *Statuts généraux* , « nous ne le laisserons pas de côté ni ne le condamnerons », est donc inadéquate. Les éditeurs des *Statuts du Royaume* , I. 117, suggèrent « traitez avec lui » comme traduction alternative. Le Coca-Cola, on le verra *infra* , est la source originelle de l'erreur qui relie cet « aller » et cet « envoi » au processus judiciaire.

798 . Voir, *par exemple* , Coke, *Second Institute* , 55.

799 . Ainsi Blackstone, *Commentaires* , IV. 424 : « Il protégeait chaque individu de la nation dans la libre jouissance de sa vie, de sa liberté et de ses biens, à moins qu'il ne soit déclaré confisqué par le jugement de ses pairs ou par la loi du pays. » Hallam, *Moyen Âge* , II. 448, parlant de cc. 39 et 40 ensemble, dit qu'ils « protègent la liberté personnelle et la propriété de tous les hommes libres en garantissant la sécurité contre l'emprisonnement arbitraire et la spoliation arbitraire ». Creasy, *Constitution anglaise* , p. 151, n. : « L'effet ultime de ce chapitre était de donner et de garantir une pleine protection de la personne et des biens à tout être humain qui respire l'air anglais. »

800 . La même sombre tradition s'appliquait à Lidford comme à Jedburgh :

«J'ai souvent entendu parler de la loi Lydford,

Comment le matin ils s'accrochent et dessinent,

Et siègez ensuite au jugement.

Voir Neilson, *Trial by Combat* , 131, et les autorités citées.

801 . M. Bigelow considère que de tels cas étaient nombreux. Voir *Procédure* , 155 : « La pratique consistant à accorder des titres d'exécution sans procès devant les tribunaux semble avoir été courante. »

802 . Voir l'annexe.

803 . La plus ancienne référence connue se trouve dans ce qu'on appelle *les Leges Henrici primi* (vers 31). *Inhabituel per pares suos judicandus est et ejusdem provinciae* .

804 . Cf. Pollock et Maitland, I. 152, et autorité citée. Comme il n'y avait pas de « pairie » en Angleterre au sens moderne du terme (cf. *supra* , p. 237) jusqu'à longtemps après le règne de Jean, il est évident que le *judicium parium* de la Magna Carta doit être interprété dans un sens plus large que n'importe quel simple « privilège ». d'un pair » à l'heure actuelle. Les égaux de chaque homme étaient ses « pairs ».

805 . Voir Stubbs, *Const. Hist.* , I. 578, n., pour des exemples étrangers de *judicium parium* .

806 . « Si un chrétien porte plainte contre un juif, qu'elle soit jugée par ses pairs juifs. » Voir *Pourriture. Chartarum* , p. 93, et *supra* p. 269.

807 . Voir *Carta Mercatoria* , ch. 8 ; 27 Édouard III. statistique. 2, ch. 8 ; et 28 Édouard III. c. 13 ; voir aussi Thayer, *Témoignages* , p. 94.

808 . Voir *infra* , cc. 56 , 57 et 58 . Sous c. En 59, les barons d'Angleterre étaient appelés pairs du roi d'Écosse.

809 . Voir *Placitorum Abbreviatio,* p. 201, cité Pollock et Maitland, I. 393 n.

810 . Voir aussi un passage des lois du Parlement écossais (I. 318) attribué à David : « Nul ne sera jugé par son inférieur qui n'est pas son pair ; le comte sera jugé par le comte, le baron par le baron, le vavassor par le vavassor, le bourgeois par le bourgeois ; mais un inférieur peut être jugé par un supérieur.

811 . Voir *supra* , p. 103, et cc. 18, 36 et 38.

812 . Voir Thayer, *Evidence* , p. 200-1, pour une analyse de l'expression « *lex terrae* ». Voir aussi Bigelow, *History of Procedure* , 155, n. : « L'expression ' *per legem terrae* ' exigeait simplement une procédure judiciaire, selon la nature de l'affaire ; le duel, l'épreuve ou la compurgation dans les affaires criminelles, le duel, les témoins, les chartes ou la reconnaissance dans les affaires de propriété. Les mots apparaissent au moins deux fois dans Glanvill, chaque fois apparemment avec une signification technique. En II. c. 19, la peine en cas de faux verdict comprend la déchéance par les jurés de leur loi (« *legem terrae amittentes* ») ; tandis qu'en V. c. 5, un homme né vilain, quoique affranchi par son seigneur, ne peut, au préjudice d'aucun étranger, faire appliquer sa loi (« *ad aliquam legem terrae faciendam* »). L'accent mis sur le droit de l'accusé aux

formes consacrées de *la lex* est bien illustré par la difficulté de substituer un procès devant jury à une épreuve. Il a déjà été démontré que le droit de « rester muet », c'est-à-dire virtuellement d'exiger une épreuve, n'a été aboli qu'en 1772. Voir *supra* , p. 400 . On a ainsi laissé passer cinq siècles et demi avant que le droit pénal ait l'audace, au mépris d'un principe fondamental de la Magna Carta, de priver les accusés de leur « loi ».

813 . Il semblerait cependant, d'après le texte de ces statuts, qu'à cet effet les dispositions des chapitres 36 et 38 aient été utilisées pour compléter celles du présent chapitre, si elles ne se confondaient pas avec elles. Voir 5 Édouard III. c. 9 ; 25 Édouard III. statistique. 5, ch. 4 ; 37 Édouard III. c. 18 ; 38 Édouard III. c. 3 ; 42 Édouard III. c. 3 ; 17 Richard II. c. 6. Voir également Stubbs, *Const. Hist.* , II. 637-9, pour la série de pétitions commençant par 1351.

814 . *Deuxième Institut* , p. 46.

815 . 3 Charles I. c. 1.

816 . Pollock et Maitland, I. 152, n., lisent le mot comme ayant *les deux* sens dans ce passage. Cf. Gneist, *anglais. Const.* , chapitre XVIII. M. Pike, *Chambre des Lords* , 170, adopte un point de vue opposé : « Le roi Jean s'est engagé de manière à montrer que le jugement des pairs était une chose, la loi du pays en est une autre. Le jugement des pairs était... une affaire très simple et bien comprise à l'époque. La loi du pays comprenait toutes les procédures judiciaires, civiles ou pénales, autres que le jugement des pairs. L'auteur du présent article rejette cette antithèse, car les deux choses peuvent être, et doivent même être, combinées. Le « procès » par une loi et le « jugement » par des égaux étaient complémentaires. Les pairs ont désigné le test et ont décidé s'il avait été correctement réalisé.

817 . Voir, *par exemple* , Pike, *House of Lords* , 217, citant Littleton dans *Year Book* , Easter, 10 Edward IV., No. 17, fo. 6.

818 . Si « *vel* » pouvait être traduit par « et » et « *emprisonetur* » par « détenu en prison », l'expression signifierait alors qu'aucun homme libre ne devrait être maintenu trop longtemps en prison en attendant son procès, ou emprisonné de façon permanente sans procès.

819 . Pour ce mot cf. *supra* , ch. 18. Le traité conclu par Jean en 1191 (discuté *ci-dessous*) parle de « disseisin of property », montrant que le mot n'était pas encore absolument limité aux biens immobiliers.

820 . Voir *Pourriture. Noël.* , I. 215. M. Pike (*House of Lords* , p. 170) soutient en effet que la prévention des dissensions « *sine judicio* » était le principal, sinon le seul, objet du chapitre en discussion : des pairs faisait référence principalement au droit des propriétaires terriens sur leurs terres, ou à

certaines questions liées à la tenure féodale et à ses incidents. Cela va trop loin : les barons ne limitaient nullement la garantie du *judicium parium* aux questions foncières et foncières. Pollock et Maitland, I. 393, envisagent une interprétation plus large. Un point ne fait aucun doute : *le judicium parium* s'étend à l'appréciation des amercements. En c. 21 comtes et barons sont confirmés dans le droit d'être amerciés uniquement *per pares suos* .

821 . *De libero tenemento suo vel libertatibus vel liberis consuetudinibus suis.*

822 . Cf. *supra* , p. 176 .

823 . Cf. *supra* , p. 290 .

824 . *Deuxième Institut* , p. 47.

825 . Voir, *par exemple* , Creasy, *Hist. de Const.* , p. 151, n. : « Les monopoles en général sont contre les textes de la Grande Charte. » Voir également Taswell-Langmead, *ing. Const. Hist.* , 108.

826 . Voir *supra* , p. 30 .

827 . Voir *Pipe Rolls* , 7 Richard I., cité par Madox, I. 201.

828 . *Par exemple* , Coke, *Second Institute* , p. 48.

829 . Voir *Second Institute* , page 46. John Reeves, *History of English Law* , I. 249 (troisième éd.), tout en condamnant Coke, donne sa propre interprétation encore plus tendue, fondée sur la juxtaposition fortuite des deux verbes dans un passage. du Digeste. Pour des raisons tout à fait peu concluantes, il tire la conclusion que les deux mots se réfèrent exclusivement à la diligence à l'égard des « biens et effets mobiliers » ; la diligence à l'égard de la personne et la diligence à l'égard des biens fonciers ayant été précédemment traitées dans des termes spécialement appropriés à chacun d'eux respectivement. Dr Lingard, *Histoire de l'Angleterre* , III. c. 1, mérite des éloges en tant que premier commentateur à avoir adopté le point de vue correct.

830 . *Deuxième Institut* , pp. 4, 27 et 45.

831 . Voir *supra* , ch. 20.

832 . *Simon de Montfort* , 17, n. Cf. Blackstone, *Great Charter* , xxxvii., « la disposition la plus ample contre les dissensions illégales ».

833 . Cf. Pollock et Maitland, I. 340, n.

834 . Cf. *supra* , p. 142 . D'autres changements verbaux dans la charte de 1217 montrent le même souci d'exclure les vilains. *Par exemple,* c. 16 laisse le domaine vilain du roi strictement « à sa merci », c'est-à-dire susceptible d'amertume sans aucune réserve.

835 . MGH Blakesley, dans un article pertinent de la *Law Quarterly Review* , V. 125, va jusqu'à réduire le chapitre entier à une tentative de protéger la justice féodale dans sa lutte contre la justice royale. "On peut raisonnablement soupçonner que le chapitre 39 visait également simplement à maintenir la cour du seigneur contre les empiètements de la Couronne."

836 . M. Pike, *House of Lords* , 170-4, partage ce point de vue sur la nature réactionnaire de la clause, bien qu'il considère que la prétention au *judicium parium* d'un locataire de la Couronne pourrait être satisfaite par la présence d'un ou plusieurs autres barons parmi les juges des « Bancs », et n'impliquaient pas nécessairement une réunion plénière du *concilium communal* convoqué de la manière habituelle. *Ibid.* , p. 204. Si le « jugement » de l'ensemble du tribunal était nécessaire (et, malgré la haute autorité de M. Pike, il y a beaucoup à dire en faveur de cette affirmation), alors la tendance féodale réactionnaire est encore plus marquante. Cette tendance féodale est soulignée par le fait que les franchises privées et les châteaux privés occupaient une place importante parmi les droits de propriété protégés contre les saisies arbitraires par le roi.

837 . Voir R. Hoveden, III. 136. Cette trêve, datée du 28 juillet 1191, avait été réalisée par la médiation de l'archevêque de Rouen et de certains prélats anglais.

838 . Cf. *supra* , p. 35 .

839 . Le bref est daté du 10 mai 1215 et apparaît dans *New Rymer* , I. 128.

840 . La Magna Carta omet également, comme inutile, « *per vim et arma* », bien que les articles des barons aient contenu le mot « *vi* ».

841 . *Chron. Maj.* , III. 247-8.

842 . M. Paris, *Ibid.* , III. 251-2.

843 . Pollock et Maitland, I. 393, hésitent à condamner cet argument. "Le titre même des "barons" de l'Échiquier nous interdit de traiter cela comme une simple insolence." Le Dr Stubbs n'a pas de tels scrupules : « L'évêque a répondu avec mépris et avec une représentation perverse de la loi anglaise » (*Const. Hist.* , II. 49). Ailleurs, il le rend moins méprisant que mal informé de la loi – « une erreur ignorante » (II. 191). Pourtant, l'évêque Pierre avait probablement une connaissance plus approfondie de la loi qu'il administrait en tant que justiciar en 1233 que n'importe quel écrivain moderne. En matière d'amercements, au moins, les barons de l'Échiquier agissaient comme les pairs des comtes et des barons.

844 . Pike, *Chambre des Lords* , 173. Voir aussi Bracton, f. 119 ; Pollock et Maitland, I. 393.

845 . « Le procès, c'est-à-dire la constatation du fait, s'est donc déroulé, bien que sous la direction et le contrôle de la Cour des pairs, par bataille ; mais le jugement sur l'épreuve de bataille devait être rendu par les pairs. Pike, *Chambre des Lords* , 174.

846 . Brochet, *Ibid.* , 174-9.

847 . Le privilège fut étendu aux pairsesses par le statut 20 Henri VI. c. 9.

848 . Le comte de Chester l'a revendiqué en 1236-7, et le comte de Gloucester (sous une forme spéciale de seigneur marcheur) en 1281. Voir Pollock et Maitland, I. 393, n.

849 . Cf. *supra* , p. 158-163 .

850 . L'identification erronée du jugement des pairs au procès devant jury remonte loin dans l'histoire du droit. Pollock et Maitland, II. 622-3, n., le fait remonter à un siècle près de la Magna Carta. "Cette erreur a déjà été commise à l'époque d'Edward I. ; YB 30-1 Edward I., p. 531." Malgré les recherches modernes, l'erreur a la vie dure. Elle apparaît, par exemple, *dans* Thomson, *Magna Charta* , 223. , et dans Taswell-Langmead, *Const. Hist.* , 110. Cela a été répété l'autre jour seulement par une autorité aussi élevée que le Dr Goldwin Smith dans son ouvrage récemment publié, " *The United Kingdom* ", I. 127, où il soutient que le chapitre 39 de la Magna Carta « affirme le droit à un procès devant jury ».

851 . Pollock et Maitland, I. 152, n., et Pike, Chambre des Lords, 169.

852 . Cf. *supra* , p. 161 .

853 . Cf. Brochet, *Ibid.* , 169. « Depuis l'époque où les procès avec jury ont commencé, que ce soit dans les affaires civiles ou criminelles, jusqu'à la fin actuelle du XIXe siècle, aucun jury n'a jamais rendu ou n'a pu rendre un jugement sur quelque question que ce soit. » Il ne faut cependant pas perdre de vue la différence entre les conceptions anciennes et modernes du jugement.

854 . Voir *Procès d'État* , III., p. 1, et SR Gardiner, *History* , VI. 214.

CHAPITRE QUARANTE.

Nulli vendemus, nulli negabimus, aut différemus, rectum aut justiciam.

À personne nous ne vendrons, à personne nous ne refuserons ni ne retarderons le droit ou la justice.

Ce chapitre, comme le précédent avec lequel il est si étroitement lié, a fait l'objet de nombreuses lectures de la part des commentateurs qui auraient étonné ses auteurs originaux. L'application des normes modernes aux pratiques anciennes a abouti à un malentendu total. Les sommes habituellement perçues par Jean, comme par ses prédécesseurs, à chaque étape de la procédure judiciaire, n'étaient pas nécessairement le salaire d'une injustice délibérée. Cela ressort clairement de plusieurs considérations. Ainsi, les justiciables payaient des amendes pour obtenir réparation contre la Couronne elle-même ; dans les litiges entre deux particuliers, la somme offerte par le plus offrant n'était pas toujours acceptée ; Parfois, justice était rendue gratuitement à un justiciable malgré une offre lourde de la part de l'autre. De nombreux paiements n'étaient donc pas des pots-de-vin versés à un juge injuste, mais simplement des expédients destinés à accélérer les retards de la justice, ou à assurer un procès équitable pour un plaidoyer valable, ou à obtenir un expédient inhabituel mais non injuste, tel qu'une assignation particulièrement puissante ou l'audition d'une affaire au Trésor public, qui aurait normalement été jugée ailleurs. Si les tribunaux royaux imposaient des tarifs de justice plus élevés que les tribunaux féodaux, ils fournissaient un meilleur article. Lorsque Henri d'Anjou ouvrit les portes de sa cour à tous les hommes libres qui choisissaient de payer pour les brefs, il trouva un marché tout prêt. Ces brefs différaient considérablement en termes de prix. Certains furent délivrés très tôt sur demande (writs *de cursu*) et pour une somme fixe : d'autres n'étaient accordés qu'en guise de faveur ou après qu'un marché ait été conclu. Une procédure particulièrement rapide ou convaincante devait être spécialement payée. Il semblerait donc que le système de Jean n'était pas ouvert à la condamnation sans réserve et violente qu'il reçoit habituellement. Le langage de Hallam est trop radical lorsqu'il dit : « Une loi qui décrète que la justice ne sera ni vendue, refusée, ni retardée, marque d'infamie le gouvernement sous lequel elle était devenue nécessaire. » [855] C'était l'abus du système par John, et non le système lui-même, qui appelait à la condamnation ; et le pire qu'on puisse lui reprocher, selon les normes médiévales, c'est qu'il se prête trop facilement aux abus.

Si les barons désiraient réellement que Jean continue à rendre la justice royale dans les nouveaux domaines occupés par son père, mais sans contrepartie pécuniaire, leurs demandes étaient injustes et même absurdes ; mais probablement ils souhaitaient seulement un strict respect des règles et des accusations coutumières qu'ils attendaient comme étant normales en relation avec les tribunaux royaux. Le système présente en effet de nombreuses caractéristiques répréhensibles aux yeux des critiques modernes ; mais au XXe siècle comme au XIIIe, la justice ne peut être obtenue pour rien ; et le plaideur potentiel ayant une bonne réclamation mais une bourse mince sera bien avisé d'accepter une petite perte plutôt que d'encourir la certitude de perdre encore autant dans des dépenses extrajudiciaires, et le risque de perdre beaucoup plus dans le procès. frais judiciaires d'un litige prolongé. Le manque de justice libre est un reproche que les hommes d'aujourd'hui ne peuvent pas adresser de bonne grâce à l'administration de Jean.

Tout comme les maux dont on se plaint sont souvent exagérés, les réformes promises par ce chapitre de la Magna Carta le sont également. John est généralement considéré comme ayant accepté la suppression des paiements de toutes sortes pour les assignations judiciaires et autres frais de justice. La justice, contrairement à d'autres biens de valeur, devait, semble-t-il, être obtenue gratuitement – un idéal jamais encore atteint dans aucune communauté civilisée. Le roi ne pouvait pas garder un corps de greffiers hautement qualifiés pour délivrer des brefs gratuitement à tous ceux qui les demandaient, ni une équipe de juges, « qui connaissaient la loi et entendaient la respecter », pour déterminer des plaidoyers qui n'apporteraient aucun retour. à la Couronne.

L'intention de ceux qui ont rédigé ce chapitre était probablement d'obtenir une mesure de réforme plus modérée et plus raisonnable. Les abus du système devaient être réparés. [856] Malheureusement, il n'était pas facile de définir les abus, de déterminer où s'arrêtaient les paiements légitimes et où commençaient les paiements illégitimes. Des prix prohibitifs ne devraient pas être imposés pour les brefs *de cursu* ; mais la Couronne n'avait-elle pas le droit d'émettre des brefs de grâce selon ses propres conditions ? Les plaignants qui avaient des raisons particulières de se précipiter payaient fréquemment pour que leur procès soit entendu rapidement : était-ce un abus ? [857]

Quelle qu'ait pu être l'intention, l'effet pratique de la clause n'était *pas* d'assurer l'abolition de la vente des brefs et de la justice. La pratique sous Henri III. a été décrite par notre plus haute autorité. " Apparemment, il y avait certaines commandes qu'on pouvait obtenir gratuitement ; pour d'autres, un mark ou un demi-mark était facturé, tandis que, au moins pendant les premières années d'Henry, il y en avait d'autres qui ne pouvaient être obtenues qu'à des prix élevés. Nous pouvons trouver des créanciers promettant au roi un quart ou un tiers des dettes qu'ils espèrent recouvrer. Une certaine distinction semble avoir été faite entre le nécessaire et le luxe. Un bref royal était nécessaire pour celui qui revendiquait la pleine propriété; c'était un luxe pour le créancier exigeant une dette, car les tribunaux locaux lui étaient ouverts et il pouvait y procéder sans bref. Des gloses élaborées recouvraient la promesse du roi qu'il ne vendrait la justice à personne, pour tracer une ligne entre le prix de la justice et ces simples frais de justice, qui sont exigés même de nos jours, n'est pas facile à établir. Que les pauvres devraient avoir leurs brefs pour rien, était une maxime acceptée. [858]

Il est probable que la pratique avant et après 12 h 15 présentait peu de différences matérielles. Certains des abus les plus flagrants du système ont été réprimés : c'est tout. [859] Au cours des règnes ultérieurs, le Parlement a dû fréquemment déposer une pétition contre la vente de la justice en violation de la Magna Carta. [860] Le roi renvoyait généralement une réponse politique , mais prenait soin de ne jamais renoncer à son droit d'exiger de grosses sommes pour des brefs de grâce. Richard II, par exemple, répondit : « Notre seigneur le roi n'entend pas se dépouiller d'un si grand avantage, qui a été continuellement en usage à la chancellerie aussi bien avant qu'après la rédaction de ladite charte, au temps de tous ses nobles ancêtres qui ont été rois d'Angleterre. [861]

Il est donc évident que la Magna Carta n'a pas mis fin à la pratique consistant à imposer des frais élevés pour les brefs. Pourtant, ce chapitre, bien que si souvent mal compris et exagéré, n'en revêt pas moins une importance considérable. Cela marque, d'une part, une étape dans le processus par lequel les cours du roi distançaient progressivement tous leurs rivaux. Dans certaines provinces, au moins, la justice royale restait en possession incontestée. Dans ces cas, le grief n'était pas qu'il y ait trop de justice royale, mais qu'elle était parfois retardée ou refusée. Ici donc, même au moment de l'humiliation la plus amère de Jean, nous trouvons la preuve du triomphe de la politique de la Couronne inaugurée un demi-siècle plus tôt par son père clairvoyant.

Ce n'est cependant pas à de telles considérations que ce chapitre doit l'importance qu'on lui accorde habituellement dans les traités juridiques ; mais plutôt au fait qu'il a été largement interprété comme une garantie universelle d'une justice impartiale envers les hauts et les bas ; et parce que, interprété ainsi, il est devenu depuis de nombreuses années entre les mains des patriotes une arme puissante pour la cause de la liberté constitutionnelle. Considérant les choses sous cet angle, Coke met de côté son savoir grincheux et conclut par ce qui est plutôt une rhapsodie qu'un commentaire d'avocat : « comme celui qui cherche de l'or ne veut pas sortir de la poussière, des fils ou des lambeaux d'or, qu'il laisse passer la moindre miette. , en ce qui concerne l'excellence du métal; ainsi le savant lecteur ne devrait-il pas passer une seule syllabe de cette loi, en ce qui concerne l'excellence de la question. [862]

855 . *Moyen Âge* , II. 451.

856 . Cf. Madox, I. 455, "Par *nulli vendemus* étaient exclus les amendes excessivement élevées : par *nulli negabimus* , l'arrêt des poursuites ou des procédures et le refus des brefs : par *nulli différemus* , les retards qui étaient auparavant occasionnés par les contre-amendes de défendeurs (qui parfois surencidaient sur les plaignants) ou par la volonté du prince.

857 . Les amendes à cet effet étaient fréquentes sous Henri II. et ses fils. Madox, I. 447, cite de nombreux exemples. Ainsi, en 1166, Ralph Fitz Simon paya deux marks « pour avoir accéléré sa droite » (*pro recto suo festinando*). Cette pratique s'est poursuivie sous Henri III. malgré la Magna Carta. *Le carnet de notes* de Bracton cite un cas difficile (n° 743) : Henri III. revendiquait la prérogative de tutelle là où elle était illégale en vertu du c. 37 de la Grande Charte (*qv*). Le tribunal aurait pu retarder l'audition du plaidoyer du seigneur mesne jusqu'à ce que la tutelle prenne fin ; mais il a payé cinq marks *pro festinando judicio suo* . L'amende aurait été donnée « volontairement » (*sponte*). L'utilisation de ce mot a-t-elle permis d'échapper à c. 40 de la Charte ?

858 . Pollock et Maitland, I. 174. Cf. *Ibid.* , II. 204 et autorités citées.

859 . Madox, I. 455, dit : « Et cette clause des grandes Chartes semble avoir produit son effet. Car... les amendes payées pour les brefs et les procédures judiciaires étaient plus modérées après la rédaction de ces grandes Chartes qu'elles ne l'étaient auparavant.

860 . Les instances sont collectées par Sir TD Hardy à *Rot. de oblatis* , p. XXI. Voir également Stubbs, *Const. Hist.* , II. 636-7.

861 . *Pourrir. Parl.* , III. 116, cité Stubbs, *Const. Hist.* , II. 637.

862 . *Deuxième Institut* , 56.

CHAPITRE QUARANTE ET UN.

Omnes mercatores habeant salvum et securum exire de Anglia, et venire in Angliam, et morari et ire per Angliam, tam per terram quam per aquam, ad emendum et vendendum, sine omnibus malis toltis, per antiquas et rectas consuetudines, preterquam in tempore gwerre, et si sint de terra contra nos gwerrina; et si tales inveniantur in terra nostra in principio gwerre, attachientur sine mudno corporum et rerum, donec sciatur a nobis vel capitali justiciario nostro quomodo mercatores terre nostre tractentur, qui tunc invenientur in terra contra nos gwerrina ; et si nostri salvi sint ibi, alii salvi sint in terra nostra.

> Tous les marchands auront une sortie sûre et sécurisée d'Angleterre et une entrée en Angleterre, avec le droit d'y séjourner et de se déplacer aussi bien par terre que par eau, pour acheter et vendre selon les anciennes et justes coutumes, sans devoir payer de mauvais péages. , sauf (en temps de guerre) les marchands du pays en guerre avec nous. Et si de tels hommes sont trouvés dans notre pays au début de la guerre, ils seront détenus, sans dommage à leurs corps ni à leurs biens, jusqu'à ce que nous ou notre juge en chef ayons reçu des informations sur la façon dont les marchands de notre pays ont trouvé dans le pays. les terres en guerre avec nous sont traitées ; et si nos hommes y sont en sécurité, les autres seront en sécurité dans notre pays.

Les marchands et les marchandises, comme toutes les autres classes et tous les intérêts, avaient gravement souffert de l'avidité de Jean, sans égard pour les droits d'autrui. Le contrôle du commerce était spécialement réservé à la surveillance personnelle du roi. Aucune loi ni aucun usage traditionnel ne l'encadraient dans ses relations avec les marchands étrangers, qui dépendaient de la faveur royale, et non de la loi du pays, pour le privilège de faire du commerce et même pour leur sécurité personnelle. Aucun marchand étranger ne pouvait entrer ou sortir de l'Angleterre, ni s'installer dans une ville, ni se déplacer d'un endroit à l'autre, ni acheter et vendre, sans payer de lourds péages au roi. Cette prérogative royale s'avère profitable. [863]

Jean augmenta le nombre et le montant de ces exactions, au détriment aussi bien des commerçants étrangers que de leurs clients. La Magna Carta a donc cherché à restreindre cette branche de prérogative, en lui interdisant d'exiger des péages excessifs pour éliminer les obstacles qu'il avait lui-même créés. Cela profitait aux commerçants en leur assurant certains droits, qui peuvent peut-être être analysés en trois : le sauf-conduit, c'est-à-dire la protection de leurs personnes et de leurs biens contre la violence ; liberté d'acheter et de vendre en temps de paix ; et une confirmation des taux anciens et justes des

« coutumes », avec l'abolition des « péages maléfiques » ou des exactions supplémentaires de Jean.

Jusqu'à présent, le sens général du texte est incontestable ; mais des discussions ont eu lieu sur plusieurs points importants, tels que la nationalité des commerçants en faveur desquels il a été conçu ; la nature exacte des « péages du mal » abolis ; les motifs des règles appliquées ; et les relations entre les habitants et les commerçants étrangers.

I. *La Magna Carta favorise les marchands extraterrestres.* La meilleure opinion semblerait être que ce chapitre s'appliquait principalement aux commerçants étrangers des États amis. Des tentatives ont en effet été faites pour affirmer le contraire, à savoir que les habitants devaient bénéficier de la même manière que les étrangers, la Magna Carta maintenant l'équilibre entre eux. Tel était le sens d'un savant discours prononcé à la Chambre des communes par William Hakewill, avocat de Lincoln's Inn, en 1610, lors du débat sur le cas de John Bate. [864] Son principal argument était que certaines lois du règne d'Édouard III. [865], en cherchant à confirmer et à élargir les dispositions de la Magna Carta, englobaient clairement les habitants aussi bien que les étrangers. Pourtant, les rédacteurs d'une loi au XIVe siècle ont peut-être mal compris la teneur de la Charte de Jean, ou l'ont peut-être délibérément modifiée.

Les preuves intrinsèques et extrinsèques se combinent pour créer une forte présomption selon laquelle la Magna Carta faisait principalement, peut-être exclusivement, référence aux marchands de pays étrangers. [866] Les habitants faisant du commerce en Angleterre n'avaient pas besoin de ces « sauf-conduits » qui constituent la principale concession de ce chapitre ; et leurs droits d'achat et de vente étaient déjà protégés d'une autre manière ; car les commerçants indépendants étaient inconnus, tous les marchands étant regroupés en guildes dans les différentes villes dont les privilèges (« *omnes libertates et liberas consuetudines* ») leur étaient garantis dans une partie antérieure de la grande Charte. [867] Ce sont les marchands étrangers qui avaient besoin d'une protection particulière, car ils n'avaient, à proprement parler, aucun statut aux yeux de la loi et tenaient leurs privilèges du roi, qui, avançant sur la ligne de moindre résistance, préférait souvent les surtaxer plutôt que ses propres sujets. [868] La Couronne pouvait garantir la protection dont elle avait besoin, volontairement ou à contrecœur, et dans des conditions qu'elle pouvait modifier à sa discrétion, mais jamais à moins d'être bien payée. La politique d'Henri II. et ses fils devaient favoriser les marchands étrangers, mais exiger en retour les redevances les plus élevées possibles, limités seulement par un intérêt personnel éclairé qui s'arrêtait au point où le commerce languirait en devenant non rentable. Les registres de l'Échiquier et les registres des brevets offrent de nombreuses illustrations de la manière dont des commerçants individuels ou des familles concluaient des accords privés avec la Couronne pour obtenir des privilèges commerciaux. En 1181,

Henry obtint deux faucons pour avoir autorisé l'exportation de maïs vers la Norvège. En 1197, un certain Hugo Oisel devait 400 marks pour une licence de commerce en Angleterre et dans les autres pays de Richard, en temps de guerre comme en temps de paix. [869]

Au début du règne de Jean, les commerçants résidant en Angleterre semblent avoir collectivement obtenu la confirmation de leurs privilèges. Ce roi délivra des lettres patentes au maire de Londres, aux magistrats de nombreuses petites villes et aux shérifs des comtés du sud de l'Angleterre, leur ordonnant, dans des termes très proches de ceux de la Magna Carta, d'autoriser à tous les marchands de quelque terre que ce soit aller et venir en toute sécurité, avec leurs marchandises. [870]

Ces arrangements n'étaient que temporaires. John n'avait pas l'intention qu'une telle subvention générale l'empêche d'exiger des paiements supplémentaires des particuliers lorsque l'occasion s'en présentait. Par exemple, Nicolas le Danois promettait à chaque fois qu'il entrerait en Angleterre un faucon qui pourrait aller et venir et faire du commerce « libre de toutes douanes qui appartiennent au roi ». [871] Ces cotisations coutumières, aux taux habituels, n'ont pas été abolies par la Charte, mais seulement les paiements additionnels arbitraires pour lesquels il n'y avait aucun mandat.

Sur ce point donc, la Magna Carta ne contenait aucune innovation, et il en va de même en ce qui concerne les représailles prévues contre les commerçants des pays où les marchands anglais étaient maltraités. Au début de la guerre, la Charte ordonne que les marchands de la nation ennemie soient détenus jusqu'à ce que le roi s'assure de la manière dont ses propres sujets étaient traités sur le territoire ennemi. Il s'agit simplement d'une déclaration de la pratique antérieure, dont une illustration peut être trouvée dans les termes d'un bref d'août 1214, qui ordonnait aux huissiers de Southampton de détenir tous les Flamands et leurs biens en attendant de nouvelles instructions. [872] Il y avait donc des précédents à ces règles pour les commerçants étrangers, qui ont suscité l'admiration de Montesquieu. [873]

II. *Douanes et péages.* « *Consuetudines* » est utilisé dans ce passage dans son sens financier plus étroit, se rapportant aux droits d'importation et d'exportation qui sont encore aujourd'hui spécialement appelés « douanes », ainsi qu'à diverses taxes locales. Les « péages », lorsqu'ils ne sont pas stigmatisés comme « péages maléfiques », semblent pratiquement synonymes de ces coutumes. La couronne avait d'abord pris à l'impuissance des marchands ce qu'elle jugeait opportun, à chaque occasion. La pratique a rapidement établi des règles quant aux taux normaux considérés comme équitables dans diverses circonstances. Lorsqu'un navire chargé de vin étranger arrivait, le péage normal était « d'un tonneau pour une cargaison de dix à vingt tonneaux, et de deux tonneaux pour une cargaison de vingt ou plus ». [874] Pour les autres marchandises, on réclamait une part d'un quinzième ou parfois d'un dixième du tout. De tels péages, même s'ils constituaient à l'origine une sorte de chantage, étaient devenus, à l'époque de Jean, considérés comme une branche légitime des revenus royaux. Toute augmentation arbitraire était cependant condamnée par l'opinion publique, et finalement par la Magna Carta, comme une « *mala tolta* ».

Il faut cependant se rappeler que le roi n'était pas le seul à exiger des péages. Chaque ville d'Angleterre et de nombreux magnats féodaux, par usage prescriptif ou par concession royale, prélevaient des paiements sur tous les biens achetés ou vendus dans diverses foires et marchés, ou qui entraient aux portes de la ville, ou étaient déchargés sur les quais fluviaux, ou traversaient certaines routes. . L'ambition de chaque arrondissement était d'augmenter ses propres franchises aux dépens de ses voisins. La liberté des douanes de Bristol, par exemple, signifiait non seulement que les habitants de cette ville devaient être exemptés des péages infligés par d'autres, mais qu'ils devaient avoir le droit d'imposer des péages à ces autres. Tout un réseau de coutumes et de restrictions de ce genre entravait le libre échange des marchandises dans toutes les régions de l'Angleterre. La Magna Carta n'avait pas l'intention de les balayer, dans la mesure où elles étaient « justes et anciennes » ; et il est probable que l'interdiction d'augmenter arbitrairement les péages était dirigée uniquement contre la Couronne.

III. *Les motifs à l'origine de ces dispositions*. Il n'est pas rare d'attribuer aux auteurs de la Magna Carta une politique libérale d'une saveur tout à fait moderne ; ils sont devenus des libre-échangistes et on leur attribue une connaissance des principes économiques bien en avance sur leurs contemporains. Il s'agit là d'une idée totalement erronée : les Anglais du début du XIIIe siècle n'avaient formulé aucune théorie de grande envergure sur les droits du consommateur ni sur les avantages de la politique de la porte ouverte. Les commerçants nationaux n'étaient pas des parties consentantes à ce chapitre et auraient été profondément mécontents de toute tentative de placer les étrangers sur un pied d'égalité avec les guildes protégées des bourgs anglais. Les barons, en insérant cette stipulation parmi les promesses arrachées à Jean, ont agi de leur propre initiative et pour des motifs purement égoïstes. Les riches nobles, laïcs et ecclésiastiques, voulaient que rien n'empêche les rivaux étrangers des bourgeois insulaires d'importer les vins et les riches vêtements que l'Angleterre ne pouvait produire. John, en effet, en tant que consommateur de produits de luxe continentaux, partageait en partie leurs vues, mais sa politique à courte vue menaçait d'étrangler le commerce extérieur en augmentant progressivement les charges qui y étaient attachées, jusqu'à ce qu'il cesse d'être rémunérateur. Les barons, dans leur propre intérêt, non dans celui des marchands étrangers, et encore moins dans celui des commerçants indigènes, exigeaient donc que les droits de douane restent à leurs anciens taux fixes. En adoptant cette attitude, ils montrèrent leur indifférence égoïste à l'égard des revendications tout aussi égoïstes des commerçants anglais, qui, jaloux des étrangers tant sur leurs marchés intérieurs que dans le commerce de transport, désiraient avoir un monopole pour eux-mêmes. Toute faveur accordée aux marchands étrangers était un tort causé aux guildes des bourgs à charte. Ce chapitre montre ainsi un manque de gratitude de la part des barons pour le grand service rendu à leur cause par leurs alliés, les citoyens de Londres. Jean, en revanche, n'hésiterait pas à punir les hommes de sa capitale qui, l'encre à peine sèche de leur nouvelle charte municipale, n'avaient pas hésité à abandonner sa cause. [875] Ce fut avec un sinistre plaisir que, le 21 juillet 1215, en stricte conformité avec la teneur de la Magna Carta, il adressa un bref au roi Philippe invitant à des représailles contre les marchands londoniens en France dans certaines éventualités. [876]

Dans la réédition de 1216, les privilèges conférés aux marchands étrangers étaient limités à ceux qui n'avaient pas été « publiquement interdits au préalable ». Il s'agissait là d'un changement matériel, dont l'effet était de restituer au roi toute autorité discrétionnaire sur le commerce extérieur, puisqu'il n'avait qu'à publier une proclamation générale, puis à accepter des amendes pour accorder une exemption de son application.

IV. *Arrondissements anglais et marchands étrangers*. La querelle entre les commerçants nationaux et étrangers connut de nombreuses vicissitudes au cours de plusieurs siècles successifs, la Couronne prenant tantôt un côté, tantôt l'autre, selon que ses intérêts pécuniaires le dictaient pour le moment. Aucune trace de la doctrine du libre-échange ne peut être retrouvée : les marchands de chaque ville, regroupés en corporations, dirigeaient leurs efforts vers l'obtention de droits de commerce exclusifs pour eux-mêmes. Il est vrai que les hommes de Londres n'étaient guère plus jaloux des privilèges des citoyens de Rouen ou de Paris que de ceux d'York ou de Lincoln ; leur ambition était d'imposer des restrictions à tous les rivaux. Le *Liber Custumarum* , une compilation du début du XIIIe siècle, établit des règles détaillées pour la réglementation des commerçants étrangers à Londres. Le marchand étranger devait s'installer dans la maison d'un citoyen. Il lui était strictement interdit de se livrer au commerce de détail et d'acheter des articles en cours de fabrication. Il ne pouvait acheter qu'à ceux qui avaient la liberté de la ville et ne pouvait pas revendre les marchandises à l'intérieur des murs du bourg. Il n'était autorisé à vendre qu'aux bourgeois de Londres, sauf trois jours précis de la semaine. Telles étaient quelques-unes des règles que les Londoniens imposaient à tous les commerçants à l'intérieur de leurs portes. Le roi encourageait cependant par intermittence les étrangers. Sous la protection bienveillante d'Henri III, Lombards et Provençaux s'établirent en nombre considérable dans la capitale ; et avec la connivence du roi, il enfreigna ces règles. Lorsque les Londoniens se plaignirent, Henry refusa d'être soulagé. Leur loyauté ainsi ébranlée, ils se rangèrent du côté des adversaires du roi dans la guerre des barons, et lorsque la cause royaliste triompha à Evesham, la capitale partagea le châtiment infligé aux adversaires de la Couronne. Le prince Édouard fut nommé en 1266 protecteur des marchands étrangers en Angleterre, dont la cause fut temporairement triomphante. Lors de l'avènement de ce prince, Londres retrouva pour le moment sa faveur royale. A la même époque, on tenta de définir quels péages ou douanes pourraient être perçus par la Couronne. En 1275, lors du premier parlement d'Édouard, un tarif fut fixé par « les prélats, les magnats et les communautés à la demande des marchands » sur la plupart de ce qui constituait alors les exportations de base de l'Angleterre : une moitié de marque sur chaque sac de laine, une moitié de mark sur chaque sac de laine. une marque sur trois cents chutes de laine (c'est-à-dire des peaux non tannées avec des toisons) et une marque sur chaque chargement de cuir.

Celles-ci furent ensuite appelées *magna et antiqua custuma* , pour les distinguer des cinquante pour cent supplémentaires, prélevés plus tard auprès des marchands étrangers et connus sous le nom de *parva et nova custuma* . Le règlement de 1275 n'était en aucun cas définitif. De nouveaux conflits surgirent ; et en 1285, Édouard Ier confisqua les libertés de Londres, supprima ce qu'il qualifiait d'abus et favorisa les étrangers. En 1298, les franchises de la capitale furent rétablies, et très vite les abus dénoncés recommencèrent. Édouard rétorqua en 1303 par une ordonnance spéciale connue sous le nom de *carta mercatoria* en faveur de leurs rivaux étrangers, aux termes de laquelle les dispositions du chapitre actuel de la Magna Carta devinrent enfin une réalité. Cette nouvelle charte, résultat d'un marché conclu entre la Couronne et les commerçants étrangers, conférait divers privilèges et exemptions en échange des taux de droits accrus désormais imposés et connus désormais sous le nom de parva et nova *custuma* . Edward I. a fait plusieurs tentatives pour exiger des taux plus élevés auprès des habitants ainsi que des étrangers ; mais en cela il échoua. En 1309, une pétition du Parlement fut présentée contre l'imposition des « nouvelles coutumes », les déclarant contraires à la Magna Carta.

En 1311, une communauté temporaire d'intérêts économiques et politiques aboutit à une alliance entre les marchands anglais et le baronnage anglais, dont les efforts combinés imposèrent les « Ordonnances » à Édouard II, le forçant pendant un certain temps à inverser la politique de son père consistant à favoriser les étrangers à l'époque. aux dépens des marchands indigènes. Il n'est pas nécessaire de suivre la fortune mouvementée de ces ordonnances, fréquemment appliquées et aussi fréquemment abolies, selon la fortune des barons ou d'Édouard II. étaient pour le moment ascendants. Sous le règne d'Édouard III. la querelle profondément enracinée entre les marchands nationaux et étrangers se poursuivit ; et de nombreux changements de politique furent adoptés par la Couronne. La loi de 1328 qui abolissait les « denrées de base au-delà de la mer et de ce côté-ci » prévoyait « que tous les marchands étrangers et privés puissent aller et venir avec leurs marchandises en Angleterre, selon la teneur de la Grande Charte ». [877] Sept ans plus tard, cela fut confirmé par un acte qui, de manière très détaillée, plaçait les étrangers et les habitants sur une égalité exacte dans toutes les branches du commerce, tant en gros qu'en détail, sous la déclaration expresse qu'aucun droit privilégié des arrondissements à charte ne devrait être accordé à entraver son application. [878] Même si cette loi ne faisait que répéter et appliquer la doctrine générale du chapitre actuel de la Magna Carta, elle violait directement les dispositions du chapitre 13. [879] Des réglementations aussi radicales étaient en avance sur leur époque et ne pouvaient être mises en œuvre sans révolutionner l'ensemble du système médiéval d'échanges et de commerce, qui dépendait des corporations de marchands, des chartes municipales et des monopoles locaux. L'influence des boroughs anglais et de leurs alliés politiques était suffisamment forte pour rendre impossible l'application stricte d'une telle législation ; et des statuts ultérieurs, se pliant à l'inévitable, rétablirent les privilèges des bourgs, tout en continuant à énoncer aux étrangers une doctrine générale creuse de libre-échange. [880] Les bourgs anglais, auxquels appartenait le Parlement sous le règne de Richard II. Ainsi rétablis leurs franchises et leurs monopoles, ils purent effectivement exclure de l'intérieur de leurs murs la concurrence étrangère, dans certains métiers au moins, pendant quatre siècles, jusqu'à ce que le Statut de 1835 inaugure l'ère moderne du libre-échange. [881]

863 . Jusqu'à présent, toutes les autorités sont d'accord, même s'il existe des divergences d'opinion quant à l'origine de ces prérogatives. Ainsi (*a*) Stephen Dowell, *History of Taxation and Taxes in England*, I. 75, considère que les droits d'importation et d'exportation avaient à leur origine la nature de cotisations volontaires payées par les commerçants étrangers en échange de la liberté du commerce et de la protection royale. ; (*b*) Hubert Hall, *Customs Revenue of England*, I. 58-62, considère la prérogative comme un simple aspect de la fourniture, c'est-à-dire du droit du roi de réquisitionner ce dont il a besoin pour ses propres besoins et ceux de sa maison. Beaucoup de ces « théories » sont des anachronismes. Cette prérogative était fondée sur des faits, sur la force brute dont disposait la Couronne. Les rois ont pris ce qu'ils pouvaient et ont laissé les âges futurs inventer des théories pour justifier ou expliquer leurs actions.

864 . Voir *Procès d'État*, II. 407-475, et surtout 455-6.

865 . *Par exemple* 2 Édouard III. c. 9 et 14 Édouard III., stat. 1, ch. 21.

866 . Les deux tiers du chapitre sont consacrés à expliquer que les marchands étrangers des États hostiles ne doivent pas en bénéficier. M. Hakewill en était conscient, mais il a cherché à éluder la déduction naturelle par des subtilités qui ne sont pas convaincantes.

867 . Voir *supra* , sous c. 13.

868 . Pour la situation juridique des étrangers, voir Pollock et Maitland, I. 441-450.

869 . Voir *Pipe Rolls* , 27 Henri II. et 8 Richard I., cité Madox, I. 467-8.

870 . Voir *Pourriture. Graphique.* , 60 (5 avril 1200).

871 . Voir *Pipe Roll* , 6 John, cité Madox, I. 469, où d'autres illustrations seront trouvées. Cf. aussi *pourrir. Tapoter.* , 170. 170 *b* , 171, 172 *b* .

872 . Dans le même écrit, Jean leur ordonna de permettre le départ libre de tous les navires du pays de l'empereur ou du roi d'Écosse, après avoir pris la garantie qu'ils navigueraient directement vers leur propre pays et n'emmèneraient avec eux que leurs propres équipages. Voir *Pourriture. Noël.* , I. 211, et cf. série d'écrits au I. 210.

873 . Voir *De l'Esprit des Lois II.* 12 (éd. de 1750, Édimbourg), « *La grande chartre des Anglois défend de saisir et de confisquer en cas de guerre les marchandises des négociants étrangers, à moins que ce ne soit par représailles. Il est beau que la nation angloise ait fait de cela un des articles de sa liberté !* »

874 . S. Dowell, *Hist. of Taxation* , I. 83, citant Madox, I. 525-9 [2e éd. I. 765-770], et *Liber Albus* , I. 247-8.

875 . Voir *supra* , 41-2.

876 . Voir *New Rymer* , I. 135 : « Sachez que nous avons ordonné au maire et aux shérifs de Londres de permettre aux marchands de votre pays de retirer leurs biens et leurs biens de Londres, sans entrave pour y faire leur volonté ; et que s'ils ne le font pas, vous pourrez, si cela vous plaît, attrister et molester les hommes de cette ville (*illius villae*) en votre pouvoir, sans que nous considérions cela comme une rupture de trêve de votre part.

877 . 2 Édouard III. c. 9.

878 . Voir 9 Édouard III. c. 1 et cf. 25 Édouard III., stat. 4, ch. 7.

879 . Cf. *supra* , pp. 290-1, où l'incohérence entre les deux parties de la Grande Charte est soulignée.

880 . Voir 2 Richard II., stat. 1, ch. 1 et 11 Richard II. c. 7.

881 . Voir 5 et 6 Guillaume IV. c. 76, art. 14.

CHAPITRE QUARANTE-DEUX.

Liceat unique de cetero exire de regno nostro, et redire, salvo et secure, per terram et per aquam, salva fide nostra, nisi tempore gwerre per aliquod breve tempus, propter communem utilitatem regni, exceptis emprisonatis et utlagatis secundum legem regni, et gente de terra contra nos gwerrina, et mercatoribus de quibus fiat sicut prédictum est.

> Il sera légal à l'avenir pour quiconque (à l'exception toujours de ceux qui sont emprisonnés ou mis hors-la-loi conformément à la loi du royaume, et des indigènes de tout pays en guerre avec nous, et des commerçants, qui seront traités comme indiqué ci-dessus) de quitter notre royaume et de revenir, sain et sauf par terre et par eau, sauf pour une courte période en temps de guerre, pour des raisons d'ordre public - en réservant toujours l'allégeance qui nous est due.

Les conditions de cette autorisation pour les relations libres entre l'Angleterre et les pays étrangers sont particulièrement larges, les exceptions étant raisonnables et nécessaires. Les prisonniers ne pouvaient évidemment pas quitter nos côtes, ni les hors-la-loi y revenir : le cas des marchands venus d'États hostiles avait déjà été prévu dans un esprit libéral ; tandis que la restriction temporaire des relations avec l'ennemi au début des hostilités était tout à fait raisonnable.

Bien que la disposition ait donc une portée assez générale, englobant toutes les classes et tous les rangs d'hommes, elle était particulièrement bien accueillie par le clergé, car elle lui permettait, sans permis royal, de se rendre à Rome, d'y poursuivre ses appels ou de faire valoir ses revendications en faveur d'une promotion. . Ainsi considéré, il contient une quasi-abrogation de l'article 4 des Constitutions de Clarendon de 1166, qui interdisait aux archevêques, évêques et curés (*personæ*) du royaume de quitter ce royaume sans l'autorisation du roi. L'octroi de la liberté de relations sexuelles en 1215 a ainsi ouvert la porte à l'Église pour empiéter sur la prérogative royale ; et c'est pour cette raison qu'il fut omis de la réédition de 1216, pour ne jamais être remplacé. Une faveur fut ainsi retirée à toutes les classes, de peur qu'elle ne soit abusée par les ecclésiastiques. Henri III. a profité de cette omission pour restreindre les mouvements du clergé et des laïcs. Ceux qui quittaient le pays sans autorisation royale devaient souvent payer des amendes. [882]

La rigueur avec laquelle cette prérogative fut d'abord appliquée tendit, peu à peu, à devenir plus laxiste. Le roi conservait toujours ce droit, mais ne l'exerçait qu'au moyen de proclamations sur des classes particulières ou lors d'occasions spéciales, ce qui signifiait que tous ceux qui n'étaient pas effectivement interdits étaient libres d'aller et venir à leur guise. Ainsi en 1352 Édouard III. s'il avait été proclamé dans tous les comtés d'Angleterre qu'aucun comte, baron, chevalier, homme de religion, archer ou ouvrier ne devrait quitter le royaume sous peine d'arrestation et d'emprisonnement. [883] Le fait qu'Édouard ait jugé nécessaire d'émettre une telle ordonnance, autocratique et odieuse aux idéaux modernes tels qu'ils apparaissent maintenant, indique une diminution du pouvoir royal, par rapport à celui exercé par Henri II, Jean ou Henri. III. Une réduction supplémentaire de la prérogative peut être déduite des termes d'un statut de Richard II, qui, en confirmant le pouvoir du roi d'interdire la libre sortie d'Angleterre, le fait, sous réserve de très larges exceptions. En vertu de ses dispositions, la Couronne avait le droit d'interdire l'embarquement de toutes sortes de personnes, aussi bien des commis que d'autres, de tout port et autre lieu du littoral, sous peine de confiscation de tous leurs biens, "sauf seulement les seigneurs et d'autres grands hommes du royaume, et de vrais et notables marchands, et les soldats du roi », qui étaient apparemment libres en 1381 de partir sans la permission du roi, bien que les comtes et les barons aient été interdits en 1352. [884] Même si ce ^{statut} confère sur la liberté des magnats, des marchands et des soldats de se rendre à l'étranger sans autorisation royale (ce qui est douteux), les pouvoirs de veto réservés à la Couronne étaient encore, aux yeux des idées modernes, excessifs. Il resta cependant en vigueur jusqu'en 1606, date à laquelle il fut abrogé dans des circonstances assez particulières. Après l'union des couronnes, le roi Jacques, désireux de resserrer les liens, persuada son premier parlement anglais d'abroger un certain nombre de vieilles lois contraires aux intérêts écossais. C'est dans ce sens que l'Acte de Richard II. a été déclaré (dans des termes qui ne se limitent toutefois pas à l'Écosse) comme étant « désormais totalement abrogé ». [885] Coke soutient fermement que cette abrogation a laissé intacte l'ancienne prérogative de la Couronne, fondée non sur des lois mais sur la common law, dont la puissance est la Proclamation d'Édouard III déjà citée. n'était qu'une émanation. Il semble donc presque affirmer que la Couronne, au XVIIe siècle, a conservé une autorité qui s'étendait précisément sur les classes mentionnées dans l'ordonnance de 1352.

Quoi qu'il en soit, la prérogative d'interférer avec la liberté du sujet de quitter l'Angleterre n'a jamais été complètement retirée à la Couronne. Pourtant, au fil des siècles, un grand changement s'est progressivement opéré : la *responsabilité* est passée de l'individu qui souhaitait quitter le royaume au roi qui souhaitait le détenir. Alors que, sous Jean ou Henri III, le sujet devait, avant de s'embarquer, obtenir une licence de la Couronne, sous les rois ultérieurs, il était libre de partir jusqu'à ce qu'un ordre royal spécial l'interdise. Coke [886] parle de la forme initialement utilisée à cette fin, une forme si ancienne à son époque qu'elle était déjà obsolète, connue sous le nom de *Breve de securitate invenienda quod se non divertet ad partes externas sine licentia regis* .

Celui-ci a été remplacé par l'écriture plus simple *Ne exeat regno* qui est toujours utilisée. [887] La portée de ce bref fut restreinte et modifiée : il cessa d'être un moteur de la tyrannie royale et ne fut jamais délivré que dans le cadre d'un procès en cours devant la Cour de Chancellerie. Considéré toujours avec méfiance par les tribunaux de droit commun comme une créature de prérogative, il fut pendant des siècles l'instrument spécial qui empêchait les parties à un procès en équité de se retirer vers des terres étrangères. Une certaine incertitude existe quant à la compétence appropriée de ces brefs à l'heure actuelle, puisque les lois sur la justice ont fusionné la Cour de chancellerie et la Haute Cour de justice. [888]

L'usage de tels actes dans ce domaine restreint ne saurait être considéré comme une ingérence oppressive dans la liberté du sujet. La liberté parfaite de quitter les côtes de l'Angleterre et d'y revenir à volonté, accordée par la Magna Carta de Jean, mais immédiatement retirée car impraticable à cette époque, a été pleinement réalisée au cours des siècles. [889]

Deux phrases qui apparaissent dans ce chapitre appellent des commentaires, bien que pour des raisons différentes : l'une comme incarnant une doctrine juridique ancienne, aujourd'hui obsolète, l'autre comme anticipant un point de vue typiquement moderne. (1) *Salva fide nostra*. Cette clause éphémère de la Magna Carta, en accordant la liberté de quitter le pays, prévoyait très justement que la simple absence d'Angleterre ne devait absoudre personne de son allégeance à son roi. L'ancienne doctrine de la nationalité était en effet très stricte. La règle qui prévalait était *Nemo potest exuere patriam* . Toute personne née dans ce pays devait allégeance à son roi – et ce lien restait ininterrompu jusqu'à ce qu'il soit rompu par la mort du sujet ou du souverain ; il ne pouvait être brisé d'aucune autre manière. Selon cette maxime, un homme né sujet du roi d'Angleterre doit rester son sujet partout où il erre. Un manquement aux devoirs d'allégeance, qui résultent ainsi du simple accident de la naissance, pourrait exposer le coupable aux horreurs inhumaines infligées aux traîtres.

Une série de lois, culminant avec la loi sur la naturalisation de 1870, ont entièrement abrogé cette ancienne doctrine et lui ont substitué celle de la liberté parfaite. Tout natif de Grande-Bretagne est désormais libre de devenir le sujet de n'importe quel État étranger ; et le simple fait qu'il le fasse délibérément et avec toutes les formalités légales nécessaires le dénue de sa nationalité britannique, rompt le lien d'allégeance et le libère de l'application de la loi de la trahison. Les mots « *salva fide nostra* » ne s'appliquent plus.

(2) *Propre communem utilitatem regni*. La charte, en imposant une restriction au droit de libre sortie, pendant la poursuite effective des hostilités, déclarait qu'une telle restriction devait être imposée pour le bien commun du royaume, énonçant ainsi ce qui est généralement considéré comme une doctrine très

moderne : Jean devait agir, non pas à ses propres fins égoïstes, mais uniquement *à titre bénévole* .

882 . *Par exemple,* Coke (*Third Institute* , p. 179) cite *Rot. finium* de 6 Henri III. et *pourriture. Noël.* du 7 Henri III. le cas suivant : « *Willielmus Marmion clericus profectus est ad regem Franciae sine licentia domini regis, et propterea finem fecit* ». La pratique était apparemment la même avant la Magna Carta. *Par exemple* Madox (I. 3) cite *Pipe Roll* du 29 Henri II. comment « *Randulfus filius Walteri reddit compotum de XX marcis, quia exivit de terra Domini Regis* ».

883 . Voir Coca-Cola, *Ibid.* , citant le Close Roll du 25 Édouard III.

884 . 5 Richard II., stat. 1, ch. 2.

885 . 4 Jacques I. c. 1, art. 22.

886 . *Troisième Institut* , p. 178.

887 . Son origine est obscure. Voir Beames, *Bref aperçu du bref de Ne Exeat* , *passim* .

888 . Voir *Encyclopédie des lois d'Angleterre* , IX. 79.

889 . Sur tout le sujet de ces brefs, voir Stephen, *Commentaires* , II. 439-40 (éd. de 1899), et les autorités citées.

CHAPITRE QUARANTE-TROIS.

Si qui détient un aliqua eskaeta, sicut de honore Wallingfordie, Notingeham, Bolonie, Lancastrie ou d'autres eskaetis, qui sunt in manu nostra, et sunt baronie, et obierit, heres ejus non det aliud relevium, nec faciat nobis aliud servicium quam faceret baroni si baronia illa esset in manu baronis; et nos eodem modo eam tenebimus quo baro eam tenuit.

Si quelqu'un qui détient quelque déshérence (telle que l'honneur de Wallingford, de Nottingham, de Boulogne, de Lancaster, ou d'autres déshérences qui sont entre nos mains et qui sont des baronnies) meurt, son héritier ne donnera aucun autre soulagement et accomplira aucun autre service pour nous que celui qu'il aurait rendu au baron, si cette baronnie avait été entre les mains du baron ; et nous le tiendrons de la même manière dont le baron le tenait.

Ce chapitre réaffirme une distinction qui avait été reconnue par Henri II. mais ignoré par John. Les locataires de la Couronne étaient divisés en deux classes, selon que leurs propriétés avaient été initialement concédées par la Couronne, ou par un seigneur mesne dont la baronnie avait par la suite disparu. Cette dernière classe reçut un traitement préférentiel de la part d'Henri II. pour des raisons qui seront immédiatement expliquées. L'ancienne loi sur les déshérences était trop vague pour constituer une restriction efficace à la prérogative royale ; le roi, lorsqu'un fief avait cédé à la couronne, pouvait considérer comme nulles les concessions faites par son ancien propriétaire, refusant de reconnaître comme liant pour lui les titres des sous-locataires, traitant toutes les sous-locations comme effacées par le simple fait que le fief de leur seigneur avait échappé à la couronne. Un seigneur mesne, au contraire, n'avait pas de droits similaires sur les sous-locataires de son locataire en déshérence.

Le roi atténuait généralement dans la pratique toute la sévérité de cette théorie, confirmant par grâce, ou pour des motifs politiques, ou en échange d'argent, des réclamations qu'il refusait d'admettre comme étant de droit. Les locataires des baronnies en déshérence étaient acceptés comme locataires *en capite* de la Couronne. [890] Non seulement; mais Henri II. ne leur a pas permis de subir un préjudice dû au changement. Le roi ne leur enlèverait que les services et les droits féodaux qu'ils avaient coutume de rendre au seigneur de la baronnie avant sa déshérence. Cette politique juste et indulgente explique l'origine de la division des tenanciers royaux en deux classes ; les locataires qui détenaient de Henry *ut de corona* , et les locataires qui détenaient de lui *ut de escaeta* , *ut de honore* , ou *ut de baronia* (expressions utilisées comme synonymes). [891] En ce qui concerne les obligations qui étaient plus lourdes pour les locataires ordinaires de la Couronne que pour les locataires des seigneurs mesne, les détenteurs de fiefs de la Couronne *ut de escaeta* étaient placés sur un pied plus favorisé. Deux illustrations peuvent être données. Alors que les locataires *ut de corona* sous Henri II. ont dû payer des allègements importants et arbitraires, ceux *ut de escaeta* n'ont pas payé plus de 100 s. par honoraire de chevalier. [892] Leur obligation de « poursuite » (ou de fréquentation de la cour féodale du seigneur du fief) ne sera pas non plus augmentée. « Les locataires de tout honneur ou manoir qui étaient tombés en déshérence au profit de la Couronne n'étaient pas des prétendants de la Curia Regis, mais de la cour de l'honneur ou du manoir qui avait ainsi abandonné. » [893]

John a ignoré cette distinction, étendant aux locataires *ut de escaeta* les règles les plus strictes applicables aux locataires *ut de corona* . La Magna Carta a réaffirmé la distinction ; et, non content d'énoncer un principe général, il en fit deux applications particulières : ni les secours ni les services des anciens locataires des baronnies ne devaient être augmentés en raison du fait que ces baronnies avaient échappé à la Couronne. [894] La Charte d'Henri III de 1217 soulignait une troisième application de la règle générale, déclarant qu'il ne prétendrait pas, en raison d'une baronnie en déshérence, revendiquer la déshérence ou la garde des sous-locataires de cette baronnie. [895] Pour comprendre cette concession, il faut se rappeler que sous Henri III, comme sous Henri II, les sous-locataires des baronnies étaient encore susceptibles de voir leurs titres réduits par la réduction par déshérence du titre de leur seigneur ; tandis que les sous-locataires de ceux qui étaient eux-mêmes sous-locataires n'étaient pas exposés à un pareil malheur par la déshérence de leur seigneur immédiat. Ici aussi, la position des fiefs de la Couronne *ut de escaeta* devait être assimilée à celle des fiefs des seigneurs mesne, et différenciée de celle des fiefs de la Couronne *ut de corona* . Les sous-locations des baronnies en déshérence ne devaient pas être anéanties, mais subsister, et la Couronne (ou son concessionnaire) prendrait la déshérence sous réserve de toutes les responsabilités et droits des sous-locataires.

La Couronne ne semble pas avoir strictement respecté cette règle dans la pratique. L'article 12 de la pétition des barons de 1258 [896] se plaignait du fait qu'Henri avait accordé des chartes conférant des droits qu'il ne lui appartenait pas de donner (*aliena jura*), mais qu'il avait revendiqués comme des déshérences. Un acte de la première année d'Édouard III. a raconté comment la Couronne avait confisqué aux acheteurs les immeubles détenus par la Couronne « comme des honneurs », les traitant ainsi « comme s'ils avaient été tenus en chef du roi, comme de la Couronne ». La réparation était promise par la loi : [897] mais les irrégularités se sont poursuivies tout au long des règnes antérieurs des Tudor ; et le premier Parlement d'Édouard VI. a adopté une loi pour protéger les acheteurs de terres appartenant à des honneurs abandonnés à la Couronne. [898]

---

890 . La clémence royale à cet égard ne pouvait être invoquée par les sous-locataires de *petits* fiefs en déshérence (non considérés comme des honneurs ou des baronnies). Cela semble être l'opinion de Madox, *Baronia Anglica* , 199 : « Si un fief détenu par la couronne *en capite* revenait au roi et n'était pas un honneur ou une baronnie, alors ce fief n'existait pas (c'est-à-dire, je pense qu'il n'a pas) dévolu à la Couronne dans le même sort dans lequel il était dévolu audit locataire *en capite* . Cf. également *Ibid.* , 203.

891 . Voir Madox, *Baronia Anglica* , 169-171 ; également Pollock et Maitland, I. 261, et les autorités citées.

892 . Voir *Dialogue* , II. X. F et *Ibid.* , II. XXIV. La même règle s'appliquait aux sous-locataires des baronnies en tutelle (ce qui était analogue à la déshérence temporaire). Par exemple, lorsque le siège de Lincoln fut vacant, et donc confié à la Couronne en 1168, les héritiers des sous-locataires ne payèrent à Henri que ce qu'ils auraient payé à l'évêque ; l'un donne 30 £ pour six frais et un autre 30 marks pour quatre. Voir *Pipe Roll* , 14 Henri II., et cf. *supra* , ch. 2. En matière de scutage également, une distinction a été reconnue : alors que les locataires *ut de corona* pouvaient être contraints de servir en personne sans option, les locataires de la couronne *ut de honore* (et *plus encore* les sous-locataires également) pouvaient demander une exemption lors des appels d'offres. scutage. Voir le cas de Thomas d'Inglethorpe dans 12 Edward II., cité par Madox, *Baronia Anglica* , 169-171.

893 . *Rapport sur la dignité d'un pair* , I. 60.

894 . La nécessité de cette référence particulière au relief n'est pas, à première vue, évidente, puisque c. 2 de la Magna Carta, en interdisant à Jean d'exiger des locataires de la Couronne des deux classes les sommes arbitraires prises par son père, semblerait les avoir déjà protégés des abus. Probablement, cependant, c. 43 cherchait à empêcher John de traiter chacun des anciens locataires de la baronnie en déshérence comme le titulaire d'une nouvelle baronnie qui lui était propre, et donc passible d'un allègement de baron de 100 £ au lieu des 25 £ qu'il devrait payer pour ses cinq honoraires, ou 50 £ pour ses dix honoraires, ou selon le cas. Le cas de William Pantol (voir *Pipe Roll* , 9 Henry III., cité Madox, I. 318) semble illustrer cela. Il fut débité de 100 £ de secours pour la terre de son père, mais protesta qu'il ne détenait rien de la couronne à l'exception de cinq honoraires de chevalier sur la terre qui appartenait à Robert de Belesme. Ce plaidoyer a été retenu et 75 £ du montant débité ont été radiés.

895 . Voir c. 38 de 1217, et cf. la glose donnée par Bracton (II. folio 87, b.) qui rend le sens un peu moins obscur. La Charte de 1217 contenait une clause de sauvegarde : « à moins que le détenteur de la baronnie en déshérence ne détienne directement de nous ailleurs ». Bracton a ajouté une deuxième condition, à savoir, à moins que lesdits sous-locataires (maintenant les locataires de la Couronne *ut de escaeta*) n'aient été inféodés par le roi lui-même.

896 . Voir *Sél. Chartes* , 384.

897 . Voir 1 Édouard III., *stat.* 2, ch. 13, *Statuts du Royaume* , I. 256.

898 . Voir 1 Édouard VI. c. 4, *Statuts du Royaume* , III. 9.

CHAPITRE QUARANTE-QUATRE.

Les hommes qui manent extra forestam non veniant de cetero coram justiciariis nostris de foresta per communes sommiciones, nisi sint in placito, vel plegii alicujus vel aliquorum, qui attachiati sint pro foresta.

Les hommes qui habitent hors forêt n'ont plus besoin désormais de se présenter devant nos justiciers forestiers sur convocation générale, sauf ceux qui sont mis en cause, ou qui se sont portés garants de toute personne ou personnes arrêtées pour délits forestiers.

Ces dispositions visaient à réparer l'un des nombreux abus liés à l'application de lois forestières oppressives.

I. *Les Forêts Royales*. Pendant au moins un siècle avant le règne de Jean, le mot « forêt » avait acquis une signification technique précise et était appliqué à certains vastes districts dispersés irrégulièrement dans toute l'Angleterre, réservés à la Couronne à des fins sportives. Ici, les sangliers et les cerfs de diverses espèces trouvaient refuge, dans lequel ils étaient protégés par les sévères réglementations de la « Loi forestière ». C'était la prédominance de ce code qui délimitait absolument les districts connus sous le nom de forêts royales de tout ce qui s'y trouvait *extra forestam* ; et cela a rendu possible une définition précise. Une « forêt » était un quartier où prévalait cette loi oppressive à l'exclusion absolue du droit commun qui régnait à l'extérieur. Les forêts et leurs habitants avaient été délibérément exclus du processus d'unification par lequel le reste de l'Angleterre avait été assimilé sous une *lex terrae uniforme* . Ils restaient dans une large mesure à la discrétion de la Couronne. Cette exclusion de la common law des confins des forêts fut la racine à partir de laquelle de nombreux maux sont nés. Dans aucun autre domaine, la prérogative n'était aussi libre que dans les cercles charmés qui séparaient ces réserves royales des parties plus heureuses du royaume.

De cette définition d'une forêt en tant qu'entité *juridique* et non *physique* , il s'ensuit que le mot est loin d'être synonyme de termes tels que « bois » ou « caché », impliquant simplement des caractéristiques naturelles. Une forêt n'était pas nécessairement couverte d'arbres sur la totalité, ni même sur la plus grande partie de son étendue. Des kilomètres de landes, de bruyères et de collines vallonnées pourraient être inclus, et même des vallées fertiles, avec des champs labourés et des villages nichés parmi eux. En effet, la même forêt peut contenir de nombreux bois, certains appartenant à des domaines royaux et d'autres appartenant à des propriétaires privés. Dans certains endroits, les droits de propriété du roi pouvaient être co-extensifs avec ses droits forestiers ; mais, le plus souvent, de vastes étendues du *solum* (qu'elles soient boisées ou nues) appartenaient à des propriétaires francs, dont les droits de propriété tendaient à devenir simplement nominaux, lorsqu'ils étaient annulés par les droits de chasse du roi. Les hommes pouvaient vivre, et vivaient, à l'intérieur des frontières, mais ils ne pouvaient jouir d'aucun droit à la liberté personnelle ou à la propriété incompatible avec les règles établies par la Couronne pour protéger ses propres intérêts. A l'intérieur de la lignée imaginaire, le pouvoir du roi était suprême, et il l'utilisait franchement pour la conservation des bêtes de chasse, non pour le bon gouvernement des hommes qui y demeuraient. Ces êtres malheureux étaient absolument soumis au strict code forestier, une loi, selon les mots expressifs du Dr Stubbs, « cruelle envers l'homme et la bête ». S'ils étaient accusés de délits forestiers, ils n'étaient pas plus protégés par la common law anglaise que par la loi d'un pays étranger. Il était cependant vrai que même dans ces pays high placesde prérogative royale, les règles coutumières se développaient, obtenaient une reconnaissance faisant autorité et se durcissaient progressivement en lois qui fixaient certaines limites, même insuffisantes, au caprice royal. Avant l'époque de Jean, le code forestier, tel qu'énoncé dans les assises de Woodstock et illustré par la pratique des fonctionnaires forestiers, avait pris sa place en tant que système de droit défini, distinct de la common law et du droit canonique. [899]

II. *Origine des forêts*. Avant la conquête normande, les rois d'Angleterre ne semblent pas avoir revendiqué une prérogative exclusive à cet égard. La seule ordonnance de Cnut sur le sujet admise comme authentique édictait simplement que chaque homme aurait sa propre chasse, tandis que le roi aurait la sienne. [900] Les droits de la Couronne furent cependant renforcés et consolidés par les événements de 1066 et par le durcissement de la théorie féodale qui suivit. Toutes les terres inoccupées devinrent propriété royale ; et c'étaient là les lieux de villégiature naturels des plus grandes espèces de gibier. Le roi revendiquait un droit préférentiel, et enfin exclusif, de chasser les espèces les plus importantes d'animaux *ferae naturae* , connues sous le nom de « bêtes de la forêt », comprenant le cerf élaphe (cerfs et biches), le les daims (chevreuils et biches), les chevreuils des deux sexes et le sanglier, avec, exceptionnellement dans une forêt, le lièvre commun. [901] Le Conquérant et ses fils accordaient une grande importance à leur chasse et mettaient en garde tous les intrus contre les vastes étendues de terre revendiquées comme réserves royales. Henri Ier a formulé la doctrine du droit forestier, et c'est probablement grâce à lui que le mot « forêt » a acquis son sens hautement technique. La revendication expresse d'un monopole de la chasse, ainsi que d'une juridiction suprême et exclusive, revêtait une signification particulière. Les désordres du règne d'Étienne ont abaissé l'autorité de la Couronne à cet égard comme dans bien d'autres, ainsi que celle d'Henri II. J'ai trouvé les forêts très réduites. Il n'avait pas l'intention d'y acquiescer, mais ce n'est qu'en 1184 qu'il tenta, par les assises de Woodstock, de formuler les règles du droit forestier. Dans ce domaine comme dans tant d'autres, le processus d'organisation fut achevé par Henri II. bâtir sur les fondations posées par son grand-père; et toute la structure fut léguée dans un état de grande efficacité à ses fils. L'attitude de John à l'égard des lois forestières n'était pas entièrement cohérente. Le moine de Barnwall, dont le travail est incorporé par Walter de Coventry dans le sien, raconte à l'honneur de John comment, en 1212, il tenta, entre autres réformes destinées à apaiser le peuple, quelques assouplissements dans la sévérité du code forestier . [902] Une telle clémence était exceptionnelle. Plus caractéristique de son attitude normale était l'ordre du 28 juin 1209, selon lequel les haies devaient être brûlées et les fossés nivelés, afin que pendant que les hommes mouraient de faim, les bêtes puissent s'engraisser des récoltes et des fruits. [903]

III. *Fonctionnaires forestiers.* Les magistrats locaux qui administraient le reste de l'Angleterre étaient exclus des limites des forêts par un groupe distinct de fonctionnaires. A la tête de cette organisation spéciale était placé, dans les premiers temps, le Justiciar des Forêts (appelé forestier en chef dans le chapitre 16 de la *Carta de Foresta*), dont les fonctions furent divisées en 1238, après quoi il y eut deux provinces séparées par le rivière Trente. [904] Sa nomination était permanente et ses fonctions, qui se poursuivirent entre les années, étaient administratives plutôt que judiciaires. Il avait le pouvoir discrétionnaire de libérer les intrus emprisonnés pour des infractions aux lois forestières. [905] Sous sa supervision générale, chaque forêt, ou groupe de forêts, était gouvernée par un *gardien distinct* , aidé par un certain nombre de petits fonctionnaires connus sous le nom de *forestiers* , dont les fonctions étaient analogues à celles d'un garde-chasse moderne, mais avec des pouvoirs magistraux en plus. . Les surveillants étaient de deux classes : « l'un nommé par lettres patentes sous le grand sceau, exerçant ses fonctions au gré du roi ; les autres surveillants héréditaires ». [906] A l'usage du roi, il y avait, dans ou à proximité de chaque forêt d'une certaine étendue, une résidence royale qui, au Moyen Âge, prenait naturellement la forme d'une place forte. Il convenait que la charge de gardien soit combinée avec celle de connétable de ce château voisin. [907] « Les gardiens étaient les officiers exécutifs du roi dans ses forêts. Les brefs relatifs à l'administration des affaires forestières, ainsi qu'à la livraison des cadeaux de venaison et de bois, leur étaient en général adressés. [908]

La fonction était une fonction d'autorité et de profit, généralement payée en nature plutôt que par un salaire. Le gardien détenait souvent un fief en vertu d'un titre lié au service et jouissait de droits et de privilèges toujours de nature précieuse, bien que variant selon chaque forêt. Celles-ci suffisaient pour lui assurer un revenu adéquat à sa situation et lui permettre de trouver le salaire de ses sous-gardiens, qui auraient donc dû être des fonctionnaires rémunérés. Telle était la théorie ; en fait, les forestiers, au lieu de recevoir des salaires, payaient volontiers de grosses sommes au gardien, et se récupéraient, avec un profit suffisant, par des extorsions auprès des humbles habitants de leurs bailliages. [909] On disait expressément de ces forestiers non rémunérés qu'ils « vivaient de la campagne ». Ils formaient une classe officielle puissante, dont le nombre excessif était une source de plaintes constantes. Ils peuvent être classés de diverses manières, par exemple en forestiers à cheval et à pied (il y en avait respectivement un et quatre dans le cas normal), ou en forestiers nommés par les gardes et en forestiers rémunérés. Ces derniers avaient des intérêts particuliers que la Charte forestière veillait à respecter ; comme, là où le chapitre 14 leur réservait le droit de prendre un « chiminage », ou congé de passage, refusé aux autres types de forestiers ; ils peuvent toujours jouir, mais sans abuser, des « droits acquis » qui leur sont réservés. [910]

Avec ces gardes-chasse professionnels ont coopéré, du moins plus tard, plusieurs groupes de magistrats non rémunérés nommés parmi les chevaliers et les propriétaires fonciers du district. Parmi ces fonctionnaires honoraires, dont la fonction originale était de fournir un mécanisme supplémentaire pour protéger les droits de la Couronne, mais dont la position de gentilshommes du comté ayant un intérêt dans le district les conduisait également à agir dans une certaine mesure comme arbitres entre le roi et les parties extérieures, il y en avait trois types reconnus. (*a*) Vers la fin du XIIe siècle, les officiers connus sous le nom de *verderers* (généralement quatre pour chaque forêt) deviennent importants. Ils apparaissent dans la *Carta de Foresta* de 1217, mais n'avaient pas été mentionnés dans les assises de Woodstock de 1184. Il est probable que cette fonction fut conçue dans l'intervalle pour contrôler le pouvoir du directeur, la fonction de coroner ayant été instituée. sous le règne de Richard I. comme frein au shérif. À d'autres égards importants, les devoirs des verderers dans les forêts ressemblaient à ceux des coroners dans le reste du comté. Il ne s'agissait pas d'employés royaux, dont tout le temps était absorbé par les devoirs de la fonction et rémunérés par des salaires fixes ou par des avantages sociaux, mais plutôt des propriétaires fonciers locaux dont les services magistraux n'étaient pas rémunérés et n'étaient vraisemblablement requis que lors d'occasions spéciales. Ils étaient directement responsables devant le roi et non devant le directeur ; et ont été nommés au tribunal départemental, leur « élection » ayant lieu conformément aux termes du bref « *de viredario eligendo* ». Ils fréquentaient les tribunaux forestiers et les cygnemotes, et il ressort du chapitre 16 de la charte forestière de Henry qu'il était de leur devoir de présenter aux juges d'Eyre les listes de tous les délinquants inculpés devant les tribunaux inférieurs. Ces « rouleaux d'attachement » étaient certifiés par leurs sceaux. [911] (*b*) Les *Regarders* étaient douze chevaliers nommés dans chaque comté forestier pour effectuer des tournées d'inspection tous les trois ans, trouvant des réponses à une série de questions connues sous le nom de « Chapitres du Regard ». De cette façon, ils passèrent en revue les intérêts de la Couronne dans « le gibier et le vert » (les noms techniques respectivement du gibier et du bois en croissance), et rendirent compte de tous les empiètements : sur les faucons et les faucons, les arcs et les flèches, les lévriers et les dogue (avec des mentions spéciales). référence à « l'expédition » ou à la coupe de leurs griffes), [912] et généralement sur tout ce qui appartient aux particuliers et qui est susceptible de nuire aux bêtes de la forêt. [913] (*c*) Les *Agistors* sont mentionnés dans la même clause des assises de Woodstock qui mentionne les Regarders. Quatre chevaliers étaient nommés, apparemment par le gardien de chaque forêt, dont le devoir était de protéger les intérêts du roi dans toutes les questions liées au pâturage des porcs ou du bétail dans les bois royaux. Pendant trente jours, à la Saint-Michel, les porcs furent lâchés et libres de se nourrir de glands et de mâts de hêtre, moyennant le paiement par leurs propriétaires d'une petite somme fixe par tête. Les quatre chevaliers étaient tenus de prendre connaissance des sommes ainsi dues, appelées « pannage », et de les percevoir à la Saint-Martin. [914]

Il faudrait peut-être mentionner également les forestiers privés, que les propriétaires des bois à l'intérieur des forêts étaient obligés de désigner. Ces « protections en bois », comme on les appelait parfois, bien que payées par le propriétaire du bois, étaient censées protéger les intérêts du roi. Ils doivent notamment empêcher que les arbres dont ils ont la garde soient détruits ou gaspillés : le roi y était intéressé, car ils formaient un abri pour son gibier.

IV. *Tribunaux forestiers*. L'aspect judiciaire du système forestier a été développé d'une manière tout aussi élaborée. Trois ensembles de tribunaux doivent être distingués : (1) *La Cour des saisies* (ou « vision des saisies ») était un petit tribunal dont la fonction principale se limitait à recueillir des preuves qui devaient être déposées en temps utile devant une juridiction supérieure. Mais, exceptionnellement, il avait le pouvoir d'infliger des amendes pour de petites infractions contre le « vert », c'est-à-dire pour des actes de gaspillage n'excédant pas la valeur de quatre pence. Il se réunissait une fois tous les quarante jours [915], ce qui semble en pratique avoir été interprété comme une fois toutes les six semaines, les réunions ayant toujours lieu le même jour de la semaine. [916] (2) *Tribunaux d'Inquisition*. Lorsqu'une grave infraction aux lois forestières était découverte, un tribunal spécial était immédiatement convoqué pour mener une enquête. Les forestiers et les verderers menèrent l'enquête, mais c'était leur droit et leur devoir de rassembler les hommes des communes voisines pour les aider. En toute rigueur, apparemment, tous les habitants pourraient être contraints d'y assister. En pratique, il suffisait que quatre hommes et le préfet représentaient chacun des quatre villages limitrophes. Chaque fois qu'une « bête » était trouvée morte dans la forêt, vingt hommes devaient se rassembler, au détriment de leurs propres affaires ; et ils souffriraient s'ils ne parvenaient pas à découvrir le coupable. Dans un district au moins (Somerton), la définition des bêtes de chasse s'étendait au lièvre ordinaire ; et nous lisons comment quatre cantons siégèrent en jugement solennel et trouvèrent « que ledit lièvre est mort de murrain, et qu'ils ne savent rien d'autre que des mésaventures », et comment, ce verdict ne donnant pas satisfaction, les cantons furent condamnés à une amende le 917 sous prétexte qu'ils n'étaient pas pleinement représentés. Le véritable délit était leur incapacité à révéler le coupable, ce qui impliquait une volonté de le protéger. Un certain allègement du fardeau de la fréquentation a été effectué lorsque, à une date postérieure à 1215, *les inquisitions spéciales* ont été remplacées par une *inquisition générale* , tenue à intervalles réguliers (généralement toutes les six semaines), pour couvrir toutes les infractions commises pendant l'intervalle. Ces cours d'instruction (qu'elles soient spéciales ou générales) ne faisaient que « conserver » les plaidoiries sans les « juger », c'est-à-dire qu'elles recevaient et enregistraient les accusations, tandis que les jugements étaient réservés aux juges. (3) *Les tribunaux des juges forestiers d'Eyre.* Comme les petits tribunaux, dans le cas normal, recevaient des verdicts et des rapports, sans punir les infractions signalées, il est évident que tout le système dépendait en fin de compte des juges. Leurs eyres, cependant, avaient lieu à de larges intervalles, apparemment une fois tous les sept ans sous le règne d'Henri III. Une assistance très nombreuse d'agents forestiers et de citoyens a été convoquée pour les rencontrer. Les preuves accumulées grâce aux travaux des petits tribunaux, complétées par les Rouleaux du Regard, étaient déposées devant les juges, qui jugeaient sommairement les « plaidoyers de vert », infligeant de petites amertumes, et les « plaidoyers de venaison, » punissant d'emprisonnement ceux précédemment reconnus coupables, jusqu'à ce qu'ils se rachètent par de lourdes amendes. Ces eyres furent connus sous le nom de « sièges des tribunaux », mais ce n'est que longtemps après le règne de Jean. Aucun jury n'était présent et n'était pas nécessaire ; les juges punissaient les contrevenants qui avaient déjà été condamnés par des jurys d'un tribunal inférieur.

Ces trois classes de tribunaux exerçaient des fonctions analogoussemblables à celles d'un tribunal moderne. En outre, il convient de mentionner deux autres types d'assemblées qui exerçaient des fonctions administratives plutôt que judiciaires, au sens où l'on entend aujourd'hui ces termes. (4) Cette *cérémonie* , organisée une fois tous les trois ans, non pas par des fonctionnaires de la Couronne, mais par ce qui était pratiquement un jury de chevaliers locaux, a déjà été évoquée. Ces tournées d'inspection, parfois connues sous le nom de *visitationes nemorum* [918] et parfois même de « vues d'expédition », étaient d'une grande importance pratique . Le rapport qui en a résulté a été soumis aux juges d'Eyre comme preuve d'intrusions forestières. (5) Trois fois par an, des réunions, connues dès le début sous le nom de « *Swanimotes* », avaient lieu pour réglementer le pâturage des porcs et du bétail dans les bois royaux. Quinze jours avant Saint-Michel, les agistors rencontrèrent les forestiers et les verderers pour pourvoir à l'aménagement des bois du roi, processus qui dura trente jours, quinze avant et quinze après Saint-Michel. A la Saint-Martin, les agistors récupéraient le pannage en présence des mêmes fonctionnaires. Une troisième réunion de fonctionnaires eut lieu en juin pour prendre des dispositions pour exclure les bovins de toutes sortes des bois du roi pendant la période où les cerfs se dressaient, mais à cette occasion la présence des agistors n'était pas requise. [919]

La *Carta de Foresta* applique à ces assemblées, et à aucune autre, le nom de « Swanimotes », mot dont l'usage correct a fait l'objet de nombreuses discussions et dont l'ambiguïté fut, au cours des siècles suivants, la source de nombreuses erreurs. Son apparition faisant autorité en 1217 offre une preuve solide du sens originel qu'il portait. Plus tard, cependant, il fut utilisé de manière plus large, appliqué aux inquisitions, ainsi qu'aux tribunaux de saisie. Cela a conduit à beaucoup de confusion, tandis que son origine a également fait l'objet de discussions. L'évêque Stubbs l'a dérivé du mot « swain », en supposant que les soi-disant tribunaux étaient normalement utilisés par l'ensemble des swains ou des gens de la campagne. En fait (quelle que soit la doctrine philologiquement correcte), ces assemblées étaient liées non pas à des « porcs », mais à des « porcs ». Les paysans étaient spécialement exemptés ; alors que les trois réunions cherchaient à réglementer l'entrée ou l'exclusion des porcs des bois.

V. *Chases, parcs et Warrens*. Les forêts étaient nécessairement des monopoles royaux et, pour cette raison et pour d'autres, doivent être distinguées de trois choses avec lesquelles elles sont susceptibles d'être confondues. (1) Une « chasse » était un district qui était autrefois une forêt royale, mais qui avait, sans acte formel de déboisement, été concédé par le roi à un particulier. Le résultat fut de transférer le monopole de la chasse de la Couronne au concessionnaire, tout en modifiant quelque peu la nature des droits transférés. La pleine force des lois forestières a été réduite, bien que l'étendue et la direction de cette diminution n'aient été nulle part strictement définies, variant d'une chasse à l'autre. Les dispositions de la loi forestière qui restaient contraignantes n'étaient plus appliquées par les fonctionnaires royaux et les cours royales, mais par ceux du magnat, qui obtenait ainsi une franchise sur la chasse et les bêtes royales qu'elle contenait. [920] (2) Un « parc » était tout terrain entouré d'une palissade ou d'une haie, que ce soit dans le but de protéger les bêtes sauvages ou autrement, et le droit de réaliser cela était tout à fait indépendant de la concession royale. Si le propriétaire d'un manoir voisin d'une forêt royale voulait garder ses propres cerfs, qu'il pouvait tuer à son gré, soit pour le sport, soit pour se nourrir, sans enfreindre les lois forestières, il devait peupler un enclos de bêtes. légalement les siens, et de les conserver dans des conditions qui rendaient impossible toute confusion avec les cerfs du roi. [921] En 1234, les barons affirmèrent leur droit de tenir des prisons privées pour les braconniers capturés dans leurs parcs (*in parcis et vivariis suis*), mais le roi refusa de le permettre. [922] (3) Une « garenne », qui pouvait appartenir soit au roi, soit à tout propriétaire privé, portait avec elle le droit exclusif de chasser dans ses limites tous les animaux sauvages, à l'exception de ceux techniquement définis comme « bêtes de la forêt ». [923] En pratique, il s'agissait principalement de lièvres et de renards. [924] Ni les parcs ni les garennes n'étaient protégés par la loi forestière, mais par cette partie de la common law relative au vol et à l'intrusion. Celle-ci fut cependant vigoureusement administrée pour la conservation du gibier, de manière à supporter des difficultés croissantes pour le peuple, assurant le monopole de la chasse à l'aristocratie propriétaire foncière et passant progressivement aux lois modernes sur la chasse. [925] Le Dr Stubbs avait apparemment une conception trop étroite de la garenne lorsqu'il l'entendait dans son sens moderne de « garenne de lapins ». [926] Il s'agissait d'une étendue de terre sur laquelle les droits exclusifs de chasse du petit gibier (ainsi que des lapins et autres vermines) étaient conservés à son propriétaire. Le roi pouvait avoir, et il avait, ses garennes et ses warreners, tout comme n'importe quel sujet ; et ces guerriers royaux, comme tous les fonctionnaires de la Couronne, grands et petits, pourraient infliger une cruelle injustice au peuple ; [927] mais leur pouvoir de nuire était moindre que celui des forestiers, car ils dépendaient de la common law. Le code forestier ne s'appliquait même pas aux garennes royales. [928]

VI. *Droits forestiers et griefs forestiers*. Il n'est pas difficile de comprendre l'importance que les rois d'Angleterre accordaient à leurs forêts. Ils les considéraient non seulement comme un terrain de plaisir, mais aussi comme une source de revenus. Les amendes et les amendes, individuellement petites, mais s'élevant globalement à une somme importante, affluaient au Trésor. Si grands que fussent le plaisir et le profit du roi, le fardeau et la perte infligés au peuple, propriétaires fonciers et paysans, étaient plus grands que toute proportion. Non seulement les meilleurs intérêts des habitants de la forêt furent délibérément sacrifiés à la chasse royale, non seulement les amendes légales gonflant le Trésor public furent rendues triplement lourdes par la manière exaspérante et inutile de leur collecte ; mais les hommes qui les payaient étaient en outre victimes d'exactions illégales. Ces griefs peuvent être considérés sous sept chefs : — (1) *L'étendue des forêts*. La Couronne s'efforçait constamment d'étendre les limites ; les gens pour les contracter. Le Conquérant et Rufus ont chacun « boisé » de vastes étendues de terre, dont la New Forest n'est qu'un exemple. Dans la charte de 1100, Henri déclarait sans ambages : « Je conserve entre mes mains, du commun accord de mes barons, mes forêts telles que les possédaient mon père. » Ce consentement des magnats, s'il était plus qu'une forme et donné volontairement, suggérerait que les barons avaient droit à une certaine part de ces droits royaux de chasse, ce qui les conduisait ici à faire cause commune avec la Couronne. Henry, en fait, a conservé non seulement les forêts de son père mais aussi celles de

Rufus, et en a créé de nouvelles. [929] Stephen, tout en conservant les forêts des deux Williams, renonça à celles ajoutées par Henri Ier. Sous Henri II, le boisement recommença. [930] Les paroles de la Grande Charte ne laissent aucun doute sur le fait qu'Henri d'Anjou avait étendu les limites des forêts d'Étienne ; et que Richard et Jean poussèrent le processus plus loin, introduisant dans le cercle de la loi cruelle non seulement les déchets et les landes, mais aussi de nombreux « bois » appartenant à des propriétaires privés. Ces empiétements royaux étaient les plus oppressifs, car ils se produisaient à une époque où la population augmentait rapidement et cherchait un débouché dans la remise en état des terrains vagues sur les terres discutables qui entouraient les forêts. L'imprécision de la frontière aggravait ce grief, car il était souvent difficile à l'honnête récupérateur de terres stériles de savoir s'il commettait une infraction pour laquelle il risquait d'être puni d'une amende écrasante. [931]

(2) *Le monopole de la chasse*. La Couronne a non seulement élargi les limites, mais elle a également rendu la loi plus stricte. Les privilèges de chasse dont disposaient les barons furent restreints à mesure que le gros gibier se raréfia. L'insistance de la Couronne sur un monopole strict sur les formes de chasse les plus excitantes ne semble peut-être pas un grief important, mais il était de nature à exaspérer les nobles amateurs de sport. Jean, en 1207, admettait que ses barons conservaient encore quelques vestiges de leur droit de participer à la chasse des bêtes royales. [932] Ces droits furent formellement reconnus et définis en 1217. Le chapitre 11 de la *Carta de foresta* permettait à chaque magnat, lors de son passage dans une forêt, de prendre une ou deux bêtes à la vue des forestiers, ou, si ces fonctionnaires ne pouvaient être trouvés, puis après avoir klaxonné pour montrer que rien de sournois n'était fait.

(3) *Ingérence dans les droits de propriété*. Les propriétaires fonciers dont les terres se trouvaient dans des districts que le roi avait réussi à reboiser conservaient leurs terres franches, mais leurs droits de propriété perdaient la moitié de leur valeur. Ils ne pouvaient pas déraciner les arbres pour défricher leurs propres terres pour les cultiver ; car c'était commettre un *attentat* . Ils ne pouvaient pas labourer des terrains vagues ou des pâturages (même en dehors du secret) et les transformer en terres arables, ni construire un moulin, ni extraire de la marne ou de la chaux des fosses, ni faire des étangs à poissons, ni clôturer aucun espace avec une haie ou des palissades ; car ces actes de propriété étaient *des purs préjugés* . Ils ne pouvaient pas détruire un arbre ou couper des branches (sauf dans des conditions strictes), sans se rendre coupables de *gaspillage* . [933] Ils ne purent aménager leurs bois qu'une quinzaine de jours après la Saint-Michel, lorsque l'exploitation des domaines du roi fut terminée (lui réservant ainsi le meilleur marché et les « droits de pannage »). [934] De lourds péages étaient, sous le nom de « chiminage », prélevés sur les charrettes et les chevaux de trait qui traversaient les bois. De toutes ces manières et bien

d'autres, les droits de propriété privée sur les forêts ont été si restreints qu'ils sont devenus sans valeur. La Grande Charte s'efforçait de lutter contre les abus de ces droits de la Couronne en prévoyant un mécanisme pour l'abolition des « mauvaises coutumes ». La *Carta de foresta* est entrée plus en détail. Non seulement les infractions passées de toutes trois sortes – gaspillages, pourprestures et assarts – devaient être tolérées, mais la loi a été modifiée pour l'avenir. La longue liste des propriétés fut considérablement réduite : il fut permis à un homme de construire sur sa propre propriété dans la forêt, des moulins, des étangs, des carrières de chaux, des fossés et des terres arables, à condition que ceux-ci ne soient pas placés dans le secret (c'est-à-dire dans des endroits boisés propres à abriter du gibier) et ne portait atteinte aux droits d'aucun voisin. [935] Ils pourraient également garder des aires pour la reproduction de faucons et d'autres oiseaux de proie, et prendre le miel trouvé sur leur propre terrain, droits qui leur étaient auparavant refusés. [936]

(4) *Interférence avec les activités des pauvres.* Si les riches subissaient des dommages matériels, les pauvres souffraient d'une manière plus cruelle : des lois sévères les empêchaient de subvenir à trois de leurs besoins primaires, à savoir la nourriture, le bois de chauffage et les matériaux de construction. En aucun cas ils ne pouvaient tuer des cerfs ; tandis que les difficultés entouraient le prélèvement du bois dans les bois. [937] Il est vrai que même les assises de Woodstock leur accordaient le privilège des « estovers », c'est-à-dire de couper du bois de chauffage, mais seulement selon des règles strictes. Tout déchet était strictement interdit ; et « déchets » était un mot large couvrant non seulement la destruction gratuite, mais toutes les ventes ou cadeaux de grumes ; tandis qu'on ne pouvait rien prendre qu'à la vue du forestier, dont le consentement ne serait pas obtenu pour rien. Cela peut être illustré par une période soixante ans plus tard que le règne de Jean : Hugues de Stratford, qui payait deux marks et demi de loyer annuel au directeur pour son poste, se récupérait en prenant « du canton de Denshanger pour chaque virgate de terre ». un quart de blé en échange du palissage pour leur maïs et de la collecte de bois mort pour leur combustible dans le bois du domaine du seigneur roi ; et de la même ville, il prenait dans chaque maison une oie et une poule chaque année. [938] Une petite somme pourrait être prélevée pour chaque chargement de bâtons ; les hommes de Somerset se plaignaient de ce qu'« ils prenaient aux pauvres, à tout homme qui porte du bois sur son dos, six pence ». [939] Il était également interdit aux habitants des forêts ou à proximité de garder des chiens, à moins que leur valeur pour d'autres activités, ainsi que pour la chasse, ne soit détruite par la suppression de trois griffes de l'avant-pied. [940] Ils ne pouvaient pas non plus conserver les arcs et les flèches, si nécessaires à leur protection au milieu des dangers qui assaillent les habitants des régions isolées tout au long du Moyen Âge. [941] Aucun tanneur ou blanchisseur de

peaux ne pouvait résider dans les districts forestiers, sauf dans les murs d'un bourg. [942]

(5) *Présence aux tribunaux forestiers.* Contrairement aux griefs déjà mentionnés qui pesaient principalement sur ceux qui se trouvaient à l'intérieur des forêts, la charge de « poursuivre » devant les tribunaux forestiers était particulièrement ressentie par ceux qui vivaient à l'extérieur. A chaque inquisition, des représentants des communes voisines devaient être présents, tandis que la population entière était obligée de rencontrer les juges dans leurs rayons forestiers. Henri II, quelle qu'ait pu être la pratique antérieure, imposait ce devoir de surveillance à ceux qui se trouvaient à l'extérieur des frontières aussi bien qu'à ceux qui étaient à l'intérieur. Les assises de Woodstock n'admettent aucune exemption pour le comte ou le baron, pour le chevalier ou le franc-tenancier, ni même (selon une version) pour l'archevêque ou l'évêque. Tout le monde doit être présent aux yeux. La double obligation de porter plainte devant les tribunaux de comté et devant les tribunaux forestiers impliquait une double perte de temps et un double risque d'amende. Ce 11e article des assises a été abrogé par le chapitre 44 de la Magna Carta, qui limitait l'obligation aux habitants des forêts, concession confirmée en 1217. [943]

(6) *Amendes et sanctions.* Des exactions fréquentes réduisaient les habitants des forêts royales à une pauvreté abjecte. S'ils ne se présentaient pas à l'une des nombreuses inquisitions, ils payaient une amende. S'ils ne révélaient pas le braconnier coupable, ils payaient une amende. S'ils donnaient de fausses informations, ils payaient une amende. S'ils vendaient ou donnaient du bois, ils payaient une amende. S'ils gardaient des chiens gris ou des dogue qui n'étaient pas « légiférés », c'est-à-dire privés du nombre requis de griffes, ils payaient une amende. [944] Si un arc ou une flèche était trouvé en leur possession, ils payaient une amende. S'ils commettaient l'une des nombreuses formes de gaspillage ou d'intrusion, ils payaient une amende. En vérité, le misérable paysan doit marcher avec prudence s'il veut conserver suffisamment de son misérable revenu pour se maintenir, ainsi que sa femme et ses enfants, en vie et en bonne santé.

Le Northamptonshire Eyre Roll de 1209 illustre comment une commune entière peut souffrir gravement sans que ce soit de sa faute. "La tête d'un cerf récemment mort a été trouvée dans le bois de Henry Dawney à Maidford par les forestiers du roi. Et le forestier dudit Henry est mort. Et parce que rien ne peut être établi avec certitude sur ce cerf, il est ordonné que l'ensemble de la ville susmentionnée de Maidford soit saisie entre les mains du roi, au motif que ledit Henri ne peut rien certifier de ce cerf. [945] Il y avait clairement une forte incitation, dans de tels cas, à déclarer quelqu'un coupable.

Dans certains cas Henri II. n'acceptait pas d'amende, mais infligeait la perte de membres aux contrevenants au monopole du roi. Il valait souvent mieux tuer un prochain qu'un sanglier ou un cerf. L'article premier des assises de Woodstock annonçait que la pleine rigueur des lois serait appliquée, comme sous Henri Ier, tandis que l'article 12 prévoyait plus précisément que les cautions ne seraient acceptées que pour deux délits. Pour la troisième infraction, rien ne suffirait si ce n'est le corps du coupable. La Magna Carta de Jean ne prévoyait aucune réglementation spécifique sur ce point, bien que la disposition générale prévoyant l'abolition des « mauvaises coutumes » ait apporté un certain soulagement. Le chapitre 10 de la *Carta de foresta* de 1217 concédait que nul ne devrait désormais perdre la vie ou l'intégrité physique pour de telles infractions. Le coupable doit rester en prison pendant des années et des jours, et ensuite trouver des garanties pour sa bonne conduite future, ou à défaut de telles garanties, être banni du royaume.

(7) *Gouvernement arbitraire et exactions illégales.* Si les lois du code de Henry étaient strictes et les paiements légaux onéreux, c'était un mal pire que la loi, telle qu'elle était, puisse être en toute sécurité défiée par les fonctionnaires de la Couronne, et que des paiements d'une nature parfaitement illégale puissent être librement exigés. À l'intérieur des limites de la forêt, les paysans vivaient dans la crainte quotidienne de l'autorité discrétionnaire des fonctionnaires, auxquels ils n'osaient pas s'opposer aux souhaits les plus déraisonnables. Parfois, un tyran local instaurait un véritable règne de terreur. Cela s'est produit dans la forêt de Riddlington sous Peter de Neville, comme le révèlent les archives du Rutland Eyre détenues en 1269. Un élément, pris presque au hasard dans la longue liste de ses mauvaises actions, suffira : « Le même Pierre a emprisonné Pierre, le fils de Constantin de Liddington, pendant deux jours et deux nuits à Allexton, et l'a lié avec des chaînes de fer sur suspicion. d'avoir pris un certain lapin à Eastwood ; et le même Pierre, fils de Constantin, donna deux deniers aux hommes dudit Pierre de Neville, qui en avaient la garde, pour lui permettre de s'asseoir sur un certain banc dans la prison du même Pierre, qui est pleine d'eau. au fond." [946] Dans cette fosse maléfique, appelée à tort prison, les hommes illégalement arrêtés sur de simples soupçons étaient autorisés à pourrir ou à mourir de faim s'ils ne payaient pas de lourdes rançons. Les autres exemples ne sont que trop nombreux. En 1225, Norman Samson, un petit fonctionnaire de la forêt de Huntingdon, soumettait des hommes à la torture sans motif, et ne les libérait de leurs tourments qu'en échange de lourds pots-de-vin. Ces petits despotes étaient pratiquement irresponsables, puisque les eyres se tenaient à des intervalles de sept ans. Même dans ce cas, les victimes pourraient hésiter à porter plainte, craignant un sort pire lorsque le dos aux juges serait tourné. Si de telles choses ont pu se produire après l'octroi des chartes de 1215 et 1217, il est peu probable que les forestiers aient été plus cléments auparavant. John était toujours trop indifférent ou trop occupé pour réparer de tels torts. La seule garantie contre

leur répétition à l'avenir était que des fonctionnaires honnêtes soient choisis. La Magna Carta a cherché à garantir cela par les dispositions du chapitre 45, qui (parmi les clauses forestières) ordonnait qu'aucun justicier, shérif, constable ou huissier ne soit nommé, sauf ceux qui connaissaient la loi du pays et entendaient l'observer. Le mot connétable englobait les gardiens, tandis que le mot bailli était assez large pour englober les forestiers. Il est douteux que cette clause aurait apporté une quelconque amélioration ; il fut retiré en 1216.

Un certain bien a dû résulter du chapitre 16 de la Charte forestière, qui interdisait aux gardiens de tenir des plaidoyers dans la forêt et les réservait aux juges d'Eyre. Cela empêchait les gardiens d'être juges de leur propre cause ; mais leurs actes arbitraires continuèrent à être nombreux sous Henri III, comme nous l'avons déjà montré. Le chantage, sous de minces déguisements, était exercé sur tous ceux qui voulaient échapper aux attentions importunes de ceux au pouvoir. Soixante ans après la Magna Carta, les hommes du Somerset se plaignaient que « les forestiers viennent avec des chevaux au moment de la récolte et rassemblent toutes sortes de maïs en gerbes dans les limites de la forêt et à l'extérieur près de la forêt, puis ils font leur bière à partir de cette collecte, et ceux qui n'y viennent pas pour boire et ne donnent pas d'argent à leur gré sont sévèrement punis à leurs demandes de bois mort, bien que le roi n'ait pas de domaine ; personne n'ose non plus brasser lorsque les forestiers brassent, ni vendre de la bière tant que les forestiers ont une sorte de bière à vendre ; et c'est ce que chaque forestier fait année après année, au grand dam du pays. [947]

Chacun de ces abus avait été spécifiquement interdit par le chapitre 7 de la *Carta de foresta* , qui interdisait la fabrication du « scotale » et la cueillette du maïs, des agneaux et des porcs. De telles règles étaient plus faciles à énoncer qu'à appliquer.

VII. *Histoire ultérieure des forêts et des lois forestières.* La Charte forestière n'a visiblement pas réussi à assurer une pure administration de la loi ; mais deux processus étaient à l'œuvre qui tendaient à alléger les fardeaux infligés. La longue lutte pour définir avec précision les frontières s'est terminée sous le règne d'Édouard II. dans la défaite du roi, qui consentit à ce que la frontière soit tracée au gré des barons. [948] Dans ces limites restreintes, le temps et les progrès de la civilisation ont progressivement adouci la sévérité du code forestier, de nombreuses coutumes devenant obsolètes. [949] Charles I. fit une tentative peu judicieuse pour faire revivre certains des droits oubliés de la Couronne. Les sièges de justice étaient occupés par le comte de Hollande, accompagnés d'amertumes et de tentatives d'extension des limites de la forêt. [950] Le résultat fut un acte drastique du Long Parlement les limitant à leurs anciennes étendues. [951] Cette loi n'abolit cependant ni les forêts, ni les lois forestières, ni les tribunaux forestiers. Après la Restauration, un siège de justice a effectivement eu lieu *pro forma* devant le comte d'Oxford. Blackstone déclare que c'est la dernière jamais occupée, [952] bien que les fonctions de justice et de gardien des forêts n'aient été abolies qu'en 1817. [953] Les forêts, très réduites en étendue, sont toujours la propriété de la Couronne, bien que maintenant administré dans l'intérêt du public par les commissaires aux bois et forêts. [954] L'application de la common law n'est évidemment plus exclue de ses limites, la vieille antithèse entre le droit forestier et le droit anglais étant désormais une chose du passé. [955]

CHAPITRE QUARANTE-CINQ.

Nos non faciemus justiciarios, constabularios, vicecomites vel ballivos, nisi de talibus qui sciant legem regni et eam bene velint observare.

> Nous nommerons comme juges, connétables, shérifs ou huissiers seulement ceux qui connaissent la loi du royaume et entendent bien l'observer.

Le but de cette clause clairement formulée était d'empêcher la nomination d'hommes inaptes à des fonctions responsables sous la Couronne. La liste des officiers donnée est complète – juges, shérifs, constables et huissiers – englobant tous les ministres et agents royaux, tant du gouvernement central que local, depuis le justicier en chef jusqu'au plus humble sergent. [956] La clause était dirigée en particulier contre les favoris étrangers de Jean comme l'évêque poitevin de Winchester, Pierre des Roches, [957] qui avait exercé et abusé de l'autorité de grand justicier en 1214 lorsque le roi était à l'étranger, ou comme Engelard. de Cygony et les autres instruments des extorsions de Jean, stigmatisés nommément dans une partie ultérieure de la Magna Carta, [958] qui avaient occupé divers postes de shérifs, de gardiens et d'officiers de l'échiquier. De tels hommes n'avaient aucun intérêt en jeu en Angleterre et n'aimaient guère ses coutumes et ses libres traditions. À l'avenir, Jean devra choisir un type différent de serviteurs, en évitant tous les hommes sans scrupules, anglais ou étrangers, prêts à enfreindre la loi dans l'intérêt de leur maître ou dans le leur. Il n'y a donc aucune difficulté à comprendre quelle classe d'hommes a été ici exclue des fonctions ; mais quelle classe devait occuper leurs places ? Mgr Stubbs, commentant ce passage, attribue aux rédacteurs de la Charte l'intention d'assurer la nomination d'hommes versés dans la science juridique : « selon ce principe, l'intendant d'un tribunal doit être un savant intendant ». [959] La clause de la Magna Carta, cependant, se réfère exclusivement aux candidats royaux, et non aux officiers nommés par les seigneurs mesne pour présider leurs cours féodales. Les barons nommaient leurs propres intendants et huissiers et ne voulaient pas entraver leur propre liberté de choix ; mais seulement celui du roi. En outre, ce n'était pas de grands avocats que les barons voulaient que John employât, mais de simples Anglais, connaissant à peu près les usages insulaires, qui éviteraient les actes arbitraires condamnés par la loi du pays. Les barons de Runnymede en 1215 désiraient exactement ce que le conseil de Saint-Albans avait désiré le 4 août 1213, lorsqu'il émit des brefs formels ordonnant à tous les shérifs et forestiers d'observer les lois d'Henri Ier et de s'abstenir de exactions injustes ; [960] et il faut se rappeler que ces lois d'Henri n'étaient que les lois plus anciennes d'Edouard Confesseur légèrement amendées.

L'attitude des barons de Jean fut la même que celle des barons de Henri, lorsque ces derniers déclarèrent en 1234 en termes si catégoriques qu'ils ne souhaitaient pas que les lois d'Angleterre soient modifiées. [961] Ils étaient loin de désirer être gouvernés par des ministres profondément versés dans la science et la littérature jurisprudentielle, puisqu'il s'agissait nécessairement d'hommes d'Église et de civils. Les lois que les officiers de la Couronne devaient connaître et observer étaient les anciennes lois coutumières d'Angleterre, par opposition au droit canonique et au droit civil de Rome. On recherchait des Anglais honnêtes, réputés pour leurs relations directes et sympathisants avec les préjugés indigènes. Les ministres de la Couronne pourraient bien se passer de toute formation universitaire à une époque où un seul court traité sur le droit anglais avait été écrit (celui de Glanvill) ; tandis que les intendants des leets de la cour, mentionnés par l'évêque Stubbs, pourraient même ignorer la common law, à condition qu'ils soient versés dans « la coutume du manoir ».

Cette disposition de la Magna Carta, dirigée principalement contre les shérifs, châtelains et autres ministres étrangers, a disparu en 1216 (sans aucun commentaire dans la « clause de répit »), ainsi que plusieurs dispositions à caractère temporaire, également dirigées contre les étrangers. Même si ce chapitre bien intentionné de la Grande Charte de Jean était resté en vigueur, il n'aurait pas eu grand effet, en l'absence de mécanismes adéquats pour assurer son application. En promettant la sélection de ministres connaissant la loi et déterminés à la respecter, Jean restait le seul juge des hommes nommés et de leurs intentions. La clause n'indiquait aucune norme d'aptitude à laquelle faire appel, aucun arbitre neutre pour décider entre l'apte et l'inapte, et aucune sanction pour imposer la conformité à un roi réticent. Un demi-siècle plus tard, les Dispositions d'Oxford témoignent d'un certain progrès dans la théorie politique. Ils contenaient un expédient, assez grossier il est vrai, pour contraindre les fonctionnaires royaux à observer la loi. Les formulaires des serments d'office que devaient prêter les châtelains et les ministres de tous grades étaient soigneusement fournis. [962] Même cela n'était qu'un premier pas vers la solution d'un problème qui n'a été complètement résolu que lorsque, après de nombreux siècles de luttes, la doctrine moderne de la responsabilité ministérielle a été fermement établie.

---

899 . Un bref compte rendu pratique des forêts, avec leurs lois spéciales, leurs fonctionnaires spéciaux et leurs tribunaux spéciaux, se trouve dans *History of English Law de WS Houldsworth* , pp. 340-352. Pour des informations plus complètes, voir *Dialogus de Scaccario* , I. xii.; John Manwood, *Livre des Forêts* (1598) ; Coca-Cola, *Quatrième Institut* , 289-317 ; GJ Turner, Préface à *Select Pleas of the Forest* (1901) ; et un article dans l' *Edinburgh Review* d'avril 1902.

900 . *Certaines chartes* , 156.

901 . *Sélectionnez les plaidoyers de la forêt* , xiii.

902 . Voir W. Coventry, II. 207, et Préface de Stubbs, lxxxvii. Par un bref du 18 mai 1204 (*New Rymer* , I. 89), il déboisa tout le Devonshire à l'exception de Dartmouth et Exmoor.

903 . R. Wendover, III. 227. Il s'agit cependant clairement d'un récit biaisé de la reprise par le roi des étendues forestières illégalement mises en culture à titre de purpresture.

904 . Voir *Sélection des plaidoyers de la forêt* , xiv. Le travail de routine permanent accompli par ce fonctionnaire ne doit pas être confondu avec les fonctions intermittentes des juges de Forest Eyres : bien qu'il fût presque invariablement membre de la commission qui se déplaçait en tournée : par exemple le chapitre 16 de la Charte forestière parle du Forester *en* chef tenant des plaidoyers de la forêt.

905 . *Sélectionnez Plaidoyers* , XV.

906 . M. Turner, dans *Select Pleas* , xvii.

907 . Engelard de Cygony, par exemple, dont le nom apparaît au chapitre 50, occupait cette double position. Le chapitre 16 de *la Carta de Foresta* interdit *aux châtelains* de déterminer les intérêts des forêts, renforçant ainsi la présomption selon laquelle les gardiens étaient généralement des agents de police.

908 . *Sélectionnez Plaidoyers* , xix.

909 . *Ibid.* , XXI.

910 . Le même chapitre fixait cependant les tarifs du « chiminage ».

911 . Pour le premier avis des verderers, voir *Select Pleas of the Forest* , XIX., n. Leur nomination au tribunal de comté peut indiquer qu'ils ont agi dans une certaine mesure comme un contrôle sur les forestiers professionnels dans l'intérêt du peuple en général, ainsi que comme un contrôle sur le gardien dans l'intérêt du roi. Dans la forêt, le gardien, avec les verderers et les forestiers, offrait un parallèle exact entre le shérif et les coroners et huissiers (ou sergents) dans d'autres parties d'un comté.

912 . Voir *Carta de Foresta* , c. 6.

913 . Après 1217, sinon avant, c'était un de leurs devoirs de fixer le nombre de forestiers requis, afin que les habitants n'aient pas à gémir sous un fardeau plus lourd que nécessaire.

914 . Dans un document, ils étaient appelés *agistatores precii* (*Select Pleas* , p. 1.), ce qui suggère que la fixation du taux était leur principale tâche. « Agist » était un terme général ; il était apparemment correct de parler de «wood", contre le bétail » et de « contre l'argent dû ».

915 . *Carta de Foresta* , ch. 8.

916 . *Sélectionnez Plaidoyers de la forêt* , xxx.

917 . *Sélectionnez Plaidoyers de la forêt* , p. 42.

918 . *Dialogue* , I. xi. E.

919 . Il est expressément dit dans la *Carta de Foresta* (1217) que seuls les verderers et forestiers doivent être présents au procès de juin, et les mêmes officiers, avec les agistors, aux deux autres. Le public était spécialement exempté.

920 . *Sélectionnez Plaidoyers de la forêt* , cix. *et suiv.*

921 . *Ibid.* , cxvii.

922 . Statut de Merton, ch. 11.

923 . *Sélectionnez Plaidoyers de la forêt* , cxxiii.

924 . *Ibid.* , cxxviii-cxxix. Il faudrait peut-être y ajouter les chats sauvages.

925 . Voir WS Houldsworth, *History of English Law* , p. 346.

926 . Voir *Certaines Chartes* , 552.

927 . Certaines de ces Magna Carta cherchaient à se prémunir contre. Voir c. 48.

928 . Des droits de chasse étaient parfois conférés à des sujets sur un territoire qui n'était pas le leur. Richard I., par une charte, accorda à Alan Basset la permission de chasser les renards, les lièvres et les chats sauvages dans tout le royaume. Voir Round, *Chartes anciennes* , n° 18.

929 . Cela est implicite dans les termes de la Charte d'Oxford de Stephen. Un exemple d'acte de boisement par Henry est donné dans *Select Pleas* , 45, qui montre comment « un district pourrait être boisé en un instant par la simple parole du monarque ; il a fallu des siècles pour le libérer de la domination royale. Voir *Edinburgh Review* , vol. cxcv. (1902), p. 459. Même la Charte forestière (cc. 1 et 3) reconnaissait le droit de la Couronne de reboiser les bois sur son propre domaine – réservant, en effet, les pâturages communs à ceux qui y avaient des droits légaux.

930 . La politique d'Henri Ier, d'Étienne et d'Henri II. respectivement est bien illustré par le cas de la forêt de Waltham dans l'Essex. Voir Ronde, *Geoffrey de Mandeville* , 377-8.

931 . Cet ensemble de griefs a été en partie résolu par les chapitres 47 et 53 de la Magna Carta. Le premier prévoyait le déboisement sommaire de tous les districts transformés en forêts par Richard et John, tandis que le second montrait un esprit plus judiciaire dans la destruction du travail similaire effectué par leur père. La *Carta de Foresta* de 1217 contenait des clauses qui remplaçaient ces dispositions un peu grossières.

932 . Voir *Pourriture. Noël.* , I. 85 (daté du 11 juin 1207).

933 . Pour des informations détaillées sur les gaspillages, les purprestures et les assarts avec leur échelle croissante de pénalités, voir *Select Pleas* , lxxxii.

934 . Voir Assises de Woodstock, article 7.

935 . Voir *Carta de foresta* , c. 12.

936 . *Ibid.* , ch. 13, une autre clause (c. 14) interdisait aux forestiers ordinaires d'exiger le chiminage et fixait les taux payables aux titulaires de droits acquis à deux sous pour chaque charrette par semestre, et à un demi-penny pour chaque cheval de sumpter.

937 . Voir Assises de Woodstock, article 3.

938 . Voir *Select Pleas* , 123 (6 Edward I.).

939 . *Sélectionnez Plaidoyers* , 127 (1278-9). Il s'agissait d'un taux élevé, d'autant plus remarquable face aux dispositions contre le « chiminage » de la *Carta de foresta* , c. 14.

940 . Assises de Woodstock, article 14. Cf. *Carta de foresta* , ch. 6.

941 . *Ibid.* , article 2.

942 . *Ibid.* , article 15.

943 . Voir *Carta de foresta* , c. 2.

944 . À une certaine époque, il était évidemment d'usage d'exiger un bœuf en réparation d'une telle transgression, laissant ainsi le paysan sans les moyens de cultiver sa terre. La Charte forestière (c. 6) limitait l'amende à 3 shillings.

945 . Voir *Sélectionner des plaidoyers forestiers* , p. 4.

946 . *Sélectionnez Plaidoyers* , 50.

947 . *Sélectionnez Plaidoyers* , 126.

948 . Voir *infra* , sous c. 47 .

949 . L'« *assisa et consuetudines forestae* », publiée par Édouard Ier en 1278, bien que purement déclaratoire, a peut-être contribué à réduire les limites du pouvoir discrétionnaire. Voir *Statuts du Royaume* , I. 243, et Bémont, *Chartes* , lxv.

950 . Voir SR Gardiner, *Hist. Anglais.* , VII. 363, et VIII. 282.

951 . 16 Charles I. c. 16.

952 . *Commentaires* , III. 72.

953 . Par 57 Georges III. c. 61.

954 . En vertu d'une série d'actes dont 14-15 Victoria c. 42 est le dernier.

955 . Voir Étienne, *Commentaires* , II. 465-6.

956 . Le gendarme et l'huissier sont discutés *ci-dessus* , c. 24, et il a été démontré qu'il inclut les magistrats forestiers, *supra* , c. 44.

957 . Voir *supra* , 36-7, et cf. Blackstone, *Grande Charte* , viii.

958 . Voir c. 50.

959 . *Const. Hist.* , I. 578, n.

960 . Cf. *supra* , p. 34 .

961 . « *Nolunt leges Anglie mutare qui usitate sunt et approuve.* » Voir Statut de Merton, ch. 9.

962 . Voir *Select Charters* , 388-391, et Madox, II. 149, avec les autorités citées.

CHAPITRE QUARANTE-SIX.

Omnes barones qui fundaverunt abbatias, unde habent cartas regum Anglie, vel antiquam tenuram, habeant earum custodiam cum vacaverint, sicut habere debent.

Tous les barons qui ont fondé des abbayes, au sujet desquelles ils détiennent des chartes des rois d'Angleterre, ou dont ils ont longtemps continué la possession, en auront la tutelle, lorsqu'ils seront vacants, comme ils devraient en avoir.

Les maisons religieuses des différents ordres (abbayes, prieurés et couvents), dont le nombre s'était si rapidement accru depuis le règne d'Henri Ier, se répartissaient naturellement en deux classes selon qu'elles avaient été fondées par le roi ou par des particuliers. . Le roi ou le grand baron, en accordant des terres à titre religieux, se réservait, soit expressément, soit implicitement, certains droits de propriété précieux, dont le contrôle sur l'élection de l'abbé ou du prieur, ainsi que la tutelle du fief pendant les postes vacants étaient les plus importants. Le roi Jean, tandis que par sa charte séparée au clergé il avait renoncé en faveur de toutes les églises et monastères, cathédrales et conventuels, à tout contrôle sur l'élection des prélats, avait soigneusement réservé ses droits de tutelle ; et les barons insistaient pour que les droits de propriété des seigneurs mesne qui avaient fondé des maisons religieuses soient également respectés. Cependant, partout où il avait un prétexte plausible, Jean usurpait la tutelle sur des fondations privées, en plus de la sienne. Il semblerait d'après les termes d'un chapitre ultérieur, [963] qu'en 1215 la Couronne possédait effectivement en paroisse certaines abbayes fondées par des seigneurs mesne, car il y est prévu pour leur restauration. Le présent chapitre se tourne vers l'avenir, interdisant de nouvelles usurpations de cette nature.

Dans les rééditions de la Charte, certains changements verbaux apparaissent, mais il n'est pas clair qu'ils impliquent des changements de fond. En 1216, les mots « et comme il a été déclaré ci-dessus » furent ajoutés, impliquant que les droits des seigneurs mesne devaient être restreints par les règles précédemment énoncées au chapitre 5, quant à la tutelle – règles spécialement appliquées aux terres des évêchés et maisons religieuses en 1216 par une clause qui n'avait pas d'équivalent dans la charte de Jean. [964] En 1217, trois autres petits changements tendent à élargir la portée de la clause. Les « barons qui ont fondé des abbayes » de la concession de Jean deviennent « les patrons des abbayes » ; les « chartes » royales deviennent plus explicitement des « chartes d'Advowson » ; « ancienne tenure » est élargie en « ancienne tenure ou possession ». [965]

Est-il possible que l'influence de l'Église ait été suffisamment puissante à Runnymede pour interdire toute mention de « patrons » laïcs et de présentations ou « aveux » laïcs ; alors qu'elle était impuissante à empêcher les barons de faire valoir leurs droits de patronage deux ans plus tard ? La promesse de Jean d'une élection canonique libre [966] avait interféré avec le patronage royal, et Stephen Langton ne serait pas disposé à admettre la prétention d'un sujet à des droits auxquels il avait forcé la Couronne à renoncer. La question du patronage laïc, en effet, n'a été directement soulevée dans aucune version de la Magna Carta ; mais avant 1215, Jean semble s'être mêlé entre les abbayes et leurs fondateurs. Le 16 août 1200, il accorda à William Marshall, comte de Pembroke, le privilège de conférer le personnel pastoral de l'abbaye de Nuthlegh, qui se trouvait dans le fief de ce noble ; cela montre que Jean a interdit les nominations sans licence royale. [967] Le chapitre actuel de la Magna Carta n'a fait que peu de différence dans la pratique. Henri III. revendiquait la tutelle des abbayes et des prieurés formés par les comtes et les barons sur leurs propres fiefs, et les maintenait vacants, en empêchant leurs patrons de prendre des nominations sans sa licence. [968]

CHAPITRE QUARANTE-SEPT.

Omnes foreste que reforestate sunt tempore nostro, stim deafforestentur; et c'est un fiat de riparis que pour notre temps nous sommes en position de défendre.

> Toutes les forêts qui ont été rendues telles à notre époque seront immédiatement déboisées ; et une démarche similaire sera suivie en ce qui concerne les berges des rivières que nous avons mises « en défense » à notre époque.

On peut tracer une analogie entre les prérogatives royales de chasse et de fauconnerie ici réunies. Guillaume le Conquérant revendiquait des droits étendus et mal définis pour « reboiser » des districts entiers à sa discrétion, et dans un cas bien connu au moins, la création de la New Forest, il fit valoir sa revendication, au prix de beaucoup de souffrances. ses sujets les plus humbles. De vastes étendues de terres étaient ainsi consacrées au sanglier et au cerf. Le roi revendiquait des pouvoirs quelque peu similaires pour protéger ses droits préférentiels de chasse. Si les bois pouvaient être « boisés » pour la chasse, les rivières pourraient être placées « en défense » pour le colportage. Il ne faut pas pousser le parallèle trop loin. Les berges des rivières n'étaient préservées que pour une période limitée couverte par l'ordre exprès du roi ; et bien que des gardiens fussent nommés pour les garder, [969] la Couronne n'établit jamais un contrôle aussi absolu sur les rives des rivières qu'à l'intérieur des districts déclarés « boisés ».

La disposition du présent chapitre, définissant quelles rives peuvent être « défendues », a disparu, ainsi que la clause relative du chapitre 48 (« *ripariis et earum custodibus* »), de la réédition de 1216 ; mais, dans la clause de répit, il était promis de nouvelles délibérations, qui ont abouti à son remplacement dans le chapitre 20 de la version finale de la Magna Carta. [970]

On accorde habituellement plus d'attention à la portée du présent chapitre sur les limites des forêts. Jean, s'il n'avait pas créé de nouvelles forêts, avait au moins étendu les limites des anciennes. Tous ces empiètements doivent être immédiatement abandonnés. Ce redressement sommaire, qui implique que les agressions de Jean étaient si notoires qu'elles n'admettaient aucune contestation, doit être mis en contraste avec la procédure plus judiciaire instituée par le chapitre 53 pour déterminer les empiètements commis par Henri II. et Richard I. Une distinction quelque peu similaire se retrouve également dans les dispositions correspondantes de la Charte forestière de 1217 (chapitres 1 et 3) ; mais la ligne y est tracée différemment. Le chapitre 1 de la *Carta de foresta* étend les méthodes sommaires de recours au déboisement de toutes les forêts créées par Richard ainsi que celles créées par John. Les termes du document ultérieur sont également plus détaillés, rendant plus explicite la signification de la subvention antérieure. Les deux semblent s'opposer aux empiètements sur les droits des propriétaires fonciers, n'accordant aucune protection aux pauvres. Tout en niant le droit de la Couronne de reboiser les bois privés « au détriment de quiconque » (c'est-à-dire des barons ou des propriétaires francs-propriétaires), ils admettent la légalité des actes passés, qu'ils soient d'Henri, de Richard ou de John, dans le boisement des terres de la Couronne, sous réserve toujours d'une clause de sauvegarde en faveur des francs-tenanciers en droit commun de pâturage. [971]

Même si Henri III. avait cordialement coopéré avec ses barons pour déboiser toutes les étendues de terrain boisées par Henri II. et ses fils, des difficultés de définition auraient encore rendu la tâche fastidieuse. Or, les luttes pour fixer les frontières ont envenimé les relations entre la Couronne et le Parlement, jusqu'à la toute fin du règne d'Édouard Plantagenêt. Seules les principales étapes du lent processus par lequel l'opposition a triomphé doivent être mentionnées ici.

Après la publication de la *Carta de foresta* le 6 novembre 1217, [972] un mécanisme fut mis en branle, conformément à ses termes, pour vérifier les anciennes limites et pour déboiser tous les ajouts récents. Le travail de réparation se poursuivit pendant quelques années, sans être interrompu par la délivrance du nouveau sceau royal à Saint-Michel, 1218. [973] Face à de nombreuses difficultés, seuls des progrès lents furent possibles. Des efforts plus intenses suivirent la réédition des Chartes le 11 février 1225 ; [974] car, cinq jours plus tard, des juges furent nommés pour faire de nouvelles déambulations, ce qui aboutit au déboisement de vastes étendues. Henry se considérait, et avec quelque raison, comme injustement traité par ces juges ou par les jurys locaux sur les verdicts desquels ils s'étaient appuyés. Après s'être proclamé majeur en janvier 1227, il contesta leurs découvertes ; et cela a été interprété à tort comme une tentative d'annuler la Charte forestière. [975]

Certains des chevaliers qui avaient parcouru les forêts furent persuadés ou contraints de reconnaître qu'ils avaient commis des erreurs ; et, après une enquête plus approfondie, Henry rétablit les limites plus larges. Ses mesures réactionnaires durent deux ans ; mais ensuite les frontières furent fixées, malgré de nombreuses plaintes, jusqu'à ce que de fortes pressions contraignent Edouard Ier, vers la fin de son règne, à rouvrir toute la question. Les déambulations en 1277 et 1279 n'ont apparemment produit aucun résultat. De nouvelles plaintes furent suivies de nouvelles déambulations en 1299-1300, dont les rapports furent déposés devant un Parlement réuni à Lincoln le 25 janvier 1301. Le roi, à la suite de forces hostiles convergeant de plusieurs côtés, dut se rendre ; et le 14 février, il confirme la Charte forestière et accepte formellement les limites réduites telles que définies par les enquêtes les plus récentes. Edouard avait agi sous la contrainte : sur ce plaidoyer, il obtint ensuite du pape Clément V une bulle, en date du 29 décembre 1305, révoquant toutes les concessions faites à Lincoln. [976] La Couronne semblait ainsi triompher une fois de plus ; mais les barons refusèrent d'accepter la défaite, imposant Édouard II. l'acceptation des limites plus étroites telles qu'elles avaient été définies au Parlement de son père en 1301. Ce règlement fut confirmé par une loi la première année du règne d'Édouard III, [977] et ce roi échoua dans toutes ses tentatives pour échapper à ses limites. des provisions. Ainsi, la déclaration faisant autorité faite en 1301 par le Parlement de Lincoln a fourni la base sur laquelle la longue controverse a finalement été résolue. [978]

L'histoire ultérieure des limites forestières peut être racontée en quelques phrases. Aucun changement n'a été apporté jusqu'au XVIe siècle. Quand Henri VIII. a boisé les districts entourant Hampton Court en 1540, il l'a fait avec le consentement du Parlement et à condition d'indemniser tous ceux qui ont subi des dommages. La même démarche fut suivie par Charles I. en créant la forêt de Richmond en 1634. Finalement, à la suite des tentatives des Stewart pour faire revivre les droits forestiers obsolètes, une loi du Long Parlement, récitant la loi de 1327, « ordonna que l'ancienne promenade dans la forêt à l'époque du roi Édouard Ier devrait désormais avoir la même forme qu'elle était alors chevauchée et délimitée. [979]

---

963 . Voir *infra* , c. 53.

964 . Comparez *supra* , p. 250 .

965 . Ce chapitre dans sa forme définitive (1217 et 1225) s'articule ainsi : *Omnes patroni abbatiarum qui habent cartas regum Anglie de advocatione vel antiquam tenuram vel possessionem habeant earum custodiam cum vacaverint, sicut habere debent et sicut supra declaratum est* .

966 . Cf. *supra* , p. 39 .

967 . Voir *New Rymer* , I. 81. John avait également interféré « au temps de l'interdit » avec ce que Robert fitz Walter considérait comme ses droits de patronage sur le Prieuré de Binham (une cellule de St. Alban). Voir JH Round, *ing. Hist. Rév.* , XIX. 710-1.

968 . Voir Pétition des Barons (c. 11), *Sel. Chartes* , 384.

969 . La mention de ces officiers est faite au c. 48. L'expression « en défense » est expliquée *supra* , p. 357 et 358 .

970 . Cf. *supra* , p. 356 .

971 . MPJ Turner, *Select Pleas of Forest* , xciiii., souligne que, bien que les forêts incluent la campagne ouverte ainsi que les bois, *la Carta de foresta* ne parlait que de « bois » à cet égard.

972 . Cf. *supra* , p. 171 .

973 . Cf. *supra* , 180, et voir *Select Pleas* , xcv.

974 . Cf. *supra* , p. 181 .

975 . Cf. *Sélectionnez Moyens* , xcix.; et voir aussi *supra* , p. 184 .

976 . Voir *Plaidoyers Sélectifs* , cv. Le récit de M. Turner sur la conduite d'Edward peut être comparé à l'estimation de M. Bémont, *Chartes* , xlviii.

977 . 1 Édouard III., stat. 2, ch. 1.

978 . Voir *Plaidoyers sélectionnés* , cvi. Il y avait une exception. Le 26 décembre 1327, Édouard III. a dû se soumettre à de nouveaux déboisements dans le Surrey.

979 . 16 Charles I. c. 16.

CHAPITRE QUARANTE-HUIT.

Omnes male consuetudines de forestis et warennis, et de forestariis et warennariis, vicecomitibus et eorum ministris, ripariis et earum custodibus, state inquirantur in quolibet comitatu per duodecim milites juratos de eodem comitatu, qui debent eligi per probos homines ejusdem comitatus, et infra quadraginta dies post inquisicionem factam, penitus, ita quod numquam revocentur, deleantur per eosdem, ita quod nos hoc sciamus prius, vel justiciarius noster, si in Anglia non fuerimus. [980]

> Toutes les mauvaises coutumes liées aux forêts et aux garennes, aux forestiers et aux garennes, aux shérifs et à leurs officiers, aux berges des rivières et à leurs gardiens, seront immédiatement examinées dans chaque comté par douze chevaliers assermentés du même comté choisis par les honnêtes gens du même comté. , et sera, dans les quarante jours de ladite enquête, complètement aboli, de manière à ne jamais être rétabli, à condition toujours que nous en soyons informés au préalable, ou notre justicier, si nous ne devions pas être en Angleterre.

Ce chapitre est principalement, mais non exclusivement, forestier. Il prévoit d'une manière radicale et radicale l'abolition des « mauvaises coutumes », dont trois groupes sont particulièrement soulignés : (a) *celles* liées aux forêts et aux garennes (vraisemblablement les garennes royales uniquement), avec leurs fonctionnaires ; (*b*) ceux liés aux shérifs et à leurs subordonnés ; et (*c*) ceux liés aux berges des rivières et à leurs gardiens. Le mot « coutumes » est évidemment utilisé ici dans son sens plus large, englobant tous les usages et toutes les procédures, qu'elles soient spécialement liées ou non aux exactions pécuniaires. [981] Le mot « mal » n'est pas défini, mais ici (contrairement à ce qui se passe ailleurs), un mécanisme est prévu pour parvenir à une définition. Cela prend la forme d'une nouvelle application de l' *inquisitio utile* . Dans chaque comté, un jury local de douze chevaliers devait être immédiatement choisi par « les bonnes gens » de ce comté, et ces douze recevaient le mandat de mener une enquête approfondie sur les « mauvaises coutumes » en général. Toutes les pratiques condamnées par eux (après audition sous serment de petits jurys locaux, sans doute) devaient être abolies dans les quarante jours suivant l'enquête, « afin qu'elles ne soient jamais rétablies ».

À la fin du chapitre figure une clause selon laquelle, avant l'abolition effective, un avis doit être adressé au roi ou, en son absence, à son justicier. Bien qu'une telle indication fût absolument nécessaire, tant pour des raisons de politique que de courtoisie ordinaire, il semblerait que cette clause n'ait été insérée qu'à la demande des amis du roi ; du moins, c'est écrit (après coup) au pied de deux des exemplaires de la Grande Charte.

Que ce soit sous la pression ou pour des raisons politiques, John n'a pas perdu de temps pour instituer le mécanisme nécessaire à la mise en œuvre de cette partie des réformes. Le jour même où les termes de la paix furent finalement conclus entre le roi et les barons à Runnymede, c'est-à-dire le 19 juin 1215, il commença à délivrer des assignations aux shérifs, aux warreners et aux baillis de rivière. Au bout de quelques jours, chacun d'entre eux fut certifié du règlement conclu et reçut l'ordre de faire choisir douze chevaliers par le comté au premier tribunal du comté, qui feraient une enquête sous serment sur les mauvaises coutumes. [982]

Ces ordres furent obéis : des chevaliers furent nommés dans les différents comtés, qui semblent avoir adopté une vision libérale de leurs propres fonctions. Loin de se borner à déclarer les coutumes mauvaises, ni même à les voir abolies, ils prétendaient partager avec les shérifs l'exercice de tout le pouvoir exécutif du comté. On peut trouver une justification à ces prétentions dans les termes d'une deuxième série d'ordonnances émises au nom du roi le 27 juin et les jours suivants. Celles-ci furent adressées conjointement au shérif et aux douze chevaliers, leur ordonnant de saisir sur-le-champ tous ceux qui refuseraient de prêter, comme l'exigeaient les brefs précédents, le serment d'obéissance aux vingt-cinq exécuteurs testamentaires de la Charte. [983] Le comité révolutionnaire du gouvernement central avait ainsi dans chaque comté des agents locaux parmi les douze chevaliers dont la tâche originelle avait été de faire abolir les mauvaises coutumes.

La haine que toutes les classes portaient aux lois forestières est bien illustrée par l'esprit iconoclaste dans lequel ces chevaliers se sont entendus avec les jurés de chaque petit district, et avec tous les autres intéressés, pour le traitement drastique des abus. Les hommes modérés commencèrent à craindre que ces changements radicaux n'abolissent virtuellement les forêts royales (au sens technique et juridique du terme). En conséquence, les principaux prélats, qui étaient en grande partie responsables d'avoir incité le roi à conclure une trêve à Runnymede, et étaient donc dans l'obligation morale de faire ce qu'ils pouvaient pour empêcher les barons de trahir leur foi, écrivirent une protestation. Ils ont déclaré que le chapitre en question devait être compris par les deux parties « comme limité » et « que resteraient toutes ces coutumes sans lesquelles les forêts ne peuvent être préservées ». [984] De toute évidence, l'ensemble du code des lois forestières risquait d'être balayé, car il ne formait qu'une énorme « mauvaise coutume ». On ne sait pas quel effet cette protestation a eu, le cas échéant. Le pays fut bientôt plongé dans une guerre civile, pendant laquelle aucun des deux camps n'eut le loisir de réformer les abus, même si cela était urgent. En 1216, le sujet faisait partie de ceux qui étaient « répits » pour un examen futur, et en 1217, on tenta de préciser en détail les mauvaises coutumes qui devaient être abolies.

L'expérience dangereuse consistant à laisser cette définition aux jurys locaux de chaque district ne s'est pas répétée.

---

980 . Les seize derniers mots, y compris « *per eosdem* », apparaissent au pied des deux versions cotoniennes de la Magna Carta. Cf. *supra* , 194–7.

981 . Comparez le sens plus restreint du même mot en c. 41.

982 . Voir *Pourriture. Tapoter.* , I. 180, cité également *Select Charters* , 306–7. Cf. *supra* , p. 47 .

983 . Cf. *infra* , c. 61.

984 . Cf. *supra* , p. 52 . Le texte est donné *Rot. Noël.* , 17 Jean, m. 27, d. et *New Rymer* , I. 134. Il porte le nom des archevêques de Cantorbéry et de Dublin, et des évêques de Londres, Winchester, Bath, Lincoln, Worcester et Coventry, formant (à une exception près, l'évêque de Rochester) précisément ceux mentionnés dans le préambule de la Magna Carta.

CHAPITRE QUARANTE-NEUF.

Omnes obsides et cartas statim reddemus que liberate fuerunt nobis ab Anglicis in securitatem pacis vel fidelis servicii.

Nous restituerons immédiatement tous les otages et charters qui nous seront livrés par les Anglais, comme garants de la paix ou de bons services.

Une caractéristique du système de gouvernement de Jean était la demande constante d'otages comme garantie de la loyauté de ses sujets. Un tel expédient était, en effet, naturellement recouru au Moyen Âge dans des occasions spéciales, comme, par exemple, pour assurer le respect d'un traité récent, ou lorsque les chefs d'une rébellion, nouvellement réprimée, avaient été épargnés à condition d'un avenir futur. bon comportement. Ainsi le Conquérant, en 1067, lors d'une absence forcée d'Angleterre immédiatement après son acquisition, emmena avec lui Edgar Atheling et les comtes Morkere et Eadwin ; et bien d'autres cas se produisent facilement. De tels cas étaient cependant exceptionnels, jusqu'à ce que Jean puisse prétendre malheureusement à la distinction en tant que seul roi d'Angleterre à avoir jamais eu recours à une telle politique, non seulement face au danger, mais comme une pratique constante et normale en temps de paix. Il se peut que ses soupçons continus soient fondés ; mais cela ne les excuse guère, puisque c'est son propre mauvais gouvernement qui a poussé ses sujets dans un état de troubles perpétuels.

John vivait dans son Angleterre natale comme un conquérant étranger au milieu d'une race hostile, gardant ses fils et ses filles dans ses griffes pour répondre des tentatives de révolte de leurs parents. Cette pratique ingénieuse mais injuste s'accorde bien avec ce que nous savons du caractère et de la politique générale de John. C'était une mesure de ruse presque diabolique pour atteindre son objectif immédiat, mais susceptible de se retourner contre lui-même chaque fois qu'un état critique de sa fortune survenait. Son efficacité résidait dans le fait qu'il forçait la main des magnats mécontents, les obligeant à choisir le moment entre l'expédient désespéré d'une rébellion ouverte et la livraison de leurs enfants à un ennemi sans scrupules, renonçant ainsi, peut-être pour toujours, à la possibilité de la résistance ou la vengeance, ensuite achetées à un prix trop élevé : la vie de l'otage. En paralysant ainsi ses ennemis un à un, Jean espérait rendre la désaffection inoffensive. Les nobles que le tyran ne contrôlait pas ainsi par leurs plus tendres affections étaient trop peu nombreux pour résister efficacement. À la moindre manifestation de colère, eux aussi étaient soudainement pris en otages, rejoignant ainsi les rangs de ceux qui n'osaient pas se rebeller. [985]

Toute l'histoire du règne montre à quel point cette question des otages était devenue d'une importance pratique excessive. Il regorge d'exemples des prétextes variés sur lesquels Jean les exigeait, et de ses méthodes drastiques pour infliger sur leurs têtes les péchés de ceux qui les avaient engagés. Ainsi, en 1201, Jean s'empare des châteaux de certains de ses barons ; et l'un d'eux, Guillaume d'Albini, ne sauva son fief de Belvoir qu'en livrant son fils en otage. [986] La même année, les hommes d'York offensèrent le roi en omettant de le rencontrer en procession lors de sa visite dans leur ville et en ne fournissant pas de logements pour le cantonnement de ses archers. Le roi, comme d'habitude, demanda des otages, mais permit finalement aux citoyens de s'échapper moyennant le paiement de 100 £ pour racheter la bonne volonté du roi. [987]

Il ne se passait guère d'année sans que des cas semblables ne se produisent ; mais, apparemment, ce n'est qu'en 1208 que cette pratique fut largement appliquée. Cette année-là, la peur abjecte du roi quant aux effets de l'absolution par le pape de ses barons de leur allégeance l'a amené à exiger que tout homme dirigeant d'Angleterre remette ses fils, neveux ou autres parents par le sang aux messagers du roi. [988]

Le danger de ne pas satisfaire à de telles exigences est illustré par le sort de Maud de Saint-Valéry, épouse de Guillaume de Braose, qui refusa catégoriquement de remettre ses petits-enfants à un roi qui, elle eut l'imprudence de dire : « avait assassiné son neveu captif. [989] Deux ans plus tard, John, après avoir omis d'extorquer d'énormes sommes d'argent en guise d'amendes, la fit mourir de faim, ainsi que son fils aîné, un sort auquel sa propre imprudence avait sans doute contribué. [990] Les méthodes drastiques de Jean pour traiter ses otages peuvent également être illustrées par les chroniques de son règne, par exemple par le sort des jeunes qu'il a amenés du Pays de Galles en juin 1211. Lorsqu'il a entendu parler de la rébellion galloise de l'année suivante , il ordonna à ses troupes de le rencontrer à Nottingham. À son arrivée, au rassemblement, au début de septembre, John trouva un grand public qui l'attendait, qui eut droit à une leçon de choses qui pourrait longtemps hanter leurs rêves. Passionné par la chaleur blanche, John pendit incontinent vingt-huit garçons sans défense du sang le plus noble du Pays de Galles. [991] Ce spectacle épouvantable n'aurait pu être oublié par personne alors présent, lorsque plus tard dans le même mois, le roi, en proie à une panique soudaine, s'enfuit à Londres ; et, en sécurité dans les forteresses de la tour, il demanda en masse des otages à tous les nobles dont il doutait de la fidélité. Les invétérés Eustace de Vesci et Robert fitz Walter préférèrent rechercher la sécurité dans la fuite, seule alternative qui s'offrait à eux. [992] Les autres, avec l'horreur de Nottingham fraîche dans leurs souvenirs, furent contraints de remettre, avec des sentiments qu'on peut concevoir, leurs fils et leurs filles à la tendre miséricorde de John, rusé et cruel par nature, et rendu doublement traître par suspicion renforcée par la peur.

Les défauts de cette politique, à long terme, peuvent être lus dans les événements qui ont précédé la Magna Carta. Lorsque l'emprise de Jean sur les otages fut relâchée, en raison de ses préparatifs pour la campagne de 1214, qui se termina par une déconfiture totale, les mécontents eurent l'occasion tant désirée et furent stimulés à une action rapide par la pensée qu'une telle chance pourrait ne plus jamais se reproduire. John, à son retour, détenait relativement peu d'otages, et les barons du Nord comprirent qu'ils devaient agir, voire pas du tout, avant que leurs enfants ne soient à nouveau entre les griffes du tyran.

Même en juin 1215, Jean avait le contrôle de quelques otages, et le chapitre actuellement en discussion exige la restauration immédiate de ceux de naissance anglaise (les Gallois recevant un traitement séparé) ainsi que les chartes que Jean détenait comme sécurité supplémentaire, tout comme un créancier peut détenir les titres d'une propriété hypothéquée. Cette disposition de la Magna Carta a été immédiatement mise en œuvre. Des lettres ont été envoyées aux gardiens des otages royaux, ordonnant leur libération immédiate. [993] Cependant, la pratique de la prise d'otages n'a en aucun cas pris fin avec l'octroi de la Grande Charte. Avant qu'un an ne se soit écoulé, certains des nobles insurgés, se repentant de leur audace, réussirent à conclure des accords avec Jean en payant de grosses sommes d'argent et en livrant leurs fils et leurs filles en garantie de leur loyauté future. Simon Fitz Walter, par exemple, a ainsi renoncé à sa fille Matilda. [994]

---

985 . Les seuls magnats qui n'étaient pas exposés à ce dilemme étaient les prélats, dont le célibat les séparait des liens familiaux. Ils n'avaient pas d'otages à donner et étaient en outre, dans le cas normal, exemptés de la crainte de violences personnelles.

986 . Voir R. Hoveden, IV. 161.

987 . Voir *Rotuli de Finibus* , p. 119.

988 . Voir R. Wendover, III. 224-5, et M. Paris, II. 523.

989 . R. Wendover et Matthew Paris, *Ibid.*

990 . Voir les autorités citées par Miss Norgate, *John Lackland* , p. 288.

991 . Cf. *supra* , p. 30 .

992 . Cf. *supra* , p. 30 .

993 . Voir par exemple une lettre du 23 juin à Stephen Harengod, citée *supra* , p. 49 .

994 . Voir *Rotuli de Finibus* , 571. La garde des otages pourrait, apparemment, être une fonction souhaitable, puisqu'en 1199, Alain, le fils du comte, offrit trois lévriers pour la garde d'un certain otage de Bretagne ; ainsi il ressort de *Rotuli de Finibus* , p. 29.

CHAPITRE CINQUANTE.

Nos amovebimus penitus de balliis parents Gerardi de Athyes, quod de cetero nullam habeant balliam en Anglia ; Engelardum de Cygony, Petrum et Gionem et Andream, de Cancellis, Gionem de Cygony, Galfridum de Martinny et fratres ejus, Philippum Marci et fratres ejus, et Galfridum nepotem ejus, et totam sequelam eorundem.

Nous retirerons entièrement de leurs bailliages les parents de Gérard de Athyes (afin qu'à l'avenir ils n'aient plus de bailliage en Angleterre), à savoir Engelard de Cygony, Pierre, Gyon et André de la Chancellerie, Gyon de Cygony, Geoffroy de Martyn. avec ses frères, Philip Mark avec ses frères et son neveu Geoffrey, et toute leur couvée.

Le chapitre 45 visait à garantir la nomination d'hommes qualifiés à des postes de confiance sous la Couronne ; le présent chapitre exclut définitivement des bailliages (terme général englobant tous les grades de magistratures locales) un groupe particulier de favoris royaux. Leurs noms prouvent qu'ils sont d'origine étrangère. Ils étaient venus du Brabant, des Flandres et du Poitou [995] et plusieurs d'entre eux restèrent en Angleterre et occupèrent des postes lucratifs sous Henri III. malgré l'interdiction qui leur est imposée ici. La clause de la Charte de Jean qui les excluait de leurs fonctions a en effet été omise des futures rééditions, ainsi que le chapitre 45.

Les raisons qui les avaient rendus odieux aux barons ne sont pas expliquées, mais peuvent être facilement imaginées. Ils avaient occupé les postes impopulaires de percepteurs des douanes, de gardes forestiers et de commandants des garnisons royales, et s'étaient distingués par leur zèle sans scrupules à promouvoir les prérogatives du roi liées au commerce, aux châteaux, aux forêts et à l'approvisionnement.

La carrière d'Engelard de Cygony peut être considérée comme typique des autres. Il était neveu de Gérard de Athyes [996] et jouissait de la confiance profonde de son maître, comme le prouve le nombre de charges importantes qui lui furent confiées. Nous savons qu'en 1211, il exerça les fonctions de shérif de Gloucester, puisqu'il rendit compte à l'Échiquier du *firma comitatus* . Il a en outre expliqué la *firma burgi* de Bristol, [997] ce qui semble impliquer une ingérence dans les libertés reconnues de cette ville. C'est probablement parce que John avait besoin de ses services ailleurs que certaines de ses fonctions de shérif étaient accomplies par un adjoint, un bourgeois nommé Richard, qui rendait des comptes en son nom. Engelard détenait également des plaidoyers de la Couronne pour le Gloucestershire, en violation à la fois de l'ordonnance de 1194 interdisant à tout shérif d'agir comme justicier dans son propre comté, et de la règle coutumière (confirmée seulement, et non originaire, par le chapitre 24 de la Magna Carta) qui a empêché les shérifs de retenir les plaidoyers de la Couronne. [998] Plusieurs entrées parlent de tonneaux de vin qu'il prenait comme « prise » sur les navires entrant dans le port de Bristol. Par exemple, les fonctionnaires de l'Échiquier lui ont permis de déduire de la somme qu'il devait en tant que *firma* , la somme de 60 shillings, pour quatre tonneaux de vin rouge, comme certifié par l'ordonnance du roi, [999] une entrée qui suggère qu'il il avait acheté à la Couronne les profits que rapportait la prérogative de prise de possession ; et avait ensuite revendu au roi les tonneaux effectivement nécessaires à l'usage royal à 15 shillings. chaque. Engelard gardait également un riche trésor pour le roi à Bristol, probablement en tant que connétable du château, des sommes lui étant versées *ad ponendum dans le thesauro regis* . [1000] Un jour, on lui confia la garde de plus de 10 000 marks de l'argent du roi. [1001] Des otages, ainsi que des lingots, furent confiés à sa garde ; une ordonnance datée du 18 décembre 1214 lui ordonnait de libérer trois nobles Gallois qu'elle mentionnait nommément. [1002]

Dans la guerre civile à laquelle le traité de paix scellé à Runnymede était un prélude, Engelard, alors connétable du château de Windsor et gardien de la forêt adjacente d'Odiham, se montra actif au service de John. Il défendit avec succès Windsor contre la faction française, effectuant de vigoureuses sorties jusqu'à ce qu'il soit relevé par le roi. [1003] Il réquisitionne des provisions pour répondre aux besoins royaux ; et un procès fut intenté contre lui dès 1232, à propos de douze tonneaux de vin ainsi pris. [1004] Il a agi comme shérif du Surrey sous William Marshal, le régent, mais a été suspendu de ce poste en 1218 à la suite d'un différend avec le comte Warenne. [1005] Il resta gardien du château et des forêts pendant vingt ans après l'avènement d'Henri III., [1006] et ses longs services furent récompensés par des concessions de terres : dans le comté d'Oxford, il tint le manoir de Benzinton, avec quatre cent et demi, au gré du roi ; [1007] tandis que son fils Oliver reçut le poste lucratif de tuteur des terres et des héritiers d'Henry de Berkley. [1008]

En 1221, cependant, agissant de concert avec Falkes de Bréauté, Philippe Marc et d'autres châtelains, Engelard soutint le comte Guillaume d'Aumâle dans sa résistance aux exigences des ministres d'Henri, selon lesquelles tous les châteaux royaux devaient être restitués au roi. Malgré le secret avec lequel il envoya des hommes au comte au château de Biham, [1009] il tomba sous le soupçon de trahison et n'échappa à l'emprisonnement qu'après avoir trouvé des otages selon lesquels il détiendrait le château de Windsor pour le roi et le rendrait à sa volonté. . [1010] En 1236, il fut relevé de certaines de ses charges, mais pas de toutes, car en 1254 il était en retard de deux ans auprès de la *firme* du manoir d'Odiham. [1011] Cette année-là, apparemment, il est mort; car le rôle des brevets contient un bref lui accordant l'autorisation de faire son testament, et une entrée en 1255 raconte comment « pour les bons services rendus au roi par Engelard de Cygony de son vivant, le roi accorda à ses exécuteurs testamentaires qu'ils soient démis de leurs fonctions ». tous comptes à rendre par eux au Trésor, et de toutes moyennes de comptes, et de toutes dettes et impôts. [1012] Engelard mourut ainsi, comme il avait vécu, serviteur de confiance et favori des rois. Sa carrière illustre comment les mêmes hommes qui avaient suscité l'odieux en tant que partisans de Jean sont devenus, une fois la guerre civile terminée, les instruments du mauvais gouvernement de son fils. [1013]

995 . Cf. Bémont, *Chartes* , 22, n, et 116.

996 . Voir R. Wendover, III. 238.

997 . *Pipe Roll* , 12 John, cité Madox, I. 333.

998 . *Ibid.* , II. 146.

999 . *Pipe Roll* , 12 John, cité Madox, I. 766.

1000 . *Ibid.* , I. 606.

1001 . *Ibid.* , I. 384.

1002 . *Pourrir. Tapoter.* , 16 Jean, m. 9 (I. 125), et *New Rymer* , I. 126.

1003 . Voir M. Paris, II. 665, qui l'appelle « *Ingelardus de Athie* » et le décrit comme *vir in opere martis probatissimus* . Cf. *Pourrir. Tapoter.* , 9 Henri III. m. 9.

1004 . Voir *le carnet de notes* de Bracton , n° 684.

1005 . Voir *Pourriture. Tapoter.* , 2 Henri III. m. 7.

1006 . *Ibid.* , 19 Henri III.

1007 . Voir *Testa de Neville* , p. 18, et *Ibid.* , p. 120.

1008 . *Pourrir. Tapoter.* , 9 Henri III. m. 6.

1009 . R. Wendover, IV. 66.

1010 . *Annales de Dunstable* , III. 68.

1011 . *Mémoire. Roll* , 28 Henri III., cité Madox, II. 201.

1012 . *Mich. Communia* , 29 Henri III., cité Madox, II. 229.

1013 . Certains détails concernant les autres individus nommés se trouvent dans Thomson, *Magna Charta* , 244-245. Philip Mark était connétable de Nottingham sous John (R. Wendover, III. 237) et shérif de Nottingham avant et après 1215 (voir *par exemple Pourrir. Noël.* , I. 412), tandis que Guy de

Chancel rendit compte en 1214 du scutage de l'honneur de Gloucester (Madox, I. 639), et du loyer de la baronnie de Guillaume de Beauchamp (Ibid., I. 717) .

CHAPITRE CINQUANTE ET UN.

Et statim post pacis reformacionem amovebimus de regno omnes alienigenas milites, balistarios, servientes, stipendiarios, qui venerint cum equis et armis ad nocumentum regni.

Dès que la paix sera rétablie, nous bannirons du royaume tous les chevaliers, arbalétriers, sergents et soldats mercenaires nés à l'étranger, venus avec des chevaux et des armes pour nuire au royaume.

Jean s'engage ici à dissoudre ses troupes étrangères, qui avaient agi comme les agents de ses tyrannies, gardant les Anglais indigènes soumis et toujours prêts à prendre le terrain en cas de rébellion. Ces hommes, qui garnissaient les châteaux royaux qui constituèrent de redoutables machines d'oppression au Moyen Âge, vont désormais être bannis « dès que la paix sera rétablie », signe que, même à l'époque de la Magna Carta, un état de la guerre virtuelle a été reconnue. Cette promesse a été partiellement tenue. Le 23 juin, des ordonnances ont été émises pour le licenciement des mercenaires. [1014] La reprise de la guerre civile fut cependant suivie par l'enrôlement de nouvelles bandes d'étrangers des deux côtés, et ces hommes continuèrent longtemps à exercer une mauvaise influence en Angleterre. Leur présence fut l'une des principales causes de la rébellion de 1224, après la répression de laquelle la plupart d'entre eux furent de nouveau bannis avec à leur tête leur chef, Falkes de Bréauté.

Les mots utilisés pour décrire ces soldats sont complets. *Les stipendiarii* englobaient des mercenaires de toutes sortes : *les balistarii* étaient des arbalétriers. Cette arme, importée en Angleterre à la suite des croisades, a rapidement remplacé l'arc court antérieur, mais a dû, à son tour, succomber à l'arc long, qui était apparemment dérivé du Pays de Galles et a été développé comme arme régulière d'une branche. de l'armée anglaise par Edouard Ier, qui gagna grâce à elle de nombreuses batailles contre les Écossais et les Gallois, et rendit possibles les triomphes ultérieurs du Prince Noir et d'Henri V.

1014 . Voir *Pourriture. Tapoter.* , 17 Jean, m. 23 (*Nouveau Rymer* , I. 134).

CHAPITRE CINQUANTE-DEUX.

Si quis fuerit disseisitus vel elongatus per nos sine legali judicio parium suorum, de terris, castellis, libertatibus, vel jure suo, statim ea ei restituemus; et si contencio super hoc orta fuerit, tunc inde fiat per judicium viginti quinque baronum, de quibus fit mencio inferius in securitate pacis : de omnibus autem illis de quibus aliquis disseisitus fuerit vel elongatus sine legali judicio parium suorum, per Henricum regem patrem nostrum vel per Ricardum regem fratrem nostrum, que in manu nostra habemus, vel que alii tenent que nos oporteat warantizare, respectum habebimus usque ad communem terminum crucesignatorum; exceptis illis de quibus placitum motum fuit vel inquisicio facta per preceptum nostrum, ante suscepcionem crucis nostre : cum autem redierimus de peregrinacione nostra, vel si forte remanserimus a peregrinacione nostra, statim inde plenam justiciam exhibebimus.

> Si quelqu'un a été dépossédé ou éloigné [1015] par nous, sans le jugement légal de ses pairs, de ses terres, châteaux, franchises, ou de son droit, nous les lui restituerons immédiatement ; et si un différend surgit à ce sujet, qu'il soit tranché par les vingt-cinq barons dont il est fait mention ci-dessous dans la clause pour assurer la paix. [1016] De plus, pour toutes ces possessions dont quelqu'un a, sans le jugement légitime de ses pairs, été disséminé ou enlevé, par notre père, le roi Henri, ou par notre frère, le roi Richard, et que nous conservons dans notre main (ou qui sont possédés par d'autres, à qui nous sommes tenus de les garantir), nous aurons un répit jusqu'au terme habituel des croisés ; à l'exception des choses au sujet desquelles un plaidoyer a été soulevé, ou une enquête faite par notre ordre, avant notre prise de la croix ; mais dès que nous reviendrons de notre expédition (ou si par hasard nous renonçons à l'expédition), nous rendrons immédiatement pleine justice à cet égard.

La Charte revient ici sur un sujet d'un intérêt vital pour les barons, le sujet des dissensions illégales déjà évoqué au chapitre 39, ici complété. Un recours légal est prévu pour toute personne dépossédée par la Couronne « *sine legali judicio parium suorum* ». Une distinction est cependant établie entre deux classes de torts, selon qu'ils ont été infligés par Jean lui-même, où des méthodes sommaires doivent régner, ou par ses prédécesseurs, où une procédure moins précipitée doit suivre son cours.

Les articles des barons avaient reconnu la même distinction, tout en prévoyant un traitement quelque peu différent. Ceux qui étaient dénoncés par Henri ou Richard devaient obtenir réparation « selon le jugement de leurs pairs à la cour du roi » ; ceux disséminés par Jean, « selon le jugement des vingt-cinq barons », c'est-à-dire des exécuteurs testamentaires, pour être ensuite discutés plus en détail. Les deux cas, cependant, étaient dans les articles nuancés par une stipulation qui appelle des commentaires. Jean avait prononcé le vœu de croisé quelques mois auparavant et réclamait désormais le « répit » habituel de trois ans accordé à ceux qui se préparaient à la guerre sainte, contre toute procédure judiciaire à leur encontre. Les barons, considérant le vœu de Jean comme un parjure délibéré et notoire, rejetèrent sa demande. Le point a été renvoyé par les statuts des barons à l'arbitrage. Les prélats, dont *le pouvoir judiciaire* sur ce point était déclaré définitif (« *appellatione remota* ») et qui étaient tenus de rendre une décision rapide (« *ad certum diem* »), n'auraient pas pu être soupçonnés sans raison de partialité, puisque « prenant le pouvoir ». croix » n'était pas une étape à rabaisser par les hommes d'Église. Pourtant, ils semblent avoir agi dans un esprit de compromis non déloyal, si la clause telle qu'elle apparaît finalement dans la Magna Carta de Jean peut être considérée comme donnant la substance de leur sentence.

Le privilège du croisé n'a pas été accordé par Langton et ses collègues arbitres dans les cas où John lui-même avait été le dissident ; les vingt-cinq exécuteurs testamentaires pourraient en décider sur-le-champ. Un répit fut cependant accordé pour les dissensions d'Henry et de Richard (sauf lorsque des procédures judiciaires étaient déjà en cours). [1017] La Charte ne dit rien de la procédure à adopter à l'issue des trois ans ; mais il n'y avait probablement aucune intention de s'écarter des termes des articles à cet égard, à savoir « le jugement des pairs à la cour du roi ».

John avait de bonnes raisons de considérer comme injuste le mode ici désigné pour trancher les différends concernant les dissensions effectuées par lui. Bien des points délicats seraient ainsi renvoyés à la décision sommaire d'un comité baronnial, sûrement composé de ses ennemis les plus acharnés, ceux-là mêmes peut-être qu'il avait dépossédés. Si le « jugement des vingt-cinq » signifiait pour les barons « le jugement des pairs », il signifiait pour le roi le jugement des inférieurs et des ennemis. [1018]

1015 . L' *elongatus* de la Charte remplace le *prolongatus* des articles des barons.

1016 . Autrement dit, dans la soi-disant « clause exécutive » la « *forma securitatis ad observandum pacem* » des articles, qui est devenue le chapitre 61 de la Charte (*qv*).

1017 . Ce « bénéfice d'un croisé » a été étendu à Jean dans trois autres séries de plaintes, spécifiées au c. 53 (*qv*).

1018 . Ce chapitre englobait non seulement les domaines encore conservés en possession de Jean, mais aussi ceux nouvellement concédés, dont les titres avaient été garantis par la Couronne. Si l'ancien propriétaire les récupérait, la Couronne était légalement tenue par le droit féodal de réparer la perte infligée au propriétaire actuel par son expulsion. Le cas des Gallois est spécialement traité en c. 56 (*qv*).

CHAPITRE CINQUANTE-TROIS.

Eundem autem respectum habebimus, et eodem modo, de justicia exhibenda de forestis deafforestandis vel remansuris forestis, comme Henricus pater noster vel Ricardus frater noster afforestaverunt, et de custodiis terrarum que sunt de alieno feodo, cujusmodi custodias hucusque habuimus occasione feodi quod aliquis de nobis tenuit per servicium militare, et de abbaciis que fundate fuerint in feodo alterius quam nostro, in quibus dominus feodi dixerit se jus habere ; et cum redierimus, vel si remanserimus a peregrinacione nostra, super hiis conquérantbus plenam justiciam stim exhibebimus. [1019]

> Nous aurons en outre le même répit et de la même manière pour rendre justice concernant le déboisement ou la conservation des forêts qu'Henri notre père et Richard notre frère ont boisées, et concernant la tutelle des terres qui sont du fief d'autrui (à savoir , telles tutelles que nous avons eues jusqu'ici en raison d'un fief que quelqu'un détenait de nous par service de chevalier), et concernant les abbayes fondées sur d'autres fiefs que le nôtre, sur lesquelles le seigneur des fiefs prétend avoir droit ; et lorsque nous serons de retour, ou si nous renonçons à notre expédition, nous rendrons immédiatement pleine justice à tous ceux qui se plaindront de telles choses.

Ce chapitre fait un progrès sur les articles des barons, en étendant à trois sortes d'abus, qui n'y sont pas spécialement mentionnés, le répit prévu au chapitre 52 pour réparer les actes de dissidence illégale. Le « temps de fermeture » accordé à Jean en vertu de son vœu de croisé est de couvrir (a) les enquêtes sur les limites appropriées des forêts qui auraient été étendues par son père ou par son frère ; (b) les tutelles sur les terres des sous-locataires usurpées par lui en raison de son extension illégale de prérogative de tutelle, et (c) les abbayes fondées par les seigneurs mesne et saisies par Jean pendant les vacances en violation des droits de tutelle de ces fondateurs. [1020]

1019 . Les mots « *et eodem modo, de justicia exhibenda* » et « *vel remansuris forestis* » sont écrits au pied des deux versions cotoniennes. Cf. *supra* , 195, n. Ils clarifient le sens du reste, plutôt que de l'ajouter.

1020 . Il complète ainsi les trois chapitres précédents (a) c. 47 ; (b) c. 37 ; et (c) c. 46 respectivement.

CHAPITRE CINQUANTE-QUATRE.

Nullus capiatur nec imprisonetur propter appellum femine de morte alterius quam viri sui.

Nul ne pourra être arrêté ou emprisonné sur appel d'une femme, pour la mort d'un autre que son mari.

Le but de ce chapitre était de trouver un remède à ce que les barons considéraient évidemment comme un avantage injuste dont jouissaient les femmes appelantes, qui étaient autorisées à nommer un champion pour les représenter dans le duel, tandis que l'accusé devait se battre pour lui- *même* . Le lien entre l'appel et la bataille, ainsi que la distinction entre la bataille qui suit un appel et la bataille sur un bref de droit, ont déjà été expliqués. [1021] Dans les plaidoyers civils où le combat était légalement compétent, aucune des parties ne pouvait combattre en personne : on insistait sur les champions, bien que les champions *engagés* fussent condamnés. En théorie, ces hommes étaient des témoins, chacun jurant qu'il avait effectivement assisté à la saisie, c'est-à-dire qu'il avait assisté à l'infestation du réclamant dont il soutenait le titre, ou à celle de son ancêtre dont il avait hérité de la terre. [1022] En revanche, dans les plaidoyers criminels, les parties doivent se battre en leur propre personne. Cette distinction n'est pas aussi illogique qu'elle le paraît à première vue, car l'appelant était censé être un témoin oculaire du crime [1023] ; et l'anomalie apparente disparaît lorsque les deux règles de procédure sont traitées comme des déductions du principe selon lequel les combattants dans tous les cas étaient des témoins dont les témoignages contradictoires doivent être pesés dans la balance de la bataille, avec une Providence dominante tenant la balance.

Dans une affaire de meurtre, aucun accusateur privé ne serait entendu à moins qu'il n'allègue avoir vu l'accusé commettre l'acte. La rigueur de cette règle a cependant été modifiée par des fictions juridiques. Le proche parent, ou le seigneur féodal, de l'homme tué était considéré comme présent de manière constructive à son assassinat, en raison de l'étroitesse du lien de sang ou d'hommage entre les deux. C'est du moins l'interprétation la plus plausible des paroles de Glanvill : « Nul n'est admissible à prouver l'accusation à moins qu'il ne soit allié par le sang au défunt ou qu'il ne soit lié à lui par un lien d'hommage ou de seigneurie, de sorte qu'il puisse *parler* . de la mort sur témoignage de sa propre vue. [1024]

La règle qui exigeait qu'un appelant fasse la preuve par son propre corps a également été assouplie dans certains cas ; les femmes, les hommes de plus de soixante ans, ceux qui avaient des fractures ou qui avaient perdu un membre, une oreille, un nez ou un œil, n'étaient pas en mesure de combattre efficacement et pouvaient donc comparaître par procuration. [1025] Le privilège ainsi accordé aux femmes a été considéré avec beaucoup de défaveur comme conférant un avantage injuste par rapport aux intimés qui n'étaient pas autorisés à produire un substitut. En conséquence, une option a été donnée à l'homme accusé par une femme ; il pourrait, selon les mots de Glanvill, choisir soit « de se conformer aux preuves de la femme, soit de se purger par l'épreuve ». [1026] Cette option était librement utilisée ; un intimé en 1201 a été autorisé à se rendre à l'épreuve de l'eau, [1027] tandis que deux ans plus tard, lorsque la veuve d'un homme assassiné a proposé de prouver son accusation « comme le tribunal l'examinera », l'accusé a été autorisé à se rendre à l'épreuve de l'eau. , «car il a choisi de porter le fer». [1028] Après la quasi-abolition du supplice en 1215, les appels des femmes étaient généralement déterminés *par patriam* (c'est-à-dire par le verdict sous serment d'un jury de voisins). Telle est la doctrine de Bracton, [1029] dont l'autorité est amplement confirmée par les cas enregistrés. Ainsi, en 1221, un homme accusé par une femme du meurtre de son mari offrit quinze marks pour le verdict des jurés. [1030]

Le droit d'accusation d'une femme (même lorsqu'elle était ainsi protégée contre les abus) était limité à deux occasions : le meurtre de son mari et le viol de sa propre personne. La Magna Carta ne mentionne qu'un seul de ces deux moyens d'appel ; mais le silence au sujet des agressions ne doit pas être interprété comme indiquant une intention de priver les femmes de leurs droits dans de tels cas. [1031]

Le chapitre actuel de la Grande Charte se borne aux appels pour meurtre, déclarant qu'aucune femme n'a le droit d'intenter ainsi une action pour la mort de son père, de son fils ou de son ami, mais seulement pour celle de son mari. Aussi dure que cette règle puisse paraître, les barons d'ici n'apportèrent aucun changement à la loi existante. Glanvill ne semble pas reconnaître la possibilité pour une femme de faire appel pour homicide, sauf pour la mort de son mari. [1032] Il semble déduire la raison pour l'autoriser dans ce cas du principe déjà exposé: "Une femme est entendue dans ce procès en accusant quiconque de la mort de son mari, si elle parle comme étant un témoin oculaire du fait, parce que le mari et la femme ne font qu'une seule chair » – un autre exemple de présence constructive. [1033]

Il ne semble y avoir aucune autorité pour justifier la conclusion hâtive de Coke à partir des dispositions de ce chapitre, selon laquelle avant 1215, une femme pouvait faire appel pour la mort de l'un de ses « ancêtres ». [1034] Le chapitre, malgré sa nature déclaratoire, semble peu galant, indiquant que les barons étaient plus soucieux de se prémunir contre les risques inutiles que de défendre la cause des femmes sans défense. [1035]

1021 . Cf. *supra* , ch. 36.

1022 . Bracton, *feuillet* 151 *b.* , cite le cas d'un champion condamné à la mutilation d'un pied parce qu'il a avoué qu'il était payé pour comparaître, et qu'il n'était pas vraiment témoin. Le Statut de Westminster, I. (3 Edward I. c. 41), a décrété que les champions n'ont pas besoin de jurer sur la connaissance personnelle de ce qu'ils soutiennent. Voir aussi Neilson, *Trial by Combat* , p. 48-51.

1023 . L'appelant « dans tous les cas, sauf celui de meurtre, c'est-à-dire d'homicide secret, a prêté serment en tant que témoin qu'il avait vu et entendu l'acte. » Neilson, *L'épreuve par le combat* , 48.

1024 . Glanville, XIV. c. 3.

1025 . Voir Bracton, II. et suiv. 142b , *145b* ; _ également Neilson, *Trial by Combat* 47 et les autorités citées.

1026 . Glanville, XIV. c. 3.

1027 . *Sel. Plaidoyers de la Couronne* , n° 1.

1028 . *Ibid.* , n° 68. Cf. N° 119.

1029 . *Bracton* , *folio* 142b .

1030 . *Sélectionnez Plaidoyers de la Couronne* , n° 130.

1031 . L'Acte 6 Richard II. c. 6, pour empêcher la connivence de l'épouse, a étendu le droit de recours dans de tels cas au mari, au père ou à tout autre parent proche d'une femme ; mais a nié le droit de l'intimé à la possibilité de se défendre par la bataille, ce qui ne fait pas exception à la politique consistant à décourager le *duel* autant que possible.

1032 . Glanville, XIV. c. 3.

1033 . Glanville, XIV. c. 33, Fleta I. c. 3, semble indiquer par des termes différents uniquement la même doctrine de la présence constructive, lorsqu'il parle à ce propos « *de morte viri sui inter brachia sua interfecti* », bien que des explications élaborées de ce passage soient parfois tentées, *par exemple* Coke, *Second Institute* , 93 Pollock et Maitland (I. 468, n.) rejettent l'expression *inter brachia sua* comme « seulement une « forme commune » pittoresque. »

1034 . Voir Coke, *Second Institute* , p. 68, et contrastent avec Pollock et Maitland, I. 468. Les juges de John ont rejeté en 1202 la demande d'une femme de faire appel pour la mort de son père, et une dizaine d'années plus tard deux autres demandes pour la mort de ses fils. Voir *Plaidoyers particuliers de la Couronne* , nos 32, 117 et 118.

1035 . Il convient peut-être de remarquer une particularité dans la formulation de cette clause. Il ne restreint explicitement pas les recours des femmes, mais simplement « l'arrestation et l'emprisonnement » qui en découlent.

CHAPITRE CINQUANTE-CINQ.

Omnes amendes qui injustes et contra legem terre facti sunt nobiscum, et omnia amerciamenta facta injuste et contra legem terre, omnino condonentur, vel fiat inde per judicium viginti quinque baronum de quibus fit mencio inferius in securitate pacis, vel per judicium majoris partis eorundem, una cum predicto Stephano Cantuariensi archiepiscopo, si interesse poterit, et aliis quos secum ad hoc vocare voluerit: et si interesse non poterit, nichilominus procedat negocium sine eo, ita quod, si aliquis vel aliqui de préditis viginti quinque baronibus fuerint in simili querela, amoveantur quantum ad hoc judicium, et alii loco eorum per residuos de eisdem viginti quinque, tantum ad hoc faciendum electi et jurati substituantur.

> Toutes les amendes faites chez nous injustement et contre la loi du pays, et toutes les amendes imposées injustement et contre la loi du pays, seront entièrement remises, ou bien cela sera fait à leur sujet selon la décision des cinq et- vingt barons dont mention est faite ci-dessous dans la clause pour assurer la paix, ou selon le jugement de la majorité de ceux-ci, avec le susdit Stephen, archevêque de Cantorbéry, s'il peut être présent, et tels autres qu'il peut souhaite amener avec lui à cet effet, et s'il ne peut être présent, l'affaire se poursuivra néanmoins sans lui, à condition toujours que si l'un ou plusieurs des vingt-cinq barons susmentionnés sont dans un procès similaire, ils seront destitués. en ce qui concerne ce jugement particulier, d'autres étant substitués à leurs places après avoir été choisis par le reste des mêmes vingt-cinq dans ce seul but, et après avoir prêté serment.

Le trente-septième des articles des barons, formant le projet de ce chapitre, se réfère spécialement à une classe particulière d'amendes illégales, à savoir celles exigées par Jean des veuves sans défense en échange de la jouissance paisible de leurs droits légaux de propriété. dans leurs propres biens et dans ceux de leur mari (« *pro dotibus, maritagiis et hereditatibus* »). Il forme ainsi un complément naturel au chapitre 7. Le chapitre précédent avait confirmé les veuves dans leurs droits pour l'avenir ; celui-ci remet les amendes injustement prises dans le passé. Il est probable que même la clause des statuts des barons n'avait pas pour intention de limiter son effet à ce seul groupe d'amendes injustes ; et il mentionne des amercements, sans aucune qualification. De toute façon, les termes de la Magna Carta ont été élargis pour englober les amendes illégales et les avantages de toutes sortes. [1036]

La distinction entre amendes et amercements, absolue en théorie mais tendant à s'effacer en pratique, a été explicitée dans un chapitre précédent. [1037] Le système des amendes arbitraires, caractéristique toujours si irritante de la politique de la Couronne tout au long du Moyen Âge, culmina sous le règne de Jean, dont les talents étaient bien adaptés au développement de ses détails ingénieux et mesquins. Le Dr Stubbs décrit le produit de ses travaux comme « le système d'amendes qui a été élaboré dans cet instrument de torture minutieux et grotesque sur lequel tous les historiens du règne se sont attardés en détail ». [1038] Hallam l'a commenté dans un passage devenu classique. « L'évêque de Winchester a payé une tonne de bon vin pour ne pas avoir rappelé au roi (Jean) de donner une ceinture à la comtesse d'Albemarle ; et Robert de Vaux cinq meilleurs palfres, afin que le même roi puisse se taire au sujet de la femme d'Henri Pinel. Un autre a payé quatre marks pour un congé de nourriture (*pro licentia comedendi*)." [1039]

Une procédure unique a été prévue par le présent chapitre pour trancher les litiges quant à la légalité des amendes et des amercements. Le pouvoir de décision était conféré à un conseil d'arbitres composé de treize ou plus des vingt-cinq exécuteurs testamentaires, ainsi que de Stephen Langton et de toute autre personne qu'il choisissait de convoquer. Aucune mention n'est faite du nombre maximum que le primat pourrait ainsi nommer, et il n'y a aucune tentative de définir leurs pouvoirs par rapport à ceux des autres membres du conseil, une omission peu pratique, mais qui témoigne de la grande confiance placée dans Langton par ceux qui en ont approuvé les termes. On prend soin d'empêcher les membres des vingt-cinq susceptibles d'être partiaux de siéger dans des jugements sur des procès comme les leurs - une stipulation qui aurait pu avec avantage être étendue à plusieurs autres chapitres.

Ce chapitre, comme d'autres consacrés aux circonstances particulières du règne de Jean, ne trouva aucun écho dans les chartes futures.

1036 . Dans sa forme élargie, la clause devient un complément, et non seulement le c. 7 , mais aussi à cc. 20 , 21 et 22 (qui définissent la procédure lors des échanges), et aux cc. 36 et 40 (qui condamnaient la pratique de Jean consistant à refuser les brefs et la justice jusqu'à ce que de lourdes amendes leur soient proposées).

1037 . Voir *supra* , ch. 20 .

1038 . Voir *Préface* de W. Coventry, II. lxix.

1039 . *Moyen Âge* , II. 438. Les exemples de Hallam sont tous tirés de Madox, I. 507-9. D'autres illustrations d'amendes et d'amendes peuvent être trouvées dans plusieurs des chapitres précédents. Tout homme qui commençait un plaidoyer et le perdait ou l'abandonnait était amerdi.

CHAPITRE CINQUANTE-SIX.

Si nos disseisivimus vel elongavimus Walenses de terris vel libertatibus vel rebus aliis, sine legali judicio parium suorum, en Anglia vel in Wallia, [1040] eis statim reddantur ; et si contencio super hoc orta fuerit, tunc inde fiat in marchia per judicium parium suorum, de tenementis Anglie secundum legem Anglie, de tenementis Wallie secundum legem Wallie, de tenementis marchie secundum legem marchie. Idem facient Walenses nobis et nostris.

> Si nous avons dépouillé ou expulsé des Gallois de leurs terres, de leurs libertés ou d'autres choses, sans le jugement légal de leurs pairs en Angleterre ou au Pays de Galles, ils leur seront immédiatement restitués ; et si un différend surgit à ce sujet, qu'il soit tranché dans les marches par le jugement de leurs pairs ; pour les immeubles en Angleterre selon la loi d'Angleterre, pour les immeubles au Pays de Galles selon la loi du Pays de Galles et pour les immeubles dans les marches selon la loi des marches. Les Gallois feront de même avec nous et les nôtres.

Ceci est le premier de trois chapitres visant à réparer les torts subis par les Gallois : et les trois pris ensemble témoignent de l'importance attachée par les barons à la valeur de l'alliance galloise. La restauration doit être faite (*a*) des dissensions illégales effectuées par Jean (chapitre 56) ; (*b*) de ceux effectués par Henri II. et Richard I. (chapitre 57) ; et (*c*) des otages et des chartes livrées à Jean comme gages de paix (chapitre 58).

Le présent chapitre fait pour les Gallois ce que la première partie du chapitre 52 avait déjà fait pour les Anglais. Les raisons de traiter les Gallois séparément étaient probablement doubles, en partie par souci d'accentuation, et en partie parce que de légères différences de détail étaient nécessaires. Le « jugement des pairs » a en effet été appliqué aux deux cas, mais pour les Gallois dépossédés, « *in marchia per judicium parium suorum* » remplace le « *per judicium viginti quinque baronum* » prévu pour les Anglais dans un cas similaire. Le « lieu » était donc apparemment fixé dans la Marche pour toutes les affaires galloises, même si trois types de droit différents devaient être appliqués selon la situation des biens en litige. Cette indication claire de l'existence de trois corps de droit distincts, un pour l'Angleterre, un autre pour le Pays de Galles et un troisième pour les marches, montre que la tâche unificatrice de la common law n'était pas encore achevée. Des questions intéressantes, d'une nature analogue à celles traitées par la branche de la jurisprudence moderne connue sous le nom de droit international privé, ont dû constamment se poser. Les « pairs » d'un Gallois n'étaient pas définis ; mais il s'agissait probablement d'une cour composée de barons ou de propriétaires fonciers gallois.

Les derniers mots du chapitre, déclarant que les Gallois devaient accorder
une réparation réciproque à John et à ses sujets, sont intéressants, car ils
impliquent que les Gallois avaient, dans certains cas, réussi à s'emparer des
terres revendiquées par les Anglais. Ici, comme d'habitude, les barons étaient
principalement intéressés à garantir leurs propres droits.

1040 . Les mots « *in Anglia vel in Wallia* » sont écrits au pied d'une des versions
cotoniennes, (cf. *supra* , 195, n.) ; mais leur omission de leur place est
évidemment une erreur d'écriture, puisqu'ils apparaissent *in situ* dans les
articles des barons.

CHAPITRE CINQUANTE-SEPT.

De omnibus autem illis de quibus aliquis Walensium disseisitus fuerit vel elongatus sine legali judicio parium suorum per Henricum regem patrem nostrum vel Ricardum regem fratrem nostrum, que nos in manu nostra habemus, vel que alii tenent que nos oporteat warrantizare, respectum habebimus usque ad communem terminum crucesignatorum, illis exceptis de quibus placitum motum fuit vel inquisicio facta per preceptum nostrum ante suscepcionem crucis nostre: cum autem redierimus, vel si forte remanserimus a peregrinacione nostra, statim eis inde plenam justiciam exhibebimus, secundum leges Walensium et parts predictas.

> De plus, pour toutes les possessions dont un Gallois a, sans le jugement légitime de ses pairs, été disséminé ou enlevé par le roi Henri notre père, ou le roi Richard notre frère, et que nous conservons entre nos mains (ou qui sont possédées par d'autres) , à qui nous sommes tenus de les garantir), nous aurons du répit jusqu'au terme habituel des croisés ; à l'exception des choses au sujet desquelles un plaidoyer a été soulevé ou une enquête faite par notre ordre avant que nous prenions la croix ; mais dès notre retour (ou si par hasard nous renonçons à notre expédition), nous rendrons immédiatement pleine justice conformément aux lois galloises et en ce qui concerne les régions susmentionnées.

Les dispositions prises ici pour restituer aux Gallois les domaines dont ils avaient été injustement dépossédés par Henry ou Richard sont exprimées dans des termes identiques aux dispositions similaires prises dans la dernière partie du chapitre 52 pour les Anglais dans le même cas, à l'exception des derniers mots : « conformément aux lois galloises en ce qui concerne les districts susmentionnés », indiquant les trois systèmes de droit mentionnés dans le chapitre précédent. Aucun mécanisme n'est ici spécifié pour déclarer ou appliquer cette loi ; la nécessité de cela avait en effet été rendue lointaine par le succès de Jean devant les arbitres qui déterminèrent que le privilège d'un croisé devait lui être accordé. [1041]

Les articles des barons avaient pourtant mentionné la procédure à suivre ; et une comparaison des termes des articles 25 et 44 avec ceux du chapitre 57 de la Charte suggère l'antithèse entre « *per judicium parium suorum in curia regis* » pour les Anglais dans de tels cas, et « *in marchia per judicium parium suorum* » pour les Gallois.

1041 . Voir *supra* , ch. 52 .

CHAPITRE CINQUANTE-HUIT.

Nos reddemus filium Lewelini stim, et omnes obsides de Wallia, et cartas que nobis liberate fuerunt in securitatem pacis.

Nous abandonnerons immédiatement le fils de Llywelyn et tous les otages du Pays de Galles, ainsi que les chartes qui nous ont été livrées en garantie de la paix.

Le traitement des otages en général et des otages gallois en particulier a déjà été pleinement illustré. [1042] Les rôles patents et serrés du règne montrent un va-et-vient constant de ces gages vivants de la paix. Un bref du 18 décembre 1214, par exemple, ordonna à Engelard de Cygony de restituer trois nobles gallois à Llywelyn. [1043] Depuis lors, de nouveaux otages, dont le propre fils de Llywelyn, ont été remis ; et des chartes avaient également apparemment été promises. Jean promit maintenant sans condition de restaurer tout cela ; et le prince gallois a dû respirer plus librement lorsque cela s'est accompli, lui permettant, avec son fils à ses côtés, de se préparer le cœur léger aux hostilités contre la couronne anglaise, longtemps considérées comme inévitables et qui doivent maintenant reprendre en alliance avec les barons anglais mécontents.

Les articles des barons avaient dans une certaine mesure traité cette question des otages et des chartes galloises comme une question ouverte, renvoyant sa décision finale à l'arbitrage de Stephen Langton et de toute autre personne qu'il pourrait désigner pour agir avec lui. Ce point avait apparemment été tranché en faveur des Gallois avant que la Charte ne soit rédigée dans sa forme définitive. [1044]

1042 . Voir *supra* , p. 517 .

1043 . Voir *supra* , p. 520 .

1044 . Le n° 45 des Articles des Barons est relié par une grossière parenthèse au n° 46 (relatif au roi d'Écosse) ; et une clause de sauvegarde, ainsi rendue applicable aux deux, est ajoutée avec une certaine apparence de hâte : « *nisi aliter esse debeat per cartas quas rex habet, per judicium archiepiscopi et aliorum quos secum vocare voluerit* ». Cf. *supra* , 202. En ce qui concerne les affaires écossaises, la *réserve du roi* a trouvé son chemin, bien que sous une forme modifiée, dans la Magna Carta. Voir c. 59 .

CHAPITRE CINQUANTE-NEUF.

Nos faciemus Alexandro regi Scottorum de sororibus suis, et obsidibus reddendis, et libertatibus suis, et jure suo, secundum formam in qua faciemus aliis baronibus nostris Anglie, nisi aliter esse debeat per cartas quas habemus de Willelmo patre ipsius, quondam rege Scottorum ; et hoc erit per judicium parium suorum in curia nostra.

> Nous ferons envers Alexandre, roi d'Écosse, concernant le retour de ses sœurs et de ses otages, et concernant ses franchises et ses droits, de la même manière que nous ferons envers nos autres barons d'Angleterre, à moins qu'il n'en soit autrement. accordingaux chartes que nous tenons de Guillaume son père, ancien roi d'Écosse ; et cela sera selon le jugement de ses pairs dans notre cour.

Un corps de forces hétérogènes fut entraîné dans une union temporaire par la haine commune de Jean. Les barons accueillaient des alliés du Pays de Galles ou d'Écosse ; si les trois chapitres précédents étaient une tentative d'obtenir le soutien de Llywelyn, celui-ci était dicté par une volonté de concilier Alexandre. Jean fut contraint de promettre de restituer au roi d'Écosse ses sœurs et autres otages, ainsi que ses franchises et ses « droits ». Ce dernier mot couvrait la revendication d'indépendance d'Alexandre ainsi que tout titre qu'il pourrait prouver sur divers fiefs anglais qu'il prétendait détenir sous la couronne anglaise.

Les opinions ont été, et sont toujours, fortement divisées quant à savoir si, et dans quelle mesure, l'Écosse était soumise à une suzeraineté féodale. Il y a un fait qui ne fait aucun doute ; David Ier et ses successeurs, rois d'Écosse, avaient coutume de faire fidélité et hommage aux rois d'Angleterre ; mais ce fait a reçu des interprétations très différentes. Un tel hommage, prétend-on, a été rendu à l'égard de certaines baronnies anglaises qui appartenaient par droit héréditaire aux rois d'Écosse, à savoir le comté de Huntingdon, dont la position isolée permettait à la couronne anglaise d'admettre sans danger la réclamation. , et les comtés de Northumberland, Cumberland et Westmoreland, dont la proximité de la frontière rendait leur possession par un prince écossais une source de faiblesse pour l'Angleterre. [1045] Les termes dans lesquels le serment d'hommage était prêté n'indiquaient pas pour quels fiefs il était prêté, que ce soit pour les seuls comtés anglais, ou pour tout le pays au nord de Tweed également.

La position des rois d'Écosse resta ambiguë à cet égard, jusqu'à ce que Guillaume le Lion soit terriblement désavantagé par sa capture à Alnwick en 1174, après avoir soutenu la rébellion contre Henri II. Pour obtenir sa libération, il ratifia le 8 décembre de la même année le traité de Falaise, par lequel il s'engageait à tenir désormais tous ses territoires comme fiefs de la couronne anglaise. Tous ses locataires en Écosse devaient prêter serment directement à Henry ; tandis que des otages furent rendus avec les châteaux de Berwick, Roxburgh, Jedburgh, Édimbourg et Stirling. [1046]

Cette réalisation remarquable de la diplomatie d'Henri fut, comme d'autres parties de l'œuvre de sa vie, annulée par son successeur. Richard, préparant sa croisade de 1190, vendit imprudemment tous les droits qui pouvaient rapporter un prix : Guillaume racheta l'indépendance de son ancien royaume ; mais cette restauration des relations qui prévalaient avant 1174 impliquait une restauration de toutes les anciennes ambiguïtés. À la mort de Richard, Guillaume envoya des ambassadeurs en Angleterre, faisant valoir ses prétentions sur les comtés du nord, promettant de soutenir le titre de Jean en échange de leur admission, et ajoutant des menaces. [1047]

John évita de s'engager sur une réponse définitive jusqu'à ce que sa position en Angleterre soit assurée ; par la suite, il ordonna à Guillaume de lui rendre hommage sans condition. Le roi d'Écosse ne tint pas compte de la première convocation, mais céda à la seconde, prêtant serment en public au sommet de la colline de Lincoln, le 21 novembre 1200, « se réservant toujours son propre droit ». [1048] La clause de sauvegarde laisse tout vague comme avant.

En avril 1209, le roi d'Écosse suscita le mécontentement de Jean en abritant des évêques qui avaient soutenu la politique de Rome en matière d'interdit. Le fils unique de Guillaume, Alexandre, fut demandé comme otage, ou bien trois châteaux frontaliers devaient être livrés. Après un refus, le vieux roi céda le 7 août 1209. [1049] Alexandre rendit hommage au nom de son père « pour les susdits châteaux et autres terres qu'il possédait », et trouva des cautions pour le paiement de 15 000 marks. Les filles de Guillaume, Margaret et Isabel (les deux dames mentionnées dans la Magna Carta) devinrent les pupilles de Jean, qui avait le droit de les marier – des stipulations qui se rapprochent étrangement d'un aveu de vassalité féodale. [1050] Il semble cependant qu'il y ait eu une certaine entente selon laquelle l'un d'eux devrait épouser le fils aîné de John. [1051] Margaret et Isabel, bien que détenues pratiquement comme prisonnières au château de Corfe, dans le Dorset, y furent pourtant traitées avec honneur et gentillesse. Les Close Rolls du règne contiennent plusieurs entrées (qui se lisent assez étrangement parmi les mémoriaux les plus sévères de la diplomatie de Jean) contenant des commandes pour leur fournir des articles de confort et de luxe. Ainsi, le 6 juillet 1213, John, occupé comme il devait l'être par les affaires de l'État, ordonna au maire de Winchester d'envoyer en toute hâte à l'usage de sa nièce Eleanor et des deux princesses écossaises des robes vert foncé (tuniques et super -tuniques) avec des capes de batiste et de fourrure de miniver, ainsi que vingt-trois mètres de bon tissu de lin, avec des chaussures légères pour les vêtements d'été, « et le maire doit venir lui-même avec tous les articles ci-dessus à Corfe, là pour recevoir le de l'argent pour le coût de la même chose. [1052] Margaret et Isabel n'avaient aucune raison de se plaindre d'un tel traitement, quelles que soient les pensées que le maire de Winchester pouvait avoir d'une interprétation si libérale de ses devoirs civiques.

Pendant ce temps, les événements d'Écosse avaient favorisé les prétentions anglaises. En 1212, Guillaume, désormais âgé, bien que son fils fût encore un adolescent, fut contraint par des troubles intérieurs de demander de l'aide à Jean. Cuthred, prétendant au trône écossais en tant que descendant de Donald Bane MacWilliam, ayant acquis une audience considérable en Écosse, s'efforça de détrôner le roi Guillaume ; et sa tentative semblait susceptible de réussir, lorsque le secours anglais fut demandé et payé par un traité signé à Norham le 7 février 1212. Par ce traité, Guillaume accorda à Jean le droit d'épouser le jeune Alexandre, alors âgé de quatorze ans, « *sicut hominem suum ligium* », à qui il veut, à tout moment au cours des six prochaines années, mais toujours « sans dénigrement » – une expression déjà expliquée. [1053] Guillaume s'engagea en outre, ainsi que son fils, à garder foi et allégeance au fils de Jean, Henry, « en tant que leur seigneur lige » contre tous les mortels. [1054] Le jeune prince écossais voyagea ensuite vers le sud à la suite de John, par qui il fut fait chevalier le 4 mars à Londres. En juin, une armée anglaise entra en Écosse ; le prétendant a été vaincu et tué. Guillaume avait sauvé sa couronne, mais son indépendance était altérée. L'Écosse s'enfonçait progressivement dans la position d'un État vassal. Cela a été reconnu à Rome. Le 28 octobre 1213, Innocent III, entre autres mesures de guérison consécutives à la reddition de son royaume par Jean, ordonna au roi d'Écosse et à son fils de faire preuve de fidélité et de dévouement envers Jean, dans des termes similaires à ceux adressés aux barons anglais. [1055]

Guillaume le Lion mourut à Stirling le 4 décembre 1214, et Alexandre fut couronné à Scone deux jours plus tard, [1056] sa succession paisible étant facilitée par la connaissance qu'il avait le soutien de Jean. Le 28 avril 1215, le roi d'Angleterre, déjà plongé dans sa querelle avec les barons, accusa réception de Thomas Colville et d'autres Écossais comme otages. [1057] Telle était la situation des choses lorsque John fut arrêté à Runnymede. Les barons étaient prêts à soumissionner pour l'alliance d'Alexandre ; mais il n'était pas nécessaire d'enchérir haut, puisque ses prétentions insatisfaites sur les comtés du nord le prédisposaient contre le roi anglais. Les barons ne firent donc rien qui pût mettre en danger l'emprise que l'Angleterre avait sur la couronne écossaise. Jean a promis de restituer sans condition les sœurs d'Alexandre et les autres otages, mais a utilisé des paroles qui ne l'engageaient sur aucun des points controversés. [1058] Les franchises et les « droits » ne devaient être rétablis que dans la mesure où ils étaient conformes aux termes des

« chartes » du roi Guillaume telles qu'interprétées par le jugement des barons anglais à la cour du roi d'Angleterre. [1059]

L'allusion au roi d'Écosse comme l'un de « nos autres barons d'Angleterre » n'a pas plus besoin d'être opposée à Alexandre que des expressions similaires ne devraient être opposées à Jean, dont la position de duc de Normandie et d'Aquitaine ne faisait en aucun cas de l'Angleterre un fief de l'Angleterre. Couronne française . Dans les questions affectant sa position féodale en France, les pairs de Jean étaient les ducs et les comtes de ce pays ; et de même, ceux qui avaient le droit de juger en tant que pairs d'Alexandre sur ses revendications sur les fiefs anglais étaient les comtes et les barons anglais. Il était peu probable qu'un tel tribunal rende des décisions favorables aux prétentions écossaises aux dépens de l'Angleterre. [1060]

Alexandre, bien que n'étant pas partie au traité de Runnymede, était disposé à en tirer tous les avantages possibles. En conséquence, le 7 juillet 1215, il envoya l'archevêque de St. Andrews et cinq laïcs à Jean « concernant notre affaire que nous avons contre vous pour qu'elle soit traitée devant votre cour ». [1061] Il n'en est rien résulté ; et lorsque la guerre civile éclata, Alexandre envahit l'Angleterre pour faire valoir ses prétentions. John a prêté son serment habituel, « par les dents de Dieu », qu'il « chasserait le petit renardeau aux cheveux roux de ses cachettes ». [1062] Ni la participation d'Alexandre à la guerre ni les efforts diplomatiques ultérieurs n'ont permis de régler les questions en litige. Aucune des ambiguïtés latentes n'avait finalement été levée lorsque les relations entre les deux pays entrèrent dans une nouvelle phase à la suite des tentatives d'annexion faites par Édouard Ier, « le marteau des Écossais ».

1045 . Voir Stubbs, *Const. Hist.* , I. 596.

1046 . Voir Ramsay, *Empire angevin* , 183-184. Au printemps 1185, Henri confirma la revendication de Guillaume sur le comté de Huntingdon et le roi d'Écosse, avant Noël 1186, le transféra à son frère David. *Ibid.* , 226, n.

1047 . Voir Miss Norgate, *Jean sans Terre* , 66.

1048 . Voir Stubbs, *Const. Hist.* , I. 596, n., et Norgate, *John Lackland* , 73, 78. Cf. les mots « *salvo jure suo* » avec le « *et jure suo* » de la Magna Carta.

1049 . *New Rymer* , I. 103, où « Northampton » est apparemment une erreur pour « Norham ». Voir Ramsay, *Empire angevin* , 421, n.

1050 . Ramsay, *Ibid.* , et les autorités citées.

1051 . Ramsay, *Empire angevin* , 421, et autorités.

1052 . *Pourrir. Noël.* , I. 144 et I. 157. Cette Eleanor était la sœur du prince Arthur. Les hasards de la guerre les avaient placés tous deux entre les mains de Jean en 1202. Arthur disparut – assassiné, supposait-on ; Eleanor est restée prisonnière à vie ; les princesses écossaises furent virtuellement elle fellow-prisonerspendant un certain temps au château de Corfe.

1053 . Voir *supra* , ch. 6 .

1054 . *New Rymer* , I. 104. Voir également W. Coventry, II. 206.

1055 . Voir *New Rymer* , I. 116.

1056 . Ramsay, *Empire angevin* , 477, n.

1057 . Voir *Pourriture. Tapoter.* , I. 134, et *New Rymer* , I. 120.

1058 . Les deux dames restèrent cependant prisonnières après l'avènement d'Henri III. Pierre de Maulay, connétable du château de Corfe, fut, la cinquième année de ce roi, crédité des sommes dépensées en leur faveur. *Pourrir. Noël.* , I. 466 ; voir aussi I. 483. Tous deux trouvèrent des foyers permanents en Angleterre : Margaret en tant qu'épouse d'Hubert de Burgh, comte de Kent (mentionnée dans le préambule de la Magna Carta) ; Isabel en tant qu'épouse de Roger Bigod, comte de Norfolk (l'un des exécuteurs testamentaires de la Charte). Voir Ramsay, *Angevin Empire* , 421, et les autorités citées.

1059 . Cette référence aux chartes était probablement destinée à couvrir (*a*) le traité de Falaise, (*b*) l'accord du 7 août 1209, et (*c*) l'écrit du 7 février 1212, avec les autres chartes auxquelles elle se réfère. Elle s'intitulait charte et en suggérait d'autres par les mots *hinc et inde* .

1060 . Le numéro 46 des articles des barons (tel que nuancé par la clause entre parenthèses) renvoyait la question du « droit » d'Alexandre en référence aux chartes de son père au jugement de Langton et de ses candidats, auquel la Magna Carta a substitué « le jugement de ses pairs de notre cour.

1061 . *Nouveau Rymer* , I. 135.

1062 . Matthieu Paris, *Chron. Maj.* , II. 642 : « *Sic fugabimus rubeam vulpeculam de latibulis suis* ».

CHAPITRE SOIXANTE.

Omnis autem istas consuetudines Predictas et libertates quas nos concessimus in regno nostro tenendas quantum ad nos pertinet erga nostros, omnes de regno nostro, tam clerici quam laici, observant quantum ad se pertinet erga suos.

De plus, toutes les coutumes et libertés susmentionnées, dont nous avons accordé l'observance dans notre royaume en ce qui nous concerne envers nos hommes, seront observées par tout notre royaume, aussi bien le clergé que les laïcs, en ce qui les concerne. envers leurs hommes.

Il aurait été aussi impolitique qu'évidemment injuste pour les barons, en leur qualité de seigneurs mesne, d'infliger à leurs propres locataires - les hommes sans le soutien desquels ils auraient été impuissants à Runnymede - ces mêmes exactions qu'ils obligeaient le roi. abjurer contre eux-mêmes. En conséquence, le bénéfice des mêmes « coutumes et libertés » concédées par Jean à ses tenanciers féodaux était — d'une manière quelque peu superficielle il est vrai — étendu également aux tenanciers féodaux de tous les autres magnats, qu'ils soient clercs ou laïcs. Bien que la référence aux « coutumes et libertés » soit assez générale dans ses termes, il semble naturel d'en déduire que les griefs féodaux étaient principalement, sinon exclusivement, intentionnels, puisque la vision de la société indiquée est plutôt féodale que nationale, ce qui est tout à fait normal. conformément à de nombreuses autres clauses de la Charte.

Ces considérations suggèrent qu'une vision trop large et libérale a parfois été adoptée quant à la portée de ce chapitre. Coke l'a traité comme affectant non seulement les propriétaires fonciers, mais l'ensemble de la masse du peuple, et comme énonçant une doctrine de responsabilité mutuelle entre le roi et ses sujets. "C'est la principale félicité d'un royaume, lorsque les bonnes lois sont réciproquement observées par le prince et le peuple (comme cela est entrepris ici)." [1063] Ce point de vue a eu de nombreux adeptes, et le présent chapitre a été indûment souligné comme soutenant une interprétation démocratique de la Magna Carta. [1064] On l'a parfois qualifié de « la seule clause qui touche l'ensemble du peuple ». [1065] Le meilleur point de vue est que ses dispositions étaient limitées aux propriétaires francs.

Même les auteurs qui interprètent le chapitre dans cette application restreinte sont encore enclins à exagérer son importance. Deux lignes de commentaires opposées, favorables respectivement aux historiens de deux écoles différentes, semblent également avoir besoin d'être complétées. (1) Cette clause est parfois considérée comme née directement de l'initiative incontrôlée des barons. Le Dr Stubbs adopte ce point de vue, contrastant sa substance avec des restrictions similaires imposées par Henri Ier aux barons par sa Charte des Libertés, et soulignant comme particulièrement remarquable le fait que la présente clause a été « adoptée par les seigneurs eux-mêmes ». [1066] De tels éloges ne sont pas mérités ; les barons n'avaient pas le choix, car l'omission de dispositions à cet effet aurait été une absurdité flagrante et un acte des plus imprudents. (2) D'un autre côté, le crédit de la clause, tout aussi injustifié, a parfois été accordé à John. Le Dr Robert Henry dit que « cet article, qui était très raisonnable, a probablement été inséré à la demande du roi ». [1067]

La substance de ce chapitre apparaît dans les rééditions de 1217 et 1225 ; mais sa force y est grandement diminuée par l'ajout d'une nouvelle clause incompatible avec son esprit, réservant aux archevêques, évêques, abbés, prieurs, templiers, hospitaliers, comtes, barons, et à toutes autres personnes aussi bien ecclésiastiques que laïques, toutes les franchises. et les douanes gratuites dont ils bénéficiaient auparavant. [1068] L'objectif principal de cette démarche était probablement de faire comprendre que la Magna Carta, tout en conférant des avantages, n'en retirait rien ; mais elle serait naturellement interprétée comme une clause de sauvegarde en faveur des aristocrates dans leurs relations avec leurs dépendants (« *erga suos* ») ainsi qu'avec la Couronne, modifiant ainsi la clause qui la précédait immédiatement.

1063 . *Deuxième Institut* , 77.

1064 . Cf. *supra* , 133–4.

1065 . Thomson, *Magna Charta* , 269, et les autorités citées.

1066 . *Const. Hist.* , I. 570. Cf. *supra* , 139-140.

1067 . *Histoire de la Grande-Bretagne* , VI. 74. (6e édition, 1823). Voir aussi S. Henshall, *History of South Britain* , cité par Thomson, *Magna Charta* , 268-9.

1068 . Voir c. 46 sur 1217.

1069 . Les mots « *in perpetuum* » sont écrits au pied d'une des versions cotoniennes. Voir *supra* , 195, n.

CHAPITRE SOIXANTE ET UN.

Cum autem pro Deo, et ad emendacionem regni nostri, et ad melius sopiendam discordiam inter nos et barones nostros ortam, hec omnia predicta concesserimus, volentes ea integra et firma stabilisent in perpetuum [1069] gaudere, facimus et concedimus eis securitatem subscriptam ; videlicet quod barones eligant viginti quinque barones de regno quos voluerint, qui debeant pro totis viribus suis observare, tenere, et facere observari, pacem et libertates quas eis concessimus, et hac presenti carta nostra confirmavimus, ita scilicet quod, si nos, vel justiciarius noster , vel ballivi nostri, vel aliquis de ministris nostris, in aliquo erga aliquem deliquerimus, vel aliquem articulorum pacis aut securitatis transgressi fuerimus, et delictum ostensum fuerit quatuor baronibus de prédictis viginti quinque baronibus, illi quatuor barones accedant ad nos vel ad justiciarum nostrum, si fuerimus extra regnum, proponentes nobis excesum, petent ut excesum illum sine dilacione faciamus emendari. Et si nos excessifs non emendaverimus, vel, si fuerimus extra regnum justiciarius noster non emendaverit, infra tempus quadraginta dierum computandum a tempore quo monstratum fuerit nobis vel justiciario nostro si extra regnum fuerimus, predicti quatuor barones referant causam illam ad residuos de viginti quinque baronibus, et illi viginti quinque barones cum communa tocius terre distringent et gravabunt nos modis omnibus quibus poterunt, scilicet per capcionem castrorum, terrarum, possessionum, et aliis modis quibus poterunt, donec fuerit emendatum secundum arbitrium eorum, salva persona nostra et regine nostre et liberorum nostrorum; et cum fuerit emendatum intendent nobis sicut prius fecerunt. Et quicumque voluerit de terra juret quod ad predicta omnia exequenda parebit mandatis prédictorum viginti quinque baronum, et quod gravabit nos pro posse suo cum ipsis, et nos publice et libere damus licenciam jurandi cuilibet qui jurare voluerit, et nulli umquam jurare prohibebimus. Omnes autem illos de terra qui per se et sponte sua noluerint jurare viginti quinque baronibus, de disstringendo et gravando nos cum eis, faciemus jurare eosdem de mandato nostro, sicut prédictum est. vel aliquo alio modo impeditus fuerit, quominus ista prédicta possent exequi, qui residui fuerint de prédictis viginti quinque baronibus eligant alium loco ipsius, pro arbitrio suo, qui simili modo erit juratus quo et ceteri. In omnibus autem que istis viginti quinque baronibus committuntur exequenda, si forte ipsi viginti quinque presentes fuerint, et inter se super re aliqua discordaverint, vel aliqui ex eis summiti nolint vel nequeant interesse, ratum habeatur et firmum quod major pars eorum qui presente fuerint provideit, vel preceperit, ac si omnes viginti quinque in hoc consensissent; et predicti viginti quinque jurent quod omnia antedicta fideliter observabunt, et pro toto posse suo facient observari. Et nos nichil impetrabimus ab aliquo, per nos nec per alium, per quod aliqua istarum concessionum et libertatum revocetur vel minuatur ; et, si un liquide tale impetratum fuerit, irritum sit et inane et numquam eo utemur per nos nec per alium.

Puisque d'ailleurs, pour Dieu et l'amendement de notre royaume, et pour mieux apaiser la querelle qui s'est élevée entre nous et nos barons, nous avons accordé toutes ces concessions, désireux qu'ils en jouissent dans une endurance complète et ferme pour toujours. , nous leur donnons et leur accordons la garantie souscrite, à savoir que les barons choisiront vingt-cinq barons du royaume, qui ils voudront, qui seront liés de toutes leurs forces, pour observer, tenir et faire observer. , la paix et les libertés que nous leur avons accordées et confirmées par la présente notre présente Charte, de sorte que si nous, ou notre justicier, ou nos huissiers ou l'un de nos officiers, sommes en quoi que ce soit en faute envers qui que ce soit, ou aurons violé l'un des articles de la paix ou de cette sûreté, et que le délit soit notifié à quatre barons des vingt-cinq susdits, lesdits quatre barons se rendront chez nous (ou chez notre justicier, si nous sommes hors du royaume).) et, nous présentant la transgression, demandons que cette transgression soit corrigée sans délai. Et si nous n'avons pas corrigé la transgression (ou, dans le cas où nous sommes hors du royaume, si notre justicier ne l'a pas corrigé) dans un délai de quarante jours, à compter du moment où elle nous a été signalée (ou à notre justiciar, si nous sommes hors du royaume), les quatre barons susdits en référeront au reste des vingt-cinq barons, et ces vingt-cinq barons, avec la communauté de tout le pays, , nous saisissent et nous affligent de toutes les manières possibles, à savoir en s'emparant de nos châteaux, de nos terres, de nos possessions et de toute autre manière qu'ils peuvent, jusqu'à ce qu'ils aient obtenu réparation comme ils le jugent approprié, mettant ainsi hors de danger notre propre personne et les personnes de nos reine et enfants; et lorsque réparation aura été obtenue, ils reprendront leurs anciennes relations avec nous. Et que quiconque dans le pays le désire, jure d'obéir aux ordres desdits five-and twentybarons pour l'exécution de toutes les affaires susvisées, et avec eux, de nous molester de tout son pouvoir ; et nous accordons publiquement et librement l'autorisation à quiconque souhaite prêter serment, et nous n'interdirons jamais à personne de jurer. De plus, tous ceux qui, dans le pays, ne veulent pas d'eux-mêmes et de leur propre gré jurer aux vingt-cinq de les aider à nous contraindre et à nous molester, nous les contraindrons par notre ordre à jurer à l'effet susmentionné. Et si l'un des vingt-cinq barons est mort ou a quitté le pays, ou est frappé d'incapacité de toute autre manière qui empêcherait l'exécution des dispositions susmentionnées, ceux desdits vingt-cinq barons qui restent seront choisissez-en un autre à sa place selon leur propre jugement, et il prêtera serment de la même manière que les autres. De plus, dans toutes les affaires dont l'exécution est confiée à ces vingt-cinq barons, si par hasard ces vingt-cinq sont présents et sont en désaccord sur quelque chose, ou si quelques-uns d'entre eux, après avoir été appelés, ne veulent pas ou ne peuvent pas être présents, alors lequel la majorité des personnes présentes ordonneront ou commanderont comme fixées et établies, exactement comme si l'ensemble des vingt-cinq y avait concouru ; et lesdits vingt-cinq jureront qu'ils observeront fidèlement tout ce qui précède et qu'ils le feront observer de toutes leurs forces. Et nous n'obtiendrons rien de qui que ce soit, directement ou indirectement, par lequel une partie quelconque de ces concessions et libertés pourrait être révoquée ou diminuée ; et si une telle chose a été obtenue, qu'elle soit nulle et nulle, et nous ne l'utiliserons jamais personnellement ou par autrui.

Cet important chapitre est autonome et fournit un mécanisme permettant de faire respecter tout ce qui le précède. Elle forme ainsi ce que la jurisprudence moderne décrirait comme la « sanction » de l'ensemble, mais ce qui était connu dans l'expression courante de l'époque comme « la forme de la sécurité » (forma securitatis *ad observandum pacem et libertates*). [1070] Il contient la seule clause exécutive de la Charte, le seul mécanisme constitutionnel prévu pour faire respecter les droits maintenant définis sur parchemin, la seule protection contre les tentatives futures du roi de les rendre inutiles.

I. *La nature de la « sécurité » ou de la sanction légale*. La procédure conçue pour faire respecter la Charte était extrêmement grossière : Jean conférait à vingt-cinq de ses ennemis les plus acharnés le droit légal d'organiser la rébellion, chaque fois qu'à leur avis il avait enfreint l'une des dispositions de la Magna Carta. La violence pouvait être légalement utilisée contre lui, jusqu'à ce qu'il répare leurs prétendus griefs « à leur propre satisfaction » (*secundum arbitrium eorum*). S'il avait été possible de mettre en pratique un expédient aussi violent, la « souveraineté », ou le pouvoir suprême en Angleterre, aurait été divisée en deux pour des raisons pratiques. Alors que l'ancienne monarchie restait théoriquement intacte, Jean aurait détenu le sceptre, toujours nominalement le sien, seulement jusqu'à ce que ses adversaires déclarent qu'il avait violé une partie de la Charte, lorsque, par son propre mandat précédemment accordé, elle serait adoptée, avec de larges pouvoirs de coercition, aux vingt-cinq barons formant ce qu'on appelle parfois un Comité des Exécuteurs, mais qui était plutôt un Comité de Rébellion. [1071] Au lieu d'utiliser, comme cela fut ensuite fait avec un succès toujours croissant, l'appareil administratif du roi et ses propres serviteurs pour réprimer ses propres méfaits, les barons préférèrent créer leur propre exécutif rival, avec des pouvoirs larges mais mal définis. pouvoirs, et n'est lié à l'exécutif plus âgé par aucun lien constitutionnel. Tant qu'un seul grief présumé restait sans réponse, une nouvelle administration composée des antagonistes politiques de Jean existait dans une attitude, au mieux, de neutralité armée, aux côtés du roi Jean en tant que représentant de l'ancien système d'administration monarchique.

La procédure de règlement des griefs a été décrite de manière assez détaillée ; la partie lésée devait faire connaître son cas à quatre barons sur vingt-cinq, qui le feraient alors personnellement connaître au roi et demander réparation. John avait le temps d'effectuer cela, mais s'il refusait ou tardait, alors la contrainte pouvait être utilisée. Les articles des Barons n'avaient pas précisé la durée maximale du délai, disant simplement « dans un délai raisonnable à déterminer dans la Charte ». La Charte l'a déterminé, en nommant quarante jours. La contrainte peut prendre n'importe quelle forme (par exemple la saisie de châteaux, de terres et de biens personnels), à l'exception de la violence contre la personne du roi, ou contre sa femme ou ses enfants. Le présent chapitre contenait donc la seule sanction légale mentionnée dans la Charte, et celle-ci peut être brièvement résumée comme la délégation par Jean à un comité révolutionnaire de l'opposition baronniale de larges pouvoirs de coercition à utiliser contre lui.

II. *Détails mineurs du programme*. Bien que tout cet expédient semble totalement chimérique à l'esprit moderne, les dirigeants de l'opposition en 1215 pensaient évidemment avoir conçu un plan de gouvernement réalisable. En témoigne le soin avec lequel ils ont élaboré la procédure à adopter aux différentes étapes et dans diverses éventualités.

(1) *Nomination des vingt-cinq exécuteurs testamentaires*. Les membres du comité devaient être, en premier lieu, « élus » (terme vague déjà évoqué) par les « barons ». Les *barons majores* du chapitre 14 auraient sans aucun doute la voix dominante ; mais les *barons mineurs* auraient pu prendre part à cette nomination. Les postes vacants dus à un décès, à une absence d'Angleterre ou à toute autre cause devaient être pourvus par la méthode maintenant connue sous le nom de « cooptation ». Le comité, une fois nommé, formerait une corporation fermée ; aucune personne étrangère à la majorité ne pouvait être admise – un arrangement au parfum profondément oligarchique. La disposition relative aux postes vacants causés par le décès prouve que le projet ne devait pas être temporaire, mais durer pendant toute la vie de John ou plus. Vingt-cinq magnats semblent avoir été effectivement sélectionnés. Les brefs délivrés aux shérifs le 19 juin ordonnent l'exécution du serment des vingt-cinq barons, mais ne les mentionnent pas nommément. Matthew Paris supplée à l'omission, et bien qu'il ne révèle pas la source de ses informations, il est peu probable qu'une liste aussi complète puisse être entièrement le fruit de l'imagination. [1072] Ils se présentent dans l'ordre suivant, les comtes de Hertford, Aumâle, Gloucester, Winchester, Hereford, Norfolk et Oxford, William Marshall le jeune, Robert fitz Walter l'aîné, Gilbert de Clare, Eustace de Vesci, Hugh Bigod, Guillaume de Mowbray, William Hardell (maire de Londres), William de Lanvalei, Robert de Ros, John de Lacy (connétable de

Chester), Richard de Perci, John fitz Robert, William Mallet, Geoffrey de Say, Roger de Mumbezon, Guillaume de Huntingfield, Richard de Muntfitchet et Guillaume d'Albini. [1073] Il n'y a ici aucun ecclésiastique ni aucun membre du parti modéré dont les noms figurent dans le préambule. Tous, sauf deux, ou au plus trois, sur les vingt-cinq, appartenaient aux factions du baronnage qui étaient les ennemis déclarés de Jean. [1074] C'était une oligarchie de locataires mécontents de la Couronne, dont l'homogénéité baronniale n'était brisée que par la présence d'un représentant des autres classes, le maire de Londres. Il était peu probable qu'un tel comité utilise les pouvoirs excessifs que John lui avait délégués pour promouvoir d'autres intérêts que les siens. Même Stephen Langton et ses confrères ne tardèrent pas à le découvrir, comme le prouvent clairement leurs deux protestations.

(2) *La majorité des personnes présentes pour former le quorum.* Poussés par les nécessités de l'affaire, les barons ont conçu, ou sont tombés sur, un expédient particulièrement moderne. La présence de tous les membres du comité des vingt-cinq ne pouvait raisonnablement être attendue à chaque occasion, tandis qu'une unanimité absolue sur les questions délicates serait difficile à obtenir. Il était donc prévu que la volonté de la majorité des personnes présentes prévaudrait. Il serait inexact de dire, dans la phraséologie moderne, que treize constituaient le quorum, puisque le quorum variait avec le nombre des personnes présentes. Il est à noter qu'aucune disposition n'a été prise pour convoquer ou constituer des réunions du comité doté de ces immenses pouvoirs. Il restait ainsi de la place pour des réunions bondées d'une faction convoquée à la hâte et usurpant les droits de l'ensemble du corps. Le précédent ainsi provisoirement introduit pour le droit de la majorité d'agir au nom de l'ensemble ne fut suivi que timidement et à de longs intervalles. Pourtant, son apparition dans la Charte de Jean marque une étape dans l'avancée du principe précieux de la politique moderne qui substitue « le comptage des têtes au lieu de les briser ».

(3) *Le sous-comité de quatre.* Quatre des vingt-cinq exécuteurs testamentaires devaient servir d'intermédiaire entre les individus lésés et le roi, étant chargés du devoir d'entendre les plaintes et de les déposer devant Jean. Une telle position impliquerait de larges pouvoirs discrétionnaires ; car si les quatre barons refusaient d'approuver la justesse de la plainte, John serait également en sécurité de refuser. [1075]

(4) *Agents locaux des vingt-cinq exécuteurs testamentaires.* Dans chaque comté, les douze chevaliers, dont la fonction originale était de présider les enquêtes sur les « mauvaises coutumes », en vinrent à agir comme représentants locaux du comité révolutionnaire, étant associés au shérif dans l'exercice de toutes ses fonctions et armés du pouvoir de le faire. le contraindre à exécuter les dispositions de la Magna Carta, tout comme les vingt-cinq étaient autorisés à contraindre le roi. Ces chevaliers étaient notamment chargés de faire

respecter le serment d'obéissance au comité révolutionnaire et de confisquer les biens de tous ceux qui refusaient. [1076]

(5) *Le rôle que doit jouer le public.* Le roi autorisait ses sujets à se ranger du côté des exécuteurs testamentaires et contre lui s'il violait la Charte, et à les assister dans des actes de violence tels que la saisie forcée de ses châteaux, de ses terres et de ses biens personnels ; car son mandat général fut accordé aux vingt-cinq « *cum communa totius terre* », tandis que la licence fut accordée « librement et publiquement » à tous ceux qui étaient disposés à jurer obéissance aux exécuteurs testamentaires dans tous ces actes, et à exercer leur poids sur eux. le roi au mieux de ses capacités. Deux aspects de cette disposition nécessitent une attention particulière : (*a*) *Sa relation avec l'allégeance et la trahison.* Il était destiné à opérer comme une libération provisoire des sujets de Jean de leurs serments de fidélité et d'hommage, et par conséquent des peines et des sanctions des lois sur la trahison. Jean autorisa solennellement ses sujets, dans certaines circonstances, à transférer leur allégeance au comité de ses ennemis. S'ils refusaient, il promettait de les contraindre ; et le 27 juin 1215, des brefs furent effectivement émis ordonnant la saisie des terres et des biens de tous ceux qui ne jureraient pas d'obéir aux vingt-cinq. [1077] (*b*) *Communa totius terre.* La « communauté de tout le pays » devait ainsi apporter une aide active pour soumettre le roi au règne de la loi ; et cette expression a été mise au service de la démocratie par des enthousiastes qui cherchent à magnifier les conceptions modernes en trouvant leurs racines dans le passé. Peu de mots du latin médiéval offrent un champ plus tentant aux chercheurs que cette *communa* qui, avec ses équivalents anglais et français, détient la clé de nombreux problèmes d'origine constitutionnelle. Un groupe de questions intéressantes se concentre autour des trois mots « bourg, guilde et commune » et de l'apparition dans la Magna Carta d'un corps décrit comme une « commune » (communa *totius terre*) en conjonction avec un serment d'obéissance à un comité révolutionnaire. suggère une comparaison intéressante avec la forme de constitution civique connue à cette époque sous le nom de « commune jurée ». [1078] Un deuxième champ d'enquête, tout aussi séduisant, est suggéré par le fait que la chambre basse de la Mère des Parlements, la « House of Commons » anglaise, était à l'origine composée des représentants des différentes communes ou communautés connues sous le nom de comtés. et arrondissements respectivement.

Ces questions plus larges sont ici évoquées simplement comme des illustrations des difficultés qui se cachent dans le mot « commune » et dans l'expression tout aussi déroutante « commune de tout le pays ». [1079] La simple utilisation d'une telle expression ne peut être acceptée comme une preuve que la Charte repose sur une large base populaire.

III. *Critique du projet.* Les défauts de ce système, qu'ils soient considérés du point de vue de la théorie ou de la pratique, sont évidents. C'était une mesure violente et contre nature, pleine de dangers immédiats et propre à exercer une influence funeste sur le développement constitutionnel à l'avenir. Le fait que la Magna Carta ne prévoyait pas de meilleure sanction pour sa propre application que le droit de rébellion légalisée a déjà été évoqué comme son défaut cardinal. [1080] Au lieu d'empêcher le roi de commettre des torts, il prévoyait simplement des mesures de force pour réparer ceux déjà commis, ajoutant ainsi le couronnement du mal de la guerre civile aux maux mineurs qu'il cherchait à réformer. Le fait que l'ensemble du projet était voué à l'échec constitue peut-être le défaut le moins visible aux yeux de l'histoire ultérieure. Il est instructif de noter en détail quelques-uns de ses autres défauts.

(1) Le projet a défié l'hostilité par son manque de modération. Il visait à réduire d'un seul coup la Couronne de la plénitude d'une tyrannie irresponsable à une position d'impuissance dégradante. Sur chaque question politique controversée de l'époque, l'autorité de John aurait été remplacée par celle de vingt-cinq des factions les plus hostiles du baronnage. Si le roi se croyait lésé en quoi que ce soit, il lui faudrait plaider sa cause humblement devant un tribunal dans lequel ses adversaires siégeraient comme juges. Le projet répugnait donc à la masse des Anglais fidèles, qui chérissaient le respect du principe séculaire de la monarchie. Aucun roi doté d'un minimum de respect pour lui-même ne se soumettrait longtemps à une position aussi illogique et dégradante : rester un souverain dont la « souveraineté » n'existait que grâce à la souffrance de ses ennemis, un roi fantoche dont les sujets avaient le droit légal de contraindre leurs ennemis. lui. Les pouvoirs ainsi conférés à un comité baronnial en 1215 étaient plus étendus que ceux conférés à un comité similaire en 1258, et pourtant le Parlement qui nomma ce dernier a été qualifié à jamais de « Parlement fou », en raison de la violence de son mandat. mesures contre le roi.

(2) La rébellion, même lorsqu'elle est moralement justifiée, est essentiellement et nécessairement illégale ; tenter de lui tracer une sphère d'action légitime, c'est tenter l'impossible logique. Les barons, dans leur manque d'expérience politique et dans leur extrême nécessité, avaient exigé et obtenu quelque chose de plus dangereux que la plus grande mesure d'autorité constitutionnelle. Ils n'avaient pas réussi à s'élever vers la véritable conception d'une monarchie limitée. Leur projet reconnaissait un roi encore absolu dans certains domaines, mais dans d'autres impuissant et abject. Ils installèrent côte à côte deux exécutifs rivaux, chacun dans des circonstances différentes et suprêmes. Les relations entre les deux étaient loin d'être définies avec précision, même en théorie, alors que des collisions se produiraient certainement fréquemment dans la pratique. Les pouvoirs des Vingt-cinq, corps qui ne recevaient aucune organisation propre, étaient ceux

de l'agression plutôt que de l'administration. Vu sous cet angle, les prétentions des barons à faire preuve d'un sens politique constructif sont extrêmement faibles.

(3) Les pouvoirs du Comité révolutionnaire, excessifs quoique mal définis, soutenus par l'obéissance jurée de toutes les classes de la nation, tendraient à paralyser complètement le roi. Le souverain nominal, toujours nerveux sous cette épée de Damoclès, perdrait tout pouvoir d'initiative, tandis que le comité, si puissant qu'il le réduisait à l'impuissance, serait impuissant aussi bien à l'aiguillonner à l'action qu'à agir à sa place. Le Comité révolutionnaire avait été conçu pour freiner un mauvais exécutif, et non pour le remplacer par un bon exécutif.

(4) Même si c'était un frein, cependant, l'efficacité du comité aurait été complètement neutralisée dans l'une ou l'autre de deux éventualités : si les barons qui le composaient étaient en désaccord entre eux, ou, si le roi refusait de se rendre, préférant l'appel aux armes. Le monarque avait toujours l'alternative de la guerre civile, et l'avantage matériel et moral d'agir sur la défensive lui appartenait ; tandis que le comité a dû faire face aux risques auxquels est invariablement exposé une partie attaquante. Aucune mesure visant à retenir le roi ne pouvait légalement être prise avant qu'il n'ait précipité les choses en commettant un acte clair d'agression et n'ait ensuite reçu une notification formelle suivie d'un intervalle de quarante jours, pendant lequel il pourrait achever sa préparation à la guerre sans crainte. d'interruption.

(5) Si le projet des barons semble mal adapté aux besoins de l'heure de sa conception, il comportait des dangers encore plus grands pour le développement futur de la constitution anglaise. Le problème qu'il cherchait à résoudre n'était ni passager ni sans importance, puisqu'il s'agissait rien de moins que de concevoir un mécanisme juridique destiné à empêcher le roi d'abuser des pouvoirs qui lui étaient confiés. Les barons cherchaient la meilleure méthode pour transformer les promesses royales de réforme en lois auxquelles les rois successifs devaient obéir. En tentant cela, la Magna Carta a suivi des lignes qui étaient radicalement fausses ; ce qui, s'il n'avait pas été abandonné à temps, aurait rendu impossible tout progrès durable. Le sens politique qui, tout en laissant un roi sur le trône, le soumettait à la dictée de « vingt-cinq sur-rois » en ce qui concerne toutes les questions vitales de l'époque, était grossier et peu judicieux. Il est vrai que le parti de la réforme s'est manifesté tout au long du long règne d'Henri III. s'accrochait à la même solution erronée, quoique sous diverses modifications sur des points de détail ; mais ils ne rencontrèrent aucun succès. Après un demi-siècle de troubles, un règlement semblait aussi lointain qu'auparavant. Si la même politique avait été poursuivie pendant le règne d'Édouard, la constitution anglaise, telle qu'on l'a connue au fil des âges, n'aurait jamais été élaborée. Les dangers et les défauts de projets comme ceux de 1215 et de 1258 contrastent le plus

clairement avec les efforts plus délicats d'Édouard Ier vers une véritable solution, dans le sens d'un succès complet en temps voulu.

La véritable politique des barons était d'utiliser la propre machine administrative du roi et ses propres serviteurs pour contrôler le roi lui-même. Le principe fut lentement établi selon lequel le souverain ne pouvait accomplir aucun acte de prérogative sans l'intermédiaire du ministre ou du groupe de ministres compétent. Chaque fonction du gouvernement est devenue associée à une fonction ou un organe spécifique de la maison royale. Les droits du chef officiel de chaque ministère devinrent stéréotypés et sa position fut pleinement reconnue par la loi, tandis que très progressivement se développa la doctrine de la responsabilité ministérielle, obligeant chaque officier de la Couronne à obéir non seulement à la loi du pays, mais aussi aux *Commune Concilium* , qui se transforme rapidement en Parlement moderne. Les expédients d'une époque antérieure disparurent comme n'étant plus nécessaires, lorsque la bonne foi du roi fut assurée au moyen du contrôle amical de ses propres ministres, et non par la contrainte violente de ses adversaires. Le mérite d'avoir lancé la constitution sur sa bonne ligne de développement revient en grande partie à Édouard Ier. [1081]

IV. *Critique du Dr Gneist.* Aussi dangereux et même absurde que ce projet paraisse, il a trouvé son apologiste. Le Dr Gneist accuse les historiens anglais de faire des « comparaisons très inappropriées » entre ce comité baronnial et les expédients continentaux de la même période. Alors que dans la plupart des pays d'Europe, chaque baron s'arrogeait le droit de guerre privée contre son souverain dans des circonstances à déterminer par son propre jugement individuel, la Magna Carta ne conférait des droits de rébellion qu'aux barons « dans leur capacité collective » et « tels que représentés ». par des organes définis. [1082] La substitution des mesures répressives collectives au droit de querelle privée marque sans aucun doute un progrès ; mais la rébellion, même organisée, ne peut être considérée comme un expédient constitutionnel satisfaisant. Le Dr Gneist n'est guère plus convaincant lorsqu'il affirme que les historiens et les juristes anglais ont condamné trop sans réserve un projet qui est « jusqu'à présent en harmonie avec l'esprit de l'État féodal du Moyen Âge car il était fondé sur une relation mutuelle de protection féodale ». et fidélité, c'est-à-dire sur pacte. « La concession par accord, poursuit-il, des droits de détresse était en somme si conforme aux conceptions juridiques du Moyen Âge que le comité de résistance perd ainsi une partie de son caractère apparemment révolutionnaire. » [1083] Que le Moyen Âge ait approuvé la révolution ne la transforme cependant pas en action constitutionnelle ; tandis que le fait qu'il ait été fondé sur la conception féodale du contrat mutuel peut l'expliquer, mais ne le rend pas plus digne d'admiration. L'ensemble du projet était, bien sûr, tout à fait en accord avec l'opinion publique de l'époque, mais cela montre simplement combien est grand le fossé qui sépare les conceptions médiévales des conceptions modernes, et combien il est absurde de considérer la Grande Charte, comme on le fait parfois. fait, comme anticipant les principes fondamentaux de la constitution anglaise d'aujourd'hui.

Malgré toutes les excuses, la brutalité de la seule sanction prévue par la Magna Carta pour sa propre application l'empêche de se classer comme un grand monument de sens politique constructif.

V. *Échec du projet.* Presque avant que la Magna Carta de Jean, dans sa forme achevée, ait été absorbée et scellée, la futilité de sa sanction était reconnue. Chaque partie est devenue méfiante et a exigé de nouvelles « sanctions », de nouvelles garanties non contenues dans la Charte.

 (1) *Qui est custodiet ipsos custodes ?* La Magna Carta, supposant apparemment qu'une confiance parfaite pouvait être placée dans la rectitude et la sagesse du Comité révolutionnaire, ne prévoyait aucun mécanisme pour le contrôler, aucune garantie qu'il respecterait la Charte sans mal interpréter ses dispositions pour servir leurs propres intérêts égoïstes. La futilité de cette complaisance fut bientôt manifeste. Un tyran avait semé la détresse sur toute la nation ; et maintenant il allait être remplacé par vingt-cinq. Qui devait retenir les nouveaux tyrans ? Un deuxième comité fut nommé en partie pour assister et en partie pour contrôler les vingt-cinq. Matthieu Paris [1084] le décrit comme composé de trente-huit « *Obsecutores et Observatores* », dont le comte maréchal, Hubert de Burgh, les comtes d'Arundel et de Warenne, et d'autres membres éminents du parti modéré, non hostiles au roi. Le Dr Stubbs rejette leurs relations avec les exécuteurs testamentaires en faisant remarquer qu'ils « ont juré d'obéir aux ordres des vingt-cinq ». [1085] Miss Norgate adopte ce qui semble être un meilleur point de vue, en soulignant comme raison principale de leur nomination le devoir de contraindre « à la fois le roi et les vingt-cinq à se traiter équitablement les uns envers les autres ». [1086] Les trente-huit devaient contraindre les vingt-cinq, comme les vingt-cinq contraignaient le roi. [1087]

(2) *Soupçons de bonne foi des barons.* Que la nomination du comité des trente-huit soit due en partie à l'influence de Jean ou soit entièrement le résultat de jalousies mutuelles dans les rangs de ceux qui s'opposaient à lui, il est évident que le roi se méfiait de la bonne foi des barons, et souhaitait de sa part une « sanction » pour qu'ils ne renoncent plus à cette allégeance, dont le renouvellement était la *contrepartie* pour laquelle il avait accordé la Charte. Apparemment, les principaux barons ont renouvelé leur serment de fidélité et d'hommage le 19 juin à Runnymede ; mais refusèrent d'accorder une charte formelle à cet effet, bien qu'ils aient promis de donner toute sécurité dont Jean pourrait avoir besoin, à l'exception des otages ou des châteaux. Les prélats, sollicités, se rangèrent du côté du roi ; ils ont exécuté une déclaration

ou une protestation formelle, enregistrant la promesse des barons et le refus ultérieur de lui donner effet. Il n'y a aucune raison de douter du témoignage des prélats ; ils avaient été présents à toutes les négociations, et c'est par leur médiation que les termes de la paix incarnés dans la Magna Carta avaient été réglés. Ce n'est pas la seule question sur laquelle les évêques jugent nécessaire d'intervenir en faveur du roi. Le nouvel exécutif baronnial et les douze chevaliers qui agissaient comme leurs agents dans chaque comté, poussèrent à des limites injustes le pouvoir de réformer les abus qui leur étaient conférés en vertu de la Magna Carta. En particulier, ils procédèrent à l'abolition quasi totale des forêts royales en abrogeant comme coutumes néfastes la procédure sur laquelle reposait cette branche de la prérogative de la Couronne. Les prélats déclarèrent également une protestation formelle sur ce point. [1088]

(3) *Soupçons de bonne foi de John.* Si ni le roi ni la nation dans son ensemble ne considéraient que la Grande Charte contenait des garanties suffisantes de leurs intérêts contre le Comité des exécuteurs testamentaires, les barons eux-mêmes arrivèrent bientôt à la conclusion que le Comité, malgré tous ses pouvoirs, constituait une sanction inadéquate contre le Comité des exécuteurs testamentaires. John. En conséquence, ils ont exigé davantage de « sécurité ». La ville de Londres fut placée entre leurs mains et la Tour de Londres sous la garde neutre du primat, en gage de la bonne foi de John, jusqu'au 15 août ou plus si nécessaire. Ces termes ont été mis par écrit dans un document intitulé « *Conventio facta inter Regem Anglie et barones ejusdem regni* », qui fournissait ainsi une nouvelle sanction, ou « forme de sécurité », complétant, sinon remplaçant, celle contenue dans le chapitre 61 de la Magna Carta. . [1089]

(4) *Précautions contre l'intervention papale.* Les articles des barons fournissent une preuve incontestable des soupçons de leurs rédacteurs selon lesquels Jean demanderait à Rome l'absolution de son marché. Ils firent preuve d'une grande astuce en exigeant que les prélats anglais et le légat papal deviennent les garanties du roi qu'il n'obtiendrait pas du pape quoi que ce soit qui puisse invalider la Charte ou diminuer son efficacité. Si Pandulf, en tant qu'agent accrédité du pape, avait effectivement apposé son sceau sur un tel document, il aurait sérieusement embarrassé son auguste maître en soutenant Jean dans une démarche de répudiation.

Deux modifications importantes ont été apportées à la Charte achevée, cependant, que ce soit à la demande de Jean, ou à celle de Pandulf, ou des prélats anglais, cela reste une question de conjecture. Aucune mention n'a été faite d'Innocent nommément, la clause étant assez générale dans ses termes. Jean promit simplement de n'obtenir de dispense « de personne », tandis que la question des garanties fut discrètement ignorée. La raison de cette omission se suggère facilement ; Pandulf s'opposerait naturellement à ce que son commettant ou lui-même prenne un engagement de ce genre. Le Pape a

conservé une liberté parfaite, et l'usage qu'il en a fait est de notoriété publique.
[1090]

1070 . Cette phrase apparaît dans le 49e (et dernier) des Articles des Barons comme titre d'une clause séparée des autres par un blanc sur le parchemin de la largeur de plusieurs lignes d'écriture : « Haec est forma securitatis » , etc. Les mots ne sont pas utilisés comme titre dans le présent chapitre lui-même, mais c. 52 fait référence au c. 61 comme la clause « *in securitate pacis* », et c. 62 fait référence à la même chose comme « *super security ista* ».

1071 . Cf. SR Gardiner, *Short History of England* , 183 : « une organisation permanente pour faire la guerre au roi ».

1072 . R. Wendover, à qui Paris emprunte si librement, n'en donne aucune liste.

1073 . La liste est tirée de Matthew Paris, *Chron. Maj.* , II. 604-5, tel que corrigé par Blackstone, *Great Charter* , p. xx., après collation avec une note marginale sur le Harleian MS. de la charte (cf. *supra* , 198, n). Paris donne « Boys » à la place de « Ros » et « Roger de Munbrai » à la place de « Roger de Mumbezon ». Cette liste doit être mise en contraste avec (*a*) celle du parti modéré nommé dans le préambule de la Magna Carta, et (*b*) celle des favoris étrangers de Jean nommés au c. 50 . Pour des informations biographiques, voir Thomson, *Magna Charta* , 270-312.

1074 . Ces trois-là étaient le comte Aumâle (titre apparemment parfois échangé contre celui de comte d'York, voir Round, *Geoffrey de Mandeville* , 157, n.), Guillaume d'Albini et, peut-être, Geoffrey de Say (voir Stubbs, *Const. Hist.* , I. 583).

1075 . Une autre explication est également possible, à savoir que la fonction d'intermédiaire pourrait être exercée par quatre membres quelconques des vingt-cinq. De ce point de vue, un individu lésé pourrait faire pression sur le roi s'il persuadait quatre personnes d'agir ensemble pour soutenir sa revendication. Cela impliquerait un deuxième quorum, cette fois de quatre, dans un but particulier, en plus du quorum en nombre variable déjà évoqué. Dans les deux cas, le chemin vers la réparation serait plus facile pour le grand homme que pour son obscur voisin.

1076 . Cf. *supra* , ch. 48 .

1077 . Voir l'annexe.

1078 . Il n'y avait que quatorze ans que Londres (en 1191), probablement à l'instar de Rouen, avait extorqué au prince Jean sa « commune jurée » comme prix de son soutien (cf. *supra* , c. 13). Il pourrait toutefois être dangereux de pousser trop loin une analogie aussi tentante.

1079 . Cf. *supra* , p. 137-8 .

1080 . Voir *supra* , p. 150 .

1081 . Cf. *supra* , pp. 189-193 pour un aperçu de la politique d'Edward.

1082 . Gneist, *Const.* , 251.

1083 . *Ibid.*

1084 . *Chron. Maj.* , II. 605-6.

1085 . *Const. Hist.* , I. 583, n.

1086 . *Jean sans Terre* , 236.

1087 . Une version du récit de Matthew Paris est beaucoup plus complète que l'autre. Le premier MS. dit simplement : « *Isti omnes juraverunt quod obsequerentur mandato viginti quinque baronum.* » Le second donne l'ajout important : « *Omnes isti juraverunt cogere si opus esset ipsos* xxv. *barones ut rectificarent regem . Et etiam cogere ipsum si mutato animo forte recalcitraret* », II. 606, n.

1088 . Les textes des deux protestations sont donnés en annexe.

1089 . Voir *supra* , 51-2. Le texte est donné en annexe. Treize des vingt-cinq exécuteurs testamentaires sont nommément mentionnés comme ayant accepté ce nouveau traité en leur nom et en celui d'autres comtes, barons et propriétaires libres anonymes. Cf. R. Wendover, III. 319 (« *et turem Londonarum* »). Une troisième sanction, ou forme de sécurité, apparaît dans les versions brouillées de la Charte données par R. Wendover (III. 317) et M. Paris (II. 603) : les connétables des quatre châteaux royaux de Northampton, Kenilworth, Nottingham et Scarborough, devaient jurer de tenir ces places fortes sous les ordres des vingt-cinq exécuteurs testamentaires. Voir M. Paris (*Ibid.*). Cette clause n'a été trouvée dans aucune copie connue d'un quelconque numéro de la Magna Carta. Cf. *Préface* de MHR Luard au deuxième volume de Matthieu Paris, pp. xxxiii. à xxxvi., où il discute les particularités des versions données par Wendover et Paris.

1090 . Cf. *supra* , p. 55 .

CHAPITRE SOIXANTE-DEUX.

Et omnes malas voluntates, indignaciones, et rancores ortos inter nos et homines nostros, clericos et laicos, a tempore discordie, plene omnibus remisimus et condonavimus. Preterea omnes transgressiones factas occasione ejusdem discordie, a Pascha anno regni nostri sextodecimo usque ad pacem reformatam, plene remisimus omnibus, clericis et laicis, et quantum ad nos pertinet plene condonavimus. Et insuper fecimus eis fieri litteras testimoniales patentes domini Stephani Cantuariensis archiepiscopi, domini Henrici Dublinensis archiepiscopi, et episcoporum prédictorum, et magistri Pandulfi, super securitate ista et concessionibus prefatis.

> Et toutes les rancunes, haines et amertumes qui sont apparues entre nous et nos hommes, clercs et laïcs, depuis la date de la querelle, nous les avons entièrement remises et pardonnées à tout le monde. De plus, toutes les offenses occasionnées par ladite querelle, depuis Pâques dans la seizième année de notre règne jusqu'au rétablissement de la paix, nous les avons entièrement remises à tous, tant au clergé qu'aux laïcs, et entièrement pardonnées, en ce qui nous concerne. Et, à ce sujet, nous leur avons fait établir des lettres patentes d'Étienne, archevêque de Cantorbéry, d'Henri, archevêque de Dublin, des évêques susdits, et de maître Pandulf, comme preuves de cette clause de sécurité et des concessions susvisées. .

Les clauses qui suivent la *forma securitatis* sont entièrement de nature formelle et n'ajoutent rien à la substance de la Magna Carta. Le présent chapitre, après avoir fait une déclaration bien intentionnée selon laquelle le passé devrait être révolu et que la paix et la bonne volonté parfaites devraient partout prévaloir - une pieuse aspiration vouée à une désillusion rapide - entreprend d'autoriser les prélats à délivrer sous leurs sceaux des copies certifiées conformes des termes. de la Grande Charte. De telles lettres ont effectivement été émises et leurs termes sont conservés dans le Livre rouge de l'Échiquier. [1091]

1091 . Voir *folio* 234. Le texte qui est reproduit par Bémont, *Chartres* , p. 35, se lit comme suit : « Omnibus Christi fidelibus ad quos presens scriptum pervenerit, Stephanus Dei gratia Cantuariensis archiepiscopus, tocius Anglie primas et sancte romane ecclesie cardinalis, Henricus, eadem gratia Dublinensis archiepiscopus, Willelmus Londoniensis, Petrus Wintoniensis, Joscelinus, Bathoniensis et Glastoniensis, Hugo Lincolniensis, Walterus Wigorniensis, Willelmus Coventriensis et Benedictus Roffensis, divina miseracione episcopi, et magister Pandulfus domini pape subdiaconus et familiaris, salutem in Domino. Sciatis nos inspexisse cartam quam dominus noster Johannes illustris rex Anglie fecit comitibus, baronibus et liberis hominibus suis Anglie de libertate sancte ecclesie et libertatibus et liberis consuetudinibus suis eisdem ab eo concessis sub hac forma....

.... [Suite ici le texte de la Magna Carta de Jean]. ...

Et ne huic forme predire aliquid possit addi vel ab eadem aliquid possit subtrahi vel minui, huic scripto sigilla nostra apposuimus."

CHAPITRE SOIXANTE-TROIS.

Quare volumus et firmiter precipimus quod Anglicana ecclesia libera sit et quod homines in regno nostro habeant et teneant omnes prefatas libertates, jura, et concessiones, bene et in pace, libere et quiete, plene et integre sibi et heredibus suis, de nobis et heredibus nostris , in omnibus rebus et locis, in perpetuum, sicut prédictum est. Juratum est autem tam ex parte nostra quam ex parte baronum, quod hec omnia supradicta bona fide et sine malo ingenio observabuntur. Testibus supradictis et multis aliis. Données per manum nostram in prato quod vocatur Ronimede, entre Windlesoram et Stanes, quinto decimo die Junii, anno regni nostri decimo septimo.

> C'est pourquoi nous souhaitons, et nous enjoignons fermement, que l'Église anglaise soit libre et que les hommes de notre royaume aient et détiennent toutes les libertés, droits et concessions susmentionnés, en bonne santé, librement et tranquillement, pleinement et entièrement, pour eux-mêmes et leurs héritiers, pour nous et nos héritiers, à tous égards et en tous lieux pour toujours, comme il est dit ci-dessus. Il a d'ailleurs été prêté serment, tant de notre part que de la part des barons, que toutes ces conditions ci-dessus seront observées de bonne foi et sans mauvaise intention. Donné sous notre seing, les susnommés et beaucoup d'autres étant témoins, dans le pré appelé Runnymede, entre Windsor et Staines, le quinzième jour de juin, la dix-septième année de notre règne.

Ce dernier des soixante-trois chapitres dans lesquels la Magna Carta a été divisée pour des raisons de commodité, non par ses rédacteurs, mais par les commentateurs modernes, contient peu de choses qui appellent un commentaire particulier. En commençant par une répétition des déclarations déjà faites dans le premier chapitre selon lesquelles l'Église anglaise devrait être libre (en omettant cependant toute seconde référence à l'élection canonique) et que les *homines in regno nostro* devraient avoir et détenir toutes les libertés, droits et concessions susmentionnés. , il a ensuite constaté que les deux parties avaient prêté serment d'en respecter le contenu de bonne foi. [1092] Les magnats nommés dans le préambule furent par la suite, ainsi que bien d'autres qui n'étaient pas nommés, désignés collectivement comme témoins. La Charte se termine par la déclaration selon laquelle elle a été « donnée de notre main », le lieu et la date étant précisés, de manière à se conformer aux formalités requises par les documents légaux. Le don réel de la main de Jean fut effectué par l'empreinte de son grand sceau. [1093]

1092 . Cf. *supra* , 125.

1093 . Il n'y a aucune signature sur le document. Les références fréquentes à « la signature de la Grande Charte » (*par exemple* Medley, *Const. Hist.* , 127) sont donc inexactes, si « signature » est prise dans son sens moderne de « souscription », mais peuvent peut-être être justifiées par une référence signum dans son sens originel *de* « sceau ». Imprimer un sceau, c'était, en un sens, « signer ». Que la Magna Carta, bien qu'elle mentionne sa propre date au 15 juin, a en réalité été scellée le 19 a déjà été affirmé, *supra* , 48-49. Aux preuves qui y sont apportées, il faut ajouter le témoignage des *Annales de Dunstable* , III. 43, qui rapportent que la paix fut conclue entre le roi et les barons à Runnymede « *die Gervasii et Protasii* ».

ANNEXE.
DOCUMENTS RELATIFS À OU ILLUSTRATIFS
DE LA MAGNA CARTA DE JOHN.

I. LA CHARTE DES LIBERTÉS D'HENRI I. [1094]

(1100.)

Anno incarnationis Dominice M.CI. Henricus, filius Willelmi regis, post obitum fratris sui Willelmi Dei gratia rex Anglorum, omnibus fidelibus salutem.

1. Sciatis me Dei misericordia et communi consilio baronum totius regni Anglie, ejusdem regem coronatum esse. Et, quia regnum oppressum erat injustis exactionibus, ego, Dei respectu et amore quem erga vos habeo, sanctam Dei ecclesiam inprimis liberam facio, ita quod nec vendam, nec ad firmam ponam, nec mortuo archiepiscopo, sive episcopo, sive abbate, aliquid accipiam de dominico ecclesie vel de hominibus ejus, successeur de donec dans l'eam ingrediatur. Et omnes malas consuetudines, quibus regnum Anglie injuste opprimebatur, inde aufero; quas malas consuetudines ex parte hic pono:

2. Si quis baronum, comitum meorum, sive aliorum qui de me tenent, mortuus fuerit, heres suus non redimet terram suam sicut faciebat tempore fratris mei, sed justa et legitima relevatione relevabit eam. Similiter et homines baronum meorum justa et legitima relevatione relevabunt terras suas de dominis suis.

3. Et si quis baronum vel aliorum hominum meorum filiam suam nuptum tradere voluerit, sive sororem, sive neptim, sive cognatam, mecum inde loquatur ; sed neque ego aliquid de suo pro hac licentia accipiam, neque défendam ei quin eam det, excepto si eam vellet jungère inimico meo. Et si, mortuo barone sive alio homine meo, filia heres remanserit, illam dabo consilio baronum meorum cum terra sua. Et si, mortuo viro, uxor ejus remanserit et sine liberis fuerit, dotem suam et maritationem habebit; et eam non dabo marito, nisi secundum velle suum.

4. Si vero uxor cum liberis remanserit, dotem quidem et maritationem habebit dum corpus suum légitime servaverit, et eam non dabo, nisi secundum velle suum ; et terre et liberorum custos erit sive uxor, sive alius propinquarius qui justius esse debeat. Et precipio quod barones mei similiter se contineant erga filios vel filias et uxores hominum suorum.

5. Monetagium commune, quod capiebatur per civitates et comitatus, quod non fuit tempore regis Edwardi, hoc ne amodo sit omnino défendo. Si quis captus fuerit, sive monetarius, sive alius, cum falsa moneta, justicia recta inde fiat.

6. Omnia placita et omnia debita que fratri meo debebantur condono, exceptis rectis firmis meis, et exceptis illis que pacta erant pro aliorum hereditatibus, vel pro cis rebus que justius aliis contingebant. Et si quis pro

hereditate sua aliquid pepigerat, illud condono, et omnes relevations que pro rectis hereditatibus pacte fuerant.

7. Et si quis baronum vel hominum meorum infirmabitur, sicut ipse dabit vel dare disponet pecuniam suam, ita datam esse conco; quod si ipse, Preventus armis vel infirmitate, pecuniam suam non dederit val dare disposuerit, uxor sua, sive liberi, aut parents, et legitimi homines ejus, eam pro anima ejus dividant, sicut eis melius visum fuerit.

8. Si quis baronum vel hominum meorum forisfecerit, non dabit vadium in misericordia pecunie, sicut faciebat tempore patris mei vel fratris mei ; sed, secundum modum forisfacti, ita emendabit sicut emendasset retro a tempore patris mei, in tempore aliorum antecessorum meorum. Quod si perfidie vel sceleris convictus fuerit, sicut justum fuerit sic emendet.

9. Murdra etiam, retro ab illa die qua in regem coronatus fui, omnia condono ; et ea que amodo facta fuerint, juste emendentur secundum lagam regis Edwardi.

10. Forestas, omni consensu baronum meorum, in manu mea retinui sicut pater meus eas habuit.

11. Militibus qui per loricas terras suas défendunt, terras dominicarum carrucarum suarum quietas ab omnibus gildis et omni opere proprio dono meo concedo, ut, sicut tam magno allevamine alleviati sunt, ita se equis et armis bene instruant ad servitium meum et ad defensionem regni mei .

12. Pacem firmam in toto regno meo pono et teneri amodo precipio.

13. Lagam Edwardi regis vobis reddo cum illis emendationibus quibus pater meus eam emendavit consilio baronum suorum.

14. Si quis aliquid de rebus meis vel de rebus alicujus post obitum Willelmi regis fratris mei cepit, totum cito sine amendemente reddatur ; et si quis inde aliquid retinuerit, ille super quem inventum fuerit michi graviter emendabit.

Testibus Mauricio Lundonie episcopo, et Gundulfo episcopo, et Willelmo electo episcopo, et Henrico comite, et Simone comite, et Waltero Giffardo, et Rodberto de Monfort, et Rogero Bigoto, et Henrico de Portu, apud Londoniam, quando fui coronatus.

II. LA DEUXIÈME CHARTE OU OXFORD DE STEPHEN. [1095]
(1136.)

Ego Stephanus Dei gratia, asensu cleri et populi in regem Anglie electus, et a Willelmo Cantuariensi archiepiscopo et sancte Romane ecclesie legato consecratus, et ab Innocentio sancte romane sedis pontifice postmodum confirmatus, respectu et amore Dei sanctam ecclesiam liberam esse conco, et debitam reverentiam illi confirmer. Nichil me in ecclesia vel rebus ecclesiasticis simoniace acturum vel permissurum esse promitto. Ecclesiasticarum personarum et omnium clericorum et rerum eorum justiciam et potestatem et distributionem honorum ecclesiasticorum in manu episcoporum esse perhibeo et confirmo. Dignitates ecclesiarum privilegiis earum confirmatas et consuetudines earum antiquo tenore habitas inviolate manere statuo et concedo. Omnes ecclesiarum possessiones et tenuras, comme die illa habuerunt qua Willelmus rex avus meus fuit vivus et mortuus, sine omni calumpniantium reclamatione, eis liberas et absolutas esse concedo. Si quid vero de habitis vel possessis ante mortem ejusdem regis quibus modo careat, ecclesia deinceps repetierit, indulgentie et dispensationi mee vel restituendum vel discutiendum reservo. Quecunque vero post mortem ipsius regis Liberalitate regum vel largitione principum, oblatione vel comparatione, vel qualibet transmutatione fidelium eis collata sunt, confirmo. Pacem et justiciam me in omnibus facturum et pro posse meo conservaturum eis promitto.

Forestas quas Willelmus avus meus et Willelmus avunculus meus instituerunt et habuerunt mihi reservo. Ceteras omnes quas rex Henricus superaddidit, ecclesiis et regno quietas reddo et conco.

Si quis episcopus vel abbas vel alia ecclesiastica persona ante mortem suam rationabiliter sua distribuit vel distribuenda statuerit, firmum manere concedo. Si vero morte preoccupatus fuerit, pro salute anime ejus, ecclesie consilio, eadem fiat distributio. Dum vero sedes propriis pastoribus vacue fuerint, ipsas et earum possessiones omnes in manu et custodia clericorum vel proborum hominum ejusdem ecclesie committam, donec pastor canonice substituatur.

Omnes exactions et injusticias et mescheningas sive per vicecomites vel per alios quoslibet male inductas funditus exstirpo. Bonas leges et antiquas et justas consuetudines in murdris et placitis et aliis causis observabo et observari precipio et constituo. Hec omnia concedo et confirmo, salva regia et justa dignitate mea.

Testibus Willelmo Cantuariensi archiepiscopo, et Hugone Rothomagensi archiepiscopo, et Henrico Wintoniensi episcopo, et Rogero Saresberiensi episcopo, et Alexandro Lincolniensi episcopo, et Nigello Eliensi episcopo, et Evrardo Norwicensi episcopo, et Simone Wigorniensi episcopo, et Bernardo episcopo de S. Davide, et Audoeno Ebroicensi episcopo, et Ricardo Abrincensi episcopo, et Roberto Herefordiensi episcopo, et Johanne Rovecestriensi episcopo, et Athelulfo Carlolensi episcopo, et Rogero cancellario, et Henrico nepote Regis, et Roberto comite Gloecestrie, et Willelmo comite de Warenna, et Rannulfo comite Cestrie, et Roberto comité de Warewic., et Roberto de Ver., et Milone de Glocestria, et Brientio filio Comitis, et Roberto de Oilly conestabulis, et Willelmo Martello, et Hugone Bigot, et Hunfredo de Buhun, et Simone de Belcamp dapiferis, et Willelmo de Albiniaco , et Eudone Martello pincernis, et Roberto de Ferreriis, et Willelmo Pevrello de Notingeham, et Simone de Saintliz, et Willelmo de Albamarla, et Pagano filio Johannis, et Hamone de Sancto Claro, et liberto de Laceio. Apud Oxeneford. Anno ab incarnatione Domini MC XXXVI., set regni mei primo.

III. CHARTE D'HENRI II. [1096]
(VERS 1154.)

Henricus Dei gracia rex anglie, dux Normandie et Aquitanie, et come Andegavie, omnibus comitibus, baronibus et fidelibus suis Francis et Anglicis, salutem. Sciatis me, ad honorem Dei et sancte Ecclesie, et pro communi emendacione tocius regni mei, concessisse et reddidisse et presenti carta mea confirmasse Deo et sancte ecclesie et omnibus comitibus et baronibus et omnibus hominibus meis omnes concessiones et donaciones et libertates et liberas consuetudines, quas rex Henricus avus meus eis dedit et concessit. Similiter eciam omnes malas consuetudines, quas ipse delevit et remisit, ego remitto et deleri conco pro me et heredibus meis. Quare volo et firmiter precipio quod sancta ecclesia et omnes comites et barones et omnes mei homines omnes illas consuetudines et donaciones et libertates et liberas consuetudines habeant et teneant libere et quiete, bene et in pace et integre, de me et heredibus meis, sibi et heredibus suis, adeo libere et quiete et plenarie in omnibus, sicut rex Henricus avus meus eis dedit et concessit, et carta sua confirmavit. Teste Ricardo de Luci au Westmonasterium.

IV. LA DITE « CHARTE INCONNUE DES LIBERTÉS » DE JEAN [1097]

(QUI PEUT, PEUT-ÊTRE, ÊTRE IDENTIFIÉ AU

HORAIRE DU 27 AVRIL 1215).

1. Concedit Rex Johannes quod non capiet hominem absque judicio, nec aliquid accipiet pro justitia, nec injustitiam faciet.

2. Et s'il y a que mon baro vel homo meus moriatur et haeres suus sit in aetate, terram suam debeo ei reddere per rectum releveium absque magis capiendi.

3. Et si ita sit quod haeres sit infra aetatem, debeo iiij ᵒᵘ militibus de legalioribus feodi terram bajulare in custodia, et illi cum meo famulo debent mihi reddere exitus terrae sine venditione nemorum et sine redemptione hominum et sine destructione parci et vivarii; et tunc quando ille haeres erit in aetate terram ei reddam quietam.

4. Si foemina sit haeres terrae, debeo eam maritare, consilio generis sui, ita non sit disparagiata. Et si una vice eam dedero, amplius eam dare non possum, sed se maritabit ad libitum suum, sed non inimicis meis.

5. Si contingat quod baro aut homo meus moriatur, concède ut pecunia sua dividatur sicut ipse diviserit ; et si praeoccupatus fuerit aut armis aut infirmitate improvisa, uxor ejus, aut liberi, aut parents et amici propinquiores pro ejus anima dividant.

6. Et uxor ejus non abibit de hospitio infra XL. dies et donec dotem suam decenter habuerit, et maritagium habebit.

7. Adhuc hominibus meis concedo ne eant in exercitu extra Angliam nisi in Normanniam et in Britanniam et hoc decenter; quod si aliquis debet inde servitium decem militum, consilio baronum meorum alleviabitur.

8. Et si scutagium evenerit in terra, une marca argenti capietur de feodi militis ; et si gravamen exercitus contigerit, amplius caperetur consilio baronum regni.

9. Adhuc concède ut omnes forestas quas pater meus et frater meus et ego afforestaverimus, deafforesto.

10. Adhuc concède les milites qui in antiquis forestis meis suum nemus habent, habeant nemus amodo ad herbergagia sua et ad ardendum ; et habeant foresterium suum; et ego tantum modo unum qui servet pecudes meas.

11. Et si aliquis hominum meorum moriatur qui Judaeis debeat, debitum non usurabit quamdiu haeres ejus sit infra aetatem.

12. Et conco ne homo perdat pro pecude vitam neque membra.

V. LES ARTICLES DES BARONS. [1098]
(1215.)

Ista sunt Capitula que Barones Petunt et Dominus Rex concèdent.

1. Post decessum antecessorum heredes plene etatis habebunt hereditatem suam per antiquum relevium expérimentendum in carta.

2. Heredes qui infra etatem sunt et fuerint in custodia, cum ad etatem pervenerint, habebunt hereditatem suam sine relevio et fine.

3. Custos terre heredis capiet rationabiles exitus, consuetudines, et servitia, sine destructione etvasto hominum et rerum suarum, et si custos terre fecerit destructionem etvastum, amittat custodiam; et custos sustentabit domos, parcos, vivaria, stagna, molendina et cetera ad terram illam pertinentia, de exitibus terre ejusdem; et ut heredes ita maritentur ne disparagentur et per consilium propinquorum de consanguinitate sua.

4. Ne vidua det aliquid pro dote sua, vel maritagio, post decessum mariti sui, sed maneat in domo sua per .xl. décède post mortem ipsius, et infra terminum illum assignetur ei dos; et maritagium stim habeat et hereditatem suam.

5. Rex vel ballivus non saisiet terram aliquam pro debito dum catalla debitoris sufficiunt ; nec plegii debitoris distringantur, dum capitalis debitor sufficit ad solutionem; si vero capitalis debitor defecerit in solutione, si plegii voluerint, habeant terras debitoris, donec debitum illud persolvatur plene, nisi capitalis debitor monstrare poterit se esse inde quietum erga plegios.

6. Rex non concedet alicui baroni quod capiat auxilium de liberis hominibus suis, nisi ad corpus suum redimendum, et ad faciendum primogenitum filium suum militem, et ad primogenitam filiam suam semel maritandam, et hoc faciet per rationabile auxilium.

7. Ne aliquis majus servitium faciat de feodo militis quam inde debetur.

8. Ut communia placita non sequantur curiam domini regis, sed assignentur in aliquo certo loco; et ut reconnaissances capiantur in eisdem comitatibus, in hunc modum : ut rex mittat duos justiciaros per .iiii ^ou^. vices en anno, qui cum .iiii ^ou^. militibus ejusdem comitatus electis per comitatum, capiant assisas de nova dissaisina, morte antecessoris, et ultima présentatione, nec aliquis ob hoc sit sumumitus nisi juratores et due partes.

9. Ut liber homo amercietur pro parvo delicto secundum modum delicti, et, pro magno delicto, secundum magnitudinem, delicti, salvo continemento suo ; villanus etiam eodem modo amercietur, salvo waynagio suo; et mercator eodem modo, salva marcandisa, per sacramentum proborum hominum de visneto.

10. Ut clericus amercietur de laico feodo suo secundum modum aliorum prédictorum, et non secundum beneficium ecclesiasticum.

11. Ne aliqua villa amercietur pro pontibus faciendis ad riparias, nisi ubi de jure antiquitus esse solebant.

12. Ut mensura vini, bladi, et latitudines pannorum et rerum aliarum, emendetur; et ita de ponderibus.

13. Ut assise de nova dissaisina et de morte antecessoris abbrevientur; et similaire à Aliis Assistis.

14. Ut nullus vicecomes intromittat se de placitis ad coronam pertinentibus sine coronatoribus ; et ut comitatus et centi sint ad antiquas firmas absque nullo incrémento, exceptis dominicis maneriis regis.

15. Si aliquis tenens de rege moriatur, licebit vicecomiti vel alii ballivo regis seisire et imbreviare catallum ipsius per visum legalium hominum, ita tamen quod nichil inde amoveatur, donec plenius sciatur si debeat aliquod liquidum debitum domino regi, et tunc debitum regis persolvatur ; résiduel vero relinquatur executoribus ad faciendum testamentum defuncti ; et si nichil regi debetur, omnia catalla cédant defuncto.

16. Si aliquis liber homo intestatus decesserit, bona sua per manum proximorum parentum suorum et amicorum et per visum ecclesie distribuantur.

17. Ne vidue distringantur ad se maritandum, dum voluerint sine marito vivere, ita tamen quod securitatem facient quod non maritabunt se sine assensu regis, si de rege teneant, vel dominorum suorum de quibus tenent.

18. Ne constabularius vel alius ballivus capiat blada vel alia catalla, nisi statim denarios inde reddat, nisi respectum habere possit de voluntate venditoris.

19. Ne constabularius possit disstringere aliquem militem ad dandum denarios pro custodia castri, si voluerit facere custodiam illam in propria persona vel per alium probum hominem, si ipse eam facere non possit per rationabilem causam; et si rex eum duxerit in exercitum, sit quietus de custodia secundum quantitatem temporis.

20. Ne vicecomes, vel ballivus regis, vel aliquis alius, capiat equos vel carettas alicujus liberi hominis pro cariagio faciendo, nisi ex voluntate ipsius.

21. Ne rex vel ballivus suus capiat alienum boscum ad castra vel ad alia agenda sua, nisi per volontairem ipsius cujus boscus ille fuerit.

22. Ne rex teneat terram eorum qui fuerint convicti de felonia, nisi per unum annum et unum diem, sed tunc reddatur domino feodi.

23. Ut omnes kidelli de cetero penitus déponantur de Tamisia et Medeweye et per totam Angliam.

24. Ne breve quod vocatur « Précipe » de cetero fiat alicui de aliquo tenemento unde liber homo amittat curiam suam.

25. Si quis fuerit disseisitus vel prolongatus per regem sine juditio de terris, libertatibus, et jure suo, stim ei restituatur ; et si contentio super hoc orta fuerit, tunc inde disponatur per juditium .xxv. baronum, et ut illi qui fuerint dissaisiti per patrem vel fratrem regis, rectum habeant sine dilate per juditium parium suorum in curia regis ; et si rex debeat habere terminum aliorum cruce signatorum, tunc archiepiscopus et episcopi faciant inde juditium ad certum diem, appellatione remota.

26. Ne aliquid detur pro brevi inquisitionis de vita vel membris, sed libere concedatur sine pretio et non negetur.

27. Si aliquis tenet de rege per feodi firmam, per sokagium, vel per burgagium, et de alio per servitium militis, dominus rex non habebit custodiam militum de feodo alterius, occasione burgagii vel per burgagium, nec debet habere custodiam burgagii, sokagii, vel feodi ferme; et quod liber homo non amittat militiam suam occasione parvarum sergantisarum, sicuti de illis qui tenent aliquod tenementum reddendo inde cuttellos vel sagittas vel hujusmodi.

28. Ne aliquis ballivus possit ponere aliquem ad legem simplici loquela sua sine testibus fidelibus.

29. Ne corpus liberi hominis capiatur, nec emprisonetur, nec dissaisietur, nec utlagetur, nec exuletur, nec aliquo modo destruatur, nec rex eat vel mittat super eum vi, nisi per juditium parium suorum vel per legem terre.

30. Ne jus vendatur vel differratur vel vetitum sit.

31. Quod mercatores habeant salvum ire et venire ad emendum vel vendendum, sine omnibus malis toltis, per antiquas et rectas consuetudines.

32. Ne scutagium vel auxilium ponatur in regno, nisi per commune consilium regni, nisi ad corpus regis redimendum, et primogenitum filium suum militem faciendum, et filiam suam primogenitam semel maritandam ; et ad hoc fiat rationabile auxilium. Simili modo fiat de taillagiis et auxiliaires de civitate Londonie, et de aliis civitatibus que inde habent libertates, et ut civitas Londonie plene habeat antiquas libertates et liberas liberas consuetudines suas, tam per aquas, quam per terras.

33. Mais l'exire de regno et redire unique, salva fide domini regis, nisi tempore werre per aliquod breve tempus propter communem utilitatem regni.

34. Si quis mutuo aliquid acceperit a Judeis plus vel minus, et moriatur antequam debitum illud solvatur, debitum non usurabit quamdiu heres fuerit

infra etatem, de quocumque teneat ; et si debitum illud inciderit in manum regis, rex non capiet nisi catallum quod continetur in carta.

35. Si quis moriatur et debitum debeat Judeis, uxor ejus habeat dotem suam ; et si liberi remanserint, provideantur eis necessaria secundum tenementum; et de residuo solvatur debitum salvo servitio dominorum; simili modo fiat de aliis débitis; et ut custos terre reddat heredi, cum ad plenam etatem pervenerit, terram suam instauratam secundum quod rationabiliter poterit sustinere de exitibus terre ejusdem de carucis et wainnagiis.

36. Si qui détient des aliqua eskaeta, sicut de honore Walingeford, Notingeham, Bononie et Lankastrie, et de tous les eskaetis qui sunt in manu regis et sunt baronie, et obierit, voici ejus non dabit aliud relevium, vel faciet regi aliud servitium quam baroni à facettes; et ut rex eodem modo eam teneat quo baro eam tenuit.

37. Ut amendes qui facti sunt pro dotibus, maritagiis, hereditatibus, et amerciamentis, injuste et contra legem terre, omnino condonentur ; vel fiat inde per juditium, .xxv. baronum, vel per juditium majoris partis eorumdem, una cum archiepiscopo et aliis quos secum vocare voluerit ita quod, si aliquis vel aliqui de.xxv. fuerint in simili querela, amoveantur et alii loco illorum per residuos de .xxv. substituteur.

38. Quod obsides et carte reddantur, quae liberate fuerunt regi in securitatem.

39. Ut illi qui fuerint extra forestam non veniant coram justiciariis de foresta per communes sommitiones, nisi sint in placito vel plegii fuerint ; et ut prave consuetudines de forestis et de forestariis, et warenniis, et vicecomitibus, et rivariis, emendentur per .xii. milites de quolibet comitatu, qui debent eligi per probos homines ejusdem comitatus.

40. Ut rex amoveat penitus de balliva parentes et totam sequelam Gerardi de Atyes, quod de cetero balliam non habeant, scilicet Engelardum, Andream, Petrum, et Gyonem de Cancellis, Gyonem de Cygony, Matheum de Martiny, et fratres ejus ; et Galfridum nepotem ejus et Philippum Mark.

41. Et ut rex amoveat alienigenas, milites, stipendiarios, balistarios, et ruttarios, et servientes qui veniunt cum equis et armis ad nocumentum regni.

42. Ut rex faciat justiciarios, constabularios, vicecomites et ballivos, de talibus qui sciant legem terre et eam bene velint observare.

43. Ut barones qui fundaverunt abbatias, unde habent cartas regum vel antiquam tenuram, habeant custodiam earum cum vacaverint.

44. Si rex Walenses dissaisierit vel elongaverit de terris vel libertatibus, vel de rebus aliis in Anglia vel in Wallia, eis statim sine placito reddantur; et si fuerint dissaisiti vel elongati de tenementis suis Anglie per patrem vel fratrem regis

sine juditio parium suorum, rex eis sine dilate justiciam exhibebit, eo modo quo exhibet Anglicis justiciam de tenementis suis Anglie secundum legem Anglie, et de tenementis Wallie secundum legem Wallie, et de tenementis Marchie secundum legem Marchie; idem facient Walenses regi et suis.

45. Ut rex reddat filium Lewelini et preterea omnes obsides de Wallia, et cartas que ei liberate fuerunt in securitatem pacis. . .

46. Ut rex faciat regi Scottorum de obsidibus reddendis, et de libertatibus suis, et jure suo, secundum formam quam facit baronibus Anglie. . . .

nisi aliter esse debeat per cartas quas rex habet per juditium archiepiscopi et aliorum quos secum vocare voluerit.

47. Et omnes foreste qui sunt reforestate per regem tempore suo deafforestentur, et ita fiat de ripariis que per ipsum regem sunt in defenso.

48. Omnis autem istas consuetudines et libertates quas rex concessit regno tenendas quantum ad se pertinet erga suos, omnes de regno tam clerici quam laici observabunt quantum ad se pertinet erga suos.

[Ici, il y a un espace vide dans l'original.]

49. Hec est forma securitatis ad observandum pacem et libertates inter regem et regnum. Barons élus .xxv. barones de regno quos voluerint, qui debent pro totis viribus suis observare, tenere et facere observari, pacem et libertates quas dominus rex eis concessit et carta sua confirmavit ; ita videlicet quod si rex, vel justiciarius, vel ballivi regis, vel aliquis de ministris suis, in aliquo erga aliquem deliquerit, vel aliquem articulorum pacis aut securitatis transgressus fuerit, et delictum ostensum fuerit .iiii ᵒᵘ . baronibus de praedictis .xxv. baronibus, illi .iiii ᵒᵘ . les barons accèdent au regem ad dominum, vel ad justiciarium suum, si rex fuerit extra regnum ; proponentes ei excesum, petent ut excesum illum sine dilate faciat emendari; et si rex vel justiciarius ejus illud non emendaverit, si rex fuerit extra regnum, infra rationabile tempus determinandum in carta, prédicti .iiii ᵒᵘ . réfèrent causam illam ad résiduos de illis .xxv. baronibus, et illi .xxv. cum communa totius terre distringent et gravabunt regem modis omnibus quibus poterunt, scilicet per captionem castrorum, terrarum, possessionum, et aliis modis quibus poterunt, donec fuerit emendatum secundum arbitrium eorum, salva persona domini regis et regine et liberorum suorum; et cum fuerit emendatum, intendant domino regi sicut prius. Et quicumque voluerit de terra jurabit se ad predicta exequenda pariturum mandatis prédictorum .xxv. baronum, et gravaturum regem pro posse suo cum ipsis ; et rex pubblice et libere dabit licentiam jurandi cuilibet qui jurare voluerit, et nulli umquam jurare

prohibebit. Omnes autem illos de terra qui sponte sua et per se noluerint jurare .xxv. baronibus de disstringendo et gravando regem cum eis, rex faciet jurare eosdem de mandato suo sicut prédictum est. Article si aliquis de prédictis .xxv. baronibus decesserit, vel a terra recerit, vel aliquo modo alio impeditus fuerit quominus ista prédit possint exequi, qui reste fuerint de .xxv. eligent alium loco ipsius pro arbitrio suo, qui simili modo erit juratus quo et ceteri. Dans omnibus autem que istis .xxv. baronibus committuntur exequenda, si forte ipsi .xxv. presentes fuerint et inter se super re aliqua discordaverint, vel aliqui ex eis vocati nolint vel nequeant interesse, ratum habebitur et firmum quod major pars ex eis provideit vel preceperit, ac si omnes .xxv. avec consensus; et préditi .xxv. jurabunt quod omnia antedicta fideliter observabunt et pro toto posse suo facient observari. Preterea rex faciet eos secures per cartas archiepiscopi et episcoporum et magistri Pandulfi, quod nichil impetrabit a domino papa per quod aliqua isstarum conventionum revocetur vel minuatur, et, si un conte liquide impetraverit, réputation irritum et inane et numquam eo utatur.

VI. ÉCRITS SUPPLÉMENTAIRES À LA GRANDE CHARTE DE JEAN.

(1) *Écrit à Stephen Harengod, daté du 23 juin 1215, annonçant que les conditions avaient été convenues* . [1099]

Rex Stephano Harengod etc., Sciatis quod firma pax facta est per Dei gratiam inter nos et barones nostros die Veneris proximo post festum Sancte Trinitatis apud Runemed., prope Stanes ; ita quod eorum homagia eodem die ibidem cepimus. Unde vobis mandamus firmiter precipientes quod sicut nos et honorem nostrum diligitis et pacem regni nostri, ne ulterius turbetur, quod nullum malum de cetero faciatis baronibus nostris vel aliis, vel fieri permittatis, occasione discordie prius orte inter nos et eos. Mandamus etiam vobis quod de finibus et tenseriis nobis factis occasione illius discordie, si quid superest, reddendum, nichil capiatis. Et si quid post illum diem Veneris cepistis, illud stim reddatis. Et corpora prisonum et obsidum captorum et detentorum occasione hujus guerre, vel finium vel tenseriarum prédictarum, sine dilate deliberetis. Hec omnia predicta, sicut corpus vestrum diligitis, faciatis. Et in hujus etc., nobis mittimus. Teste meipso apud Runemed., xxiij. die Junii anno regni nostri xvij.

(2) *Écrit à Hugues de Bova, en date du 23 juin 1215, ordonnant le licenciement des mercenaires.* [1100]

Rex Hugoni de Bova, salut. Mandamus vobis quod in fide qua nobis tenemini non retineatis aliquem de militibus vel servientibus qui fuerunt apud Dover., sed in patriam suam in rythme sine dilate ire faciatis. Et in hujus, etc. Teste meipso apud Runimed. XXII. die Junii anno regni nostri xvij mo.

(3) *Brefs délivrés aux shérifs des comtés le 19 juin 1215.* [1101]

Rex vicecomiti, forestariis warennariis, custodibus ripariarum et omnibus baillivis suis in eodem comitatu, salutem. Sciatis pacem firmam esse reformatam per Dei gratiam inter nos et barones et liberos homines regni nostri, sicut audire poteritis et videre per cartam nostram quam inde fieri fecimus, quam etiam legi publice precepimus per totam bailliam vestram et firmiter teneri ; volentes et districte précipientes quod tu vicecomes omnes de baillia tua secundum formam carte prédire jurare facias xxv. baronibus de quibus mentio fit in carta predicta, ad mandatum eorundem vel majoris partis eorum, coram ipsis vel illis quos ad hoc atornaverint per litteras suas patentes, et ad diem et locum quos ad hoc faciendum prefixerint prédicti barones vel atornati ab eis ad hoc. Volumus etiam et précipimus quod xii milites de comitatu tuo, qui eligentur de ipso comitatu in primo comitatu qui tenebitur post susceptionem litterarum istarum in partibus tuis, jurent de enquéndis pravis consuetudinibus tam de vicecomitibus quam eorum ministris, forestis, forestariis, warennis et warennariis, ripariis et earum custodibus, et eis delendis, sicut in ipsa carta continetur. Vos igitur omnes sicut nos et honorem nostrum diligitis, et pacem regni nostri, omnia in carta contenta inviolabiliter observatis et ab omnibus observari faciatis, ne pro defectu vestri, aut per excessifum vestrum, pacem regni nostri, quod Deus avertat, iterum turbari contingat. Et tu, vice-comes, pacem nostram per totam bailliam tuam clamari facias et firmiter teneri precipias. Et in hujus, etc. vobis mittimus. Teste-moi ipso apud Runimede, xix. die Junii, anno regni nostri xvij [mo.]

(4) *Brefs délivrés aux shérifs des comtés le 27 juin 1215.* [1102]

Rex vice-comiti Warewic. et duodecim militibus electis in eodem comitatu ad investigationndum et delendum pravas consuetudines de vicecomitibus et eorum ministris forestis et forestariis warennis et warennariis ripariis et earum custodibus salutem. Mandamus vobis quod stim et sine dilate saisiatis in manum nostram terras et tenementa et catalla omnium illorum de comitatu Warewic. qui jurare contradixerint viginti quinque baronibus secundum formam contentam in carta nostra de libertatibus vel eis quos ad hoc atornaverint. Et si jurare noluerint stim post quindecim dies completos preterquam terre et tenementa et catalla eorum in manu nostra saisitafuerint, omnia catalla sua vendi faciatis et denarios inde preceptos salvo custodiatis, deputandos subsidio terre sancte. Terras autem et tenementa eorum in manu nostra teneatis, quousque juraverint. Et hoc provisum est per judicium domini Cantuar. archiépiscopi et baronum regni nostri. Et in hujus etc. Teste meipso, apud Winton. xxvij die Junii anno regni nostri xvij [mo.]

Idem mandatum est omnibus vicecomitibus Anglie.

(5) *Convention facta inter Regem Anglie et barones ejusdem regni.* [1103]

Hec est convention inter dominum Johannem regem Anglie, ex una parte, et Robertum filium Walteri, marescallum exercitus Dei et sancte ecclesie in Anglia, et Ricardum comitem de Clare, Gaufridum comitem Essex, et Glouc., Rogerum Bigot comitem Northfolc. et Suthfolc., Saherum comitem Wint., Robertum comitem Oxon., Henricum comitem Hereford., et barones subscriptos, scilicet Willielmum Mariscallum juniorem, Eustachium de Vescy, Willielmum de Mobray, Johannem filium Roberti, Rogerum de Monte Begonis, Willielmum de Lanvalay, et alios comites et barones et liberos homines totius regni, ex altera parte, videlicet quod ipsi comites et barones et alii prescripti tenebunt civitatem London, de baillio domini regis, salvis intérim domino regi firmis redditibus et claris debitis suis, usque ad supposem em beate Marie anno regni Ipsius regis xvii [mo.] et dominus Cant. tenebit similaire au baillio domini regis turrim London, usque ad prédictum terminum, salvis civitati London. libertatibus suis et liberis consuetudinibus suis, et salvo cuilibet jure suo in custodia turris London., et ita quod intérim non ponat dominus rex munitionem vel vires alias in civitate predicta vel in turri London. Fiant etiam infra predictum terminum sacramenta per totam Angliam viginti quinque baronibus sicut continentur in carta de libertatibus et securitate regno concessis vel attornatis viginti quinque baronum sicut continentur in literis de duodecim militibus eligendis ad delendum malas consuetudines de forestis et aliis. Et preterea infra eundem terminum omnia que comites et barones et alii liberi homines petunt a domino rege que ipse dixerit esse reddenda vel que per xxv barones aut per majorem partem eorum judicata fuerint esse reddenda reddantur secundum formam prédire carte. Et si hec facta fuerint vel per dominum regem non steterit quominus ista facta fuerint infra prédictum terminum tunc civitas et turris London. ad eundem terminum statim reddantur domino regi salvisprédire civitati libertatibus suis et liberis consuetudinibus suis sicut prescriptum est. donec predicta compleantur. Et intérim omnes ex utraque parte recuperabunt castra terras et villas quas habuerunt in initio guerre orte inter dominum regem et barones.

    (6) *Protestation des archevêques de Cantorbéry et de Dublin, et d'autres prélats, selon laquelle le chapitre 48 de la Grande Charte devait être interprété par les deux parties comme limité.* [1104]

Omnibus Christi fidelibus ad quos présente littere pervenerint, Sancti Dei gracia, Cantuar. archiepiscopus, tocius Anglie primas et sancte Romane ecclesie cardinalis et H. eadem gracia, archiepiscopus Dublin., W. quoque London., P. Winton., J. Bathon et Glaston., H. Lincoln., W. Wygorn., et W Coventr., ejusdem gracie dono episcopi, salutem en Domino. Cum dominus Rex concesserit et per cartam suam confirmaverit, quod omnes male consuetudines de forestis, et forestariis et eorum ministris, stim inquirantur in quolibet comitatu, per duodecim milites juratos de eodem comitatu ; qui debent eligi per probos homines ejusdem comitatus; et infraxl. dies post inquisitionem factam penitus, ita quod nunquam revocentur, deleantur per eosdem ; dum tamen dominus Rex hoc prius sciat; universitati vestre notum fieri volumeus, quod articulus iste ita intellectus fuit ex utraque parte, quum de eo tractabatur, et expressus, quod omnes consuetudines ille remanere debent, sine quibus foreste servari non possint : et hoc presentibus litteris protestamur.

    (7) *Protestation des archevêques de Cantorbéry et de Dublin et d'autres prélats contre le fait que les barons qui avaient renouvelé leur hommage à Runnymede avaient répudié leur promesse de ratifier leurs serments par des chartes formelles.* [1105]

Omnibus Christi fidelibus etc. Stephanus, Dei gracia, Cantuar. archiepiscopus, totius Anglie primas, et sancte Romane ecclesie cardinalis Henricus Dublin archiepiscopus, Willielmus London., Petrus Winton., Joscelinus Bathon, et Glaston., Hugo Lincoln., Walterus Wigorn., Willielmus Conventr., Ricardus Cicestr., episcopi et magister Pandulfus domini Pape subdiaconus et familiaris, salutem. Noverit universitas vestra, quando facta fuit pax inter dominum regem Johannem et barones Anglie, de discordia inter eos orta, idem barones nobis presentibus et audientibus, promiserunt domino Regi, quod quamcumque securitatem habere vellet ab eis de pace illa observanda, ipsi ei habere facerent , preter castella et obsides. Postea vero quando dominus Rex petit ab eis, ut talem cartam ei facerent:—

> « Omnibus etc. Sciatis nos astrictos esse per sacramenta et homagia domino nostro Johanni Regi Anglie, de fide ei servanda de vita et membris et terreno honore suo, contra omnes homines qui vivere possint et mori ; et ad jura sua et heredum suorum, et ad regnum suum custodiendum et défendendum.

L'identifiant Ipsi ne fonctionne pas. Et in hujus rei testimonium id ipsum per hoc scriptum protestamur.

VII. LA GRANDE CHARTE D'HENRI III. [1106]
(DEUXIÈME RÉÉDITION, 6 NOVEMBRE 1217.)

Henricus Dei gratia rex Anglie, dominus Hibernie, dux Normannie, Aquitanie, et come Andegavie, archiepiscopis, episcopis, abbatibus, prioribus, comitibus, baronibus, vicecomitibus, prepositis, ministris et omnibus ballivis et fidelibus suis presentem cartam inspecturis, salutem. Sciatis quod intuitu Dei et pro salute anime nostre et animarum antecessorum et successum nostrorum, ad exaltationem sancte ecclesie et amendationem regni nostri, concessimus et hac presenti carta confirmavimus pro nobis et heredibus nostris in perpetuum, de consilio venerabilis patris nostri domini Gualonis tituli Sancti Martini presbiteri cardinalis et apostolice sedis legati, domini Walteri Eboracensis archiepiscopi, Willelmi Londoniensis episcopi, et aliorum episcoporum Anglie et Willelmi Mariscalli comitis Pembrocie, rectoris nostri et regni nostri, et aliorum fidelium comitum et baronum nostrorum Anglie, ont des tenendas libertates in regno nostro Anglie in perpetuum.

1. In primis concessimus Deo et hac presenti carta nostra confirmavimus pro nobis et heredibus nostris in perpetuum quod anglicana ecclesia libera sit, et habeat jura sua integra et libertates suas illesas. Concessimus etiam omnibus liberis hominibus regni nostri pro nobis et heredibus nostris in perpetuum omnes libertates subscriptas, habendas et tenendas eis et heredibus suis de nobis et heredibus nostris.

2. Si quis comitum vel baronum nostrorum sive aliorum tenencium de nobis in capite per servicium militaire mortuus fuerit, et, cum decesserit, heres ejus plene etatis fuerit et relevium debeat, habeat hereditatem suam per antiquum relevium, scilicet heres vel heredes comitis de baronia comitis integra per centum libras, heres vel heredes baronis de baronia integra per centum libras, heres vel heredes militis de feodo militis integro per centum solidos ad plus; et qui moins debuerit moins det secundum antiquam consuetudinem feodorum.

3. Si autem heres alicujus talium fuerit infra etatem, dominus ejus non habeat custodiam ejus nec terre sue antequam homagium ejus ceperit ; et, postquam talis heres fuerit in custodia, cum ad etatem pervenerit, scilicet viginti et unius anni, habeat hereditatem suam sine relevio et sine fine, ita tamen quod, si ipse, dum infra etatem fuerit, fiat miles, nichilominus terra remaneat in custodia dominorum suorum usque ad terminum prédictum.

4. Custos terre hujusmodi heredis qui infra etatem fuerit non capiat de terra heredis nisi rationabiles exitus et rationabiles consuetudines et rationabilia servicia, et hoc sine destructione etvasto hominum vel rerum; et si nos commiserimus custodiam alicujus talis terre vicecomiti vel alicui alii qui de

exitibus terre illius nobis debeat répondere, et ille destructionem de custodia fecerit velvastum, nos ab illo capiemus emendam, et terra committatur duobus legalibus et discretis hominibus de feodo illo qui de exitibus nobis répondant vel ei cui eos assignaverimus; et si dederimus vel vendiderimus alicui custodiam alicujus talis terre, et ille destructionem inde fecerit velvastum, amittat ipsam custodiam et tradatur duobus legalibus et discretis hominibus de feodo illo qui similiter nobis défendeant, sicut prédictum est.

5. Custos autem, quamdiu custodiam terre habuerit, sustentet domos, parcos, vivaria, stagna, molendina et cetera ad terram illam pertinencia de exitibus terre ejusdem, et reddat heredi, cum ad plenam etatem pervenerit, terram suam totam instauratam de carucis et omnibus aliis rébus, ad moins secundum quod illam recepit. Hec omnia observantur de custodiis archiepiscopatuum, episcopatuum, abbatiarum, prioratuum, ecclesiarum et dignitatum vacancium que ad nos pertinents, excepto quod hujusmodi custodie vendi non debent.

6. Heredes maritentur absque disparagatione.

7. Vidua post mortem mariti sui stim et sine difficile aliqua habeat maritagium suum et hereditatem suam, nec aliquid det pro dote sua vel pro maritagio suo vel pro hereditate sua, quam hereditatem maritus suus et ipsa tenuerint die obitus ipsius mariti, et maneat in capitali mesuagio mariti sui per quadraginta meurt post obitum ipsius mariti sui, infra quos assignetur ei dos sua, nisi prius ei fuerit assignata, vel nisi domus ilia sit castrum; et si de Castro le demande, il fournit une domus compétente en ce qui concerne la possibilité d'honnêteté morari, que dos sua ei assignetur secundum quod prédictum est, et habeat rationabile estoverium suum intérim de communi. L'assignetur autem ei pro dote sa troisième pars tocius terre mariti sui que sua fuit in vita sua, nisi de minori dotata fuerit ad hostium ecclesie.

8. Nulla vidua distringatur ad se maritandam, dum vivere voluerit sine marito, ita tamen quod securitatem faciet quod se non maritabit sine assensu nostro, si de nobis tenuerit, vel sine assensu domini sui, si de alio tenuerit.

9. Nos vero vel ballivi nostri non seisiemus terram aliquam nee redditum pro debito aliquo quamdiu catalla debitoris presencia sufficiunt ad debitum reddendum et ipse debitor paratus sit inde satisfacere ; nee plegii ipsius debitoris distringantur quamdiu ipse capitalis debitor sufficiat ad solutionem debiti; et, si capitalis débitor defecerit in solutione debiti, non habens unde reddat aut reddere nolit cum possit, plegii défendeant pro debito; et, si voluerint, habeant terras et redditus debitoris quousque sit eis satisfactum de débito quod ante pro eo solverint, nisi capitalis debitor monstraverit se inde esse quietum versus eosdem plegios.

10. Civitas Londonie habeat omnes antiquas libertates et liberas consuetudines suas. Preterea volumeus et concedimus quod omnes alie civitates, et burgi, et ville, et barones de quinque portubus, et omnes portus, habeant omnes libertates et liberas consuetudines suas.

11. Nullus distringatur ad faciendum majus servicium de feodo milits nec de alio libero tenemento quam inde debetur.

12. Communia placita non sequantur curiam nostram, set teneantur in aliquo loco certo.

13. Recognitiones de nova disseisina et de morte antecessoris non capiantur nisi in suis comitatibus, et hoc modo : nos, vel si extra regnum fuerimus, capitalis justiciarius noster, mittemus justiciarios per unumquemque comitatum semel in anno, qui cum militibus comitatuum capiant in comitatibus assisas prédits.

14. Et que dans cet aventure vous êtes en comitatu per justiciarios prédits ad dictas assistas capiendas missos terminari non possunt, per eosdem termentur alibi in itinere suo; et ea que per eosdem propter difficultéaliquorum articulorum terminari non possunt, referantur ad justiciarios nostros de banco, et ibi termentur.

15. Assise de ultima présentatione sempre capiantur coram justiciariis nostris de banco et ibi termentur.

16. Liber homo non amercietur pro parvo delicto nisi secundum modum ipsius delicti, et pro magno delicto, secundum magnitudinem delicti, salvo contenemento suo ; et mercator eodem modo salva mercandisa sua; et villanus alterius quam noster eodem modo amercietur salvo wainagio suo, si incident in misericordiam nostram : et nulla predictarum misericordiarum ponatur nisi per sacramenta proborum et legalium hominum de visneto.

17. Comites et barones non amercientur nisi per pares suos, et non nisi secundum modum delicti.

18. Nulla ecclesiastica persona amercietur secundum quantitatem beneficii sui ecclesiastici, sed secundum laicum tenementum suum, et secundum quantitatem delicti.

19. Nec villa, nec homo, distringatur facere pontes ad riparias nisi qui ex antique et de jure facere debet.

20. Nulla riparia decetero defensetur, nisi ille que fuerunt in defenso tempore regis Henrici avi nostri, per eadem loca et eosdem terminos sicut esse consueverunt tempore suo.

21. Nullus vicecomes, constabularius, coronatores vel alii ballivi nostri teneant placita corone nostre.

22. Si aliquis tenens de nobis laicum feodum moriatur, et vicecomes vel ballivus noster ostendat litteras nostras patentes de sommitione nostra de débito quod defunctus nobis debuit, liceat vicecomiti vel ballivo nostro attachiare et inbreviare catalla defuncti inventa in laico feodo ad valenciam illius debiti per visum legalium hominum, ita tamen quod nichil inde amoveatur donec persolvatur nobis debitum quod clarum fuerit, et residuum relinquatur executoribus ad faciendum testamentum defuncti ; et si nichil nobis debeatur ab ipso, omnia catalla cedant defuncto, salvis uxori ipsius rationabilibus partibus suis.

23. Nullus constabularius vel ejus ballivus capiat blada vel alia catalla alicujus qui non sit de villa ubi castrum situm est, nisi statim inde reddat denarios aut respectum inde habere possit de volontaire venditoris ; si autem de villa ipsa fuerit, infra quadraginta dies precium reddat.

24. Nullus constabularius distringat aliquem militem ad dandum denarios pro custodia castri, si ipse eam facere voluerit in propria persona sua, vel per alium probum hominem, si ipse eam facere non possit propter rationabilem causam, et, si nos duxerimus eum vel miserimus in exercitum , erit quietus de custodia secundum quantitatem temporis quo per nos fuerit in exercitu de feodo pro quo fecit servicium in exercitu.

25. Nullus vicecomes, vel ballivus noster, vel alius capiat equos vel carettas alicujus pro cariagio faciendo, nisi reddat liberationem antiquitus statutam, scilicet pro caretta ad duos equos decem denarios per diem, et pro caretta ad tres equos quatuordecim denarios per diem.

26. Nulla caretta dominica alicujus ecclesiastice persone vel militis vel alicujus domine capiatur per ballivos prédictos.

27. Nec nos nec ballivi nostri nec alii capiemus alienum boscum ad castra vel alia agenda nostra, nisi per volontairem illius cujus boscus ille fuerit.

28. Nos non tenebimus terras eorum qui convicti fuerint de felonia, nisi per unum annum et unum diem ; et tunc reddantur terre dominis feodorum.

29. Omnes kidelli decetero deponantur penitus per Tamisiam et Medeweiam et per totam Angliam, nisi per costeram maris.

30. Breve quod vocatur Precipe decetero non fiat alicui de aliquo tenemento, unde liber homo perdat curiam suam.

31. Une mensura vini sit per totum regnum nostrum, et une mensura cervisie, et une mensura bladi, scilicet quarterium Londonie, et une latitudo pannorum tinctorum et russettorum et haubergettorum, scilicet due ulne infra listas ; de ponderibus vero sit ut de mensuris.

32. Nichil detur de cetero pro brevi inquisitionis ab eo qui inquisitionem petit de vita vel membris, set gratis concedatur et non negetur.

33. Si aliquis teneat de nobis per feodifirmam vel soccagium, vel per burgagium, et de alio terram teneat per servicium militare, nos non habebimus custodiam heredis nee terre sue que est de feodo alterius, occasione illius feodifirme, vel soccagii, vel burgagii, nca habebimus custodiam illius feodifirme vel soccagii vel burgagii, nisi ipsa feodifirma debeat servicium militare. N os non habebimus custodiam heredis vel terre alicujus quam tenet de alio per servicium militare, occasione alicujus parve serjanterie quam tenet de nobis per servicium reddendi nobis cultellos, vel sagittas, vel hujusmodi.

34. Nullus ballivus ponat decetero aliquem ad legem manifestam vel ad juramentum simplici loquela sua, sine testibus fidelibus ad hoc inductis.

35. Nullus liber homo decetero capiatur vel inprisonetur aut disseisiatur de aliquo libero tenemento suo vel libertatibus vel liberis consuetudinibus suis, aut utlagetur, aut exulet, aut aliquo alio modo destruatur, nec super eum ibimus, nec super eum mittemus, nisi per legale judicium parium suorum, vel per legem terre.

36. Nulli vendemus, nulli negabimus aut différemus rectum vel justiciam.

37. Omnes mercatores, nisi publice antea prohibiti fuerint, habeant salvum et securum exire de Anglia, et venire in Angliam, et morari, et ire per Angliam tarn per terram quam per aquam ad emendum vel vendendum sine omnibus toltis malis per antiques et rectas consuetudines , preterquam in tempore gwerre, et si sint de terra contra nos gwerrina; et si tales inveniantur in terra nostra in principio gwerre, attachientur sine mudno corporum vel rerum, donee sciatur a nobis vel a capitali justiciario nostro quomodo mercatores terre nostre tractentur, qui tunc invenientur in terra contra nos gwerrina ; et, si nostri salvi sint ibi, alii salvi sint in terra nostra.

38. Si qui détient un aliqua escaeta, sicut de honore Wallingefordie, Bolonie, Notingeham, Lancastrie, même les autres qui sunt in manu nostra, et sint baronie, et obierit, voici ejus non det aliud relevium nec faciat nobis aliud servicium quam faceret baroni , si ilia esset in manu baronis; et nos eodem modo eam tenebimus quo baro eam tenuit; nec nos, occasione tabs baronie vel escaete, habebimus aliquam escaetam vel custodiam aliquorum hominum nostrorum, nisi alibi tenuerit de nobis in capite ille qui tientit baroniam vel escaetam.

39. Nullus liber homo decetero det amplius alicui vel vendat de terra sua quam ut de residuo terre sue possit suffisanter fieri domino feodi servicium ei debitum quod pertinet ad feodum illud.

40. Omnes patroni abbatiarum qui habent cartas regum Anglie de advocatee, vel antiquam tenuram vel possessionem, habeant earum custodiam cum vacaverint, sicut habere debent, et sicut supra declaratum est.

41. Nullus capiatur vel imprisonetur propter appellum femine de morte alterius quam viri sui.

42. Nullus comitatus decetero teneatur, nisi de mense in mensem ; et, ubi major terminus esse solebat, major sit. Nec aliquis vicecomes vel ballivus faciat turnum suum per centum nisi bis in anno et non nisi in loco debito et consueto, videlicet semel post Pascha et iterum post festum sancti Michaelis. Et visus de franco plegio tunc fiat ad ilium terminum sancti Michaelis sine occasione, ita scilicet quod quilibet habeat libertates suas quas habuit et habere consuevit tempore regis Henrici avi nostri, vel quas posta perquisivit. Fiat autem visus de franco plegio sic, videlicet quod pax nostra teneatur, et quod tethinga integra sit sicut esse consuevit, et quod vicecomes non querat occasionses, et quod contentus sit eo quod vicecomes habere consuevit de visu suo faciendo tempore regis Henrici avi nostri.

43. Non liceat alicui decetero dare terram suam alicui domui religiose, ita quod eam resumat tenendam de eadem domo, nec liceat alicui domui religiose terram alicujus sic accipere quod tradat eam illi a quo ipsam receperit tenendam. Si quis autem de cetero terram suam alicui domui religiose sic dederit, et super hoc convincatur, donum suum penitus cassetur, et terra illa domino suo illius feodi incurratur.

44. Scutagium decetero capiatur sicut capi consuevit tempore regis Henrici avi nostri.

45. Omnis autem istas consuetudines prédictas et libertates quas concessimus in regno nostro tenendas quantum ad nos pertinet erga nostros, omnes de regno nostro tam clerici quam laici observant quantum ad se pertinet erga suos.

46. Salvis archiepiscopis, episcopis, abbatibus, prioribus, templariis, hospitalariis, comitibus, baronibus et omnibus aliis tam ecclesiasticis personis quam secularibus, libertatibus et liberis consuetudinibus quas prius habuerunt.

47. Statuimus etiam, de communi consilio tocius regni nostri, quod omnia castra adulterina, videlicet ea que a principio guerre mote inter dominum Johannem patrem nostrum et barones suos Anglie constructa fuerint vel reedificata, statim diruantur. Quia vero nondum habuimus sigillum hanc [cartam] sigillis domini legati prédicti et comitis Willelmi Mariscalli rectoris [nostri] et regni nostri fecimus sigillari.

VIII. CARTE DE FORÊT.
(6 NOVEMBRE 1217.)

Henricus Dei gratia rex Anglie, dominus Hibernie, dux Normannie, Aquitanie et come Andegavie, archiepiscopis, episcopis, abbatibus, prioribus, comitibus, baronibus, justiciariis, forestariis, vicecomitibus, prepositis, ministris, et omnibus ballivis et fidelibus suis, salutem. Sciatis quod, intuitu Dei et pro salute anime nostre et animarum antecessorum et successeur nostrorum, ad exaltacionem Sancte Ecclesie et emendacionem regni nostri, concessimus et hac presenti carta confirmavimus pro nobis et heredibus nostris in perpetuum, de consilio venerabilis patris nostri domini Gualonis tituli sancti Martini presbiteri cardinalis et apostolice sedis legati, domini Walteri Eboracensis archiepiscopi, Willelmi Londoniensis episcopi, et aliorum episcoporum Anglie, et Willelmi Marescalli comitis Penbrocie, rectoris nostri et regni nostri, et aliorum fidelium comitum et baronum nostrorum Anglie, has libertates subscriptas tenendas in regno nostro Anglie , à perpétuité :

1. In primis omnes foreste quas Henricus rex avus noster afforestavit videantur per bonos et legales homines et, si boscum aliquem alium quam suum dominicum afforestaverit ad mudnum illius cujus boscus fuerit, deafforestentur. Et si boscum suum proprium afforestaverit, remaneat foresta, salva communa de herbagio et aliis in eadem foresta, illis qui eam prius habere consueverunt.

2. Les hommes qui manent extra forestam non veniant decetero coram justiciariis nostris de foresta per communes sommiciones, nisi sint in placito, vel plegii alicujus vel aliquorum qui attachiati sunt propter forestam.

3. Omnes autem bosci qui fuerunt afforestati per regem Ricardum avunculum nostrum, vel per regem Johannem patrem nostrum usque ad primam coronacionem nostram, stim deafforestentur, nisi fuerit dominicus boscus noster.

4. Archiepiscopi, episcopi, abbates, priores, comites et barones et milites et libere tenentes, qui boscos suos habent in forestis, habeant boscos suos sicut eos habuerunt tempore prime coronacionis Forecasti regis Henrici avi nostri, ita quod quieti sint in perpetuum de omnibus purpresturis , Vastis et Assartis factis in illis boscis, post illud tempus usque ad principium secundi anni coronacionis nostre. Et qui de ceterovastum, purpresturam, vel assartum sine licencia nostra in illis fecerint, devastis et assartis défendeant.

5. Reguardores nostri eant per forestas ad faciendum reguardum sicut fieri consuevit tempore prime coronacionis Forecasti regis Henrici avi nostri, et non aliter.

6. Inquisicio, vel visus de expeditacione canum existencium in foresta, decetero fiat quando debet fieri reguardum, scilicet de tercio anno in tercium annum ; et tunc fiat per visum et testimonium legalium hominum et non aliter. Et ille, cujus canis inventus fuerit tunc non expeditatus, det pro misericordia tres solidos ; et de cetero nullus bos capiatur pro expeditacione. Talis autem sit expeditacio per assistam communiter quod tres ortilli abscidantur sine pelota de pede anteriori ; nec expeditentur cannes de cetero, nisi in locis ubi consueverunt expeditari tempore prime coronacionis regis Henrici avi nostri.

7. Nullus forestarius vel bedellus decetero faciat scotale, vel colligat garbas, vel avenam, vel bladum aliud, vel agnos, vel porcellos, nec aliquam collectam faciant; et per visum et sacramentum duodecim reguardorum quando facient reguardum, tot forestarii ponantur ad forestas custodiendas, quot ad illas custodiendas rationabiliter viderint sufficere.

8. Nullum suanimotum de cetero teneatur in regno nostro nisi ter in anno ; videlicet in principio quindecim dierum ante festum Sancti Michaelis, quando agistatores conveniunt ad agistandum dominicos boscos nostros; et circa festum Sancti Martini quando agistatores nostri debent recettere pannagium nostrum; et ad ista duo suanimota conveniant forestarii, viridarii, et agistatores, et nullus alius per districtionem; et tercium suanimotum teneatur in inicio quindecim dierum ante festum Sancti Johannis Baptiste, pro feonacione bestiarum nostrarum ; et ad istud suanimotum tenendum commode forestarii et viridarii et nulli alii per districtionem. Et preterea singulis quadraginta diebus per totum annum conveniant viridarii et forestarii ad videndum attachiamenta de foresta, tam de viridi, quam de venacione, per presentacionem ipsorum forestariorum, et coram ipsis attachiatis. Predicta autem suanimota non teneantur nisi in comitatibus in quibus teneri consueverunt.

9. Unusquisque liber homo agistet boscum suum in foresta pro voluntate sua et habeat pannagium suum. Concedimus eciam quod unusquisque liber homo possit ducere porcos suos per dominicum boscum nostrum, libere et sine inpedimento, ad agistandum eos in boscis suis propriis, vel alibi ubi voluerit. Et si porci alicujus liberi hominis a une nuit pernoctaverint dans notre forêt, non inde occasionetur ita quod aliquid de suo perdat.

10. Nullus de cetero amittat vitam vel menbra pro venacione nostra ; ensemble, si aliquis captus fuerit et convictus de capcione venacionis, graviter redimatur, si habeat unde redimi possit ; et si non habeat unde redimi possit, jaceat in prisona nostra per unum annum et unum diem ; et, si post unum annum et unum diem plegios invenire possit, exeat a prisona; sin autem, adjuret regnum Anglie.

11. Quicunque archiepiscopus, episcopus, come vel baro transient per forestam nostram, liceat ei capere unam vel duas bestias per visum forestarii, si presens fuerit ; sin autem, faciat cornari, ne videatur furtive hoc facere.

12. Unusquisque liber homo decetero sine occasione faciat in bosco suo, vel in terra sua quam habeat in foresta, molendinum, vivarium, stagnum, marleram, fossatum, vel terram arabilem extra cooperatum in terra arabili, ita quod non sit ad nocumentum alicujus vicini.

13. Unusquisque liber homo habeat in boscis suis aereas, ancipitrum et spervariorum et falconum, aquilarum, et de heyrinis et habeat similiter mel quod inventum fuerit in boscis suis.

14. Nullus forestarius de cetero, qui non sit forestarius de feudo reddens nobis firmam pro balliva sua, capiat chiminagium aliquod in balliva sua ; forestarius autem de feudo firmam nobis reddens pro balliva sua capiat chiminagium, videlicet pro careta per dimidium annum duos denarios, et per alium dimidium annum duos denarios, et pro equo qui portat sumagium per dimidium annum unum obolum, et per alium dimidium annum obolum, et non nisi de illis qui de extra ballivam suam, tanquam mercatores, veniunt per licenciam suam in ballivam suam ad buscam, meremium, corticem vel carbonem emendum, et alias ducendum ad vendendum ubi voluerint: et de nulla alia careta vel sumagio aliquod capiatur: et chiminagiumnon capiatur chiminagium nisi in locis illis ubi antiquitus capi solebat et debuit. Illi autem qui porte super dorsum suum buscam, corticem, vel carbonem, ad vendendum, quamvis inde vivant, nullum de cetero dent chiminagium. De boscis autem aliorum nullum detur chiminagium forestariisnostris, preterquam de dominicis boscis nostris.

15. Omnes utlagati pro foresta tantum a tempore regis Henrici avi nostri usque ad primam coronacionem nostram, veniant ad pacem nostram sine inpedimento, et salvos plegios inveniant quod de cetero non forisfaciant nobis de foresta nostra.

16. Nullus castellanus vel alius ten eat placita de foresta sive de viridi sive de venacione, sed quilibet forestarius de feudo attachiet placita de foresta tam de viridi quam de venacione, et ea presentet viridariis provinciarum et cum irrotulata fuerint et sub sigillis viridariorum inclusa, presententur Capitali Forestario Cum in Partes illas Venerit Ad Tenendum Placita Foreste, et Coram eo Termintur.

17. Has autem libertates de forestis concessimus omnibus, salvis archiepiscopis, episcopis, abbatibus, prioribus, comitibus, baronibus, militibus et aliis tam personis ecclesiasticis quam secularibus, Templariis et Hospitalariis, libertatibus et liberis consuetudinibus in forestis et extra, in warennis et aliis, quas prius habuerunt. Omnis autem istas consuetudines

prédictas et libertates, quas concessimus in regno nostro tenendas quantum ad nos pertinet erga nostros, omnes de regno nostro tam clerici quam laici observant quantum ad se pertinet erga suos. Quia vero sigillum nondum habuimus, presentem cartam sigillis venerabilis patris nostri domini Gualonis tituli Sancti Martini presbiteri cardinalis, apostolice sedis legati, et Willelmi Marescalli comitis Penbrok, rectoris nostri et regni nostri, fecimus sigillari. Testibus prenominatis et aliis multis. Datum per manus predictorum domini legati et Willelmi Marescalli au Sanctum Paulum Londonie, sexto die Novembris, anno regni nostri secundo.

1094 . Le texte est fondé sur celui des *Statuts du Royaume* , I. 1 ; mais a été aussi collationné avec l'admirable texte préparé par M. Bémont, *Chartes* , 1-6, dont les corrections ont été librement utilisées non seulement pour cette Charte, mais pour toutes celles qui suivent dans cette annexe. M. Bémont donne un compte rendu exhaustif des copies de l'original perdu de la charte d'Henry.

1095 . Le texte est fondé sur celui des *Statuts du Royaume* , I. 3. Cf. Bémont, *Chartes* , 8-10, qui revient sur les différentes éditions. M. R. Lane Poole a noté les variantes d'un original de la Charte conservé dans la salle des munitions de la cathédrale de Salisbury ; voir *Rapport sur les manuscrits de diverses collections* , I. 384-5 (Commission des manuscrits historiques, 1901). Deux de ces variantes ont été adoptées ici (a) « *regem Anglie* » pour « *regem Anglorum* » et (b) « *postmodum* » ajouté après « *pontifice* ».

1096 . Le texte est tiré de celui donné dans *Statutes of the Realm* , I. 4, qui est fondé sur une copie de l'original conservé au British Museum (Cotton, Claudius D. II., *folio* 107). Cf. Bémont, *Chartes* , 12-14.

1097 . Voir *supra* , pp. 202-205 et Index. Le texte est fondé sur celui publié par MJH Round dans l' *English Historical Review* , VIII. 288, mais la plupart des corrections suggérées par M. Hubert Hall et MGW Prothero ont été appliquées. Cf. *Ibid.* , IX. 117 et 326. L'exemplaire des Archives françaises suit, sur le même parchemin, un exemplaire de la Charte des Libertés d'Henri Ier. dont il est séparé par les mots suivants (indiquant la nature des deux documents, celui qui était parti avant et l'autre qui devait suivre) : « Hec est Carta Regis Henrici per quam barones querunt libertates et hec consequentia concedit Rex Johannes. » Viennent ensuite douze clauses qui sont ici numérotées pour faciliter la référence, bien qu'aucun numéro n'apparaisse dans la copie.

1098 . Le texte est tiré de celui des *Statuts du Royaume* , I. 7-8, qui est fondé sur l'original conservé au British Museum. Voir *supra* , 200-202. Cf. Bémont, *Chartes* , 15-23.

1099 . Le texte suit celui de *New Rymer*, I. 133, mais a été rassemblé avec *Rot. Tapoter.* , I. 143 (17 Jean m. 23) et deux corrections apportées. Cet bref est ici donné comme un spécimen parmi de nombreux envoyés au cours de la semaine suivant la trêve de Runnymede, laissant entendre que la paix avait été faite et ordonnant la libération des otages, etc. Ce bref est référé au supra 48 *n* . et 49 n. où sa date est discutée.

1100 . Voir *supra* , p. 522 . Le texte est donné dans *New Rymer*, I. 134, et dans *Rot. Tapoter.* , I. 144 (17 Jean m. 23).

1101 . Voir *supra* , pp. 50-51, 512-3 et 552. Le texte est tiré de *Rot. Tapoter.* , I. 180 (17 Jean m. 23, d.). On le trouvera également dans *New Rymer*, I. 134, et dans Stubbs *Sel. Graphique.* , 306-7.

1102 . Voir supra, p. 553 . Le texte est donné par *New Rymer*, I. 134, et dans *Rot. Tapoter.* , I. 134 (17 Jean, m. 21). Une version française paraît dans D'Achery, *Spicilegium* , XII. 573, et dans Bémont, *Chartes* , xxiv. n.

1103 . Voir *supra* , p. 51-2 et 560-1. Le texte est tiré de *New Rymer*, I. 133 sous l'autorité de *Rot. Noël.* , 17 Jean, m. 27 j. Il est imprimé par Blackstone, *Great Charter* , 25-6.

1104 . Voir *supra* , pp. 52, 513 et 560. La protestation est enregistrée dans *Rot. Noël.* , 17 Jean, m. 27 jours; et est imprimé dans *New Rymer*, I. 134.

1105 . Voir *supra* , 560. La protestation est imprimée en *Rot. Tapoter.* , I. 144 (17 m. 21 d.), et aussi à *New Rymer*, I. 134.

1106 . Voir *supra* , p. 171 à 179 . Le texte est tiré de celui des *Statuts du Royaume* , I. 17-19.

1107 . Voir *supra* , p. 171-2 . Le texte est tiré de celui des *Statuts du Royaume* , I. 20-21.

BIBLIOGRAPHIE SÉLECTIONNÉE ET LISTE DES AUTORITÉS VISÉES.

I. COMMENTAIRES ET AUTRES TRAVAUX SUR MAGNA CARTA (CLASSÉS CHRONOLOGIQUEMENT).

- 1. *The Mirror of Justices* , édité par William Joseph Whittaker (Selden Society) ; 1895.

- 2. Edward Coke, *Deuxième Institut* , 1641 ; 17e édition, 1817.

- 3. Edward Cooke, *Magna Charta réalisée la neuvième année du roi Henri III. et confirmé par le roi Édouard Ier dans la vingtième année de son règne* ; 1684.

- 4. William Blackstone, *The Great Charter and Charter of the Forest, à laquelle est préfixée l'Histoire des Chartes* ; 1759.

- 5. Daines Barrington, *Observations sur les Statuts de la Magna Charta à 21 James I.* ; 1766.

- 6. Francis Stoughton Sullivan, *Un traité historique sur le droit féodal, avec un commentaire sur la Magna Charta* ; 1772.

- 7. Richard Thomson, *Un essai historique sur la Magna Charta du roi Jean* ; 1829.

- 8. Thaddaeus Lau, *Die Entstehungsgeschichte der Magna Charta* ; 1856.

- 9. Charles Bémont, *Chartes des Libertés Anglaises* ; 1892.

- 10. Boyd C. Barrington, *La Magna Charta et autres grandes chartes d'Angleterre* ; 1900.

- 11. Elemér Hantos, *La Magna Carta de la Constitution anglaise et hongroise* ; 1904.

II. CHRONIQUES ET ANNALES.

- 1. *Annals of Dunstable* , édité par Henry Richards Luard (Rolls Series) ; 1866.

- 2. *Annales de Waverley* , éditées par Henry Richards Luard (Série Rolls) ; 1865.

- 3. Benedict Abbot, *Gesta Regis Henrici Secundi* , édité par William Stubbs (Rolls Series) ; 1867.

- 4. Jocelyn de Brakelond, *Chronica de rebus gestis Samsonis Abbatis Monasterii Sancti Edmundi* , édité par John Gage Rokewode (Camden Society) ; 1840.

- 5. Matthew Paris, *Chronica Majora* , édité par Henry Richards Luard (Rolls Series) ; 1872.

- 6. *Mémoriaux de St. Dunstan* , édité par William Stubbs (Bulls Series) ; 1874.

- 7. Ralph de Coggeshall, *Chronicon Anglicanum* , édité par Joseph Stevenson (Rolls Series) ; 1875.

- 8. Roger de Hoveden, *Chronica* , édité par William Stubbs (Rolls Series) ; 1868-1871.

- 9. Roger de Wendover, *Chronica sive Flores Historiarum* , édité par Henry Octavius Coxe (Eng. Hist. Society) ; 1841.

- 10. Walter de Coventry, *Memoriale* , édité par William Stubbs (Rolls Series) ; 1872.

- 11. Walter d'Hemingburgh, *Chronicon de Gestis Regum Angliae* , édité par Hans Claude Hamilton (Eng. Hist. Society) ; 1848-9.

- 12. Guillaume de Malmesbury, *Gesta Regum Anglorum* , édité par William Stubbs (Rolls Series) ; 1887-9.

III. COLLECTIONS DE STATUTS, CHARTES ET TRAITÉS.

- 1. *Statuts du Royaume* (Commission des archives) ; 1810-28.

- 2. *Statuts généraux.*

- 3. *Actes du Parlement d'Écosse de 1124 à 1707* , édités par Thomas Thomson et Cosmo Innes ; 1814-75.

- 4. *Rotuli Litterarum Clausarum in Turri Londinensi Asservata* , édité par Thomas Duffus Hardy (Record Commission) ; 1833.

- 5. *Rotuli Litterarum Patentum in Turri Londinensi Asservata* , édité par Thomas Duffus Hardy (Record Commission) ; 1835.

- 6. *Rotuli Chartarum in Turri Londinensi Asservata* , édité par Thomas Duffus Hardy (Record Commission) ; 1837.

- 7. *Rotuli de Oblatis et Finibus* , édité par Thomas Duffus Hardy (Record Commission) ; 1835-6.

- 8. *Rotuli Parlementorum* ; 1832.

- 9. *Rotuli Hundredorum* (Commission des archives) ; 1812-18.

- 10. *Testa de Neville sive Liber Feodorum* (Commission des archives) ; 1807.

- 11. *Le Livre rouge de l'Échiquier* , édité par Hubert Hall (Série Rolls) ; 1896.

- 12. *Munimenta Gildhallae Londoniensis : Liber Albus, Liber Custumarum et Liber Horn* , édité par Henry Thomas Riley (Rolls Series) ; 1859-62.

- 13. Thomas Rymer, *Foedera, Conventiones, Litterae, et cujuscunque generis acta publica* ; 4e édition (Commission des disques); 1816-69 (appelé partout « New Rymer »).

- 14. *Ancient Charters, Royal and Private* , édité par John Horace Round (Pipe Roll Society, vol. 10) ; 1888.

- 15. Jean Luc D'Achery, *Vetorum Scriptorum Spicilegium* ; 1655-77.

- 16. *Hemingi Chartularum Ecclesiae Wigornensis* , édité par Thomas Hearne ; 1723.

- 17. Août Potthast, *Regesta Pontificum Romanorum* ; 1874-5.

- 18. Alexandre Teulet, *Layettes du Trésor* ; 1863.

- 19. William Stubbs, *Chartes sélectionnées et autres illustrations de l'histoire constitutionnelle anglaise* ; 7e édition, 1890.

- 20. George Walter Prothero, *Select Statutes and other Constitutional Documents illustrant les règnes d'Elizabeth et James I.* ; 1894.

- 21. Samuel Rawson Gardiner, *Les documents constitutionnels de la révolution puritaine* ; 1889.

- 22. Walter de Gray Birch, *Chartes historiques et documents constitutionnels de la ville de Londres* ; 1887.

IV. COLLECTIONS DE PLAIDOYERS, PROCÈS ET AUTRES PREUVES D'ORDRE.

- 1. *Placitorum Abbreviatio* , Richard I. à Édouard II. (Commission d'enregistrement); 1811.

- 2. Melville Madison Bigelow, *Placita Anglo-Normannica* ; 1879.

- 3. *Bracton's Note Book : a Collection of Cases* , édité par Frederic William Maitland ; 1887.

- 4. Thomas Bayly Howell et Thomas Jones Howell, *Collection complète des procès d'État* ; 1809-28 (appelés « procès d'État »).

- 5. *Select Pleas of the Crown* , édité par Frederic William Maitland (Selden Society); 1888.

- 6. *Select Pleas in Manorial and other Seignorial Courts* , édité par Frederic William Maitland (Selden Society) ; 1889.

- 7. *Sélectionnez Pleas of the Forest* , édité par George James Turner (Selden Society) ; 1901.

- 8. *Sélectionnez Pleas, Starrs et autres documents des listes de l'Échiquier des Juifs* , édité par James McMullen Rigg (Selden Society) ; 1902.

- 9. *Annuaires du règne d'Édouard Ier* , édités par Alfred John Horwood et Luke Owen Pike (série Rolls) ; 1863-1901.

- 10. *Annuaires d'Édouard II.* , 1307-1309, édité par Frederic William Maitland (Selden Society) ; 1903.

- 11. *Grand Rouleau de Pipe pour la Douzième Année d'Henri II.* (Pipe Roll Society, vol. 9); 1888.

- 12. Thomas Madox, *Histoire et Antiquités de l'Échiquier des rois d'Angleterre* ; 2e édition, 1769 (appelée partout « Madox »).

- 13. Thomas Madox, *Firma Burgi* ; 1726.

- 14. Thomas Madox, *Baronia Anglica* ; 1741.

V. TRAITÉS JURIDIQUES—MÉDIÉVAL.

- 1. Ranulf Glanvill, *Tractatus de Legibus et Consuetudinibus Regni Angliae* .

- 2. Richard, fils de Nigel, *De necessariis Observantibus Scaccarii Dialogus* (communément appelé *Dialogus de Scaccario*), édité par Arthur Hughes, CG Crump et C. Johnson ; 1902.

- 3. Henry de Bracton, *De legibus et consuetudinibus Angliae* , édité par Sir Travers Twiss (Rolls Series) ; 1878-83.

- 4. Fleta, *Commentarius Juris Anglicani* ; édition de 1647.

- 5. Thomas Littleton, *Traité des tenures* ; édition de 1841.

VI. TRAITÉS JURIDIQUES – MODERNES.

- 1. William Reynell Anson, *La loi et la coutume de la Constitution* ; 2e édition, 1892.

- 2. William Blackstone, *Commentaires sur les lois d'Angleterre* ; édition de 1826.

- 3. Edward Coke, *Instituts des lois d'Angleterre* ; 17e édition, 1817. (Le *First Institute* est généralement appelé « Coke on Littleton ».)

- 4. *Encyclopédie des lois d'Angleterre* , éditée par Alexander Wood Renton ; 1897-8.

- 5. Matthew Hale, *Historia Placitorum Coronae* ; 1736.

- 6. Edward Jenks, *Droit foncier moderne* ; 1899.

- 7. John Manwood, *Traité et discours sur les lois de la forêt* ; 1598.

- 8. Henry John Stephen, *Commentaires sur les lois d'Angleterre* ; 13e édition, 1899.

- 9. James Bradley Thayer, *Un traité préliminaire sur la preuve en common law* ; 1898.

VII. HISTOIRES JURIDIQUES ET CONSTITUTIONNELLES.

- 1. Melville Madison Bigelow, *Histoire de la procédure en Angleterre* ; 1880.

- 2. Heinrich Brunner, *Die Entstehung der Schwurgerichte* ; 1871.

- 3. Edward Creasy, *Progrès de la Constitution anglaise* ; 1874.

- 4. Rudolf Gneist, *The History of the English Constitution* , traduit par Philip A. Ashworth ; édition de 1891.

- 5. Rudolf Gneist, *Le Parlement anglais dans ses transformations à travers mille ans* , traduit par AH Keane ; 1887.

- 6. William Searle Holdsworth, *Une histoire du droit anglais* , vol. 1; 1903.

- 7. Dudley Julius Medley, *Manuel de l'étudiant sur l'histoire constitutionnelle anglaise* ; 2e édition, 1898.

- 8. Stuart Archibald Moore et Hubert Stuart Moore, *L'histoire et le droit des pêcheries* ; 1903.

- 9. Frederic Pollock et Frederic William Maitland, *L'histoire du droit anglais avant l'époque d'Edward I.* ; 1ère édition, 1895 (appelée partout « Pollock et Maitland »).

- 10. Luke Owen Pike, *A Constitutional History of the House of Lords, à partir de sources originales* ; 1894.

- 11. John Reeves, *Histoire du droit anglais* ; 3e édition, 1783-1784.

- 12. James Fitzjames Stephen, *Une histoire du droit pénal en Angleterre* ; 1893.

- 13. William Stubbs, *L'histoire constitutionnelle de l'Angleterre dans son origine et son développement* : (*a*) vol. 1, 6e édition, 1897 ; (*b*) vol. 2, 4e édition, 1894 ; (*c*) vol. 3, 5e édition, 1896.

- 14. Thomas Pitt Taswell-Langmead, *Histoire constitutionnelle anglaise de la conquête teutonique à nos jours* ; 5e édition, 1896.

- 15. Hannis Taylor, *L'origine et la croissance de la Constitution anglaise* ; 1898.

VIII. HISTOIRES GÉNÉRALES.

- 1. Robert Brady, *Histoire complète de l'Angleterre* ; 1685.

- 2. Henry Care, *Libertés anglaises dans l'héritage des sujets nés libres* ; 1719.

- 3. John Richard Green, *Une brève histoire du peuple anglais* ; édition de 1875.

- 4. Robert Henry, *Histoire de la Grande-Bretagne* ; 6e édition, 1806.

- 5. John Lingard, *Une histoire de l'Angleterre jusqu'en 1688* ; 1819-30.

- 6. James Mackintosh, *Histoire de l'Angleterre* ; édition de 1853.

- 7. Goldwin Smith, *Le Royaume-Uni : une histoire politique* ; 1899.

- 8. James Tyrrell, *Histoire de l'Angleterre, 1697-1704* .

IX. HISTOIRES DE PÉRIODES SPÉCIALES.

- 1. Mary Bateson, *Medieval England* (Série Histoire des Nations) ; 1903.

- 2. Edward Augustus Freeman, *La conquête normande de l'Angleterre* ; 1870-9.

- 3. Edward Augustus Freeman, *Le règne de William Rufus* ; 1882.

- 4. Samuel Rawson Gardiner, *Histoire de l'Angleterre depuis l'avènement de Jacques Ier jusqu'au déclenchement de la guerre civile* ; 1883-4.

- 5. Henry Hallam, *Vue de l'état de l'Europe au Moyen Âge* ; 7e édition, 1837.

- 6. John Mitchell Kemble, *Les Saxons en Angleterre* ; 1849.

- 7. Kate Norgate, *l'Angleterre sous les rois angevins* ; 1887.

- 8. Kate Norgate, *Jean sans Terre* ; 1902.

- 9. Charles Pearson, *Une histoire de l'Angleterre au début et au Moyen Âge* ; 1867.

- 10. George Walter Prothero, *La Vie de Simon de Montfort, comte de Leicester* ; 1877.

- 11. James Henry Ramsay, *Les Fondements de l'Angleterre* ; 1898.

- 12. James Henry Ramsay, *L'Empire angevin* ; 1903.

X. DIVERS.

- 1. Robert Brady, *Une réponse complète et claire* ; 1683.

- 2. Émile Boutmy, *Études de Droit Constitutionnel* ; 1885.

- 3. Edmund Burke, *Travaux* ; édition de 1837 (Boston).

- 4. Stephen Dowell, *Histoire de la fiscalité et des impôts en Angleterre* ; 1884.

- 5. Hubert Hall, *Histoire des recettes douanières en Angleterre* ; 1885.

- 6. Charles Gross, Préface à *une sélection de cas tirés des listes des coroners* (Selden Society) ; 1896.

- 7. Gaillard Thomas Lapsley, *Le comté palatin de Durham* ; 1900.

- 8. Henry Richards Luard, Préface au vol. 2 de Matthew Paris, *Chronica Majora* (série Rolls) ; 1872.

- 9. Achille Luchaire, *Communes Françaises* , 1890.

- 10. John Luffman, *Chartes de Londres* ; 1793.

- 11. George Neilson, *L'épreuve par le combat* ; 1890.

- 12. John Noorthouck, *Une nouvelle histoire de Londres* ; 1773.

- 13. Jesse Macy, *La Constitution anglaise ; un commentaire sur sa nature et sa croissance* , 1897.

- 14. Frederic William Maitland, *canton et arrondissement* ; 1898.

- 15. Frederic William Maitland, dans *Social England* , édité par Henry Duff Trail, vol. 1; 1ère édition, 1893.

- 16. Frederic William Maitland, Préface à *certains plaidoyers de la Couronne* (Selden Society) ; 1888.

- 17. Frederic William Maitland, Préface à *Select Pleas in Manorial and other Seignorial Courts* (Selden Society) ; 1889.

- 18. Frederic William Maitland, Préface de *The Mirror of Justices* (Selden Society) ; 1895.

- 19. Charles de Montesquieu, *De l'Esprit des Lois* ; édition de 1750, Édimbourg.

- 20. Frédéric Pollock, *Essais de jurisprudence et d'éthique* ; 1894.

- 21. James McMullen Rigg, Préface à *Select Pleas, Starrs, and other Records from the Rolls of the Exchequer of the Jewish* (Selden Society) ; 1902.

- 22. Oskar Rössler, *Kaiserin Mathilde et das Zeitalter der Anarchie en Angleterre* ; 1897.

- 23. John Horace Round, notes éditoriales de *Ancient Charters, Royal and Private* (Pipe Roll Society, vol. 10) ; 1888.

- 24. John Horace Round, *Geoffrey de Mandeville : une étude de l'anarchie* ; 1892.

- 25. John Horace Round, *Feudal England : Études historiques des XIe et XIIe siècles* ; 1895.

- 26. John Horace Round, *La Commune de Londres et autres études* ; 1899.

- 27. Frédéric Seebohm, *La communauté du village anglais : un essai sur l'histoire économique* ; 1883.

- 28. William Stubbs, Préface de Walter de Coventry, *Memoriale* (Série Rolls) ; 1872.

- 29. George James Turner, Préface à *Select Pleas of the Forest* (Selden Society) ; 1901.

- 30. Paul Vinogradoff, *Villainage in England : Essais sur l'histoire médiévale anglaise* ; 1892.

XI. CONTRIBUTIONS À LA LITTÉRATURE PÉRIODIQUE.

- 1. George B. Adams, *Londres et la Commune* , en *anglais. Hist. Rév.* pour octobre 1904 ; XIX. 706.

- 2. Mary Bateson, *A London Municipal Collection of the Reign of John* , en *anglais. Hist. Rév.* pour juillet 1902 ; XII. 480.

- 3. GH Blakesley, *Manorial Jurisdiction* , dans *Law Quarterly Review* d'avril 1889 ; v.113.

- 4. Hubert Hall, *Une Charte inconnue des libertés* , en *anglais. Hist. Rév.* pour avril 1894 ; ix. 326.

- 5. Edward Jenks, *The Story of the Habeas Corpus* , dans *Law Quarterly Review* de janvier 1902 ; XVIII. 64.

- 6. Edward Jenks, *The Myth of Magna Carta* , dans *Independent Review* de novembre 1904 ; iv. 260.

- 7. Frederic William Maitland, Revue de l'ouvrage du Dr Charles Gross, *The Early Historical Influence of the Office of Coroner* , en *anglais. Hist. Rév.* pour

octobre 1903 ; viii. 758.

- 8. Cardinal Manning, *The Pope and Magna Charta* , dans *Contemporary Review* de décembre 1875 (réimprimé par la suite en 1885, Baltimore).

- 9. George Walter Prothero, *Une Charte inconnue des libertés* , en *anglais. Hist. Rév.* pour janvier 1894 ; ix. 117.

- 10. John Horace Round, *Une charte inconnue des libertés* , en *anglais. Hist. Rév.* pour avril 1893 ; viii. 288.

- 11. John Horace Round, *La Grande Assise* , dans *L'Athénée* du 28 janvier 1899 ; p. 113.

- 12. HB Simpson, *The Office of Constable* , en *anglais. Hist. Rév.* pour octobre 1895 ; X. 625.

XII. RAPPORTS, BIBLIOGRAPHIES ET DICTIONNAIRES.

- 1. *Rapports du Comité des Lords nommé pour rechercher dans les Journaux de la Chambre, les Listes du Parlement et autres documents toute question touchant à la dignité d'un pair* ; 1er rapport, 1820.

- 2. *Rapports de la Commission spéciale nommée pour enquêter sur l'état des archives publiques du Royaume* (Commission des archives) ; 1800.

- 3. *Rapport sur les manuscrits de diverses collections* (Commission des manuscrits historiques) ; 1901.

- 4. Charles Gross, *Les sources et la littérature de l'histoire anglaise* ; 1900.

- 5. Robert Watt, *Bibliotheca Britannica* ; 1824.

- 6. William Thomas Lowndes, *Manuel du bibliographe de littérature anglaise* ; 1857-64.

- 7. *Dictionnaire biographique national* , édité par Leslie Stephen et Sidney Lee ; 1885-1900.

www.ingramcontent.com/pod-product-compliance
Lightning Source LLC
LaVergne TN
LVHW042342190726
843493LV00005B/888